广东税务年鉴

（2019）

国家税务总局广东省税务局　编

中国税务出版社

图书在版编目(CIP)数据

广东税务年鉴.2019/国家税务总局广东省税务局编.
--北京:中国税务出版社,2020.12
ISBN 978-7-5678-0946-8

Ⅰ.①广… Ⅱ.①国… Ⅲ.①地方税收-税收管理-广东-2019-年鉴 Ⅳ.①F812.765.042.3-54

中国版本图书馆CIP数据核字(2020)第040613号

书　　名:广东税务年鉴(**2019**)
编　　者:国家税务总局广东省税务局　编
责任编辑:陈金艳　杨　鹤　马学刚
责任校对:姚浩晴
技术设计:刘冬珂
出版发行:中国税务出版社
北京市丰台区广安路9号国投财富广场1号楼11层
邮政编码:100055
http://www.taxation.cn
E-mail:swcb@taxation.cn
发行中心电话:(010)83362083/85/86
传真:(010)83362047/48/49
经　　销:各地新华书店
印　　刷:北京虎彩文化传播有限公司
规　　格:889毫米×1194毫米　1/16
印　　张:29.25　彩插:6.5
字　　数:665000字
版　　次:2020年12月第1版　2020年12月第1次印刷
书　　号:ISBN 978-7-5678-0946-8
定　　价:300.00元

《广东税务年鉴（2019）》编辑委员会*

《广东税务年鉴（2019）》编辑人员*

* 编辑委员会和编辑人员由国家税务总局广东省税务局和国家税务总局深圳市税务局相关人员共同组成。

《广东税务年鉴（2019）》
特约撰稿人及各市（区）局编写负责人

（按姓氏笔画排序）

一、特约撰稿人

王　湖　王小惠　王秀婷　韦冬雅　毛　娜　方惠利
邓嘉瑶　吕　闯　刘　红　刘中林　许志勇　麦宝明
李　坚　李俊龙　李晓纯　杨　蓁　杨广治　杨淑贞
肖晨光　吴　健　邱　璇　何文山　何俊霖　张云涛
张中际　张贤修　陈　莹　陈云琴　陈文翊　陈伟森
陈希娜　陈佳男　陈依媛　陈晓庆　陈健聪　陈海韵
林凯圳　周　鹏　庞慧宏　胡端生　钟　秋　姜　睿
翁嘉源　郭　骞　黄东霞　黄秋霞　黄雯菁　黄靖文
萧　煜　崔永毅　梁婷婷　彭颖菁　覃信豪　舒　欣
谢玉芳　詹锦松　廖家旺　颜凯恒　潘　强　戴善娟

二、各市（区）局编写负责人

王源生　邓粤雄　丘伟元　冯明华　刘国东　刘照东
许少华　许少明　许粤海　麦晓炜　李豪杰　杨　坚
吴维浩　利晓舒　余慧霞　张　胜　郑海灵　郑　翔
梁议文　曾中华　潘　强

编 辑 说 明

《广东税务年鉴》是由国家税务总局广东省税务局组织编纂，与国家税务总局深圳市税务局合作编写，记录广东税收工作（含深圳）的文献资料性工具书。

《广东税务年鉴（2019）》全面、系统、准确地记述2018年度广东税收工作的基本情况和发生的税收大事、要事，为社会各界了解广东税务提供参考资料，服务广东社会、经济建设。全书设六个篇目：

第一篇　年度关注。以专题形式反映2018年度广东重大、突出、具有影响力的若干税收事件。

第二篇　全省税收工作。综合反映2018年度全省税收工作情况，对各项税收业务工作的特点、变化及举措、成果加以综述。

第三篇　各市（区）税收工作。内容包括广东省各市（区）及深圳市经济概况、税收概况、税收业务工作等情况。

第四篇　大事记。内容包括广东省税收大事记和深圳市税收大事记。

第五篇　机构与人员。主要收录2018年度广东省税务局和深圳市税务局厅级干部名单，广东省税务局机关及直属单位处级干部名单、各市（区）税务局领导班子成员名单，广东省税务系统2018年受表彰的各类先进集体和个人，广东省税务系统机构设置及人员构成情况等内容。

第六篇　税费统计。收录广东税费统计资料，主要包括2018年度全省税费入库数、分地区、分税种、分行业、分企业类型等税费统计表。

按照党中央、国务院关于国税地税征管体制改革决策部署，自2018年6月15日起，广东省级及省级以下国家税务局、地方税务局机构分步合并和挂牌，成立联合党委；至2018年7月20日，广东省、市、县、乡四级税务机构已全部完成合并和挂牌工作。改革后省级税务机构全称为“国家税务总局广东省税务局”“国家税务总局深圳市税务局”，简称为“广东省税务局”“深圳市税务局”。本年鉴收录时段为2018年，文中税务机构名称按照以上时段划分使用新旧机构名称。涉及党内领导职务的，广东省税务局自2018年9月19日起，深圳市税务局自2018年8月27日起，党内领导职务为党委职务。

本年鉴的出版得到广东省税务系统和深圳市税务局各级领导及有关部门的鼎力支持，中国税务出版社在编审、出版过程中也给予指导与协助，在此一并表示感谢！

本年鉴疏漏之处，敬请读者批评指正。

编　者

广东省税务图片

党的建设

2018 年 10 月 30 日，中共国家税务总局广东省税务局党委召开传达学习贯彻习近平总书记视察广东重要讲话精神专题（扩大）会议暨中心组（扩大）学习会。

2018 年 11 月 21 日，中共国家税务总局广东省税务局党委听取 2018 年落实全面从严治党主体责任情况汇报会。

2018 年 7 月 27 日，国家税务总局广州市税务局组织召开联合党委理论学习中心组学习（扩大）会议。

2018 年 10 月 29 日，中共国家税务总局广州市税务局直属机关第一次代表大会召开。

2018 年 7 月 18 日，国家税务总局珠海市税务局召开全市税务系统机构改革动员部署会议暨专题党课报告会。

2018 年 12 月 11 日，国家税务总局珠海市税务局召开全市税务系统学习贯彻习近平总书记视察广东重要讲话精神专题党课报告会。

2018 年 9 月 20 日，国家税务总局汕头市税务局邀请市委党校法学教研室主任、法学副教授刘正祥为党委理论学习中心组（扩大）作专题辅导讲座。

2018 年 10 月 15 日，国家税务总局汕头市税务局召开全市税务系统党建工作会议。

2018年7月30日，国家税务总局佛山市税务局联合党委书记、局长朱毅在佛山市税务系统"人员大团结 人心大融合"主题党日活动上讲党课。

2018年12月8日，国家税务总局佛山市税务局组织青年干部参观"大潮起珠江"——广东改革开放40周年展览，追寻总书记足迹 凝聚改革开放力量。

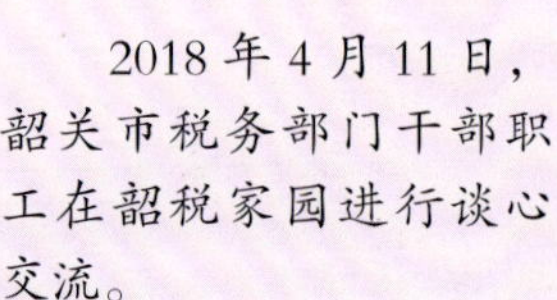
2018年4月11日，韶关市税务部门干部职工在韶税家园进行谈心交流。

2018年9月7日，国家税务总局韶关市税务局开展党员“争做岗位标兵　争当改革先锋”承诺践诺集体签名活动。

2018年7月31日，国家税务总局河源市税务局举行副处级以上干部宪法宣誓仪式。

2018年9月10日，国家税务总局河源市税务局全体党员签订党员承诺书。

2018年11月26日，国家税务总局梅州市税务局举行领导干部宪法宣誓仪式。

2018年11月28日，国家税务总局梅州市税务局召开全市税务系统落实全面从严治党主体责任情况汇报会。

2018年7月31日，国家税务总局惠州市税务局开展科级以上干部任职宣誓活动。

2018年12月10日，国家税务总局惠州市税务局召开全市税务系统党组织书记抓基层党建工作述职评议会议。

2018年6月14日，汕尾市海丰县税务系统组织干部职工到红色主题教育基地——海丰县附城镇新山村开展主题党日活动，缅怀革命先烈，传承红色精神。

2018年12月10日，汕尾市税务局党委成员带领局内各单位和各县区局负责人近80人到广东省反腐倡廉教育基地参观学习，接受廉政警示教育。

2018 年 7 月 11 日，国家税务总局东莞市税务局联合党委委员走进东莞展览馆开展“凝聚奋进力量 坚定改革决心”主题党日活动，集体重温入党誓词，强化党性锤炼，坚定改革决心。

2018 年 7 月 31 日，国家税务总局东莞市税务局举行副处级以上干部宪法宣誓仪式。

2018 年 8 月 28 日，国家税务总局中山市税务局举办“习近平新时代中国特色社会主义思想三十讲”宣讲会暨党风廉政教育专题讲座。

2018年10月31日，国家税务总局中山市税务局组织召开传达学习贯彻习近平总书记视察广东重要讲话精神干部大会。

2018年11月28日，国家税务总局江门市税务局党委召开听取落实全面从严治党主体责任情况汇报会。

2018年11月30日，国家税务总局江门市税务局邀请市委讲师团成员为机关党员作学习宣传贯彻习近平总书记视察广东重要讲话精神宣讲报告。

2018年7月27日，国家税务总局阳江市税务局开展学习贯彻习近平新时代中国特色社会主义思想专题党课活动。

2018年9月26日，国家税务总局湛江市霞山区税务局在广东省直单位第六届工作技能大赛半决赛中，以“情景剧＋歌舞剧”的形式展示党建“两卡积分制”创新举措。

2018年7月31日，国家税务总局茂名市税务局举行副处级以上领导干部宪法宣誓仪式。

2018年10月25日，中共国家税务总局茂名市税务局直属机关党员大会召开。

2018年10月10日，国家税务总局肇庆市税务局召开全市税务系统党建工作会议。

2018年11月30日，国家税务总局肇庆市税务局召开2018年落实全面从严治党主体责任情况汇报会。

2018年7月31日，国家税务总局清远市税务局在新机构正式挂牌后，组织税务人员开展“我为改革出份力”讨论会，强化税务人员同舟共济的情感意识。

2018年，国家税务总局清远市税务局代表荣获“勇担复兴大任　争当时代新人”2018年清远市学习宣传贯彻习近平新时代中国特色社会主义思想知识竞赛（总决赛）一等奖。

2018年7月31日，国家税务总局潮州市税务局参加全省税务系统机构改革推进工作视频会和宪法宣誓仪式。

2018 年 10 月 26 日，国家税务总局揭阳市税务局召开机关党员大会。

2018 年 10 月 30 日，国家税务总局揭阳市税务系统青年干部在市局“初心学堂”参加“走在前列”党日活动，并在党旗下重温入党誓词。

2018年11月21日，国家税务总局云浮市税务局举办学习贯彻习近平总书记视察广东重要讲话精神宣讲会。

2018年12月13日，国家税务总局云浮市税务局机关妇女干部在罗定市罗平镇开展学习长岗坡渡槽精神主题党日活动。

2018年8月15日，国家税务总局珠海市横琴新区税务局召开2018年第二次联合党委理论学习中心组学习（扩大）会议。

国税地税征管体制改革

2018年6月15日，国家税务总局广东省税务局挂牌成立，国税地税征管体制改革在广东顺利落地，开启税收现代化新征程。

2018年7月2日，国家税务总局广东省税务局召开全省税务系统机构改革动员部署视频会议。

2018年7月30日，国家税务总局广东省税务局召开广东省税务机构改革专项小组会议。

2018年7月5日，国家税务总局广州市税务局正式挂牌成立。广州市委副书记、市长温国辉（左三），国家税务总局广东省税务局联合党委书记、副局长胡金木（右三），国税地税征管体制改革第19联络（督导）组常务副组长韩月朝（左二），广州市委常委、常务副市长陈志英（右二）出席挂牌仪式。

2018年7月6日，国家税务总局广州市税务局在市政府礼堂召开国税地税征管体制改革座谈会。广州市委常委、常务副市长陈志英（左二），国家税务总局广东省税务局第1联络（督导）组组长朱江涛（右二）出席会议并讲话。

2018 年 7 月 5 日，国家税务总局珠海市税务局挂牌并举行升旗仪式。

2018 年 7 月 5 日，国家税务总局珠海市税务局举行挂牌仪式。国家税务总局广东省税务局联合党委委员、副局长李华东（右二）参加挂牌仪式。

2018 年 7 月 5 日，国家税务总局汕头市税务局正式挂牌成立。国家税务总局广东省税务局联合党委副书记、局长吴紫骊（左二），汕头市委副书记、市长郑剑戈（右二）共同为新机构挂牌。

2018年7月5日，国家税务总局佛山市税务局正式挂牌成立。国家税务总局广东省税务局联合党委委员、副局长陈忠明（左三）参加挂牌仪式。

2018年7月5日，国家税务总局韶关市税务局正式挂牌成立。国家税务总局广东省税务局副巡视员周家喜（右三）参加挂牌仪式。

2018年7月9日，韶关市政府召开韶关市国税地税征管体制改革工作座谈会。

2018年6月29日，河源市委、市政府召开国税地税征管体制改革座谈会，河源市委常委、常务副市长黎意勇（正排中）出席。

2018年7月5日，国家税务总局河源市税务局正式挂牌成立。国家税务总局广东省税务局联合党委委员、副局长肖映波（中），河源市委常委、常务副市长黎意勇（左四）参加揭牌仪式。

2018年7月5日，国家税务总局梅州市税务局正式挂牌成立。

2018 年 7 月 6 日，国家税务总局梅州市税务系统举办县级局机构改革培训班。

2018 年 7 月 5 日，国家税务总局惠州市税务局正式挂牌成立。国家税务总局广东省税务局联合党委委员、纪检组组长蒋学武（左二）参加挂牌仪式。

2018 年 7 月 5 日，国家税务总局汕尾市税务局正式挂牌成立。国家税务总局广东省税务局联合党委委员、副局长梁世桃（左三）参加挂牌仪式。

2018年7月5日，国家税务总局东莞市税务局正式挂牌成立。国家税务总局广东省税务局联合党委委员、副局长杨荣华（中）参加挂牌仪式。

2018年9月21日，国家税务总局东莞市税务局召开全市税务系统科级干部任命会议。

2018年7月5日，国家税务总局中山市税务局举行挂牌仪式。国家税务总局广东省税务局联合党委委员叶秀佑（左三）参加挂牌仪式。

2018年9月21日，国家税务总局中山市税务局组织召开干部大会，宣布内设机构、派出机构和事业单位负责人（含科级非领导干部）共计293人的任命，并进行集体任职谈话和任前廉政谈话。

2018年7月5日，国家税务总局江门市税务局正式挂牌成立。

2018年7月20日，国家税务总局广东省税务局联合党委书记、副局长胡金木（右二）参加国家税务总局鹤山市税务局挂牌仪式并致辞。

2018年7月23日，国家税务总局阳江市税务局联合党委书记、局长林小东（左一）在阳江市税务局会议室指挥督导机构改革。

2018年7月31日，国家税务总局阳江市税务局班子成员及全体干部职工参加全省税务系统机构改革推进工作视频会议宪法宣誓仪式。

2018年7月5日，国家税务总局湛江市税务局正式挂牌成立。

2018 年 7 月 5 日，国家税务总局湛江市税务局举行挂牌仪式。

2018 年 7 月 5 日，国家税务总局茂名市税务局举行挂牌仪式。

2018 年 7 月 6 日，茂名市召开国税地税征管体制改革工作座谈会。

2018年7月5日，国家税务总局肇庆市税务局正式挂牌成立。

2018年7月5日，国家税务总局广东省税务局联合党委书记、副局长胡金木（右二）在刚挂牌成立的国家税务总局肇庆市税务局调研工作。

2018年7月5日，国家税务总局清远市税务局正式挂牌成立。

2018年7月20日，国家税务总局广东清远高新技术产业开发区税务局正式挂牌成立。

2018年7月5日，国家税务总局潮州市税务局正式挂牌成立。国家税务总局广东省税务局联合党委委员、总会计师蒋余良（左二）参加挂牌仪式。

2018年7月20日，国家税务总局潮州市潮安区税务局正式挂牌成立。

2018 年 8 月 26 日，国家税务总局揭阳市税务局领导班子召开会议研究税务机构改革相关工作。

2018 年 7 月 20 日，国家税务总局广东省税务局联合党委副书记、局长吴紫骊（左二）参加国家税务总局普宁市税务局挂牌仪式。

2018 年 7 月 5 日，国家税务总局云浮市税务局正式挂牌成立。国家税务总局广东省税务局联合党委委员、总审计师李榕滨（左三）参加挂牌仪式。

2018年7月9日，云浮市政府组织召开全市国税地税征管体制改革座谈会。

2018年7月5日，国家税务总局珠海市横琴新区税务局正式挂牌成立。

2018年7月5日，国家税务总局珠海市横琴新区税务局全体税务人员参加新机构升旗仪式。

2018年1月29日，国家税务总局党组书记、局长王军（右二）在广东省税务部门联合办税服务大厅开展工作调研。

2018年6月20日，广东省委副书记、省长马兴瑞（正排左）到国家税务总局广东省税务局调研。

2018年8月13日，国家税务总局广东省税务局联合党委书记、副局长胡金木（左三）到湛江市行政服务中心办税服务厅调研。

2018年8月27日，国家税务总局广东省税务局联合党委副书记、局长吴紫骊（正前排左）一行到清远市高新区、清城区政务服务中心办税服务厅开展基层调研工作。

2018年11月22日，国家税务总局广东省税务局党委委员、副局长朱江涛（左三）到广州市达瑞生物技术股份有限公司和广州市锐博生物科技有限公司调研。

2018年12月24日—25日，国家税务总局广东省税务局党委委员、副局长陈忠明（左三）出席中国（广东）自由贸易试验区、珠海横琴新区片区综合服务中心税务分厅揭牌仪式。

2018年11月29日至30日，国家税务总局广东省税务局党委委员、副局长梁世桃（前排左三）深入揭阳市开展走访调研。

2018年12月28日，国家税务总局广东省税务局党委委员、总经济师罗达佳（左排左四）到中国南方电网广州供电局有限公司开展个人所得税改革工作调研。

2018 年 7 月 20 日，国家税务总局广东省税务局联合党委委员，广州市税务局联合党委书记、局长王义平（中）到规费服务中心调研。

2018 年 7 月 5 日，国家税务总局广东省税务局联合党委委员、纪检组组长蒋学武（右二）深入惠州市基层办税服务厅调研。

2018 年 9 月 12 日—13 日，国家税务总局广东省税务局联合党委委员、总经济师伍关兴（前排左四）一行到国家税务总局中山市税务局调研指导工作。

2018年10月10日—12日，国家税务总局广东省税务局党委委员、总会计师蒋余良（中）到中山市研指导深化国税地税征管体制改革工作。

2018年11月22日，国家税务总局广东省税务局党委委员、副局长肖映波（前排中）深入肇庆市民营企业广东骏驰科技股份有限公司开展调研。

2018年12月21日，国家税务总局广东省税务局党委委员、总审计师李榕滨（左二）到国家税务总局中山市税务局开展个人所得税改革工作调研。

2018年9月21日，国家税务总局广东省税务局召开全面推行数字人事动员部署会议。国家税务总局广东省税务局党委副书记、局长吴紫骊（正排中），党委委员、总经济师伍关兴（正排右一）参加会议。

2018年8月1日，国家税务总局广州市税务局举办“便民利企促发展新措施”宣讲会暨优化税收营商环境座谈会。

2018年12月10日，广州市召开社会保险费和非税收入征管职责划转工作汇报会。广州市社会保险费划转工作领导小组组长、市政府副秘书长刁爱林（右排中）参会并讲话。

2018年7月9日，珠海市召开国税地税征管体制改革座谈会。

2018年7月20日，国家税务总局珠海市金湾区税务局正式挂牌成立。

2018 年 6 月 12 日，汕头市税费一体化控管平台正式上线。

2018 年 12 月 12 日，汕头市委全面依法治市办公室、市普法办公室、市司法局组织召开汕头市首届国家机关“谁执法谁普法”履职报告评议会，图为国家税务总局汕头市税务局党委书记、局长张振宇现场作“谁执法谁普法”履职报告。

2018 年 10 月 12 日，国家税务总局佛山市税务局举办个人所得税改革政策宣讲和网络直播会。

2018 年 10 月 24 日，国家税务总局佛山市税务局机关全面推行数字人事动员部署会。

2018 年 12 月 27 日，国家税务总局佛山市税务局党委书记、局长朱毅（左排左三）带队深入企业开展“个税新政·暖企惠民大宣讲”活动。

2018 年 11 月 21 日，在广东省普法办举办的 2017 2018 年度全省国家机关“谁普法谁执法”十大创新创先项目评选活动中，国家税务总局韶关市税务局申报的“韶关市税收主题小镇”获评十大创新创先项目，这是韶关市首个、也是全省税务系统唯一获此殊荣的单位。

2018年7月13日，河源市税务干部走访第十二届、第十三届全国人大代表、“河源好人”、连平县顺意种植专业合作社理事长谢舒雯（左二）。

2018年12月3日，中共国家税务总局广东省税务局党委第一巡察组专项巡察中共国家税务总局河源市税务局党委动员视频会召开。

2018年9月1日，国家税务总局惠州市税务局召开干部任职大会。

2018年10月18日，国家税务总局惠州市税务局举行工会会员代表大会。

2018年7月31日，国家税务总局汕尾市税务局全体处级干部参加新机构首次宪法宣誓仪式。

2018年4月15日，汕尾市税务系统举办2018年汕尾市“绿色税制　汕尾同行”10公里徒步环保行活动，汕尾市税务系统及社会各界人士共500余人参加。

2018年11月1日，国家税务总局东莞市税务局联合东莞市工商联合会召开以“问需求 优服务”为主题的红旗助企座谈会，邀请16家企业相关负责人围绕税务系统在机构改革之后进一步深化“放管服”改革、优化税收营商环境、提升纳税人满意度等方面积极建言献策。

2018年12月18日，国家税务总局东莞市税务局率先在全省组织开展财政统发单位个人所得税专项附加扣除办法培训。

2018年11月30日，国家税务总局中山市税务局组织全系统600多名在第一轮全国税务系统知识网络竞赛中晋级的税务人员参加第二轮“再接再厉”闯关赛。最终，6人进入第三次闯关，4人获二等奖、2人获三等奖。

2018 年 12 月 9 日，国家税务总局中山市税务局在中山市实验中学运动场举办第一届运动会，共有 26 支队伍 1812 人参与，全面展现新机构干部队伍“顾全大局、团结和谐、拼搏进取、奋发向上”的良好精神风貌。

2018 年 7 月 6 日，江门市召开全市国税地税征管体制改革座谈会。

2018 年 5 月 2 日，江门市常务副市长许晓雄（前排左）为市民颁发江门市税务部门推行不动产交易登记集成服务新举措后推出的首个不动产证照。

2018年7月31日，国家税务总局湛江市税务局举行处级以上干部任职宣誓仪式。

2018年12月11日，茂名市召开全市社会保险费和非税收入征管职责划转工作推进会。

2018月12月13日，国家税务总局茂名市税务局在茂名市首届国家机关"谁执法谁普法"履职报告评议会上荣获"优秀"等次。

2018 年 7 月 5 日，肇庆市委书记赖泽华（右）与国家税务总局广东省税务局联合党委书记、副局长胡金木（左）座谈。

2018 年 10 月 31 日，国家税务总局肇庆市税务局召开“问需求 优服务”纳税人座谈会，广泛征求纳税人对税务机关优化营商环境、提升纳税服务质效工作的意见和建议。

2018 年 6 月 25 日，国家税务总局广东省税务局机构改革联络（督导）组进驻清远市税务部门，并召开座谈会讨论和部署机构改革相关事宜。

2018年7月19日，国家税务总局清远市税务局联合党委书记、局长徐杰（前一）到各地督导县（市、区）级机构改革进度。

2018年7月6日，潮州市召开国税地税征管体制改革座谈会。

2018年9月21日，国家税务总局潮州市税务局召开干部大会，统一宣布内设机构、派出机构、事业单位负责人任命和工作人员安排。

2018 年 12 月 7 日，国家税务总局揭阳市税务局召开全市税务系统社会保险费征管职责划转工作专题汇报会议。

2018 年 7 月 17 日，国家税务总局云浮市税务局“新时代文明传习所”及“好人工作站”揭牌投入使用，并举办首场传习宣讲会。

2018 年 11 月 1 日，国家税务总局珠海市横琴新区税务局召开“问需求　优服务”纳税人座谈会，在已经实地走访重点税源企业，对辖区管户远程线上问需“全覆盖”的基础上，再次深入征求企业对税务机关优化税收营商环境、提升纳税服务工作质效的意见和建议。

合作交流

2018 年 2 月 27 日，香港税务学会到广东省税务部门访问交流。

2018 年 9 月 18 日，国家税务总局广东省税务局联合党委副书记、局长吴紫骊（右前排右四）到数字广东网络建设有限公司调研。

2018 年 11 月 29 日，国家税务总局广州市税务局与蚂蚁金服、阿里云、方欣科技举行交流暨签订合作协议仪式。

2018 年 12 月 28 日，国家税务总局广东省税务局党委书记、副局长胡金木（左三），国家税务总局广东省税务局党委委员、广州市税务局党委书记、局长王义平（右三）到广州医科大学附属第一医院走访中国工程院院士钟南山（中），面对面宣传个人所得税政策，听取关于政策落实的意见建议。

2018 年 8 月 21 日，格力电器党委负责人一行到国家税务总局珠海市税务局参观交流。

2018 年 8 月 30 日，中国工商银行珠海分行到国家税务总局珠海市税务局开展党建工作交流。

2018 年 10 月 24 日，国家税务总局汕头市税务局举办“共话个税改革　共享减税红利”税收沙龙。

2018 年 11 月 30 日，国家税务总局兰州市税务局党委书记、局长关云峰（左三）一行到国家税务总局汕头市税务局开展调研交流。

2018年8月1日，佛山市商务局领导到国家税务总局佛山市税务局调研。

2018年10月30日，国家税务总局韶关市税务局举行税企见面会暨“个性化服务”签约仪式，广泛听取纳税人对新税务机构优化纳税服务工作的意见和建议。

2018年10月17日，全省税务系统绩效管理和数字人事工作座谈会在国家税务总局河源市税务局召开。

2018 年 11 月 22 日，国家税务总局河源市税务局联合河源市工商业联合会共同召开“问需求　查短板　帮发展”民营企业税收座谈会。

2018 年 11 月 5 日，国家税务总局肇庆市税务局到国家税务总局梅州市税务局交流。

2018 年 11 月 19 日，国家税务总局梅州市税务局、梅江区税务局联合召开“问需求、查短板、帮发展”民营企业代表座谈会。

2018 年 10 月 16 日，国家税务总局惠州市税务局召开老干部座谈会，畅谈税收征管体制改革。

2018 年 12 月 6 日，江西省税务部门到国家税务总局惠州市税务局开展考核考评业务交流。

2018 年 10 月 16 日，2018 年全省税务系统绩效管理和数字人事工作粤东片区座谈会在国家税务总局汕尾市税务局召开。

2018年11月1日，汕尾市城乡居民社会保险费征管职责划转工作专班会议在国家税务总局汕尾市税务局召开。

2018年12月10日，由共青团东莞市委员会和共青团国家税务总局东莞市税务局总支部委员会共同举办“青作为　青风采”主题青年文明号交流活动，邀请全市青年文明号单位进行经验交流。

2018年11月22日，国家税务总局中山市税务局联合中山市工商联举办“优化税收营商环境　助推民营经济发展”民营企业座谈会，邀请中山市雅建房地产发展有限公司等16家民营企业集团相关负责人，围绕民营经济发展和新税务机构优化纳税服务工作等方面展开讨论。

2018年9月28日，国家税务总局财产与行为税司带领全国土地增值税征管信息化和清算管理工作调研工作组一行到江门实地调研土地增值税清算审核和房地产税收一体化管理工作。

2018年12月11日，国家税务总局江门市税务局联合江门市住建局、国土局、行政服务中心等部门举办“暖心　信心　安心”助力民营经济发展活动。

2018年11月1日，国家税务总局阳江市税务局纳税服务中心与纳税人举行“问需求　优服务”纳税人座谈会。

2018年4月10日，湛江市国家税务局海洋石油税务分局和天津市国家税务局海洋石油税务分局联合在北京为海洋石油企业举办跨海域海洋石油税收高端培训会。

2018年9月18日，国家税务总局茂名市税务局接受茂名石化巴斯夫有限公司赠送锦旗。

2018年10月30日，国家税务总局茂名市税务局与茂名市商协会举行交流座谈会。

2018 年 12 月 24 日，肇庆市省人大代表第一、第二小组共 8 名省人大代表到国家税务总局肇庆市税务局开展调研。

2018 年 10 月 20 日，国家税务总局清远市税务局与清远邮政联合推出“个税改革　一路‘邮’你”活动，将个人所得税改革宣传贴搭载邮政快递随件派送，全城共派发 15 万份宣传招贴，覆盖全市 9 个行政区域，实现纳税人足不出户，个人所得税减税政策配送到家。

2018 年 11 月 22 日，国家税务总局清远市税务局在江心岛一默讲堂举办“新机构　新服务　新形象”2018 年春风亮点集中宣传展示活动，全面展示清远税务在新时代落实各项改革措施、减轻企业负担、促进经济高质量发展等方面的新理念新举措。

2018 年 10 月 30 日，国家税务总局潮州市税务局召开“问需求、查短板、帮发展”民营企业座谈会，听取潮州民营企业涉税诉求，着力解决民营企业涉税问题。

2018 年 11 月 22 日，国家税务总局揭阳市税务局到揭阳市人力资源和社会保障局座谈社会保险费征管职责划转工作。

2018 年 12 月 28 日，国家税务总局揭阳市税务局与揭阳市公安局在黄岐山联合举办禁毒宣传、税收宣传登山活动。

2018年12月25日，国家税务总局云浮市税务局党委书记、局长程金勇（左前排右四），党委委员、总经济师雷源亮（左前排号右一）带队到中国人民银行云浮市中心支行开展党建和文化建设工作交流。

2018年11月22日，广东省社会科学院财政金融研究所所长任志宏（主席台居中）一行到国家税务总局云浮市税务局座谈交流“税收视角探讨乡村振兴”课题，并深入新兴温氏集团进行实地考察调研。

2018年12月14日，国家税务总局珠海市税务局、横琴新区税务局召开税收征管体制改革专题研讨会。

2018 年 5 月 9 日，广东省税务部门到南沙明珠湾起步区了解自贸区发展规划。

2018 年 9 月 29 日，国家税务总局广州市税务局举办道德讲堂第一讲“最美是你——改革路上的广州税务人”。

2018年12月21日，国家税务总局广州市税务局举办“奋进新时代　改革再出发”庆祝改革开放40周年歌咏活动。

2018年7月14日，国家税务总局珠海市税务局在珠海市“思想大解放　作风大转变　效率大提升”大型演讲比赛决赛中包揽两个一等奖。

2018年12月4日，国家税务总局珠海市税务局在北京师范大学珠海分校开展税收普法活动。

2018 年 11 月 2 日，国家税务总局南澳县税务局举行“共度税月征程　齐奏改革华章”演讲比赛决赛。

2018 年 12 月 27 日，国家税务总局汕头市濠江区税务局开展税法进校园活动。

2018 年 8 月 15 日，国家税务总局佛山市税务局开展“改革攻坚　青年在行动”主题沙龙活动。

2018 年 11 月 23 日，国家税务总局佛山市税务局开展“新机构　新职责　新业务　新作为”知识网络竞赛。

2018 年 10 月，国家税务总局韶关市税务局在韶关市“沙湖绿洲杯”干部职工体育运动会中荣获“五金一银”好成绩。

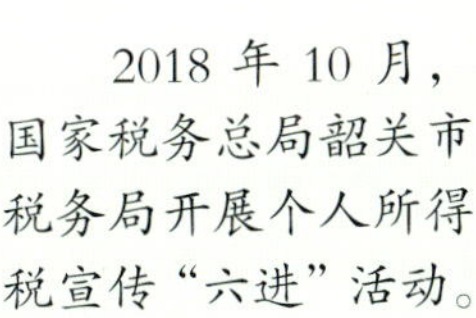
2018 年 10 月，国家税务总局韶关市税务局开展个人所得税宣传“六进”活动。

2018 年 11 月 22 日，国家税务总局河源市税务局举办“温馨税月　感恩有你”人心融合活动。

2018 年 12 月 26 日，河源市税务干部为纳税人做个人所得税改革政策辅导。

2018 年 12 月 4 日，国家税务总局梅州市梅县区税务局与广东梅县外国语学校共同举办的校园广播节目《税苑好声音》开播。

2018年12月12日，国家税务总局梅州市税务局在市电视台开展个人所得税宣传活动。

2018年11月2日，国家税务总局惠州市税务局召开“问需求 优服务”纳税人座谈会。

2018年11月27日，国家税务总局惠州市税务局组织“践行中国税务精神”竞走活动。

2018年9月18日，国家税务总局汕尾市红海湾经济开发区税务局组织干部职工开展“我想对你说”表白活动，表达对机构改革所思所想和对新机构的期待。

2018年11月13日，国家税务总局东莞市税务局凤岗税务分局走进商会，召开“搭建个税改革沟通桥梁　助力民营经济高质量发展”座谈会。

2018年7月26日，国家税务总局中山市税务局石岐区税务分局开展“党团心连心”主题活动，组织党员、团员谈心谈话，以党建带团建，畅谈税务机构改革背景下如何发挥党员先锋模范带头作用，发扬青年生力军优势，凝聚队伍合力，开创新时代新税务新精彩。

2018 年 10 月 16 日，国家税务总局恩平市税务局举办“税月浓情　同心筑梦”“人员大团结　人心大融合”主题晚会，鼓舞全体税务人勇立潮头、破浪前行。

2018 月 9 月 25 日，国家税务总局江门市高新区（江海区）税务局开展以“税融人合颂改革”为主题的朗诵比赛，演讲选手结合自身或身边人物的实际经历，展现了在国税地税征管体制改革工作中税务人员积极向上的精神风貌和新机构新气象。

2018 年 6 月 26 日，阳江市税务系统在阳江市百乐传媒汇演厅举办传承“好家风　好家训”暨中国税务精神展示汇报会。

2018年8月17日，国家税务总局阳江市税务局青年干部在阳江市海陵岛开渔祭海仪式上开展税宣活动。

2018年9月27日，国家税务总局阳江市税务局参加广东省直单位第六届工作技能大赛。

2018年10月17日，国家税务总局阳江市税务局干部在阳江市南国风筝场开展“个税新政福利多，减税红利零距离”税收宣传活动。

2018 年 12 月 28 日，国家税务总局湛江市麻章区税务局举行党员先锋队、青年突击队、志愿者服务队和党员示范岗、巾帼示范岗授旗授牌仪式。

2018 年 12 月 22 日，国家税务总局茂名市税务局借助茂名市第五届全民健身徒步节活动宣传个人所得税改革新政。

2018 年 12 月 28 日，国家税务总局茂名市税务局机关举办“人员大团结 人心大融合”气排球比赛。

2018 年 7 月 26 日，国家税务总局肇庆市税务局机关党员开展“学先进　讲忠诚　强党性　重担当”主题党日活动。

2018 年 10 月 31 日，国家税务总局肇庆市税务局党委书记、局长梁培文（右二）带队前往肇庆市万亚电子科技有限公司调研。

2018 年 10 月，国家税务总局清远市税务局立足群团组织联系广泛的优势，主动协助党组织做好思想政治工作，开展“税务团干进社区——传唱‘中国税务之歌’”活动，宣传改革先进事迹，营造干事创业、投身改革的浓厚氛围。

2018 年 10 月 17 日，国家税务总局阳山县税务局走进广东首个阿里巴巴农村淘宝示范点，在阳山岭背柚子节宣传涉农减免税相关政策，为种植户讲解自产自销减免税政策。

2018 年，广东省潮州市饶平县城区办税服务厅团队获评全国“工人先锋号”。

2018 年 9 月 21 日，国家税务总局揭西县税务局举办全县干部职工趣味运动会，促进“人员大团结、人心大融合”。

2018年9月28日，国家税务总局揭阳市榕城区税务局举行“庆国庆　人员大融合　人心大团结”文艺汇演。

2018年9月17日，国家税务总局珠海市横琴新区税务局开展街道清扫工作，组织党团志愿队，披上红马甲，进行海水倒灌后的淤泥树木大清扫行动，还原街道整洁，获得横琴新区管委会和当地居民的点赞。

2018年10月26日，国家税务总局珠海市横琴新区税务局召开全体女职工大会。

党的建设

2018 年 6 月 28 日，国家税务总局深圳市税务局联合党委开展“七一”主题党日活动。

2018 年 10 月 8 日—14 日，深圳市税务系统党建工作暨深化国税地税征管体制改革专题研讨培训班举办。

2018 年 8 月 30 日，中共国家税务总局深圳市税务局机关第一次代表大会召开。

2018 年 12 月 19 日，国家税务总局深圳市税务局召开创建模范机关动员大会。

2018 年 11 月 13 日，中共国家税务总局深圳市税务局委员会组织召开第一轮专项巡察动员部署会。

2018 年 6 月 15 日，深圳市委副书记、市长陈如桂（前排左）与国家税务总局深圳市税务局联合党委书记、局长张国钧（前排右）共同为国家税务总局深圳市税务局揭牌。

2018 年 6 月 15 日，深圳市委副书记、市长陈如桂（前排左三）、常务副市长刘庆生（前排左一）出席国家税务总局深圳市税务局挂牌仪式。

2018年6月14日，国家税务总局原党组成员、副局长汪康到深圳市税务部门调研。

2018年8月10日，国家税务总局党委委员、副局长任荣发（左二）见证全国首张区块链电子发票在深圳国贸开出。

2018 年 6 月 11 日，深圳市委常委、常务副市长刘庆生（前排右二），深圳市政府副秘书长王虎善（前排右一）与深圳市委组织部副部长邱浩航（前排左二）出席深圳市国税地税征管体制改革座谈会。

2018 年 7 月 9 日，深圳市副市长艾学峰（前排中）考察国家税务总局深圳市税务局电子税务管理中心。

2018 年 12 月 24 日，国家税务总局深圳市税务局党委书记、局长张国钧（右二）率队到高美村开展实地扶贫调研工作。

2018 年 4 月 2 日，深圳市税务部门举行税收宣传月启动仪式。

2018 年 5 月 30 日，央视新闻频道《新闻直播间》报道深圳破获"海啸 1 号"特大虚开增值税发票案。

2018 年 9 月 18 日，国家税务总局深圳市税务局召开个人所得税改革新闻通报会。

2018 年 10 月 18 日，央视综合频道报道深圳破获特大虚开增值税发票案。

2018 年 12 月 19 日，“深圳税务”官方微信号获评广东省“2018 最具影响力政务微信服务号”。

2018年8月24日，国家税务总局深圳市税务局和深圳市工商业联合会共同签署《关于推进依法治税构建良好营商环境合作备忘录》。

2018年9月5日，在国家税务总局、公安部督办的直接指挥下，国家税务总局深圳市税务局联合深圳市公安局、人民银行深圳市中心支行开展“鹰击1号”专案收网行动。

2018年9月25日，深圳税务与公安、海关、人民银行四部门联合召开打击虚开发票、骗取退税违法犯罪两年专项行动部署会议。

2018年10月29日，国家税务总局深圳市税务局举办走进政府“问需求 优服务”纳税人座谈会。

2018年11月16日，国家税务总局深圳市税务局召开区块链电子发票调研座谈会。

2018 年 1 月 10 日，深圳市税务部门举办领军人才英语沙龙。

2018 年 11 月 30 日，国家税务总局深圳市税务局举办最美小编新媒体创作大赛。

2018 年 12 月 7 日，国家税务总局深圳市税务局举办“最美语税人”翻译大赛。

2018 年 12 月 12 日，国家税务总局深圳市税务局举办“唱响中国税务之歌　展现深圳税务风采”合唱比赛。

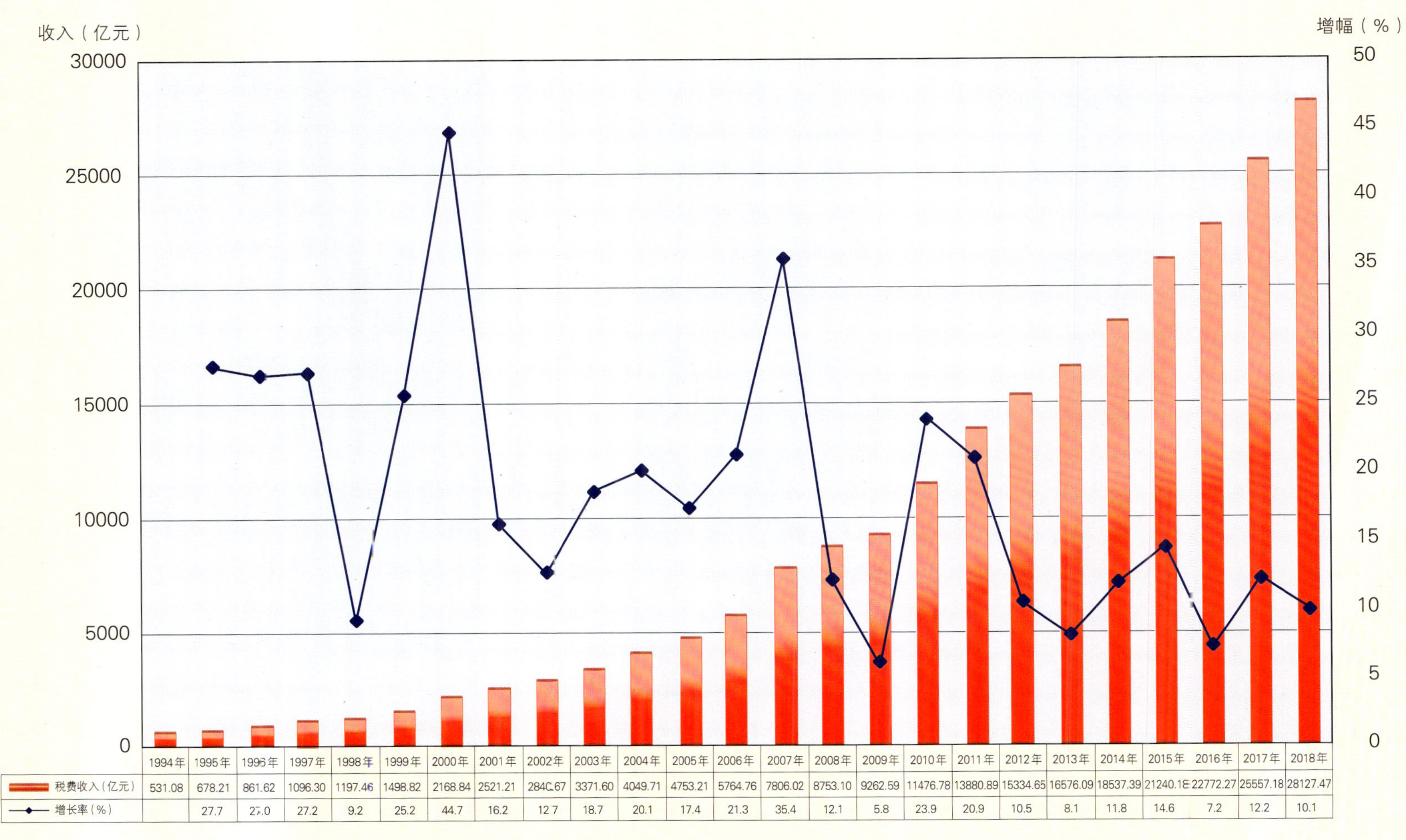

	1994年	1995年	1996年	1997年	1998年	1999年	2000年	2001年	2002年	2003年	2004年	2005年	2006年
税费收入（亿元）	531.08	678.21	861.62	1096.30	1197.46	1498.82	2168.84	2521.21	2840.67	3371.60	4049.71	4753.21	5764.76
增长率（%）		27.7	27.0	27.2	9.2	25.2	44.7	16.2	12.7	18.7	20.1	17.4	21.3

	2007年	2008年	2009年	2010年	2011年	2012年	2013年	2014年	2015年	2016年	2017年	2018年
税费收入（亿元）	7806.02	8753.10	9262.59	11476.78	13880.89	15334.65	16576.09	18537.39	21240.1E	22772.27	25557.18	28127.47
增长率（%）	35.4	12.1	5.8	23.9	20.9	10.5	8.1	11.8	14.6	7.2	12.2	10.1

图 1　广东省税费收入增长情况（1994—2018 年）

注：图中数据包含深圳，以下图同。

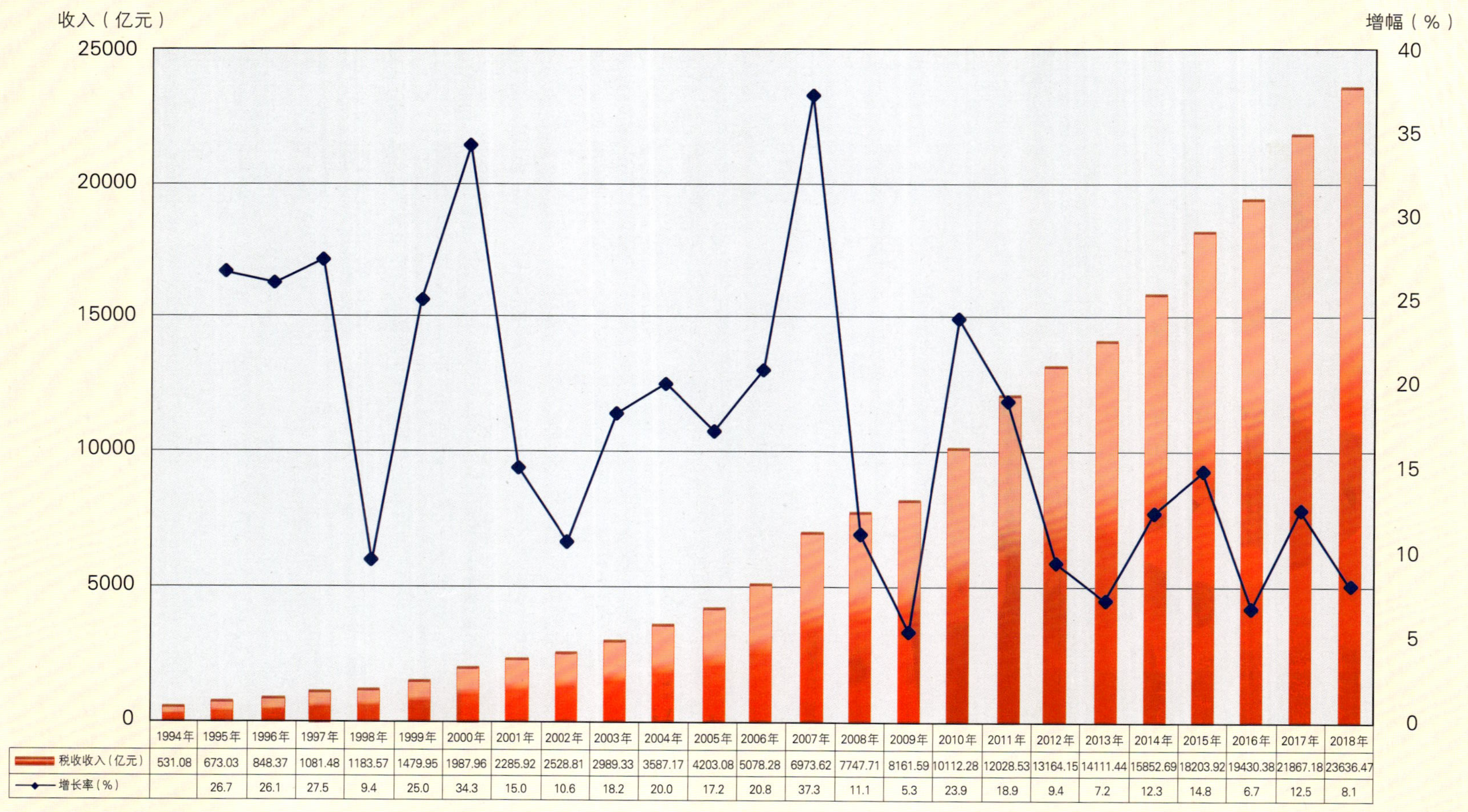

	1994年	1995年	1996年	1997年	1998年	1999年	2000年	2001年	2002年	2003年	2004年	2005年	2006年
税收收入（亿元）	531.08	673.03	848.37	1081.48	1183.57	1479.95	1987.96	2285.92	2528.81	2989.33	3587.17	4203.08	5078.28
增长率（%）		26.7	26.1	27.5	9.4	25.0	34.3	15.0	10.6	18.2	20.0	17.2	20.8

	2007年	2008年	2009年	2010年	2011年	2012年	2013年	2014年	2015年	2016年	2017年	2018年
税收收入（亿元）	6973.62	7747.71	8161.59	10112.28	12028.53	13164.15	14111.44	15852.69	18203.92	19430.38	21867.18	23636.47
增长率（%）	37.3	11.1	5.3	23.9	18.9	9.4	7.2	12.3	14.8	6.7	12.5	8.1

图 2　广东省税收收入增长情况（1994—2018 年）

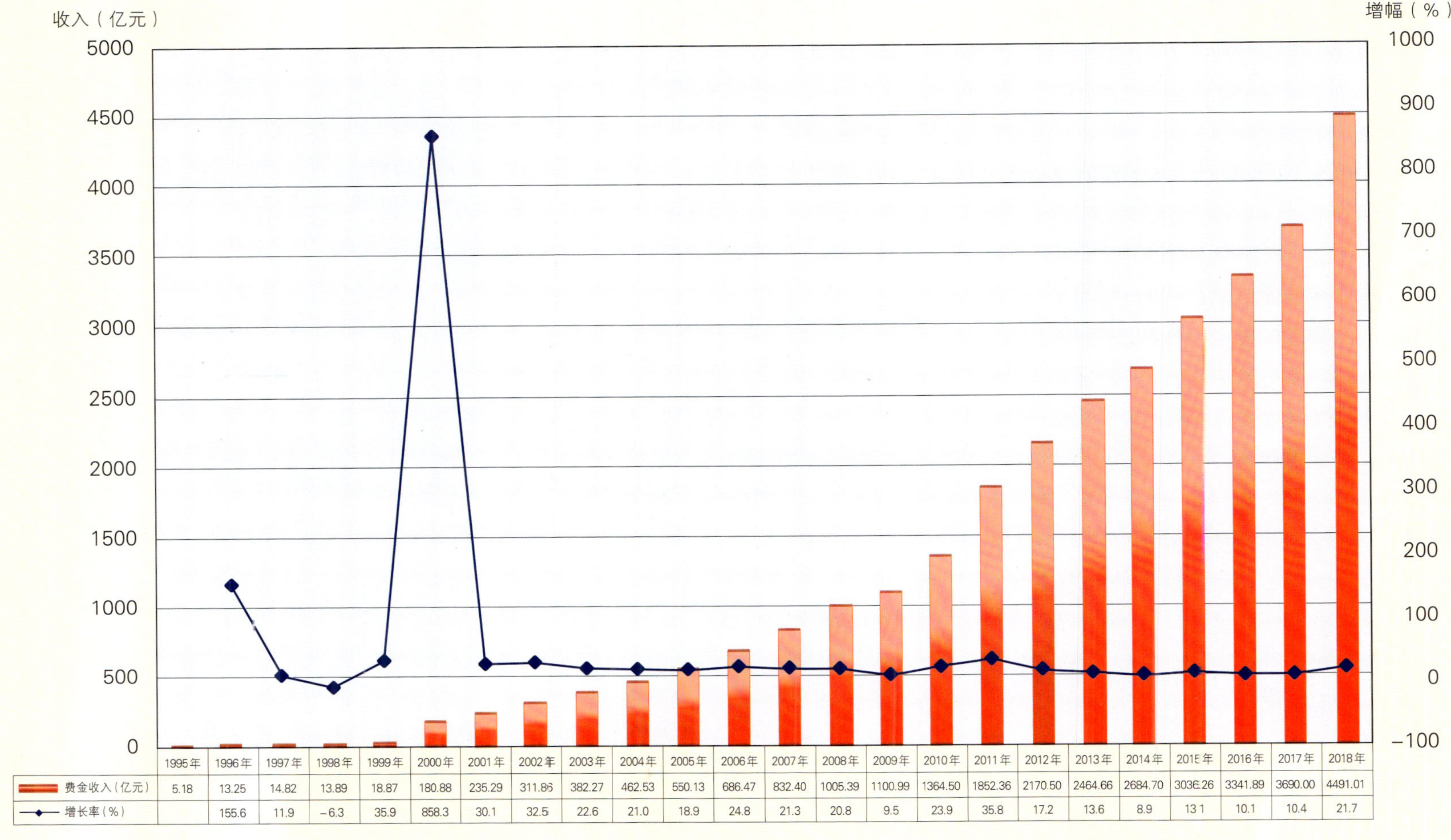

	1995年	1996年	1997年	1998年	1999年	2000年	2001年	2002年	2003年	2004年	2005年	2006年
费金收入（亿元）	5.18	13.25	14.82	13.89	18.87	180.88	235.29	311.86	382.27	462.53	550.13	686.47
增长率（%）		155.6	11.9	−6.3	35.9	858.3	30.1	32.5	22.6	21.0	18.9	24.8

	2007年	2008年	2009年	2010年	2011年	2012年	2013年	2014年	2015年	2016年	2017年	2018年
费金收入（亿元）	832.40	1005.39	1100.99	1364.50	1852.36	2170.50	2464.66	2684.70	3036.26	3341.89	3690.00	4491.01
增长率（%）	21.3	20.8	9.5	23.9	35.8	17.2	13.6	8.9	13.1	10.1	10.4	21.7

图 3　广东省费金收入增长情况（1995—2018 年）

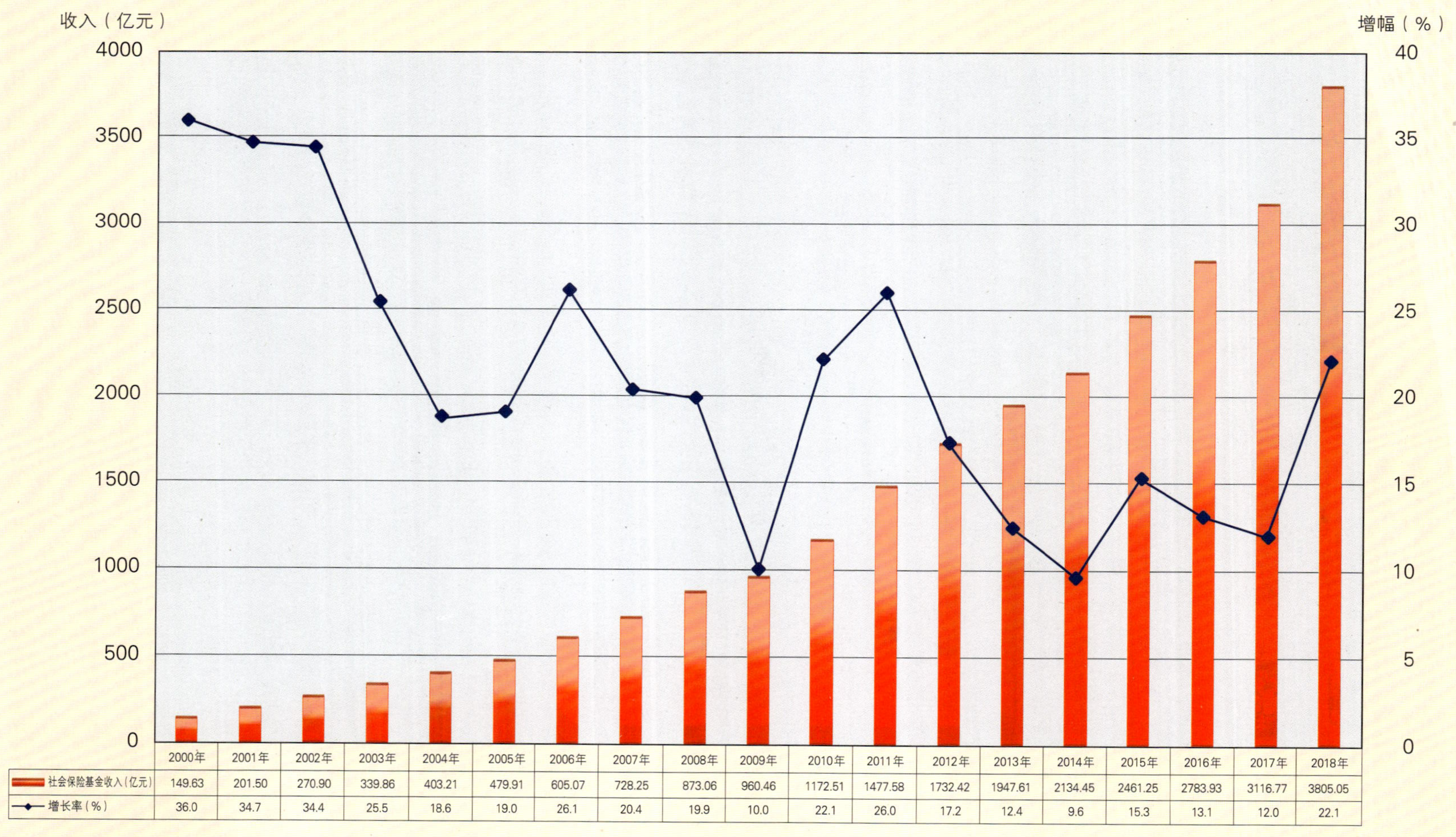

	2000年	2001年	2002年	2003年	2004年	2005年	2006年	2007年	2008年	2009年	2010年	2011年	2012年	2013年	2014年	2015年	2016年	2017年	2018年
社会保险基金收入（亿元）	149.63	201.50	270.90	339.86	403.21	479.91	605.07	728.25	873.06	960.46	1172.51	1477.58	1732.42	1947.61	2134.45	2461.25	2783.93	3116.77	3805.05
增长率（%）	36.0	34.7	34.4	25.5	18.6	19.0	26.1	20.4	19.9	10.0	22.1	26.0	17.2	12.4	9.6	15.3	13.1	12.0	22.1

图 4　广东省社会保险基金收入增长情况（2000—2018 年）

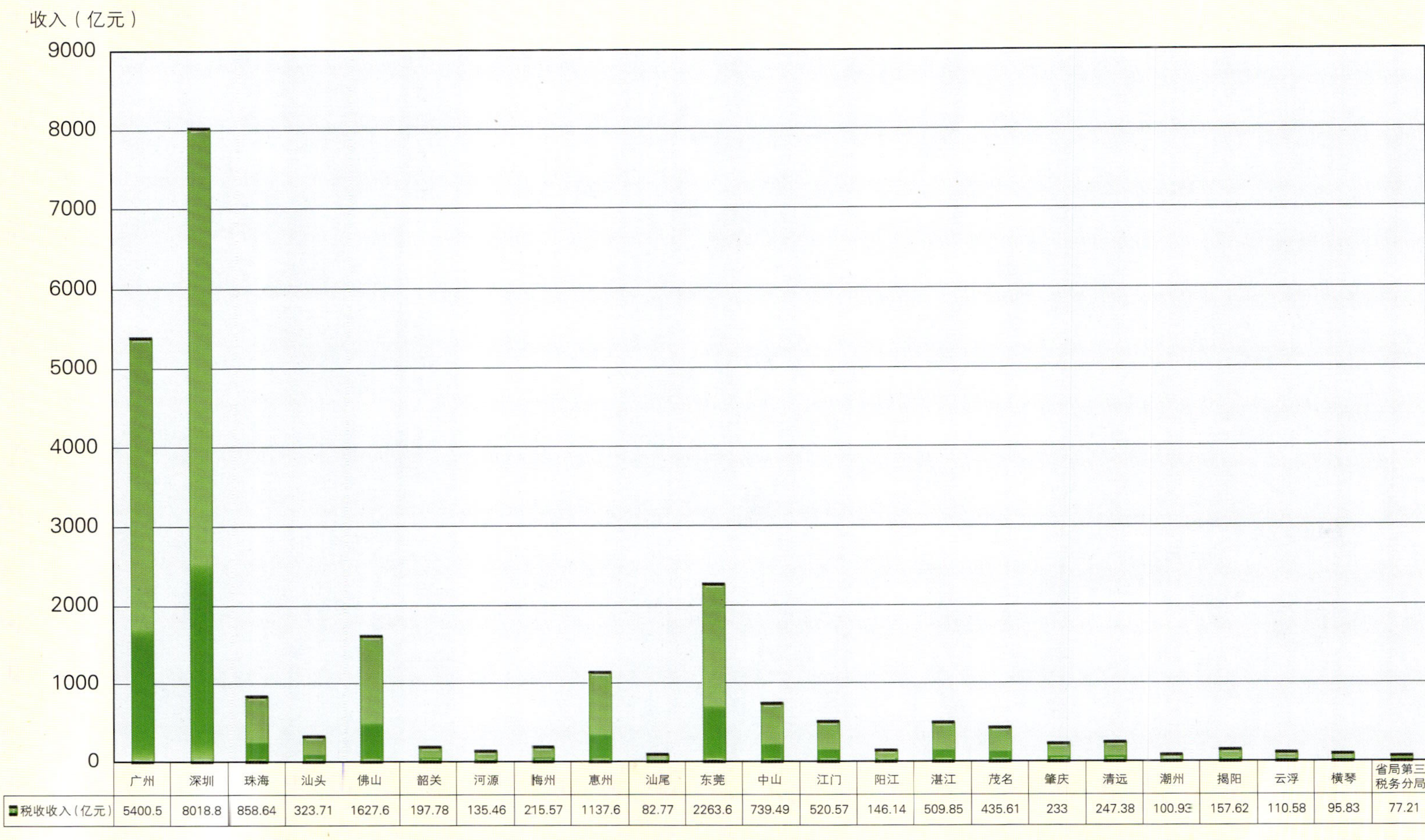

图 5　广东省税收收入分地区情况（2018 年）

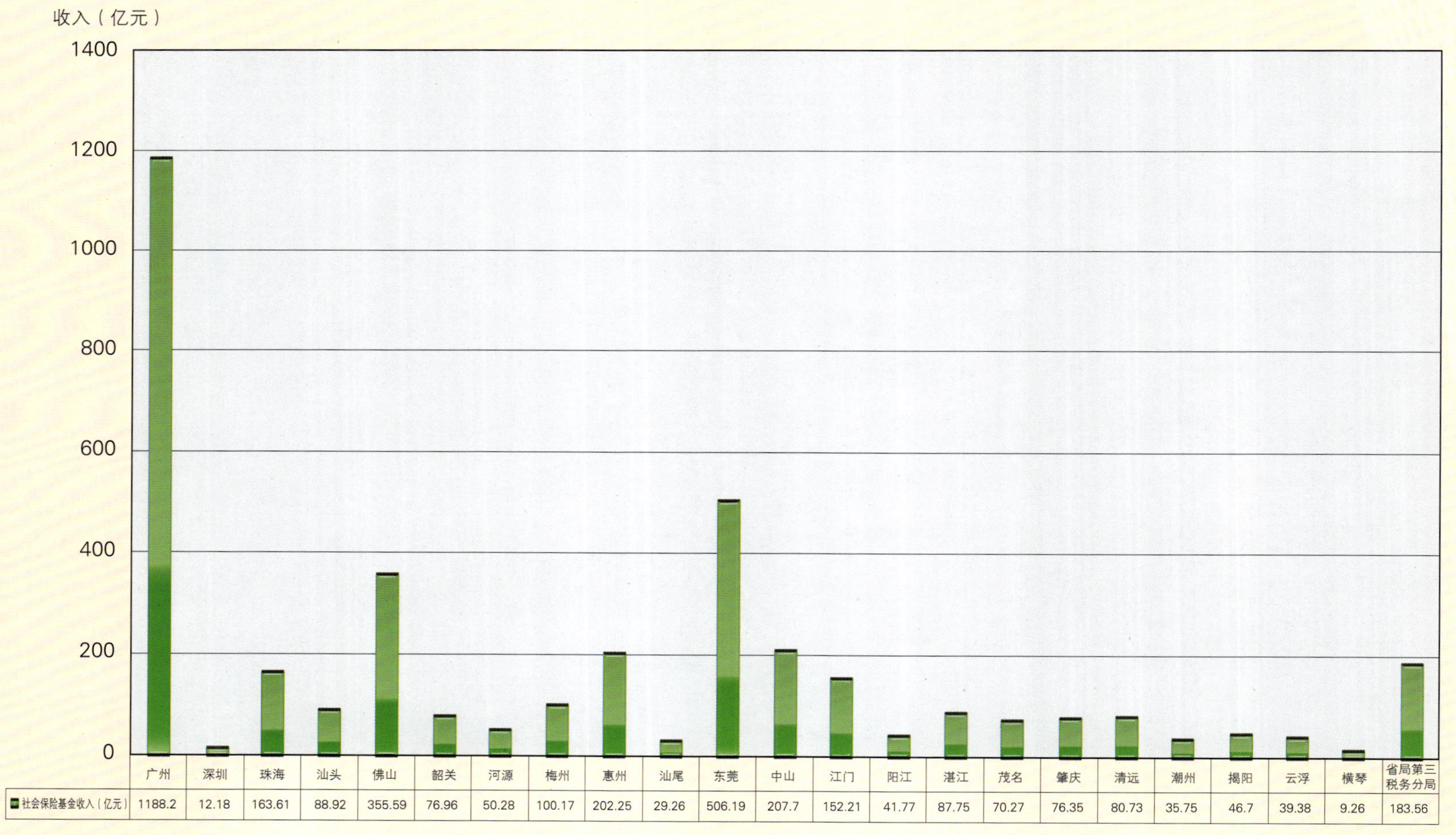

	广州	深圳	珠海	汕头	佛山	韶关	河源	梅州	惠州	汕尾	东莞	中山	江门	阳江	湛江	茂名	肇庆	清远	潮州	揭阳	云浮	横琴	省局第三税务分局
社会保险基金收入（亿元）	1188.2	12.18	163.61	88.92	355.59	76.96	50.28	100.17	202.25	29.26	506.19	207.7	152.21	41.77	87.75	70.27	76.35	80.73	35.75	46.7	39.38	9.26	183.56

图 6　广东省社会保险基金收入分地区情况（2018 年）

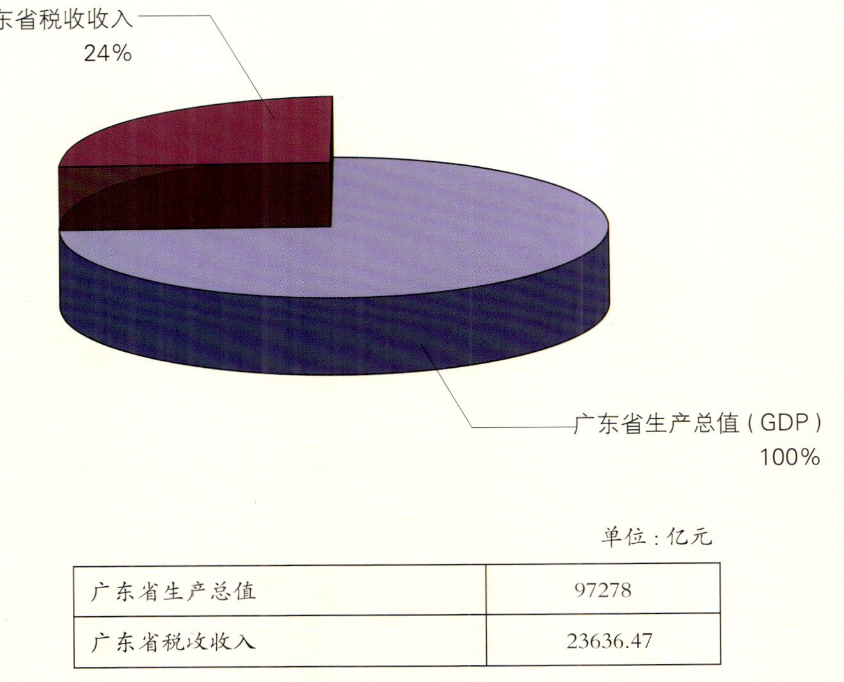

单位：亿元

广东省生产总值	97278
广东省税收收入	23636.47

图 7　广东省税收收入占全省 GDP 比重情况（2018 年）

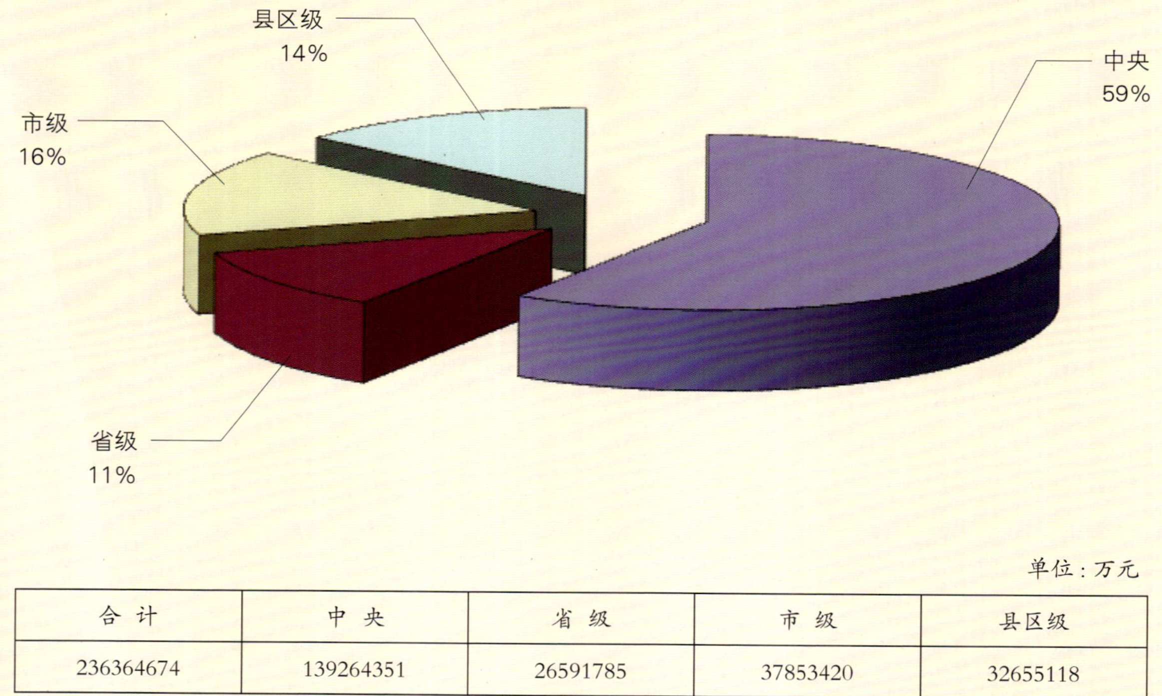

单位：万元

合 计	中 央	省 级	市 级	县区级
236364674	139264351	26591785	37853420	32655118

图 8　广东省税收收入分级次结构（2018 年）

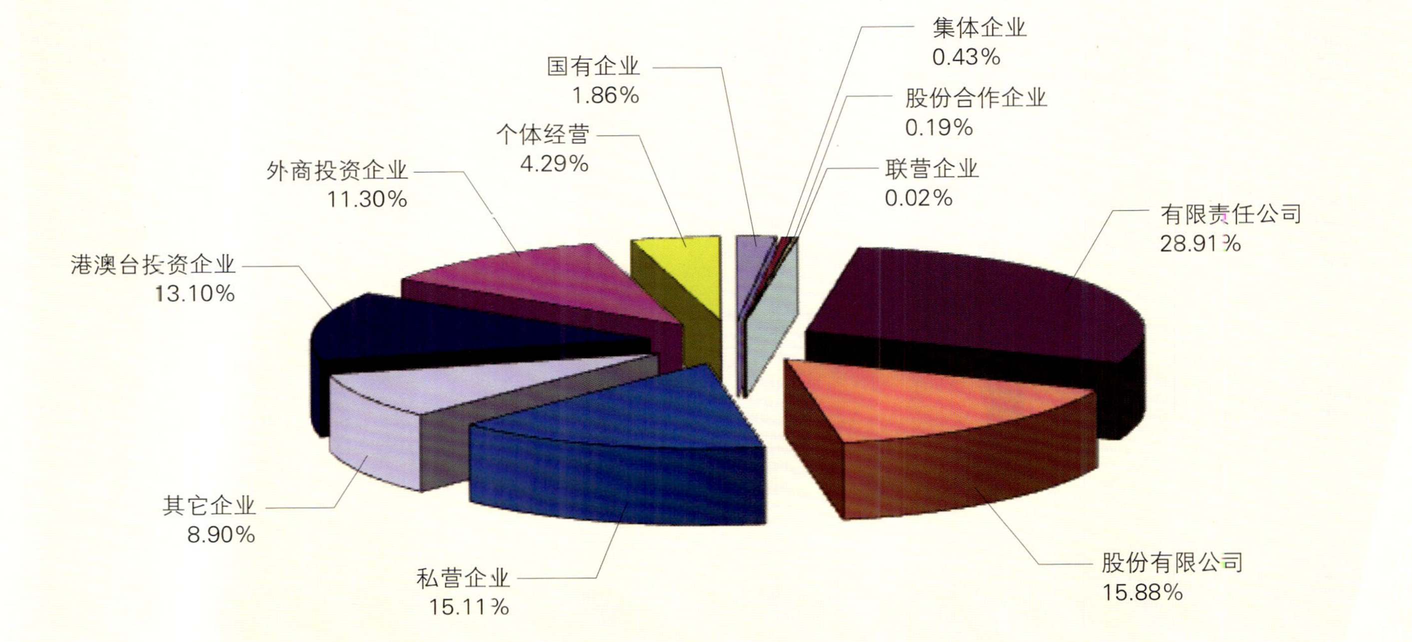

单位：万元

税收收入总计	国有企业	集体企业	股份合作企业	联营企业	有限责任公司	股份有限公司	私营企业	其它企业	港澳台投资企业	外商投资企业	个体经营
236364674	4405404	1025379	442626	52695	68333582	37544815	35714131	21025785	30962401	26717529	10140327

图 9　广东省税收收入分企业类型结构（2018 年）

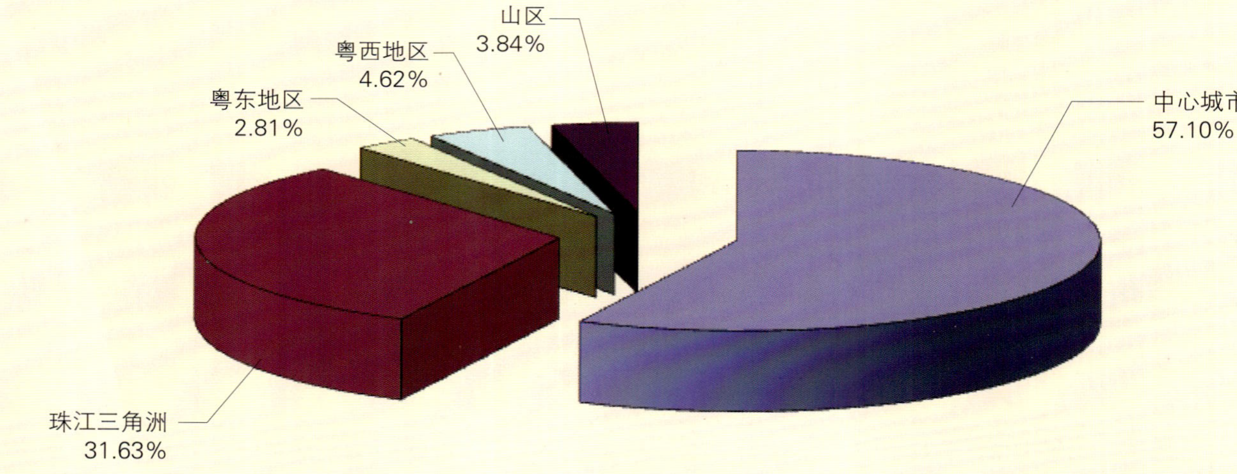

单位：万元

全省税收收入	中心城市	珠江三角洲	粤东地区	粤西地区	山区
236364674	134965532	74764953	6650379	10916039	9067771

分区域说明：中心城市包括广州（含省税务局第三税务分局）、深圳；
珠江三角洲包括珠海、中山、江门、佛山、东莞、惠州、肇庆、横琴；
粤东地区包括汕头、汕尾、潮州、揭阳；
粤西地区包括湛江、茂名、阳江；
山区包括韶关、河源、梅州、清远、云浮。

图 10　广东省税收收入分区域结构（2018 年）

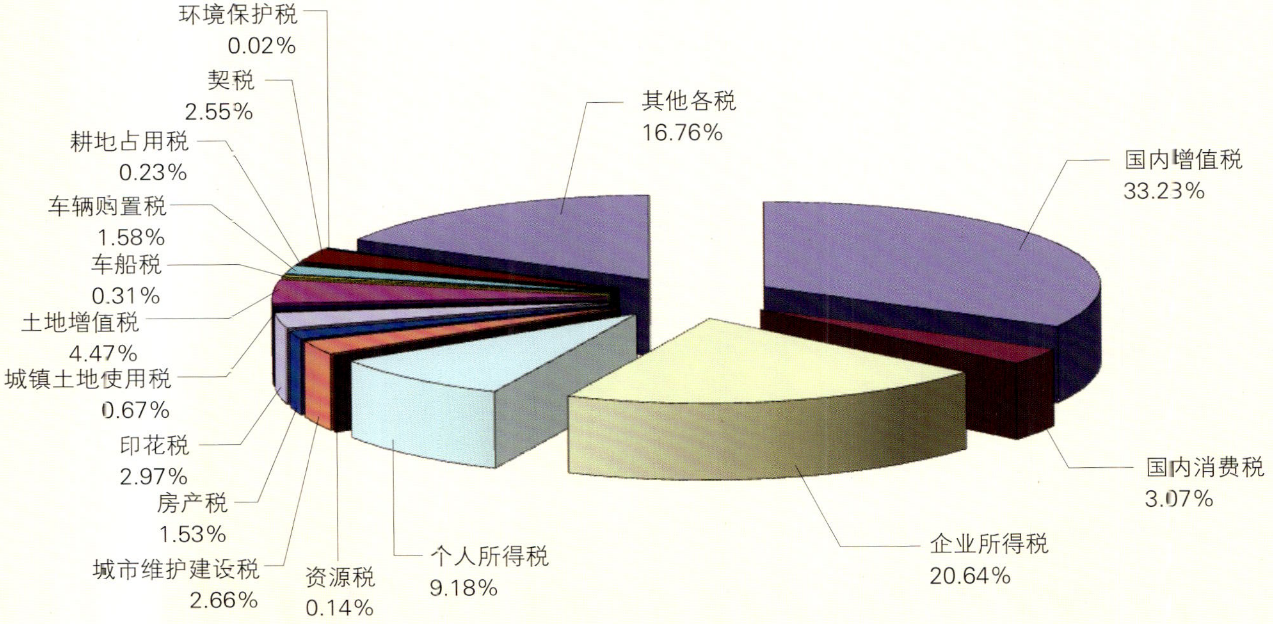

环境保护税
0.02%
契税
2.55%
耕地占用税
0.23%
车辆购置税
1.58%
车船税
0.31%
土地增值税
4.47%
城镇土地使用税
0.67%
印花税
2.97%
房产税
1.53%
城市维护建设税
2.66%
资源税
0.14%
个人所得税
9.18%
企业所得税
20.64%
国内消费税
3.07%
国内增值税
33.23%
其他各税
16.76%

单位：万元

税收收入合计	国内增值税	国内消费税	企业所得税	个人所得税	资源税	城市维护建设税	房产税	印花税	城镇土地使用税	土地增值税	车船税	车辆购置税	耕地占用税	契税	环境保护税	其他税收
236364674	78539206	7251661	48775916	21702069	331473	6279993	3612052	7023548	1585166	10561110	738206	3734510	537822	6017037	50233	39624672

图 11　广东省税收收入分税种结构（2018 年）

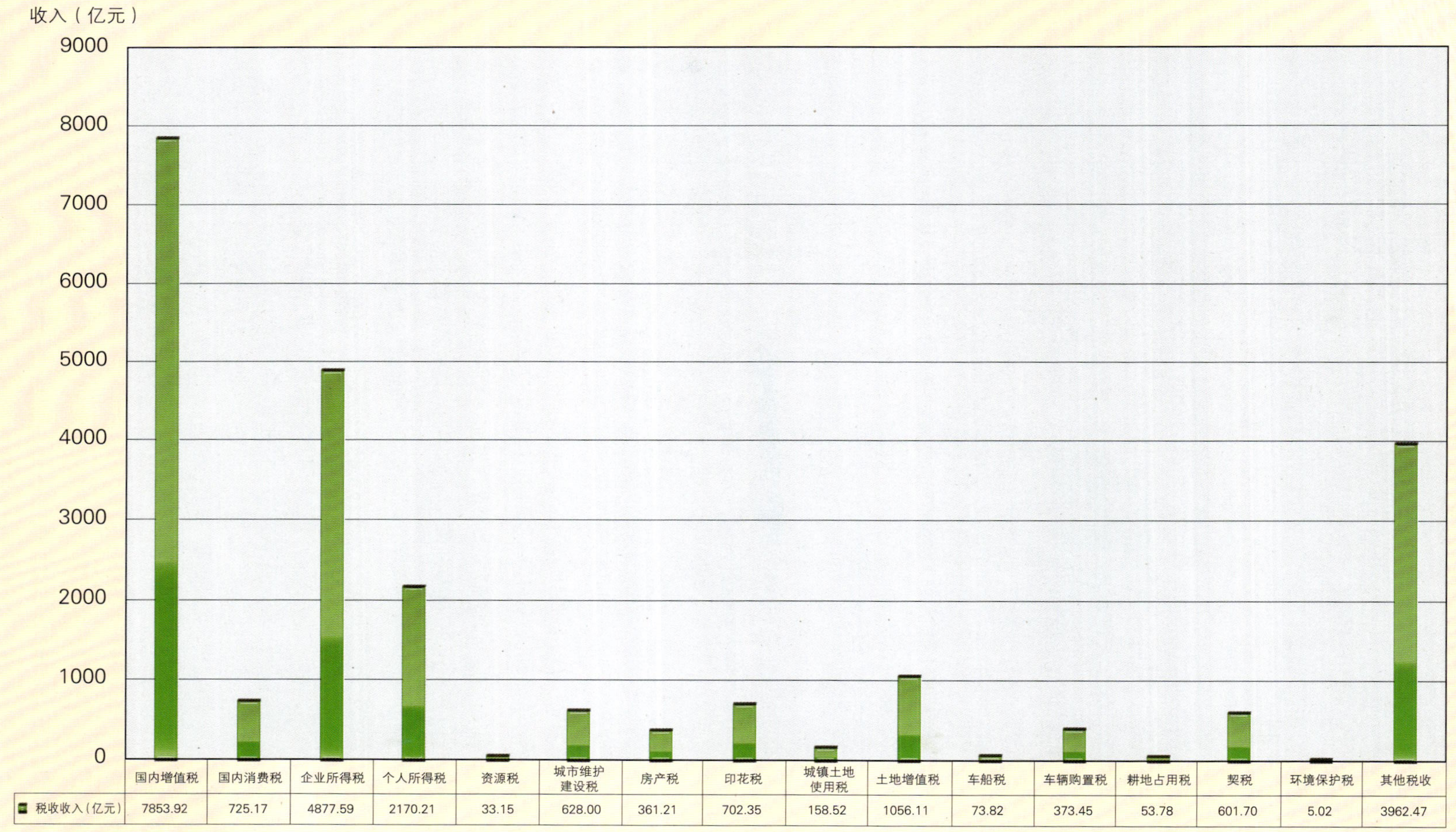

	国内增值税	国内消费税	企业所得税	个人所得税	资源税	城市维护建设税	房产税	印花税	城镇土地使用税	土地增值税	车船税	车辆购置税	耕地占用税	契税	环境保护税	其他税收
税收收入（亿元）	7853.92	725.17	4877.59	2170.21	33.15	628.00	361.21	702.35	158.52	1056.11	73.82	373.45	53.78	601.70	5.02	3962.47

图 12　广东省税收收入分税种情况（2018 年）

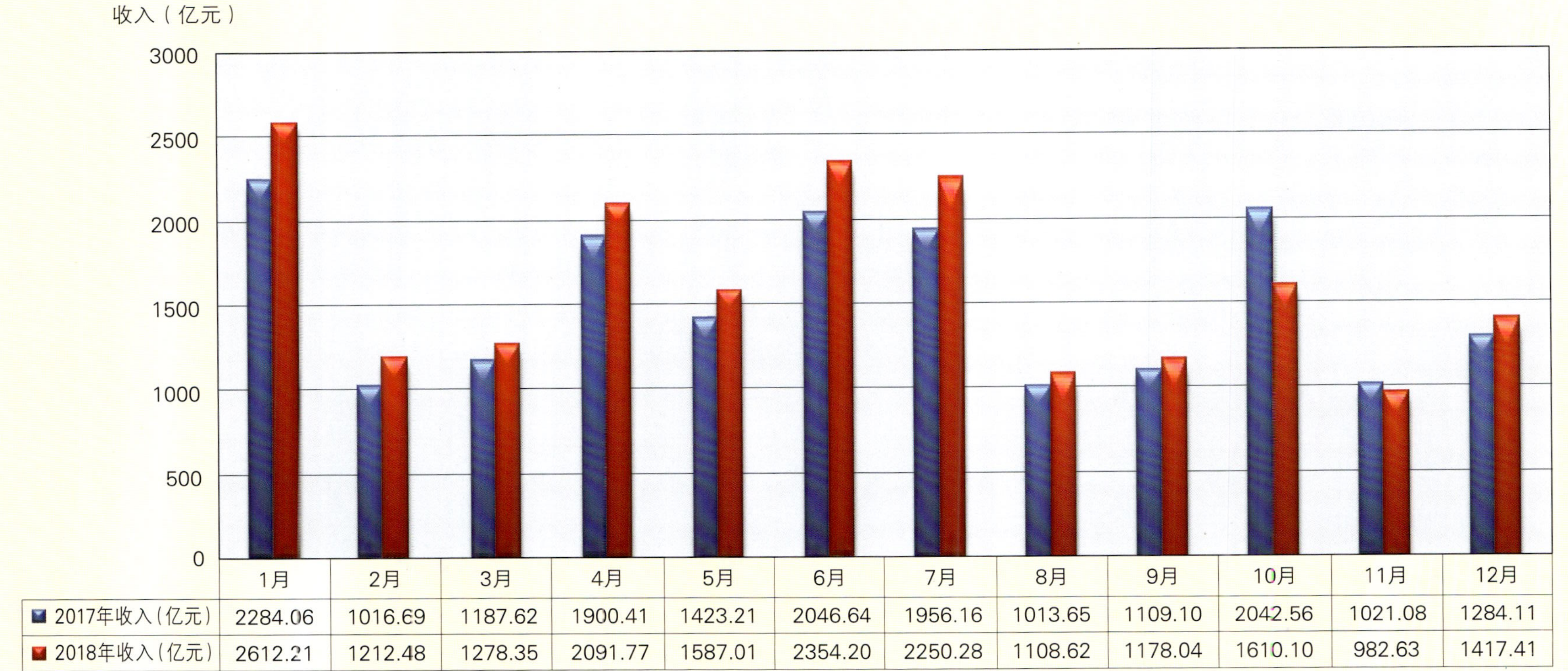

	1月	2月	3月	4月	5月	6月	7月	8月	9月	10月	11月	12月
2017年收入（亿元）	2284.06	1016.69	1187.62	1900.41	1423.21	2046.64	1956.16	1013.65	1109.10	2042.56	1021.08	1284.11
2018年收入（亿元）	2612.21	1212.48	1278.35	2091.77	1587.01	2354.20	2250.28	1108.62	1178.04	1610.10	982.63	1417.41

图 13　广东省国内税收收入分月完成情况（2017—2018 年）

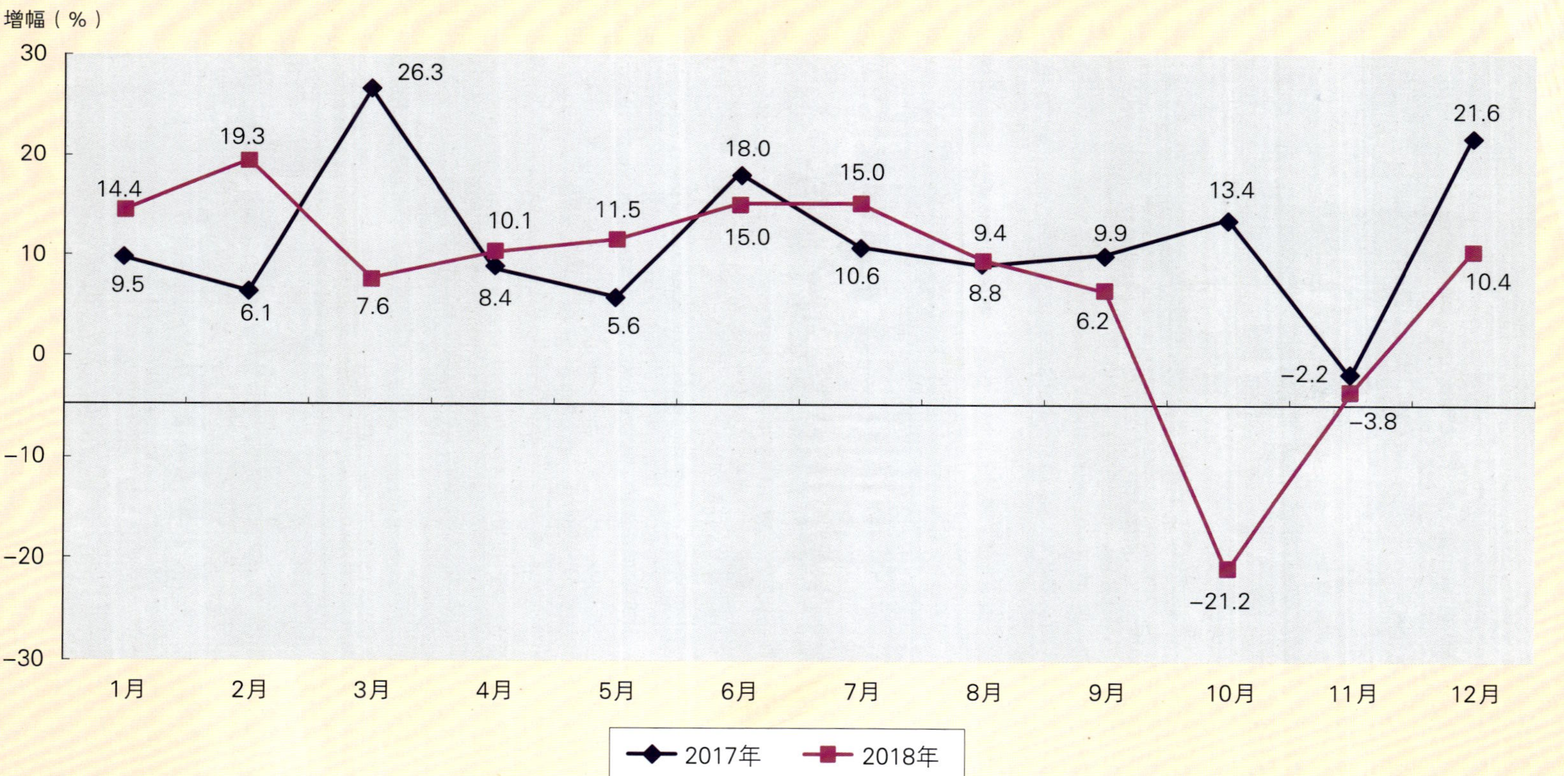

图 14　广东省国内税收收入分月增幅情况（2017—2018 年）

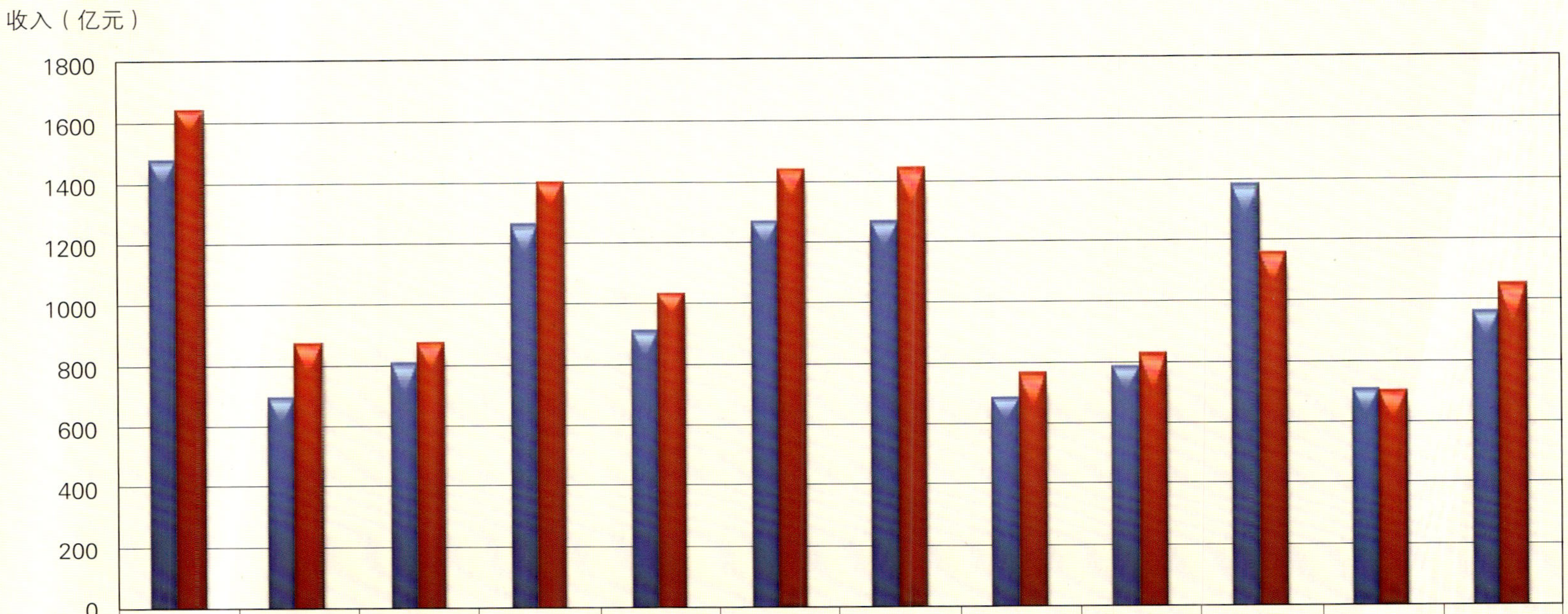

	1月	2月	3月	4月	5月	6月	7月	8月	9月	10月	11月	12月
2017年收入（亿元）	1479.135	694.6189	813.4408	1267.799	913.0579	1269.343	1273.617	688.6086	780.2117	1378.399	706.6906	961.6825
2018年收入（亿元）	1638.21	878.55	879.5925	1394.334	1035.509	1448.054	1454.916	767.9306	838.1919	1155.145	708.5009	1055.666

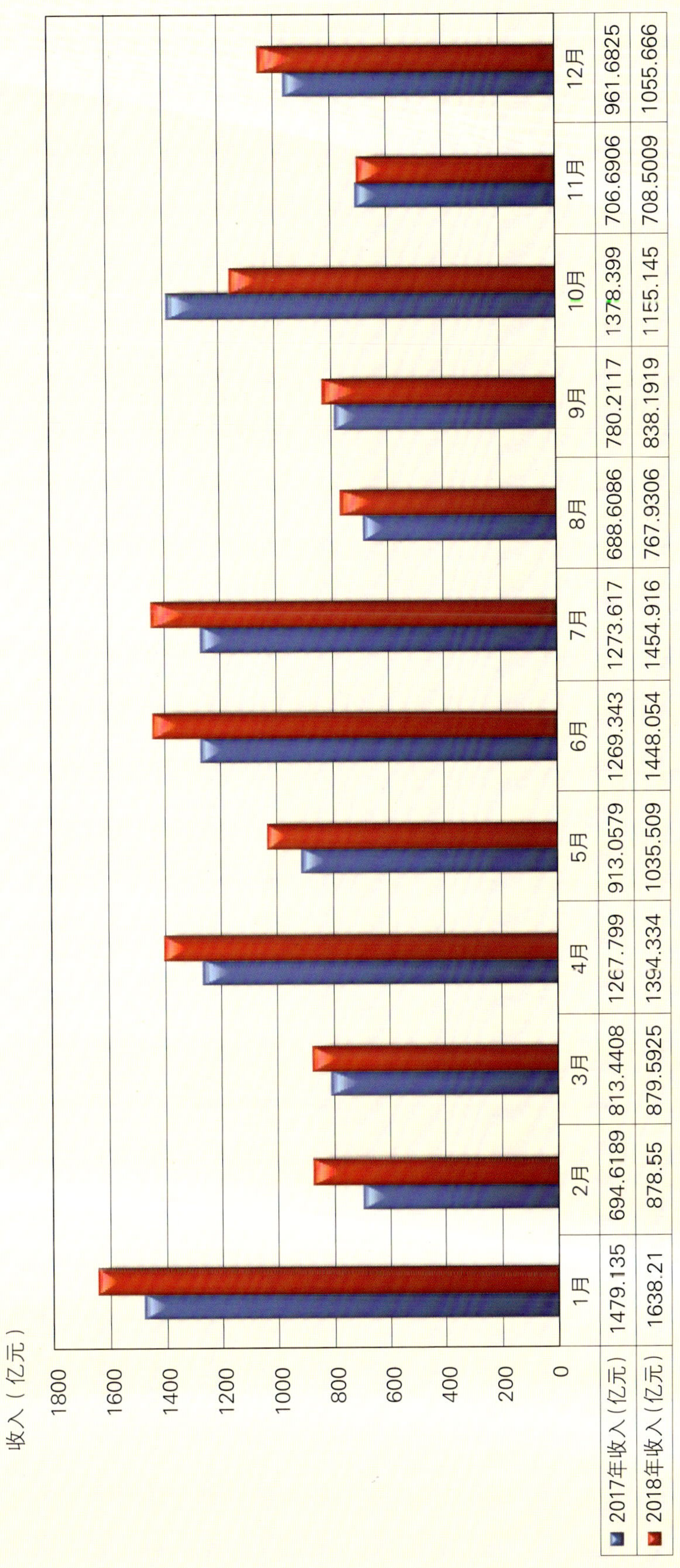

图 15　广东地区（不含深圳）国内税收收入分月完成情况（2017—2018 年）

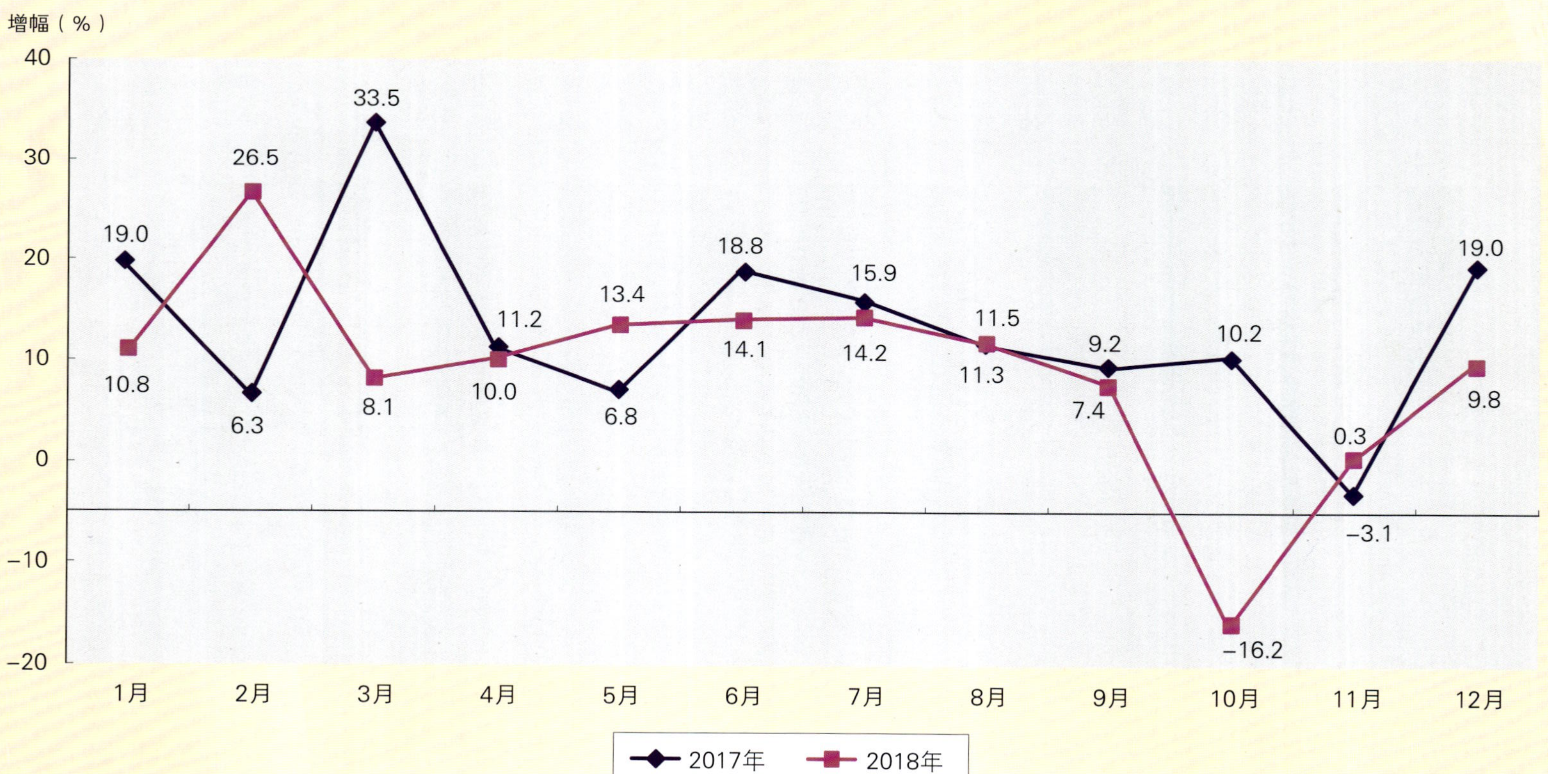

图 16　广东地区（不含深圳）国内税收收入分月增幅情况（2017—2018 年）

目　录

第一篇　年度关注

第二篇　全省税收工作

第三篇　各市（区）税收工作

第四篇　大 事 记

第五篇　机构与人员

第六篇　税费统计

第一篇

年度关注

传达学习贯彻习近平总书记视察广东重要讲话精神

2018年10月30日，国家税务总局广东省税务局召开党委会（扩大）会议，专题传达学习贯彻习近平总书记视察广东重要讲话精神，以及省委常委会扩大会议和全省干部大会精神，研究部署学习贯彻落实工作。

会议认为，总书记视察广东重要讲话精神，内涵丰富、视野宽广、思想深邃、意蕴深远，与总书记对广东工作的一系列重要指示批示精神一脉相承，必将对广东在新时代新起点实现新发展新突破起到巨大的引领和推动作用，对做好新时代广东省税收改革发展各项工作、发挥税收职能推动广东高质量发展、提高发展平衡性和协调性、加强党对税收工作的领导等具有重大深远的指导意义。

会议指出，全省税务系统尤其是各级税务部门党委要进一步强化以习近平新时代中国特色社会主义思想指导一切工作、处理一切问题的政治自觉和行动自觉，深刻领会总书记视察广东重要讲话精神实质，增强“四个意识”，坚定“四个自信”，做到“两个维护”；要按照省委统一部署，坚持把学习宣传贯彻总书记重要讲话精神作为头等大事和首要政治任务，坚持把总书记重要讲话精神与总书记对广东工作一系列重要指示批示要求一体学习领会、整体贯彻落实，结合实际理清新时代新机构税收工作发展思路，完善税收工作举措，紧紧围绕广东省实现“四个走在全国前列”和当好“两个重要窗口”目标，进一步发挥税收职能作用，为广东开创工作新局面做出新的更大贡献。

会议要求，全省各级税务机关要坚持以习近平新时代中国特色社会主义思想为指导，紧密结合税收工作实际抓好讲话精神的贯彻落实，把总书记的要求变成思想自觉、行动自觉和实际成效，切实推动广东税收事业新发展。一是大力弘扬敢闯敢试、敢为人先的改革精神，做好税收改革各项工作。按照上级统一部署安排，深化国税地税征管体制改革，做好社会保险费和非税收入征管职责划转、税费业务和信息系统整合优化等改革重点任务，在税费征管、纳税服务、党建工作、队伍建设等方面加大改革创新力度，不折不扣地落实好增值税、个人所得税、房产税等税制改革，稳步做好环境保护税征收和深化资源税改革工作，为全国税收改革发展贡献广东智慧。二是进一步发挥税收职能作用，推动广东高质量发展。全力以赴抓好组织税费收入工作，确保税费收入与经济增长相协调。不折不扣贯彻党中央、国务院关于简政减税降负的一系列部署和举措，全面落实广东省新的“实体经济十条”“外资十条”“发展民营经济十条”等举措，主动作为用好税权，降低实体经济负担，激发市场活力。发挥好税收智库作用，全方位服务粤港澳大湾区和广东自贸区建设。认真落实税务总局深化税务系统“放管服”改革五年行动方案和优化税收营商环境10项举措，持续优化税收营商环境。全面落实改善民生的各项税收政策，做好税务部门对口扶贫工作。三是着力抓好党的建设，进一步加强党对税收工作的全面领导。坚持把政治建设摆在首位，着力抓好各级党委和党员领导干部的政治理论学习。认真落实新时代党的组织路线，深入落实中央《关于进一步激励广大干部新时代新担当新作为的意见》。全面贯彻落实省直机关党的政治建设推进会部署要求，加大模范机关创建力度。认真落实新形势下全省税务系统党的建设实施意见、全省税务系统加强基层党组织建设三年行动计划实施方案，健全完善纵合横通强党建新机制体系，为高质量推进新时代税收现代化提供坚强政治保证。

会议强调，全省税务系统要把学习贯彻习近平总书记视察广东重要讲话精神作为当前和今后的首要政治任务抓紧抓实抓好，迅速掀起学习贯彻习近平总书记视察广东重要讲话精神的热潮。一是迅速组织传达学习。主要负责同志要亲自抓、负总责，加强组织领导，进行专题部署，精心制定具体方案。各级党委要通过召开专题学习会议或党委中心组学习等方式，带头深入学习贯彻总书记重要讲话精神；党支部要召开专题组织生活会，确保将重要讲话精神传达到每名党员。各级税务部门要把学习总书记视察广东重要讲话精神纳入干部培训的重要内容，形式多样地组织广大干部认真学习。二是深入推动贯彻落实。要根据省委对学习贯彻习近平总书记视察广东重要讲话精神的部署安排，按照职责分工，明确时间表，细化任务分解，确保各项目标任务落实落地。要紧密结合省委“大学习、深调研、真落实”活动，密切联系税收工作实际，切实用总书记重要讲话精神谋划推动工作，形成具体工作举措。各级党委要强化督促检查，研究解决落实过程中遇到的问题。各级领导干部要扑下身子抓落实，推动学习宣传贯彻活动在全省税务系统取得实效。三是扎实做好舆论宣传。各级税务部门要认真组织舆论宣传，迅速在全省税务系统营造学习贯彻讲话精神的浓厚氛围。要充分利用各类平台，推出系列报道和有关学习资料，大力宣传总书记视察广东重要讲话精神的科学内涵和核心要义，深入报道全省税务系统基层党员干部学习重要讲话精神的进展，持续总结各级税务部门学习贯彻总书记重要讲话精神的好经验、好做法、好成效，推动学习贯彻往深里走、往实里抓。

（毛　娜）

全省税费规模突破2.8万亿元 圆满完成地方级税收收入目标

2018年，广东省税费收入完成28127亿元，比上年增长10%。全省税收收入总额23636亿元，比上年增长8.1%。税务部门组织的国内税收收入19683亿元，增长7.6%；地方级税收收入9710亿元，增长9.8%。其中，广东地区完成地方级税收收入6801亿元，增长10.04%，比税务总局下达的地方级收入目标增加72亿元，圆满完成省政府下达的地方级收入目标。海关代征进口税收3953亿元，增长10.4%。税务部门组织的社会保险费等费金收入4491亿元，增长21.7%。

全省经济发展稳中有进，为税收高质量增长奠定坚实基础。一是产业和行业税收结构持续优化。2018年1—11月，第三产业税收增长11.5%，增收额占总税收增量81.8%，占总税收规模的比重达61.5%。其中，现代服务业、高技术服务业税收分别增长11.5%和12.9%。二是反映企业效益和居民收入的所得税较快增长。全年企业所得税剔除缓税因素后实际增长13.6%，个人所得税受政策性减收影响仍较快增长14.8%。三是区域税收均衡增长。全年珠三角9市国内税收增长7.7%，粤东西北12市国内税收增长7.3%。

2018年以来，全省税务部门坚持机构改革和税收工作互促共进，坚决落实省委、省政府对组织收入工作的要求，真抓实干、克难奋进，采取有力措施圆满完成省政府下达的地方级税收收入任务。省局主要负责人专门到税务总局汇报，积极向税务总局反映广东省实际情况，争取税务总局理解和支持；与省财政厅密切沟通，做好收入衔接，确保地方级税收收入任务的完成，有效带动全省一般预算收入增长；加强对各市税务局的组织收入统筹指导，迅速分解下达任务，层层压实责任，确保落实到位；充分发挥国税地税机构合并后的体制优势，全面提升征管能力，共推送税收风险管理任务28万户次，促进税收增收384亿元，上线增值税发票全链条智慧防控系统，精准打击涉嫌虚开发票行为，追缴税款32亿元。

全省税务部门不折不扣落实减税降费政策，全力服务经济社会发展。2018年广东省共办理出口产品退（免）税4165亿元，比上年增长11%，有力支持外贸出口和工业生产。1—11月落实鼓励高新技术、改善民生、促进小微企业发展等政策减免税共2191亿元，同比增长9.3%。积极主动用好地方税权，推出减税降费若干新措施，并纳入广东“实体经济新十条”和“外资十条”。全力推动增值税、个人所得税、环境保护税等各项税制改革措施在广东落地，为助力企业纾困解难、激发市场主体活力、增强经济发展新动能提供了税收支持。

（毛　娜）

扎实推进国税地税征管体制改革

2018年，广东省税务部门以习近平新时代中国特色社会主义思想为指导，全面贯彻党的十九大精神和习近平总书记关于深化党和国家机构改革的重要指示精神，按照党中央、国务院的决策部署和税务总局的实施路径，以敢为人先的改革精神、扎实有力的改革举措和务实拼搏的改革干劲，推进国税地税征管体制改革任务落地见效。

一、按照中央决策部署和税务总局实施路径，扎实推进改革任务落地落实

注重机制化落实，构建“改革工作领导小组组织统筹、10个专项工作组具体实施、11个联络（督导）组督促落实”的组织推进工作机制，确保改革工作在“统”上更有层次和力度，在“行”上更加有序和有效。实行模板式操作，专门就新税务机构挂牌、“三定”规定编制等制定工作模板。实施挂图式作战，设立“作战指挥中心”，对11大类45项主要任务1000多个具体事项，严格对表推进、督导问效、到点验收。截至2018年7月20日，省市县乡4级新税务机构顺利挂牌，统一对外开展税收执法和纳税服务；省市县乡局（所）“三定”工作全面落地，社会保险费和非税收入征管职责划转、税费业务和信息系统整合优化等重点工作有序推进；全省4.6万名税务干部思想稳定，恪尽职守，没有发生违反改革纪律的情况；获得省委书记李希、税务总局局长王军等领导肯定性批示17次，被中央电视台等主流媒体宣传报道360多次，19名全国人大代表和政协委员主动发声点赞。

二、旗帜鲜明强化党的建设，坚持和加强党对税收工作的全面领导

把坚持和加强党对税收工作的全面领导作为改革的政治主题和首要任务，从体制机制上对全面加强党的领导作出制度安排，从机构职能上把加强党的领导落实到税收工作各方面各环节。完成全省税务系统158个单位党组改设党委工作，完善党委工作规则和决策程序及配套制度，构建党委统一领导、民主集中、运行协调的工作机制，切实增强党委把方向、管大局、保落实的领导核心作用。省税务局党委委员全部深入矛盾最突出的县乡级税务局开展“三定”落实专题调研，召开省税务局党委专题扩大会议，逐项研究10大类38项共性问题，明确解决思路和指导意见，有效破解改革难题。各级党委召开机构改革专题民主生活会，进一步总结经验、查找不足、鼓足干劲。创新临时党支部工作法，通过在向县区局和直属机构派驻的联络（督导）组成立临时党支部等形式，建强“战斗堡垒”；通过设立党员示范岗、党员责任区、党员突击队等方式，带动干部群众在改革中立足岗位创先争优，确保机构改革推进到哪里，党员先锋模范作用就发挥到哪里。统筹设置党建机构，省市县税务局统一设立机关党委，省市税务局同时设立系统党建工作处（科），省税务局设立组织人事、巡视巡察、督察内审、考核考评、宣传教育等党建工作

部门，形成分工合理、责任明确、运转协调的党建机构布局，增强党的领导力。针对干部安置难度大的实际，着力开展思想政治工作，聚焦思想波动大的重点对象，通过制定谈心谈话指引和模板、向干部家属发出家书、开设“干部心声墙”在线纳谏平台、建立干部心声跟踪机制等举措，帮助干部放下思想包袱和解开心理疙瘩，营造支持改革的浓厚氛围。聚焦队伍融合，通过邀请高校心理咨询师开展心理疏导、开展“队伍大团结、人心大融合”活动、组织各类文体活动等措施，增进干部认知认同，强化“一家人”思想，促进队伍实现事合人合力合心合。

三、紧密结合推动经济高质量发展新要求，调整优化税务组织体系

坚持“瘦身”与“健身”相结合，调整优化机构设置和职能配置，努力构建优化高效统一的税务组织体系。一方面，精简机构，避免机构重叠带来工作低效。省市县乡局（所）“三定”完成后，全省税务机构大幅减少，县级税务局及内设机构、事业单位、派出机构总数量减少近30%；税务机构降级情况普遍，机构降级的县级税务局及内设机构、事业单位、派出机构超过200个；跨区稽查局整合面广，原县级国税局、地税局设置的108个稽查局整合为33个跨区域稽查局，整合面近70%。另一方面，设置与现代化经济体系和经济高质量发展要求相适应的新部门，强化力量配置，运用现代信息技术降低征管成本，改进征缴服务。如设立税收经济分析部门，组建“高精尖”分析团队，聚焦国家和省重大发展战略、经济运行情况、减免税等政策实施效果开展专题分析，服务地方宏观经济决策和管理；设立大数据和风险管理部门，对涉税数据实行集中管理、质量控制、分析应用和共享交换，强化税收改革与“数字政府”改革的对接；设立社会保险费和非税收入部门，负责城乡居民养老保险、城乡居民医疗保险以及其他非税收入征收管理，发挥税费同征同管专业优势，降低征纳成本，提高征管效率；设立纳税服务中心，与办税服务厅形成上下贯通、左右对接的格局，为纳税人和缴费人提供更加优质高效便利的服务。同时，按照属地为主的原则设置基层税务分局（所），便于就近向纳税人和缴费人提供服务。

四、全面贯彻以人民为中心的发展思想，增强纳税人缴费人改革获得感

将税务机构改革与深化“放管服”改革有机结合，坚持“机构改革、服务先行”，进一步优化营商环境。简政放权持续加码，调整优化141项征管类业务办理事项及流程，实行涉税资料清单管理，取消893项报送资料，进一步优化税务注销程序，简化纳税人注销手续。梳理原国税地税征管业务差异，编写改革过渡期征管事项调整指引，建立“管户”调整清册和新旧主管税务机关对照表，解决改革过渡期纳税人办税难以适应和不懂操作等问题。大力推进网上办税，实现涉税费业务、行政审批事项上网率100%。加大涉税事项通办力度，全省超过93%的办税服务厅实现“一厅通办”，推进办税事项“全省通办”，打破办税属地限制。深化无纸化办税，加大电子税务局、微信办税推广力度，实现对全省全部县区所有实体办税服务厅全覆盖。9月征期纳税人办理涉税事项平均等候时间从8月的10.25分钟下降到6.32分钟，办税（缴费）满意率提升为99.99%。推行电子证照，凡能从第三方取得的电子证照信息视同纳税人已提供资料、无须再报送纸质资料。聚焦纳税人办税堵点痛点难点问题，公布第一批634项办税指南，推出7大类547项涉税（费）业务“最多跑一次”清单，统一97%的依申请业务事项办理流程，对符合条件的省内跨地区经营制造业企业实行总机构和分支机构汇总申报缴纳增值税。严格落实国务院常务会议要求，明确要求各级税务机关在改革到位前一律保持现有社会保险费征收政策不变，确保不增加企业负担，激发市场活力，引导社会预期向好。

五、坚持机构改革和税收工作互促共进，提升税收服务国家治理能力和治理水平

始终把确保国家税收安全作为检验税务机构改革成效最重要、最直观的指标，全力以赴抓好组织税费收入工作。2018年1—9月，全省（不含深圳）累计组织税费收入15214亿元，同比增长13.9%，实现平稳快速增长。不折不扣地落实好各项税收政策；鼓励高新技术、改善民生、促进小微企业发展等税收优惠政策共减免税收1120亿元，增值税税率调整实现净减税95亿元。进一步加快出口退税进度，助力广东外贸经济发展，2018年1—9月办理出口产品退（免）税2072亿元，同比增长12.2%，比同期全省出口增长率高出12.6个百分点；提前两周完成退还增值税期末留抵税额政策落实工作，累计退税89.84亿元。大力支持实体经济发展，把减税降费作为广东“实体经济新十条”的重要内容，研究制定和分批实施18条降低实体经济成本的政策措施；用足用好地方税收权限，提出7项降低企业税负的具体措施，同时将车辆车船税使用税额、核定征收企业所得税的应税所得率、企业所得税预缴率等调整到国家规定的最低标准，将契税纳税期限调整为对纳税人最有利的最长期限，大幅降低城镇土地使用税单位税额、印花税核定征收标准。发挥以税资政作用，聚焦出口企业、高端制造业等开展效应分析，多次向税务总局提出调整退税率建议并获采纳，促使LED灯具退税率从13%提高到16%、五金制品退税率从5%提高到9%、新型塑料退税率从5%提高到9%。

（毛　娜）

落实税务机关“三定”暂行规定

在全省国税地税征管体制改革进入全面落实“三定”暂行规定的重要阶段，省税务局党委始终以服务广东发展大局为己任，坚持“瘦身”与“健身”相结合，努力构建起与全省现代化经济体系和经济高质量发展相适应的税收体制机制。目前，优化高效统一的广东税务组织体系初具雏形，部门职责分工科学合理，队伍人员结构更加优化。

一、发挥税收经济分析智库作用，服务广东经济社会发展

广东省税务局始终把税收经济分析工作摆在服务全省宏观经济决策和管理的重要位置，深度挖掘利用税收数据这座“金山银库”。为进一步发挥税收智库作用，在本次改革中，省、市税务局均专门设立税收经济分析部门，并迅速组建“高精尖”分析团队。省税务局税收经济分析处在编8名干部中，有7名具有研究生以上学历(2名博士、5名硕士)，有2名全国税务领军人才，处室负责人还分别担任省人大特聘财经专家、省政协委员。同时，着力统筹内外资源凝聚多方力量：对内，牵头相关处室建立税收经济分析联动机制；对外，积极参与政研室、经信委、发改委、统计局等部门研究项目，引入高校研究团队、相关研究机构资源，并广泛借鉴国内外先进分析方法和经验。税收经济分析工作着力做到“三个聚焦”：一是聚焦国家和省重大战略部署打造拳头产品。紧紧围绕深化供给侧结构性改革、实施创新驱动发展、构建开放型经济新体制、建设粤港澳大湾区、构建“一核一带一区”等课题，开展国家和省重大经济发展战略实施情况专题分析。二是聚焦经济发展构建分析指标新体系。运用税收数据对全省经济运行情况开展动态监控分析，在宏观层面为省领导决策提供有益参考，在中观层面为行业和区域发展提供有力支持，在微观层面为企业实际经营提供有效引导。三是聚焦减免税等政策实施效果开展政策效应分析。定期跟踪评估税制改革措施和税费政策的实施效果，及时发现新趋势、新情况、新问题，积极为广东纳税人和缴费人多维发声、争取支持。

二、创新税收大数据管理，打造“数字政府”税务实践模板

专门设立大数据和风险管理局，对涉税数据实行集中管理、质量控制、分析应用和共享交换，进一步强化税收改革与“数字政府”改革的对接，努力打造“数字政府”的税务实践模板。一方面，推动税收数据资源整合、质量提升、共享开放，着力破除“信息孤岛”难题。新税务机构统一整合原国地税的税费数据，既打通了各税种、各收费项目的信息全链条，又关联了企业与自然人的具体信息，促进涉税大数据更完整更可靠、个体数据更准确更精细。同时，通过税收数据共享交换机制，加快推进部门间数据共享开放。例如，将纳税人的信用记录纳入统一

的信用信息共享交换平台，依法向社会公开，充分发挥纳税信用在社会信用体系中的基础性作用。又如，借助信息共享交换平台引入工商、质监等部门数据，经过智能分析后与税收数据整合形成统一的“数据仓库”。另一方面，充分应用“数字政府”改革建设成果，切实提升“数据管税”能力。通过数据管理、数据分析、风险分析、风险管理四个环节，升级税收风险防控体系，直接推动税收风险管理从“业务驱动”向“数据驱动”转变，有助于提升事前预判、事中干扰和事后监管的精准度，切实提高“数据管税”的含金量。此外，全面梳理、深入剖析海量涉税数据，深刻反映广东的产业结构、产业发展、税源分布等状况，为税收经济分析提供数据支撑。

三、构建优化高效统一的税费征管体系，服务国家治理体系和治理能力现代化建设

立足税费同征同管专业优势，专门设立社会保险费处和非税收入处，在全省机构改革“大盘子”的统筹安排下，在现有社会保险费征管职责不变的基础上，根据“成熟一批，划转一批”的原则，稳妥推进城乡居民养老保险、城乡居民医疗保险以及其他非税收入征管职责划转工作，构建与国家治理体系和治理能力现代化相匹配的现代税费征管体制，降低征纳成本，提高征管效率，确保税收职能作用有效发挥，促进经济健康发展和社会公平正义。具体体现为税费“五同”治理：“同征”方面，推动费金征缴纳入税收征缴过程实施科学规范管理，实现缴费申报更便捷、征收入库更安全、费金划解更高效、对账核算更精准；“同管”方面，推动税费业务的标准化和规范化建设，实现征管方式由固定管户向流程管事转变、无差别管理向风险管理转变、经验管理向大数据管理转变；“同查”方面，发挥税收执法刚性优势，在检查企业纳税情况和查处涉税违法行为的同时，按照职能和权限，对企业缴费情况一并检查，对涉费违法行为一并查处；“同服务”方面，借助多元化办税服务体系和税收宣传辅导手段，将缴费服务融入纳税服务的全过程，丰富办费渠道，提高办费便利性，维护好缴费人合法权益；“同考核”方面，以税务系统绩效管理体系为抓手，在科学分解税收预期目标任务的同时，把省政府下达的费金征缴任务层层分解落实。通过税费一体化管理机制，加快构建起构建职责清晰、流程顺畅、征管规范、协作有力、便民高效的社会保险费和非税收入征缴体制机制，为全省提高社会保险费统筹层次、研究推进适时完善缴费比率和推进非税收入法治化进程奠定良好基础。

四、深化税收领域“放管服”改革，打造广东税收营商环境新高地

坚持执法与服务并重，切实将深化税务领域“放管服”改革的有关要求融入“三定”落实工作之中，努力打造广东税收营商环境新高地。一是完善纳税服务体系。省、市税务局设立纳税服务中心，与办税服务厅形成上下贯通、左右对接的格局，专责研究推进为全省510万纳税户和4200万自然人纳税人、2300万缴费人提供更加优质高效便利的服务。二是集中骨干力量组建专业服务团队。针对省属国有企业的税收管理服务需要，专门设立省税务局第三税务分局，联合省国资委建立起与省属国有企业一对一的涉税服务机制，为省属国有企业在重组改制、资产划拨、创新研发等方面提供权威精准的税收政策支持。三是加强稽查力量。整合原国地税稽查局，并在市一级实行跨区域稽查为主，集中稽查资源，提

升管理层级，既从根本上解决了“两头查”问题，尽量减少对企业正常经营带来的不必要干扰，又大大增强税收执法的统一性、独立性和震慑力，精准打击税收违法行为，为市场主体提供公平法治的税收环境。四是明确基层税务分局（所）按照属地为主的原则进行设置。基层税务分局全面负责辖区内税费基础事项管理及其风险应对工作，便于就近向纳税人、缴费人提供服务，真正打通了服务纳税人、缴费人的“最后一公里”。

（毛　娜）

推进社会保险费和非税收入征管职责划转实现“四个一”

2018年，广东省税务局认真贯彻国家税务总局局长王军关于工作交接到位、系统支撑到位、信息共享到位“三个到位”要求，细化工作措施，层层分解任务，确保划转工作有序推进。同时，坚持问题导向和实效导向，对全省税务系统前期准备工作进行再梳理，进一步加大工作力度，进一步强化“四个一”工作成果，确保“三个到位”要求落到实处。

一、内外并举，建立一套快速响应、多部门协同的工作机制

针对社会保险费和非税收入征管职责划转工作涉及面广、范围大、协调难度较高的问题，把建立健全政府主导下的统筹推进机制以及常态化部门协作机制摆在突出位置来抓。对内，成立划转工作攻坚团队，建立省局、市局、县局纵向到底的快速响应和处理机制，分类明确处理方法，专人跟进解决难题，实行工作任务每日销号制度。对外，在省委、省政府支持下，进一步完善税务、财政、人社等跨部门协同工作机制，联合成立以省税务、财政、人社等部门业务处室负责人为组长，征收、信息、入库、对账等相关业务人员为成员的工作专班，针对本次划转涉及的广东城乡居民养老保险及城乡居民医疗保险的征管实际，积极推动民政、扶贫以及残联等部门成为工作专班成员，确保工作顺畅衔接，强化工作合力。

二、统一建设，建立一套支撑有力、税费一体化的征管系统

针对社会保险费和非税收入缴费人众多、分布地域广泛、各地征管水平不统一的问题，广东省税务局树立信息化管费和税费共治理念，坚持税费信息化建设统一谋划、统一部署、统一推进。一是建成全省集中统一的规费核心征管系统并接入金税三期，实现了统一规范征收、数据集中处理，确保规费收入征缴入库。二是集成打造融制度落实、流程优化、数据标准、管理规范、绩效考核为一体的“规费监控分析平台”，数据治费成效稳步提升，累计推送风险任务350万条，增收17.55亿元。同时，建立“费源管理平台”，通过定制个性化短信等方式开展催报催缴，进一步完善规费预警、管控制度。三是按照全国社会保险费和非税收入征管职责划转工作动员部署视频会议精神要求，迅速开展全省范围内非税收入项目情况摸底和财政部驻广州专员办首批划转11个项目的资料收集工作，深入研究划转后征管模式、系统搭建等问题，有针对性地持续优化原有系统功能。

三、多方联动，建立一个数据高度共享、问题高效处理的信息共享平台

针对社会保险费和非税收入征管工作跨部门、部门间系统不兼容、信息交换不畅导致记账难、对账难、缴费人多头跑等问题，广东省税务局精准发力，大力推进信息共享平台建设，实现了数据高度实时共享。一是开发应用税务、社保、财政三方协同办公平台，该平台集社保信息传递、对账、审核、监控、绩效考核等功能于一体，实现了省、市级层面三方数据高度实时共享，数据传输时间由原来的几天缩短到30分钟，税务、社保、财政关联业务实时“线上处理”，记账难、对账难以及缴费人多头跑等问题迎刃而解，该平台年均交换数据超17亿条，记账率达99%。二是着手研究制定全省统一的社会保险费数据交接模板，明确数据交接批次、交接时间、交接步骤、审核方式、责任主体、清理修改规则等，形成标准统一、质量可控的数据交接规范，确保数据真实准确。三是开展非税收入信息共享需求征集和分析论证工作，进一步拓展社会保险费三方协同办公平台功能，探索搭建多方协同的非税收入信息共享渠道和平台。

四、创新手段，建立一个优质便捷、多元化立体化的缴费服务体系

针对社会保险费和非税收入缴费人群数量大、业务量繁杂、参保缴费意识参差不齐的问题，坚持缴费人需求导向，深入推进互联网新技术与规费服务相融合。一是搭建起电子办费为主、实体办费为辅、24小时自助终端办费和微信App办费为补充的多渠道业务办理体系，实现了网上办理税费同缴。为方便灵活就业人员办理社保业务，还推出社会保险费自动划扣服务，缴费人“一次授权、缴费无忧”，惠及近500万灵活就业人员。二是针对此次划转城乡“两险”的现状，着手研究面向城乡居民的便利业务办理渠道，进一步加快推广社会保险费微信、支付宝扫码缴费“云缴费”服务，缴费人通过手机等移动设备即可24小时全天候轻松办费。三是深化办费便利化改革，持续优化办费流程、精简报送资料，实现办费时间大幅缩短、办费负担明显降低。四是建立健全社保矛盾纠纷解决机制，妥善处理劳资纠纷和历史遗留问题，有力维护参保人合法权益。五是充分利用全系统办税服务厅、微博微信、门户网站、短信平台等载体，深入开展社会保险费及非税收入政策宣传，开展网上直播培训，对社保参保单位培训到户并落实专人跟进，不断提高群众依法缴费意识，改善全社会依法治费环境。

（毛　娜）

顺利实施个人所得税改革

个人所得税改革是以习近平同志为核心的党中央作出的重大决策。面对自然人纳税人数量全国最多、管理复杂程度高的艰巨任务，省税务局认真落实税务总局部署和省委省政府要求，切实抓好“从2018年10月1日至年底实施过渡期政策”的第一步改革，坚持目标导向，精准实施、有序推进，改革效应初步显现。改革过渡期政策实现减税82亿元，惠及1342万纳税人。同时，为确保第二步改革及时落地实施，各级税务部门提前谋划，预做了大量的准备工作。一是精心组织统筹。省税务局个人所得税改革专项工作领导小组牵头抓总，省市县三级税务机关158个单位2549名业务骨干集中办公，制定1个总体方案和3个细化工作方案，将工作责任层层分解到岗、责任到人，严格实施挂图作战、对标推进、对账销号。二是抓好培训辅导。通过视频讲授、上机操作、政策汇编等形式开展内部培训3909场，培训干部职工26万人次。依托纳税人学校举办在线直播培训576次，收看人次近205万；面向扣缴义务人开展现场培训4078场，参加培训达92万人次；开通12366个人所得税改革咨询专线，解答咨询量超41万件，为2017年同期的14.5倍。在各办税点设置“个人所得税咨询专岗”，办税服务厅前台设置“个人所得税专窗”，受理个人所得税申报、更正、开具完税证明等各项业务。三是强化技术支撑。积极融入省政府“指尖计划”，依托省政府民生服务微信小程序“粤省事”，完善个人所得税查询、个人电子税票开具等功能，实现新政税费轻松查、业务轻松办。开展手机App、电子税务局、电子模板等专项附加扣除信息采集软件压力测试和优化推广工作，辅导纳税人使用电子模板填写报送专项附加扣除信息。四是做好风险防控。实施7×24小时舆情监测值班制度、舆情分析报告制度，落实舆情属地责任，制定舆情应对应急处置办法，积极协调宣传、网信、公安等部门和各类媒体，确保第一时间发现并有效处置负面舆情。

（毛　娜）

挺纪在前助力改革行稳致远

2018 年，国税地税征管体制改革启动以来，广东税务系统纪检监察部门紧紧围绕监督这个首要职责，及时统一思想、完善制度机制，狠抓纪律执行情况监督和税收营商环境优化，监督的触角和探头遍布改革各领域和全流程，推动国税地税征管体制改革在广东平稳运行。

一、把握改革发展“变”与“不变”，不断强化监督理念

及时召开全省税务系统省、市、县三级局纪检组长会议，传达贯彻中央、税务总局、中纪委国家监委驻税务总局纪检监察组、省委、省纪委有关会议及文件精神，特别是深入学习贯彻全国税务系统党建工作会议、省局纪检组长会议精神，充分认识和准确把握税务系统纪检监察工作在深化国家监察体制改革、国税地税征管体制改革中面临的“变”与“不变”，确保工作沿着正确的方向前进。省局“三定”落实后，及时梳理与系统党建、机关党委、机关纪委之间职责分工，确保工作不缺位、不越位，构建新时代税务系统全面从严治党新格局。市级局“三定”落实第二天，组织市县两级纪检组长专题培训，进一步树立“监督是第一职责”理念，推动定位向监督聚焦，责任向监督压实，力量向监督倾斜，从上到下坚定一致把监督挺在前面。

二、盯紧“两个责任”“实”与“更实”，及时完善制度体系

对以往 47 项纪检监察制度进行全面梳理对碰，分阶段加快梳理完善更新，积极构建组务会议、案件分析会、案件审理会等内部工作制度，切实提升纪检监察工作制度化水平。坚持把权力关进制度的笼子里，在国家税务总局广东省税务局挂牌后，及时印发党组织监督任务清单等文件，制定广东省税务系统党的问责工作实施细则、违法案件实施办法、信访和问题工作规程、纪律审查工作规程、案件审理工作规则、监察员工作办法等 12 项制度，确保机构改革期间全面从严治党相关工作力度不减、节奏不变、标准不降、尺度不松。

三、聚焦纪律执行“严”与“更严”，贴身护航改革征程

一是注重教育提醒“思想导航”。认真组织学习贯彻落实《中华人民共和国监察法》及新修订的《中国共产党纪律处分条例》，采取多种有效手段强化全系统机构改革“六项纪律”教育。在改革初期和改革推进关键期均召开全省市局纪检组长会议，强调必须将政治建设摆在首位，严明改革纪律，引导广大党员干部尤其是领导干部提升政治站位，增强管党治党政治意识。二是注重正风肃纪“行动引航”。深化监督执纪“四种形态”尤其注重第一、二种形态运用。通过开展谈话函询、批评教育，努力做到关口前移，抓早抓小、防微杜渐。2018 年 1—8 月，全省税务系统纪检监察部门共接受群众信访举报 412 件，初核 189 件，谈话函询 46 件，立案 45 件，处分 67 人。省局纪检组挑选税收重点执法

领域典型违纪违法案件拍摄制作警示片《底线失守的代价》，有针对性地开展警示教育，使党员干部切实做到知敬畏、存戒惧、守底线，自觉接受监督。三是注重中央八项规定精神“作风助航”。在中秋、国庆等节日前夕，通过文件、短信、微信等多种形式，为干部职工送上“廉洁”问候，自觉杜绝“节日腐败”，营造风清气正氛围。对违反中央八项规定精神的，发现一起、查处一起，2018 年 1—8 月，全系统共立案查处 20 件 32 人。主要集中在违规收受礼品礼金、违规滥发津补贴、违规公款接待、私车公养以及不作为慢作为等问题，并挑选 11 宗典型案例通报曝光，以身边事教育身边人。四是注重纪检部门“纪律领航”。改革中，纪检监察部门牢固树立大局意识和纪律观念，正确看待进退留转，服从安排听指挥，坚决落实相关改革任务。同时，按照“五过硬”原则，选优配强纪检监察干部队伍，全省 21 个市级单位纪检组人员已全部到位，在人数较多的税务分局、稽查局等部门设立专职纪检监察员，各项工作顺利交接。

四、构建税企关系既“清”也“亲”，持续优化营商环境

一是借助信访举报这个窗口，加强税企关系分析研判。全力开展信访举报案卷档案接收管理、问题线索处置工作，发挥信访举报工作在发现问题上的独特作用，为清除影响政商关系不“清”不“亲”、全面从严治党不力、群众观念淡薄等提供有效的信息线索，并开展深入分析和应对。二是加大纪律监督辐射力度，提升纳税人获得感。坚持问题导向，联合党风廉政建设领导小组成员单位，瞄准改革“六项纪律”、改革期间税收执法、纳税服务和中央八项规定精神等有关纪律执行情况，选取部分单位开展专项监督检查。以不打招呼、不做安排、直插一线方式，邀请“第三方”不定期对改革期间纳税服务、工作纪律、工作作风和中央八项规定精神等重点问题进行明察暗访。对个别发生的“慵懒散拖”“冷硬横推”等影响纳税人改革获得感的问题，严肃查处并通报曝光。三是第一时间做好特约监察员队伍组建准备，当好改革“啄木鸟”。深入学习国家监察委新发布《监察机关特约监察员工作办法》，结合广东税务实际，拟订监察员工作办法，从制度层面支持广大监察员建言献策、指出问题，并着手做好各级特约监察员重新聘任各项准备工作，提升全社会纳税遵从度和改革认可度。

（毛　娜）

创新运用“机器学习”算法 精准防控发票虚开风险

广东省税务部门深入应用大数据技术，创新探索将“机器学习”算法引入税收风险管理工作，研发“纳税人虚开风险指数”，提前预判发票虚开风险，精准预警和识别走逃纳税户，有效提升查处虚开增值税发票工作质效，运用该算法查处虚开增值税专用发票企业 14 户，涉案发票金额 1.95 亿元。

一、构建大数据平台，奠定快速识别风险数据基础

随着“数字政府”建设、政府部门间数据交换共享的深入推进，“无数可用”问题得到明显改善，“有数难用”却成为新的堵点。为此，广东省税务局积极构建税收大数据平台，通过建设数据标准、提升数据质量等一系列措施，将从工商、公安、国土等多部门采集的数据纳入大数据平台统一管理，为机构改革后税收经济分析、数据应用、风险管理等工作快速铺开打下了坚实的数据基础，特别是通过云计算等技术对数据加工梳理，有效提升了数据分析效能。以发票信息为例，通过运用大数据平台，实现对32 亿条发票信息、3 亿种商品名称的分类归集，并对应到商品名称 661 个分类编码中，为快速识别发票虚开风险提供了强有力的数据支持。

二、探索“机器学习”算法，建成精准预判风险智能模型

依托风险管理系统和大数据平台，广东省税务局将最新的大数据技术与当前征管热点问题巧妙结合，探索运用“机器学习”算法研判发票虚开风险，让计算机利用已有海量数据，集成日常征管经验，通过复杂的逻辑回归建模，形成较为科学的“机器学习”算法，并利用该算法对涉税数据进行分析，预测纳税人虚开发票趋势，实现了事前预判、事中干预和事后监管的精准度成倍提升。与过分依赖税务干部业务水平和工作经验主观判断的传统模型相比，“机器学习”算法建立的新型智能筛查模型具有准确率高、涉及指标广泛、抗针对能力强、随时间推移自我完善进化等优势，是运用最新科技手段实现征管方式转变的大胆探索，也是风险管理工作未来发展的必然趋势。

三、研发“虚开风险指数”，提前预警虚开发票风险

近年来，增值税发票虚开企业呈现出“非商贸业”和“进销比对信息未见明显异常”等趋势，为税务机关“打虚打骗”增加了难度。为破解这一难题，广东省税务局深入探索“机器学习”算法在税务风险防控中的应用，研发“纳税人虚开风险指数”，建立涵盖税务登记、税种

申报、发票开具等多个领域的风险特征122个，有效提升增值税发票虚开风险识别精准度。应用“机器学习”算法对“新登记企业走逃预测”“申报开票后走逃预测”“商贸企业虚开发票风险”三大主题共666.97万户次纳税人进行分析，预测走逃、虚开户11544户，与实际走逃7946户比对，证明利用算法模型对尚未走逃的纳税人进行分析与预测，能够较为精确地提前识别走逃嫌疑户，通过事前预警大大降低实际风险发生率。近期在广州试点推送第一批通过“机器学习”识别出的风险纳税人114户，核实发现13组疑似虚开团伙，涉嫌虚开发票企业98户。

四、建立风险快速响应机制，精准打击发票虚开行为

针对增值税发票虚开团伙化、专业化，虚开行为“短、平、快”等特点，构建“机器识别—人工复评—征稽联动—税警联合”的虚开风险应对快车道，实现对增值税发票虚开行为的精准预测、快速响应、严厉打击。同时，对涉嫌虚开发票企业采取严格限量供应发票、异常增值税扣税凭证管理、暂停网上申报业务和纳税评估等一系列措施。在广东云浮，税务机关对虚开指数较高的几户纳税人进行延伸分析，锁定虚开企业14户，并联合公安部门成立税警联合专案组，查处虚开发票窝点，抓捕犯罪嫌疑人6名，并现场查获虚开增值税专用发票企业印章、税控器具、空白发票和已经开具的发票、拟虚开发票计划等一批涉案物品，涉嫌虚开增值税专用发票价税合计1.95亿元。从发现线索到最终击破整个犯罪窝点，前后时间不到一个月。

（毛　娜）

广东首个无人值守办税服务厅正式上线运行

2018年10月16日，广东省首个无人值守办税服务厅在广州市番禺区正式上线运行，该厅以智能办税系统为核心，搭建“云办税+自助办税”一体化平台，设置“刷脸”办税区、综合办税区、政务服务区和政策宣讲区四个功能分区，实现无人值守自助办税，助力纳税人办税“最多跑一次”。

一是智慧管家，实现“无人值守”。通过可视化监控、即时通信、后台预警等功能打造“智能化税务管家”，为纳税人提供便捷、安全、24小时全天候的无人值守全程非接触式的办税服务，实现“办税更自主，时间更自由”。

二是刷脸办税，实现“实人办税”。依托“活体识别”技术，进门刷二代身份证与人脸识别比对通过才能进厅，信息自动存储在后台，纳税人到终端机办理业务时，智能识别个人身份信息，关联企业核心数据，自动登录到办税系统，实现“刷脸办税”，不仅大幅减少纳税人办税时间，同时实现从实名办税到实人办税的跨越。

三是“码”上咨询，实现“智能导税”。引入远程智能数码通话技术，纳税人一键即可获取可视化咨询服务，根据语音引导自助完成涉税事项的办理，实现“办税不见面，咨询零距离”。

四是政税一体，实现“一站办齐”。四个功能区域可以为纳税人办理新办纳税人套餐、税收优惠业务、申报缴税、发票业务、税务行政许可申请、社会保险费业务、公众服务8大类事项，仅涉税事项就可覆盖实体办税厅95%的业务，并率先在全国实现政务服务与无人值守自助办税的融合。

（毛　娜）

全国首创“移动支付+实时入库”缴税（费）模式

2018年，国家税务总局广东省税务局立足新税务对提升税收治理能力的新要求和社会保险费征管职责划转的实际需要，超前思考、主动作为，成功开发“云缴税”“云缴费”项目，在全国首创“移动支付+实时入库”缴税（费）模式，形成支付多元化、税费全覆盖的电子税务新生态。

一、移动支付更便民

通过电子税务局、门户网站、手机App、微信公众号、自助终端、前台扫码等多种渠道，为广大纳税人（缴费人）提供微信、支付宝、聚合支付等移动支付缴税（费）服务，支持所有单位纳税人和自然人、所有单位缴费人和灵活就业缴费人随时随地、线上线下便捷缴款。纳税人（缴费人）只需通过微信、支付宝“扫一扫”“点一点”，就能快速缴款、秒办业务。“云缴税”“云缴费”项目的开发应用，使缴款不再局限于签约扣款、POS刷卡、银联支付等方式，满足了纳税人（缴费人）“丰富多元、快捷高效”的缴款需求，推动便民缴税（费）服务实现新跨越。

二、实时入库更安全

携手建设银行和移动支付服务商，有效突破以往第三方支付方式下资金不能当天入库入户的壁垒，在全国率先实现移动支付方式下税款、社会保险费“直解入库入户”，确保支付安全高效。其中，“云缴税”项目基于国库信息处理系统（TIPS）方式，实现“移动支付+实时入库”，将纳税人缴纳的税款实时直解入国库；“云缴费”项目则运用广东省财税库银横向联网电子缴税系统（ETS）的方式，将缴费人缴纳的社会保险费实时直解入相应的各级社会保险费财政专户，在治病救急（如急病重病、突发工伤）、济困救贫（如失业）等情况下，为缴费人办理社保赢得时间，保障参保人及时享受社保待遇。

三、税费覆盖面更广

社会保险费征管职责划转后，大量灵活就业参保人员缴费零散、金额不高，客观上更加需要便捷普惠的移动缴款方式。广东省税务局充分考虑改革带来的新情况和新需求，在全国率先开发“云缴费”项目，使移动支付从“税”拓展到“税费”，实现“云缴税”“云缴费”应用范围覆盖税务部门征收的所有税费种。缴费人利用“云缴费”缴纳社会保险费后，即可开具电子税票，实现社保缴费开票全流程在线办理，大大缩短缴费人时间，为2019年社会保险费征管职责顺利划转创造有利条件。

（毛　娜）

第二篇

全省税收工作

全省经济概况

【经济概况】　2018年，广东实现地区生产总值97277.77亿元，比上年增长6.8%。广东地区生产总值总量连续30年居全国首位。经济结构持续优化，服务业保持较快发展，发展质量较高，三次产业结构为4.0∶41.8∶54.2，第三产业比重比上年提高0.2个百分点。2018年，广东规模以上工业企业累计完成增加值32305.16亿元，比上年增长6.3%，实现利润8309.69亿元。全省民营经济增加值比上年增长7.3%，占地区生产总值比重为54.1%。地方财政收入增幅平稳，质量提升。一般公共预算收入完成1.21万亿元，增长7.9%，增速保持在合理区间。

（吴　健）

全省税收工作综述

【概述】　2018年，国家税务总局广东省税务局立足新机构新起点，扎实推进征管体制改革，谋划新思路新举措，服务大局能力明显增强，税费征管质效进一步提升，税收法治和税收营商环境持续深化，队伍建设有力加强，昂首开启广东税收事业发展的新征程。

【党的政治建设】　以习近平新时代中国特色社会主义思想为指导，全面贯彻党的十九大和十九届二中、三中全会精神，加强党对税收工作的全面领导，坚持走体系化发展道路。以政治建设为统领，推动全面从严治党向纵深发展。树牢“四个意识”，坚定“四个自信”，坚决做到“两个维护”，严肃党内政治生活，坚决破除形式主义、官僚主义，深入细致做好思想政治工作。组织党委理论学习中心组学习18次，班子成员到基层联系点作专题辅导报告60多场次。班子成员分别到模范机关创建联系点、基层挂钩联系点带头上党课50多次。规范设立3130个基层党组织。开展国税地税征管体制改革纪律执行情况监督检查，推动改革任务落实，严肃改革纪律执行。深化监督执纪“四种形态”运用，严肃查处顶风违纪行为，开展“一案双查”254宗，受理群众信访举报614件。认真落实《中国共产党问责条例》，加强警示教育，拍摄警示教育片，召开警示教育大会。

【国税地税征管体制改革】　2018年，广东省税务系统严格贯彻党中央决策部署，坚决落实“四个确保”的要求，对标最高标准、最严要求、最优效率，顺利推进各项国税地税征管体制改革任务落地落细落具体。此次改革涉及广东的省市县乡4级税务机构、4.75万名干部职工、510万企业纳税人和4200万自然人纳税人、缴费人，机构减少近30%，降级机构超过200个，“低职高配”干部2100多名，所有改革序时事项全部完成。广东省税务系统1084个新机构顺利挂牌，整合设置机构3612个，精简机构1369个，158个单位党组全部改设党委，4.75万名干部全部调整到位，“低职高配”干部全部得到妥善安排。顺利划转2项社会保险费、首批6项中央和1项省级非税收入征管职责，税费业务和信息系统整合优化等重点改革任务稳步推进。

【税收收入情况】 2018年，累计完成各项税收收入23636亿元（含海关代征增值税、消费税，未扣减出口退税）。其中，海关代征完成3953亿元，增加371亿元，同比增长10.4%；办理出口退税4167亿元，增加414亿元，同比增长11.0%。

【税收收入特点与分析】 2018年，广东省税务系统税收收入呈现以下特点：一是税收运行和经济发展、减税效果相协调。2018年广东省国内税收收入增长7.6%，略高于全省经济增速，税收规模连续25年居全国首位，国内税收增速低于全国平均水平1.9个百分点。二是地方级收入保持较快增速。2018年广东税务部门组织的国内税收收入中，中央级收入9973亿元，增长5.6%；地方级收入9710亿元，增长9.8%。三是税收产业结构优化，区域均衡增长。第三产业税收收入增长11.8%，收入占税收总额61.4%，比第二产业税收比重高22.8个百分点。四是减税降费政策成效显著。一系列减税降费新政策出台实施，相关主体税种减收规模持续扩大，增速明显回落。

【非税收入】 2018年，组织费金收入4491亿元。其中：组织社会保险费收入3805亿元，同比增长22.1%；组织其他费金收入686亿元，同比增长19.7%。

【税收法治】 清理税收规范性文件3553份，新制发文件249份，统一所有依申请业务事项的办理流程和规则，实现改革前后机构合法性、执法合法性和执法规范性的无缝对接和平稳过渡。深入推进行政执法三项制度试点，基本建成一体化管理平台和执法公示平台，实施税收权责清单，开启税收执法“阳光新模式”，广东税务系统入户检查次数、税务稽查处罚率明显下降，推进严格规范公正文明执法，对正常生产经营企业，坚持“无风险不检查、无审批不进户、无违法不停票”。

【税收政策落实】 推出减税降费系列新措施，7项被纳入广东“实体经济新十条”，9项被纳入“民营经济十条”，5项被纳入“外资十条”。落实鼓励高新技术、改善民生、促进小微企业发展优惠政策减免税1299亿元，为企业减轻社会保险费负担164亿元。深化增值税改革减税277亿元，占全国减税总额的8.26%，其中民营企业受益减税168亿元；提前、超额完成增值税留抵退税任务，退税90亿元。落实企业所得税结构性减税政策，实现减税1435亿元。环境保护税改革运行情况良好，减免税超过6亿元。顺利实施个人所得税改革过渡期政策，实现减税82亿元。

【税种管理】 创新采取“柔性辅导”+“刚性监控”的增值税发票风险防控措施，实现系统识别虚开企业户数、税务总局快速反应风险任务数、源头暴力虚开案件数三个大幅下降。全国首创“移动支付+实时入库”缴税（费）模式，成功开发“云缴税”“云缴费”项目。强化税费分析利用和社会保险费内控管理机制建设，建立全省非税收入数据分析库和政策汇编。创新土地增值税清算模式，单个项目清算审核时间压缩80%以上。全年完成风险任务29.98万户次，查补入库税款371.46亿元。全面推行出口退（免）税无纸化管理，实现省域全覆盖，一类、二类出口企业全覆盖。全年办理出口退税1909.1亿元，同比增长16.72%，

【纳税服务】　提前完成前两批“放管服”改革任务，调整优化141项征管类业务事项，取消893项报送资料，开展115项政务服务事项“十统一”标准化梳理，进一步压缩企业开办时间，简化跨区域迁移流程。深化企业简易注销登记改革，进一步优化税务注销程序，平均办理时间压缩75%。制定优化税收营商环境试点工作方案，推出82条优化措施。发布“广东税务便民措施30条”，推出555项“最多跑一次”清单，477项涉税事项可“全程网上办”。发布7类634项办税（费）指南清单，全省635个综合办税服务厅全部实现“一厅通办”，纳税人满意率提升至99.9%。“银税互动”持续升级，实现省内主流银行全覆盖，受惠群体拓展至自然人纳税人，惠及纳税人超过23万户次，发放贷款860亿元。

【征收管理】　完成500多万户纳税人管户调整，制定全省统一税收征管方式的意见，明确5大类25项任务79条具体措施，建立全省税费业务管理和服务规范体系，加快税费业务办理流程、服务标准融合，统一税收、社会保险费、非税收入征管服务标准，梳理1421项税费业务流程、896个表证单书，实现契税纳税期限、核定征收企业所得税各行业应税所得率全省统一。

【税务稽查】　全年共立案检查6983户、督导自查10789户，实现查补收入215.97亿元，入库193.51亿元。全国首创“4+1”联打新模式，创新税关“五联”查案机制，全年查处特大虚开等涉案税额超1000万元的大案要案81件。顺利完成规范影视行业税收秩序专项工作第一阶段任务，配合做好扫黑除恶专项斗争，公布税收“黑名单”530户。

【国际税收】　成立大湾区税收服务团队，研究支持粤港澳大湾区创新发展的税收政策，落实境外投资者利润再投资递延纳税政策，涉及递延纳税税款8.1亿元。反避税管理取得新进展，与3个国家达成预约定价及转让定价双边协商。承接JITSIC（国际联合信息分享与协作联合工作组）2018个人财富海外架构项目研究工作，完成子项目阶段性任务。参与税务总局个人所得税反避税立法研究工作。

【电子税务】　全面推广增值税一般纳税人“一键申报”系统，全国率先开展车辆购置税全程电子化试点工作。上线自然人税收管理系统（ITS系统）。开发应用“企业所得税智汇管理服务平台”，创新提供远程靶向服务。开发出口退税综合管理平台，进一步提升出口退税风险防范能力。改造完善全省社会保险费和非税收入核心征管系统并接入金税三期工程，完成960万户管户对照和79.8万条数据初始化采集，推进82个广东特色软件改造。

【政务管理】　构建新机构绩效考评体系，绩效管理工作无缝衔接、运转顺畅。推进新机构137项制度建设，编写行政管理工作规范。构建舆情、信访、保密和应急管理“四位一体”闭环管理链条。扎实推进节能减排示范创建工作。完成358个单位的资产清查和划转工作，顺利完成中央和地方财政经费预算和分配。完成20多个信息系统整合，保障90多个信息系统稳定运行。顺利推进税改云平台建设，建成全国税务系统首家政务信息化用户体验实验室，广东数据中心入选国家绿色数据中心。

【教育培训】　开展全覆盖、全税种、全流

程、全岗位、交互式的教育培训，全年举办各类培训2422场，培训16.46万人次。选拔培养兼职教师222名，累计开发新课程650余门。组织三轮知识网络竞赛，推动“新机构、新职责、新业务、新作为”知识网络竞赛取得成效。开发“粤税学习平台”App，实现培训学员手册电子化、通知公告实时发布、扫码签到、培训课件实时共享等考试成绩优化培训管理体系，提高教育培训保障能力。

【税收宣传】 聚焦税务机构改革重要时间节点和增值税、个人所得税等重大税制改革，开展全方位、多层次、联动式宣传报道，形成“新机构新体验：72变看广东税务”“改变不止一点”等具有影响力的宣传精品。整合优化网站、微信、微博三大平台，广东税务微信获评广东省“2018最具影响力政务微信订阅号”。

（吴　健）

政务管理

【信息公开】 截至2018年12月底，“广东税务”微信公众号拥有402万粉丝，全年阅读量2080万次，单篇阅读量超过10万次的文章28篇，单篇最高阅读量62万次。2018年12月，在由广东省网信办和腾讯联合举办的第六届广东互联网政务论坛上，“广东税务”获评“2018最具影响力政务微信订阅号”和“最佳创新突破案例”；被南方报业传媒集团授予“2018广东政务新媒体年度最具传播力奖”荣誉。2篇新闻稿件分别荣获“珠江杯”中央新闻单位驻粤机构传播广东好新闻优秀作品一等奖和三等奖。二是政务公开无缝对接。及时对网站进行整合改版，优化平台功能，规范信息发布，明确管理职责。建立健全信息审查和保密审查机制，依法依规办理政府信息公开申请101宗，实现改革前后“无缝对接”。

【综合运转】 一是健全岗责体系和工作指引。梳理10大类工作内容，确定19个岗位的岗责标识，制定50余项工作提升措施。组织编写涵盖政务管理、财务管理、信息化管理和后勤管理4大方面的行政管理工作规范。二是完善制度体系。组织开展新机构建章立制，梳理完善137项制度清单。三是高效办文办会办事。改革以来，共接收、拟办外单位来文共5706份，发文3816份，按规定时间办结人大代表建议42份、政协提案53份；认真做好29次党委会、10次局长办公会、1次局务会的记录纪要会务工作；陪同省税务局两位主要负责领导完成21个市（区）局的调研走访工作。

【机构改革】 一是构建“1+10+11+N”机制。对接税务总局第19联络（督导）组，坚持每周分办、督办、反馈督导任务清单。主持召开12次改革办工作会议，设立“作战指挥室”，制定改革总台账和分台账，细化11大类45项主要任务1019个具体事项。二是做好改革内外协调工作。对外，密切与税务总局、省委、省政府、省委改革办沟通协调，提请成立改革专项组工作，协助省政府召开全省改革座谈会等。对内，完成税务总局和省领导调研、全省系统机构改革动员部署视频会议等。三是部署打赢改革主攻战。提前完成集中办公和行政管理办公系统、网站、微博、微信等整合，精心制定新机构挂牌工作方案，向基层制发10多个操作模板，开展专题调研活动并顺利召开县乡局落实“三定”座谈会。四是总结提炼改革成效和亮点。高质量完成综合材料起草80余篇，累计编发改革简报120期、税收动态56期、信息专报183期。

【涉税舆情管控】　一是优化完善舆情监控管理平台，加强对舆情信访重点隐患由点到面的“拉网式”排查，精准定位风险点，实施台账管理，全年成功处理52起涉税舆情。二是保密工作有序推进。以风险管理为导向，制定保密工作规范，完善工作流程，并对8个市县局落实实地检查。

【信访和应急管理】　梳理改革期间可能发生的5类信访风险隐患，分别明确处置措施。全年共开展局领导接待日26期，受理来信172件，接待来访4起9人，成功劝返2起10人进京上访事件、1起6人集体到省上访事件。2018年，向税务总局报送广东税务系统突发事件信息13件，组织开展3轮省税务局机关应急值班。

【督察督办】　立项督办重点工作155项，督办局领导批示件及基层调研反映工作39件和基层请示事项347件。统筹做好国务院大督查迎检工作，协助税务总局督查组深入各地走访企业，部署完成省税务局专项督查。

（毛　娜）

税 收 法 治

【依法行政】　顺利完成税费规范性文件清理工作。积极推动省政府出台了《关于我省国税地税征管体制改革涉及地方政府规章和规范性文件规定的税务机关职责调整的通知》，争取省人大常委会法工委复函明确了改革涉及地方性法规规定的税务机关职责调整意见。加强统筹协调和组织指导，顺利实现省、市、县三级新税务机构挂牌当天公布文件清理结果。全省税务系统对现行有效的3553份规范性文件进行清理，继续执行333份，全文废止2968份，部分条款废止36份，修改216份，新制定发布文件249份。其中，省税务局机关公布388份文件清理结果，公告新制定发布文件11件，较好实现了改革前后机构合法性、执法合法性和执法规范统一性的无缝对接和平稳过渡。

完善全面依法行政领导体制机制。结合省税务局机构人员调整情况，重新梳理明确省税务局全面依法行政领导小组等3项组织架构；提请召开全面依法行政领导小组会议，深入学习习近平总书记全面依法治国新理念新思想新战略和中央全面依法治国委员会第一次会议精神，审定印发法治建设清单、依法行政规则、干部学法工作规定，健全全面依法行政工作部门分工协作机制。

【行政执法“三项制度”试点】　继续深化行政执法“三项制度”试点工作。在省、市税务局门户网站同步建立行政执法信息公示平台，设置八大栏目、33 项公示项目，解决了以往公示规定“散”、公示要求“粗”、公示操作“繁”等问题。开发建设“税收执法‘三项制度’一体化管理平台”，实现“三项制度”试点实施工作全流程信息化、自动化、标准化。2018 年 1 月、5 月，《法制日报》《广州日报》、新华网、金羊网等媒体多次对全省税务系统推行“三项制度”进行专题报道，产生了较大影响。

推进权责清单制度建设。积极融入“数字广东”建设。在编制权责清单基础上，组织开展政务服务事项实施清单“十统一”标准化梳理。加强统筹协调和组织指导，顺利实现省、市、县三级新税务机构挂牌当天公布文件清理结果。落实决策制度，丰富决策辅助举措。规范执法，优化税收营商环境，修订落实税务行政处罚裁量权实施办法及裁量基准。制定干部学法工作规定，组织开展专题学法、会前学法，突出加强宪法法律学习。加强全面依法行政领导小组建设。结合税务机构改革，重新梳理明确省税务局全面依法行政领导小组等 3 项组织架构；按规定召开全面依法行政领导小组会议，审定印发法治建设职责清单、依法行政规则、行政执法工作规定。将依法行政重点工作纳入绩效考评指标，加强跟踪问效，督促落实。

【复议应诉及重大税务案件审理】 组织承办行政复议案件 32 宗，审理重大税务案件 2 宗；承办行政应诉案件 4 宗，均获胜诉。成立税务行政应诉工作领导小组（行政复议委员会）以及重大税务案件审理委员会，以近两年全国尤其在广东省内具有指导意义的税务行政复议及诉讼案件为蓝本，组织全省公职律师及优秀办案人员集中编写税务行政复议及诉讼案例指导制度及案例集。

【政策综合效应】 突出加强重点、热点专题工作，统筹做好相关税收政策梳理研究和落实情况沟通协调，争取更好体现省税务局服务经济社会发展大局工作成效。一是快速反应，迅速贯彻落实税务总局关于进一步落实好简政减税降负工作部署。一天之内即完成会议部署、文件转发和情况综合报告等相关工作。二是按照政策、指引、案例的体例格式，高标准完成广东“实体经济新十条”“民营经济十条”“小升规九条”等多项重点专题涉税政策解读材料和落实情况跟踪反馈。三是严格按照税务总局部署，积极稳妥开展规范影视行业税收征管工作，阶段性完成工作任务。四是积极推进“僵尸企业”出清工作，在征科处等相关部门共同努力下，取得阶段进展。五是梳理完成现代物流业发展规划的实施情况等 7 份“十三五”专题规划中期评估报告。六是深度总结应对中美经贸摩擦工作情况，形成专题报告报送省政府。七是梳理总结税收服务扶贫和区域协调发展情况，形成专题报告报送省政府。八是根据广东省现行“三旧”改造模式发展情况，组织修订形成“三旧”改造税收指引，覆盖全省现行的三大类九种“三旧”改造模式，用于指导“三旧”改造项目的涉税管理。九是集中做好进一步支持和服务民营经济发展工作，及时梳理总结相关工作情况，切实组织研究解决民营企业涉税费诉求。

（郭　骞）

货物和劳务税管理

【增值税收入及特点】 2018年，全省（不含深圳，下同）入库国内增值税5750.65亿元，比上年增收522.56亿元，增长7.4%。从收入占比来看，地区间不平衡现象仍然存在，珠三角8市（不含深圳）增值税收入占比60.7%，粤东西北12市增值税收入占比12.6%。从税收收入结构来看，营业税改征增值税收入增长速度较快，全省营业税改征增值税收入1997.05亿元，比上年增收274.88亿元，增长16%，领先全部增值税收入增长8.6个百分点。

【消费税收入及特点】 2018年，全省入库消费税667.55亿元，比上年减少78.77亿元，减少10.6%。从行业看，全省消费税收入主要来源于成品油、卷烟和汽车，合计占全省消费税收入的比重为96.44%。从地区看，珠三角地区（不含深圳）消费税收入占比57.98%；粤西地区消费税收入占比28.99%；粤北山区消费税收入占比9.93%；粤东地区消费税收入占比3.1%，呈现“中西强而东北弱”的收入格局。

【车辆购置税收入及特点】 2018年，全省入库车辆购置税304.75亿元，比上年增加35.2亿元，增长13.06%。从地区和车辆类型看，收入构成失衡现象持续。广州等珠三角地区车辆购置税收入占比超2/3，汽车车辆购置税收入占比超99%。

【增值税管理】 在深化增值税改革措施落实方面，2018年5月1日深化增值税改革实施以来，在深化增值税改革领导小组的组织领导下，货物和劳务税部门联合有关部门抓好统筹协调、宣传培训、开票申报、效应分析等工作，不折不扣把党中央、国务院的减税降费决策部署落实到位。一是主动加强统筹协调。迅速组织成立主要领导挂帅的深化增值税改革领导小组，凝聚全省税务系统合力，推进深化增值税改革措施在全省落实、落地。同时，积极主动向省委、省政府汇报改革进度，最大限度争取各级党政部门的支持，确保政策落实切合广东实际，更好服务地方经济发展。二是积极开展宣传培训。在央广网、《南方日报》《香港商报》等多个主流媒体发出减税声音；以税收宣传月为契机，组织“北上广深·绿色骑行”以及“春暖广东·税伴民行”等绿色税宣活动，打造“行走的税宣二维码”；制作《一图读懂一般纳税人转登记小规模纳税人》，开发“税事谁晓”小程序，制作极具地方特色的黄飞鸿、叶问“动漫说税”等宣传动画，以纳税人喜闻乐见的方式推送轻松享受改革红利的政策服务指引，加大政策宣传力度。此外，充分利用新媒体和互联网手段开展内外培训，主动开设“微课堂”，创新推行“云培训”，打破时间和空间的限制。据统计，全省共开展纳税人培训382场，培训纳税人225380户次；共开展内部培训376场，培训税务干部15936人次。三是顺利完成开票申报。密切加强与服务单位的沟通协调，加快推进纳税人开票系统升级，确保“能开票”；及时深入重点行业和企业开展首日开票实地调研，确保“会开票”；按照“统一管理、分级处理、快速反应”的原则，确保新规顺利执行，切实提高申报质量。四是全面开展效应分析。设立行业认定、技术保障、申报保障、效应分析和督察督办5个工作小组，形成横向部门分工协作、纵向省市两级核实的工作格局，利用发票大数据辅助开展行业界定，全面夯实基础信息质量。通过事前加强纳税申报宣传辅导，事中加强监控辅导，事后全面审核校验，全面提升纳税人申报质量。从不同行业和维度及时掌握行业税负变化情况和政策落实情况，反映减税对推进实体经济高质量发展的作用。

据统计，2018年5—12月，全省（不含深圳）深化增值税改革总体减税规模达到312.71亿元。具体包括，降低增值税税率实现减税215.14亿元；退还先进制造业和现代服务业纳税人留抵税额合计89.84亿元；统一小规模纳税人标准累计减税7.73亿元。

在增值税纳税申报管理方面，在全省推行增值税一般纳税人“一键申报”系统，该系统通过关联纳税人的发票数据，实现进销项发票数据自动获取和统计、申报表对应栏次自动生成以及涉税业务自动提醒，有效减轻纳税人手工填报负担，压缩办税时间。采用“一键申报”系统后，近九成增值税一般纳税人完成申报的时间由原来约半小时缩短至不到5分钟，如无特殊业务，1分钟即可完成申报，大幅提高申报效率，节约办税成本和时间。

在增值税发票管理方面，一是推出新办纳税人“套餐式”服务。配合纳税服务处推出新办纳税人“套餐式”服务，对发票票种核定、最高开票限额、税控设备申请等发票事项进行优化整合。二是压缩新办纳税人申领发票时间。进一步优化和简化申领发票流程，符合条件的新办纳税人首次申领发票，主管税务机关自受理之日起1个工作日内办结。三是取消增值税发票认证。纳税信用等级为A、B、C、M级纳税人均纳入取消增值税发票认证范围。宣传推广使用增值税发票选择确认平台勾选认证发票，减少纳税人往返办税服务厅的时间，提高抵扣效率。四是实现税控设备网上变更发行。纳税人的档案信息、票种授权信息、主管税务机关信息等涉税信息发生变更，纳税人在互联网连接状态下即可进行税控设备远程变更发行。五是推广使用增值税电子普通发票。继续推广使用增值税电子普通发票，开具电子发票的行业覆盖公共事业、电商、通信、交通、金融、餐饮等。2018年，全省共有12.64万户纳税人累计开具增值税电子普通发票（含高速公路通行费电子普通发票）6.77亿份，占全省开具增值税普通发票总数的67.8%。六是推进小规模纳税人自开增值税专用发票。推进住宿业、鉴证咨询业、建筑业，以及信息传输、软件和信息技术服务业等行业纳入小规模纳税人自开增值税专用发票试点范围。2018年，全省共有9.77万户纳税人自开增值税专用发票356.65万份。

【消费税管理】 按照税务总局“票表比对、以进控销、征扣一致”的管理思路，严格落实《国家税务总局关于成品油消费税征收管理有关问题的公告》，抓实各类操作指引梳理编写，抓实对纳税人的宣传辅导培训，抓实信息系统升级和功能联调，抓实开票申报和应急情况处理，并建立与基层畅顺的政策反馈沟通渠道，确保新政顺利落地，加强成品油消费税的征收管理，维护公平的税收秩序，营造良好的营商环境。

【车辆购置税管理】 推行车辆购置税全流程电子化办税办证，打通从购车缴税到上牌的“最后一公里”，进一步压缩纳税人缴税上牌时间，纳税人办理完成车辆购置税纳税业务后，无须提交纸质车辆购置税完税证明即可直接前往车管所登记上牌，时间节约30分钟左右。作为全国4个试点省份之一，广东省自9月开始在广州试点，11月1日全省推广。

（邓嘉瑶）

企业所得税管理

【企业所得税收入及特点】 2018年，广东省企业所得税累计收入2981.55亿元（不含深圳数据，下同），比上年增收248.99亿元，增长9.1%，占全省国内税收收入比重为22.5%，比上年提高0.2个百分点。

【企业所得税管理】 紧抓事前、事中和事后三大环节，探索全链闭环式管理，全面提升2017年度汇算清缴工作质效。2017年度广东（不含深圳）实际参加汇缴企业163.5万户，应纳所得税额2415.9亿元，分别比上年增长22.2%、8.6%。开展企业所得税风险提示服务，全省超过34万户企业接受风险提示服务，提示风险信息47.6万条，调增税款254.3亿元。

【优惠政策效应分析】 2018年，通过“建机制、广宣传、精服务、强落实、勤调研”，着力落实各项企业所得税政策，特别是国务院近年出台的企业所得税优惠政策。编印派发《企业所得税优惠事项办理指引（2018版）》，全省共举办内外培训2394场，培训21.8万人次，其中为纳税人累计开展培训1764场次，培训企业19.1万户次，确保企业所得税优惠政策“家喻户晓”。2017年度企业所得税汇算清缴中，有78.6万户企业享受企业所得税优惠政策，减免所得税额1289.8亿元，分别比上年增长23.1%、17.3%；全省小型微利企业所得税优惠政策惠及面保持100%。

统一原国税地税企业所得税税收政策执行口径，统一居民企业所得税预缴申报期限、企业所得税优惠事项管理执行口径、跨市经营建筑企业所得税征收管理执行口径、房地产开发企业销售未完工开发产品计税毛利率，进一步规范全省企业所得税管理。进一步简化纳税人优惠事项办理手续，变备案为企业留存备查，并及时修改广东电子税务局优惠事项办理模块。进一步加强企业所得税核定征收管理，积极辅导纳税人建账建册。2018年，全省核定征收面为9.98%，比上年下降5.9个百分点。

开发上线“广东企业所得税智汇管理服务平台”，加强企业所得税基础管理及风险管理，持续优化营商环境。推出精准推送服务，全年累计向68万户次企业推送了国家减税政策，促进企业充分知晓国家政策红利，深获纳税人好评。

（何俊霖）

个人所得税管理

【个人所得税收入及特点】 2018 年全省（不含深圳）个人所得税累计入库 1236.49 亿元，比上年增长 17.5%，增收 184 亿元。分项目看，入库金额前三的项目分别是工资、薪金所得（入库 826.47 亿元，占比 66.84%），财产转让所得（入库 187.70 亿元，占比 15.18%），利息、股息、红利所得（入库 85.98 亿元，占比 6.96%）；较上年同期增幅最大的 3 个项目分别是特许权使用费所得、其他所得、稿酬所得，增幅分别是 149.06%、99.22%、37.46%。从工资、薪金收入结构看，入库金额占工资、薪金全年税款比重前 3 的税率级距分别是 25% 税率（入库 272.5 亿元，占比 32.97%）、20% 税率（入库 132.98 亿元，占比 16.09%）、45% 税率（入库 120.87 亿元，占比 14.62%）。

【个人所得税管理】 一是强化信息化征管基础。顺利推广扣缴客户端，实现全省 230 万用户上线使用，推广比例达到 100%；顺利完成近 8 亿条历史数据迁移，将原国税、原地税个人所得税库的自然人数据抽取迁移至自然人税收管理系统（ITS）；顺利做好数据清理工作，成立数据清理工作小组，完成 4 批自然人身份信息比对工作，累计完成自然人数据清理超过 2800 万条。二是强化税收政策研究。围绕个人所得税改革热点、重点、难点开展政策研究汇编，编制个人所得税改革政策辅导丛书 3 期，累计印发 13000 册。三是强化个人所得税明细申报管理。以绩效管理为抓手、以信息化为依托，建立定期通报制度；针对明细申报工作的薄弱环节，及时研究解决工作中存在的问题；确保有序稳妥推进明细申报工作，为下一步为建立综合与分类相结合的个人所得税制奠定基础。四是强化内部外部业务培训。对全系统税政、纳服、12366 纳税服务咨询、征管等岗位人员开展内部培训，全年共组织内部培训 3909 场，培训干部职工 26 万人次。依托纳税人学校举办在线直播培训 576 次，近 205 万人次收看；面向扣缴义务人开展现场培训 4078 场，参加培训达 92 万人次；开通 12366 个人所得税改革咨询专线，解答咨询量超 41 万件，为 2017 年同期的 14.5 倍。五是强化改革新政推广宣传。在官方网站和部分主流媒体网站开设“个人所得税改革”专栏；制作发布全国首个通过税务总局审核并微信发布的税宣海报；成功研发“2018 个人所得税新政减税计算器”；截至 2018 年 12 月 27 日，在税务网站、微博、微信发布宣传作品约 296 篇，制作新媒体作品约 48 个。六是强化负面舆情风险防控。牢牢把握税务总局的宣传口径和不同时期的宣传重点，对个人所得税改革税收宣传作品从政策上进行严格把关，全年已审核 86 个作品，确保个人所得税宣传“零差错、零负面舆情”；认真落实各项舆情管理制度，与各级宣传、网信、公安等部门加强沟通，持续加强舆情防范工作。

【税收优惠政策效应分析】 2018 年 10 月 1 日至年底实施过渡期政策，先行对工资薪金所得、个体工商户的生产经营所得、企事业单位的承包承租经营所得执行5000元/月费用减除标准和新税率。2018年第四季度共有234万户扣缴义务人、2746万名自然人成功申报个人所得税，其中500万名自然人无须再缴纳个人所得税；有税申报的纳税人约800万名，占比仅为29.13%。2018年10—12月（税款所属期）累计释放减税红利约81.56亿元，平均每月减税27亿元。

【制度建设】　2018年9月21日成立个人所得税改革领导小组，两位主要局领导担任组长，领导小组下设综合组、"十一"工作和督导组、条例和政策组、征管制度组、信息化组、纳税服务组、宣传和舆情应对组7个专项工作组。省、市、县三级税务机关158个单位2549名业务骨干集中办公，制定1个总体方案和3个细化工作方案，压实责任，与征管、宣传、纳服、信息、督察等各有关部门协调联动，严格实施挂图作战、对标推进。落实信息报送制度，通过建立日报、周报、信息专报等多类型的"信息直报机制"，构建"税务总局—省局—市局—县区（分）局"信息直通网定时报送个人所得税改革落实情况、创新亮点工作、重大问题及舆情隐患。税务总局全年共下发个人所得税改革简报71期，其中刊登广东省经验做法的有44期，内容涵盖督导检查、宣传培训、集中办公、系统建设、数据迁移与清理情况等多个方面。全年共报送12篇情况报告和专报，积极向税务总局、省委、省政府汇报个人所得税改革工作进展及税收效应分析情况，如个人所得税改革、税收改革与"数字政府"改革对接促进个人所得税改革红利全面释放等方面报告。落实应急管理保障制度，建立重点改革任务纳税服务研判分析制度，对改革推进过程中可能对办税服务厅和12366纳税服务热线产生较大影响的工作事项，及时增加在线咨询座席、驻场座席，设置自然人专线座席，确保有问必答；落实"半小时问题解决机制"和"纳税服务问题快速反应机制"，依托"重点联系办税服务厅问题直报机制"收集解决基层反馈的疑难问题，加强涉税咨询快速反应。

（舒　欣）

财产和行为税管理

【财产和行为税收入及特点】　2018年，广东省税务局（不含深圳，下同）累计组织财产行为税收入（包括土地增值税、城市维护建设税、契税、房产税、城镇土地使用税、印花税）2153.08亿元，比上年增收275.05亿元，增长14.6%。其中：土地增值税收入728.39亿元，增收148.61亿元，增长25.6%；城市维护建设税收入447.50亿元，增长8.7%；契税收入436.78亿元，下降2.5%；房产税收入284.01亿元，增长19.1%；城镇土地使用税收入149.65亿元，增长47.9%；印花税收入106.75亿元，增长7.9%。

分地区来看，珠三角地区财产行为税收入1743.96亿元，占比81%，比上年增长14.7%；粤东地区财产行为税收入114.26亿元，占比5.3%，比上年增长21%；粤西地区财产行为税收入 132.76 亿元，占比 6.2%，比上年增长 6.9%；粤北地区财产行为税收入 162.10 亿元，占比 7.5%，比上年增长 16.2%。

【土地增值税管理】 一是针对土地增值税清算审核难度大、效率低、风险高等问题，创新清算模式，在中山试点将建安造价标准、“集中清算、分段审核”方式、审核工作模板、专业清算队伍等结合，形成责任边界清晰、内部分工明确、清算高效衔接的清算工作链条，推动土地增值税“标准化、模板化、流程化”管理。

二是构建覆盖全省的建安工程造价标准。历时两年时间，经过数千个项目的实地验证，省税务局全力推动建立覆盖全省的建安工程造价标准，涵盖土建、安装、装饰装修、市政设施、园林绿化等内容，其中，肇庆、中山、江门、珠海、茂名、云浮等地已联合住建部门对外公告，提升了造价标准的公信力。

【税收优惠政策及效应】 加大宣传力度，广泛利用多种媒体进行税收优惠政策宣传，拓宽企业了解税收优惠政策的渠道，确保纳税人用足用好税收优惠政策。及时更新办税指南和业务指引，并在广东省税务局官方网站公布。组织开展业务培训，特别是对基层一线窗口人员和税收管理员进行知识更新培训，分析讲解该项政策执行的要点和难点，确保税务人员理解准确到位。切实加强政策落实情况的督导，重视对减税政策管理方式和政策执行情况的督导，强化执法责任考核，一旦发现政策落实不到位的情况立即整改，并全省开展督导。加强备案管理，利用税收征管、纳税申报情况与备案减免信息进行比对，整理未备案但自行享受减免和应享受减免但尚未及时备案的纳税人名单，督促纳税人及时申请备案，维护纳税人合法权益。开展减免税效果分析，全面掌握享受减税政策户数、减免税额等数据，查找问题及差距，全面加强优惠政策落实情况的跟踪问效。

降低城镇土地使用税税额标准，全省由 1～30 元/平方米下调至 1～15 元/平方米，工业用地税额标准为上述税额标准的 50% 左右，2018 年全省减税 58 亿元。加强协调，广州市与深圳市之间、其他珠三角地区之间、粤东西北地区之间税额标准保持一致。简化等级，土地等级统一简化为五级。减少分类，适用税额只划分为工业用地和非工业用地，不再分行业、工业园等，注重适用税额的公平统一。

2018 年，广东省改制重组有关契税、土地增值税优惠政策、大宗商品物流企业城镇土地使用税优惠政策、营业账簿减免印花税政策以及科技企业孵化器和国家大学科技园等各项重点税收优惠政策均已得到有效落实，为纳税人减税 34.65 亿元。

【税制建设】 一是建立城镇土地使用税风险指标管控体系。进一步推动与自然资源部门信息共享，通过对土地交易数据、房产土地登记信息及申报情况进行分析比对，从源头上实时跟踪土地信息，构建税源控管体系，对纳税人应申报未申报或税务机关漏征漏管的风险进行排查，并要求全省建立健全城镇土地使用税税源清册，堵塞税收漏洞，提升征管质量。

二是督导各地积极探索建立印花税风险管理指标。通过梳理企业经济业务过程、环节及征收环节可能存在的印花税风险点，结合金税三期系统、辅助征收系统采集的财务报表、纳税申报数据及第三方数据、审计报告等，设计风险识别指标，纳入本单位年度风险管理计划，并按计划开展具体风险管理，主动查询相关疑点数据并开展风险应对，堵塞征管漏洞。

三是督导各地建立房地产交易登记缴税信息

共享机制。主动与自然资源、住建等部门加强协作，定期筛选交换国有土地出让信息，严格落实“先税后证”，对纳税人的完税情况进行前置审核，跟进疑点数据，确保税款及时足额入库。通过外部门信息交换、调取核心征管系统、查询纳税人财务报表，获取纳税人支付的土地出让金、拆迁补偿费等信息，与纳税人的契税申报信息进行比对，比对识别未将拆迁补偿费纳入计税依据申报缴纳契税的异常情形。

（萧　煜）

资源和环境税管理

【环境保护税管理】　经全国人大常委会审议通过的《中华人民共和国环境保护税法》自2018年1月1日起施行。广东省税务局按照税务总局“确保税法顺利实施、税制平稳转换”的要求，切实抓好环境保护税开征的工作。

一是根据《中华人民共和国环境保护税法》及其实施条例等法律法规规定，省税务局于2018年3月制定发布环境保护税核定征收管理办法（试行），规范对无法通过监测或排污系数、物料衡算方法计算环境保护税的纳税人的核定征收管理工作。

二是制定发布做好环境保护税工作的通知，统一规范全省环境保护税信息比对复核工作，明确纳税申报数据与历史排污数据、环境监测数据的差异标准。

三是通过联合省财政部门、生态环境部门制定发布环境保护税法工作方案，签订环境保护税备忘录，建立各级政府领导下的分工协作机制，形成环境保护税协同共治格局。

四是针对人工导出数据加工费时耗力、税种分析时效不强的现状，依托金税三期系统，立足大数据应用，研究提出有关环境保护税涉税数据分析统计需求，通过紧扣税种申报、征缴、减免数据的提取、加工和统计生成，为各级税务机关提供便捷载体，及时掌握环境保护税申报数据。

五是开展培训辅导。环境保护税作为专业性较强的税种，征纳双方都需要更系统的培训辅导，省税务局为此一方面组织专业师资对全省税政、征管、纳服及12366座席人员等开展培训；另一方面借助主流媒体、网站、微信等载体广泛宣传，以集中学习、视频培训等形式，对纳税人分阶段开展模拟采集申报、基础信息采集和预申报演练，确保环境保护税征管的贯彻落实和运行的有序顺畅。

【资源税管理】　不断创新监管方式，努力提升税收治理能力和服务水平，从抓好贯彻落实、强化宣传辅导、加强备案管理、加强风险管理四个方面，进一步规范全省资源税征收管理，优化纳税服务，强化规程落实，防范涉税风险。

一是资源税立法后，深入学习研读税法法规精神，扎实开展一系列前期调研工作，收集采纳一批结合征管实际的意见建议，为更好地依据中央授权制定符合广东省实际情况的相关配套政策打下了良好的基础。

二是扎实推进水资源费改税的调研工作。按照税务总局要求，在结合广东省南方丰水区特点的基础上，围绕税额设计、优惠政策制定、征收模式确定等方面拟定出了意见与建议。

三是研究简并资源税纳税期限，将按月申报缴纳调整为按季申报缴纳，进一步减轻资源税申报纳税负担。

【耕地占用税管理】 以深化“放管服”为抓手，组织开展耕地占用税征管情况调研和基层座谈，及时整理分发农用地转用文件，跟进耕地占用税管理工作。

以耕地占用税立法为契机，集中基层力量，结合广东省实际研究提出相关意见建议，为耕地占用税立法建言献策。

以数据管税应用为导向，研究提出耕地占用税收入数据统计表式，统一全省耕地占用税收入分析数据格式，规范各地收入分析工作，提升利用数据加强征管的能力，并通过抽取耕地占用税申报明细数据，及时了解全省耕地占用税征收管理情况。

【车船税管理】 加强部门沟通协调。与交管部门合作，全面采集车辆登记信息，准确掌握车辆数量，建立应税车船档案，推动实现公安、保险公司和税务机关车船信息和完税信息的共享及管理，切实加强车船税税源监控力度。

加强日常监督管理。通过开展风险管理，构建车船税风险管理指标体系，结合案头审核发现的疑点开展实地调研，找出代收代缴业务存在的风险点，及时控制和解决。

创新微信智能办税。纳税人可通过微信实时在线申报缴纳车船税，自行开具电子完成凭证，实现“全程网上办”，无纸化办税。

重新审核业务保障平台关于车船税的各项办税资料并进行规范简化，更好地服务纳税人，方便纳税人。

（陈晓庆）

社会保险费管理

【社会保险费收入及分析】 2018年，全省共组织社会保险费收入3805亿元（含企业年金），比上年增长22%。其中，企业职工基本养老保险费收入2268.46亿元，比上年增收215.14亿元，增长10.5%。2018年6—9月全省月平均实际缴费人数2105.41万人，共新增87.97万人，超额完成28.97万人，完成省政府下达任务数的101%，实现了养老保险收入和缴费人数稳步增长，为全省社会保障事业健康发展提供坚实的财力支撑。

【社会保险费征收管理】 严格执行养老保险缴费基数下限分四片区设置、失业保险和工伤保险费率下调等政策，2018年累计共实现社会保险费减负164亿元（不含深圳），充分释放政策红利。南方日报社在报送给省政府的报告中指出“降低企业社会保险成本”落实最到位，每个地市企业均认为有感度最高。同时，通过简化办费流程、减少资料报送、优化办费渠道、妥善处理欠费滞纳金和暂停对历史欠费的集中清缴等举措，进一步降低企业缴费负担。

在省政府的指导下，按照平稳有序、分工协作、征管高效、服务便民的原则，通过完备组织保障、健全工作机制、完善政策制度、强化信息化建设、做好数据交接、拓宽缴费渠道、加强培训辅导和舆论引导等，指导全省打好征管体制改革第三场战役。2018年12月20日，全省税务机关全面完成城乡居民基本养老保险和城乡居民基本医疗保险征管职责划转工作。

（陈云琴）

非税收入管理

【概述】　2018年，广东省税务局在财政部、国家税务总局、省委省政府的正确领导下，在省财政厅、省发改委、省住建厅等部门的大力配合下，完成6项中央设立非税收入项目（国家重大水利工程建设基金、可再生能源发展基金、大中型水库移民后期扶持基金、核电站乏燃料处理处置基金、核事故应急准备专项收入、免税商品特许经营费）和1项省级设立非税收入项目［村镇基础设施配套费（仅对乡镇规划区收取）］的划转工作。

【非税收入及分析】　2018年，广东税务系统已征非税收入项目共5项，包括教育费附加、地方教育附加、残疾人就业保障金、文化事业建设费、废弃电器电子产品处理基金。此外，还代征工会经费。全年共组织收入686亿元，比上年增长19.7%。其中，教育费附加收入280亿元，增长10.5%；地方教育附加收入187亿元，增长10.4%；文化事业建设费收入29亿元，增长28.3%；工会经费收入95亿元，增长10.2%。

【已征项目征管职责内部交接】　稳妥有序完成已征项目征管职责内部交接，全力推动残保金优惠政策出台。一是及时完成职责交接过渡。新成立的非税收入部门同非税收入项目原主管处室及早完成历史资料和征管职责的交接以及人员培训工作，确保过渡衔接期间征管秩序不乱、服务质量不降。二是切实做好日常征管服务。加强对基层征收和服务部门的督促指导，强化对已征项目日常征管的指导，并做好数据统计、收入分析上报、问题反馈等工作，还按照“最多跑一次”“一厅通办”等要求，积极做好残保金等已征项目服务流程优化，助力营商环境改善。三是全力推动残保金优惠政策出台。针对企业普遍反映的残保金负担过重的问题，组织各市进行调研测算，召开座谈会听取意见建议，积极同省府办公厅、省财政厅、省残联等有关部门就相关问题进行协商，推动省政府出台相关优惠政策，在关于进一步促进就业若干政策措施的通知中明确将按2017年标准征收残保金。积极落实省政府优惠政策，与省财政厅、省残联联合发文明确具体征收方式并组织迅速开展退库工作，为全省35万户缴费人减负约45亿元。

【首批省级非税收入划转】　顺利完成首批省级非税收入征管职责划转，推动全省非税收入征管进一步规范化、法治化。一是强化组织保障，推动任务落实。省税务局成立社会保险费和非税收入改革小组及工作专班，组织全省收看五部委社会保险费和非税收入部署动员视频会议，召开全省社会保险费和非税收入动员部署会议，制发全省税务系统非税收入征管职责划转工作方案，有力推动全省划转工作。二是加强部门联动，提升工作效能。在组织全省各市局开展两轮非税收入调研，全面摸清村镇基础设施配套费划转项目的基础上，第一时间与省财政厅、发改委、住建厅等部门就划转项目确定、职责界定等具体问题进行密切磋商，召开10余场现场协调会，推动四部门先后两次联合发文明确划转具体事项，确保划转工作有力有序推进，也为后续项目划转累积了有益经验。三是优化缴费流程，提升服务水平。结合省级项目的特点，在全国首创“移动支付+实时入库”缴税（费）模式，创新开发自然人免登记、免认定直接缴费等功能，大力推动跨部门信息互联互通，实现无纸化免填单缴费、一站式服务和同城通办，彻底解决了项目划转前缴费人多头跑、往返跑的“痛点”“堵点”问题。此外，进一步加大辅导力度，举办637场次业务培训会，科学评估全省697个办税服务厅承载能力，优化配置全省8952个窗口服务资源，充分发挥好税务部门“网点多、服务优、效率高”的优势，进一步增强缴费人的获得感。四是统一征管模式，促进规范征管。针对非税收入项目划转前的征管不规范问题，采取“因地制宜、前端统一、后端统一、逐步过渡”的划转模式，实现票据使用和入库科目的统一规范，有效解决了划转项目费源管理难到位、征收范围难确认等多项难题，逐步推动全省非税收入规范化管理。同时，在现有规费监控平台基础上，进一步加强基础信息维护，深化大数据应用，强化关联税费信息的比对，持续推进税费同征共管。五是完善制度建设，防范系统风险。认真落实国家税务总局关于平稳有序推进划转的工作要求，将风险防控贯穿划转工作全过程。一方面，从省级、市级、县区三级征管维度深入分析，提出协调机制、业务融合、流程再造、系统保障、宣传培训、制度建设等6类措施，实现了核收分离，有效防范了收款不开票、票款不入账以及人情费、过头费等不良现象，大大降低了费款流失风险和廉政风险。另一方面，针对全省13项非税收入，逐市归集文件，逐项分析政策，建立起包括费制要素、计税依据、优惠政策、近三年收入规模在内的数据分析库，梳理汇编各项法规依据151份共23万余字，建立起全省非税收入政策“宝典”，确保征收有据，执法规范。

【首批中央非税收入划转】 加强同财政部驻广东专员办的沟通合作，圆满完成首批中央非税收入征管职责划转工作。一是加强沟通联络，确保协调对接到位。双方定岗定人定责专职负责各项目划转的协调对接，开展互访座谈共7次，共同商讨项目划转细节、研究项目划转难点。专员办还专门派人帮助开展业务培训，对项目征管难点及原征管系统进行了详细解读。此外，双方还明确通过党建共建进一步推动项目划转工作。二是开展联合办公，确保费源信息核实清查到位。省税务局主动进驻专员办开展联合办公，双方8名业务骨干组建划转对接小组，并借助会计师事务所专业力量，深入开展首批6项中央收入项目的费源调查和资料整理工作，并完成资料交接。三是建立健全内部协调机制，确保征管流程推进到位。多次组织相关部门召开工作协调会，针对系统改造、流程设计、会统核算等进行整体规划，力求进一步简化征管流程、提升征管效率、优化缴费服务。此外，还召开了税企四方座谈会，召集13家主要缴费企业和专员办及6家征收单位开展座谈，通报工作进度、听取意见建议、建立沟通渠道。

（吕　阔）

税收规划核算

【税费收入】 2018 年，全省税费收入完成 28127 亿元，比上年增长 10.1%。全省税收收入总额 23636 亿元，增长 8.1%，其中：税务部门组织的国内税收收入 19683 亿元，增长 7.6%；海关代征进口税收 3953 亿元，增长 10.4%。税务部门组织费金收入 4491 亿元，增长 21.7%。税务部门办理出口产品退（免）税 4167 亿元，增长 11.0%。

【税收特点及分析】 税收运行和经济发展、减税效果相协调。纵向对比看，2018 年广东省国内税收收入增长 7.6%，略高于全省经济增速，税收弹性处于合理区间；全年国内税收增速比上半年回落 5.4 个百分点，反映下半年各项减税降费政策成效显现。横向对比看，广东省税收规模连续 25 年居全国首位，国内税收增速低于全国平均水平 1.9 个百分点，在东部发达省市中，高于北京（2.0%），低于上海（7.7%）、江苏（11.2%）、浙江（12.8%）和山东（10.4%）。

地方级收入保持较快增速。2018 年税务部门组织的国内税收收入中，中央级收入 9973 亿元，增长 5.6%；地方级收入 9710 亿元，增长 9.8%，其中省级收入增长 10.4%，市县级收入增长 9.6%。

税收产业结构优化，区域均衡增长。2018 年，全省第三产业税收收入增长 11.8%，拉动税收总额增长 7 个百分点；第三产业税收占税收总额 61.4%，比第二产业税收比重高 22.8 个百分点，税收产业结构变化契合全省产业转型发展趋势。同时，珠三角 9 市国内税收增长 7.7%，其中广州、深圳、佛山、东莞 4 市国内税收收入占全省 72.0%，重点地区税收支撑作用和集聚效应明显；粤东西北地区国内税收增长 7.3%，其中粤东、粤西、粤北分别增长 6.0%、7.2% 和 8.3%。

减税降费政策成效显著，主体税种增速随减税效应逐步回落。随着增值税改革、支持小微企业和创业减税政策、个人所得税改革等一系列减税降费新政策出台实施，相关主体税种减收规模持续扩大，增速明显回落。国内增值税全年增长 7.1%，增速比上半年低 5.3 个百分点；企业所得税全年增长 6.8%，增速比上半年低 5.7 个百分点；个人所得税全年增长 14.8%，增速比前三季度低 8.1 个百分点，其中第四季度同比下降 13.1%。

【税源分析】 广东经济发展稳中有进，为税收高质量增长奠定坚实基础。2018 年，中央和广东省一系列改革措施和宏观政策效应陆续释放，粤港澳大湾区建设不断推进，全省营商环境持续优化，经济保持平稳健康发展，为税收稳定增长提供有力支撑。一是经济新动能势头良好，新动能行业税收持续发展。全省新技术、新产业、新业态、新模式动能转换，质效提升，形成新的税收增长点，2018 年高技术制造业税收增长 5.4%，高于制造业税收增速 4.5 个百分点；高技术服务业税收增长 13.2%，高于第三产业税收增速1.4个百分点，其中信息传输、软件和信息技术服务业税收增长17.1%。二是投资建设带动明显，房地产和建筑业税收较快增长。1—11月，广东固定资产投资同比增长10.4%，房地产开发投资增长19.1%，新建商品房销售额保持13.1%的较快增长，促进2018年建筑业和房地产业税收分别增长25.5%和17.9%，增收额合计占总税收增量39.1%。三是居民收入和工资水平稳步提升，有力带动个人所得税和消费类税收增长。前三季度全省居民人均可支配收入增长8.6%，加上个人资产转让、股息红利等一次性收入规模的不断加大，既直接带动全年个人所得税较快增长14.8%，又促进了内需消费，全年批发零售业税收增长9.0%。

全省税务部门不折不扣落实减税降费政策，全力服务经济社会发展。2018年全省税务系统共办理出口产品退（免）税4167亿元，比上年增长11.0%，有力支持外贸出口和工业生产；落实鼓励高新技术、改善民生、促进小微企业发展等政策减免税共2297亿元，比上年增长7.5%。积极主动用好地方税权，推出减税降费若干新措施，并纳入广东“实体经济新十条”“民营经济十条”和“外资十条”。全力推动增值税、个人所得税、环境保护税等各项税制改革措施在广东落地，为助力企业纾困解难、激发市场主体活力、增强经济发展新动能提供了税收支持。

（李　坚　王秀婷）

纳税服务

【概述】 2018年，广东省税务局结合机构改革大力完善纳税服务工作，取得明显成效。“一厅通办”加速推进。4月25日提前完成税务总局“一厅通办”工作要求，制发办税服务厅整合实施工作方案，明确11类25项重点工作任务时间表、路线图。积极在信息技术支撑和人员素质提升上做“加法”，一方面整合自助办税终端、排队叫号、综合管理系统等功能，另一方面借力“互联网+”，在全国首创录播课程在线学习模式，结合《办税服务厅窗口人员实操培训手册》，实现全员快速培训。截至年底，全省686个办税服务厅中，635个办税服务厅均已实现第三层级及以上“一厅通办”，从实体办税层面上减少了纳税人来回跑次数，大大降低了纳税人办税成本。

打造规范蓝本，“办税（费）指南”重装升级。围绕“211”模式打造全省办税（费）服务指引蓝本，对原国税地税业务事项进行梳理整合，即梳理2张清单，分批发布7类634项办税（费）指南清单和6类31项相同业务事项清单；编制1套“二维码”，统一制作办税（费）事项“二维码”通过官方网站、微信公众号、办税服务厅等多渠道“一码”告知纳税人；管理1个特色平台——广东特色系统业务保障平台，建立办税（费）指南日常更新维护机制，为纳税人提供更新更准更全的办税（费）指引服务。

聚焦便民举措，“最多跑一次”提速增效。瞄准纳税人关切热点“办税（费）事项‘最多跑一次'清单"，在原5大类258项国税地税"最多跑一次"清单基础上更新补充，发布首批办税（费）事项"最多跑一次"清单，该清单共涉及信息报告、认定管理、发票办理、申报纳税、税收优惠、证明办理、社会保险费管理7大类555项涉税（费）业务，业务事项增加297项，是原清单事项的2.15倍，基本涵盖绝大部分纳税人日常办税业务，使纳税人真真切切感受到机构改革后服务升级带来的便利度和获得感。

加强制度管理，"办税服务标准"有序落实。在国税地税征管体制改革期间重点加强办税服务厅制度管理，第一时间发布办税服务厅管理规则、办税服务厅标识模板等12套工作模板（规则），明确办税服务厅日常管理、人员培训、应急管理、系统软硬件配置等工作执行标准，同时着重指导全省各级办税服务厅部署落实首问责任制、领导值班制、导税服务、办税公开、一次性告知、通办服务、延时服务等21项服务规范，确保机构改革期间"办税服务标准"规范有序。

强化纵横监管，"日常监测机制"运行稳定。按照"省税务局集中、地市联动、突出重点"监测工作原则，制发了办税服务日常监测工作规则（试行），建立起覆盖"省—市—县（区）—大厅"四级、12366中心联动的全省监测网络。同时在全省选取46个重点联系办税服务厅对接省税务局，实时掌握和处理一线办税服务厅突发情况。截至2018年底，累计监测办税服务厅2788厅次，通过对系统数据的分析应用定期形成办税服务监测月（季）报和专报，有效督促问题整改，问题整改复核通过率100%，纳税服务质效持续提升。

【办税服务管理】　持续优化纳税服务综合管理系统。一是保稳定。及时成立过渡期系统项目组，发布过渡期系统运行指引，确保系统稳定运行。二是统预约。对全省预约办税服务进行了整合，确保为纳税人提供统一的服务体验。三是扩渠道。按照上级部门规划，积极推进在"粤省事"小程序上线预约办税功能，进一步丰富了纳税人的办税途径。据统计，2018年全年共服务22617383人次、业务量64964650笔。

建立窗口办税服务问题处理机制。在全省建立责任明晰、程序规范、处理高效的闭环式窗口单位办税服务问题处理机制，进一步提升税务系统窗口服务质量和纳税服务水平。采取"线上+线下"模式，拓宽采集渠道，深挖问题线索，多维全面归集。主动加强与相关处室沟通协调，推动共同落实工作机制。同时，强化问题闭环管理，建立完善窗口单位监督问责机制，分级分类督促整改、问责，确保问题一一整改到位。

推动落实新办纳税人"套餐式"服务。依托广东省电子税务局，完成新办纳税人"套餐式"服务模块开发、测试及上线工作，于2018年5月在全省全面推广应用新办纳税人"套餐式"服务，实现了涉税事项模块、业务办理、表单填列、信息采集"四整合"，把原本需要7个工作日的办理时间缩短为2个工作日，极大缩短新办企业的办税周期。截至年底，全省共顺利办理"套餐式"服务业务110733笔。

不断加强自助办税终端整合管理。一是摸清底数。对全省存量的自助办税终端情况进行了摸底调查，经梳理，全省共有存量自助办税终端4346台。二是规范业务。参照办税指南规范了自助办税终端业务办理种类，共包括税务登记、发票办理、申报纳税、税费业务查询打印、其他共5大类34小类业务。三是推动整合。要求各服务厂商将系统接入税务总局规划的自助办税终端管理系统，实现集约化管理。

做好纳税服务投诉处理工作。2018年全省共受理纳税服务投诉422宗，所有投诉均严格按照审查、受理、调查、处理、结果反馈及回访的程序处理。坚持合法、公正、及时的原则，以事实为依据，认真对待每宗纳税服务投诉事项，对纳税人的纳税服务投诉处理情况进行跟踪监督，确保“有问必有答、件件有落实、事事有回音”，投诉办结率为100%。

【优化税收营商环境试点】 积极组织广州市局作为第一批优化税收营商环境试点，推出113条系列试点措施，为全国税务系统创造出“7个全国率先”的“羊城经验”。制发优化税收营商环境试点工作实施方案，按照“3年4步走”的计划阶梯推进5类21项82条优化措施的落地实施，2018年度完成30项措施落地，大幅减少纳税次数和环节、压缩办税时间、减轻企业办税负担、优化税后流程。2018年11月，联合省工商联举办“问需求 优服务”纳税人座谈会，联合省委改革办举办1期“优化广东税收营商环境”座谈会和1期面向企业代表的优化营商环境问需会，不断提高纳税人的满意度和获得感。

持续深入开展“便民办税春风行动”。以“新时代·新税貌”为主题开展2018年“便民办税春风行动”，全年落实4项季度专题行动和5大类20项54条年度系列具体举措。全省省、市、县（区）三级税务机关合计细化便民举措733项，推出“两会代表委员话春风”“纳税人开放日”“媒体记者体验行”和“春风亮点展示交流”等一系列“春风行动”品牌。

大力做好提升纳税人满意度工作。对税务总局2017年纳税人满意度专项调查通报中反映的问题进行逐项分析研究，制定有针对性的整改方案，结合改革期间纳税人意见征集调查和百项群众堵点疏解等工作，查找纳税服务工作存在的问题和不足，大力加以改进。综合各项有效措施，2018年广东省税务系统纳税人满意度调查综合得分位列全国第20位，较2016年排名进步11名，为近年来最好成绩。

【纳税信用评价】 扎实做好纳税信用评价工作。2018年，全省共266.59万户纳税人纳入纳税信用评价，受理并办结补评223户，复评3149户。加强纳税信用评价工作后续风险管理，在全省范围内对涉及的34528户次企业开展疑点数据核对工作并进行整改。积极落实守信联合激励与失信联合惩戒，扩大纳税信用评价的影响力，营造依法诚信纳税的良好氛围。

【“银税互动”】 持续推进线上“银税互动”项目。截至年底，广东“银税互动”已覆盖118家银行业金融机构，实现对省内主流银行的全覆盖；受惠群体也从企业、个体户拓展至全省4200万自然人纳税人，使大众切实享受到改革红利。截至2018年12月25日，线上“银税互动”项目累计服务企业56932户，贷款183.68亿元；累计服务自然人177921人，贷款221.29亿元。

【涉税专业服务监管】 做好税务师事务所行政登记和实名制管理工作。积极落实税务总局发布的《税务师事务所行政登记规程（试行）》，2018年，全省共办理792家税务师事务所行政登记。根据税务总局金税三期相关模块上线进度，在广东省电子税务局涉税专业服务模块实现了行政登记和信息网上采集功能，积极开展涉税专业服务模块业务培训。

统筹涉税各方力量，助力构建税收共治格局。举办“新时代新税貌·共建营商环境”涉税专业服务机构见面交流会和进一步深化税收风险共治有关事项座谈会。2018年3月20日，在广州白云区启用首个进驻税务师事务所的涉税专业志愿服务站。联合省注册税务师协会、广州市局、广州市注册税务师协会，从300多家税务师事务所遴选72名涉税专业服务从业人员志愿组成同心服务团，无偿为全市10万多家扣缴义务人开展新个人所得税法宣讲辅导，助力税制改革。

（廖家旺）

税收征管科技

【税收征管业务整合】 2018年，征管科技处牵头成立省税务局改革办征管组，以征管业务整合为抓手，深入推进国税地税征管体制改革工作。一是制定发布指导文件。陆续发布市县税务机构改革征管业务的公告、做好国税地税征管体制改革过渡期有关税收征管工作的通知、自然人税收管理办法等多份面向全系统全社会的征管指导性重要文件，有力保障省、市、县、乡四级新机构挂牌后各项税收工作平稳有序。二是编写过渡期衔接操作指引。针对基层过渡期业务衔接不畅的问题，及时编制6份指导基层开展征管衔接的操作指引，明确登记、发票、申报、欠税、注销等业务过渡期处理规则。持续加强对改革过渡期征管业务事项的宣传解读，回复基层提出的业务问题252条。三是全面梳理税费业务事项。机构改革期间，全面完成1421项原国税地税税费业务流程（包括依申请事项801项和依职权事项620项）的梳理和差异分析，整合了税费业务，规范了办理流程，并在全省统一推广业务保障平台，进一步提升业务沟通、知识积累效率。四是推进全省统一税收征管方式。印发统一税收征管方式的意见，强调“属地＋分类分级”的基本原则，明确五大类25项任务79条具体措施，推进办税和缴费便利化改革，优化资源配置，规范岗责体系，统一税收、社会保险费、非税收入征管服务标准，逐步构建全省优化高效统一的税收征管体系。

【“放管服”改革】 在深化简政放权方面，加强涉税资料清单管理，共取消893项报送资料，减少企业报表报送次数，由按月报送改为按季报送。进一步扩大税务注销即时办结服务范围，采取“承诺制”容缺办理，纳税人办理税务注销时间同比减少75%。大力推广增值税电子普通发票，2018年1—8月，累计开具电子发票近3.86亿份，占全省纳税人开具增值税普通发票总份数的51.17%。实现与行业管理的深度融合对接，开出全国首张航空旅客运输业电子发票、全国首张增量房交易电子发票、全国首张存量房交易电子发票、全国首张个人物业出租电子发票。在创新监管方式方面，打造“税收实名制管理”的完整链条，在全国率先将社会保险费纳入实名办理范围，实现实名办税全覆盖。截至2018年9月，已有403万户纳税人、619万户自然人进行实名认证，占日常纳税户的92.7%。探索运用“机器学习”加强风险管理。以实名数据为基础，加快推广“机器学习”算法应用步伐，探索运用于防范出口骗税、所得税管理等方面。在优化纳税服务方面，更新发布“最多跑一次”清单，共涉及7大类555项涉税（费）业务，基本涵盖纳税人日常办税业务。推行房地产交易智能办税，纳税人可以全流程网上办理，也可以线上预填线下办理，在前台办理时间缩短至10分钟以内，平均办理时间下降80%。首创“移动支付+实时入库”缴税（费）新模式，向广大纳税人、缴费人提供微信、支付宝等多元化移动支付缴税（费）服务，资金当天即可安全划解入国库或社保财政专户。创新开发增值税“一键申报”系统，实现进销项数据自动获取、申报表自动生成、涉税业务自动提醒，纳税人最快可在1分钟内完成申报。在改进税收执法方面，上线智慧防控系统，对全省增值税纳税人的发票开具情况实行“7×24小时”全天候实时监控，实现24小时内快速锁定虚开发票疑点企业；对无法取得联系或失踪走逃的纳税人，立刻采取阻断开票、停止网络申报等限制性措施。系统上线一年以来，已精准打击涉嫌虚开发票企业4182户，处置问题发票26.47万份，涉及发票金额216.77亿元，减少国家税款损失31.8亿元。

【信息化建设】 一是落实个人所得税系统上线。按照税务总局的工作部署，在过渡期上线阶段贯彻落实了环境准备、特色软件改造等工作任务，组织省内654个办税服务厅共1450名税务人员，开展压力测试和功能测试；在第二阶段上线推广工作即将实施之际，完成了各项工作准备。二是改造社保系统。坚持具体问题具体分析，明确全省社会保险费征管职责划转征管和信息化建设的实施路径和工作任务。作为需求管理部门和信息化项目管理部门，加快审核业务需求，制定技术规范，全程监督系统建设。三是大力建设广东省电子税务局。按照总局电子税务局建设规范要求，全面开展电子税务局规范建设改造工作，规范原国税地税业务流程和标准，统一网上办税平台，建立行为画像分析体系，加强税务风险事前事中事后联动。同时，全面开展办税无纸化、档案数字化和一户式电子档案库工作，每年减少纳税人纸质资料报送80%。四是深度参与“数字政府”建设工作。在省网上办事大厅接入税务服务事项共115个，位居全省政务部门前列。与省电子证照系统对接，成功上线应用全国首创的电子税票，累计制发量已超过4100万份。主动获取外部门电子证照信息，实现为残疾人等特殊群体提供税收减免服务，有效惠及全省28万名残疾人，被广东省推选为政务信息系统整合共享应用试点项目，入选国家发改委全国首批典型案例。五是加快大数据管理平台建设。以原省国税局的专有云平台为基础，开展大数据专有云平台扩容及原国税地税大数据应用融合工作，及时制定原地税数据标准并推动数据上云，同步在广州、珠海市局开展平台试运行，推进了项目进度。

【金税三期工程】 作为全国第二批金税三期系统并库上线单位，省税务局党委于2018年12月4日召开全省金税三期系统并库工作动员部署视频会，省税务局胡金木、吴紫骊、李榕滨三位局领导亲自作动员部署，要求全省税务系统高度重视金税三期系统并库工作，“一把手”要亲自抓，分管领导具体抓，确保并库工作高效、安全、顺利落实到位。征管科技处严格落实省税务局党委的工作部署，牵头成立并库工作组，开展并库前的准备工作，取得了良好成效。一是提速开展管户调整、管户对照。围绕机构、人员、岗责、系统“四同步”落地的要求，制发“管户”调整指引、“管户”调整清册和新旧主管税务机关对照表模板，全力集中攻坚，在2018年10月30日顺利完成全省500多万户企业纳税人和4000多万自然人纳税人（缴费人）主管税务机关的调整，比原计划提前两个月。通过优化完善总局数据脚本，实现全省需各市确认或清理的管户从170多万户大幅降低到40.2万户。组织全省各市开展比对操作，经过两个阶段的清理复核，全面完成需调整核实的40.2万户纳税人的管户对照工作。二是完成初始化采集工作。自12月11日起，全省集中近100名税务骨干进行历时10天的初始化采集工作，共完成108张参数表、20张代码表及代码对照表的比对和采集，各市共提交参数表845份，代码表272份，代码对照表86份，涉及数据记录1387399条，最终保留1228342条，删除159057条错误冗余数据。三是迅速搭建并库所需各类基础环境。编制环境部署方案，明确金税三期系统并库所需软件、硬件资源需求，完成初始化、中间库和数据迁移等环境的搭建，为并库工作的正式开展奠定了坚实的基础。

（陈文翊）

国际税收管理

【国际税收收入】　2018年，全省共组织国际税收收入268.03亿元；为“走出去”企业解决涉税问题，涉及税款1.18亿元。

【粤港澳税收合作与发展】　2018年，省税务局精准对接大湾区企业需求，深化与港、澳税收合作，助力粤港澳三地实现跨越式融合发展。

以税务机构改革为契机，完善粤港澳税收管理服务体制机制。大湾区内各市税务机关基本都设立了国际税收管理部门，深入推进跨境税收管理与服务创新，为港澳企业在粤发展带来更多“获得感”。

最大限度释放政策红利，激发港澳企业和港澳人才发展活力。2017年以来，共为符合享受税收协定待遇条件的香港企业减免税款近35亿元，为澳门企业减免税款近1500万元。全面落实港澳人员个人所得税税负差额补贴政策，涉及横琴自贸区2018年度应发放港澳居民个人所得税差额补贴预计为0.8亿元。

着力提升跨境办税便利度，打造大湾区税收营商环境新高地。在珠海横琴率先推出V-Tax远程可视自助办税系统，大力推进办税信息化、电子税票应用等进程，优化税收政策咨询服务，探索创建跨境维权机制，拓宽涉税纠纷维权途径，为提升跨境税收服务质效、保障湾区企业权益提供有力支撑。

线上线下多维开展政策辅导，擦亮大湾区税宣特色品牌。采用论坛、讲座、走访、对话等多种形式，省、市、县（区）三级联动开展税收宣传。2018年上半年，全省共集中开展15场面对粤港澳大湾区纳税人的税收宣传活动，惠及纳税人2540户次，营造了良好社会范围，持续扩大了政策影响力。

主动调研国际税制，积极探索弥合粤港澳三地税制差异。根据税务总局部署，已将澳门列为广东税务部门国别税收信息研究项目。通过比对三地税制差异，调研港澳企业在粤发展情况，探索促进粤港澳三地协同发展的税收政策方案。积极向税务总局和省委、省政府提出措施建议、争取政策支持，着力为广东经济发展贡献广东税务智慧。

【政策落实】 结合广东省外资十条要求，坚持“深调研、广宣传、真落实”的工作思路，通过“数据、服务、政策、机制”四轮驱动，将境外投资者以分配利润直接投资暂不征收预提所得税政策贯彻执行到位。该政策执行以来，共对在粤外资企业开展税收宣传1000余户次，提供专项辅导324户，撬动全省外资利用额超过81亿元，涉及递延纳税税款8.1亿元，政策惠及行业27个，其中对制造业投资导向明显，有效催生了外商投资新机遇。

一是数据驱动优效能，精准定位“潜在受益者”。全面采集外商投资信息9万余条，对外商投资变动数据开展深入分析和调研，对准备申请递延纳税政策的纳税人进行重点辅导，真正将吸引外资投资的税收政策利好送到每一户目标企业手中。

二是服务驱动提信心，助推企业发展驶入快车道。通过微信公众号、税务外网、办税服务厅等多种渠道推送政策解读；畅通政策咨询渠道，针对准备分配利润以及已分配利润有意向追补享受优惠的企业开展个性化辅导，对申请追补享受不征税政策的企业及时办理退税，确保政策红利应享尽享。

三是政策驱动促实干，确保税收利好切实落地。组织业务骨干成立政策研究和效应分析小组，编写政策执行征管操作手册，全省各地专门开展内部全员培训，确保优惠政策切实落到基层第一线且政策执行口径一致。

四是机制驱动防风险，营造公平有序营商环境。建立多方联动机制，主动加强与发改、商务、招商、外管等部门的沟通；建立后续管理机制，对享受优惠企业实施风险管理监控，防范税收优惠政策的滥用风险。

【涉税服务】 精心开展涉税辅导，为民企对外投资提供“指南针”。通过建立服务团队、制定服务手册、收集整理常见问题和典型案例，推出国别税收风险分析服务、税收协定执行、复杂涉税事项应对、涉税争议解决等“走出去”企业“一站式”税收服务系列产品。

坚定维护境外权益，为民企行稳致远提供“护身符”。通过编写规范化的内部指引和办税指南，优化流程提速升级，制定“走出去”纳税人“最多跑一次”办税清单，将申请开具《中国税收居民身份证明》办结期限从10个工作日压缩到7个工作日，并实现电子税务局“无纸化”申请。2018年，广东税务部门共向31个国家开具中国税收居民身份证明209份，拟享受协定收入金额27.02亿元，享受协定待遇减免税额2.9亿元，比上年增长254%。其中：向19个“一带一路”沿线国家开具中国税收居民身份证明182份，拟享受协定收入金额26.56亿元，享受协定待遇减免税额3.96亿元。

主动注入政策红利，为民企发展壮大提供“助推器”。不折不扣兑现好扩大境外税收抵免范围和简化境外税收抵免程序、完善境外承包工程税收抵免凭证等多项涉外税收政策红利，全年为“走出去”民企抵免境外所得税4704.42万元。

【税收调研】 聚焦国际税改前沿，开展经济税收分析。成立“美国税收改革专题调研小组”，开展对美关联交易专项调研，响应国家税务总局跟踪研究美国税改溢出效应的要求，形成11篇资本流动分析报告和2篇对美关联交易分析报告。持续开展非居民企业资本流动情况分析并形成分析报告。

聚焦国内税改前沿，承接专题研究项目。参

与个人所得税反避税立法小组工作，承接了其中“个人所得税反避税自行调整”部分的研究编写。

【优化国际税收营商环境】 在美国税改、“一带一路”和改善营商环境的大背景下，持续推进与落实BEPS成果，加快“三位一体”柔性管理模式的转型升级。一是加强跨国公司利润水平监控。以跨国利润水平监控为主线，不断完善风险防控体系，在保持调查刚性的基础上，注重柔性的管理与服务，优化税企沟通与配合，降低企业转让定价风险。二是提升双边协商服务质效。成立国际税收双边协商案件专项工作组，促成中美、中日、中韩税务部门的三个双边预约定价安排和转让定价双边协商谈判达成一致意见，使相关企业近30亿元的应纳税所得额得以消除或避免双重征税。

（陈依媛）

税收经济分析

【税收经济分析机构成立】 2018年8月3日，广东省税务局税收经济分析处正式成立。税收经济分析处是国税地税征管体制改革中诞生的全新内设机构，它的职能包括：运用税收数据对本地区经济运行情况开展动态监控分析；开展国家和地区重大经济发展战略实施情况专题分析和本地区与国外、国内同类型地区的比较分析；组织开展税收政策效应分析，跟踪评估减免税等政策实施效果。

【税收经济调研】 2018年，税收经济分析处共组织参与调研活动6次。8月9日—10日，应广东省财政厅邀请到汕头开展政协提案相关调研；9月3日—5日，参与国家税务总局税收经济分析工作调研；11月6日—7日组织广州、韶关、茂名、揭阳市税务局经济分析部门开展税收经济分析调研；12月11日—20日，到国家税务总局参与工业税收经济先行指数及税收经济专题分析工作调研；12月19日—21日，到惠州市税务局开展税收经济分析专项调研；12月28日，在省税务局党委委员、副局长朱江涛带领下到惠州开展税收经济分析工作调研，研究制定省税务局税收经济分析工作实施办法，推进省税务局税收经济分析制度建设。

【税收经济分析成果运用】 2018年，税收经济分析处开展5个专题的经济分析研究，完成6篇税收经济分析报告。

做深专题分析。聚焦省委省政府提出的全省一体化发展战略，对准产业共建园平台，从税收视角观察全省省级产业园区的发展现状，总结成功经验和高效路径，分析其中存在的突出问题，提出靶向性建议，形成了高质量的报告；围绕粤港澳大湾区发展战略，从国际和国内视角比较粤港澳湾区建设优势，从湾区内部分析发展潜能，以数据挖掘粤港澳大湾区发展面临的挑战，形成了专题报告，大部分内容为国家税务总局收入规划核算司采纳，成为上报国务院专报的重要内容。

做精税收收入分析。一是做精纳税百强分析。统计分析五年来广东省纳税百强企业的税收规模和税源结构变化等情况，从税收视角看广东经济转型升级和产业结构调整的现状，形成了专题分析。二是做精税收经济形势季度分析。从税收角度看广东经济发展情况，2018 年前期广东经济保持稳定增长，税收形势良好。在经济下行压力加大的情况下，受中美贸易摩擦、加大减税降负力度等因素影响，预计全年保持经济与税收总体平稳发展，呈现稳中有变的态势，形成税收经济形势报告。

做好税收政策效应分析。一是做好减税降费政策评估分析。按照党委书记胡金木的要求，紧扣中央减轻企业负担精神，契合当前施行的具体减税政策，提交专题分析报告，分析减税降费的潜在空间，提出减税降费新思路新路径新举措，并以数据测算论证实施的可行性，丰富领导决策的减税工具箱；二是做好增值税改革效应分析。迅速回应中央调整增值税税率的政策精神，联合货劳处开展调研，结合中美贸易摩擦背景，量化测算两次“营改增”后进一步降低增值税税率的税负影响，探寻现阶段减税降负空间和应对策略。

【税收经济分析体系建设】 2018 年，税收经济分析处认真贯彻落实国家税务总局关于全面落实税收经济分析的要求，先后出台加强税收经济分析工作的实施意见、税收经济分析工作实施办法等文件，为广东省税收经济分析工作提供指南。

在全省范围内开展多批税收经济分析骨干轮训工作，各市局定期选派 1 ~ 2 名税收经济分析人员到省税务局参加为期 3 个月的集中轮训，通过跟班学习，打造强有力高素质的分析人才队伍，切实提升全省税收经济分析线条的业务水平及税收分析能力。

（陈伟森）

税收大数据和风险管理

【税收大数据和风险管理机构成立】 2018 年是国、地税机构改革的第一年，税收大数据和风险管理局成立。数据综合应用平台为原广东地税大数据应用项目，设立目的是为了整合全省各地市数据应用系统，丰富数据应用功能，提升全省数据应用水平。数据综合应用平台于 2018 年 4 月 28 日全省上线。数综平台形成以收入分析、税源分析、管理执法和办税服务为框架的数据应用体系，具有较为清晰的功能边界和丰富的业务场景，通过一局式、一户式、一人式进行数据归集，实现从宏观到微观的数据分析。数据展现方面，数综平台包含可视化页面、多维统计、明细清册 3 种，以适应不同角色人员的数据应用需求。

大数据平台为原广东国税大数据应用项目，2018 年年底完成数据湖和大数据应用平台的建设。数据湖以统一的数据标准构建全局数据中心，为不同应用提供唯一渠道的数据供应，并通过数据管理平台进行管理，实现数据管理流程化、数据关系可视化等。数据湖涵盖包括征管系统、出口退税、防伪税控、货运发票、电子底账、个人所得税、社保在内的 35 个税收系统的数据资源，有36000多张数据表，大约190TB数据量。数据湖支撑的应用包括：大数据应用平台、风险管理系统、发票全链路管理系统、出口退税综合管理系统等。

大数据应用平台以宏观、中观、微观三层为视角，借鉴标签画像、关系网络、算法模型等新思路、新方法，构建了一个涵盖7大类、130个功能、5个算法的创新应用示范体系。宏观上，实现税收经济分析，利用发票数据分析区域经济贸易顺逆差、产品链结构分析。中观上，利用画像、关系、票流强化管理，虚开识别、走逃预测、进销不符识别有效提升风险分析效率。利用地理纬度，创新性识别风险区域、发票双方物理距离。微观上，整合全面的一户式，包括国、地税多维信息、支撑风险核查、出口退税分析，广泛支撑前台业务人员的日常服务与管理。

【税收风险管理】　省税务局数据风险局于2018年8月10日正式组建完成，全省21个市（含珠海横琴新区）、121个县（区）级单位成立了风险管理专职部门，全省工作人员合计1468名。

2018年累计通过税收风险管理系统扎口下发任务29.5万户，查补入库371.47亿元；接收跨区风险管理协作任务4535户次，发起跨区风险管理协作任务2258户次。利用“机器学习”算法研判虚开风险指数，锁定风险指数较大企业名单625户、有问题558户，共挽回税款损失约2.6亿元。利用物理地址定位普票虚开疑点，对近两年税收征管数据进行分析，确定涉嫌虚开增值税普票疑点纳税人2.17万户，部署全省风险管理部门开展防范增值税发票风险专项工作。利用智能识别系列产品预测虚开走逃风险，通过“新登记企业走逃预测”“商贸企业虚开发票风险”等多个智能识别产品，对164.30万户次纳税人进行预测虚开风险户0.21万户，据此破获增值税发票虚开专案，查处虚开增值税专用发票企业14户，涉案发票金额达1.95亿元。

开展个人税（费）风险管理，注重内部数据挖掘和外部数据获取，将自然人各类涉税数据形成一人式档案，着手构建自然人税收画像。启动个人风险分析识别，编写6个指标脚本，扫描出逾50万条风险点数据。针对影视行业特点，首次采用“人机结合”方式开展数据风险分析工作，形成19户统一规范的数据风险报告，为辅导纳税人自查及下阶段风险应对，提供精准制导。

【信息共享和交换】　2018年，国家税务总局广东省税务局在奋力推进国税地税征管体制改革的大背景下，积极发挥双重领导管理体制的优势，主动融入广东“数字政府”改革建设，在中直驻粤单位中率先实现政务数据目录在省政务信息共享平台100%数据挂接。依托政务数据共享，省税务局深入参与省政府多项政务服务攻坚工作，115项税务事项进驻省政务服务网，个人所得税、社会保险费等多项民生应用上线“粤省事”平台，为粤港澳大湾区商务签注和两地车牌申请提供数据核验服务，切实发挥税收在国家治理中基础性、保障性、支柱性作用。税收大数据和风险管理局整体统筹税收、社会保险费和非税收入等涉税政务数据资源交换共享工作，破解了税务系统内部各业务部门条块化且相互独立、数据资源分散难以有效共享的难题，更改变了以往各业务处室单兵作战，多头衔接的局面。省税务局基于税收数据敏感度高、保密要求高的“两高”特性，对税收数据资源分类分级梳理，区分无条件共享、有条件共享等不同情形，采用不同的共享策略，以电子文档上传、数据表同步、接口服务等多种形式进行挂接。省税务局着力构建政务数据共享长效机制。以《广东省政务数据资源共享管理办法（试行)》为指导，加紧制定涉税政务数据资源交换共享工作规范，加强数据治理、优化信息化支撑。省税务局借“数字政府”改革东风，应用省政务信息共享平台拓宽外部涉税数据获取，打造大数据管税新格局，实现“数字政府”改革、税收服务管理工作提升、营商环境优化“三促进”。

（庞慧宏）

财务装备管理

【财务改革】　全面梳理改革过程中涉及的各类财务事项，制发过渡期财务工作实施方案、施工图等，明确工作思路、原则、目标、任务，编制改革期间财务工作作业图，列出改革任务清单、工作台账，细化2018年内改革准备期、组织实施期、财务融合期三个阶段5大类19项重点事项，明确工作责任和时限，形成责任清晰、进度明白、进展清楚的对表、对标、挂图作战机制，改革期间各项财务工作有序推进。

【财务融合】　全面开展各级预算单位设立、变更、注销等工作，理顺新税务机构预算体系，夯实部门预算编制和财务核算基础；收集整理各级预算单位银行账户信息变更资料，适时完成变更工作，为实现“一个单位、一套账户、一套核算体系”打好基础；在做好往来款项、货币资金、财政票据、银行印章印鉴、财务会计档案资料等财务清理工作的基础上，财务资料安全移交，财务规范、软件操作等业务培训有效对接，各项财务工作有序衔接、顺畅转换。

【经费保障】　积极研究构建全省税务系统经费保障体制；跟踪落实2018年省级财政经费安排，确保2018年中央和地方经费足额到位；积极向国家税务总局反馈广东省遭受自然灾害造成的损失，申请国家税务总局追加补助广东省救灾经费936万元；打好同时编报中央和地方两套预算的“攻坚战”，与省财政厅多次沟通协调，按照“保基数”的思路编制预算报告，并向常务副省长林少春做专题汇报，争取2019年省财政保障力度不减；赴京向国家税务总局财务司汇报经费缺口情况，协助省财政厅顺利完财政部举办的税务部门经费划转基数对账工作，减少上划经费被统筹安排的负面影响，争取提高经费保障水平；注重加强经费测算和统计分析，专题调研听取各地市税务局关于经费保障体制的意见建议，认真研究落实经费保障体制的具体措施，确保经费向征管一线、困难地区、基层倾斜；按要求开展养老保险正常缴费及欠费清缴所需经费的测算和资金申请工作，全省各级税务部门均已办理参保登记，养老保险正常缴费及欠费清缴所需经费的测算和资金申请工作稳步推进。

【资产管理】　在与国有资产主管部门充分沟通协调的基础上，精心组织开展资产清查及划转工作，建立省税务局统筹、分级划转工作机制，全系统统一划转方案、统一划转报批方式、统一资产处置方式，建立全省划转移交工作的时间表、任务图，各级单位按时按要求沟通协调、落实工作。2018 年 12 月 25 日，全省税务系统 358 个单位圆满完成资产划转工作。

组织全系统对机构合并前暂停立项、开工的基建项目逐一梳理，督促已安排资金项目尽快申请开工，统筹规划未来三年项目需求。严格按照总局的要求和时间节点进行项目立项论证和开工审核，规范在建项目管理，确保项目手续规范完整。2018 年共上报维修改造立项项目 21 个，正式申请开工项目 10 个，基层办公办税环境进一步优化改善。

【政府采购】 严明纪律要求，抓实绩效管理，严格审核把关，原国税地税 2018 年度的采购项目规范高效运行，确保了改革期间各项税收任务的开展。过渡期间，完成信息化采购项目 44 个，非信息化采购项目 3 个，金额合计 19219. 84 万元。

【财务收支】 落实收支两条线及财务归口管理，对 2017 年全系统原国税地税的决算分别进行了批复；完成全系统银行账户信息的统计、分析以及省税务局预算单位的单位信息和人员信息维护；严格落实预算执行责任制，分渠道加强预算执行情况分析，加强预算执行预警、督导，2018 年预算执行绩效考核目标圆满完成。

【制度建设】 建立过渡期政府采购集体研究决策机制，规范省税务局机关政府采购行为，强化内控机制，保证过渡期政府采购事项正常运转推进。发布过渡期政府采购工作指引，明确过渡期间采购事项立项和款项支付规定，对已列入原国税地税的 2018 年度预算资金的采购项目，分别明确采购范围及标准、采购流程，确保过渡期间政府采购项目有效衔接。制定局机关过渡期间财务报销管理办法，明确过渡期间经费支出原则、范围、标准和要求及审批流程，确保过渡期间国税地税两套经费体系正常运转。

【财务监督】 建立“报告—核查—约谈—整改—完善制度”的资金动态监控闭环工作机制，实时监控 175 个预算单位的实有资金账户，财政专员办公室实有资金动态监控试点工作成效显著。以“强化统筹、明确指引、及时处理、分析改进”做好财务内控信息化系统应用，总结分析全年疑点分析处理情况、改进薄弱环节，全省税务系统疑点信息较上年同期下降 23. 21%，有效疑点数量大幅减少，财务内控建设进一步落到实处，有效推动提升了财务管理水平，为改革期间税务系统的资金运转提供了安全保障。

（黄雯菁）

督察内审

【内控机制建设】 一是立足实际，深入调研，全面梳理各项内控风险，制定针对性强、有实操性的防控措施。2018 年，原省国税局已针对 10 类主要业务，梳理风险点 911 个，制定防控措施 1268 项；原省地税局针对 9 类主要业务，梳理风险点 884 个，制定防控措施 1197 项。二是部门联动，齐抓共管，积极构建内控指标体系。采取“省税务局先行构建，各地补充丰富”的策略，构建本地化内控指标。2018 年，全省税务系统共建内控指标 393 个。三是服务大局，紧扣重点，对关键性问题进行防控。围绕税收执法和行政管理重点、难点问题，开展风险提醒、预警和应对。2018 年，全省税务系统通过风险筛查核实并纠正问题 8412 个，处置各类违规金额 155.6 万元，查补罚款及滞纳金 15.1 万元。全省税务系统共进行风险发布 35 次，范围涉及税收法制、税种管理、发票管理、税收征管、纳税服务、收入核算、出口退税、税务稽查、党建党务、纪检监察、财务管理等 11 个方面。四是风险导向，抓住要点，对高风险事项进行核查。2018 年，原国税局推送执法类疑点数据 6424 条，发现问题 1560 个，查处各类违规税款 1569.8 万元；原地税局推送执法类疑点数据 21177 条，发现问题 8753 个，查处各类违规税款 1112.7 万元。五是过错预警，有效落实税收执法责任制，运用内控平台对执法问题进行自我纠正。2018 年，全省税务系统自我纠正执法过错共 75074 个。

【税收执法督察与内部审计】 2018 年，督察内审处改变以往“重检查、弱问责”的做法，全力提升“问责”的警醒和威慑作用，倒逼责任落实，明确要求全省各市局必须对发现问题进行问责追究，做到“有权必有责、用权受监督、过错受追究”。在税收执法督察方面，2018 年全省税务系统执法督察共督察单位（项目）121 个，发现违规税款 240 万元；通过税收执法督察补收税款 127 万元，退抵税款 523 万元，其他整改违规税款 35 万元，加收滞纳金 12 万元，已制定整改措施 218 条。在内部财务审计方面，2018 年，省税务局本级共开展审计项目 12 个。审计发现 102 个问题，已全部落实整改，涉及金额 87.17 万元，完善制度 2 项，追责 29 人次。全省税务系统共开展审计项目 173 个，共审计单位 137 个，发现问题 1274 个，涉及金额 9238.67 万元，已制定整改措施 702 条，完善规章制度 27 项，已完成 1108 个问题整改，整改涉及金额 8494.91 万元，责任追究 103 人次。在落实税收执法责任制方面，2018 年，全省税务系统计算机日常考核确认执法过错行为共计 4431 个，其中税务机关过错行为为 449 个，税收执法人员过错行为 3982 个；人工考核确认执法过错行为共计 163 个，其中税务机关过错行为为 40 个，税收执法人员过错行为 123 个，过错责任追究共计 342 人/次。

【配合外部审计及服务支持特派办工作】
积极协助配合审计署、审计署广州特派办、财政部广东专员办等外部监督部门和税务总局驻广州特派办开展审计调研。2018 年，广东省税务局接受外部审计 2 次（审计署广州办对广东省养老保险基金审计、广东省审计厅对 2016—2017 年度全省企业职工基本养老保险基金财务收入结余情况审计）；共配合外部审计 28 次（其中审计署广州办 20 次、广东省审计厅 8 次），协助审计署广州办延伸审计企业 12 次，提供全库数据 2 次，其他数据合计 26.5 万多条；协助财政部广东专员办开展减税政策执行情况及政策效果调研，遴选全省 400 户样本企业进行调研并向样本企业发放、收集调查问卷，共提供数据 4.2 万多条，7 份专题调研报告；协助税务总局驻广州特派办督审工作组两个阶段 8 个专项内容开展全面督审工作，共提供数据 8000 多条。

（吴　健）

人 事 管 理

【机构改革】　2018年税务机构改革启动以来，广东省税务局人事处紧紧围绕国家税务总局和省税务局党委工作部署，勇挑改革重担、全力攻坚克难、圆满完成“三定”攻坚任务：省税务局党委、21个市级税务局党委、136个县级税务局党委成功获批设立（其中，市级税务局改设党委的完成速度位列全国前三，县级税务局改设党委的完成速度位居全国前列）；市、县领导班子配备工作依次、有序完成，并迅速发挥统筹引领作用；省、市、县三级税务局“三定”暂行规定全部制定、审批并落实到位，省税务局机关于8月10日前全面完成处室职责划转、工作交接等任务，21个市级税务局、136个县级税务局先后于9月25日、10月25日同步宣布内设机构、派出机构、事业单位负责人任命和所有工作人员岗位安排。同时，强化措施力促“四合”要求到位，全力争取各级党委政府在税务干部安排方面给予大力支持，全省税务系统共有66名干部已经安排或正在安排到地方工作。全新的组织人事体系顺利构建，干部队伍配优配强，部门职责清晰明确，队伍专业化和职业化水平有效提升。

【制度管理】　各级“三定”暂行规定落地后，立即着手抓好组织人事各项制度规定的制定工作，先后发布请（休）假管理、因私出国（境）管理、日常考勤管理、申请出国定居有关事宜等人事管理制度规定，迅速研发调整并配备应用省税务局机关请休假、因私出国（境）、考勤等信息化辅助办公系统和工作设备，草拟机关借用工作人员管理办法、干部选拔任用工作规程等制度。另外，根据国家税务总局统一部署，在较短时间内基本完成全省原国税、地税系统干部人事信息系统的数据整合工作；积极配合财政部、税务总局开展工资津贴补贴调研，结合实际提出开展津贴补贴工作的建议；加班加点完成原省国税局机关人员参保登记审核、原省地税局机关人员养老保险缴费工资申报以及省税务局全体在职、离退休人员首次信息采集录入和更新维护工作。

【队伍建设】　迅速落实干部选任工作。在接到税务总局相关通知后，配合省税务局党委迅速拟定工作方案，全力向国家税务总局争取省税务局处级非领导职数，在全国税务系统内第一个向税务总局提出启动处级非领导职务选拔任用工作并获得审批同意，全面组织好全省税务系统1名调研员、8名副调研员以及省税务局机关3名调研员、38名科级干部的选拔任用工作，认真完成好省税务局机关及系统管理29名处级干部试用期满转正工作。

全面提升招录生源质量。2018年度原国税系统计划招录1273名公务员、原地税系统计划招录733名公务员均已到所在单位报到上班。同时，按照中组部、人社部和国家税务总局的统一部署，扎实做好税务机构改革后的首次公务员招录工作，组织工作人员分别前往北京、上海、武汉、广州四地深入北京大学、复旦大学、中国人民大学、武汉大学等12所重点高校开展现场宣讲活动。本次公务员招考的竞争激烈程度远远高于原广东国税、地税系统的历次公务员招录工作（竞争比例为137:1），生源质量明显提升，2123人具有硕士或博士学位，5400人毕业于“985”“211”或“双一流”高校，1250名考生已通过司法考试或具有注册会计师、税务师资格。

完善人才工程育才俊体系。6名领军人才参与税务总局、省税务局联络（督导）工作，12名领军人才以借调或集中工作的方式，深度参与税务总局关于机构改革的重点攻关项目，3名领军人才担任省税务局改革工作专项组组长。完善青年干部轮岗锻炼机制，在全省税务系统择优确定45名符合条件的优秀年轻干部作为青年才俊培养对象，累计组织2次为期半月的科级干部培训班，精心选派4名副科级干部参加税务干部进修学院举办的培训班，形成重视青年才俊培养的良好氛围。认真抓好干部日常监督，严格开展2018年领导干部个人有关事项年度集中填报工作，汇总593名处级干部的个人有关事项并集中上报税务总局，对填报失实的，均按照有关规定从严进行处理。认真抓好干部因私出国（境）审批工作，省税务局成立以来累计审批省税务局管理干部因私出国（境）事项228人次。认真开展专项治理“回头看”工作和在职干部经商办企业专项治理工作，全省税务系统配偶（子女）移居国境外的12名领导干部和存在经商办企业问题的5名税务干部，均已按规定整改完毕。全面开展在职干部社团兼职自查自纠工作，对于在全省税务系统范围内发现的部分干部兼职程序不规范等问题，已要求相关单位进行全面、彻底的严肃整改。

做好脱贫攻坚工作。聚焦税务机构改革后对口两个扶贫单位的艰巨任务，全面强化组织领导，加大资金、人才的投入力度，持续抓好扶贫成效。省税务局在两个扶贫村累计投入自筹扶贫资金超2100万元，共实现了两个贫困村87户300人稳定脱贫的目标（其中里塘村贫困户脱贫比例达到100%，龙山村贫困户脱贫比例为74.43%）。

（刘　红）

考核考评

【绩效管理】　牢固树立“走在全国前列”的责任感、使命感、荣誉感，以机构改革为契机，全面梳理原国税、地税两个机构的制度规则差异，取好择优，构建起统一完备的新机构绩效考评体系；抓实用好绩效管理这个重要抓手，准确把握工作主线和改革重点，深化绩效沟通、跟踪督办和绩效改进，实现绩效成绩和工作业绩、改革实绩齐头并进的良好局面。2018年省税务局绩效考评成绩排名全国税务系统第二位。

【数字人事】　主动争取并获得国家税务总局批准，成为全国税务系统首批全面推行数字人事三个试点单位之一。按照“三定到哪里，数字人事就推广到哪里”的原则，分阶段、按步骤统筹推进，实现了对全省税务系统4.75万名税务干部的全覆盖。该项工作的“广东模板”在全国税务系统进行推广。

【内部管理】 将中直驻穗机关绩效考核作为落实税务部门双重领导管理体制、发挥服务地方经济社会职能、保障干部职工切身利益的大事实事抓紧推进。吃透税务部门绩效考核和中直驻穗机关绩效考核两套考核标准，找准“最大公约数”，避免重复工作、增加负担。保持和省委组织部、人社厅的密切沟通，多次召开专题工作会议进行部署，局内相关部门对标考核标准，梳理佐证材料，提炼工作亮点，高质量完成各项任务。经过通力合作，省税务局在2018年度中直驻穗机关绩效考核中取得一等奖的优异成绩。

（翁嘉源）

教育培训

【教育资源整合】 及时适应机构改革后工作职责的调整变化，全面梳理统计广东省税务系统已有的优质教学资源，积极培养和使用原国、地税兼职教师，了解省内高校师资、可合作学校、可开发课程，组织原国、地税师资交叉授课，提升培训实效。按照“计划融合、对象融合、课程融合、师资融合、地点融合”的“五融合”原则，对原国税地税已办结和未实施的培训项目进行梳理，梳理原国税地税共有业务和个性化业务，调整、编制更有针对性和可行性的业务融合培训计划。与省税务局财务处密切沟通，联合制定国税地税征管体制改革期间教育培训项目调整指引，指导省税务局机关各部门和各市局按照指引及时调整各自培训计划，以适应和满足机构改革新需求。

通过“税收政策梳理”理出“税收知识库”，通过“征管业务整合”合出“税务工匠”，通过“学习宣讲团”育出“改革达人”，通过“规范纳税服务”选出“服务之星”，以此确保机构改革期间学习不松劲、业务不掉链、服务不降温。积极主动承接国家税务总局非税收入学习资源教材建设任务，抽调8名业务骨干编写教材，确保接收社会保险费和非税收入征管职责划转等改革任务顺利实施；抽调83名业务骨干参与国税地税征管体制改革期间题库建设专项调研，研究国税地税征管体制改革期间题库建设规范和分类评审拟入库试题。

【贯彻“国家税务总局+省税务局”套训模式】 省税务局改革办培训组通过加强与省税务局人事处、办公室、信息中心、服务中心等部门的沟通协作，及时转发税务总局视频培训文件，联系会场、调试设备。通知省税务局有培训任务的部门做好授课准备，切实贯彻“税务总局+省税务局”套训模式，落实相关处室主讲人和主讲内容，联系信息中心准备授课设备，充分运用PPT和视频开展省税务局辅助套训。

要求全省各级教育培训部门按国家税务总局文件精神，认真组织好培训场次的衔接并保证培训秩序，积极组织参训人员开展二维码扫码评估，扎实做好视频培训组织工作，使省、市、县税务部门都准时收看税务总局视频培训和省税务局配套培训，现场秩序良好，培训成效显著。

【统筹服务改革相关业务培训】 2018年，广东省税务局以分级分类递进式教育培训为基础，急用先学、以点带面，对全体税务干部开展业务培训、党性教育，大力推进人才综合素质提升工程。一是急用先学，分类开展专题培训。按照“急用先学，分级分类”原则，有针对性地统筹配合各业务主管处室开展以纳税服务、税收征管、风险管理、社会保险费和非税收入、税收经济分析、财务管理、党建业务等内容为重点的专题培训。二是以点带面，分级培训全员覆盖。明确两个层面的参训对象，划分全员政策知识普及型培训和前台人员实操强化型培训两大类培训。推行涵盖业务融合升级、实时考核升级、督办考核升级等“三项升级”的服务能力增值“提速计划”，对办税服务厅前台工作人员进行突击型、加强型培训。同时，设定每个岗位应学应会的基本科目，增强人员知识储备，逐步实现师资库、课程库、试题库一体化管理的科学模式，实现以点带面全员覆盖培训。三是业务培训与党性教育有机融合。深入开展业务培训专题调研，结合税务干部反馈意见建议，制定实施党员干部党性修养提升教育计划，分阶段组织领导干部、普通党员等到爱国主义教育示范基地、红色教育基地等场所接受党性教育，激发全体税务干部改革攻坚活力。

【领导干部培训】 2018年，根据中组部、人力资源和社会保障部、国家税务总局有关公务员培训规定，按照原省国税局和地税局当年公务员培训计划安排，举办两期广东省税务系统科级领导职务人员任职培训班，开设党的十九大精神学习、习近平总书记系列重要讲话、税务机构改革、党风廉政教育、保密法、法治社会与依法行政、广东税收经济发展状况、领导力的提升、领导干部心理调适、国学管理智慧等课程内容，重点提高其组织协调、政策执行、风险应对等能力，确保改革任务在基层税务机关落实。各市税务局也按照干部管理权限，举办了领导干部专题业务融合培训班，鼓励各级领导干部上讲台。

【公务员初任培训】 2018年，密切协调系统内教学资源和合作高校，充分调动运用税务领军人才、兼职师资等优质教学资源，紧密结合机构改革工作，优化课程设置，本着对税收事业未来高度负责的态度，扎实开展初任培训工作，强化党廉教育、税收业务、法律法规等课程学习，认真履行“岗位实训”环节传帮带等各项职责，落实好师徒结对工作要求，配优配强指导老师，督促指导新入职干部自主学习，用足、用好系统内领军人才优势资源，组织领军人才上讲台，助力年轻干部在岗位实践中适岗履职、敦品砺行，尽快成长。全年共举办14期新录用公务员初任培训，参训人数2000多人。

【“互联网+教育”】 大力推进“互联网+教育”战略，依托税务门户网站、中国税务网络大学平台、广东税务网络学院、手机移动端、用户学习App等互联网学习平台，拓展线上培训形式，同现场集中培训进行互补。

根据国家税务总局开展“新机构、新职责、新业务、新作为”知识网络竞赛的要求，广东省税务局迅速贯彻落实，在全省范围内组织开展“新机构、新职责、新业务、新作为”网络竞赛，以服务全省国税地税征管体制改革工作为目标，充分发挥“互联网+教育培训”的新优势，引导税务干部适应互联网时代自主学习、岗位练兵的新要求，助力税务干部融入新机构、胜任新职责、掌握新业务、创造新业绩，切实提高履职尽责和服务纳税人、缴费人的能力，推动改革重点任务落地落实。为了表扬先进、激励士气，经与广东省总工会协调，省税务局对获得网络竞赛第三关广东赛区一等奖第一名的参赛人员，提报省总工会，按照有关程序授予“广东省五一劳动奖章”荣誉称号。

【税务大讲堂】　2018年，举办广东税务大讲堂，打造广东省税务系统教育培训工作的高端精品品牌，结合当前国内外时政热点和经济形势，定期邀请全国知名高校和学术机构的专家学者为全省税务干部授课，提升广大税务干部运用宏观思维指导税收工作的能力，提升站位，拓宽思路。

【全员练兵比武活动】　2018年国家税务总局组织综合文秘、货物和劳务税、个人所得税、大企业税收管理以及税务稽查5个专业岗位开展练兵比武活动，全省各市（区）税务局均完成岗位能手的练兵比武工作，共有1052名税务干部参加比武。

【加强专业骨干培训培养】　2018年，积极配合国家税务总局开展第六批领军人才学员选拔考试工作，全面贯彻落实国家税务总局“115”工程。紧扣税务总局关于教育培训工作的新要求，对本系统业务能力强、综合素质高的人员坚持优选精育，有针对性地开展税务领军人才的挖掘、培养、储备工作。

（杨广治）

机关党建

【模范机关建设】　2018年，按照省委和省直机关工委统一部署，从9月初开始在省税务局机关组织开展模范机关创建活动。突出政治属性，从全局高度“一盘棋”谋划，制发模范机关创建活动实施方案、查摆问题环节实施计划、整改落实工作实施计划等文件；压实政治责任，促全员参与“开放式”谋划，多方借鉴有效经验做法，广泛听取意见建议；在组织推动上，层层压实领导班子、机关党委、机关党支部的政治责任，做到每个班子成员都有责任，每个支部都有方案，每名党员都有任务。强化政治担当，以问题导向“诊症式”谋划，各班子成员分别到模范机关创建点、基层挂钩联系点带头上党课；先后召开税务改革专题和全面彻底肃清李嘉、万庆良恶劣影响专题民主生活会，深入开展问题整改；通过理论学习中心组学习、专题学习研讨、专家辅导、“三会一课”等形式开展学习，并列出问题清单，持续跟踪问效，深化问题整改；组织各党支部书记讲授专题党课、处级以上领导干部撰写心得体会；组织网上考学，支部参考率、党员满分率均达到100%。通过牢固树立“以人民为中心”的政治立场，认真组织开展模范机关创建活动，进一步强化省税务局机关党员干部的政治意识和政治能力，净化了政治生态。在省直机关工委召开的150多家厅局单位“模范机关创建活动”第二次推进会上，省税务局作为6个发言单位之一在会上作经验介绍。

【工青妇群众活动】　组织开展“凝心力　促融合　展风采”趣味运动会、“新时代　新税务　新担当”改革风采展示以及庆祝改革开放40周年主题活动大合唱、“坚定跟党走　建功新时代”感动随手拍收集摄影和“说说我家这些年——庆祝改革开放40周年”税收征文、“浓情税悦”——“美的课堂”等主题活动，有效促进人员融合。举办“青年眼中的税收改革故事”大型采访活动，与近40名税收改革亲历者深入交流，用改革开放的生动实践鼓舞教育青年，获得中国青年报、税务总局官微广泛报道。扎实推进扶贫志愿活动，开展“金秋助学”系列活动，并在子女教育、医疗保障等方面为干部职工提供精准帮助。组织参加省直机关工委运动会，获得全省机关乒乓球混合团体赛第5名、气排球团体优秀奖。

（陈健聪）

老干部工作

【组织建设】 2018年，省税务局领导班子牢固树立习近平总书记指出的“老干部工作是非常重要的工作”意识，主动对标国家税务总局局长王军提出的“细、恒、换位思考”的要求，针对机构改革后全省税务系统离退休干部职工17228人（省税务局机关270人）、离退休干部职工党员11516人的实际和人数众多、居住分散、工作战线长的特点，以改革为契机，建立了两个领导组织：一是成立省税务局离退休干部工作领导小组。省税务局党委书记、局长任组长，分管领导为副组长，机关相关部门主要负责人为成员，形成主要领导亲自抓、分管领导具体抓、相关部门合力抓的工作局面。健全工作机构，省市两级税务局设立老干部部门，县级税务局老干部工作归口人事部门；选优建强主力军，省税务局老干部处配备9人，全省系统配备老干部专职工作者271人。二是成立省税务局老干部党委。强化政治建设的统领地位和作用，下设老干部处党支部和6个老干部党支部、20个党小组，配齐配强党支部书记和骨干力量。市县税务局共成立老干部党支部257个，将老党员全部纳入各党支部，实现党的组织和工作全覆盖，确保广大老党员“离岗不离党，退休不褪色”。

【制度完善】 2018年，针对改革后原国地税财务两条线、系统老干部收入标准不一、服务管理措施不同等问题，深入开展调研，摸清系统老干部底数，找准老干部工作痛点、难点，及时抓好调研成果转化。一是完善党建工作制度。先后制订老干部党委工作规则、党支部工作指引、返拨离退休党员党费使用管理办法等，建立在职党员挂钩联系老干部党支部和老党员联系群众老干部、老职工制度，加强党建工作指导，促进了党建工作规范化、制度化。二是完善服务管理工作制度。制定落实老干部“两项待遇”的20项制度，制定优化老干部精准服务管理的10方面30余条措施，对老干部部门的工作职责、工作流程、工作规则和对退休干部的接收、服务、管理等进行了规范。完善工作机制，对内，动员激励全省系统老干部工作部门凝心聚力、主动担当作为，统筹协调机关各职能部门通力合作抓老干部工作；对外，用好社会社区资源和各类涉老惠老政策，建设亲情关爱、生活服务、困难帮扶“三张网”，完善家庭、单位、社区、社会相结合的养老服务体系，形成“纵横联动、上下协同、内外兼并”的工作机制。

【队伍融合】　2018 年，为了适应信息化发展态势，满足老干部期待需求，促进原国地税老干部的深度融合，加强探索创新，新建线上线下两个学习活动阵地。一是新建微信端“省税务局老干部掌上活动阵地”。集“通知公告”“时事新闻”“工作动态”“学习专区”“活动园地”“修身养生”“政策法规”“个人中心”“关于我们”等九大功能模块于一体，通过“内网部署、外网浏览”方式，使老干部只需在手机微信上登录，即可随时随地开展党建活动、浏览时政新闻、查询政策法规、展示个人风采、学习保健知识、组织趣味活动、查阅个人信息等，打通管理服务“最后一公里”，把学习服务工作做到老干部“手掌上”。二是新建实地老干部学习活动阵地。腾出建筑面积 2000 多平方米的办公场地，科学规划内部功能，投入 150 余万元进行改造装修、配备器材，设置党建活动、琴棋书画、养身健身等 11 项功能活动室，为老干部打造了学乐为相结合、线上线下交相辉映的“精神家园”。

【推进“两项工作”】　2018 年，一是举办老干部学习贯彻习近平新时代中国特色社会主义思想和党的十九大精神专题培训班，邀请省委党校教授做辅导，并以视频形式拓展到全省市县税务局老同志。以“桑榆共学新思想、皓首齐赞新时代”为主题，先后组织开展“我为党旗添光彩”“我看改革开放新成就”“增添正能量、共筑中国梦”“践行中国税务精神、助力国税地税征管体制改革”等主题活动，组织老干部集体参观中共三大会址、珠江纵队司令部旧址、港珠澳大桥建设工地等，通过举办征文、书画摄影展、文艺演出等形式，引导老同志讴歌新时代，展示新风采，奏响社会主义好、改革开放好主旋律。改革期间，全省系统召开老干部座谈会 786 场次，通报情况，听取意见，凝聚共识，确保党建工作不断线、政治待遇落到实处。二是突出抓好服务管理工作。落实老干部工作部门的主体责任，力推践行“四知道”（知道老干部在哪里，知道老干部在干什么，知道老干部身体状况，知道老干部有什么需要）、“四必访”（重大节日必访，生病住院必访，遇到困难必访，家庭重大变故必访）、“四心”（对待老干部热心，老干部遇到困难关心，掌握情况细心，解答问题耐心）工作要求，努力为老干部办实事、解难事、做好事，把服务工作做到老干部“身边去”“心坎上”。建立用好“粤税银风”老干部微信群，使之成为老干部的“开心群”“养生堂”“幸福村”。2018 年省税务局考核考评处在老干部中开展的老干部工作满意度调查中，老干部满意度都在 99.8% 以上。

（谢玉芳）

税务系统党建

【政治引领】　2018 年，省税务局党委理论学习中心组专题学习 18 次，以干部集中轮训、“三会一课”、主题党日等形式开展十九大精神学习 4000 多场次。召开全系统庆祝建党 97 周年暨“我是共产党员”主题党日活动，做到“两个维护”坚决有力。健全党委运行工作机制，严格落实民主集中制；严肃党内政治生活，高质量召开税务机构改革，巡视整改暨全面彻底肃清李嘉、万庆良恶劣影响等专题民主生活会；开展以提升基层组织力为重点的政治生态专题调研。抓深抓细思想政治工作，开展“谈心谈话全覆盖”4万多人次；严抓改革期间“六大纪律”落实情况监督检查，重点抽查4个市局并延伸检查4个县级局，强化改革纪律严格执行。

【全面从严治党】 2018年，广东省税务系统坚持把全面从严治党责任压实到位，健全完善纵合横通强党建机制体系，推动形成一级抓一级、层层抓落实的生动局面。组织召开全省税务系统党建工作会议，制发一系列工作计划和方案，对今后一个时期全系统党建工作进行系统谋划。健全工作机制，纪检组主动向省纪委书记汇报工作、请示意见、争取支持，推动形成与纪委监委有关部门常态化沟通联系机制，为更好地履行监督职责提供坚实的机制保障。健全组织机构，通过设立联合党委、先行整合党建部门、层层改设党委、成立系统党建工作部门、建立党建工作领导小组及其办公室等，形成强有力的党建工作领导体制和运行机制。强化力量保障，全系统共成立党支部2956个、群团组织563个，共配备专职党务干部1032名、专职纪检干部1215名。推进规范化建设，优化升级广东税务数智党建系统，完善管党治党“三大指数”评价体系，修订广东税务“三册一表”工作指引。制发全系统全面从严治党工作要点，细化“两个责任”清单，导入广东税务数智党建系统实现全过程管理，打通省、市、县、基层分局四级贯通的责任链条。组织听取下一级党委书记履行主体责任情况报告，对9个市局253个基层党支部“两个责任”落实情况专项检查和通报。坚持失责必问、问责必严，对落实主体责任不力的2个市局领导班子进行通报问责，并对“一把手”谈话诫勉。

持之以恒正风肃纪更加深入，组织拍摄警示教育片《底线失守的代价》，召开全系统警示教育大会，公开通报党的十八大以来查处的26起典型案例。组织开展“以案促改”工作，排查廉政风险，健全风险防控机制，推动标本兼治。全年共查处违反中央八项规定问题20起，处理党员干部32人，通报十八大以来查处的14起违反中央八项规定精神典型案件。严肃执纪问责力度加大，注重运用监督执纪“四种形态”特别是第一种、第二种形态，不断加大纪律审查力度，2018年全系统共接受群众信访举报614件，其中谈话函询71人次、初步核实261人次，给予党纪政纪处分75人次。加大“一案双查”工作力度，共实施“一案双查”254件，给予组织处理21人次，给予党纪政纪处分21人次。深入开展“新机构、新服务、新形象”活动，发布“广东税务便民措施30条”“最多跑一次”“全程网上办”“一厅通办”等便民办税措施成效显著，在国家税务总局2018年度纳税人满意度调查中，广东省得分排名上升11位。

【监督提升】 2018年，广东省税务机关监督工作质效进一步提升。制定广东税务巡察工作五年规划，成立巡察工作领导小组及其办公室，出台巡察工作指引，夯实巡察工作基础。省税务局党委对河源、中山市局开展了机构改革专项巡察，指导21个市（区）税务局党委认真开展第一轮巡察。内审督审监督持续加强。加强“两权”运行监督，全系统共开展督审项目295个。推广应用内控监督平台，全系统建成内控指标393个，筛查核实并纠正问题8412个。严格落实税收执法责任制，实施执法过错责任追究342人次。干部管理监督持续从严。从严审核领导干部个人有关事项，扎实开展税务干部经商办企业专项治理工作，落实领导干部插手干预重大事项记录制度，建立健全干部日常监督机制，全面开展机构编制、干部选拔任用等重点领域廉政风险排查，强化干部日常监督。

（肖晨光）

税务巡察工作

【夯实巡察工作基础】　2018年11月底前，省、市（区）税务局党委均及时成立巡察工作领导小组及办公室，为全面推动广东税务系统巡察工作提供坚强组织保障。建立健全制度机制，全面梳理总结原广东省国税局、地税局巡察工作的经验做法，研究制定巡察工作领导小组工作规则、人才库管理办法、巡察组工作指引等制度，为推动巡察工作提供制度保障。全面整理巡察档案，专门成立巡察档案整理项目组，按照统一标准、统一模板，认真细致整理原广东省国税局、地税局巡察档案资料，确保巡察档案完整无缺。

扎实推进巡察。按照税务总局党委巡视工作领导小组的部署要求，深入学习贯彻中央和国家税务总局党委巡视工作五年规划，结合广东省税务系统实际，研究制定巡察工作五年规划，并督促指导各市（区）税务局党委研究制定巡察工作五年规划。同时，按照国家税务总局、省税务局党委的部署要求，组织开展省税务局党委第一轮专项巡察，对河源、中山市税务局党委领导班子及其成员开展国税地税征管体制改革专项巡察。

【巡察工作信息管理系统试运行】　2018年11月5日至12月25日，国家税务总局在广东省税务局试运行全国税务巡视巡察工作信息管理系统（以下简称巡视巡察信息管理系统）。巡视巡察信息管理系统试运行期间，广东省税务局成立试运行领导小组及其办公室，制定试运行实施方案，召开试运行动员部署会，举办业务培训，及时召开试运行工作推进会，组织开展巡回指导，落实工作周报，自主组织编写了问答汇编、系统使用说明图解等，扎实有序推进试运行工作。

（王　湖）

税务纪检监察

【监督执纪】　始终把监督挺在前面。重点围绕改革纪律执行、中央八项规定精神落实以及纪律处分决定执行等情况，组织全系统开展专项监督检查。对干部任免、年度考核、评先评优等工作进行廉政把关，省税务局纪检组共出具廉政意见21批次约690人次。督促落实婚丧喜庆报告制度，对17名省税务局管理干部婚丧喜庆事宜报告情况进行审核把关。深入开展扶贫领域专项治理，先后5次组织明察暗访，对部分单位进行实地督导。严肃查处税务干部违纪违法案件。充分运用监督执纪“四种形态”抓早抓小、防微杜渐。2018年全系统接受群众信访举报共614件，初核261件，谈话函询71件，立案53件，处分75人。聚焦违反中央八项规定精神突出问题，共立案查处20件32人。突出发票管理、出口退税、税务稽查等方面存在的腐败问题，共开展“一案双查”254宗，给予党政纪处分21人次、组织处理21人次，给予通报批评教育、诫勉谈话等其他方式处理108人次。贯彻落实《中国共产党问责条例》及国家税务总局实施办法，2018年共实施党内问责5例，以通报方式问责党组织4个，以通报、诫勉等方式问责党员领导干部16人次。

【廉政建设】 开展针对性警示教育，紧盯节假日等时间节点，通过文件、短信、微信等多种形式，提出落实中央八项规定精神廉政要求，挑选本系统11宗典型案例通报曝光。召开全系统警示教育大会，播放警示教育片《底线失守的代价——广东省税务系统执法领域违纪违法案件警示录》，通报各类违纪违法典型案例26宗。开展信访案件综合分析，总结2018年信访举报的规律及特征，针对信访举报数量增幅较大、信访反映问题集中、个别税务干部甚至县区局“一把手”涉及虚开增值税专用发票案等特征，提出压实“两个责任”、强化纪律审查力度、提升线索处置能力和完善风险防范机制建设等措施。

【内部管理】 规范机构设置。省税务局纪检组配备干部17人，其中配备组长1名、副组长4名。按照查审分离原则，设综合、案件检查（信访）、监督检查（审理）3个科组。梳理比对原国地税纪检监察工作制度，完善监督执纪问责拟制定制度清单，强化对基层纪检监察工作的统一指导。

组织专题培训。对全省153名新任命的省、市、县三级纪检组长进行集中培训，组织60名纪检监察业务骨干到中国纪检监察学院学习。

（钟　秋）

大企业税收管理

【大企业税收风险管理】 高效开展千户集团风险分析应对工作。承接国家税务总局推送的三批千户集团风险应对任务，涉及集团45户次、成员企业323户次。推送任务合计513个，实际应对任务550个，应对完成率107.21%。确认任务数197个，风险确认率38.40%。预估税款210759.05万元，核实应补税款30593.70万元，核实应补税款占预估税款比重14.52%。入库税款29997.02万元，税款入库率98.05%。

承接、落实国家税务总局千户集团“先行先试”专项工作，依托广东验证基地，承接国家税务总局第一、三、四批“先行先试”风险指标模型验证工作。组建集中攻坚团队，高效完成电力、热力、燃气及水生产和供应业，批发业，电气机械和器材制造业，新一代信息技术产业和高端装备制造业等5个行业指标模型验证工作，共形成6份税收风险分析报告，验证指标模型共65个，核实风险事项119个，确认风险事项30个，预计涉及税款1858.06万元。积极创新工作方式方法，充分运用广东省特色指标，对分析对象“二次扫描”，进一步提高分析精准度，经广东省核实的风险事项税款确认率达到99.2%。

加强风险管理成果的增值利用，组织开展典型案例分析报送工作，集中业务骨干开展典型案例评审，每季度择优选取6个典型风险案例报送国家税务总局。总结提炼重点行业风险管理成果，制定重点行业大企业税收风险管理指引，编制完成金融、房地产行业大企业税务风险防控指引，引导大企业有针对性开展对照自查，及时防范税务风险。

【大企业税收个性化服务】 2018年，广东省税务机关积极优化推广升级风险防御系统，瞄准“服务自动化、管理隐形化、数据多说话”目标，持续优化税务风险防御系统（TRD）功能。加大推广力度，在东莞银行等3户大企业试点TRD系统应用。2018年11月，国家税务总局大企业税收管理司组织15省（区、市）税务局领导前往美的集团参观调研TRD系统。2018年12月，美的集团在全国大企业税收服务和管理培训班上向全国大企业系统介绍TRD建设经验。国家税务总局通过多个渠道刊发《2018，感受税收营商环境新变化》，充分肯定TRD系统的作用。

聚焦大企业个性化需求，实现“一企一策”。为省农信社等6户企业集团对接企业改制重组涉税诉求，打造重组事项涉税政策服务典型案例。为广发银行、珠江人寿、广发证券等10户金融大企业量身定制了金融业个性化纳税服务指南和金融业税务风险防控手册，引导大企业提升税法遵从度。为沃尔玛等4户大企业协调解决跨区域涉税争议问题，确保税收政策执行口径的统一。针对拟上市公司涉税需求，成立IPO税援团，为大企业申请IPO上市提供涉税服务。

积极强化大企业个性化纳税服务宣传，组织参与国家税务总局“服务大企业我们在行动”专题征文活动，共向中国税务报社投稿26篇，采用2篇。在中新网、《中国税务报》等媒体上登载纳税服务信息报道共6篇，其中《中国税务报》采编刊发了“税务风险防御系统”专版报道。通过加强媒体宣传报道，更好传播和展示了广东大企业纳税服务工作的经验和成效。

【大企业税收经济分析】 聚焦热点，产出高质量分析报告。围绕社会关注的热点、焦点和税收经济改革重点，组织开展“贸易摩擦对我省出口大企业的影响”专题调研，深入分析全省出口大企业财务报表数据、增值税出口退税数据，摸清贸易摩擦对出口企业的影响，提出具体的应对建议。

创新方法，联动开展经济分析，发挥总省联动、省省联动、省市联动优势，以区域内大企业发展为切入点，在国家税务总局大企业税收管理司的指导下，联合深圳市税务局大企业税收服务管理部门开展“粤港澳大湾区税收经济分析”专题研究，与广西税务局大企业税收服务管理部门联合开展“北部湾港口经济”调研分析，均取得了良好成效。

【大企业税收管理基础】 全力推进大企业税收服务和管理基础工作。一是强化“承前启后”。组织梳理与原地税大企局、原国税大企处交接清单，涵盖业务工作、资产保管、资料档案等方面，交接事项落实到人，过程清晰记录，确保工作不断档。二是理顺日常运转。制定过渡期间内部行政管理事项暂行规定，畅通日常运作。明确内设职责、领导分工，充分考虑专业结构、工作经历、年龄、性别等方面情况，对人员进行优化组合，实现工作互补。三是提升专业技能。举办全省税务系统大企业服务与管理培训班，邀请国家税务总局大企业司司长缪慧频进行专题授课，明确下阶段工作思路，提升干部队伍综合素质能力。积极协助国家税务总局在广东举办大企业纳税服务工作调研座谈，与参会各省（区、市）税务局深入探讨和交流大企业纳税服务工作特色和成效，促进提升业务技能和水平。

全面梳理大企业税收服务和管理制度规范，统筹推进大企业税收风险管理制度的废改立，共废止文件13份，修改内部管理文件1份。搭建“1+3+6”的制度框架，包括大企业服务和管理1个基础制度，大企业税收风险管理、联络员管理和名册管理3个专项办法和大企业涉税事项协调工作等6项工作机制，从基础办法、专项办法、运作机制和规范方案四个维度逐步规范大企业复杂涉税事项的管理，提高工作规范性和精准度。按计划推进大企业税收服务和风险管理办法等制度修订工作。

加强千户集团数据采集、维护和管理。数据采集方面，积极协调解决采集软件数据接口问题，完成12户千户集团企业电子账套数据采集工作；名册标识维护方面，完成1158户千户集团及其成员企业调入调出工作，进一步提高了名册信息准确性。2018年登记在粤千户集团和千户扩围集团总部共129户、成员企业17399户，并根据最新名单做好大企业在相关业务系统的标识工作，完成了129户企业直报和6366户企业年度财务报表数据。

（李俊龙）

出口退（免）税服务和管理

【出口退（免）税办理】 2018年，广东省税务局（不含深圳）办理出口退（免）税2832.34亿元，比上年增长15.53%。其中，办理退税1909.1亿元，比上年增加273.53亿元，增长16.72%，继续保持稳定增长，充分发挥出口退税政策在稳就业、稳金融、稳外贸、稳外资、稳投资、稳预期等方面的积极作用，助力广东外贸出口健康稳定发展，进一步巩固广东在全球供应链、产业链、价值链中的优势地位。

【出口退税专项检查】 一是部署开展出口退税专项检查工作。组织全省出口退税管理部门认真开展内部岗位设置、出口退税管理情况检查。及时发现在出口退税管理方面存在的问题，提出改进建议和措施。二是开展重点约谈工作。省税务局结合重点案件及地区出口退税风险情况，对3个市税务局的出口退税情况开展风险分析，配合省税务局分管领导对相关市分管领导开展约谈工作，推动市税务局高度重视风险任务应对工作，及时采取措施，有效降低骗税风险。依托大数据平台，进一步打通数据壁垒，将数据资源、“互联网+”等技术融入防范出口骗税预警分析工作中，进一步提升信息风险防控水平。

2018年，全省出口退（免）税管理部门累计评估核查出口企业以及本地供货企业4035户，累计发现问题企业2622户。经评估核查不予退（免）税5459万元，应追回已退税款6197万元，应补税款及进项税额转出60080万元，合计涉及税款71737万元；分别为34户骗税企业停止办理出口退税半年至3年的行政处罚，移送稽查立案27户。

【信息化建设】　2018年11月，广东省出口退税综合管理平台正式上线运行，该平台充分利用大数据平台集成数据资源，结合广东省出口退（免）税业务特点及管理要求，依托总局出口退（免）税管理系统，形成集日常管理、风险管理、决策分析等功能为一体的出口退税管理辅助平台，有效提高了管理效率，促进了管理规范化，提升了防范风险的信息管理水平。进一步打通数据壁垒，将数据资源、“互联网+”等技术融入防范出口骗税预警分析工作中，设立了130个风险分析指标，建立了风险分析模型，形成有效的预警分析、风险管理、防范应对的信息系统，有力地提升防范骗税的信息管理技术水平。

【制度建设】　认真研究制订贯彻出口退（免）税管理工作规范的意见，简化退税办理流程，及时、准确、高效办理出口退税，加快出口退税进度，为促进广东外贸回稳向好、助力实体经济转型升级发挥了重要的作用。

（颜凯恒）

第三税务分局

【组织税费收入】　2018年，第三税务分局组织税费收入307.5亿元，其中税收收入77.2亿元，完成各项收入预期目标。在税收构成中，中央级税收45.7亿元、省级税收22.8亿元、市县级税收8.7亿元。费金收入184.4亿元中，省直社会保险费183.6亿元，其他费金0.8亿元。另外，委托各市税务局征收省直社会保险费45.9亿元。

【社会保险费征收】　2018年，广东省“省直社会保险费多方协同办公系统（二期）”成功验收。该系统自2018年4月实现全部功能上线运行，8月由省税务局第三税务分局联合广东省财政厅、广东省人力资源社会保障厅验收。

机关事业单位基本养老保险费（改革）的征收步入正轨。负责征收省属及中央驻穗机关事业单位职工的基本养老保险费（改革），2018年全年共征收7.6亿元，涉及530个缴费单位，征收率100%。

做好各项非税收入的接管和开征准备工作。机构改革后，第三税务分局负责非税收入接管工作和财政专员办公室新移交的三项基金的开征准备工作。完成335户残保金政策性退费，其中300余家缴费单位与广州各区局配合走跨市退费流程，涉及金额超过1亿元。与广州市非税处、各区税务局联动完成163个单位共8575万元的退库工作。完成省财政专员办公室新移交的三项基金的系统测试工作及对三大电力集团政策宣讲工作。

【税源管理】 第三税务分局主要负责对所管辖的500多户集团企业的全方位税收管理，包括税收政策宣传与辅导、个性化纳税服务与指引、涉税事项审批与核查、涉税问题咨询与解答、税收收入统计与分析、税收风险监控与排查等日常管理服务和后续管理工作。工作中坚持加强税源管理，努力完成各级收入任务，全面推进科学化、精细化管理，提高征管质量和效率；强化税源监控预测和分析，加强对省属国有企业和省级固定收入的企业的税源监控分析，服务经济预测，增强政府话语权；落实各项减税降费政策，加大税收法律法规宣传力度，确保纳税优惠应享尽享；进一步营造良好的税收营商环境，努力使征管工作更加规范化、专业化和系统化，为纳税人提供更加良好的税收征管服务。

（张云涛）

税务稽查

【稽查查补收入】 坚持依法稽查，认真履行职责，不断强化稽查执法质量，切实抓好各项重点工作任务的落实，严厉查处各类涉税违法行为，加强对重大税收违法案件查处力度，较好地完成省税务局稽查局交办和督办案件的查处工作，有力促进了税收秩序进一步改善，堵漏增收成效显著，稽查查补收入再创新高，为顺利完成全省税收工作任务做出了积极贡献。2018年，全省税务稽查系统共组织检查各类纳税人20955户，其中稽查部门直接立案检查6983户；发现有问题户数8113户（含以前年度结转4354户），审结户数8245户（含以前年度结转4720户）；组织随机抽查纳税人自查3183户，其他稽查督导10789户。全省税务稽查系统2018年全年实现查补收入215.97亿元，入库查补收入193.51亿元；其中稽查部门直接查补70.24亿元，入库48.17亿元；组织随机抽查纳税人自查收入145.73亿元，入库145.34亿元。

【重大案件查处】 按照“查大案、办铁案、带全面”的工作思路，查处一批典型重大涉税案件，打掉了职业犯罪团伙的嚣张气焰。全年共查办亿元以上案件6宗、千万元以上案件75宗、百万元以上案件464宗，合计实现稽查查补收入52.92亿元。

【打击虚开骗税专项行动】 严格落实四部委2018年4月11日打击虚开骗税工作部署会议和8月22日两年专项行动部署会议精神，在国家税务总局稽查局和省税务局党委的直接领导下，积极加强同国家税务总局驻广州特派办、公安、海关、人民银行等部门的统筹协调，最大限度地调动各方资源和力量，全面落实项目制管理责任，立体推进跨区域团伙案件检查，重拳打击“假企业”虚开和“假出口”骗税，推动全省打虚打骗工作取得最大实效。2018年，全省税务稽查系统全面完成查处任务，共检查涉嫌虚开骗税企业1.18万户，配合公安机关抓捕373人；其中检查涉嫌骗税出口企业152户，联动检查骗税上游虚开企业114户，已定性骗税及违规退税税额6.52亿元，合计挽回损失15.12亿元；检查涉嫌虚开及专项整治案源1.17万户（含骗税上游虚开企业114户），定性虚开（含接受虚开）发票36.74万份，价税合计412.29亿元；成功查办一大批特大虚开骗税案件，摧毁了一批职业化犯罪团伙和网络，打虚打骗工作取得新战果。

【重点税源企业检查】　2018年，省、市、区三级协同行动，组织部署国家税务总局抽取的30户重点稽查对象中涉及广东省1410户企业的自查工作，共查补税款滞纳金共计20.64亿元，入库19.47亿元，检查成效全国排名第1。组建专业团队牵头对某企业集团总部开展辅导检查，完成1837户成员自查，自查完成率100%。组织各市对省税务局随机抽取的40户重点稽查对象开展检查，共补缴税款4.72亿元。

【协查工作】　2018年，全省稽查部门认真开展案件协查工作，协查工作量在全国名列前茅。全年共委托受托协查发票61.45万份，涉及企业4.26万户，查补税款、罚款及滞纳金共17.97亿元，协查系统委托准确率98.87%，累计按期回复率100%。

【专项检查与专项整治】　2018年，相继部署开展对医药企业、废旧物资回收企业、“空壳企业”、部分机动车销售涉嫌虚开和偷税案源、股权转让企业和自然人专项检查等5个行业和领域的税收专项整治行动，共查补税款37.93亿元，堵塞了征管漏洞。

【扫黑除恶专项斗争】　把握党中央、国务院重大部署和上级重要安排，在国家税务总局稽查局的高度重视和坚强领导下，把扫黑除恶作为一项重大政治任务，以高站位、严要求、实举措贯彻落实，积极彰显担当作为的税务形象，全年共摸排线索438条，移交有效线索47条。

【打击发票违法犯罪活动】　坚持将发票检查作为税收检查的必查环节和必查项目，重拳打击虚假发票“买卖”两个市场，全年查处各类非法发票27.3万份，移送司法机关涉税违法犯罪案件262宗；税警联合打掉制售假发票窝点60处，打掉团伙7个，抓获犯罪嫌疑人133人。

【“双随机、一公开”监管】　全面实施“双随机、一公开”监管，依托双随机工作平台从金税三期核心征管系统读取全部登记的549.13万户纳税人作为待查对象，按照重点稽查对象、异常对象、非重点稽查对象等分级分类，通过信息化手段实现“双随机、一公开”对全体监管对象的全覆盖，全省税务稽查部门“双随机、一公开”随机抽查计划完成率100%，省级重点稽查对象的抽查比例17.93%，省级重点稽查对象的抽查立案检查率31%。

【税收“黑名单”制度和联合惩戒】　以“建机制、抓惩戒、扩影响”为主要抓手，扎实推进重大税收违法失信案件公布和实施联合惩戒措施，全面加强涉税案件曝光，取得明显成效。2018年，全省累计对外公布719户重大税收违法失信案件，实施联合惩戒675户次。同时，充分运用各种媒体报道和宣传手段，打造多样化的宣传平台，有重点、分层次地曝光一批具有典型意义、社会影响力大的案件，累计曝光各类涉税违法案件100余次。通过一系列刚柔相济的组合拳，提升了稽查部门打击涉税违法的威慑力和社会影响力，营造出有利于全省经济发展的税收法治环境。

【稽查管理体制改革】　全省税务稽查系统严格贯彻党中央、国务院、国家税务总局党委和省税务局党委决策部署，坚决落实“四个确保”的要求，坚持真抓实干、狠抓落实，以“党的建设、队伍建设、制度建设、信息化建设”四大工程为着力点，全力保障国税地税征管体制改革顺利推进。省税务局稽查局加强工作统筹，各地展开积极探索，系统上下联动推进，并努力争取各方面支持配合，确保了各项稽查改革序时事项顺利完成。全省税务稽查机构从250个精简到54个，新组建33个跨区域稽查局。

（姜　睿）

电子税务管理与建设

【节能管理和广东数据中心】 广东数据中心自建设几年以来通过加强节能管理体系建设、加强可再生能源利用等做法，节能减排取得显著成效。2018年初，广东数据中心经工业和信息化部、国家机关事务管理局、国家能源局联合评估，入选第一批49个国家绿色数据中心之一，也是仅有的8个公共机构之一。

【自然人税收管理系统（ITS）项目建设】 2018年，电税办在国家税务总局的领导下，承担支持ITS项目建设的系列工作，被国家税务总局ITS项目组授予“自然人税收管理系统（ITS）项目建设荣誉勋章”。一是完成税改云平台扩容建设。税改云平台扩容建设是国家税务总局自然人税收管理系统部署的基础支撑，需要对广东数据中心已有云平台进行高达5倍的扩容，建成可供税务总局统一部署、全天候运行、自动拓展、能应对海量用户高并发访问的信息处理基础平台，涉及采购立项、电力改造、机房改造及系统内外多部门沟通协调。从项目启动到正式交付短短2个多月时间里，新增电力容量约10000千伏安，改造机房1100平方米，铺设缆线近42千米，安装IT设备3119台，圆满完成专项工作任务，为自然人税收管理系统上线提供了坚强的基础保障。二是跟进云平台集成实施工作。完成包括2753台PC服务器、370台网络设备、417台（套）配套设备在内的云平台扩容项目的整体集成实施工作，顺利保障了自然人税收管理系统10月1日的正式上线。三是配合做好自然人税收管理系统的整体实施。先后准备30人的内网办公环境、申请3个B类总计196605个IP地址、测试调通36个省（市）税务局至广东数据中心的网络访问和防火墙安全策略、创建配置超过50个跳板机用户，顺利完成系统的部署与集成测试工作。四是积极选派技术骨干支持ITS项目建设。2018年，电税办参与支持ITS项目建设达56人次，占广东省税务局参与人次的67%；全年受通报表扬17人次，占广东省税务局表扬人次的74%。

【整合数据资源】 2018年，电税办所在广东数据中心充分发挥全国网络核心节点及大数据云平台的技术优势，全力助推金税三期系统并库。一是发挥网络核心作用，保障并库顺利完成。由于网络安全性要求，集中在浙江的征管改革工作组人员无法直接访问其他各省网络，为并库工作增加了困难。广东数据中心作为全国网络核心节点，为各省税务机关提供安全访问路径，为全国34个省级税务局准备跳板机80台，累计创建账号700个，支撑全国各省并库的数据操作。二是科学统筹，确保资源调整到位。电税办多次召开会议研究部署，与国家税务总局工作组及各省级管理员多次沟通协调，克服重重困难，顺利完成第一批16个省级单位的资源调整，共提供288T存储、分配主机资源包括9个AIX小型机资源和7个虚拟化分区。并库后16个省级单位的核心征管生产数据已正常同步到广东数据中心。三是有序协调，实现数据快速上传。由于并库后产生的数据量较大，网络传输受带宽限制耗时过长，根据国家税务总局要求，各省级税务机关在相关数据备份后，需通过人工方式分两次运送至广东数据中心，以便完成大数据云平台的数据初始化工作。电税办在接到国家税务总局要求后，迅速响应，调拨5台PC服务器作为数据上传服务器，同时组建技术保障队伍做好数据上传时的保障工作，明确对接响应机制，安排人员对接各省级单位运送的数据，实现数据快速稳定上传。四是利用大数据平台，提供大数据应用服务。金税三期并库完成后，广东数据中心为各省级税务机关提供数据集中及大数据分析服务，为总局决策支持平台系统、千万人风险管理系统、大企业税收管理系统、电商系统、个人所得税微观模型系统、大数据云平台业务系统提供数据源。

【信息化建设】 践行税务信息化建设“以用户体验为中心”的理念，率先成功建设全国税务系统首家政务信息化用户体验实验室。引入先进的眼动信息采集分析设备、生理数据采集设备和面部表情识别系统，综合运用生物科学、心理学和数学概率统计学等学科知识进行分析，得出科学客观的用户体验评价，最终用于提高税务网站App的可用性和用户满意度。实验室自投入运行以来，共对自然人税收管理系统和广东省电子税务局等两大系统的60项功能15项体验指标进行80余人次的用户体验测试，形成修改意见55条。该实验室已被认证为“中国用户体验联盟会员单位”。

【智能化税务建设】 利用税务数据自主开展数据挖掘，持续开展人工智能、机器学习探索研究工作。开展了两项分析探索：一是对企业发票领用的案例进行分析探索，构建企业发票领用模型。基于深圳市的核心征管系统和增值税发票电子抵账系统，抽取表单对增值税发票数据进行分析，最终共形成3000万左右的数据条目作为基础数据，得出智能领票模型，对发票领用数量的预测准确率高达90%。二是对走逃户企业的案例进行分析探索，构建走逃户违法企业模型。构建广东、浙江、江苏、深圳、宁波、上海、北京这7个省市的企业走逃模型，共抽取核心征管和电子底账系统766张表、几百亿条数据，得出走逃户模型。在结果验证中，走逃企业模型的准确率和召回率均达到98%以上。

（李晓纯）

12366纳税服务热线和税收宣传

【整合队伍】 明确纳税服务中心（税收宣传中心）职能分工。明确部门、岗位职责，细化分工，基本厘清与省税务局办公室、纳税服务处职能边界，在部门职责分工上达成共识并逐步进行工作交接；明确全省12366纳税服务中心整合方案，逐步建立和完善以“省级集中指挥为主、省市联动服务”的12366纳税服务热线整合运行机制，确保按照统一标准、统一流程，统一调度全省300名省级中心座席和80名市局远程座席开展热线服务。

【制度建设】 建立和完善部门工作制度。建立12366周报机制，全面梳理12366工作流程，编写12366纳税服务热线管理、业务培训、质量管理、考核监督等相关制度，整理税收普法、宣传、新媒体管理和政务公开等管理制度及规范文件。在此基础上，完成编制纳税服务工作规范中12366纳税服务热线工作规范和税收宣传辅导工作规范。

【12366纳税服务热线】 有效应对改革咨询压力，持续优化热线服务。一是在实现“一键咨询”的基础上，全面完成原国税、地税热线系统并库升级，实现对外“一个号码、一个标识、一人通答”，对内“一个系统，一个知识库，一套规范”。二是落实个人所得税改革、社保和非税收入征管职责划转等工作要求，多渠道、全方位增配约20%的12366一线座席人员，并通过开设自然人专席、民营企业专席、强化座席人员业务培训，建立热点疑难问题快速响应机制等措施，保障在来电需求增加32%的情况下，实现接通率保持在85%左右的畅通水平。2018年8—12月，全省热线来电总量230.69万次，人工接听总量164.70万次，同比增长24.12%。三是持续做好热线其他服务。包括上线应用税务总局12366纳税服务平台，牵头开展对外公开电话清理，按时做好纳税服务投诉、涉税举报业务的登记受理，加强个人信息冒用举报工单管理，配合做好影视行业自查自纠行动专题咨询等。按日、按周分别向国家税务总局报送个人所得税改革热点问题统计表、机构改革咨询热点问题统计表、热点问题统计表等报表和热线数据。

【税收宣传辅导】 围绕税收改革热点，开展税收宣传辅导。做好重点单位个人所得税新税法宣讲，联合省税务局个人所得税处和第三税务分局，为83家重点税源企业及部分涉税专业服务机构财务（税务）负责人共230多人举办新个人所得税法及过渡期政策宣讲会。擦亮纳税人学堂品牌。紧扣社会普遍注意、反响热烈的新政策、新条例，以纳税人学堂为平台举办在线专题直播。于10月15日在东莞举办“个人所得税政策解读”在线专题直播，当日浏览量12503人次，累计浏览量46459人次；于11月26日在清远举办“国务院七项减税政策解读”在线直专题直播，当日浏览量2090人次，累计浏览量7312人次；于12月26日在佛山举办“个人所得税专项附加扣除政策及操作”在线专题直播，当日浏览量117569人次，累计浏览量168034人次。落实个人所得税宣传工作。围绕新《个人所得税法》，纳税服务中心2018年第四季度开展个人所得税综合与分类相结合征收模式和增加专项附加扣除等政策的宣传工作，着重从减税降负的视角解读政策带来的新变化。12月3日，制订省税务局个人所得税对扣缴义务人及纳税人宣传辅导方案；12月10日，完成全省各级税务机关对扣缴义务人及纳税人宣传辅导方案的细化工作；12月17日，建立个人所得税改革宣传工作动态及对扣缴义务人的宣传辅导进度统计每日报送工作机制。根据国家税务总局、省税务局关于个人所得税宣传工作的部署要求，承接总局个人所得税新的系列长图制作任务；统筹调配全省各级税务机关的税宣力量，多渠道向扣缴义务和纳税人推送培训视频、宣传小视频、海报、折页和图解。其中税务网站完成量2007254次，微信完成量3536763次，微博完成量1153977次，App完成量2586294次，电视台等新闻媒体完成量

9716667次，办税服务厅电子显示屏完成量1772713次，社区、交通工具广告栏完成量272543次，发放纸质材料2004356次。

【网站和新媒体管理】 加强网站建设，扩大微信微博宣传效用。按照优化平台功能、合理设置栏目、提供良好操作体验思路，纳税服务中心不断加强全省税务系统门户网站群管理工作，及时维护和更新政务公开信息，协办跟进各地市内外网站关于机构职能、领导信息等政务信息的主动公开工作。网站整合后，截至2018年12月31日，省税务局网站共采编发布信息5123多篇，其中内网共发布信息2524多篇，外网共发布信息2599多篇，报送国家税务总局门户网站信息约30篇，被采用18篇，处理政府网站纠错案件61件；新设“深化增值税改革”“自然人税收管理系统扣缴客户端”“个人所得税改革”等专题。另外，定期对照开普云扫描反馈结果安排各地市进行自查，及时对内容长期不更新、信息发布不准确、互动回应不及时、运维管理不规范的情况进行督促整改。

在承接微信平台管理工作后，纳税服务中心积极创新，紧扣纳税人关切点，广泛运用时下流行的图解、动漫、微电影、二维码海报、H5、小游戏等形式，不仅实现了微信公众号的快速增粉，还大幅提升了阅读量。截至2018年12月31日，广东税务粉丝量4022999人，排名全国第1；全年增长2768020人，增长率221%，比去年同期增长226%。全年共发布近1000条推文，阅读共计20805657次，阅读过的用户共计15941928人，阅读量达10万人次以上的文章共28条，头条平均阅读量4万人次，次条平均阅读量5000人次，单篇最高阅读量高达62万人次。

【影视文艺宣传】 唱响税收主旋律，传播改革声音。一是紧紧围绕税收宣传工作，大力宣传改革成效，充分展示“新机构　新风采”精神风貌，积极推动第三届全国税收公益广告作品征集工作。根据税收公益广告作品创作要求和技术标准，纳税服务中心精心策划、周密组织，自11月起，在全省范围内先后征集并评选出25个主题积极、导向正确、创意新颖的税收公益广告作品报送国家税务总局。其中，动漫类作品18个，电视类作品7个；区县级税务局16个，市级税务局9个；作品时长最短的为48秒，最长的为4分28秒；内容既有讲述基层税务机关干部从青年到老年的感人故事，也有反映国地税征管体制改革中税务人员的时代担当。全省各地众多优秀的税收公益广告作品，为讲好税收故事、唱响税收主旋律、传播税收正能量发挥重要作用。二是以2018年国地税征管体制改革为契机，充分发挥联络服务和桥梁纽带作用，在全省范围内征集225篇文学作品，从中遴选出40篇讲述改革新实践、演绎改革新生活、创造改革新奉献的先进事迹和感人故事的好作品报送国家税务总局进行参选。此外，还完成总局《第十五届全国法治动漫微电影参赛作品目录》送选等工作。

（梁婷婷）

税务信息化管理

【信息技术服务】 认真做好技术支持保障工作，助力机构改革顺利推进。一是保障办公网络及时畅通。机构合并后，省税务局办公区进行大调整，信息中心调动全体技术力量，保障各处室搬迁次日即可内网办公。二是做好信息系统整合及机构、人员、管户调整工作。顺利完成综合办公系统、短信平台、邮件系统、行政管理平台、业务保障平台、12366纳税服务热线系统等系统的整合，完成核心征管、电子税务局、数字人事、综合办公系统等所有系统的机构、人员、管户调整工作，确保系统平稳过渡及正常运行。三是完成基础设施清理工作。确立五山、南海对等双活数据中心，地市一个骨干节点同时连接五山、南海数据中心的双线路高可用网络广域网架构；全面清理原国地税计算、存储资源，统筹资源使用，对标国际标准，按照A级机房做好机房改造规划。四是做好地市机构合并系统整合指导和实施工作。五是全力投入金税三期系统并库工作。科学制定了并库后金税三期系统的部署方案，提升系统可用性。在网络连接、访问控制策略等方面，最大化应用成熟的配置。

【信息安全管理】 对600多台运行互联网应用的服务器进行了网络安全用户清理、安全基线检查、漏洞整改加固以及监控应急工作，顺利通过国家税务总局“护网-2018”网络安全实战攻防演练检验。全面落实网络安全日志留存工作要求，做好应用安全审核，对基于第三方支付渠道云缴税费系统通过反复论证，确定更加安全的技术方案。

【系统运行维护及升级完善】 维护系统的稳定运行是信息中心在信息系统运行维护的过程中，注重根据业务需要做好系统上线、优化、整合工作。一是顺利完成自然人税收管理系统（ITS）系统试运行上线等工作。按国家税务总局要求完成ITS系统环境准备、应用安装调试及数据迁移演练等工作，确保ITS系统按计划上线运行。二是完成电子税务局优化。完成电子税务局整合迁移方案制定，调试部署云效系统，利用项目流程管理和专项提效自动化工具实现电子税务局开发、测试、发布全流程管控。三是实现12366纳税服务技术整合。结合差异分析报告制定12366中继线调整、硬件配置等计划，助力12366一键咨询，进行语意识别、人工智能分析等技术和产品调研，推动以新技术提高纳税人满意度。四是做好大数据平台开发技术管理及基础运维，包括大数据平台调度节点扩容、原地税数据上云前期调研准备、应用开发规范研讨等。五是认真做好数据查询和数据应用工作。成立税改效应分析技术小组，快速准确地响应税改效应分析和各业务部门的查询需求，全年完成查询700多单。

（崔永毅）

机关服务

【机构改革保障工作】　2018年，广东省税务局机关服务中心紧紧围绕税务机构改革这一全年工作的重中之重，全力推动这项“利国利民利企利税”的政策稳步落地，做了大量工作。一是做好办公用房搬迁工作。6月8日—10日组织了第一轮办公用房调整搬迁工作；在省税务局“三定”方案确定后，利用8月7日—9日3个晚上进行第二轮办公用房搬迁，确保8月10日全局35个处室670余人的办公用房全部调整到位。二是做好车位保障和安全工作。提前与办公楼周边单位沟通联系租赁车位事宜，并在6月10日第一轮合并办公前成功落实到83个租赁车位，确保合并办公当天干部职工顺利停车，没有出现车位不足的现象。在省税务局“三定”落地后迅速组织安全形势分析会，在3个办公区分别开展消防安全演练和安全大检查活动，及时排查和处理安全隐患，有力保障机关运行安全。三是做好资产清查工作。在搬迁期间做好登记，搬迁结束马上成立专项工作小组，委托专业中介机构配合完成具体核查任务，确保每个办公用房、每项固定资产都核查到位，做到账账相符、账卡相符、账实相符，顺利完成非计算机类固定资产清查工作。

【队伍融合】　2018年机构合并后，机关服务中心干部职工人数达到68人，是省税务局机关内人数最多的部门，抓好后勤队伍融合至关重要。机关服务中心在抓融合方面采取了一系列措施，包括重新整合科组设置及分工，明确每个组的工作职责；中心几位主任分别开展谈心谈话，了解改革期间遇到的困难和问题，耐心解释解决。总体上看，队伍改革以来相对比较稳定，不仅有条不紊地做好各项后勤保障工作，而且在年底的机关趣味运动会上通过大家团结协作，取得了团体第一名的优异成绩。

【后勤党建工作】　改革期间坚持“党员挺在前”，将各项后勤保障任务落实到党支部、沉淀到党小组、细化到党员，发挥党员攻坚克难的作用。尤其在合并搬迁期间，将党员分成几个小组，分别承担对接处室的任务，充分发挥党员的作用。按照《中国共产党支部工作条例（试行)》和开展模范机关创建有关要求，扎实做好各项党建工作。严格按照程序成立新的机关服务中心党支部，选举7位委员，成立了6个党小组，健全党建组织机制。扎实做好“三会一课”、党费收缴、党组织关系转移等日常工作，确保规范有序。

【落实重点工作事项】　坚持服务改革和日常工作两促进、两不误，围绕年初工作重点，按部就班抓好落实。重视节能减排，认真谋划推进示范创建工作，开展一系列节能宣传、改造工作，全系统四家单位、五个办公点均于11月顺利高分通过国管局验收，首次成功获评“全国节约型公共机构示范单位”，天河北办公区还获评“全省公共机构节水型单位”。完成中山二路老干活动中心改造、天河北办公楼更换电梯、协助保障第十二届泛珠大会等重点工作。

（林凯圳）

税收科研与刊物编辑

【调研成果】 2018年，广东省税收科研所组织撰写了15篇调研报告，围绕年度重点工作任务，开展《高质量发展背景下广东与江苏浙江税收增长情况分析》《从税收结构变化看广东经济高质量发展》《中央调剂金制度对各省市社会保险费运行的影响分析》等课题，形成专报。《关于全额划转国有大型石化企业相关地方税费为地方收入的建议》直接转化为2018年全国政协委员提案。参与并执笔撰写的国家税务总局科研所“庆祝改革开放40年税收改革发展研究”研讨综述，相关成果在《中国税务报》刊发。

成果转化成效显著。《国际税收规则重塑的重要转折点》《“一带一路”建设越深入税收合作越重要》《税收科研深度何以可能》《利用强制性披露规则规避CRS安排和不透明离岸架构的思考与建议》《制造业税负水平与结构研究——以广东省为例》《供给侧结构性改革背景下社会保险费负担研究》等多篇文章发表在《地方财政研究》《国际税收》《税收经济研究》《中国税务报》等财税主流报刊。《从省际比较看我国税收营商环境变化态势》被中国人民大学报刊复印资料“财政与税务”2018第3期全文转载。

深度参与国家税务总局工作。深度参与总局科研所组织的2018年全国税收科研会议筹备工作，并作为税收科研先进单位之一（共9个）在大会上作经验介绍。参加税务总局科研所和山西省税务局联合组织的“优化营商环境——税务在行动”研讨活动，并受邀作为专家代表进行总结发言。完成总局科研所“改革开放40周年”国际税收篇撰写工作、《OECD税收政策改革2018》的翻译工作。参加总局“一带一路”税收征管合作机制法律文本及其附件的起草工作，以及下一年4月“一带一路”税收征管合作论坛的筹备工作，此论坛是明年习近平主席参加的“一带一路”高峰论坛的配套性会议。为国家税务总局局长王军11月底出访法国准备有关JITSIC的参阅材料。代表中国参加亚洲税收管理与研究组织（SGATAR）年会，在第二工作组会议上介绍中国实施CRS进展情况。

【内刊编办】 2018年，《广东税务》杂志坚持立足行业、特色引领、面向全国的办刊思路，经过多年优化调整，已牢固树立全国税务系统省级内刊的第一品牌地位。每年按月出版，共12期约120万字。2018年10月全国税收科研工作会议结束以来，先后有国家税务总局科研所来调研内刊编办工作，吉林、内蒙古、安徽、贵州、福建以及成都、宁波等多个省市税收科研部门负责人来交流学习。

传播手段新媒体化。积极推进“互联网+媒体”建设，充分利用各种新兴传播载体，建立了撰稿人微信群和摄影作者微信群，实现了《税收研究报告》和《广东税务》的OA实时共享。借鉴国际国内高端学术工作坊模式，2017年首创“岭南财税坊”，2018年围绕社会保险费、中央调剂金、新时代税收科研等主题，并联合中国社科院、中国人民大学、暨南大学、中央财经大学、《管理世界》编辑部等单位知名专家座谈研讨，在财税领域扩大了广东税务的积极影响。为营造良好的科研氛围，科研所已与清华同方知网合作，共同建设电子文献资料库，于2018年正式上线供全系统使用，为全省税收科研事业提供一个可靠、丰富的数据及文献支撑平台。

丛书编撰品牌化。仅2018年以来，科研所联合省税务局相关处室围绕绩效管理、纳税服务、税收征管主题，策划编撰了管理前沿系列丛书（3册）。秉持“讲好税收故事、传播广东税务声音”理念，主动牵头连续策划编辑了《岭南财税坊（2017）》《调研报告汇编（2017）》《岭南（2017）》等系列丛书。这些系列丛书，不仅挖掘一批会讲故事、能讲故事、讲好故事的税务文学人才，更重要的是，系统挖掘、记录、展示和再现了近几年广东税务人不负伟大新时代、改革开放再出发的精神，保留弥足珍贵的干事创业的历史记忆，体现了广东税务人面对时代命题的文化自觉。

【年鉴编辑出版】　强有力整合系统内外资源，进一步加强年鉴编撰通信员队伍建设，多方学习年鉴编辑、排版等经验，认真扎实做好《广东税务年鉴》编纂工作，2018年累计编撰140万字，做精做优《中国税务年鉴》和《广东省地方志（财政税务卷）》供稿工作。

【学术交流与合作】　在2018年10月17日—18日召开的全国税务系统税收科研工作会议上，广东省税收科研所做经验介绍。国税地税征管体制改革后，全国税务系统第一次内刊编办工作会议在广东召开，全国七省市税务局、所领导及相关工作人员参加本次会议并做了经验交流。吉林、四川等多省市科研机构也来省税务局交流办刊经验。

（陈　莹）

干部进修培训

【党建工作】　健全机构，始终将党建放在工作第一位。学校党支部于2018年10月经省税务局机关党委批复成立，并通过选举产生新一届支部委员会成员。成立学校全面从严治党工作领导小组，明确学校工作分工。

顶层谋划，切实落实全面从严治党责任。对照上级要求，学校制定全面从严治党实施要点和工作分工，全面细化从严治党工作，做到了内容全覆盖，主体全覆盖，环节全覆盖，真正形成“一把手”负总责、班子成员各负其责的齐抓共管格局。

发挥合力，积极开展党建共建活动。通过党支部会议合并召开的形式，与河源市东源县税务局开展党建共建活动。针对东源县税务局提出的党建共建需求，学校党支部明确将向基层组织倾斜教育培训资源，尤其是派优秀兼职师资到县税务局授课，缓解县区税务局师资短缺问题，提升县区税务局教育培训质量。

积极引导，成立省税务局主体培训班临时党支部。主动引导省税务局主体培训班学员成立临时党支部，协助落实各项管理制度，积极开展读书活动、召开组织生活会等班级组织生活。通过发挥党员学员先锋模范意识和党的战斗堡垒作用，坚定党员学员理想信念，以点带面激励其他学员向党看齐。2018 年，学校共成立临时党支部 10 个。

【教育培训】 2018 年，广东省税务学校圆满完成教育培训任务，助推国税地税征管体制改革。为充分发挥学校教育培训主阵地作用，更好地服务和推进国税地税征管体制改革，学校以业务和思想融合为重点，重新制定培训方案，科学设计培训课程，优化师资调配，为顺利推进国税地税征管体制改革贡献力量。2018 年机构合并以来，学校共承办培训班 28 期，培训 1848 人次。

根据新情况作出新动作，出色完成初任公务员培训任务。机构合并后，学校培训量增大，针对培训人数多，培训时间紧，培训任务重的特点，学校与省税务局教育处共同商定，分 8 个班两批次，在 4 个教学点同时举办。根据机构合并后的新情况新需求，学校重新设计培训课程，整合优秀兼职师资，建立初任培训教学微信群，成立课程组，明确集中备课要求，保障 4 个教学点每期初任培训的课程内容统一完整。

积极举办学校文艺活动，繁荣发展税务文艺。积极引导学员开展各类文艺活动，成功举办诗词大会、成语大会、“一站到底”等活动，普及优秀传统文化知识，弘扬时代新风尚，进一步创新、丰富培训生活。其中，“一站到底”执法知识竞赛，融知识性、专业性与趣味性于一体，达到以赛促学，以学促用的效果。

【培训改革】 促进分级分类培训向纵深发展。一是紧贴培训需求设计课程体系。与培训办班单位加强沟通，明确培训需求，按照“干什么学什么、缺什么补什么、用什么考什么”的原则，把握培训重点内容，设计课程体系。将习近平总书记系列重要讲话精神、党风廉政、全面从严治党、党的十九大报告精神解读等作为学员必修课，在 3—7 天的培训中安排不少于 4 课时、7 天以上培训中安排不少于 8 课时，并增加传统文化、军队建设和国际局势分析等课程。二是重点抓好“讲师的讲师”“教育培训管理者”“领导管理和科学思维”3 大系列培训班以及党建专题培训、选拔性培训、任职培训和基层干部素质提升培训。三是建立量化的评估体系。学校建立科学合理的评估体系，科学设置指标，对培训班、学员、老师和班主任进行全方位评估，达到量化评估的目的，并将评估结果适当反馈到主办单位和相关人教部门。

研发实用性与实效性兼具的课程与教材。一是自主开发定向越野活动、沙盘推演和破冰拓展等行动学习与团队建设精品课程，让学员尽快融入团队，增加互信。二是完善世界咖啡馆系列课程教材，打造党建专题、领导力课程，让学员能够在课上课下自由学习。三是收集整理优秀教师课件作为电子教材、课程视频，完善丰富试题库，形成“粤税学习”App 网络课程库。

创新教育培训方法。广泛运用讲授式、体验式、案例式、模拟式、研讨式 5 种教学方法，引入翻转课堂、慕课等新颖教学模式，全方位推进授课形式的探索创新，建构新型教学模式。

实现互联网与教育培训的深度融合。学校积极适应“互联网 + 教育”新形势，加快建立完善网络学习平台，实现教育培训与信息技术深度融合。通过搭建“粤税学习平台”App，完善功能模块，学校已实现学员手册电子化、通知公告实时发布、扫码签到高效便捷，培训课件实时共享，考试成绩即时掌握，达到优化整个培训管理体系，提高教育培训保障能力的目的。

【内部管理】　2018 年 3 月，学校成立员工工会，并陆续完成发展会员、民主选举会员代表及完善工会会员福利等工作，营造健康和谐的工作氛围，加强员工队伍建设，切实维护员工利益。组织全体员工开展水上趣味运动会、户外登山等团建活动，增强员工集体荣誉感、归属感以及团队协作能力。

进行清单革命。学校全面梳理各部门重点工作，形成工作责任清单制度，共有清单 32 张，突出重要工作节点，细化重要工作流程，完成一项打勾一项，实现工作进度有更新，成效可查看，明确交叉任务责任归属，倒逼重点工作提质提速提效。

规范使用内部教育管理平台。在已经建成运行内部教育管理平台的基础上，进一步规范管理平台的使用，充分挖掘管理平台在学校内部管理的应用潜能，在办公自动化、无纸化基础上实现各项部门工作无缝衔接。

开展“能力培养团队建设文化共创”专题培训。机构合并后，学校组织在编所有人员及编外业务骨干参加培训，培训班采用世界咖啡馆和引导技术等方式，拟定学校的校训、目标、愿景、理念和方法，以及核心目标是争创全国一流税校。通过此次培训，学校员工相互加深认识和了解，实现了从人合、事合到心合、力合。

做好机构合并过渡期间资产清查工作。严格按照相关财务文件规定要求，邀请有资质的中介机构到校开展往来款清理及固定资产清查工作，并出具含有清查结果和审计意见的专项审计报告，确保过渡期间财务工作能够正常运转和有序衔接。

积极筹备主校区搬迁前期工作。一是积极落实省税务局领导对全省税务系统教育资源整合工作的指示，学校赴扬州税院、江苏税校、上海税校、浙江税校等 4 所全国干部培训水平领先的税校进行实地调研，学习借鉴先进经验。二是学校与省税务局财务管理处、教育处，特别是与江门市税务局多次沟通，完成了新校区的初步设计规划和改造翻新工作。三是校区搬迁过程中人员安置及用工方案经省税务局领导经审批同意后，圆满完成员工安置工作。四是严格按照中央及国家税务总局有关文件要求，积极稳妥推进税务系统培训疗养机构改革工作，按时如实填报专项核查表和改革清单目录。

（杨淑贞）

第三篇

各市（区）税收工作

深圳市税务局

【经济概况】　2018年，深圳市实现地区生产总值24221.98亿元，比上年增长7.6%。其中，第一产业增加值22.09亿元，增长3.9%；第二产业增加值9961.95亿元，增长9.3%；第三产业增加值14237.94亿元，增长6.4%。第一产业增加值占全市地区生产总值的比重为0.1%，第二产业增加值比重为41.1%，第三产业增加值比重为58.8%。2018年完成一般公共预算收入3538.41亿元，比上年增长6.2%。一般公共预算支出4282.54亿元，下降6.8%。

【概述】　2018年，是深圳税收发展史上极不平凡的一年。一年来，深圳市税务系统坚持以习近平新时代中国特色社会主义思想为指导，深入学习贯彻习近平总书记关于税收工作重要论述，以及对广东重要讲话和对深圳重要批示指示精神，增强“四个意识”，坚定“四个自信”，做到“两个维护”，坚持依法治税为根本出发点，坚持政治统领与质量治税、数据管税、创新兴税、活力强税相统一，扎实推进“一个愿景、六大工程”建设，各项工作取得显著成绩。

【税费收入】　2018年全市税收规模8018.8亿元，比上年增长7%。扣除海关代征税收后，税务部门直接组织收入6428.5亿元，增长6.1%，其中，中央级收入3519.6亿元，增长3.6%；地方级收入2908.9亿元，增长9.3%。加上税务部门征收的教育费附加等非税收入146.5亿元（增长16.2%），税务部门组织的一般公共预算收入占全市一般公共预算收入的86.4%。此外，全年办理出口退税1334.3亿元，增长2.6%。

【税收特点及税源分析】　三大主体税种增速回落，土地增值税、契税等纯地方级税种快速增长。增值税收入2103.3亿元，增长6.3%，其中，增值税直接收入1852.6亿元，增长12.6%。企业所得税收入1896亿元，增长3.3%。个人所得税收入933.7亿元，增长11.7%。受一系列减税降费政策效应的影响，增值税、企业所得税和个人所得税三大主体税种增幅分别比上半年回落5.8个、10.2个和5个百分点。加大纯地方级税种的征收力度，土地增值税收入327.7亿元，增长26.4%；契税收入127.5亿元，增长19.2%；房产税收入77.2亿元，增长26.7%。上述三个税种合计增收118.8亿元，拉动地方级收入增长4.5个百分点。此外，证券交易印花税收入550.1亿元，受资本市场低迷影响下降7.3%；城镇土地使用税和车船税受适用税额标准调低影响，分别下降18%和17.3%。

制造业税收增幅回落，金融业税收增速持续分化，生产性服务业税收增势良好。剔除海关代征和证券交易印花税后，2018年第二产业实现税收1473.7亿元，下降3.5%；第三产业实现税收4401.3亿元，增长11.9%。分行业看，制造业税收1193.6亿元，下降7.1%，再剔除免抵调库和一次性征管因素影响后，可比增长3.6%，在增值税税率下调、留抵退税等减税政策实施下，可比增幅比上半年回落7.6个百分点，其中，计算机通信设备、专用设备、橡胶塑料、医药等先进制造业税收分别可比增长 5.2%、12.5%、17.1% 和 22.8%。金融业税收 1314.8 亿元，增长 17.5%，剔除资管新政和一次性征管因素影响后可比增长 10.6%，其中，银行业税收 701.4 亿元，可比增长 8.8%；证券业税收 229.2 亿元，可比下降 16.3%；保险、其他金融业税收分别为 306.3 亿元和 78 亿元，可比分别增长 43.3% 和 15.6%。房地产业税收 1043 亿元，增长 12.8%，其中，与房产成交量直接相关的增值税收入增长 30%，但与企业效益相关的企业所得税下降 11.3%。批发零售、信息服务、建筑、交通运输四大生产性服务业分别实现税收 630.9 亿元、391.7 亿元、176.1 亿元、128 亿元，增速分别为 13%、11.5%、18.7%、15.7%。

税收大数据折射经济发展“四稳四优”。一是税源发展稳。2018 年企业登记户数达 325 万户，稳居全国大中城市之首；当年新登记企业 29 万户，贡献税收 39.7 亿元。二是就业形势稳。全市个人所得税申报人数达 1959 万人，增长 6.9%，其中，10%、20% 和 45% 税率档次的申报人数增幅均在 20% 以上。三是市场内需稳。发票销项总额 8.7 万亿元，增长 12%。四是有效投资稳。发票进项总额 8.1 万亿元，增长 9.4%。五是产业结构优。三产税收占比 74.9%，比上年提高 2.9 个百分点；先进制造业税收占二产比重为 56.8%，现代服务业税收占三产比重超八成(80.2%)；战略性新兴产业税收 1017.8 亿元，其中，新一代信息技术、数字经济、绿色低碳、高端装备制造等产业税收规模超百亿元。六是民营经济优。民营企业贡献税收 3980.8 亿元，占比 67.7%，户数占比 95%，吸纳就业人数占比 76%。七是龙头企业优。千万元以上纳税大户贡献税收 4094.9 亿元，占比 69.7%；十大企业集团贡献税收 1249.1 亿元，占比 21.2%；167 家总部企业贡献税收 1611.4 亿元，占比 27.4%；上市公司贡献税收 626.1 亿元，占比 10.7%。八是湾区经济优。前海蛇口自贸片区税收增长 31.3%，税收规模和增速居广东省三大自贸区之首；深汕特别合作区形成初步成果，税收规模达 2.3 亿元。

【党建引领】 坚持把学习习近平新时代中国特色社会主义思想作为党委会“第一议题”，坚持党委会会前学廉、局长办公会会前学法，并组织全系统开展“三个一”活动，推动系统牢固树立“对党忠诚、听党指挥”的政治信念。制发党委和行政工作规则等 63 项制度，完善议事决策程序，严格落实民主集中制，并落实“下抓两级、抓深一层”工作机制，通过细化党建工作责任清单，开展基层党组织书记抓党建述职评议，做到党建与业务同部署、同考核、同落实。加强基层党建规范化标准化，开展思想教育、组织共建等活动 82 场，组织专题学习研讨 219 次，全面提升基层党组织组织力。通过谈心谈话“全覆盖”、成立党员攻坚队和尖兵团、组织开展精准扶贫，发挥国税地税征管体制改革中“由正转副”“由正转非”领导干部示范引领作用，带动全系统干部职工讲奉献、求创新、争一流。

【改革创新】 将国税地税征管体制改革作为检验党的建设成效的“第一考场”，作为检验党员的“试金石”、锤炼党员的“磨刀石”，在全国率先完成“三定”、改设党委、群团组织设立等工作，全系统正处级机构减少 28 个，正科级机构减少 231 个，并做到资源向一线倾斜、力量向一线集聚，较好实现机构“瘦身”“健身”目标，初步构建起适应深圳战略定位的现代税收组织架构。积极推进市政府建立统筹协调工作机制，与各部门“无缝”协作，推进建立“绿色通道”特事特办，高效推进信息交接、系统改造、政策梳理、培训辅导等工作，确保社会保险费和非税收入征管职责划转工作平稳高效落地。通过动员部署与督导考核同步进行、广泛咨询和精准辅导同步实施、政策宣传与风险防控同步推进、岗责配置和系统运维同步开展，全力确保个人所得税改革平稳推进。

【纳税服务】　在实践中不断深化“以纳税人需求为导向”的服务理念，通过事项前移打通前后台壁垒、重塑流程减少办税“触点”、清单化提升服务规范，推进“纳税人围着流程跑”向“税务部门一次受理内部流转”转变。整合互联网办税平台，在全国率先实现非正常户网上申报、智能票种核定、跨境电子支票缴税等，“互联网+税务”让办税更轻松。推出优化税收营商环境108条举措，梳理“最多跑一次”清单事项116项，提前完成“一网通办”“一厅通办”“一窗通办”“一键咨询”，集成优化让服务更高效。加强12366纳税服务热线建设，“线上+线下”加强税收优惠宣传培训，智能服务让咨询辅导更便捷。以角色导向打造税收优惠精准推送机制，推出大企业“高级联络员”“白名单”等精准服务，首创境外园区税收服务新模式，创新服务让纳税人更遵从。开展“大调研、大走访”，提升服务温度、延伸服务广度、增强服务精度，真心用心贴心服务民营企业。

【税收征管】　坚持依法治税，持续推进“两个根本转变”，构建以实名制为基础，从企业单位到关键人员的“穿透式”风险管理新模式，通过全力打造“2311”，推动深圳市源头虚开企业占全国的比例由2017年的35%下降到2018年不足7%，且其中70%的企业已在前期纳入了风险管控。全面梳理基础管理事项，制定工作指引，理清职责边界，推进上线全国首个金税三期双因子认证系统和税收情报管理平台，推出“金三精灵”实名查验阻断等多项新功能，初步形成专业化管事管户模式。在全国率先创设“智税”创新实验室，首创区块链电子发票，推出企业微信“微税务”App，并在全国率先实现企业财务软件对接纳税申报。构建了“1+2+N”的国际税收组织体系，探索完善反避税专业职能局工作机制，并建立税收服务“一带一路”合作基地，有效增强国际税收管理服务“最前沿”优势。查处“鹰击1号”“海啸2号”等一批具有全国影响力的大案要案，稽查“最后一道防线”作用明显增强。截至2018年底，全市税务系统共管辖纳税人约320万户，自然人自主申报超过300万人次。

【全面从严治党】　全面压实主体责任，制定党风廉政建设责任制分工方案和主体责任清单，围绕“以案促改”主题开展全系统警示教育等系列活动，着力营造风清气正的政治生态。全面履行监督责任，严厉查处了“飓风26号”涉及干部违纪违法问题，查办过程没有发生重大负面舆情、没有影响干部队伍稳定，体现了查办案件的政治效果、社会效果和纪法效果。成立改革期间专责执纪审查小组为改革提供坚强纪律保障，开展形式主义、官僚主义等“四风”问题集中整治，严格落实领导干部节假日遵规守纪情况报告制度，全面盯牢重点领域、关键环节。建立健全巡察工作领导架构和运行机制，研究制定巡察工作五年规划，并组织开展国税地税征管体制改革专项巡察，切实发挥政治巡察利剑作用。健全“3+11+33”内控制度体系，高质量开展执法督察和财务审计监督，有效防范执法风险和财务风险。

【干部队伍建设】　牢固树立正确选人用人导向，选优配强各级领导班子，科学合理调配工作人员。实施“智税+人才”行动计划，健全青年人才、专业人才培养平台，推进统一规范派遣员工管理，着力促进干部队伍“大融合”。加强绩效管理建设运用，顺利完成全面推行数字人事筹备工作，考核考评“指挥棒”作用更加明显。创新运用微课堂、视频直播、集中培训等形式开展“业务大融合互培互学”培训，持续深化领军人才培养和锻造，全力抓好公务员招录和新录用公务员培训工作，全方位提升干部队伍素质。集聚老干部正能量，发挥群团组织作用，全力增强干部职工凝聚力和战斗力。及时准确发声阐释税收政策、传播税收改革工作亮点，打造改革舆情快速响应机制，营造良好的涉税宣传舆论氛围，汇聚机构改革“正能量”。制定改革过渡期财务工作指引，严谨细致做好信访和保密工作，认真开展课题研究和税收科研工作，细致做好各项后勤保障，确保改革平稳有序推进。

【人事管理】 国家税务总局深圳市税务局于2018年6月15日挂牌成立，下辖50个正处级单位，包括20个内设机构、2个另设机构、3个党和纪检监察工作机构、4个事业单位、8个派出机构和13个全职能局。截至2018年底，全系统共有正式干部5183人（其中公务员4795人），平均年龄39.51岁，另有劳务派遣人员2854人，离退休干部1242人。

（张贤修）

广州市税务局

【经济概况】 2018年，广州市经济结构不断优化，新动能活力不断增强。一是经济增长保持平稳，主要领域发展稳定。全年实现地区生产总值22859.35亿元，按可比价格计算，比上年增长6.2%。其中，三次产业增加值分别增长2.5%、5.4%和6.6%。工业生产平稳增长，全市规模以上工业增加值比上年增长5.5%。三大支柱产业产值比上年增长4.0%。消费市场较快增长，批发和零售业商品销售总额比上年增长11.7%。固定资产投资增长提速，比上年增长8.2%，比上年加快2.5个百分点。外贸进出口由负转正，商品进出口总值比上年增长1.0%。物价涨幅稳中趋缓，城市居民消费价格（CPI）比上年上涨2.4%，工业生产者购进价格（IPI）和出厂价格（PPI）比上年分别上涨4.6%和1.0%。二是结构调整稳步推进，新动能发展迅速。第三产业比重比上年提高0.73个百分点。现代服务业增加值占服务业的比重为66.5%，比上年提升0.4个百分点。“互联网+”相关服务迅猛发展，规模以上互联网和相关服务企业营业收入增长58.2%。工业加快向中高端迈进，先进制造业和高技术制造业增加值占规模以上工业增加值比重分别为59.7%和13.4%，比上年分别提高1.6个和0.7个百分点。投资结构继续改善，工业投资占比为16.0%，比上年提升3.6个百分点。与新动能契合的高端、先进行业显现活力，先进制造业中的城市轨道交通设备、医疗仪器设备制造业产值分别增长1.1倍和14.0%。三是质量效益稳步提高，人民生活持续改善。全市完成一般公共预算收入1632.30亿元，增长

6.5%。财政收入质量改善，税收收入占一般公共预算收入的79.5%，比上年提高1.5个百分点。企业经营提质增效，规模以上工业企业实现利润总额增长7.9%。规模以上工业企业资产负债率为48.8%，比上年末降低1.8个百分点，城镇常住居民和农村常住居民人均可支配收入分别增长8.3%和10.8%。一般公共预算支出中，节能环保、公共安全等民生公共领域支出快速增长，增速分别为41.0%和26.3%。

【税费收入】　2018年，全市税费收入实现7017亿元，比上年增长8.5%，继续稳居全国省会城市第1位。总体税收规模及增速与经济水平相适应，反映税收收入与经济协调增长。其中：税务部门（含省三分局）组织国内税收收入4465亿元，比上年增长5.2%；组织费金收入1539.3亿元，比上年增长20.3%，其中社会保险费收入1371.8亿元，比上年增长21%。办理出口退（免）税511.1亿元，比上年增长23.1%。2018年，广州市税务局组织计划考核口径国内税收收入4387.8亿元，比上年增长4.6%，完成省税务局下达全年预期目标的100.9%。组织市一般公共预算收入1413.7亿元，比上年增长7.5%，完成市财政预期目标的101.5%。

广州市税务部门切实落实国家结构性减税政策，税收优惠政策深度发力，减税降负助力经济发展。其中，从2018年5月1日起陆续实施深化增值税改革三项措施，包括降低增值税税率、增值税留抵税额退税及统一小规模纳税人标准，为实体经济转型升级和加快发展提供了有力支持。10月1日起提高个人所得税基本减除费用标准并适用新税率表，惠及超过520万名纳税人。落实高新技术企业减按15%税率征收所得税、研发费用加计扣除、固定资产加速折旧等支持创新发展的税收优惠政策，共计减免税费153.5亿元。落实小型微利企业减半征收企业所得税、免征增值税等税收优惠政策，共计减免税费51.1亿元。

【税收特点】　2018年，全市税收运行总体良好，国内税收收入规模继续稳居省会城市第一位，呈现以下特点：一是减税效应不断显现。2018年以来，国家陆续出台深化增值税改革、扶持小微企业发展、提高个人所得税减除标准等一系列税收优惠政策，减税减负力度不断加大，政策红利逐渐释放。广州市税务局严格落实各项减税降费政策，政策性减收影响不断显现，全年国内税收增速逐季放缓，各季度的累计增幅分别为10.3%、9.3%、9.1%和5.2%，呈现出前高后缓走势。二是中央与地方收入均衡发展，市区级收入增幅略高。中央级税收与地方级税收均衡增长与协调发展，全年累计实现中央级税收2281.8亿元，比上年增长4.7%，增收101.6亿元；实现地方级税收2183.3亿元，比上年增长5.7%，增收118.5亿元，其中：省级税收882亿元，比上年增长4.3%，增收36.3亿元；市区级税收1301.3亿元，比上年增长6.8%，增收82.3亿元。三是流转税、财行税平稳增长，所得税增速居前。流转税合计收入2040.9亿元，比上年增长3.1%，增收61.7亿元，占国内税收比重45.7%，其中增值税1768亿元，增长6.3%，增收105亿元。财产行为税合计收入697.6亿元，比上年增长2.9%，增收19.7亿元，占国内税收比重15.6%。所得税合计收入1726.4亿元，比上年增长8.7%，增收138.7亿元，占国内税收比重38.7%，其中企业所得税1204.1亿元，增长6.4%；个人所得税新政实施后明显放缓，实现收入522.4亿元，较前三季度累计增速回落7.7个百分点。四是区域税收发展良好。所有区域税收均实现增长，过半区域增速超过两位数，税收发展情况总体良好。

【税源分析】 2018 年，广州市经济运行保持平稳，税源基础不断巩固：一是工业税收平稳，第三产业走势良好。全市实现工业税收 1482.6 亿元，占全市税收比重为 33.2%，其中制造业实现税收 1332.9 亿元，比上年增收 7.1 亿元；第三产业实现税收 2824.9 亿元，比上年增长 7%，增收 184.6 亿元，贡献全年税收增量的 83.9%，拉动税收增长 4.1 个百分点。二是现代服务业和先进制造业快速发展。现代服务业中互联网服务业税收增长 128.2%，软件和信息技术服务业税收增长 36%；先进制造业中计算机、通信和其他电子设备制造业税收增长 19%，通用设备制造业税收增长 16.3%，专用设备制造业税收增长 7.3%；“IAB”产业税收增长 31.1%，其中新一代信息技术产业、人工智能产业、生物医药产业分别增长 29.6%、104.5% 和 11.3%。三是重点战略区域增速较快。在粤港澳大湾区和自贸试验区建设的带动下，南沙开发区税收收入增长 17%，增速居各区首位；海珠区在琶洲互联网创新集聚区的发展带动下，全年税收收入增长 16.5%，其中琶洲互联网创新集聚区税收收入增长 41.5%；从化区在乡村振兴战略的带动下，全年税收收入增长 11.1%，高于全市平均水平。四是民营经济健康发展。全年新登记开业的民营经济业户共 29.7 万户，比上年增加 4 万户，民营经济活力在不断提升；民营经济纳税人全年贡献税收 1796.2 亿元，增速超过 10 个百分点，对税收总量贡献率较上年提高 2 个百分点，反映广州市民营企业在不断发展壮大。

【国税地税征管体制改革】 2018 年，国家税务总局广州市税务局通过打赢三场攻坚战，顺利完成国税地税征管体制改革。在第一场“机构挂牌”攻坚战中，7 月 5 日，市级新税务机构正式挂牌，7 月 20 日，区级新税务机构及所属税务分局（所）统一挂牌，广州市、区、镇三级税务机构挂牌工作全部完成。在第二场“人员三定”攻坚战中，机构改革涉及市区街（镇）3 级税务机构、8000 多名干部职工、152 万户纳税人、1329 万自然人纳税人和 1171 万缴费人。改革后全市税务部门共设 19 个内设机构、7 个派出机构、4 个事业单位、11 个区税务局和 106 个税务所。在第三场“职责划转”攻坚战中，顺利完成城乡居民基本养老保险和城乡居民基本医疗保险（简称“两居”保险）征管职责划转，成功接收 620 万缴费人基础数据，非税收入“免税商品特许经营费”和“村镇配套设施建设费”划转至税务局征收。

【减税降费情况】 2018 年，广州市税务局坚决把减税降费摆在税收工作的突出位置。按照个人所得税“一次立法、两步实施”的改革部署，第一步从 10 月 1 日开始实施过渡期政策，改革施行三个月全市减税 44 亿元，545 万人工薪所得无须缴税。第二步认真落实 12 月 22 日国务院印发的《个人所得税专项附加扣除暂行办法》。广州市税务局强化政策辅导，累计组织培训 1330 场次，培训纳税人达到 284 万人次，12366 纳税服务热线累计解答问题超过 4.9 万个，56.5 万人通过扣缴义务人报送专项附加扣除信息，实现税制模式根本性的平稳转变。落实三项增值税改革措施、研发费用加计扣除政策、小微企业减税政策、支持民营企业 26 条措施。全年鼓励高新技术减税 153.5 亿元，小微企业减税 51.1 亿元，三项增值税改革减税 92.7 亿元，研发费用加计扣除减税 57.1 亿元；办理出口退（免）税 511 亿元，车辆购置税减税超过 17 亿元；减轻企业社会保险费负担 70 亿元，向 15371 户企业返还残疾人就业保障金 12.4 亿元。

【税收征管】　抓好重点企业入库、大额税款监控、缓缴税款、免抵调库等工作，成功上线TIPS系统，220多万原ETS用户三方协议数据成功转换，全年调整业户管辖关系240万户次；着力解决“注销难”问题，10—12月共有2645户纳税人享受税务注销“简易办”；开展信息系统整合优化，积极应用电子税务局，推进金税三期系统并库工作。全面加强货物和劳务税管理、企业所得税管理、国际税收管理、财产和行为税管理，加强增值税发票快速反应机制建设，在部分行业和区域的起征点以下纳税人试点推广增值税电子发票，顺利开征环境保护税，积极推广土地增值税清算新模式，出口退税审核平均时间按照国务院要求压缩到10天以内。

【优化税收营商环境】　2018年，广州市税务局作为全国5个优化税收营商环境的试点单位之一，按照“机构改革，服务先行”的工作要求，深入推进税收领域“放管服”改革，认真落实国家税务总局优化营商环境58条，成功创造“7个全国率先、1个全省率先”可复制推广经验，“一键申报出口退税，助力企业‘加速跑’”“自助办税服务24小时不打烊”“一窗受理集成服务，群众‘最多跑一次’”三项便民办税举措入选2018年广州优化营商环境十大创新案例，在国家税务总局组织开展的全国纳税人满意度调查中，广州市税务局排名较上年上升6位，在省情调查研究中心开展的全市18个政务窗口单位满意度调查中得分排名第2。推出便民利企促发展33条、支持科技创新10条、服务出口企业10条、支持民营经济、文化创新若干条等措施，扎实推进“最多跑一次”“一厅通办”“一键咨询”，让纳税人、缴费人第一时间体验到纳税成本“1+1<2”和办事效率“1+1>2”的正面效应。率先探索车辆购置税全程电子化办税、区块链电子发票、人脸识别技术应用、无人值守办税服务、代开增值税专用发票税费一体化征收、二手房交易“一号通办”、出口退税及增值税“一键申报”等新技术、新措施，充分发挥全国首个税务企业号精准触达的优势，大幅提高服务质效。开展纳税人大走访和“问需求、优服务”活动，全年共接办人大建议、政协提案54件，成立大湾区专业管理服务团队，12366一键咨询服务获全国第2名。充分发挥税务部门的政策优势和数据优势，报送机构改革、优化营商环境、扶持民营经济发展、文化创意产业发展等工作报告共35篇。

【税收法治】　推进执法公示、执法全过程记录、重大执法决定法制审核“三项制度”；加强规范性文件管理，清理规范性文件600多份。稳妥推进规范影视行业税收秩序专项工作，深入落实四部委打虚打骗两年专项行动要求，全年完成打虚打骗案件894宗，实现稽查查补收入124.9亿元。深入推进内控机制建设，及时推送和核查执法疑点信息，不断提升执法质量和水平。强化税收风险管理，以营造共建共治共防的风险治理新格局为目标，注重数据比对与案头分析相结合、风险应对与自查自纠相结合，营造征纳双方共享的良好税收法治环境，通过税收风险管理组织入库税款228.4亿元。

【党建工作】　坚定不移推进全面从严治党，把党的领导体现到机构改革的各方面和全过程。把党的政治建设摆在首位，认真学习习近平新时代中国特色社会主义思想、习近平总书记对广东重要讲话和重要指示批示精神；系统学习习近平总书记关于深化党和国家机构改革的重要思想、李克强总理、韩正副总理重要批示指示精神以及国家税务总局、省局关于机构改革的部署要求，全年累计召开党委中心组专题学习会16次。

严格按程序及时成立联合党委，完成联合党委改设党委工作，制定党委工作规则和行政工作规则，召开机构改革专题民主生活会，党委把方向、管大局、保落实的领导核心作用切实增强；统筹设置党建工作部门，规范设立496个基层党组织，党的领导体制机制、机构职能更加完善。召开全系统党建工作会议，实施基层党组织建设"三年行动计划"，开展模范机关创建活动；创新性地在18个联络（督导）组建立临时党支部，106个税务所的党支部与168个街镇的社会保险费和非税收入征收部门党支部结对共建。全面压实党风廉政建设"两个责任"，认真落实中央八项规定，聚焦"六大纪律"执行情况，开展机构改革纪律执行情况监督检查。

（何文山）

珠海市税务局

【经济概况】 2018年，珠海市完成地区生产总值2914.74亿元，比上年增长8.0%，增速分别高出全国、全省1.4个和1.2个百分点，增速居全省首位。分产业看，第一产业增加值50.09亿元，增长1.2%；第二产业增加值1433.82亿元，增长12.6%；第三产业增加值1430.83亿元，增长3.5%。2018年，全市完成规模以上工业增加值1083.74亿元，比上年增长14.1%，增速居全省首位。六大支柱产业实现工业增加值744.36亿元，比上年增长13.1%，拉动全市规上工业增速9.1个百分点。全市高新技术企业、高技术制造业、先进制造业和装备制造业增加值分别比上年增长19.4%、13.0%、11.2%和8.6%。

【税费收入】 2018年，全市税务部门组织税费收入1056.54亿元，比上年增长9.8%。其中：税收收入完成852.86亿元，增长8.8%；社会保险费收入完成172.87亿元，增长12.9%；其他费金收入完成30.81亿元，增长22.3%。海关代征进口税收101.61亿元，增长4.9%。办理出口产品退税124亿元，增长27.4%。

2018年，全市国内税收增速（8.8%）平稳，高于全省平均增幅（7.6%）1.2个百分点，居全省第12位、珠三角第6位。从税收规模来看，全市国内税收总量（852.86亿元）在全省排名第6位，列深圳、广州、东莞、佛山、惠州之后，居中山之前。从季度累计税收增速看，1—4季度税收累计增幅分别为8.7%、8.3%、9.0%、8.8%，全年税收总体保持稳定增长态势。

货物劳务税合计收入369.15亿元，比上年增长5.0%。其中，国内增值税受增值税改革政策影响同比低增长5.0%。两项所得税合计收入354.94亿元，比上年增长9.4%。其中，个人所得税延续近年来较快增长趋势实现增长27.9%，企业所得税受部分重点税源减收影响比上年低增长3.4%。财产行为税合计收入107.91亿元，比上年增长19.3%。其中，土地增值税受清算收入拉动增长48.1%；契税增长5.8%，城市维护建设税增长10.8%。

中央级收入408.24亿元，比上年增长7.5%，主要受企业所得税低增长影响增幅略低；省级收入184.32亿元，增长11.6%，主要受土地增值税及电力企业增值税增收拉动，增幅分别高于中央级、市区级4.1个、2.6个百分点；市区级收入260.30亿元，增长9.0%。

第二产业实现税收363.32亿元，比上年增长6.6%。规模居首的制造业主要受增值税改革政策影响下降1.3%，其中，高技术制造业、先进制造业分别增长2.5%、8.9%；建筑业受一次性税源因素拉动比上年增长46.6%。第三产业实现税收489.34亿元，比上年增长10.5%，高于第二产业3.9个百分点。其中，现代服务业实现税收378.33亿元，比上年增长18.7%，高于总税收增幅9.9个百分点，反映我市产业转型升级取得明显成效。当中，房地产业税收比上年增长16.7%，金融业税收增长39.7%，租赁和商务服务业税收增长3.5%，新兴产业中的信息传输、软件和信息技术服务业税收增长12.5%。

从税收规模看，香洲区（368.14亿元）、横琴新区（180.67亿元）税收均超过百亿元，香洲区主体地位明显，占全市总税收超过四成（43.2%），金湾区（85.77亿元）、斗门区（73.72亿元）、高栏港（70.86亿元）、高新区（61.56亿元）税收规模相近，万山区（12.14亿元）税收规模相对较小。从税收增幅看，横琴新区（29.8%）领跑全市，西部的高栏港（13.4%）、金湾区（11.0%）、斗门区（9.9%）均取得较快增长，高于全市税收增幅，高新区（3.0%）、香洲区（2.3%）、万山区（－34.1%）为低增长或负增长。

【税源分析】　2018年珠海市经济总体保持平稳运行，地区生产总值增长8.0%，工业生产稳中有进（规模以上工业增加值增长14.0%）拉动直接征收的国内增值税增长12.0%；金融机构本外币贷款余额平稳较快增长（增长9.1%）拉动金融业税收增长39.7%；固定资产投资保持高速增长（增长20.7%）拉动建筑业增长46.6%。主要经济指标的良好运行为税收收入增长奠定坚实的税源基础。

市委市政府经济战略部署是税收增长的支撑。珠海市税务局深入贯彻落实市委八届五次全会精神，全面实施市委市政府对经济发展制定的一系列战略部署，大力推进“二次创业”，对税收增长起到有力促进作用。全市大力推行“十百千计划”，重点税源实现较快增长，2018年全市纳税前100企业合计实现税收392.03亿元，比上年增长24.3%；八大工业园区实现税收222.11亿元，增长7.0%。

珠海市税务局全面深化国税地税征管改革，优化资源整合，深挖税收数据价值，提升税源综合管理水平，堵漏增收措施“稳健有效”。通过“以地控税　以税节地”综合税源管理平台，带动城镇土地使用税增长53.0%。大力推进土地增值税清算步伐，带动土地增值税增长48.1%。创新开发个人股权转让业务管理系统，带动个人所得税增长27.8%。通过风险管理入库税款19.59亿元，调减增值税留抵0.76亿元，弥补企业所得税亏损1.38亿元。开展欠税全面清查，全年共清缴欠税金额4.53亿元。充分发挥税务稽查威慑力，合计查补税费2.79亿元。

调库收入大幅减收制约税收增幅。2018年，调库实现60.20亿元，比上年下降19.5%，减收14.60亿元，拉低全市税收增幅1.9个百分点。如不含调库，国内税收收入792.66亿元，比上年增长11.8%。

税收优惠政策减税降负效应显著。全市税务系统积极优化营商环境，认真贯彻落实国家和省出台的各项减税降负政策，确保政策红利充分释放。准确执行降低增值税率工作，实现减税7.62亿元；落实部分行业增值税留抵退税政策，累计退税8.38亿元；稳步推进个人所得税改革，个人所得税合计减税约2亿元；下调车船税适用税额标准，全市全年车船税约下降12.6%；抓好非居民税收优惠落实，减免税额共计2.29亿元；高效落实残保金征收标准下调后的退费工作，完成退费1.70亿元。全市全年鼓励高新技术、改善民生以及促进小微企业发展等合计减免税95.86亿元。

【税务创新】 珠海市税务局在国税地税征管体制改革中充分发挥特区精神，率先推出多项创新服务举措，着力打造现代化智慧服务新体系。把“互联网＋税务”思维渗透到纳税服务工作的各方面、全过程，积极打造“智慧税务”品牌，初步建立起“智能＋”的多渠道、立体式纳税服务模式，让办税更加快捷高效。

创新构建智慧办税模式。以香洲区局翠香分局新建办税服务厅为试点，将大厅分为“智能”服务区与“实体”服务区，通过AI人工智能＋物联网技术应用，实现业务精准分流，推广电子化办税渠道，限制实体业务办理内容，构建线上与线下融合、人工与智能互补的智能办税体系，实现“以网上办税为主，自助办税为辅，实体办税厅兜底”的办税新模式。

创新研发智能税务机器人。推出全国首个能进行人机对话的智能导税机器人“税小易”，集人脸识别、引导咨询、政策宣传、业务推广、自主学习于一身，数据库里有近3000条税务知识答疑、704个国家税务总局最新的办税事项一次性告知二维码以及多个税法宣传视频。“税小易”能与纳税人进行“交互式”无障碍语音交流，准确解答涉税疑问、办税流程及税收政策。在办税服务厅设置智能办税型机器人“税小能”，具有“看、听、说、辨、理解”等能力，通过人脸识别、语音识别、触摸交互、移动互联等方式，为纳税人办理开具纳税证明、打印信用证书和开具外出经营证、外出经营报验登记、变更联系人、存款账户账号报告、新办纳税人套餐等业务。

创新打造智能咨税平台。与百度公司合作打造“税小度”，在全国率先推出“搜索即服务”“看见即服务”“对话即服务”三大全新服务形式，推进人工智能技术在智能咨询、实名办税等领域中的一体化应用探索。在省局指导下谋划建设“智能咨税管家”，依托知识图谱、人物画像、人脸识别、语音交互等AI技术，为纳税人提供知识自主定制、智能推送、业务自动提醒等服务，为纳税人打造最贴心、最实用的税务管家服务。

创新开发魔方政策宝库。与百度公司合作开发减税降费魔方政策宝库，不同于以往的政策汇编，宝库是一个更具智能化、个性化的创新信息系统，具有智能搜索、多维展示、灵活组合的特点。在宝库中只需输入关键词即可获得相关政策条文、要点和案例。除了智能搜索功能，还创新开发模拟申报模块，方便纳税人提前知晓自己享受政策红利的大致数据。宝库与电子税务局关联，通过App、微信小程序、网站随时随地为纳税人和税务干部提供智能化政策查询帮助。安排专门人员对政策库中的数据进行实时更新、维护，确保政策“魔方宝库”中的信息常用、常新，准确无误。

（张申际）

汕头市税务局

【经济概况】　2018年，汕头市全年经济运行总体平稳，全市实现地区生产总值2512.05亿元，比上年增长6.9%。其中，第一产业增加值110.45亿元，增长4.1%；第二产业增加值1276.19亿元，增长8.7%；第三产业增加值1125.41亿元，增长5.0%。三次产业结构由上年的4.4∶50.3∶45.3调整为4.4∶50.8∶44.8。在第三产业增加值中，批发和零售业增长4.2%，住宿和餐饮业增长3.0%，金融业增长5.2%，房地产业下降5.5%。现代服务业稳步发展，实现增加值531.58亿元，增长6.8%。民营经济增加值1794.37亿元，增长7.6%。全市人均地区生产总值44672元，增长6.3%。全市完成一般公共预算收入131.52亿元，比上年下降12.35%。

【税费收入】　全年税费总规模突破400亿元，共组织税费收入421.84亿元，增长11.9%。其中，完成国内税收收入突破300亿元，达到301.72亿元，增长8.2%；征收社会保险费等各项费金收入合计98.12亿元，增长32.1%；完成一般公共预算收入107.65亿元，增长8.8%。

【税收特点】　2018年，汕头市税收工作呈以下特点：一是各级次收入均实现增长，省级和市县级收入增速快于中央级。汕头税务部门全年组织国内税收收入比上年增长8.2%，增速在粤东排名首位。其中，中央级收入139.62亿元，增长6.3%；省级收入60.99亿元，增长11.1%；市县级收入101.11亿元，增长9.2%。土地增值税快速增长（39.7%）推高省级收入增幅5.1个百分点。城镇土地使用税快速增长（50.1%）推高市县级收入增速1.8个百分点。二是各税种收入涨跌互现，财产行为税收入增长较快。全年国内货物劳务税收入155.3亿元，增长6.4%；其中国内增值税和营业税合计增长7.1%，国内消费税下降10.1%，车辆购置税增长9.8%。所得税收入合计86.44亿元，增长6.7%，其中企业所得税和个人所得税分别增长7.5%和4.3%；财产行为税收入完成59.98亿元，增长15.7%。城镇土地使用税和土地增值税快速增长50.1%和39.7%；城市维护建设税、房产税和契税小幅增长，增幅分别为2.1%、4.4%和2.6%；印花税和车船税受降费减税政策影响，分别下降4.6%和12.9%。三是第二、三产业税收平稳增长，房地产业税收增速呈现逐季下降的趋势。2018年，国内税收中第二产业税收139.51亿元，增长8.7%，其中制造业税收受落实降低增值税税率1个百分点、“实体经济新十条”等减税政策影响仅增长2.0%；电力、热力、燃气及水的生产和供应业税收增长5.7%，其中发电业税收下降31.0%，主要是“华能系”三家电厂延续减收态势；建筑业税收受投资建设拉动增长30.4%。第三产业税收162.08亿元，增长7.8%。其中：批发和零售业税收增长1.5%；金融业税收下降2.2%；房地产业税收增长12.5%，其中第一季度增速为16.5%，随着商品房销售面积持续下降，第二季度增速为

14.6%（剔除汇算清缴所属期2017年企业所得税收入大幅增长的因素后），第三、四季度则分别下降3.0%和6.0%，四个季度的销售不动产增值税收入增速分别为47.2%、-2.9%、-17.9%和-21.3%。四是各征收单位收入实现增长，但增速快慢不一。2018年，全市10个征收单位的国内税收收入、市县级收入均实现增长，其中5个单位的国内税收收入和市县级收入增速均高于全市平均水平，即南澳县税务局、保税区税务局、濠江区税务局、潮阳区税务局和龙湖区税务局。一次性税源入库等因素拉高南澳县税务局税收增幅。其中4个单位的市县级收入增收额逾亿元，即龙湖区税务局、濠江区税务局、潮阳区税务局和澄海区税务局。

【税源分析】 经济因素方面：2018年，汕头市经济运行平稳发展，为税收收入增长提供支撑，当年全市GDP增速排位在全省靠前，规模以上工业增加值增长和固定资产投资增长均为全省第3位，反映在税收上，组织建筑业，投资与资产管理业，建材行业，交通运输、仓储和邮政业分别实现税收增长30.4%、100.2%、47.3%和34.0%。全市突出加快培育壮大高端现代服务业重点战略措施，创新驱动成效明显，一是组织科学研究和技术服务业、软件和信息技术服务业分别实现税收21396万元和5717万元，增长99.7%和27.4%；二是计算机、通信和其他电子设备制造业、通用设备制造业和专用设备制造业分别实现税收4.57亿元、1.48亿元和2.33亿元，增长11.6%、15.6%和43.4%。居民服务型消费持续升级，餐饮住宿、广播影视等服务业增值税收入分别增长24.2%和78.3%。

征管因素方面：2018年依托金税三期风险管理系统，整合征管基础数据，加快实施税收信息化建设和大数据战略，持续强化风险防范和对虚开骗税行为的高压态势，管理性税源实现较大增长。一是发挥税费一体化控管平台作用，提升对契税、耕地占用税、房产税、城镇土地使用税、土地增值税和印花税的管理水平，全年“六税”收入合计47.01亿元，比上年增长20.2%。二是加强税收风险管理应对，全年风险管理查补入库税款4.13亿元。三是加大税务稽查力度，开展打击骗税虚开和“双随机、一公开”工作，全年稽查部门查补总额3.36亿元。四是强化企业所得税征收，做好年度所得税汇算清缴工作，汇算清缴入库企业所得税21.75亿元，增长19.8%。五是加强个人所得税全员全额申报管理，全年来自工薪所得的个人所得税收入9.59亿元，增长7.3%。抓好非居民企业税收管理，全年入库税款1.66亿元，增长10.4%。六是加快企业申报免抵税额资料的审核审批进度，并积极向上级争取免抵调库指标，免抵调库收入27.43亿元，增长10.8%，增收2.67亿元。

政策因素方面：2018年各项简政减税降负措施，为市场主体添活力，为人民群众谋福利。一是落实鼓励高新技术、改善民生、支持小微企业发展政策减免税共25.30亿元。二是落实基本减除费用标准和适应新税率等个人所得税改革政策，第四季度工资薪金所得的个人所得税收入下降28.9%，减收0.59亿元。三是落实广东省车辆车船税税额降低至法定最低水平、适用税额普遍下调政策，以及降低印花税核定征收标准政策，车船税和印花税收入分别下降12.9%和4.6%；四是落实出口退税率提高和“外贸十条”等政策，全年办理出口产品退（免）税66.23亿元，增长6.4%。

【国税地税征管体制改革】 2018年3月，汕头市税务系统建立1个国税地税征管体制改革工作小组、1个改革办、10个专项工作组和8个县区税务局联络（督导）组的“1+1+10+8”组织领导体系，各县（区）税务局也相应建立改革工作组织领导体系。紧密结合工作实际，以开展全员大学习、改革大培训、思想大讨论、发展大调研、制度大整合、工作大落实的“六大行动”为抓手，整体统筹，精准发力，有力有序推进国税地税征管体制改革，接续打赢市、县级新税务机构挂牌，落实“三定”暂行规定等主攻战。7月5日，国家税务总局汕头市税务局挂牌成立；7月20日，全市8个县级新税务机构和37个税务分局按规定顺利完成挂牌工作。8月29日，中共汕头市委员会批复同意汕头市国家税务局、地方税务局联合党委改设国家税务总局汕头市税务局党委；9月5日全市8个县级税务局完成联合党委改设党委工作。9月27日，汕头市税务局按照“三定”暂行规定完成制作内设机构、派出机构和事业单位的行政印章和派出机构正式牌子，市局各部门各单位实现同一单位（部门）同址办公，完成科室职责划转、工作交接、人员到岗等工作安排，并启用内设机构行政印章和公文系统。10月25日，汕头市税务系统下辖8个县级税务局统一举行仪式，宣布县（区）税务局内设机构、派出机构、事业单位负责人任命和所有工作人员岗位安排。改革期间，干部队伍思想稳定，事和、人和、力合、心合的良好氛围逐步深化，一系列加强管理的相关制度和运行机制逐步建立，征管业务实现整合，各项工作运行平稳，取得了改革阶段性成果。

【税收营商环境】　一是整合服务资源，构建起“城区+乡镇+政务服务中心”全覆盖的办税服务网络，实现服务资源统筹利用和服务能力多极延伸，办税服务场所优化简并57%以上。二是简化办税流程，制定推出20项53条“便民办税春风行动”具体服务措施；开展“优化税收营商环境20+4行动”，2018年全市办税服务厅纳税人平均等待时间8.21分钟，平均办税时间1.52分钟，满意度达99.99%。三是加强税收宣传，全年共组织纳税人座谈会62场，走访纳税人约1600户次，印制发放宣传资料20类22.08万册，举办838场次、受惠纳税人44500余户次的税收宣传培训活动。在汕头市首届国家机关“谁执法谁普法”评议活动中，汕头市税务局获得网络投票和综合评议“双第一”；在2018年纳税人满意度调查中，汕头市税务局获全省第1名；驻市行政服务中心税务办税窗口连续9年被汕头市政府评为“优秀窗口”。

【队伍建设】　一是完成“三定”规定落实。严格履行工作程序，规范设置各类机构，妥善划转工作职责，科学整合人力资源，按照“人随事走、人岗相适、规范操作、平稳过渡”的原则，按步骤、依程序推进“三定”规定落实落地，实现人员到岗到位、职责交接顺畅、工作平稳过渡。二是全面加强干部队伍教育培训工作。贯彻落实“改革推进一步，培训跟进一层”的要求，统筹教育培训优势和系统内各级教育培训资源，全年全市税务系统共开展各类培训172期次，培训干部11530人次。三是完善绩效管理体系建设。发挥绩效管理管事与数字人事管人的双轮驱动的作用，真正使考核结果成为干部的选拔任用、评先奖优、治庸治懒、问责追责、能上能下的重要参考，努力营造鼓励干部担当作为的良好用人导向和氛围。2018年绩效考核在粤东西北排名第1，居全省第7名。

【全面从严治党】　一是坚持把党的政治建设摆在首位。先后组织开展市局党委专题学习研讨50场次，开展干部职工各类专题学习培训455场次，掀起学习习近平新时代中国特色社会主义思想宣传贯彻热潮。二是坚持将党的领导贯穿税收工作全过程。建立完善“纵合横通强党建”的工作格局，进一步发挥好党委领导核心作用、各级党组织战斗堡垒作用和党员干部先锋模范作用，为圆满完成各项改革工作任务提供有力的组织保障。三是持续开展“作风建设年”活动。坚持暗访、查处、追责、曝光“四管齐下”，组织开展暗访调查115次，大力整治“不会为”“不想为”“不敢为”“慢作为”“乱作为”等问题；组织开展“纪律规矩大检查”专项行动，严查违反中央八项规定精神和“四风”问题、违反机构改革“六项纪律”问题、严查破坏征纳关系和谐的问题；专门部署开展整治违规收送“红包”礼金问题专项行动，持续释放全面管住“微权力”、从严惩治“微腐败”的强烈信号；注重运用监督执纪“四种形态”特别是第一、二种形态，全年共开展谈话提醒149人次，进一步强化各级知敬畏、存戒惧、守底线的纪律观念和规矩意识。

（陈希娜）

佛山市税务局

【经济概况】 2018年，佛山市地区生产总值9935.88亿元，比上年增长6.3%。其中第一产业增加值144.45亿元，增长5.8%；第二产业增加值5614.00亿元，增长6.1%；第三产业增加值4177.43亿元，增长6.6%。在第三产业中，交通运输、仓储和邮政业增长5.1%，批发和零售业增长5.3%，住宿和餐饮业增长3.8%，金融业增长3.6%，房地产业下降2.3%，其他服务业增长13.8%。三次产业结构为1.5:56.5:42.0。现代服务业增加值2496.25亿元，增长7.6%。民营经济增加值6209.95亿元，占全市生产总值的比重为62.5%。

【税收收入】 2018年，佛山市税务系统完成税收收入1627.62亿元，比上年增长7.9%，增收118.61亿元。剔除海关代征税收后，组织国内税收收入1499.97亿元，比上年增长9.8%，增收133.62亿元。其中：中央级收入670.97亿元，增长6.9%；省级收入310.69亿元，增长14.4%；市区级收入518.31亿元，增长10.9%。

【税收特点】 2018年，佛山市税收工作呈以下特点：一是税收增速稳中趋缓。当年市国内税收和市区级税收分别比上年增长9.8%和10.9%。从全省排名来看，国内税收收入增幅在全省排第9位，高于全省平均增幅2.2个百分点；佛山市市区级收入增幅在全省排第11位，高于全省平均增幅1.3个百分点。

二是所得税、土地增值税支撑有力。2018年国内增值税完成收入648.22亿元，受深化增值税改革三项措施落地影响，比上年小幅增长4.9%；企业所得税完成收入326.31亿元，受汇算清缴增长提速拉动，增长10.2%；个人所得税完成收入129.98亿元，增长17.2%，其中工资薪金项目受个人所得税改革效应影响，增速较前三季度回落9.8个百分点；土地增值税受清算收入增长拉动，增长66.7%，增收43.8亿元，以上四大税种合计增收123.0亿元，占国内税收增量的92.1%。房产税、城镇土地使用税受征收期提前影响，分别增长48.5%和36.2%；车辆购置税受2018年税率提高影响，增长15.5%；契税因征收期延后，增势明显减弱，下降15.4%；环保税首个征收年度实现4485万元；其余税种合计下降4.8%。

三是各级次收入均实现预期目标。2018年佛山市各级次税收收入均完成广东省税务局和佛山市委市政府下达的收入预期目标。其中受土地增值税清算税收增长拉动，省级收入增速显著提升，在各级次税收收入中最高，比上年增长14.4%；市区级收入在房产税和城镇土地使用税增长拉动下，增长10.9%；国内中央级收入受消费税与增值税增长放缓影响，增长6.9%，增速不及省级和市区级收入。

四是第三产业税收增收贡献突出。2018年佛山市第二、三产业国内税收结构由2017年的46.3:53.4调整为2018年的42.5:57.4。第二产业实现国内税收637.73亿元，比上年增长0.8%，其中佛山税收支柱行业制造业累计实现国内税收551.91亿元，占佛山市税收比重的36.8%，小幅下降0.1%，减收0.41亿元。第三产业实现国内税收860.83亿元，比上年增长18.1%，增收131.70亿元，其中作为第三产业税收主力的房地产行业实现税收461.69亿元，增长23.8%，增收88.61亿元，占佛山市国内税收总量的30.8%，贡献了66.3%的国内税收增量；批发零售业实现国内税收139.77亿元，增长13.4%，增收16.47亿元，占国内税收增量的12.3%，是国内税收第二增收动力，仅次于房地产行业。此外，科学研究和技术服务业受大额土地交易契税入库影响，比上年增长54.4%；文化、体育和娱乐业受2017年入库大额土地增值税清算税款推高基数影响，同比下降57.5%。

五是五区税收均实现稳定增长。佛山市五区各级次税收均实现正增长。国家税务总局佛山市禅城区税务局通过开展汇算清缴个性化辅导，推动企业所得税汇算清缴比上年增长57.5%；国家税务总局佛山市南海区税务局集中攻克土地增值税清算难题，全年入库土地增值税57.64亿元，占佛山市比重高达52.6%；国家税务总局佛山市顺德区税务局细化高收入高净值人员和大企业管理，全年所得税增收27.99亿元，对佛山市所得税增量贡献超过56%；国家税务总局佛山市高明区税务局紧抓空港经济预期带来的大宗资产物业市场活跃利好，助推市区级税收增长20.2%，增速列佛山市首位；国家税务总局佛山市三水区税务局显著提升房地产业税收征管质效，国内税收、市区级税收均实现12%以上的快速增长。

【税源分析】　2018年，佛山市税源结构有以下特征：一是经济运行平稳，税源支撑稳固。近年来佛山经济基本面稳固，助推企业利润增长、员工薪酬增加。2018年佛山市企业所得税、个人所得税分别比上年增长10.2%、17.2%，合计增收49.16亿元，其中：2017年度企业所得税汇算清缴入库比上年增长43.2%，增收23.81亿元。

二是土增清算拉动，增收效应凸显。2018年佛山市土地增值税比上年增长66.7%，增收43.86亿元，其中土地使用权转让交易以及符合清算条件的高溢价房产项目数量增加，推动佛山市土地增值税清算收入大幅增长2.8倍，增收43.77亿元，此项目增速及增收规模均为佛山近5年最高值。

三是征收期限提前，时间差效应显现。由于2018年度从价计征房产税和城镇土地使用税征收期统一由次年调整至当年年末，2018年第四季度迎来两税申报高峰，较2017年同期形成入库时间差，带来两税全年合计增收21.5亿元。

【国税地税征管体制改革】 2018年，佛山市税务机关全力做好税收征管体制改革工作。一是市、区、镇三级新税务机构顺利挂牌。按照上级统一步调，2018年7月5日，国家税务总局佛山市税务局挂牌成立；7月20日，5个区税务局及各镇街税务分局挂牌成立，正式以新机构名义统一对外执法和服务。

二是“三定”暂行规定稳妥落地。严格按照上级规定，结合佛山实际研究落实机构设置、干部安排等问题，着力破解跨区稽查整合、人员编制划转等难题。10月底顺利完成“三定”落地，做到机构整合有序、人员到岗到位、干部状态良好。

三是社会保险费和非税收入征管职责平稳划转。积极争取地方党政支持，联合财政、人社、社保、人行等部门，建立划转工作联动协作机制，抓好数据采集、信息比对、系统测试、业务培训等重点工作。

改革过程中，佛山市税务局党委严格落实“四个确保”，始终坚持“两不误、两促进”，积极推进一系列与机构改革同向而行的工作举措，确保干部队伍稳定、职责划转平稳、工作运转有序、社会效应良好，佛山市未出现因改革导致的投诉、信访及重大舆情。

【税制改革】 2018年，佛山市税制改革呈现以下特点：一是环保税改革持续发力。与环保部门紧密合作，稳妥有序做好环保税征收工作，为绿色发展注入新动力。二是增值税改革成效渐显。克服时间紧、业户多、工作量大等难题，2018年5月起实施深化增值税改革三项措施，有力助推实体经济发展。三是个人所得税改革稳步推进。建立市、区、镇三级联动、同向发力的统筹管理和信息共享机制，集中力量做好数据清理、系统调试、宣传推广、舆情监控等工作，个人所得税新政宣传铺天盖地，佛山税务形象深入人心；探索建立自然人现代化税收服务管理新体系。

【税收营商环境改善】 2018年，佛山市税务系统坚持“改革未动，服务先行”，深入推进税收领域“放管服”改革，全面落实各项便民惠民利民举措，确保办税更高效、程序更规范、服务更贴心。

办税便利化程度明显提升。“两厅合并”基本完成，“一厅通办”覆盖佛山市，“一窗通办”超过6成，“一键咨询”接通率98%以上，出口退税平均办理时间缩短至4个工作日，555项业务实现“最多跑一次”，477项业务实现“全程网上办”。建成全省首家“云交互”新型智能办税厅，实现受理、审核、反馈、存档全流程无纸化运转。

扶持民营企业发展力度空前。全面落实税务系统支持民营经济发展26条、广东支持实体经济发展“新十条”、扶持企业发展“佛十条”等措施，确保把减税降负红包送到每个企业；深化“银税互动”“税融通”“政信保”等项目；深入开展民营企业大调研大走访，积极宣传中央支持民营企业发展精神、宣讲个人所得税新政，全系统召开企业座谈会37场，收集跟进问题建议超500条，扶持民营企业工作受到央视报道。

个性化定制式服务密集推出。打造国际税收“一系统、一项目、一本书”，为企业境外发展提供便捷、实在、贴心税收服务；推出制造业税收风险特征库“掌中宝”，帮助大企业有效解决税收风险难点；与美的集团共建税收风险防御系统（TRD），相关经验在全国税务系统优化大企业纳税服务工作座谈会上专题介绍，被《中国税务报》专版刊发。

税收法治环境优化改善。严格规范公正文明执法，巩固“三项制度”试点成效，相关经验获税务总局向国务院法制办推介；与市中级人民法院签署合作备忘录，构建“税务＋司法”协作新机制，获最高人民法院和佛山市委高度肯定；创建税收普法大格局，获评全省“谁执法谁普法”创新创先项目。

税收执法刚性得到彰显。严厉打击各类涉税违法行为，持续有力开展扫黑除恶专项斗争，重点抓好影视行业专项治理；积极查办大案要案，成功破获“10·9”特大虚开骗税案等一系列重大案件。

税收宣传影响力显著增强。“佛山税务”成为全省税务系统唯一获评“2018广东省电子政务优秀案例”的公众号，粉丝数量破65万，税收工作获《中国税务报》《南方日报》、新华网等主流媒体报道300篇（次），“税事谁晓”普法小程序获广东互联网政务论坛“政务新媒体创新突破优秀案例”。

【税收征收管理】　2018年，佛山市税务系统因应机构改革实际，持续夯实税费管理基础，抓实工作衔接运转，增强税费治理能力。

征管方式加速转变。严格落实新机构设置，统筹完成办公场地配置、更新及搬迁工作；及早推进转变征管方式试点，形成基层征管融合建议、统一税收征管方式意见、纳税人分类分级管理办法等系列成果；12月底在省内率先统一征管方式，各部门基本完成定岗定责定员，为业务深度融合打牢基础。

风险防控持续加强。完善税收风险统筹推送机制，确保改革过渡期风险评估任务扎口应对。加强虚开增值税普通发票疑点信息风险分析，在全省率先开发防虚防骗“双防系统”“出口退税审核e助手”，建立防虚防骗快速反应机制，切实将风险防控关口前移。

制度建设扎实推进。市、区两级加快梳理整合内部管理制度322项，及时厘清党建等“三定”尚未明确的部门职责；逐步搭建风险管理、数据管理、税收分析等横向联动工作机制10余项，建立健全稽查协查、风险任务等纵向衔接机制，确保各项工作开展有章可循。

运转保障逐步规范。全面完成税收规范性文件清理，确保新机构执法依据规范统一；加快推进信息系统优化整合，认真筹备金税三期系统并库试点，着力加强基础管理、协同治税和信息管税；建立健全依法行政和督察内审工作组织架构，有效强化内部权力制约；扎实做好资产盘点和划转，逐步夯实经费保障和后勤服务工作基础，加快行政标准化建设，为全局各项工作有序运转提供支撑。

【队伍建设】　2018年，佛山市税务系统面对改革后队伍大、层级多的特征，加快推动改革由“事合”“人合”向“力合”“心合”递进，努力锻造一支政治坚定、业务精湛、作风优良、清正廉洁、团结和谐的税务干部队伍。

坚持多措并举，激发队伍活力。整合干部员工薪酬待遇，确保同工同酬；落实“三个区分开来”，让干部职工心无旁骛推进改革；开展“不忘初心、筑梦起航”主题演讲及离退休干部、转业干部、青年干部座谈会等活动，广泛培树先进典型、宣扬改革事迹，营造向上向善工作氛围。

坚持全面覆盖，深化教育培训。多形式、多渠道、多主体开展改革专题、业务融合、个人所得税改革等培训456场，参训人数超4.2万人次，及时化解干部职工“本领恐慌”；组织全员参与国家税务总局网络知识竞赛，9名干部进入全省前100名，入围人数、晋级率居全省前列；鼓励干部自我增值，41名干部获注册会计师、税务师或国家法律职业资格。

坚持绩效导向，抓实数字人事。充分发挥绩效驱动作用，成为推动改革落地的有力抓手，绩效成绩继续保持全省靠前位置；率先推进数字人事在市、区两级全面落地，使组织发展和个人成长互融共促，进一步激发改革动能和队伍活力。

【党建工作】 2018 年，佛山市税务系统把全面加强党的领导贯穿改革始终，加快构建新机构“纵合横通强党建”格局，为税收事业发展提供坚强的政治、思想、组织和纪律保证。

以政治建设定标领航。顺利完成市、区两级党组改设党委，及时完善党委工作规则，坚决落实“第一议题”学习制度，广泛开展“大学习、深调研、真落实”活动。

以思想建设凝心聚力。深入推进“互联网+党建”，运用大数据加强基层党组织和党员教育管理；坚持问题导向，开展全方位思想动态调查，落实“三个谈话全覆盖”要求，确保队伍思想稳定。

以组织建设固本培元。全面完成各级党组织和群团组织建设，理顺离退休干部党组织设置，配强党建工作力量，健全党建工作机制，为改革发展提供组织保障；积极推进“党建核聚工程”，打造党员先锋队 43 支，覆盖党员 800 余名，在改革攻坚中发挥示范作用；出台一系列加强党建工作重要文件，促进党建融合发展。

以纪律建设保驾护航。坚持党要管党、从严治党，大力整治形式主义、官僚主义、享乐主义和奢靡之风，深入开展基层“微腐败”等问题专项治理，加强系统内违纪案件警示教育；创新打造广东省税务系统首个“智能廉政基因图谱”廉情数字化平台，提升监督执纪精准性和有效性；开展国税地税征管体制改革专项巡察，抓好整改督办落实，充分释放巡察利剑威力；紧盯“两权”运行重要领域和关键环节，强化“一案双查”，用好“四种形态”，保持正风反腐高压态势。

（周　鹏）

韶关市税务局

【经济概况】 2018 年全市国民经济保持平稳发展，实现地区生产总值 1343.9 亿元，比上一年增长 4.3%。其中：第一产业增加值 156.0 亿元，增长 5.0%；第二产业增加值 450.3 亿元，增长 1.6%；第三产业增加值 737.6 亿元，增长 5.7%。三次产业结构由 2017 年的 11.9:33.8:54.3 调整为 11.6:33.5:54.9。全年地方一般公共预算收入 94.7 亿元，增长 6.8%。其中税收收入 60.2 亿元，增长 11.3%。地方一般公共预算支出 339.3 亿元，增长 9.1%。

【税费收入】 2018 年，全市税费收入累计完成 282.93 亿元，比上年增长 15.8%；组织国内税收收入 186.89 亿元，增长 8.8%；费金收入 85.15 亿元，增长 42.9%。

【税收特点】 2018 年，从税收发展看，韶关市国内税收增速高于全省增速。当年全市国内税收比上年增长 8.8%，在全省 21 个市同口径排名第 11 位，高于全省增速 1.2 个百分点。从征收税种看，增值税主导地位突出占比近五成。2018年全市征收的17个国内税种中，国内增值税入库税收90.09亿元，比上年增长19.6%，增收14.75亿元，占国内税收收入的48.2%。从预算级次看，受四季度卷烟消费税缓缴因素影响，地方级收入增速快于中央级。从征收单位看，过半单位增速超全市平均水平。全市税务系统13个征收单位中，9个单位增速超全市平均水平。

【税源分析】　2018年，韶关市主要税源情况如下：①卷烟工业。受卷烟产品的结构调整，一、二类烟产量比上年下降10.4%，省公司储备仓在投入使用后，烟叶的库存量大幅提升，进项税抵扣也相应增加因素影响，韶关卷烟厂累计入库7.22亿元，比上年下降3.5%，减收2590万元。②钢铁行业。国际钢材市场价格上涨，以及企业销售量的增加，拉动税收的较快增长，其中广东韶钢松山股份有限公司2018年入库国内增值税9.32亿元，比上年大幅增长59.9%，增收3.49亿元。③电力行业。受原材料煤价大幅上涨进项抵扣税额增加、今年降雨量减少以及供电企业电力体制改革、更换电能表进项增加、县级供电企业“子改分”等因素影响，火、水、供电税收收入情况不乐观，全年入库增值税5.51亿元，比上年下降24.7%，减收1.81亿元。④医药行业。全市医药制造业入库8329万元，同比下降39.7%，减收5486万元。⑤房地产业和建筑业。市场持续健康发展，全市房地产开发投资增长4.9%，商品房销售额增长10.9%，房地产业税收入库9.8亿元，比上年增长27%，增收2.09亿元，与房地产市场紧密关联的建筑业入库12.09亿元，比上年增长37.5%，增收3.30亿元。⑥商业行业。在商贸流通新办企业净增收拉动下，入库商业行业增值税12.95亿元，比上年增长27.8%，增收2.82亿元。

【减税降费】　2018年，韶关市税务机关积极做好各项减税降费政策宣传辅导，针对纳税人关注的焦点和难点问题深度解读，不折不扣落实减税降费工作，为高新技术、小微企业和改善民生减免税费合计16.33亿元，办理出口退（免）税达10.45亿元。

【国税地税征管体制改革】　按照国税地税征管体制改革统一部署，抓牢“稳”“顺”“实”总基调，提前谋划、科学统筹、精准施策，顺利推进各项改革任务落地落实。7月5日和7月20日，市、县两级新税务机构相继挂牌成立；9月25日、10月25日，市级和县乡级层面“三定”暂行规定相继落实到位；10月1日个人所得税过渡期政策全面推行。

【营商环境改善】　全面落实“放管服”改革，持续优化营商环境，精简纳税人涉税资料报送，推出634项办税指南、555项“最多跑一次”清单，开发房地产交易智能办税系统和社会保险费委托代扣协议微信签订系统，车辆购置税证明实现无纸化，生产企业出口退税审批权下放后平均办结时间缩短至8个工作日，纳税人办理业务时间平均缩短20%，国务院7项减税等政策和省政府“实体经济10条”等减税降费措施普遍得到落实。

【便民举措】　2018年，全市22个办税服务厅全部实现第四层级“一厅通办”，162个综合服务窗口全部实现税费“一窗通办”；全省首个整体进驻公共服务中心的县级A类全职能办税服务厅在南雄正式全面启用；第三方纳税人满意度调查位列全省第3，其中翁源县税务局全省排名第2。

【税收宣传】　推进税宣由“造势”向“实效”转变，税收宣传力度不断加大，税收宣传实效明显。环保税宣走进国家AAAAA级景区丹霞山，“中国最美小城”始兴县城栽下“税月森林”；税宣直通车驶入兰博会；税收政策送至乳源瑶胞“十月朝”；“有事请@我”税企见面会和“三个一”活动有声有色；个人所得税宣传“六进”实现无盲点、全覆盖；打造首座“税收主题小镇”在全省税务系统唯一荣获广东省“谁执法谁普法”十大创新创先项目。

【依法治税】 以“韶关智慧税务服务平台”为支撑，强化税源预测、监控及分析，注重收入形势研判，积极为地方经济发展建言献策。落实税收执法责任制，首创法治税务合议制度和合议平台。强化巡察和督察内审工作，对武江区税务局进行了机构改革专项巡察。打破原属地管理的稽查模式，建立市局稽查局和第一、二、三稽查局跨区稽查的“1+3”新稽查模式，推进扫黑除恶专项斗争，取得工作新成效。

【党建工作】 坚持全面从严治党这一主线，努力实现党建和税务工作同步推进、同步落实。以落实税务机构改革为契机，规范党组织建设，切实增强党委把方向、管大局、保落实的领导核心作用；把加强党的全面领导贯穿于机构改革和税收工作的全过程、各环节，确保政令畅通、步调统一；向深向实、争先创优，党建品牌成效初显。2018 年，市税务局机关荣获韶关市“双争双促”主题实践活动“先进党组织”“机关效能典型案例”奖项；荣获全市第二届机关工作创新创优大赛“党建创新类”一等奖和三等奖，“改革创新类”一等奖和二等奖；参加全市“不忘初心跟党走、青春建功新时代”主题演讲大赛获二等奖。

【文化建设】 搭建韶关智慧税务服务平台、“韶税家园”平台、法治税务合议制平台、土地增值税清算平台“四大平台”，既推进工作又给干部以施展才华空间。积极发挥税务文化引导作用，开展“韶税青年说”主题活动、趣味运动会及各类兴趣小组活动，进一步增进队伍沟通融合，提升队伍凝聚力。关心离退休老干部生活，全力做好新时期精准扶贫和“蓝色梦想”助教助学活动，擦亮“税爱相伴”志愿服务品牌，精神文明创建工作继续走在全省税务系统、韶关市各单位前列。2018 年，市税务局在全市机关绩效考核中获优秀等次；市税务局原直属分局荣获“全国三八红旗集体”称号；在全市机关运动会上，市税务局获得 5 金 1 银好成绩。

（戴善娟）

河源市税务局

【经济概况】 2018 年河源市实现地区生产总值 1006.00 亿元，比上年增长 6.3%。全年居民消费价格总水平（CPI）上涨 2.0%；实现全社会工业增加值 331.50 亿元，比上年增长 7.3%；固定资产投资增长 7.5%。全年实现地方一般公共预算收入 76.95 亿元，增长 8.1%；地方一般公共预算支出 334.94 亿元，增长 18.4%。

【税费收入】 2018 年，全市税务系统组织国内税收收入 131.88 亿元，比上年增长 11.2%，完成年度任务的 105.5%；其中分别完成中央级、省级、市本级预期目标的107.6%、104%和100.5%。费金收入54.9亿元，增长32.1%。其中社会保险费收入50.28亿元，增长33.7%；其他规费收入4.62亿元，增长17%。

【税收特点】　2018年，河源市税收呈以下特点：一是月度增速波动较大。受房、土两税纳税期限调整、减税降负力度加大等因素影响，全市国内税收月度间增幅波动较大，累计增幅平稳中逐步放缓。2018年全市国内税收比上年增长11.2%，比全省平均增幅（7.6%）高3.6个百分点，在全省21个市排名第6位；在粤东西北12个市排名第3位。二是地方级次增长较快。各级次收入均实现增长，其中省级增长最快，市县级次之，中央级增长相对较慢。三是三大产业形势各异。全市第二、三产业国内税收分别增长14.6%和9.3%，而第一产业有所减收，减幅7.8%。四是区域增长仍欠平衡。全市9个征收单位国内税收全面实现增长，其中江东新区税务局（52.5%）、东源县税务局（22.8%）、龙川县税务局（14.8%）和紫金县税务局（12.2%）等4个单位实现两位数增长，且增速超过全市平均水平（11.2%），其余单位仅实现个位数增长。六是大户户数、比重齐增。全市纳税超千万元的企业达204户，比上年增加75户，大户入库税额占全市国内税收总额的比重达54.3%，比上年提高6.7个百分点。

【税源分析】　2018年，河源市主要税源情况如下：一是分级次看，中央、市县级平分秋色，省级相对略低。2018年，中央级、省级、市县级收入分别为54.90亿元、24.49亿元和52.49亿元，分别占国内税收总量的41.6%、18.6%和39.8%。二是分税种看，增值税位列第一，企业所得税稳居第二。从总量看，2018年，河源增值税收入58.05亿元，占国内税收总量44.0%，企业所得税收入20.19亿元，占15.3%，是全市最大的两个税种。其他税种收入均在10亿元以下，占比均在10%以下，又以车船税、资源税、营业税和环保税收入量最少，均在1亿元以下。三是分行业看，房地产保持领先，制造业屈居次席。从总量看，2018年，河源房地产收入29.56亿元，占国内税收总量22.4%，自2017年首超制造业后连续第二年保持行业龙头地位；制造业收入28.35亿元，占21.5%，略低于房地产业。四是分地区看，源城地区收入居首，其他地区相对偏小。从总量看，城区作为经济文化中心，税收集中，源城收入47.13亿元，占国内税收总量35.7%。五是从类型看，内资企业分量最重，外资企业比重偏小。2018年，内资企业收入总量93.78亿元，占国内税收总量71.1%；外资企业收入总量21.75亿元，占国内税收总量16.5%。此外，个体经营收入总量16.35亿元，占国内税收总量12.4%。

【税费改革】　全面落实税费改革任务，把做好环保税开征、深化增值税改革、推进个人所得税改革放在全面深化改革的高度来认识，全面落实各项税制改革措施和税收优惠政策，确保纳税人应享尽享改革红利。2018年全市税务系统减免税收19.2亿元，其中改善民生方面8.9亿元，促进小微企业发展方面3.5亿元。贯彻落实省政府“实体经济十条”，大力减费降负，累计减少企业各项费金负担3.1亿元，其中降低社会保险费负担2.8亿元，降低其他费金负担0.3亿元。

【国税地税征管体制改革】　2018年7月5日，根据党中央、国务院关于国税地税征管体制改革的部署，原河源市国家税务局、河源市地方税务局合并为国家税务总局河源市税务局，完全承继原国税、地税各项职责和工作。市税务局现有内设机构15个、派出机构5个、事业单位3个，并设机关党委、老干部科、系统党建科和纪检组，管辖8个县区税务局、41个基层分局，截至2018年12月底，全市税务系统共有在职干部职工1775人。全市税务系统负责90715户企业（含个体户及其他管户）、50万自然人纳税人和30万缴费人的税费征收工作。

市税务局新机构成立后，及时研究制定党委工作规则、行政工作规则及党委书记、副书记、纪检组组长重大事项会商制度，明确党委议事清单目录，完善审批流程、记录纪要等制度机制，为坚持民主集中制、增强班子合力奠定了基础。建立“第一议题”制度，把学习贯彻习近平新时代中国特色社会主义思想和党的十九大精神作为理论学习中心组学习的首要内容和党委会、局长办公会的第一议题，市税务局共召开23次理论学习中心组学习会，都以学习习近平新时代中国特色社会主义思想为主要内容；共召开70次党委（组）会、局长办公会，有81个议题为专题传达学习贯彻习近平总书记重要指示批示精神和中央重大决策部署。市税务局领导班子成员形成调研成果14篇。围绕税务机构改革、巡视整改暨全面彻底肃清李嘉、万庆良恶劣影响等主题高质量召开6次民主生活会。在2018年省直单位第六届工作技能大赛暨市县机关工作技能邀请赛中，市税务局“基层工作日制度”从全省2000多个作品中脱颖而出进入党建创新类半决赛，荣获“优秀作品奖”。

市税务局提请市委成立国税地税征管体制改革专项组高位推动改革；在运转方面，实行“1+10+4+8+1”工作机制，成立8个联络（督导）组，通过派驻值守、下沉任务、压实责任，推动改革任务落实落细。在管理方面，在建立健全行政管理工作制度、规范改革有序运转的同时，积极整合税收征管业务，实现管户平稳过渡，征管信息系统稳定运行。经过全系统的共同努力，所有改革序时事项全部完成，胜利打赢三场主攻战，全市税务系统55个新机构顺利挂牌；“三定”规定逐级全面落地，1700多名干部全部调整到位；社会保险费（城乡居民养老保险、城乡居民医疗保险）和首批非税收入职责顺利划转；税费业务和信息系统整合优化等重点改革任务稳步推进；2名全国人大代表主动发声点赞，《中国税务报》和税务总局微信公众号先后5次、省税务局简报60多次报道河源市税务系统的改革做法和先进典型。

【依法治税】 提升依法行政能力，抓住“关键少数”，出台干部学法工作规定，推动学法经常化，提高市税务局党委运用法治思维和法治方式深化改革、推动发展、化解矛盾、维护稳定能力。健全依法行政机制，扎实开展规范性文件清理，对1988年建市以来的2800多份涉税（费）文件进行全面清理，共清理税费规范性文件359份。持续推进内控机制建设和“三项制度”建设，行政执法公示平台顺利上线。运用内部控制监督平台进行补充风险防控，自建防控指标11个，推送风险数据255条，预防并纠正问题228条。落实“数字政府”部署，加强政务服务事项规范化、标准化管理，共梳理128项服务事项。强化税务稽查，严格开展打虚打骗专项工作，立案检查虚开案件34宗。严厉打击发票违法犯罪活动，立案检查发票违法企业63户。一年来，全市税务稽查查补入库税费收入2.1亿元。强化税法宣传，在《中国税务报》《南方日报》《羊城晚报》等省级以上媒体发表报道16篇；在《河源新闻联播》《河源日报》《河源晚报》《财经大观园》等河源市主流媒体上发表报道59篇；原创微信被省税务局采用34条、税务总局采用4条。在全市“七五”普法中期检查中，市税务局被评为“优秀”等次。

【税收征管】 及时做好全市10.41万户纳税人的管户调整工作，确保改革前后税收工作有序衔接、平稳运行。开展纳税人实名验证工作，实名认证52541户，增强了税收风险的源头控管能力。做好“走出去”纳税人基础信息管理，将7户“走出去”企业纳入管理清册。加强所得税管理，企业所得税汇缴面、个人所得税扣缴明细申报率和申报准确率均达100%，年所得12万元以上自行申报人数增长65%。加强房地产土地一体化税基基准价格评估管理系统建设，推进房地产税收一体化管理。开展财务会计制度备案、国标行业代码转换核实校验等核查比对工作，核实79118条新旧行业代码转换信息。做好国际情报交换工作，累积收集2017年度自动情报交换信息15份。强化税收风险应对，共核实纳税人应补缴税款1.8亿元，已入库9500万元，滞纳金4400万元。对927户不合理持有非税控普通发票疑点纳税人进行核查。推广应用电子（网络）发票应用系统、电子发票远程打印，电子办税率达92.67%。提升社会保险费征管质量，社会保险费登记率、核定率、催缴率、征缴率等同比全面提升，均在97%以上。

【改善营商环境】 优化纳税服务，深入开展第五个“便民办税春风行动”，累计推出31类110项便民办税措施。强化对“一带一路”企业的税收政策宣传，将“一带一路”相关税收协定和业务指引精准推送到企业，提供个性化税收服务。“放管服”改革不断深化，推广“免填单”服务，在税务总局要求的8类24项“免填单”服务的基础上增加8项，每项业务平均缩短办税时间约15分钟。推行房地产智能办税平台，房产交易税收申报实现无纸化。全面推进出口退（免）税无纸化管理。普及优化新办企业纳税人首次领票流程，推广新办企业“套餐式”服务，实现“一次叫号、一次排队、一窗通办”，办理时限由原来的5个工作日优化至1个工作日。547项涉税业务全面实现“最多跑一次”。“一网通办”持续扩围，全市纳税人可一个账号登录一个电子税务局办理518项涉税业务。纳税信用体系建设日趋成熟，顺利完成2017年度纳税信用评价工作，M级纳税人有9834户。强化信用共治，通过市信用办“红黑榜”公布A级纳税人367户。深化“银税互动”，106户企业、5363户自然人纳税人共获得银行贷款9.97亿元。

（杨　蓁）

梅州市税务局

【经济概况】 2018年，梅州市实现地区生产总值1110.21亿元，比上年增长2.4%。其中：第一产业增加值196.17亿元，增长4.9%；第二产业增加值356.72亿元，增长1.5%；第三产业增加值557.32亿元，增长2.1%。三次产业的结构比例由2017年的17.5∶33.3∶49.2调整到2018年的17.7∶32.1∶50.2，其中：第一产业比重比上年上升0.2个百分点，第三产业比重比上年上升

1.0 个百分点。

【税费收入】 2018 年，梅州市组织税费收入 323.89 亿元，比上年增长 17.16%。组织税收收入总额 215.57 亿元，比上年增长 0.44%。其中：税务部门组织的国内税收收入 214.81 亿元，增长 0.57%，实际增长 3.01%，完成省税务局下达的预期目标 102.78%；海关代征进口税收 0.76 亿元，下降 26.24%。税务部门组织社会保险费 100.17 亿元，比上年增长 82.75%；其他费金收入 8.15 亿元，增长 16.04%。税务部门办理出口产品退（免）税 16.21 亿元，比上年下降 1.88%。

【税收特点】 2018 年，全市税收呈以下特点：一是税收质量进一步优化和提升。国内增值税占比 36%，企业所得税占比 16%，国内消费税占比 16%，个人所得税占比 5%，房产税、城镇土地使用税占比 4%，车辆购置税占比 3% 以及其他各税占比 13%。与 2017 年相比，企业所得税占比上升 3 个百分点，流转税占比稳定，财产行为税占比下降 3 个百分点。二是税收规模更加稳定和均衡。2018 年，梅州市税收规模在全省排第 14 位，比去年下降 1 位。从季度税收收入来看，四个季度的税收收入分别为 56 亿元、54 亿元、55 亿元和 48 亿元，每季度的平均入库税收为 53.89 亿元，标准差为 3.1；2017 年季度平均入库税收标准差为 6.2。三是税收行业分布更加集中。重点行业对税收增长贡献显著。烟草、建筑和房地产三个行业是税收主要增长点，2018 年三个行业累计缴纳税款 117.05 亿元，比上年增长 7.90%，占税务部门组织税收收入比重达 54.5%，拉动税收 4 个百分点的增长。

【税源分析】 2018 年，全市主要税源情况如下：一是传统支柱工业卷烟制造、水泥制造税收增长贡献率为 36.6%。卷烟、水泥制造等传统工业产业发展良好，两行业累计缴纳税收 47.95 亿元，增收 0.79 亿元，增长 1.67%。其中：2018 年梅州卷烟厂销售收入 73.9 亿元，增收 4.7 亿元，增长 6.79%，带动相关税收增长；水泥制造受益于整体行业形势良好和塔牌集团文福万吨线项目第一条生产线产能的逐步释放，实现收入利润创同期历史新高，水泥制造税收增长 36.33%。二是重点行业建筑业、房地产业税收增长贡献率为 47.1%。建筑业在房地产开发投资增长和重大建设项目加快工程进度，如韩江高陂水利枢纽一期建设进入后期阶段、五华抽水蓄能电站项目主体工程全面动工等有利因素，带动建筑业税收收入 26.71 亿元，增收 7.12 亿元，增长 36.33%。房地产业效益良好，企业所得税汇算清缴以及土地增值税清算收入显著增长，带动房地产业税收较快增长，2018 年房地产业税收 39.53 亿元，比上年增收 3.0 亿元，增长 8.21%。三是减税降负效应继续扩大。受契税纳税期限调整、城镇土地使用税和车船税适用税额调整的影响，契税和车船税合计减收 0.41 亿元，城镇土地使用税退库 0.33 亿元；增值税部分行业税率下调、上调增值税小规模纳税人标准减收 1.94 亿元；个人所得税改革，工资薪金所得个人所得税减收 0.27 亿元；落实改善民生、鼓励高新技术企业和促进小微企业发展优惠政策累计减免 14.38 亿元，比上年增加 0.92 亿元。四是金融证券市场低迷。限售股转让和股票分红等一次性税源项目大幅减少，限售股转让所得缴纳个人所得税比上年减收 1.74 亿元。五是管理性增长空间收窄。近年来，梅州市税务部门细化地方小税种的管理，加大对地方小税种的清理力度，管理性税收增长对总税收贡献较大。随着税收管理进一步规范，管理性增长空间越来越窄，2018 年地方小税种城镇土地使用税、房产税、资源税和耕地占用税入库的非当期所属税款减收4.81亿元，比上年下降41.97%。

【党的建设】　强化思想理论武装。组织全体党员深入学习党的十九大精神、习近平总书记对广东重要讲话、重要指示批示精神，牢固树立“四个意识”，坚定“四个自信”，坚决做到“两个维护”。严肃党内政治生活，精心组织2017年度党员领导干部民主生活会和各类专题民主生活会，狠抓问题整改。突出学用结合，坚持以习近平新时代中国特色社会主义思想统领全市税收事业发展，把习近平新时代中国特色社会主义思想和习近平总书记系列重要讲话精神特别是视察广东重要讲话精神贯彻到全市税务党的建设各方面和税收现代化建设全过程。

严格落实主体责任。制定全面从严治党工作要点，开展支部书记抓基层党建工作述职评议，夯实基层党组织建设，完善纵合横通强党建新格局。进一步落实“三会一课”、组织生活会、民主评议党员等党内组织生活制度，开展严守政治纪律和政治规矩专题学习教育3次和执行情况检查1次，通报违反政治纪律和政治规矩1人次。落实“民主集中制”“三重一大”等相关制度，严格按规定和程序办事，对重大问题及时请示报告、对重要工作提交党委集体审议。严格履行重大事项报告制度，自觉接受上级和群众监督。

加强监督执纪问责。深入学习贯彻落实《中国共产党纪律处分条例》，开展整治违规收送“红包”礼金问题专项行动，召开追缴礼金工作动员会6场，组织干部职工签订《拒收不送“红包”礼金承诺书》。大力开展形式主义、官僚主义专项整治工作，坚决落实中央八项规定及其实施细则精神，推行提醒函制度，对日常监督管理发现的苗头性、倾向性问题有针对性发出提醒函，强化教育监督。落实重要时间节点教育提醒、明察暗访、通报警示等工作机制。开展改革纪律执行情况的监督检查4次，严肃查处随意执法、选择执法、情绪执法以及借机“吃拿卡要”等损害纳税人利益的腐败问题和不正之风。

【依法治税】　加强法制学习。组织干部职工学习宪法及税收法律法规等，提高依法行政理论知识；鼓励干部职工充分利用业余时间主动学习税收业务知识，强化业务本领，提高办事效率；充分发挥专职律师作用，为全局税务干部提供法制宣传教育和法律知识培训。

规范税收执法。全面推行税收执法“三项制度”，全面清理规范性文件（共37份），统一97%依申请业务事项的办理流程和规则，以“清单制”管理明晰各部门的职责，督促责任落实。充分挖掘“互联网+税收执法监督”平台成功经验，结合政务公开标准化建设，不断完善税收执法监督体系，组织开展征管执法督察，配合审计部门开展土地增值税、养老保险等税费专项审计，整改成效得到省审计厅的充分肯定。

严厉打击各类涉税违法行为。深入推进“双随机、一公开”，集中稽查资源，加大涉税违法案件查处打击力度，全面开展打击骗税、虚开专项工作。共检查涉嫌虚开及专项整治案源65户，已立案检查31户，查实虚开企业20户，移送公安及联合侦办1户，配合公安机关抓捕4人，对外虚开发票6910份，涉及金额6.1亿元，虚开税额1.03亿元；接受虚开发票1407份，涉及金额1.16亿元，接受虚开税额0.2亿元。

【便民办税】　简政放权持续加码，实现纳税人同一资料只报送一套、同一涉税事项只需申请一次、“实名办税”互认。调整优化141项征管类业务办理事项及流程，实行涉税资料清单管理，取消893项报送资料。办税流程持续优化，公布机构改革后第一批634项办税指南、555项办税事项“最多跑一次”清单和493项办税事项“全程网上办”清单，推广新办纳税人“套餐式”服务，实现涉税费业务、行政审批事项上网率100%。纳税体验持续提升，深度整合税费业务，深化无纸化办税，建立多级立体的服务监测体系，对全市所有办税服务厅运行情况开展日常监测，促进服务规范落实，税务机构改革后首个征期，全市办税服务厅平均等候时间较同期下降15.3%，办税满意率达99.9%。纳税信用持续拓展，加强纳税信用社会化应用，巩固拓展“银税互动”合作，共472户小微企业凭借纳税信用获得贷款3.02亿元。税宣力度持续加强，组建“走进现场送政策，助力经济谋发展”税收政策宣讲团队，开展“问需于企　问税于企”大走访活动，主动上门服务、上门宣讲、上门辅导。

【人才兴税】　绩效管理激发活力。修订完善绩效管理制度，构建新机构绩效考评体系，全面推行数字人事，实现数字人事全覆盖，强化绩效和数字人事的结果运用，绩效管理“指挥棒”作用进一步发挥，队伍积极性充分激发。通过教育培训提升能力，开展全覆盖、全流程、全岗位、交互式教育培训，组织“走出去”科级干部培训班4期，举办主体培训班、素质提升班和业务技能培训班等各类培训17期，开展师资选拔、业务技能传帮带、跟班学习等活动，深化e练通和网络学院的培训成效，推进岗位练兵常态化，队伍素质不断提升。坚持以文化建设凝聚人心，落实干群“连心桥”行动，修订完善救急济难互助制度，“连心桥”行动谈心谈话736人(次)，为基层解决实事、办好事58件，充分体现人文关怀。依托“四个之家”开展文化创建系列活动，创办文化内刊《客都税苑》，各县税务局也先后拓展文化阵地和载体，文化氛围更加浓厚。

（陈佳男）

惠州市税务局

【经济概况】　2018年，惠州市地区生产总值4103.05亿元，比上年增长6.0%；民营经济增加值1826.41亿元，增长6.6%；惠州人均地区生产总值为85418元，按平均汇率折算为12908美元；规模以上工业企业2376家，规模以上工业增加值增长6.6%；固定资产投资增长3.1%；社会消费品零售总额1478.97亿元，增长9.5%；地方一般公共预算收入393.01亿元，增长1.0%。

【税费收入】　2018年全市税费收入累计完成1375.48亿元，比上年增长22.2%。全市税收收入总额1137.65亿元，增长20.8%，税收总量位居全省（含深圳）第5，其中：国内税收收入874.8亿元，增长14.3%，增幅排全省第2位；市县级收入完成283.1亿元，增长15.5%。规费收入共计237.83亿元，增长29.7%。

【税收特点】　2018年，惠州市税收具有以下特点：一是地方级税收增长较快、占比过半。中央级收入（不含海关代征）412.7亿元，比上年增长12.5%，占国内税收比重47.2%；地方级收入462.09亿元，增长15.9%，占国内税收比重52.8%。其中：省级收入178.98亿元，增长16.5%，占比20.4%；市县级收入283.11亿元，增长15.5%，占比32.4%，增幅排名全省第4位。二是主体税种保持增长，但权重最大的国内增值税和企业所得税增幅较慢。主体税种中，土地增值税入库70.04亿元，增长60.7%；国内消费税入库58.26亿元，增长33.8%；个人所得税入库62.55亿元，增长27.8%；契税入库34.71亿元，增长17.7%；国内增值税入库383.19亿元，增长8%；企业所得税入库172.08亿元，增长7.2%。三是四个县区税收规模超百亿，仅仲恺区负增长。各县区2018年国内税收规模如下：大亚湾区240.31亿元，增长21.1%；惠城区179.89亿元（不含市第二分局），增长12.3%；仲恺区143.85亿元，下降4%；惠阳区120.06亿元，增长21.8%；博罗县90.88亿元，增长22.8%；惠东县60.41亿元，增长14.1%；龙门县22.27亿元，增长37.4%。四是重点行业增减不一，房地产和石化两大行业贡献主要增量。2018年重点行业中，税收增长较快的是：交通运输和邮政业增长61.9%、房地产业增长41%和石化行业增长30.7%。税收下降较快的行业：电力行业下降10.4%、电器机械下降8.6%和非金属矿物制品业下降6.5%。主要贡献税收增量的行业是：房地产行业增收74.58亿元，石化行业增收31.49亿元，建筑业增收6.46亿元。

【税源分析】　2018年，惠州市主要税源情况：一是房地产行业是增收主力。2018年，全市房地产行业税收入库256.5亿元，比上年增长41%，增收74.58亿元，贡献全市国内税收增量的68.3%。二是石化行业触底回升。2018年，随着前期国际原油价格上行和惠州石化二期投产，全市石化产业工业增加值比上年增长39.1%。全市石化行业实现税收134.13亿元，比上年增长30.7%，增收31.49亿元，结束2015年以来连续负增长的趋势。三是减税政策持续影响。2018年各项新出台的减税优惠政策影响税收约68.76亿元，影响市县级收入约8.75亿元。四是电子行业税收下降。2018年，受贸易摩擦影响，全市电子行业工业增加值下降4.3%。电子行业实现税收109.28亿元，比上年下降5.9%，减收6.8亿元。

【税费征管】　2018年，惠州市税务机关坚持以夯实征管基础、防范执法风险为重点，不断提升税费征管质效。一是规范管理大力推进。加强增值税专用发票管理，抓好企业所得税汇算清缴质量，加大土地增值税清算力度，推进车辆购置税征收权限全面下放等等，全面加强税费征管基础管理。在县乡“三定”暂行规定总体框架下，结合实际制定出台县（区）局派出机构内设组别职能设置的指导意见和重点税源划分标准的指导意见，着力推进全市税收征管方式规范统一。二是风险管理水平全面提升。健全全市风险管理协调运行机制，认真做好风险任务推送和应对，加强大数据平台分析应用，抓牢各税种、各风险管理环节，堵塞征管漏洞。不断推进税收风险管理制度建设，出台了税收高风险任务管理工作指引，实现税收高风险任务管理与税务稽查的有效衔接，打造了惠州税收风险管理闭环。三是征管信息化建设持续推进。研发建设惠州市税源基础管理辅助系统和不动产信息交换系统，成功上线完善土地增值税管理系统，信息管税水平不断提高。

【依法治税】　认真贯彻依法行政要求，深入推进依法治税。一是法治税务建设深入推进。认真完成规范性文件清理工作，建立“随来随审”工作机制。全面开展税收执法监督工作，严格抓好重大税务案件审理，全年共受理重大税务案件35宗。顺利上线推广使用内部控制监督平台，打造了具有惠州特色的税源基础管理内控建设模式。二是税收秩序大力整顿和规范。深化与公安经侦、法院、银行等部门的协作，全面开展打击虚开骗税违法犯罪两年专项行动，积极推进规范影视行业税收秩序专项工作，成功破获“305”团伙虚开案、“1011”皮革虚开案和“1101”虚开普通发票案。一年来，全市稽查部门共立案529户，组织企业自查户数402户，查补收入总计7.48亿元。高标准推进扫黑除恶专项斗争工作，工作成效获省局胡金木书记及惠州市委主要领导充分肯定，有关做法在全省税务系统推介。

【纳税服务】 坚持“机构改革，服务先行”理念，以深化“放管服”改革、优化税收营商环境为主线，大力加强纳税服务工作，努力提升纳税人的办税体验和改革获得感。一是便民办税全面提升。认真落实税务系统“便民办税春风行动”工作部署，持续推出系列便民办税措施。全面做好业务整合，梳理办税流程、优化办税资源，提前实现“一厅通办”全覆盖。二是简政放权深入推进。全面推行优化办理企业税务注销程序和企业简易注销登记改革；及时下放出口退税审批权限，全力推进出口退税无纸化管理；成功实施微信参保缴费功能，在全省率先推行灵活就业人员远程参保缴费业务；全面推进房地产交易一体化改革，在全市范围内实行“一窗受理”。三是服务企业发展力度加大。为大企业提供多项个性化纳税服务，不断提升服务“走出去”企业水平；强化纳税信用等级结果运用，积极推广“云税贷”业务；积极参与惠州市“企业服务月”活动，召开“问需求 优服务”纳税人座谈会，深入民营企业开展大调研、大走访活动，多措并举破解办税缴费的“痛点”问题，大力营造优质的税收营商环境。

【全面从严治党】 围绕新时代党的建设总要求，全面加强党的建设工作，全面从严治党不断向纵深推进。一是党的领导更加坚强有力。全市税务系统各级党组改设为党委，全面完成新机构党组织和群团组织建设，配齐配强党群工作队伍。党委班子强化政治统领，建立健全党委领导机制，全面履行“两个责任”，带头示范，以身作则，切实传导好党建工作压力，凝聚了党建工作合力。二是党员教育活动扎实开展。深入推进“两学一做”学习教育常态化制度化，倾力打造“四个之家”思想政治工作主阵地，对照“五好六有”深入开展党支部标准化规范化建设，认真落实“三会一课”制度，组织观看爱国主义电影，赴驻惠部队开展共建活动，广大党员干部的党性修养得到显著锤炼和提升。三是监督执纪更加严格。严格落实中央八项规定及其实施细则精神，开展纠正“四风”情况定期检查。深入开展纪律教育，召开全市税务系统警示教育大会，做到警钟长鸣，筑牢思想防线；强化监督，组织明察暗访；加大监督执纪力度，全系统共开展“一案双查”12宗，受理群众信访举报46件，处分违纪人员2人；扎实推进巡察全覆盖，对博罗县局党委组织开展了专项巡察。

【队伍建设】 坚持以人为本，倾情带队，不断增强队伍的凝聚力和向心力。一是选人用人公平公正。坚持五湖四海，任人唯贤，坚持事业为上、公道正派，科学合理调配好干部岗位安排。用活用好非领导职数，配合国家税务总局、省税务局完成1名副巡视员和1名副调研员的选任工作，在全市系统提任主任科员1名、副主任科员3名，积极解决临近退休人员的待遇问题。落实好职务与职级并行政策，94名干部晋升了职级，按时兑现待遇。做好公务员录用有关工作，全系统新招录公务员104名，进一步优化干部队伍结构。二是人文关怀大力加强。真心实意关心干部队伍成长，大力倡导树立税务一家亲的观念，充分发挥“工青妇”作用，组织开展干部职工秋游、健步走、拓展培训、志愿服务、“道德讲堂”以及各类兴趣小组活动，丰富干部职工文体活动和精神文化生活，大力开展暖心工程，尽量为干部职工打造更好的工作和生活环境，做细做实老干部服务工作，提高了干部职工的获得感和满意度。三是干部培训管理扎实开展。顺利完成市县两级税务系统数字人事的全面推行，充分发挥数字人事管干部的作用。抓好干部教育培训工作，全市税务系统共组织各类培训班307期，培训2.2万多人次。四是文明创建成效显著。认真做好申报“全国文明单位”荣誉称号基础工作，积极开展“改革中的税务人”系列报道和“最美党员”“最美志愿者”“巾帼文明岗”等选树典型活动。营造争先创优的浓厚氛围，有效激发干部队伍的活力。

（韦冬雅）

汕尾市税务局

【经济概况】 2018年，汕尾市实现地区生产总值920.32亿元，比上年增长8.0%。其中，第一产业增加值134.03亿元，增长5.1%；第二产业增加值406.58亿元，增长10.3%；第三产业增加值379.71亿元，增长6.4%。三次产业结构比重为14.6∶44.2∶41.2，第三产业所占比重比上年提高0.9个百分点。2018年，汕尾人均地区生产总值首次突破3万元，达到30825元（按平均汇率折算为4658美元），增长7.5%。

【税费收入】 2018年汕尾市税务系统全年组织税费收入114.33亿元，比上年增长8.47%。其中：税务部门组织国内税收收入71.53亿元，增长3.73%；海关代征进口税收收入11.24亿元，下降23.28%。按级次分，中央级收入31.45亿元，比上年减少3.87%，减收1.26亿元；省级收入13.54亿元，增长3.95%，增收5142万元；市县级收入26.54亿元，增长14.31%，增收3.32亿元。市县级中属于市本级7.16亿元，比上年增长15.97%，增收9865万元。社会保险费收入29.26亿元，比上年增长48.72%，增收9.58亿元。其他收入2.30亿元，比上年增长8.40%，增收1779万元。

【国税地税征管体制改革】 按照上级税收征管体制改革工作部署，落实国地税机构合并各项工作，新税务机构顺利成立并实现正常运作。一是6月29日完成办公场所搬迁，7月5日、20日市级和县乡级新税务机构分别顺利挂牌，9月25日、10月25日市县局先后实现“三定”落实、人员到位。二是推进原国税地税两个执法主体、两套征管体系、两套服务体系的衔接整合，理顺10类25项过渡期税收征管业务衔接指引，完成真实税收业务验证，确保挂牌后征管平稳有序。开展5097户金税三期管户对照确认，完成“三定”管户系统调整5万余户次，为金税三期并库打下基础。三是个人所得税改革第一阶段平稳落地、第二阶段顺利开局。在全省率先建立全市个人所得税配套改革工作机制，促进跨部门涉税信息共享和管理互助。组织个人所得税新政专题培训辅导40场16378人次，“点对点”“面对面”培训扣缴义务人实现100%全覆盖。个人所得税改革过渡期政策减税2900万元，惠及全市7万多名纳税人。四是推动组建市非税收入征管职责划转跨部门工作专班，构建协作联动保障机制并实现有效对接，初步搭建信息共享平台，完善基础征管制度，开展数据清理工作，城乡居民基本养老保险、城乡居民基本医疗保险和村镇基础设施配套费在新年度正式划转并顺利征收。

【税收特点】 2018年，汕尾市税收收入工作主要呈现五个特点：一是国内税收收入稳定增长，但呈逐季下降趋势。从各季度趋势看，全市国内税收各季度累计增速为21.59%、13.11%、9.4%和3.73%，税收总体呈现增幅逐季收窄态势。从累计增幅看，全市国内税收累计增幅（3.73%）排名全省第18位，比全省平均增速（7.6%）低3.87个百分点，比珠三角（7.7%）低3.97个百分点，比粤东（6.0%）低2.27个百分点。二是市县级收入增长较快，但部分地区市县级收入增长乏力。全市国内税收收入的中央级收入完成314534万元，比上年下降3.86%；省级收入完成13.54亿元，增长3.95%；市县级收入完成26.54亿元，增长14.31%；市县级收入增速比中央级和省级收入分别高出18.17%、10.36%。但部分地区的市县级收入增长乏力，如海丰4.56%、红海湾0.83%。三是税收数据风险管理持续加强。出台税收风险监控管理办法，制定税收风险管理工作计划和考评方案，持续完善风险管理系统风险任务应对业务流程、重点行业风险管理工作方案等管理制度。2018年全市共排查风险纳税人484户，开展纳税评估99户，移交稽查14户，开展低风险应对371户，增加税款收入1.20亿元。四是重点行业征管持续规范。规范土地增值税清算流程，完成工程造价标准指标验收，全年征收土地增值税5.8亿元，比上年增长152.16%。推进房地产交易涉税信息共享，抓好系统对接，全年在房地产交易环节征收契税、个人所得税、印花税共5.48亿元。五是税收执法力度持续加大。进一步理顺机构合并后的稽查职能关系，健全流程机制，建立统一指挥、统筹协调、高效运转的稽查管理机制。同时强化稽查执法力量，深入推进稽查现代化建设。2018年立案查补和自查查补收入总额达5312万元。

【税源分析】 2018年，汕尾市主要税源情况如下：一是从税种看，企业所得税贡献总增量超六成。由于房地产企业汇算清缴收入大幅增多，企业所得税收入13.54亿元，比上年增长13.97%，增收1.66亿元，占税收增收总量的64.53%。土地增值税、资源税、印花税、城镇土地使用税、房产税、契税和耕地占用税实现两位数增长，个人所得税和车船税实现个位数增长；国内增值税、国内消费税、车辆购置税和城市维护建设税则出现负增长。二是从行业看，房地产业是拉动税收增长的最主要因素。房地产业税收收入20.49亿元，比上年增长74.17%，增收8.72亿元，拉动税收增长12.65个百分点，主要是由于土地出让和商品房销售活跃。此外，建筑业和批发零售业发展良好，实现较大增长；金融业小幅增长0.25%，电力业和制造业出现负增长。三是从企业看，重点企业效益改善。全年纳税100万元以上企业税收增收明显，税收入库总额52.96亿元，比上年增长25.74%，增收10.84亿元，税收增长贡献突出。四是从区域看，城区贡献最大。城区税收入库28.10亿元，比上年增长6.35%，增收1.68亿元，占增收总量的65.24%。海丰下降0.50%、陆丰增长10.76%、陆河下降3.67%、红海湾下降

5.96%、深汕特别合作区增长7.59%。

【全面从严治党】　党建引领更加有力。加强基层党组织建设，市县局均设立了机关党委、机关纪委，全系统设置89个支部，配优配强党务干部队伍。出台加强基层党组织建设三年行动计划实施方案，开展基层党建示范点和模范机关创建活动，严格落实“三会一课”制度，推动基层党建工作制度化、标准化、规范化。干部队伍更具活力，各级积极开展“业务大培训”“一对一”交叉互学、“师徒结对”传帮带等活动，加强业务培训，新机构成立以来组织培训165期，参训5964人次。注重人文关怀，及时执行职务与职级并行制度，77名干部第一时间享受到上一级工资待遇。整合原国税地税文化建设经验做法，努力探索新机构税务文化，积极组织团建破冰、厨艺比拼、文化沙龙、登山徒步、趣味运动会等文体活动，促进队伍大融合。坚决落实中央八项规定及其实施细则精神，组织开展落实情况“回头看”和形式主义、官僚主义问题专项治理。组织开展明察暗访，着力抓好全系统上下班纪律、税风税纪税容等；组织参观省廉政警示教育基地，通报11起违法违纪典型案例。出台相应制度规范，进一步巩固作风整治成果。监督执纪问责更加强化，积极运用监督执纪“四种形态”特别是第一种形态，做好抓早抓小工作，全年开展谈话提醒34人次，一般性廉政谈话提醒257人次。严肃查处顶风违纪行为，开展“一案双查”8宗，立案查处1宗，对1个单位、27个责任人实施责任追究。认真做好中央巡视反馈7方面31个问题和市委巡察发现36个方面问题的整改落实，研究制定市局党委巡察工作规划，建立政治巡察重点工作清单，组织开展第一轮专项巡察。

（黄东霞）

东莞市税务局

【经济概况】　2018年东莞实现地区生产总值8278.59亿元，比上年增长7.4%。分产业看，第一产业增加值25.04亿元，增长7.4%；第二产业增加值4027.21亿元，增长6.9%；第三产业增加值4226.34亿元，增长7.9%。三次产业比例为0.3∶48.6∶51.1。在第三产业中，交通运输、仓储和邮政业增长1.8%，批发和零售业增长4.4%，住宿和餐饮业增长3.3%，金融业增长6.9%，房地产业下降1.2%，其他服务业增长14.8%。民营经济增加值4105.49亿元，增长8.3%。人均地区生产总值98939元，增长6.6%，按平均汇率（6.6174）折算为14951美元。在现代产业中，规模以上先进制造业增加值2043.77亿元，比上年增长8.6%；高技术制造业增加值1520.62亿元，增长11.0%。现代服务业增加值2561.00亿元，增长9.1%。生产性服务业增加值2177.92亿元，增长10.5%。全年市一般公共预算收入649.91亿元，增长9.8%。市一般公共预算支出765.41亿元，增长14.6%。全年全市税收总额2263.68亿元，增长14.1%。

【税费收入】　2018年，东莞市税务系统认真贯彻省局和市委市政府的决策部署，上下紧紧围绕组织收入中心工作，精准完成省局和市政府下达的各级收入目标，为经济社会发展提供了坚实的财力保障。2018 年，全市税务系统完成税费收入 2849.67 亿元，比上年增长 14.4%。全市税收收入完成 2263.68 亿元，比上年增长 14.1%，其中：税务部门组织国内税收收入 1773.32 亿元，增长 14.2%，完成省局下达预期目标的 100.0%；海关代征进口税收收入 490.36 亿元，增长 13.8%。税务部门组织费金收入 585.98 亿元，比上年增长 15.7%。办理出口退（免）税 862.74 亿元，比上年增长 21.5%。市级收入 548.24 亿元，比上年增长 14.6%，完成市政府下达目标的 100.3%。

【税源分析】 2018 年，东莞市主要税源情况如下：一是税收收入增幅居全省前列。2018 年东莞市税收收入增幅（14.1%）比全省同口径收入平均增幅（8.1%）高 6 个百分点，增幅排名全省第 3 位、珠三角第 2 位。其中国内税收收入增幅排名全省第 3 位、珠三角第 2 位。市级收入增幅排名全省第 5 位、珠三角第 3 位。二是税收收入增长趋势“前高后低”。受减税力度加大等因素影响，国内税收收入各季度增速分别是 20.8%、15.9%、23.4%、-0.8%；国内直接税收收入各季度增速分别是 20.9%、19.2%、15.6%、0.3%，税收收入增速放缓趋势明显。三是各级次收入实现均衡增长。2018 年，全市税务部门组织的中央级收入 846.39 亿元，比上年增长 13.0%；省级收入 378.68 亿元，增长 16.5%；市级收入 548.24 亿元，增长 14.6%，各级次收入保持均衡增长。四是第三产业税收收入增速快于第二产业。2018 年，第三产业国内税收收入增长 17.3%，比第二产业（12.1%）快5.2 个百分点，主要得益于房地产业增长 40.3%、信息技术服务业增长 84.2%和租赁商务服务业增长 17.4%的拉动作用。第二产业中制造业增长 12.3%、建筑业增长 23.7%、电力生产供应业下降 8.0%。其中，先进制造业税收收入 676.95 亿元，同比增长 12.0%，增收 72.77 亿元，对第二产业税收增长贡献率达 66.2%。

【红旗助企团】 机构改革以来，东莞市税务局积极开展“党旗在改革中飘扬”系列活动，创新打造 15 个“红旗助企团”，横向由 15 名党委成员分别担任团长，每一个团均有 8 名相关业务科室骨干党员为成员，纵向带领各基层税务部门的 40 支党员改革服务先锋队，切实帮助重点企业解决涉税难题，助力企业发展。开展党委“导税行”活动，在全市办税服务厅整合首日，党委成员分赴各办税服务厅，“零距离”倾听纳税人心声，“零壁垒”了解纳税人需求，共搜集堵点、痛点、难点问题 29 个，意见建议 31 条，全方位了解企业发展方向，及时回应企业发展需求。联合市工商联召开“问需求、优服务”红旗助企座谈会，与 16 户重点税源企业“面对面”交谈，全系统 15 个红旗助企团与各层面纳税人代表开展座谈交流 70 多场，走访重点税源企业 300 多户，主动征询纳税人需求，积极优化纳税服务。创新推出“个性化服务菜单”，主动为企业提供需求反馈“直通车”、24 小时微信在线“微服务”、跟踪提醒税务“秘书信”等多项个性化服务，助力企业充分享受税收政策，提升发展动力和信心。在个人所得税改革中，针对华为、步步高等全市个人所得税纳税大户的个性化需求，深入调研新旧政策对企业和员工缴纳税金产生的变化，详细剖析个人所得税改革分阶段的减税降负效应以及对工薪阶层人群的具体影响，有效帮助企业和地方政府准确掌握个人所得税新政的效应影响，助力精准决策。精准做好“上门辅税”活动，15 个“红旗助企团”分片划户，开展个人所得税政策进企业、进园区、进商场、进社区、进学校、进单位、进协会、进人才市场的“八进”宣传活动，精细制作企业需求订单跟踪台账和企业走访宣传辅导清单，畅通税企“沟通桥”。红旗助企团帮助广东东阳光药物研发有限公司和广东丹邦科技有限公司两天内分别享受到增值税留抵税额退还6500多万元、8000多万元，切实帮助企业解决涉税难题，得到企业高度肯定，该举措获2018年9月9日中央电视台《新闻联播》栏目专题报道。

【大企业个性化服务】 2018年，东莞市局聚焦大企业需求，致力服务“关键少数”，推出6项有力措施，在做好对大企业价值维护的同时积极探索对大企业的价值创造，个性化服务亮点纷呈。“一对一”服务助力“航母企业”快速发展。“订单式”服务开绿道，组建“专业税务辅导”团队，对企业转型投资、企业重组、股权激励、“走出去”等复杂事项提出专业意见；“限时式”服务增效益，制定《涉税业务限时办结时间表》，将退税业务办结时限由30天提速至2天，大大减轻企业资金压力；“秘书式”服务送便利，设立专属“微信服务群”，实现涉税诉求24小时“无死角”响应，精心设置“航母企业办税日历”和“办税闹钟”，提前推送办税事项温馨提示。打造本土特色TRD品牌，助力大企业防范税收风险。与本地3家大企业——东莞银行、东莞徐记、广东坚朗五金签订大企业税收风险防御系统（以下简称TRD）项目协议并上线运行，成为全省首批TRD推广企业。将“事后管理”转变为“事前防范、事中规范”，实现税收风险从部门管治向税企共治转变。多措并举落实税收优惠，助力大企业减负增效。落实税务高层领导常态化走访大企业机制，举办大企业座谈会，引入“世界咖啡馆”模式，定期举办税务沙龙，为大企业直接对话多部门税务专家搭桥梁。适时举办大企业专场税法宣讲会，推送最新税收政策，先后纳税信用等级评定、企业所得税汇算清缴、“走出去”涉税政策等专场宣讲会。促进大企业信用等级提升，助力大企业健康发展。为引导大企业健全风险防范机制，举办高层见面会，通过典型案例直陈厉害，通过大企业管理部门和纳服部门联合开展大企业信用等级预评，及时向大企业推送预评结果，发出预警，提示信用风险，督促企业依法办税，提升了风险防控能力，在市场竞争中赢得更多的机会和实惠。落实首席联络员制度，助力提升大企业获得感。面对东莞大企业数量多且散布于多个基层分局、大企业服务与管理人员不足的现状，建立首席联络员制度，对接相应主管税务机关和业务部门，帮助大企业处理一系列紧急、复杂涉税事项，对于跨区域涉税事项，则及时向上级汇报，由上级介入协调，有效提升了大企业专属服务获得感。善用大数据分析，助力大企业做强做大。国地税合并后，重新梳理大企业情况，运用大数据分析东莞大企业行业特点、类型分布、税收贡献度，全面分析当前东莞大企业税收情况、积极影响以及发展短板，披露东莞经济对大企业的过度依赖，贸易摩擦对大企业的困难和挑战，有针对性地向政府相关部门提出建议和意见，引导政府决策更利于优质大企业在东莞的生存发展，不断增强大企业的发展后劲。

【购房契税“掌上缴”】 2018年，东莞市房产交易量达10万余宗。为破解房产交易中契税缴交途径有限、委托代缴风险高的管理困境，东莞市税务局深度融合互联网与税收服务，首创购房契税“掌上缴”，不仅在纳税服务上实现质的提升，还有效防控了当前购房契税管理中存在的风险。部门信息互联互通，实现购房办税“零跑动”。东莞市局购房契税“掌上缴”在省税务局房地产交易智能办税系统的基础上打造，与民政、房管等部门数据的深度互联互通。纳税人通过手机房地产交易智能办税系统录入购房合同号并确认契税计税金额后，系统后台即可完成网签合同信息与民政、房管、税务等3部门60余万条数据的智能匹配，瞬间校验婚姻登记、家庭住房套数、交易（评估）价格等6类涉税信息。校验完成后自动弹出应缴契税金额，纳税人即可在手机端通过微信支付等方式“一键缴税”。纳税人缴税成功后，“掌上缴”后台实时将契税完税信息和契税电子票（PDF格式）传送至房管部门，纳税人无须再去税务局领取纸质缴税凭证递交到房管部门。整个过程在网络完成，完全实现“无纸化”“免填单”。购房人申请契税优惠时，通过自助录入家庭成员、婚姻登记等信息，“掌上缴”后台进行数据校验比对后，将是否可以享受优惠以及享受哪种优惠实时推送给纳税人。全程网上可控，实现征管风险“三重化解”。购房人通过手机客户端即可实现自主、便捷缴交契税，无须委托他人代为申报缴纳，彻底杜绝代缴资金被受托人挪用、多缴或少缴的风险；纳税人可以按照房产交易真实价格缴纳契税，有效防范双合同风险。直接化解虚假纸质契税完税凭证风险，电子数据全程可校验、可追溯，虚假契税完税证明再无生存空间。契税“掌上缴”上线以来，纳税人申报缴纳单笔契税时间大幅缩减，3类风险化解率达到100%。全市房地产契税征管整体质效得到实质性提高，实现纳税人、税务机关、房管部门、民政部门的多赢。

【诊断式注销体检】 为破解税务注销总量大、时限长、事项多的管理困境，东莞市税务局开发“税务注销体检系统”，加强注销事前、事中、事后全流程精细化管理。问症诊断，实现注销事前管理“智能化”。通过税务注销体检系统，税务人员在半分钟之内即可为申请注销的纳税人提供事前“全身体检”，以判断是否满足注销受理条件。该系统所扫描的监控指标包括4项大类26项小类，覆盖纳税人注销所关联的申报监控、财产监控、未办结事项监控、发票监控、社保缴费监控、票表比对等所有涉（费）事项，实现“一次体检，全身监控”。“体检”完毕后，税务人员根据诊断结果判断是否符合注销条件，对于符合注销条件的，立即转入注销流程，能即时办结就当场办结，不能即时办结的一般办理时限不超过7个工作日；对于不符合注销条件的，一次性告知纳税人注销前需要处理的所有事项，待办理完毕后再行转入注销流程。对症开药，实现注销事中管理“精细化”。针对诊断结论，建立系统、业务、人员“三融合”的保障体系，升级优化“金三易”数据辅助平台，实现一人一机一系统；业务融合上，开发提醒小助手对注销办理业务进行期限内办理时间倒计时提醒，对不能即时办结的定期定额个体户在受理的第3个工作日进行提醒；对情况复杂的企业或查账征收个体户在受理的第15个工作日予以提醒。开设注销专窗，设置注销专岗，实现注销管理专人专岗专办。症后复诊，实现注销事后管理“问责化”。强化注销的事后风险管理，并建立注销通报制度进行全程监控。通过数据模型分析是否存在异常数据并做跟踪、处理，实施定期监控，严格落实执法问责追究制度。通过“诊断式注销体检系统”等创新手段，东莞市税务局优化注销受理流程，大大提高了效率，降低了风险，实现“放的合理、管的合法、服务到位”，达到纳税人及税务机关的双赢。

（彭颖菁）

中山市税务局

【经济概况】　2018年中山市经济总体运行平稳，实现生产总值（GDP）3632.70亿元，比上年增长5.9%。其中，第一产业增加值61.59亿元，增长2.2%；第二产业1780.23亿元，增长4.5%；第三产业1790.88亿元，增长7.6%。三次产业结构调整为1.7∶49.0∶49.3。服务业发展较快，全市服务业增加值增长7.6%；服务业增加值占GDP的比重为49.3%，比上年提高1.2个百分点。工业生产增速小幅回升，全市规模以上工业增加值增长3.1%。其中，轻工业增长2.7%；重工业增长3.5%。民营企业实现规上工业增加值增长4.8%。大型企业增长8.1%，中型企业增长0.7%，小型企业增长2.0%，微型企业下降69.5%。固定资产投资增速略有加快，全年完成固定资产投资增长5.5%。消费市场平稳增长，社会消费品零售总额实现1490.79亿元，比上年增长4.5%。物价平稳运行，全市居民消费价格总指数上涨1.4%。外贸进出口降幅收窄，2018年全市进出口总额实现2341.88亿元，下降9.3%。实际利用外资平稳增长，全市外商直接投资项目584个，增长115.5%。合同利用外资6.99亿美元，下降15.3%；实际利用外资5.27亿美元，增长3.5%。财税收入增速趋缓，全市完成地方一般公共预算收入315.23亿元，增长0.8%。地方一般公共预算支出437.89亿元，下降3.8%。税收总收入合计739.49亿元，增长6.5%。金融机构存贷款增势平稳，12月末全市金融机构本外币存款余额5930.49亿元，增长9.5%。工业用电量增速平稳，2018年全社会用电量293.01亿千瓦时，同比增长4.9%。其中，工业用电量增长4.1%。

【税费收入】　2018年中山市税务局组织税费收入（不含海关代征收入）948.19亿元，比上年增长8.4%，其中组织税收收入711.77亿元，增长7.1%。各级次税收收入实现较快增长，其中：中央级收入323.54亿元，比上年增收18.31亿元，增长6%；省级收入153.54亿元，增收15.01亿元，增长10.8%；市级收入234.69亿元，增收13.94亿元，增长6.3%。征收规费和其他收入236.42亿元，比上年增收26.43亿元，增长12.6%。其中，征收社会保险费206.43亿元，增收20.18亿元，增长10.8%；缴费人数（含灵活就业人员）为177.8万人，增长4.6%；缴费工资水平达到3360元，增长6.6%。征收堤围防护费47万元、教育费附加10.44亿元，代征2018年度残疾人就业保障金6.62亿元、工会经费3.84亿元。在抓好组织收入的同时，不折不扣贯彻落实各项税费优惠政策。全年减轻企业社会保险费和非税收入负担16.5亿元，比上年增加8.05亿元。大力支持地方经济发展和产业转型，服务中山市委、市政府创新发展战略，落实鼓励高新技术、改善民生、小微企业发展减免税收共61.84亿元，占减税总量超6成。全面推行外贸企业出口退税无纸化，优化出口退税分类管理服务，加快退税进度，共办理出口退（免）税233.6亿元，比上年增长8.15%。

【税收特点】　2018年，中山市税收具有以下特点：一是税收收入平稳增长。2018 年，中山市税务局实现税收平稳增长，由于叠加减税效应持续扩大，税收增速稳中趋缓，各季度累计税收增速依次为 16.3%、15.7%、10.1% 和 7.1%。分税收级次看，中央级收入和市级收入为个位数增长；由于土地增值税大幅增长 43.1%，拉高省级收入增速 5.5 个百分点，拉动省级收入双位数增长（10.8%）。二是减税降负力度持续加大。中山市税务局不折不扣落实增值税改革、促进高新技术发展、个人所得税改革等各项税收优惠政策，其中落实鼓励高新技术、改善民生、小微企业发展减免税收共 61.84 亿元。三是主体税种增速差距较大。增值税和企业所得税合计 493.16 亿元，占总体税收将近七成，分别增长 5.5%、3.1%。伴随股息分红、房产转让等财产性收入快速增长，个人所得税收入增长 19.3%。得益于二手房转让利润空间和房地产项目清算质效的提升，土地增值税收入增长 43.1%。受契税缴款期限调整及土地交易降温双重影响，契税收入下降 18.3%。四是第三产业税收保持较快增长。第二产业完成税收 377.93 亿元，比上年增长 3.9%，其中制造业税收增长 3.3%，建筑业税收增长 24.5%。第三产业完成税收 333.54 亿元，比上年增收 33.15 亿元，增长 11%，较第二产业税收增速快 7.1 个百分点，税收增量贡献超过七成，是税收收入增长的主要动力，其中房地产业税收增长 20.4%，批发和零售业税收增长 7.7%，金融业税收增长 1%。

【税源分析】 2018 年，中山市主要税源情况如下：一是实体经济减税成效明显。制造业完成税收 338.26 亿元，比上年增长 3.3%，较上半年回落 9.4 个百分点，反映支持实体经济一系列减税降负措施成效显现。从税收构成看，制造业增值税收入 228 亿元，比上年增长 4.5%；制造业企业所得税收入 64.5 亿元，下降 8.1%。二是房地产业税收稳健增长。2018 年，房地产业税收收入 134.46 亿元，比上年增长 20.4%，拉动总体税收增长 3.4 个百分点。从税收构成看，房地产业增值税收入 30.51 亿元，增长 11.8%；房地产企业所得税收入 47.05 亿元，增长 22.5%；预缴和清算土地增值税收入 28.25 亿元，增长 31.2%；土地出让契税收入 7.11 亿元，下降 14.1%。三是二手房交易税收保持较快增长。实现二手房交易税收 48.76 亿元，比上年增长 46.1%，增收 15.39 亿元。从交易类型看，二手住宅交易税收增长 58.2%，二手非住宅交易税收增长 37.6%。从税种构成看，房屋转让所得个人所得税增长 52.5%，二手房转让土地增值税增长 128.3%。四是契税收入延续负增长态势。下半年起中山市商品房交易量大幅增长，但由于契税缴款期限调整、政府土地供应量减少等因素叠加影响，契税维持负增长态势，实现契税收入 23 亿元，比上年下降 18.3%，减收 5.15 亿元，拉低市级收入增速 2.3 个百分点，其中一手住宅交易契税比上年下降 61.8%。

【税费征管】 一是打造土地增值税管理“中山模式”。中山市税务局率先在全国打造标准化、模板化、流程化的土地增值税管理闭环，累计入库土地增值税 50.7 亿元，比上年增长 43%，清算项目审核时间压缩 80%。该项工作被国家税务总局推选在全国推广，国家税务总局相关领导专程带队到中山调研，土地增值税清算“中山模式”迈向全国。二是全面深化增值税管理。加强防控应对虚开风险，创新委托邮政速递实施送法到户及信息采集，前移发票风险管理关口，2018 年涉嫌虚开及定性虚开骗税户数下降 86.63%。三是有序开展企业所得税年度汇算清缴。落实新版年度申报表填报以及所得税后续管理辅导，实现2017年度汇缴面100%、申报零差错。四是平稳推进环保税开征。联合环保部门建立分工协作机制，确保费改税转换平稳，实现申报率100%、涉税舆情“零发生”。五是提高房地产交易税收管理水平。上线应用存量房评估价格管理系统非住宅部分，有效防范“阴阳合同”风险；打造“项目一体化、全链条式管理”房地产税收管理新模式，建立风险预警监控指标体系，提升行业管理水平。六是加强跨境税源管理。加强非居民企业股权转让风险管理，依法对一户房地产企业间接股权转让一次性征收非居民企业所得税1.53亿元，创中山市税务局非居民企业股权转让单笔入库税额之最；承接办理中山首例省局统筹的特别纳税调整专案。

【依法治税】　一是试点税收执法“三项制度”实现信息化突破。在执法全过程记录方面，自主开发应用智慧稽查平台、移动巡查平台，实现税务执法过程留痕和可回溯管理；在重大执法决定法制审核方面，开发“重大执法决定法制审核台账系统”，获《法制日报》专门报道，省局在此基础上开发全省税务重大执法决定法制审核系统。二是强化税收执法行为规范和监督。清理原国地税存量文件共计109份，新机构成立后制发税收规范性文件5份。明确征管体制改革过渡期行政处罚的操作问题，规范行政处罚裁量权行使。推进内控机制建设，运用内控平台开展税收执法疑点扫描核查，完善内控指标13个，梳理风险点225个，制定防控措施149项。对税收执法重点领域开展执法督察，针对个人所得税改革、防范和打击虚开骗税等重点工作开展专项督察，强化过错行为责任追究。三是持续净化税收法治环境。与公安、海关、人民银行联合部署打击虚开骗税违法犯罪两年专项行动，稽查案件347件，共同推进税警提前介入办案、税关数据共享和证据交流、税银协作，提升案件证据规范性、及时性。实施跨部门联合执法，对虚开车销票新型作案行为、暴力虚开违法犯罪行为、骗取出口退税等违法犯罪行为实施重拳打击，并持续推进扫黑除恶专项斗争，共组织检查纳税人2996户（次），通过企业自查、立案检查累计查补入库收入10.79亿元。

【税收营商环境改革】　一是开业办税便利度指标领跑全省。全面推广新办纳税人“套餐式”服务、承诺半日办结，落实新办纳税人首次申请发票优先审批、首次申领税控发票1日办结、“最多跑一次”清单等便民措施，开办企业各项办税便利度指标居全省首位。二是税费业务办理再提速。试行税费业务“一窗通办”，比税务总局要求提前5个月实现“一窗一人一机双系统”全覆盖；推出不动产交易、登记、税收征缴“一窗受理”专窗，不动产交易业务办理提速40%。大力推广税费业务“掌上办”、社会保险费网报App、增量房缴税“全程网上办”业务，在全省率先试运行“云缴税”，税费缴纳进入“秒”时代。三是创新问需问计改进服务。开展两会代表办税体验活动，听取各级人大代表和政协委员意见建议；举办“十项民心税事”“办税全体验”活动，诊断问题、改进服务，“停车难”等问题全部提前“销号”。四是精准服务企业助力发展。开展纳税人大走访大调研，累计走访民营企业311户；举办“税收激活上市动能”税务沙龙，推出“大企业微课堂”，《税语》专栏进驻大企业微信，创新纳税信用预评提醒服务，满足大企业个性化需求；开展广覆盖业务培训，累计举办1393场次，培训纳税人13.8万人次；升级“银税互动”，将纳税信用评价结果推送范围由A级纳税人扩展至B级纳税人和自然人，共为4495户企业提供贷款48.27亿元，为

3713位自然人提供贷款4.01亿元。

【队伍建设】 一是公平配置干部队伍。坚持公平原则，在新机构主要负责人任职安排上做到“两个50%”，即内设机构（含事业单位）原国地税主要负责人占比为1∶1，派出机构、所属机构原国地税主要负责人占比为1∶1；综合分析税费收入、业务数量、管户情况、人员素质等因素，以大数据思维指导编制管理各项工作，提高业务划分和人员安排科学化水平。二是抓早抓常税费业务培训。采取“市局集中统筹+基层分片开展、理论讲授+系统实操”快速开展业务融合培训，主办各类业务培训126期，参训人数达1.58万人次，为全系统税费业务融通奠定人员基础；组织全局人员参加全国税务系统“新机构、新职责、新业务、新作为”知识网络竞赛，4名干部获二等奖，2名干部获三等奖。三是数字人事提前全覆盖。统筹推进数字人事系统应用，提前将数字人事覆盖到基层税务机关。四是强化对干部的关爱扶助。出台困难职工救急扶助办法，接续推广孕产妇临时调整工作单位就近上班制度、EAP员工帮助计划等暖心举措，凝聚干事创业合力；完善医疗保障、开展志愿服务等，加强对离退休干部的关爱；积极组织干部职工参与广宁县大汕村“蓝色梦想”扶贫助学、慈善万人行等活动，塑造税务干部队伍新形象。

【全面从严治党】 一是党的政治建设持续深入。组织召开党委理论学习中心组学习23次，开展专题学习研讨30次，组织政治理论学习近1400次。深入学习贯彻党的十九大和十九届二中、三中全会精神以及习近平总书记视察广东重要讲话精神，将习近平新时代中国特色社会主义思想贯穿到税收发展全过程，确保党中央、国务院和总局、省局以及中山市委市政府的决策部署落地生根。二是党的领导机制更加完善。加快新机构党组织建设，市局党组改设党委，开发区局成立党委，制定新机构党委议事规则和决策程序；设立机关党委和系统党建工作科，加强党建部门力量配置，理顺基层党组织关系，规范设立党支部55个。三是党建根基进一步夯实。成立党建工作领导小组，下发进一步加强基层党组织建设实施方案；运用数智党建系统，实现党支部组织生活全面全程全方位纪实，“三会一课”、组织生活会等制度有效落实；开展模范机关创建活动，加强基层党建工作示范点创建、全国城市基层党建创新案例申报。四是监督执纪问责巩固强化。细化分解全面从严治党主体责任和监督责任，压实“两个责任”；接受省局党委专项巡察，主动开展征管体制改革情况专项巡察，发挥政治巡察震慑作用；开展改革纪律执行情况监督检查、落实中央八项规定精神和纠“四风”工作专项检查，自主开展办税服务厅明察暗访；严格执纪办案，受理信访举报20件，开展“一案双查”3宗，对一名违反生活纪律的干部给予党内严重警告处分；与市纪委监察委探索建立联合办案专业人才库。

（黄秋霞）

江门市税务局

【经济概况】　2018年，江门市经济面临下行压力，但总体保持平稳。全市实现地区生产总值2900.41亿元，按可比价计算比上年增长7.8%，增幅高于全省平均水平；按现价计算增长7.81%，比上年回落2.26个百分点。工业保持良好发展态势，全市规模以上工业增加值1085.24亿元，增长9.4%，增速比上年回落0.6个百分点。固定资产投资增速放缓，全市固定资产投资1716.2亿元，增长9.5%，增速回落7.4个百分点。消费增速保持平稳，全市社会消费品零售总额1407.58亿元，增长10%，增速回落0.4个百分点。进出口增长趋缓，全市进出口总额1473.3亿元，增长6.4%，增速回落3.4个百分点。财税收入增速有所回落，全市地方一般公共预算收入243.93亿元，增长9.8%，增速回落1.1个百分点。金融机构存、贷款保持较快增长，全市金融机构本外币存款余额4528.88亿元，同比增长6.0%，增速与上年持平。

【税费收入】　2018年全市税费收入合计692.44亿元，比上年增长11.04%，增收68.83亿元。其中：税收收入520.57亿元，增长8%，增收38.55亿元，税收总量首次突破500亿元大关，规模位列全省第8位。具体包括：国内税收收入492.82亿元，增长9.32%，增收42.02亿元；海关代征收入27.75亿元，下降11.1%，减收3.46亿元。此外，全市共办理出口退税99.5亿元，比上年增长21.34%，增收17.5亿元；免抵调库收入41.99亿元，增长29.16%，增收9.48亿元。费金收入171.87亿元，比上年增长21.39%，增收30.28亿元。其中：社会保险费收入152.21亿元，增收27.21亿元，增长21.76%；其他费金收入19.66亿元，增收3.08亿元，增长18.55%。

【税收特点】　2018年，全市税收呈以下特点：税收与经济协调增长。2018年全市地区生产总值比上年增长7.8%，比全省（6.8%）高1个百分点；2018年全市国内税收增长9.32%，比全省（7.6%）高1.72个百分点，增长弹性系数为1.19%，显示全市经济税收协调增长。

各级次收入保持平稳增长。中央级国内税收全年累计入库217.39亿元，比上年增长8.07%，增收16.23亿元。地方级国内税收入库275.43亿元，比上年增长10.33%，增收25.78亿元。其中：省级收入102.37亿元，增长9.34%，增收8.74亿元；市县级收入173.07亿元，增长10.92%，增收17.04亿元。

各大类税种收入保持增势。货物和劳务税收入260.77亿元，比上年增长8.13%，其中：国内增值税242.69亿元，增长8.75%，增收19.53亿元，对全市国内税收增收贡献率达46.47%。所得税收入128.79亿元，比上年增长8.53%。其中：企业所得税96.1亿元，增长7.55%；个人所得税32.69亿元，增长11.53%。财产行为税收入103.26亿元，比上年增长13.5%。其中：土地增值税30.71亿元，增长14.1%；城镇土地使用税14.12亿元，增长

55.97%；房产税 12.83 亿元，增长 25.8%；耕地占用税 3.75 亿元，增长 133.39%。

第二产业税收贡献突出。第二产业税收收入 265.91 亿元，税收增收贡献率达 61.47%，比 2017 年提升 23 个百分点，拉高 2018 年国内税收增长 5.73 个百分点；第三产业税收收入 226.55 亿元，税收增收贡献率为 38.74%，比上年下降 23 个百分点，仅拉高国内税收增长 3.62 个百分点。

制造业税收龙头地位进一步增强。制造业税收突破 200 亿元大关，为 220.51 亿元，比上年增长 10.39%，税收增收贡献率约占 50%；房地产业税收增长 4.19%，增幅比 2017 年回落近 40 个百分点；批发和零售业税收增长 15.72%，呈现稳步上扬之势。以上三大行业分别拉动国内税收增长 4.59 个、0.76 个和 1.42 个百分点。

东西部协同发展。东部三区一市实现税收 366.05 亿元，比上年增长 9.34%，西部三市实现税收 126.77 亿元，增长 9.27%，东部和西部税收比重为 74:26，与 2017 年基本一致。分地区看，三区四市税收收入整体呈现“大的稳，小的快”发展趋势，其中：规模较大的新会、蓬江、鹤山和台山税收增速分别为 10.01%、5.34%、11.02% 和 4.76%；而规模较小的恩平、开平和江海税收增速分别为 19.24%、10.3% 和 18.65%，高于全市平均水平（9.32%）。

【税源分析】 工业是江门市经济发展重心，2018 年全市规模以上工业增加值发展速度预期高于年初目标，有力抵御外部经济下行压力和内在房地产税源滑坡的影响，确保全市工业税收收入实现稳增长：2018 年全市工业税收收入 236.42 亿元，占全市国内税收收入的 47.97%，比 2017 年增长 9.86%，拉动全市国内税收增长上升 4.71 个百分点。

消费行业经营效益得到改善。2018 年四大消费行业合计缴纳企业所得税 12.55 亿元，对全市企业所得税收入贡献达 65.27%，其中批发业、零售业、住宿业和餐饮业缴纳企业所得税收入分别增长 67.91%、22.07%、14.58% 和 31.3%。从税收活力指数增值税看，全市批发业和住宿业增值税收入分别增长 21.5% 和 23.41%，反映两大消费行业经济发展势头好。

装备制造业发展速度相对较快。2018 年全市装备制造业税收收入 84.12 亿元，比上年增长 11.55%，比制造业税收增幅高出 1.16 个百分点，对制造业税收贡献率达到 41.98%，其中通用设备制造业、电气机械和器材制造业和计算机、通信和其他电子设备制造业税收分别增长 15.66%、16.46% 和 34.06%。

生产性服务业呈现快速发展势头。2018 年全市生产性服务业税收收入 86.92 亿元，比上年增长 22.04%，对第三产业税收贡献率高达 96.44%，其中租赁和商务服务业、科学研究和技术服务业税收分别增长 59.36% 和 66.55%。

粤西交通枢纽地位和区域协调发展进一步增强。随着近年交通大会战和城乡建设的持续深入推进，2018 年工程结算相对集中，全年建筑业税收收入 29.48 亿元，比上年增长 18.5%，其中建筑业缴纳增值税收入 19.94 亿元，增长 31.05%。

结构性减税政策成效明显。2018 年，全市税务系统严格落实各项减税降费政策，全力服务经济社会发展，全年落实改善民生、鼓励高新技术发展、促进小微企业发展等政策减免税共 43.46 亿元。对 18 个先进制造业和现代服务业行业以及电网企业开展增值税留抵税额退税工作，全市共办理留抵退税 2.93 亿元。

房地产业发展降温，税收增长放缓。房地产业作为江门市支柱行业，其税收规模仅次于制造业。2018 年，在限购、限贷、限价等多个调控政策下，全市房地产市场遇冷，全年商品房销售面积下降 13.2%、商品房销售额仅增长 0.6%，全市房地产业税收增速明显放缓，全年实现税收 85.03 亿元，比上年增长 4.19%，增收 3.42 亿元，增速比2017 年大幅回落 39.34 个百分点。

部分传统制造业生产经营陷入困局，税收增长滞后。2018 年，全市部分主要工业产品产量低增长或下降，其中：布下降 20.3%、服装下降 11.6%、化学纤维下降 10%、涂料下降 8.8%、机制纸及纸板增长 3.1%。相关行业税收出现不同程度下降，全市纺织服装服饰业和造纸纸制品业税收收入分别下降 46.75% 和 1.23%，化学原料化学制品制造业税收也仅增长 5.09%，其中三大传统制造业增值税收入分别下降 40.41%、4.65% 和 3.14%。

工业企业效益滞涨，工业企业所得税增速收缩。2018 年随着成本费用上涨，工业企业利润下降，全年规模以上工业企业利润总额与上年持平，全市工业缴纳企业所得税 47.68 亿元，增长 4.42%，增幅比上年的 18.59% 下降 14.17 个百分点。

【纳税服务】　江门市税务局在蓬江区税务局上线全省首台全业务全流程个人房屋租赁办税自助终端机，实现个人房屋租赁资料补录、纳税申报、税款缴交、税票开具和发票代开全业务全流程管理。纳税人可“智能一键”申报、缴款。拓宽自助办税渠道，让广大自然人纳税人轻松快捷办税，真正实现房产租赁业务“开票自由”。

推出粤港澳大湾区“税务通”项目，建立起“智能导税、可视办税、科学调度、远程服务”的跨境办税综合体。将办税窗口“搬”到港澳，让港澳纳税人可以在本地办理江门地区的涉税（费）业务，依托智能柜台实现办税双方可视化、办税流程简单化、资料传储一体化，为港澳地区的纳税人提供多元、便捷、高效的纳税服务。无须纳税人多次跑、跑多次，真正做到办税线上办、高速办，打通了跨境服务“最后一公里”。

以纳税人需求为导向，以纳税人办税实况为第一视角，按纳税主体分类，将纳税人办税场景涉及各项单一业务进行归集，智能链接各个应用系统相应模块，首创主题办税新模式，实现办税“一站式服务一窗化、多应用系统集成化”。截至年底，已实现办税资料压减20%，导税时间提速 30%，等候时间缩短 30%，办税时间节省 20%，降低纳税人的办税成本，为每一位纳税人提供精准到位的专享服务，开启办税“一系统”时代。

通过部门联合改革、自主开发系统、创新改造流程，推行不动产交易登记“一窗受理、一表采集、一套资料、一网办结”集成服务新举措，办税办证流程由 15 天提速至 24 小时，需提交资料减少 55%，由三个部门多次跑升级至一窗办结，只跑一次。实现不动产交易登记全面提速增效。该模式在由中国社科院信息化研究中心主办的“2018 智慧中国年会”中入选 2018 中国“互联网 + 政务”优秀实践案例 50 强。

主动联合邮政速递公司，在全市范围内推行“空白发票免费配送”服务，纳税人通过微信、网站、电子税务局等线上途径申领空白发票，即可享受发票免费配送到家服务，无须再到办税服务厅排队等候，实现申领发票“零等候、零见面”，使纳税人真真切切地体验到税务部门便民惠民服务带来的便捷和实惠。

（黄靖文）

阳江市税务局

【经济概况】 2018年，阳江市全市地区生产总值1350.31亿元，比上年增长4.1%；地方一般公共预算收入62.62亿元，比上年增长3.2%，税收比重提高至71.8%，比上年提高8.8个百分点；全市规模以上工业实现增加值219.29亿元，比上年增长3.2%；投资结构优化，固定资产投资390.76亿元，增长4.3%，其中105个市重点项目完成投资271亿元；社会消费品零售总额749.01亿元，增长9.3%；科技创新步伐加快，阳江高新区被纳入国家科技部2018年专家咨询调研名单。新认定国家高新技术企业41家，新增2家院士工作站、2家省级新型研发机构、10家省级工程技术研究中心，成为国家知识产权试点城市；外贸转型升级，获“中国刀剪出口基地”“国家（餐厨用品）外贸转型升级基地”等称号，民营经济稳健发展。

【税费收入】 2018年，阳江市全市税务系统完成税费收入192.68亿元，比上年增长20.1%。其中：国内税收收入136.79亿元，增长22.7%；社会保险费等费金收入46.54亿元，增长37.1%。办理出口货物退（免）税8.8亿元，比上年增长5%。2018年，阳江地方一般公共预算收入62.62亿元，增长3.2%，其中税收收入44.97亿元，占一般公共预算收入的71.8%，占比提高8.8%，收入质量明显提高。

落实党中央、国务院出台的系列减税降费政策，全市实现减税降费共15.89亿元，惠及纳税人、缴费人29.12万户（人）次。其中，改善民生减免税费6.4亿元，鼓励高新技术减免税2.78亿元，落实国务院系列支持实体经济、小微企业的减税降费政策措施减免税6.71亿元。推出支持服务民营经济发展20条措施，有力地支持了本地实体经济发展和产业转型升级。

【税收特点】 2018年，阳江市税收增速位列全省首位。阳江税务系统各征收单位国内税收收入均实现平稳较快增长。国内税收比上年增收25.29亿元，增长22.7%，增速位列全省（不含深圳）首位，比全省平均增速高14.3%。全市第一、第二、第三产业税收分别完成5074万元、68.32亿元和67.97亿元，比上年增长64.2%、31.2%和15.0%。从各税种收入增速看，契税完成5.43亿元，比上年增长52.3%，列各税种之首；其余增速较快的税种主要有个人所得税、企业所得税、城市维护建设税、车辆购置税和国内增值税，分别增长43.9%、32.5%、32.4%、24.5%和24.1%。以上六税合计增收26.01亿元，拉动国内税收增长23.3个百分点。

重点行业税收发展良好。电力、热力生产和供应业税收完成19.59亿元，比上年增长41.7%，增收5.77亿元，占国内税收增收额的22.8%，税收贡献突出。其次是房地产业完成30.08亿元，比上年增长22.2%，增收5.46亿元，占国内税收增收额的21.6%。此外，增收还主要体现在非金属矿物制品、黑色金属冶延、有色金属冶延、建筑业，分别比上年增长59.6%、81.1%、55.2%和33.1%，合计增收10.27

亿元。

【税源分析】　2018年，全市税务系统登记状态为正常纳税人54561户，其中内资企业21412户、外商投资企业和外国企业193户、港澳台商投资企业390户、个体经营户31628户、其他938户。2018年底，全市社会保险费登记户（含灵活就业人员）12.10万户。据社保统计口径，养老保险参保人数41.31万人，失业保险参保人数17.59万人，医疗保险参保人数29.31万人，工伤保险参保人数30.24万人，生育保险参保人数21.30万人。

增收因素：地方经济发展带动税收收入增长。阳江全市规上电力生产企业累计发电量486亿千瓦时，比上年增长14.8%，电力生产业实现税收收入17.27亿元，增长32.7%，增收4.25亿元；全市钢材产量比上年增长11.8%，且钢价持续大幅上涨，黑色金属冶延业实现税收收入5.88亿元，增长81.1%，增收2.64亿元；受基础设施投资增长驱动，水泥需求保持较快增长（水泥产量比上年增长20.6%），拉动非金属矿物制品业实现税收5.89亿元，比上年增长59.6%，增收2.20亿元；商品房销售总额比上年增长3.7%，房地产业入库税收比上年增收5.46亿元；同时，随着深茂铁路阳江段等基础设施建设不断推进，全市建筑业税收比上年增收3.65亿元。

政策调控影响促进税收收入增长。受1.6升及以下排气量乘用车车辆购置税税率由7.5%恢复到10%的政策影响，车辆购置税完成6.13亿元，比上年增长24.5%，增收1.21亿元；城镇土地使用税税额下调形成了减收效应，但由于征收期调整，所属期为2017年度的税款集中在2018年1—2月入库，入库时差带动全市城镇土地使用税增长6.1%。

加强风险防控助推税收收入增长。阳江税务系统针对税收管理中的薄弱环节，采取有效措施强化税收风险防控管。积极探索“分行业单税费种管理”和“单行业多税费种管理”，构建全税费种多维度联动管理模式，进一步提升税收质量。打造税务稽查执法新模式，持续推进“双随机、一公开”。对接全市105个重点建设项目，充分运用社会外部资源协同管理，切实加强对重点建设项目税收的动态监控，有效助推税收收入增长。

减收因素：主要源于耕地占用税和国内消费税，分别比上年下降49.2%和12.2%，下拉国内税收1.2个百分点。此外，因下调车船税使用税额标准，全市车船税下降13.2%。减收的行业主要源于食品制造业，比上年下降19.5%。

【税收征管】　深化国税地税征管体制改革，融合效应加快释放。制定“改革方案+配套办法+操作文件”的制度体系，建立“1+13+6+N”的改革组织机制，市县乡三级新税务机构顺利挂牌，98个机构完成整合设置。消除国税地税征管差异、调整征管职能和制度，推进征管业务整合、办税服务融合；不断提升税收征管效能，推进基于互联网生态的新型征管模式，挖掘征管资源整合、信息数据聚合的潜力；加强税收风险应对，推广应用跨区域风险管理协作系统，开展“机器学习”算法风险分析；推行征管服务“两化”建设，不断细化完善各税种和专业领域税源管理工作，建立税收政策、征管制度与信息系统间的联动调整制度，奠定良好的事中事后监管基础；全面推行实名办税，实现一次采集、共享互认；深化税收征管信息化建设，推进金税三期系统并库上线准备工作，完成个人所得税系统扣缴客户端上线、自然人手机App推广应用、社保和非税收入征管数据清理等重点工作，税费同征同管稳步推进；完善增值税发票全链条管理，打造税种联动风险管理模式，开展企业所得税汇算清缴，加强出口退（免）税预警评估，推进大企业“基础＋专业”分类分级管理，完成车辆购置税电子完税证明电子化试点工作，优化规费监控分析平台功能，税费种管理质效不断增强。

【纳税服务】 聚焦纳税人的堵点、痛点、难点问题，持续深化“放管服”改革。稳步推进办税便利化改革，实现“前后打通”深入破除部门之间办税壁垒，“左右打通”加快推进国地税业务一窗通办，“上下打通”科学配置窗口服务队伍的“三打通”。对4大类21项业务流程升级再造，前移783项涉税服务至办税大厅一窗通办，取消非行政许可审批事项22项，清理税收规范性文件，出口退（免）税平均办理时长缩至8个工作日，在全省率先把税务票房引入政务服务大厅，服务效能持续提升。拓展全方位办税功能，全面实现办税服务厅涉税业务“一窗通办”、税费业务“一厅通办”。拓展纳税信用增值利用，深入推进“银税互动”，2018年度金融机构向符合条件的企业累计贷款485笔共58865万元，有力支持中小企业发展。探索综合治税新模式，牵头建立市政府重点建设项目信息共享平台，全市105个重点建设项目实现税收共管共治。

【依法治税】 深入推进税收法治建设，严格税收规范性文件的制定和管理，推动领导干部带头学法日常化，扎实推进税收执法“三项制度”，大力开展宪法宣誓、专题讲座和普法宣传等活动；深入开展打击虚开增值税发票、骗取出口退税违法犯罪两年专项行动，发现并阻止涉嫌虚开增值税发票窝案，有效防范重大虚开案件发生；通过外聘法律顾问，培养公职律师、公职律师储备人才，选拔普法志愿者等方式，建立专业法律人才队伍，推动依法治税。配合做好扫黑除恶专项斗争，税收秩序持续规范。2018年，阳江市税务局在全市首届国家机关“谁执法谁普法”履职评议中排名第一，被评为“优秀”等次。

【队伍建设】 坚持以人为本、严管善待，持续激发干部职工干事创业积极性。开展谈心谈话，思想政治工作不断加强。组织互补性业务培训，加强“和合”文化培育，倾心打造以“和衷共济、志同道合”为核心的“和合”文化品牌，完善党建文化展厅，开展系列文化活动，举办10次“我与改革同行”主题系列分享会，召开首届全系统运动会，组织创作一批优秀文化作品，广泛开展精准扶贫、“金税暖阳”志愿服务等活动，树立阳江税务良好形象。

【全面从严治党】 着力完善“条主责、块双重、纵合力、横联通、齐心抓、党建兴”新纵合横通强党建机制体系，落实“下抓两级、抓深一层”工作要求，推行“3456”党建工作法，探索“互联网＋党建”新模式，市县乡三级联动、党业相促进、线上线下相融合的党建工作格局基本形成。制定基层党组织三年行动计划，建立完善党委工作制度、党支部制度，推广应用内部控制监督平台，制定巡察工作五年规划。以党建引领税务工作，全面激发干部队伍干事创业活力，在高质量推进新时代税收现代化的新征程上迈出坚实步伐。

（陈海韵）

湛江市税务局

【经济概况】　2018年，湛江市生产总值3008.39亿元，首次突破3000亿元大关，比上年增长6%，实现历史性跨越。实现规上工业增加值770亿元，增长5.2%。工业企业经济效益综合指数排名全省第2。

【税费收入】　2018年湛江市税务系统组织税费收入611.69亿元，比上年增长10.6%，增收58.85亿元。其中国内税收收入356.24亿元，增长11.2%，增长速度位居全省第6位；海关代征153.62亿元，增长2.0%；费金收入101.83亿元，增长24.5%。

【税收特点】　2018年，湛江市税务部门发挥税收职能作用支持湛江招商引资计划，开辟“绿色通道”主动服务湛江大项目、大企业，为湛江发展贡献税务力量。率先将22项非行政许可类审批事项调整为其他权力事项，仅保留5项行政许可类审批事项。将依申请涉税事项全部前移到前台“一窗式”办理，加快审批进度，即时办结事项由35项增加到111项，限时办结时间提速近50%。通过“一厅通办”“智税宝”“银税互动”等举措，持续优化湛江税收营商环境。专门成立巴斯夫项目税收服务专项工作小组，梳理出七大方面税收优惠政策，支持巴斯夫项目落户湛江。为宝钢、中科炼化、晨鸣等大企业提供一对一税务服务，积极推进新时代湛江税务与经济协调共进、高质量发展。把行政执法公示、执法全过程记录和重大执法决定法制审核“三项制度”作为推进严格规范公正文明执法的重要抓手，于2018年12月15日全面上线“行政执法信息公示平台”，实现省、市、县（区）三级覆盖。将个人所得税改革作为“政治工程”“‘一把手’工程”来抓，在全省首创个人所得税改革宣传辅导专区和党员先锋攻坚队，内外宣传培训以及实地督导，确保个人所得税改革顺利落地。整合原国税地税的税务文化，建成“党建文化展厅”和“税务文化展厅”，并在全省率先提炼形成“崇法尚德、和合共进”的湛江税务精神，被湛江市列为创建“全国文明城市”唯一的政务环境建设示范点。在2018年纳税人满意度调查中，湛江市局以93.04分的成绩在全省税务系统排名第4，麻章区局、开发区局、遂溪县局、坡头区局4个单位满意度排名进入全省前20。积极发挥绩效管理“促改革、抓重点”的作用，在2018年省对市绩效考评中排名第8，进入第一档，在驻湛机关落实“四个全面”绩效考核中荣获一等奖。

【税源分析】　2018年，按行业性质分，湛江市税务部门登记在册纳税企业158739户，其中：农林牧渔业3893户，采矿业266户，制造业11207户，电、气、水生产供应业413户，建筑业3563户，交通运输、仓储邮政业4015户，信息传输、计算机软件服务业2373户，批发零售业86651户，住宿、餐饮业10985户，金融业1113户，房地产业5846户，租赁和商务服务业8080户，文化、体育、娱乐业1106户，教育业1633户，水利环境和公共卫生业251户，国际组织88户，卫生和社会工作576户，科学研究和技术服务业2011户，居民服务、修理修配业13595户，公共服务、社会保险业1059户，其他行业15户。按企业性质分，湛江市税务部门登记在册纳税企业158739户，其中：内资企业49176户，港、澳、台商投资企业649户，外商投资企业417户，个体经营104393户，非企业单位3845户，其他259户。

国家税务总局湛江市税务局国内税收收入规模达356.24亿元，居全省第10位；国内税收收入增速达11.2%，比全省平均增长速度（7.6%）高3.6个百分点，居全省第6位。从分级库看，中央级收入206.62亿元，比上年增长5.5%，增收10.70亿元，完成预期目标的101.8%；地方级收入149.62亿元，增长20.2%，增收25.18亿元，完成预期目标的102.5%。其中：市县级收入93.12亿元，比上年增长18.11%；市本级收入40.69亿元（剔除成品油上划中央收入2.3亿元），增长21.1%，完成市财政局下达预期目标37.8亿元的107.6%。从税种看，货物和劳务税中，国内增值税收入131.49亿元，增长12.1%，受税率下调、部分行业留抵退税及调库收入下降影响，增速有所回落；车辆购置税收入8.39亿元，比上年增长21.7%，增收1.50亿元；国内消费税收入73.51亿元，下降15.7%，主要受东兴延期11.62亿元因素影响。所得税中，企业所得税收入58.59亿元，增长55.0%，主要是宝钢等部分重点企业盈利情况较好；个人所得税收入19.52亿元，增长20%，低于前三季度8.3个百分点，收入增幅明显回落，个人所得税新政减税效应明显；财产行为税中，城镇土地使用税（61.6%）、土地增值税（40.5%）、房产税（39.0%）较快增长；受全面落实广东扶持实体经济发展减负十条及规范征收期等因素影响，耕地占用税（-10.0%）和车船税（-9.5%）呈负增长。从区域看，吴川市局、开发区局（含东海局）、坡头区局、麻章区局、徐闻县局国内税收增速高达20%以上，分别为32.3%、27.7%、27.0%、26.4%、23.3%；而廉江市局受家具行业冲击影响，国内税收下降1.0%；中心城区赤坎、霞山国内税收分别增长11.3%、8.0%。从十大重点行业看，房地产行业收入50.85亿元，增长37.3%，增收13.8亿元，贡献最高；钢铁行业收入10.52亿元，增长1.6倍，增收9.92亿元；建筑行业收入30.0亿元，增长38.7%，增收8.38亿元；三者合并增收32.1亿元，占国内税收增收额的89.5%，拉动国内税收收入增长10个百分点，是税收增长的主力。部分行业受不可比因素影响，税收增幅出现下降。其中：成品油行业收入91.40亿元，下降10.9%，减收11.12亿元；电力行业收入3.93亿元，下降25.3%，减收1.33亿元；卷烟行业收入12.48亿元，下降4.9%，减收0.64亿元。

【国税地税征管体制改革】 2018年，国家税务总局湛江市税务局严格按照国家税务总局、省税务局的统一部署开展税务机构改革工作，在地方党政的大力支持下，成立了国税地税征管体制改革专项小组，统筹领导机构改革工作。2018年7月5日，完成市级税务机构挂牌；2018年7月20日，完成县级和镇级税务机构挂牌；2018年10月30日，市、县级税务机构“三定”暂行规定全部落实到位；顺利完成城乡居民医保、城乡居民社保和村镇基础设施配套费等3项社会保险费和非税收入征管职责划转。改革后，国家税务总局湛江市税务局的内设机构、派出机构和事业单位28个，比合并前减少16个，22个县（市、区）局撤并为当前的10个，税务分局

（所）由71个撤并为62个，湛江市税务机构精简了30%，3000余名在编税务干部，按人随事走原则各安其位，迅速实现队伍融合。

【优化税收营商环境】　2018年4月3日上午，湛江市税务部门和湛江市行政服务中心联合举办湛江市"优化税收营商环境　助力经济高质量发展"跨界研讨会暨2018年税收宣传月启动仪式，发布"湛江市优化税收营商环境十项举措"以及办税事项"最多跑一次"清单和2018年"便民办税春风行动"内容，从办税服务体系、模式、流程、时间、外部协作、政策落实、执法质量、企业融资、纳税人权益保护、服务经济大局等10个方面，出台完善多维度智能化办税服务体系、深化"互联网+税务"智慧办税模式、简化办税流程降低办税成本等实实在在的十大举措，进一步提升税务服务的质量和效率，助力湛江经济高质量发展。

（许志勇）

茂名市税务局

【经济概况】　2018年全市实现地区生产总值3092.18亿元，比上年增长5.5%。全市人均地区生产总值达到49406元，按年平均汇率折算为7466美元。全年城镇新增就业6.47万人，城镇登记失业率为2.44%，比上年下降0.01个百分点。全年地方一般公共预算收入136.14亿元，比上年增长6.2%。全年全部工业增加值比上年增长2.4%。全年固定资产投资比上年增长1.8%。全年商品房施工面积增长32.6%，竣工面积增长69.9%，销售面积增长1.2%。全年社会消费品零售总额1541.37亿元，比上年增长8.5%。全年进出口总额151.7亿元，比上年增长11.7%。其中：出口总额127.3亿元，增长31.0%；进口总额24.4亿元，下降36.8%。全年全市居民人均可支配收入21349.9元，比上年增长7.4%。其中：城镇常住居民人均可支配收入27163.4元，增长7.3%；农村常住居民人均可支配收入16950.8元，增长8.0%。

【税费收入】　2018年全市税务部门实现税费收入首次突破500亿元大关，达520.96亿元，比上年增长8.3%。其中，组织税收收入435.61亿元，增长5.2%；剔除海关代征税收，税务部门组织国内税收收入365.32亿元，下降1.1%。中央级收入294.48亿元，下降4.2%；地方级收入141.13亿元，增长4.4%。其中省级收入51.84亿元，增长8.2%；市县级收入89.29亿元，增长2.3%。另外，海关代征税收70.29亿元，比上年增长56.7%；出口退（免）税18.48亿元，增长177.3%。非税收入方面，组织社会保险费收入70.27亿元，比上年增长34.3%；组织教育费附加、地方教育附加等非税项目收入15.08亿元，增长4.3%。

【税收特点】　2018年，全市税收具有以下特点：一是全市税收波动明显，累计增速低位回调。从各月收入情况来看，单月收入波动较大，波动百分比普遍在2位数以上，税收增长不够稳定。累计收入方面，受单月税收波动以及增值税、契税、消费税相关政策改革调整等诸多因素影响，下半年以来，税收累计增幅逐月回落态势。二是县域税收保持稳定，市区税收小幅下降。2018 年县域地区税收收入 60.44 亿元，比上年增长 6.6%，增长基本保持稳定；市区方面（含市税务局第一税务分局和滨海新区、茂南区、电白区税务局）合计收入 304.88 亿元，下降 2.4%。三是所得税种增长较快，其他税种差异较大。2018 年全市所得税收入 52.0 亿元，比上年增长 15.0%。其中：企业所得税增长 16.0%，个人所得税增长 12.1%。其他税种方面，流转税收入 243.41 亿元，比上年下降 3.1%；财产行为税收入 69.92 亿元，下降 3.9%。四是重点行业增长较快，税收支撑作用显著。制造业、建筑业、批发零售业和房地产业等四大行业 2018 年实现税收收入 383.95 亿元，占全市税收总量的 88.1%，税收比上年增长 10.1%。

【税源分析】 2018 年，茂名市主要税源情况如下：一是除茂石化外的工业企业税收快速增长。南海精细化工公司、茂名石化液化空气气体公司等企业建成投产，拉动作用很大。2018 年全市工业税收收入 287.78 亿元，比上年增长 3.5%，剔除茂名石化公司影响因素，其他工业企业税收收入 28.24 亿元，增长 33.1%。二是建筑业税收快速增长。深茂铁路茂名段如期通车，云茂高速茂名段加快建设，中德大道、南排大道、茂化快线东延线等市域路网建设，建筑业稳步发展。2018 年全市建筑业税收收入 34.01 亿元，比上年增长 47.7%。三是房地产业税收持续快速增长。万达广场、城光世纪城、保利中环广场、爱琴海购物公园等城市综合体加快建设，带动房地产业持续快速发展。2018 年房地产业税收收入 44.09 亿元，比上年增长 36.9%。四是批发零售等行业税收稳定增长。全年社会消费品零售总额 1541.37 亿元，比上年增长 8.5%。批发零售业税收收入 23.69 亿元，增长 8.8%。五是金融业税收稳定增长。2018 年全市金融业税收收入 10.12 亿元，其中货币金融服务税收收入 5.77 亿元，比上年增长 16.8%。六是科学研究和技术服务业税收快速发展。2018 年全市科学研究和技术服务业实现税收收入 1.66 亿元，比上年增长 245.4%。

【国税地税征管体制改革】 建立以“党委+专项工作组+联络督导组+纪律检查组”为主要框架的“1+10+6+1”组织体系，细化改革工作事项 12 类 53 项 631 个，确保市、县、乡三级新税务机构挂牌等改革事项圆满完成。先后制定党委工作规则、行政工作规则、过渡时期财务管理办法等基础性制度 51 项，形成规范有效的管理运行机制。制定《窗口人员实操工具书》，对全市窗口工作人员累计组织培训 10 期 15 场次 2300 多人次，有效推动全市办税窗口在全省率先基本实现“一窗通办”。深入开展“大调研、大讨论、大谈话、大融合、大宣传、大党建”等“六大行动”，部署开展“三个谈心全覆盖”2200 人次，累计收集各类改革意见建议 250 条，采纳 158 条。加强队伍管理，提供强而有力的组织保障。全面开展数字人事工作，积极发挥绩效管理指挥棒作用，争取省局支持解决市局机关部分临近退休老同志的政治待遇，依规有序选拔科级非领导职务干部，有计划、有步骤、有针对性地开展国地税业务知识培训，大力开展文明单位、青年文明号等创建活动。

【依法治税】 一是全面推广税收执法“三项制度”，大力创建“法治示范基地”，更好规范税务行政行为；全面清理本级税收执法权力事项，公布权责清单和业务流程图，促进依法治税公开化、透明化；健全和完善税务稽查“双随机、一公开”监管机制，严格按照确定的比例和频次实施随机抽查，为各类市场主体营造公平的竞争环境。二是深刻吸取“12·26”重大虚开增值税发票案件教训，系统总结查办经验，成功侦办“7·09”特大虚开发票团伙案，据初步统计，涉及虚开增值税专用发票18330份，上下游涉案发票税额8.6亿元。同时，延伸开展石化商贸行业税收专项整治稽查立案93户，涉及上下游企业1577户，涉嫌虚开增值专用发票28976套，涉案税额10.55亿元。此外，强化门前代开增值税普通发票和临时登记纳税人自开增值税普通发票风险管控，全市门前代开总金额比上年下降44%，临时登记纳税人自开总金额下降94%。三是切实履行税收普法职责，全面开展税法进校园、进社区、进企业等法治宣传和普法活动，提升社会税法遵从度。

【优化服务】　一是坚持“机构改革，服务先行”，扎实推进“放管服”改革，坚决落实好“最多跑一次”“一厅通办”“一键咨询”“一套资料办”和“主税附加税一次办”等“硬举措”，提升纳税人获得感。二是推进减税政策落地，发放减税降费红利超43亿元，有效减轻纳税人负担。特别是落实深化增值税改革三项政策，为巴斯夫公司带来4800万元留抵退税，获企业赠送锦旗。同时，打好个人所得税改革冲刺阶段的关键战和攻坚战，确保新个人所得税法政策顺利落地，让广大自然人实时享受到税改红利。三是充分发挥税收服务茂名经济社会发展大局的作用，用好税收数据资源，加强分析报告，提供决策依据。

【全面从严治党】　一是夯实党建基础，发挥先锋作用。积极开展主题党日、中心组学习等活动，党委书记和副书记做专题党课辅导，推动“两学一做”教育活动常态化制度化，进一步唤醒普通党员的身份意识。各级党委班子建立基层党建联系点87个，机构改革期间，蹲点调研560余人次，发现解决各类问题700多项。及时开展党支部选举，组建“先锋队”“突击队”，广泛设立“示范岗”“先锋岗”，积极搭建“争做改革标兵，争做岗位先锋”等实践活动载体，党员的示范和引领作用更加凸显。二是坚持全面从严治党永远在路上。各级党委班子切实落实主体责任，党委书记认真履行第一责任人责任，党委副书记全力协助抓落实，其他班子成员认真履行“一岗双责”。以“12·26”重大虚开增值税发票案件为典型案例，由市税务局党委班子带头，深刻剖析整顿，并召开专题民主生活会和全市警示教育大会，组织党员领导干部旁听职务犯罪案件庭审和法庭宣讲，引导广大税务党员干部以典型案例为镜鉴，深刻吸取教训。持续加大执纪审查力度，2018年，全市税务系统共受理信访举报件30件，处置问题线索20件，立案1件，结案1件；开展“一案双查”11宗，对企业主管税务机关提出监察建议38条，处理税务人员36人。制定全市国税地税征管体制改革中履行纪检监察职责工作方案，研究划定“15条纪律红线”，对6个区（市）局开展交叉检查，为平稳有序推进全市国税地税征管体制改革提供坚强纪律保证。

（潘　强）

肇庆市税务局

【税费收入】 2018年，面临经济及政策性减税降费等困难和挑战，全市税务系统认真履职，团结拼搏，始终把提高质量作为组织收入工作的着力点，牢牢把握组织收入主动权。全年在收入的增量和质量方面呈现近年来最好局面，全市全年组织税费收入318.39亿元，比上年增长18%。其中组织国内税收收入224.98亿元，增长13.4%，增幅在全省地级以上市中排名第4；组织市县区级税收收入增长19.9%，排名全省第1位；组织社会保险费入库76.35亿元，增长42.14%，圆满完成市政府考核任务；组织其他费金收入9.04亿元，增长21.56%。

【税收特点】 2018年，全市税收工作具有以下特点：一是各预算级次收入均实现增长。税务系统组织中央级收入96.9亿元，比上年增长9.1%，增收8.10亿元；省级收入46.05亿元，增长11.9%，增收4.91亿元；市县区级收入82.03亿元，增长19.9%，增收13.64亿元。二是大部分县级征收单位实现两位数增收。全市10个县级征收单位中有8个收入实现增长。其中：封开、鼎湖、广宁和高新区增幅高于全市平均，增幅分别为38.1%、30.6%、17.5%、16.5%。高要、怀集、四会和端州收入增幅分别为12.9%、12.6%、12.4%、8.5%，低于全市平均。三是主要税种平稳较快增长，小税种增长差异明显。国内增值税收入106.44亿元，增长13.6%，增收12.79亿元；企业所得税收入34.43亿元，增长7.9%，增收2.53亿元；土地增值税17.65亿元，增长7.5%，增收1.23亿元；个人所得税收入16.45亿元，增长22.8%，增收3.05亿元。上述4个主要税种合计增收额占总增收额73.55%。小税种增长差异明显，其中城镇土地使用税（159.3%）和房产税（58.1%）等快速增长，耕地占用税（-13%）、车辆购置税（-10.3%）和车船税（-7.5%）等则出现不同程度减收。

【税源分析】 2018年，肇庆市主要税源情况如下：经济增长带动主要行业税收普遍快速增长。近年来，市委市政府牢牢把握粤港澳大湾区发展机遇，持之以恒推进工业发展和创新驱动发展，交通和城市建设提速，招商引资成效显著，重点建设项目投资加快推进。2018年全市GDP、固定资产投资额等相关经济指标较上年同期增速明显回升、房地产市场保持平稳发展，全市主要行业税收保持快速增长势头。一是项目投资加快推进，拉动建筑业税收大幅增长。受益于省运会在肇庆市举办，肇庆新区崛起、府城复兴及各项民生工程的大建设、大投入，前11个月全市固定资产投资同比增长9.3%，房地产开发投资增长69.5%，带动建筑业税收大幅增长。2018年全市建筑业税收收入23.62亿元，增长36.8%，增收6.35亿元。二是投资环境持续改善，促使房地产业税收大额增收。高品质城市建设带动房地产销售热度持续，房价上升，前11个月全市商品房销售面积增长17.3%，带动房地产及相关税收增长。2018年全市房地产业税收收入51.66

亿元，增长 14.2%，增收 6.44 亿元。全市契税收入 12.80 亿元，增长 22.4%，增收 2.34 亿元。三是工业生产稳步发展，助推制造业税收快速增长。2018 年全市制造业税收收入 69.06 亿元，增长 19.7%，增收 11.34 亿元。工业去产能后，部分实力强、技术含量高的制造业企业集团在竞争中进一步发展壮大，产品供不应求，如广东风华高新科技股份有限公司全年缴纳税款 3.32 亿元，增长 1.44 倍。

征期和政策调整导致个别税种出现较大的增减变化。由于征收期调整，2017 年年末大部分的房产税和城镇土地使用税在 2018 年年初入库，该年两税种合计增收 4.70 亿元，占总税收增量的 17.66%。与此同时，由于暂住证政策调整，外地来肇庆购车数量下降，全市车辆购置税下降 10.3%，减收 9472 万元。

耕地占用税等一次性收入大额减收。由于上年同期耕地占用税集中入库形成大额一次性税源基数，2018 年全市耕地占用税收入 2.06 亿元，下降 13%，减收 3088 万元。

严格落实优惠减免政策，各项减免持续加大。今年以来，全市税务系统在抓好税收收入同时，认真贯彻落实推进“放管服”改革，着力优化营商环境工作部署，充分发挥税务部门职能作用，不折不扣落实各项减免税政策，内容涵盖促进实体经济发展、支持“大众创业、万众创新”、扶持民生领域发展等多个方面，大力支持实体经济发展，让纳税人充分享受改革红利，其中鼓励高新技术、改善民生、促进小微企业发展共减免税额 20.67 亿元。

【征收管理】　一是征管信息化建设持续深化。成功上线自然人税收管理系统，密切监控各地个人所得税扣缴客户端推广应用及扣缴申报情况，全市 36206 户扣缴义务人已全部安装使用扣缴客户端。推广应用业务保障平台，做好“三定”人员岗位设置、税收业务验证、系统运维等工作，完成统一工作平台第一批优化功能上线。二是“三定”后管户调整按期完成。按照“三定”方案如期在金税三期系统对内设机构、派出机构及事业单位进行相应的配置和维护，确保金税三期系统平稳运行。制定管户调整清册和新旧主管税务机关对照表，确保新税源管理机构与管户相匹配，全市共对约 15 万户纳税人完成管户调整工作。三是税收风险管控力度加大。建立数据和风险管理专业团队，完成全市数据综合利用平台上线应用。推进风险模型体系建设，共建立 195 个风险指标模型。在全省率先开展保险公司代收代缴车船税风险核查工作，开展重点行业风险分析专项工作，积极参与全省重点影视企业名单及相关风险分析数据核查，实现税收风险任务扎口下发。全年组织风险核查任务 3374 户次，共查补税款 2.55 亿元。四是发票管理措施规范到位。落实首次申领发票 1 日办结措施，全市全年发票供应 7204 万份。做好冠名发票印制和后续服务，大力推广增值税电子发票，纳税人全年开具电子普通发票 1085 万份，比上年增长 638.7%。

【服务发展大局】　一是助力民营企业发展成效明显。全市共走访民营企业 114 户，收集意见建议 48 条。全市各级税务机关共召开“问需求、查短板、帮发展”民营企业座谈会 16 场。与全市 23 家金融机构签订“银税互动”合作备忘录，对中小民营企业发放无抵押贷款 77.31 亿元，有效解决中小民营企业融资难问题。二是“放管服”改革进一步深入。在全省开办企业便利度测评中，肇庆市排行全省第 4 位。全面推行一般纳税人增值税“一键申报”服务，落实办税服务厅“一厅通办”整合工作，全市 31 个办税服务厅全面完成“一人一机双系统”设置。进一步优化办理企业税务注销程序。进驻市“粤省事·肇庆行”网上小程序，拓宽市民办税渠道。各县（市、区）不动产交易缴税业务全部进驻地方行政服务中心，实现“一门式”“一网式”“一站式”“一次办成”。加强国际税收政策宣传，成立国家税务总局肇庆市税务局粤港澳大湾区工作专业管理服务团队。三是税费改革红利持续释放。全年落实鼓励高新技术、改善民生、支持小微企业发展政策减免税共20.67亿元，全年落实政策减负2.02亿元。严格落实国务院会议要求，在改革到位前保持社会保险费现有征收政策不变。全市受理7264户纳税人的保障残保金退库申请，办理申请退库金额7743.49万元，充分释放降费减负政策红利。四是精准扶贫攻坚取得新成效。全力抓好广宁、怀集2个对口帮扶点、7个扶贫村、428户贫困户和四会社会主义新农村帮扶点的帮扶工作。

【纳税服务】 2018年，肇庆市局纳税服务中心按照省、市税务局统一部署，深入开展“便民办税春风行动”，深化“放管服”改革要求，持续开展优化税收营商环境，着力提升办税便利度，顺利完成办税服务厅整合工作，确保改革平稳过渡。纳税人满意度调查总体得分排行全省第5位，28个测评指标得分全部高于全省平均分，9个县（市、区）局得分全部高于全省平均分。

持续优化税收营商环境，提升纳税人满意度。一是认真开展提升办税服务便利度工作。迅速制定工作方案，制发问题清单，主要对简化资料报送、优化办税流程、办税服务厅整合、办税服务制度落实、办税便利化改革落实和12366纳税服务热线情况等10项重点工作有步奏有计划开展排查，对自查发现的问题采取有效措施立行立改。二是全面落实办税事项“最多跑一次”工作。认真落实办税事项“最多跑一次”清单，实现办税提速50%以上。三是积极推广实名办税。全市实名办税捆绑率达到85%。四是增强措施公开性，季度活动有成效。邀请本地区两会代表委员畅谈今年来“春风行动”开展情况的感受，征询税务系统便民办税工作的意见建议。

完成办税服务厅整合工作。扎实推进税费业务一厅通办，因地制宜对全市办税服务厅和窗口进行优化调整。41个原国税、地税和行政中心办税服务厅根据国税地税合并后业务流程优化要求整合为31个。全市9个县（市、区）局不动产交易税费业务全部进驻窗口全面实现不动产“一门式、一网式、一窗式”办理。

实现12366纳税服务热线“一键咨询”。严格按照省税务局12366纳税服务整合工作方案的具体要求，实现12366对外一个号码、一个标识、一个口径，对内一套系统、一套制度、一套流程，12366全部税费业务“一人一机一系统通答”。

扩大纳税信用增值利用。2018年肇庆市纳入评价范围的企业共36250户，共评出A、B级纳税人合计11480户，占到全市参评企业总数的31.67%，纳税信用等级A级企业1685户，占评比户数的4.65%，较上年增加246户，反映肇庆纳税人依法纳税意识逐年加强。2018年共完成纳税信用补评、复评115户企业，其中补评15户、复评100户。

深入开展大走访大调研活动。一是召开纳税人座谈会。二是开展大调研走访座谈支持民营经济发展活动。三是多渠道问需求。

（麦宝明）

清远市税务局

【经济概况】　2018年，清远市完成生产总值1560亿元，比上年增长4%左右；完成固定资产投资760亿元，增长14%，其中重点项目完成年度投资111.6%；规上工业增加值442亿元，增长7.3%；社会消费品零售总额754亿元，增长10%；一般公共预算收入111.9亿元，增长8.6%；外贸进出口总额410亿元，增长25%；全社会用电量增长12.8%；12月末金融机构本外币存、贷款余额分别增长8%和13.7%。发展质量进一步提高，前11月规上工业经济效益综合指数提高20.4个百分点，利润总额增长22.1%；高技术制造业、先进制造业增加值分别增长12.5%和14.2%。非税比重降至27.9%。

【税费收入】　2018年，全市税费收入完成337亿元，增长20.2%。全市税收收入完成247.4亿元，增长13.2%。其中税务部门组织国内税收收入239.1亿元，增长12.9%；海关代征进口税收收入8.3亿元，增长20.6%。税务部门组织费金收入89.6亿元，增长45.0%。同时，共办理出口产品退（免）税16.3亿元，增长32.1%。

【税收特点】　2018年，全市税收呈以下特点：一是国内税收收入累计增速较快，但逐步放缓。全年国内税收收入累计增速12.9%，在全省21个地级以上市中排名第5位，较全省平均增速（7.6%）高5.3个百分点，较粤东西北平均增速（7.3%）高5.6个百分点，高于河源（11.2%）、湛江（11.2%）、云浮（10.4%）、韶关（8.8%）等相邻地区。但从全年累计增速看，随着各项减税降费政策的陆续出台和效应呈现，累计增速明显呈现高开低走的态势，12月累计增速（12.9%）较1月增速（33.6%）下降20.7个百分点。二是各预算级次保持均衡较快增长。全年税务部门组织的中央级收入108.3亿元，增长12.4%；地方级税收收入130.8亿元，增长13.4%，增速比中央级收入快1.0个百分点。其中省级税收收入50.0亿元，增长14.2%；市县级收入80.8亿元，增长12.9%。三是各税种普遍实现同比增长。2018年，大部分税种实现同比正增长。国内增值税、企业所得税、个人所得税、土地增值税等主体税种实现两位数较快增长。国内增值税入库税收111.4亿元，增长13.1%，增收12.9亿元；企业所得税入库46.8亿元，增长12.2%，增收5.1亿元；个人所得税入库18.7亿元，增长29.7%，增收4.3亿元；土地增值税入库17.2亿元，增长15.1%，增收2.3亿元；房土两税合计入库8.1亿元，增长106.1%，增收4.2亿元；资源税入库1.3亿元；耕地占用税入库税收0.9亿元，下降47.8%，减收0.8亿元；契税入库10.5亿元，下降13.7%，减收1.7亿元。四是全市各征收单位全部实现税收增长。2018年，全市税务系统各征收单位税收收入均正增长，其中水泥等建材行业兴旺拉动英德市成为全市组织税收收入增速最高的单位，税收收入增速高达28.0%，比全市增速（12.9%）快15.1个百分点。连南县借招商引资各项优惠东风，税收收入增速亮眼，全年税收累计增速 17.5%，较全市增速（12.9%）快4.6个百分点。

【税源分析】 2018 年，清远市主要税源情况如下：一是经济运行平稳，为税收增长夯实基础。2018 年，全市经济运行总体平稳，税源得到进一步培植。其中，制造业入库 69.7 亿元，比上年增长 19.4%，增收 11.4 亿元；建筑业入库 24.7 亿元，增长 28.7%，增收 5.5 亿元；批发零售业入库 16.8 亿元，增长 6.4%，增收 1 亿元；金融业入库 13 亿元，增长 12.5%，增收 1.4 亿元。二是非金属矿物制品业实现有力增长，但增速逐步放缓。水泥等相关产品自 2017 年起量价齐升，带动非金属矿物制品业销售收入和利润大幅提高。2018 年，以水泥产品为首的非金属矿物制品业入库税收 29.2 亿元，增长 42.8%，增收 8.8 亿元，占全市国内税收收入增收额（27.4 亿元）的 32.1%，有力支撑国内税收收入整体增长。但从非金属矿物制品业规模以上工业增加值增速数据看，2018 年以来非金属矿物制品市场有所回落，1—11 月该行业规模以上工业增加值增速（8.6%）较第三季度增速（9.4%）回落 0.8 个百分点，较上半年增速（11.1%）回落 2.5 个百分点。非金属制品业税收收入增速也随着逐步放缓。三是重点税源入库及时。全市百强企业共入库 88.9 亿元，占国内税收的比重达到 37.2%。四是房地产市场持续冷却，相关税收增速显著回落。2018 年以来，虽然房地产开发投资持续高速增长，但房地产销售市场却未见景气。1—11 月，全市商品房销售面积 604.1 万平方米，同比下降 27.3%；销售额 490.7 亿元，同比下降 7.4%。受此影响，房地产业 12 月累计税收增速（8.7%）较 1 月累计税收收入（51.1%）大幅下降 42.4 个百分点。五是电力行业双重压力下持续减收。受企业改制和降雨量下降影响，全市电力生产与供应业税收收入 7.4 亿元，下降 14.2%，减收 1.2 亿元。其中，电力生产行业税收收入 4 亿元，下降 15.9%，减收 0.8 亿元；小型水力发电企业集中的地区受影响较大，如阳山县地区水力发电增值税收入下降 21.8%。

【税企交流】 为深入学习贯彻习近平总书记在广东视察和在民营企业座谈会上的重要讲话精神，切实推动民营经济再上新台阶，2018 年 11 月 8 日，市税务局举办民营企业家税企座谈会，通过问计、问需、问难，倾听民营企业家对发展壮大民营经济的意见和建议，以进一步优化税收营商环境，助力民营企业发展。十三届全国人大代表、清远市中小企业协会会长蔡仲光等多位民营企业家代表发言，并对税务部门在优化征管流程、完善纳税服务和加强涉税辅导以及进一步支持民营企业发展等方面，提出意见和建议。

【减税政策培训】 2018 年 11 月 26 日，由广东省税务局主办、清远市税务局承办、清城区税务局协办的“国务院七项减税政策解读（企业所得税部分）”在线直播活动在清城区税务局成功举行，来自全市逾百名纳税人代表参加现场培训，数千名纳税人通过手机、PC 等终端收看了网上直播。通过授课老师与纳税人的线上、线下实时交流互动，对七项减税政策（企业所得税部分）的具体内容进行全面、细致的政策辅导和解答，进一步深化纳税人对企业所得税优惠政策的理解。直播期间，在线直播平台收集留言超过 100 余条，累计解答问题 23 条，进一步加深纳税人对政策理解和掌握。

【税收宣传作品获奖】 2018 年 12 月 12 日，由国家广播电视总局发展研究中心、广东省新闻出版广电局、清远市人民政府联合主办的

“白兰杯”2018年全国原创公益广告征集与传播活动评选结果揭晓，清远市税务局电视作品《税之匠心　与您同行》、高新区税务局电视作品《合二为一　利国利民》及广播作品《服务大升级　办税更便捷》3件作品在全国参赛作品中脱颖而出，均获得了清远市“原创新力量奖”。

（覃信豪）

潮州市税务局

【经济概况】　2018年，潮州市实现生产总值1067.28亿元，比上年增长5.3%。全市人均GDP达到40219元，增长5.1%。一般公共预算收入47.37亿元，增长6.2%；规模以上工业增加值311.49亿元，增长3.7%；全市完成固定资产投资总额增长3.4%，增速比上年回落6.8个百分点；社会消费品零售总额588.10亿元，增长8.9%；全市进出口额206.30亿元，下降2.2%；居民消费价格水平比上年上涨2.2%。2018年全市组织税费收入140.13亿元，增长11.45%，增速居全省11位，快于全省平均增速（10.1%）1.4个百分点。

【税费收入】　2018年，税收收入100.93亿元，增长5.28%，首次突破百亿元大关；剔除海关代征后国内税收收入93.83亿元，增长5.79%，完成省税务局下达预期目标的105.43%。费金收入39.20亿元，增长31.29%；其中社会保险费收入35.75亿元，增长32.99%。

【税收特点】　2018年，全市税收有以下特点：从分级库看，中央级、省级、市县级收入等各级库收入平稳增长。中央级收入44.08亿元，比上年增长5.62%；地方级收入49.75亿元，增长5.95%。从主要税种看，国内增值税（2.83%）、企业所得税（2.35%）平稳增长；契税（35.63%）、土地增值税（26.30%）、个人所得税（29.66%）增长较快，合计拉动收入增长5.91个百分点。从主要行业看，建筑业、房地产业税收收入较快增长，成为拉动增长主要动力。建筑业税收收入增长28.96%，房地产业税收增长17.03%，合计拉动增长3.91个百分点。制造业税收增长0.24%，批发零售业增长3.33%。

【税源分析】　2018年，全市主要税源情况如下：一是房地产业、建筑业税收收入增长较快。房地产业税收收入12.84亿元，比上年增长17.03%，增收1.87亿元；建筑业税收收入7.13亿元，增长28.96%。二是制造业增长放缓，制造业税收收入36.98亿元，比上年增长0.24%；其中食品业增长6.04%，服装业下降25.68%，印刷业下降6.84%，陶瓷业增长0.19%，不锈钢业下降5.53%，电子业下降10.03%。三是批发零售业收入平稳增长。批发零售业收入9.73亿元，比上年增长3.33%。四是电力、热力、燃气及水的生产和供应业减收明显。电力、热力、燃气及水的生产和供应业税收收入7.20亿元，比上年下降20.61%，减收1.87亿元，其中电力生产业减收1.62亿元。五是金融业收入减收。金融业收入4.62亿元，比上年下降9.89%。

【党建引领】 结合国税地税征管体制改革，将全系统6个单位党组全部改设党委，完善党委工作规则、决策程序及配套制度。统筹设置党建工作部门，规范设立154个基层党组织，1248名在职党员向党组织作出履职尽责承诺。全面落实“两个责任”实施办法，构建“市税务局—县区税务局—基层税务分局（所）”三级联动、“局党委—机关党委—党支部—党员”四级贯通的责任体系，将管党治党责任转化为“硬任务”。抓好政治学习，开展党委（联合党委）中心组理论学习7场次，开展自上而下、及时有效的全覆盖式谈心谈话517场次，收集意见建议100多条，开通线上线下“书记信箱”，组织召开专题民主生活会等方式，倾听干部心声、了解干部诉求、征求干部意见，从多个维度将干部思想认识统一到上级各项决策部署上来，汇聚起推动机构改革事合、人合、心合、力合的强大动能。牢固树立“以党建带群团、以群团促党建”指导思想，在主题活动中组建“党员青年轻骑兵”，融思想引导、互动交流和诉求解决为一体，开展基层巡回宣讲，鼓舞和引导干部职工学身边人身边事。组织“新时代红色文化讲习所”、党员干部承诺践诺“四个一”主题党日、“传承革命基因 促进团结融合”党性教育等活动，以宣讲建党历史、感悟先烈事迹、重温入党誓词等体验式教育，激发工作热情。在文化活动中加深交流，以“四个之家”为依托，组织开展丰富多彩的文化活动，如团组织在“团青之家”开展读书分享、改革交流座谈，妇委会在“妇女之家”开展“奔向美好”主题书画展，工会在“职工之家”开展“廉政灯谜竞猜”“迎改革、激活力”文化讲座等，打破交流壁垒，增进群团活力，实现从“好兄弟”到“一家亲”的融合。

【税收征管】 着力加快构建统一优化高效的征管体系，围绕税费征收、发票管理、行政许可等事项以及各类印章、证书、文书、表单的衔接规则和业务事项，绘制491项任务的明晰作业图，做好增值税、消费税与地方各税种在管理范围、管理方式和认定口径的对接，各项税收征管业务运转日益顺畅。全面梳理金税三期、电子税务局、防伪税控、货运发票税控等4大系统操作流程，汇编《税费业务操作流程》，实现对11大类105小项业务操作流程步骤的细化统一，有效消除业务差异风险。整合升级原国地税部门共用的“税源图像监控系统”，实现可视化的税务、工商经济户口集成管理，提升税收风险的预警识别精准度。开发“税务工商登记信息比对”软件，实现登记信息整合、认定信息整合、入库信息整合和关联信息整合，为掌握纳税人经营情况提供“脉络图”。顺利上线自然人税收管理系统扣缴客户端，设置个人所得税集中办公区，推行“日报+周会+月结+专题”多维督导模式，个人所得税改革稳妥推进。创新开展企业所得税汇算清缴征前辅导工作，探索构建房地产行业土地增值税与企业所得税联动管理体系。2018年全市税务系统共完成风险任务应对5188户，入库税款、滞纳金及罚款合计共10610万元，改革效能全面释放。

【优化税收环境】 深入推进“便民办税春风行动”，推行6大类20项59小项系列便民办税措施，全面实现办税服务厅“一人一窗一机一系统”四级通办，系统梳理原国税地税业务办理流程、岗责职责和报送资料，真正实现“一次受理、一套资料、一个流程”。推动城区“二手房”交易税费业务进驻市不动产登记大厅，为纳税人打造“一站式”服务。全面提速政策服务，以微信公众号为平台推出“税收优惠一点通”，设置统一汇总、科学分类的目录，逐项与200多项优惠政策链接，整合涉及的180项政策依据、资料清单和办理流程，为纳税人享受税收优惠政策提供便利。不折不扣落实税收优惠政策，全年落实鼓励高新技术、改善民生及促进小微企业发展等税收优惠政策合计减免税费7.51亿元。建立全市银税合作平台，深化“税融通”等融资服务，全年累计为372户A、B级纳税人发放信用贷款3.88亿元。开展“大走访、深调研”“问需求、查短板、帮发展”等活动，走访各类企业超5000户，诉求解决率100%，个性服务深受肯定。在湘桥办税服务厅试点建立“纳税人港湾”，为户外工作者提供便民服务，进一步彰显税务部门服务社会的责任感。联合多部门签订《纳税信用A级纳税人实施联合激励措施的合作备忘录措施清单》，推出38项联合激励措施，推动纳税信用与社会信用的对接。以非税收入划转和个人所得税改革为契机，建立健全信息共享管理机制，联动加强经济户口管理，有效巩固税收共治格局。严厉打击各类税收违法行为，全年全市各项稽（检）查共组织查补收入1.42亿元，打造公平、公正、公开的执法环境。

【队伍建设】 严格落实机构改革要求，34个新机构顺利挂牌；“三定”规定逐级全面落地，整合设置机构128个，精简机构30个，1458名干部全部调整到位，“低职高配”干部全部得到妥善安排。坚持正确的选人用人导向，拓宽领导干部培养晋升渠道。加强业务融合培训，明确9个培训大纲20多项培训内容，实施全覆盖、全税种、全流程、全岗位的“循环渐进式教学”。采取“线上+线下”互促互进、“集体+结对”互帮互学、“模拟+实操”互查互评的方式，融合提升税收业务能力。出台三年干部教育培训规划，依托项目化管理模式，就领导干部、青年骨干、新录用公务员三类人群量身定制“领路人”“启明星”和“墩苗”计划，打造立体式、渐进式、个性化的教育培训新体系。全面推行数字人事，以选人用人的数字化动态体系，激发提升工作效能的内生动力。上线“税政点读”平台，及时传递最新政策动态，拓展在线互动功能，进一步提高解决实际问题的能力。精准开展巡回式宣讲辅导，选树改革先进典型，依托文化展厅、文化长廊和楼道文化资源，及时展示文化建设成效，有效激发队伍干劲和活力。

【监督执纪】 始终把纪律和规矩挺在前面，紧盯“定责、领责、督责”三个环节，全系统1248名在职党员向党组织作出履职尽责承诺，狠抓各县区党委书记抓基层党建情况汇报，先后开展对66个党支部党建工作检查，确保履职尽责的责任链条越拧越紧。深化内控建设，梳理“征、管、查”，机关“人、财、物”等各个环节风险点，在全省较早设置10个内控风险预警指标，逐项制定防范措施，形成多角度、全方位、立体交叉的内控管理工作机制，实现监督关口前移。建立完善纪检组长季度座谈会机制和专兼职纪检监察员座谈会机制，将监督融入巡视整改、思想政治工作、基层联络督导和明察暗访工作中，强化问题导向，增强监督效能。围绕改革推进的全过程和各环节，将“八项纪律”内容细化分解成25项内容，先后部署开展2轮明察暗访工作，运用监督执纪“四种形态”严肃问责追究，全年共开展谈话提醒12人次。结合纪教月活动，组织专题辅导、廉政基地警示教育、廉政灯谜竞猜、党员承诺践诺等8项特色活动，促进党员干部紧绷纪律之弦。

（胡端生）

揭阳市税务局

【经济概况】 2018年，揭阳市经济运行呈现出稳中向好的发展态势。初步核算，全市实现地区生产总值2152.47亿元，比上年增长5.3%。经济结构持续优化，发展动能持续转换。全市第一产业实现增加值164.36亿元，增长4.0%；第二产业实现增加值1123.04亿元，增长4.4%；第三产业实现增加值865.06亿元，增长7.1%。三次产业结构占比为7.6:52.2:40.2，第三产业比重比2017年提高0.6个百分点。农业基本稳定，多数农产品实现增产；工业增速回暖，全市完成规模以上工业增加值增长4.3%，增速比2017年提高1.3个百分点；高技术制造业、先进制造业、战略新兴产业比重稳步提高，分别比2017年提高4.5个、3.3个和1.3个百分点；服务业加快发展，增速7.1%，快于地区生产总值1.8个百分点。投资及消费稳步增长，全市固定资产投资1013.32亿元，增长12.3%；实现社会消费品零售总额1118.42亿元，增长9.0%。经济财税质量效益不断提高，财政收入较好增长，全年全市实现地方一般公共预算收入79.34亿元，增长8.98%；其中税收收入52.06亿元，增长11.8%。非税收入27.28亿元，增长4.0%，非税占比34.4%，比2017年收窄1.6个百分点。

【税费收入】 2018年全市税务系统完成税费收入210.07亿元，比上年增长10.1%。全市税收收入总额157.62亿元，增长2.8%。其中：税务部门组织国内税收收入154.98亿元，增长3.2%；海关代征进口税收2.64亿元，下降17.0%。税务部门组织费金收入52.45亿元，增长40.4%。

各税种实现税收情况如下：国内增值税76.39亿元，比上年下降4.4%；其中：直接收入61.83亿元，增长0.5%；免抵调库14.56亿元，下降21.0%。国内消费税7.35亿元，下降16.4%；企业所得税23.90亿元，增长2.8%；个人所得税9.11亿元，增长16.4%；资源税0.33亿元，增长15.9%；城镇土地使用税4.91亿元，增长167.2%；城市维护建设税5.86亿元，下降5.4%；印花税1.23亿元，下降13.0%；土地增值税6.28亿元，增长9.7%；房产税3.11亿元，增长65.5%；车船税1.59亿元，下降1.2%；车辆购置税8.56亿元，增长19.9%；耕地占用税0.95亿元，增长47.6%；契税5.12亿元，增长40%；环境保护税0.08亿元。

各费金收入情况如下：社会保险费收入46.7亿元，比上年增长47.3%；教育费附加2.58亿元，下降4.6%；文化事业建设费0.08亿元，下降8.1%；地方教育附加1.72亿元，下降4.6%；残疾人就业保障金收入0.63亿元，增长112.4%；工会经费0.71亿元，增长10.5%。

【税收特点】 2018年，全市税务收入呈现“总量攀升、质量提高、结构分化、减税增效”四个特点。

税收收入总量持续攀升。2018年全市税务系统完成税收收入154.98亿元，比上年增收

4.76 亿元，增长 3.2%，增速较 2017 年 0.9% 提高了 2.3 个百分点，税收总量进一步攀升。

税收收入质量明显提高。一方面退税规模占国内税收比例持续下降，税收征退比例进一步改善。全市办理出口退税 46.31 亿元，占全市国内税收收入的比重为 29.03%，较上年下降 1.8 个百分点，比重进一步降低。另一方面基础税源管理更加夯实，强化征管促增收效果显现。结合全市近年来推进"百日百项大行动"，全市国税系统积极推进经济户口清理、加强税收风险管理和税收数据异常核查等工作，进一步夯实税源管理基础和发展后劲，有效支撑全市税收的持续增收。

税收收入结构有所分化。主要体现在级次、税种、行业和地区上。在级次方面。中央级收入 76.64 亿元，比上年下降 1.4%；省级收入 28.89 亿元，下降 0.6%；市县区级收入 52.08 亿元，增长 11.8%。主要原因是全年地方税种的普遍增收带动市县区级收入大幅增收。在各征收税种中，增值税收入 76.39 亿元，下降 4.4%（其中直接增值税收入 61.83，增长 0.5%；免抵调库 14.56 亿元，下降 21.0%，下拉全市税收 2.5 个百分点）；消费税收入 7.35 亿元，下降 16.4%；企业所得税收入 23.90 亿元，增长 2.8%；个人所得税 9.11 亿元，增长 16.4%；其他各税种合计增长 25.77%。各税种收入分化的原因主要是受增值税税率调整、房土"两税"征期错位等政策性因素和外贸疲软、基建土地及房地产市场火热等外部因素的影响。在各行业收入中，传统行业持续减收，其中家具制造业（-66.3%）、造纸和纸制品业（-33.9%）、橡胶和塑料物品业（-25.3%）、金属制品业（-21.6%）、纺织服装、服饰业（-9.8%）、医药制造业（-8.6%）等有不同程度下降；而在基建土地及房地产市场热潮带动下，相关行业大幅增收，其中房地产业增长 32.9%，增收 4.99 亿元，建筑业增长 42.9%，增收 3.84 亿元，增收贡献率分别达到 118.3% 和 91.1%，有效地带动了全市税收收入的持续增长。在全市 7 个县（市）区国内税收收入中，有 4 个实现正增长，最高增速 17.8%，与最低增速 -5.3% 相差 23.1 个百分点。

减税效应助力经济发展。全市税务系统深入推进"放管服"改革要求，认真落实各项减免税优惠政策，持续优化纳税服务，助力企业发展降本增效，激发市场活力，促进经济社会持续发展。2018 年，全市落实增值税税率调整等各项减免税政策，共办理各项减免税优惠税款 20.93 亿元，为降低企业生产经营负担、促进转型升级创新发展做出贡献。

【税源分析】 2018 年，全市中央级和省级收入小幅下降，市县级收入大幅增长。在各征收级次中，中央级收入 76.64 亿元，比上年下降 1.4%；省级收入 28.89 亿元，下降 0.6%；市县区级收入 52.08 亿元，增长 11.8%。主要原因是全年全市地方税种普遍增长，带动市县区级收入大幅增长。

各税种收入有所分化，免抵调库明显减少。在各税种收入中，增值税收入 76.39 亿元，比上年下降 4.4%；消费税收入 7.35 亿元，下降 4.4%；企业所得税收入 23.90 亿元，增长 2.8%；个人所得税 9.11 亿元，增长 16.4%；其他各税种合计增长 25.77%。

第二产业税收收入所占比重超过一半。2018 年全市第一产业税收收入 2304 万元，第二产业税收收入 80.42 亿元，第三产业税收收入 76.97 亿元，三大产业税收收入所占比重分别为0.1∶51∶48.9。

民营企业税收收入贡献大。从国有、民营、外资三大类型分析，2018 年国有企业缴纳税收 19.5 亿元，占总税收 12%；民营企业缴纳税收 130 亿元，占总税收 83%；外资企业缴纳税收 8 亿元，占总税收 5%。可以看出，揭阳市税收收入中民营企业的贡献比较大。

微型企业税收收入占总税收过半。国家工信部把企业规模分为大型、中型、小型、微型四类。揭阳市 2018 年大型企业缴纳税收 8.6 亿元，占总税收 5.4%；中型企业缴纳税收 37.9 亿元，占总税收 24%；小型企业缴纳税收 27.7 亿元，占总税收 17.6%；微型企业缴纳税收 83.4 亿元，占总税收 53%。

地区税收收入比重差别较大。2018 年全市国内税收收入 155 亿元，7 个县市区和市税务局二分局（车辆购置税）的收入比重从高到低分别为普宁 33.5%（51.9 亿元）、榕城 23.7%（36.7 亿元）、揭东 13%（20.2 亿元）、空港 8.9%（13.8 亿元）、惠来 7%（10.9 亿元）、揭西 6.8%（10.5 亿元）、二分局 3.7%（5.8 亿元）、产业园 3.4%（5.2 亿元）。

【队伍建设】 2018 年，积极创建“红色青春工程”党建品牌，从传承红色基因破题，以系统工程思维推进，创新青年党建模式，把年轻人凝聚到党的周围，激发税务青年投身改革实践建税收功业。

政治引领，坚定青年追随改革的信念初心。先后举办 32 场时政理论讲座、396 场党课辅导、205 场次党日活动和 24 场党务专题培训，组织青年干部培训 4104 人次，开展“青年大学习”行动 120 场次，由青年党员轮流领学领讲，辅之 16 场次的研讨和调研、198 场微党课以及征集到的 48 篇改革征文等多种模式，帮助青年从历史、理论和现实逻辑的全新角度全面深刻领会习近平新时代中国特色社会主义思想等一系列重要论述。发挥典型引路作用，大力宣传扎根基层 30 年的“阿客姐”吴丽生、与生命赛跑的老股长蔡赛波、“不忘初心勇担当”的最美青年党员王瑾、陈桂生以及“改革实干家苏华东”“改革前沿绽放的‘税花’黄秋燕”“奔跑在改革路上的吴浩青”等改革先进事迹，用身边故事引导青年向典型靠拢、向先进看齐。

红心铸魂，补足青年投身改革的精神之钙。建设初心学堂，大力推进现场教学、案例教学、体验式教学等党课教育新模式，播放《焦裕禄》等优秀主旋律视频影片，让初心学堂成为开展入党宣誓、政治学习、支部活动和党建宣传的重要阵地。引入青春元素，举办“过政治生日，讲入党初心”组织生活、青年干部换位大体验、从严治党大讨论等一系列活动。挖掘揭阳税史资源，通过“抗日战士李大师”“征糖队”“背枪收税”等税史故事，引导广大青年从峥嵘税史中汲取奋进力量。通过开展以“理想、奋斗、担当”为主题的“寻找红色朗读者”“百首红歌献给党”微信红歌汇活动，组织参观“汾水战役”纪念公园等革命教育基地，重走周恩来等革命先辈南昌起义中在揭阳战斗时的足迹，让青年干部在耳濡目染、潜移默化中接受革命传统洗礼，筑牢红色基因。

实战炼钢，增强青年助力改革的过硬本领。持续开展“岗位大练兵、业务大比武”活动，以青年干部为主体组建课题组、项目组和攻坚组，让青年干部在任务锤炼中成长。加大“推优荐才”力度，通过“七一”评比表彰、“党员承诺践诺”等活动载体，重点在“70 后”“80 后”和“90 后”三个年龄段培养有威信的党员骨干，注重把思想好、作风硬、业务精的一线优秀青年业务骨干吸收到党组织中来。2018 年，全系统共有36名青年递交了入党申请书，发展青年党员27名，14名青年预备党员实现转正。全系统从市到县、县到分局派出党建指导员，由上级班子成员分工对下级党组织进行指导帮带。

构筑阵地，搭建青年践行改革的激情舞台。以青年党员为主力，组建跨支部项目小组，在重点工作中提升青年干部的业务水平和政治素养。以青年干部为重点，开展特色化党建共治共联活动。引导青年党员在条件艰苦的基层和税收征管一线，开拓创新、攻坚克难。机构改革期间，由青年干部自编自导自演具有地方特色的潮剧折子戏《桃花过渡新传》，成为揭阳市民津津乐道的税宣品牌。统筹全系统青年干部资源，组建了15支青年党员志愿服务队伍，参与志愿服务活动达1822人次，服务对象1944人，成立青年党团员共建队、突击队5支，参与青年干部286人。各类志愿服务队伍广泛开展文明创建，特别是针对不同人群建立7类关爱基金，帮扶对象1156人，帮扶基金逾67万元，在社会上树立了税务部门“奉献社会、关爱他人”的文明形象。

【纳税服务“轻骑队”】　2018年，揭阳市税务系统顺应深化“放管服”改革和优化税收营商环境形势，立足便民办税服务，在全系统倾力打造七支纳税服务“轻骑队”，成为助力优化揭阳税收营商环境的一道亮丽品牌。轻骑队成立以来，尽锐磨练服务能力，开展一系列有声有色的宣传和服务活动。

保障制度化，管理组织化。建立健全纳税服务“轻骑队”制度规范，制定工作方案，推进纳税服务“轻骑队”制度化；建立完善长效工作机制，加强轻骑队组织动员，定期开展培训交流。全市纳税服务“轻骑队”现有7支各具特色的服务分队，集中了纳税服务、征收管理、税收法规、税收宣传等不同岗位的业务骨干力量，立足便民办税服务、企业个性化服务、多元化税收宣传等方面精准发力，推出多项特色服务措施，让纳税人体验到更优质高效的服务。截至2018年底，全市纳税服务“轻骑队”已派出人员390人次，为纳税人提供服务超过1364人次，帮助解决各类涉税问题263个。

平台拓展化，领域多元化。纳税服务“轻骑队”拓宽纳税服务平台，以全市各级“梁柱”企业、上规模工业企业、上市及拟上市企业等重点企业为主要服务对象，建立纳税服务“轻骑队”与企业的定点定期联系制度。定期走访企业，定向收集企业涉税需求、意见建议并及时进行反馈，关注、分析企业经营信息，对影响企业发展的税收因素进行深入研究，进一步服务企业、促进发展，支持实体经济做大做强。截至2018年底，纳税服务“轻骑队”已走访中石油、中海油LNG大项目，康美药业、吉荣空调、瑞源科技等“梁柱”企业，第一时间解决纳税人各类涉税诉求。

项目品牌化，服务持续化。揭阳市局从优化服务、“互联网+税务”等方面精准发力，不断推出个性化纳税服务及多元化宣传手段，提供点对点、一对一的纳税服务。向纳税人发放“轻骑队”服务卡，建立税企QQ群众、微信群，搭建纳税人和“轻骑队”之间的沟通桥梁。建立纳税人需求管理台账，归集管理“轻骑队”收集的纳税人需求，实行需求清单管理，明确需求落实牵头部门，实行需求跟踪限时办结，确保纳税人的需求事事有回复、件件有落实。开展税法援助服务，为企业发展提供税收政策支持，有的放矢，让税法宣传与纳税人需求真正对口。

活动常态化，主题特色化。结合“便民办税春风行动”，纳税服务“轻骑队”在积极服务纳税人的同时，不断提升服务品质。开展大企业个性化服务，与多家企业签订税收遵从合作协议和个性化纳税服务备忘录；针对破解小微企业融资难题，推动“银税互动”项目，帮助814家企业获得银行贷款授信额度；强化环保税宣传，深入印染纺织和钢铁生产等行业辅导纳税人；推出“纳税服务体验师”活动，邀请纳税人“实地体验”“实务操作”，精准查找办税“痛点”“堵点”；开展“问需求、听建议、优服务”满意度大走访特色活动，走访“两代表一委员”、上市及拟上市公司、“梁柱”企业、重点企业、重点项目及其他纳税人，及时解决企业的涉税需求，促进税企共同发展。

【国税地税征管体制改革】 2018年，揭阳市税务局认真贯彻落实税务总局、省局国税地税征管体制改革要求，凝心聚力，克难奋进，认真落实“四个确保”，坚决打赢三场“主攻战”，社会各界对征管体制改革给予支持和高度评价，整体呈现良好的工作局面，市县乡三级共54个税务机构顺利挂牌办公；“三定”规定全面落地，机构设置全部完成，2027名干部全部调整到位；税费业务和信息系统整合优化等重点改革任务稳步推进；干部思想稳定，恪尽职守，内和外顺的工作局面初步形成。

科学组织统筹推进。市局先后召开22次（联合）党委会议和20次党委理论中心组学习、18次改革工作小组办公室会议，科学统筹推进各项改革工作。

大力营造改革氛围。提请市政府成立国税地税征管体制改革专项小组，协调各级组织、宣传、编办、财政等部门全力支持配合税务机构改革。改革期间，省税务局党委书记胡金木、局长吴紫骊、总会计师蒋余良到揭阳市开展督导调研工作；市委书记李水华多次听取汇报，市长叶牛平和常务副市长陈定雄先后批示肯定市税务局机构改革、纳税服务和优化营商环境等工作，为机构改革稳步推进提供了坚实保障。

精准落实改革任务。认真遵守改革六项纪律，搭建“1+10+7+N”的推进工作机制体系，制定实施涵盖11大类70项主要工作的任务台账，坚持一盘棋谋划、分阶段实施、流程化推进、挂图式作战、清单式销项，按时高质完成阶段性重点改革任务。

凝聚改革合力。做实做深做把思想政治工作，开展“人员大团结，人心大融合”大讨论，落实干部队伍思想动态“一周一报”制度，通过成立思想动态联系员小组、基层调研、调查问卷、局领导接待日等渠道，实现谈心谈话的“全覆盖”，举办各类培训和文体活动，引导干部投身改革、拥护改革、支持改革，做到人合事合心合力合，队伍思想稳定并激发新的活力。

破解改革难点。33个办税厅实现涉税业务“一键咨询”“一厅通办”“一网办结”，完成了12366纳税服务热线整合升级，制定细化征管业务改革58项主要工作任务和501项具体工作措施；落实个人所得税改革过渡期6个方面、28项具体任务，层层压实责任，加大宣传力度，创新培训手段，实现个人所得税改革的平稳过渡；主动作为、多措并举，平稳有序推进社会保险费和非税收入征管职责划转工作，实现非税收入划转征收按时顺利落地，新闻媒体、专家学者、两会代表委员等各方力量，多维发声，积极响应，共同为改革点赞。

【税收宣传】 2018年，揭阳市税务局持续开展税收宣传工作，通过宣传增进全社会对税收工作、改革工作的理解和认同。为国税地税征管体制改革在揭阳平稳推进、高质量服务新时代税收现代化工作营造了良好的工作氛围。

紧扣重要宣传节点。揭阳市局坚持日常宣传

与重要时间节点集中宣传相结合，注重市局层面的顶层设计和统筹规划，2018 年主要策划推出税收宣传月、新税务挂牌成立、“三定”落实、首个征期、个人所得税改革等 5 个重要时点的宣传报道，全市各级税务机关上下联动、横纵协同、重点落实，确保宣传效应最大化、成本最小化，多角度全方位宣传展示新税务、新思路、新举措、新成效、新形象，打造一批在全省具有影响力的税宣精品，把各项宣传主题落到实处。

创新线上线下宣传。揭阳市局整合资源、创新思路，不断丰富税收宣传形式，着力提高税宣参与度和宣传体验度，打造线上与线下相融合的新闻宣传格局。2018 年，在线下开展了“挥毫泼墨抒税情”“税月留声”“一天税官”体验、“邀记者走基层谈感受”“课前普税三分钟”等系列税法宣传活动；把税收宣传和城市文明创建结合起来，将白塔镇文化公园打造成全市首个税收文化主题公园；制作税宣公益片，奏响税务主旋律，自编自导自演《桃花过渡新传》税宣潮剧折子戏，将税收宣传融入传统文化、植根本土文化之中，被市文明办评为优秀剧目，取得良好的内外效应。同时，主动适应“互联网 +”新常态，着力加强线上宣传力度，于内部 OA 平台增设新闻宣传专栏，在内部网站上传新闻稿件 77 条；开办官方微信公众号和官方微博，充分发挥新媒体宣传主动性，并创新运用图表图解，音频视频，H5 动漫等多种方式，深入浅出、通俗易懂地发布信息和解读政策，让受众看得到、体会得到、享受得到。全年有多篇稿件和推文、素材被省局官方网站、总局和省局公众号采用。揭阳税务微信公众号被市文明办评为揭阳市首批文明微信公众号，市局网站被市委办公室评为优秀政务网站，最大限度地拓展线上宣传方式。

提升税收宣传影响力。揭阳市局不断拓宽新闻宣传覆盖面，利用各级各类媒体平台不断增强税收新闻宣传的影响力和渗透力。2018 年全市税务系统共有 8 篇稿件、2 个素材和一则图片新闻被《中国税务报》采用；1 篇稿件在税务总局组织的青少年税法学堂网站“我身边的税收故事”征文活动中获得优秀奖并刊载；1 个素材被《南方日报》采用，1 个素材被《羊城晚报》采用，1 个素材被广东电视台《新闻联播》栏目采用播出；有 8 篇稿件、11 张图片、5 则感言和 1 条素材被《广东地方税务》《广东税务》杂志采用；被揭阳电视台新闻频道正面报道 12 次，有 45 篇稿件在《揭阳日报》刊登，其中头版 16 篇；多篇稿件和素材被《新快报》《香港商报》、今日头条、南方网、腾讯网、网易网、新华社客户端、新快网、大风号、搜狐网、金羊网、东方头条、新华网、《南方都市报》、央广网等多个主流媒体转载，极大地提升了揭阳税收宣传的影响力。

（刘中林）

云浮市税务局

【经济概况】 2018年，云浮市实现地区生产总值849.13亿元，比上年增长3.9%。其中，第一产业增加值154.79亿元，增长5.9%，对地区生产总值增长的贡献率为26.6%；第二产业增加值320.77亿元，增长0.3%，对地区生产总值增长的贡献率为2.7%；第三产业增加值373.57亿元，增长6.6%，对地区生产总值增长的贡献率为70.6%。三次产业结构为18.2:37.8:44.0。在第三产业中，批发零售业增加值增长2.9%，住宿和餐饮业增加值增长2.7%，金融业增加值增长3.4%，房地产业增加值增长4.2%。现代服务业增加值191.04亿元，增长7.9%。生产性服务业增加值154.16亿元，增长5.9%。民营经济增加值602.20亿元，增长4.9%，占地区生产总值的70.9%。2018年，全市人均地区生产总值达到33747元，增长2.9%，按平均汇率折算为5100美元。全年地方一般公共预算收入57.64亿元，比上年增加0.15亿元，按可比口径增长0.3%；其中税收收入37.62亿元，增加3.47亿元，增长10.2%。全年地方一般公共预算支出215.61亿元，比上年增长18.8%。

【税费收入】 2018年，云浮市税务系统共完成税费收入153.6亿元，比上年增长14.6%，增收19.6亿元。其中：税收收入完成110.6亿元，增长8.4%，增收8.6亿元；费金收入完成43亿元，增长34.3%，增收11亿元。同时，办理出口产品退（免）税5.4亿元，下降14%，减退（免）税款0.9亿元。

【税收特点】 2018年，全市税收收入规模创新高。税收收入完成110.6亿元，比上年增长8.4%，增收8.6亿元，完成省局下达税收预期目标的108.1%，税收收入增速高于全省平均增速（8.1%），居全省第7位，全市税收收入保持稳定增长态势。

各级次税收均实现增收。2018年中央级收入51.6亿元，比上年增长4.5%，增收2.2亿元；省级收入21.3亿元，增长15.5%，增收2.9亿元；市县级收入37.6亿元，增长10.2%，增收3.5亿元。省级收入增长最快，主要由土地增值税增长拉动；中央级收入增长较缓慢，主要受进出口贸易不景气、海关代征税收持续减收影响（2018年海关代征进口税收减收1.4亿元，拉低中央级收入约2.8个百分点）。

各地税收普遍正增长。全市6个县（市、区）中，云安区、云浮新区、郁南县和罗定市的税收增幅超过全省平均增幅，分别增长30.8%、26.2%、22.9%和13.4%，新兴县增长8.2%；云城区受海关代征进口税收大幅减收影响下降1.7%。

主要税种普遍增收。2018年，除个人所得税略微减收外，全市主要税种均实现两位数增长。其中国内增值税收入42亿元，比上年增长12.7%，增收4.7亿元，主要是制造业和建筑业税收较快增长带动；企业所得税收入15.7亿元，增长25.6%，增收3.2亿元，主要是水泥行业效益持续向好带动增收；土地增值税收入8.4亿元，增长39.2%，增收2.4亿元，其中房地产业土地增值税增收1.4亿元。小税种增减差异明显，其中城镇土地使用税和印花税分别较快增长82.6%和40.3%，车船税下降9.5%。

第二产业税收保持较快增长。2018年，第二产业税收收入41.1亿元，比上年增长19.9%，增收6.8亿元，拉动总税收增长6.7个百分点，其中制造业和建筑业税收分别增长32.8%和23.2%。第三产业税收收入增长2.6%，拉动总税收增长1.7个百分点；其中房地产业税收增长24.3%，金融业税收下降8.3%。

【税源分析】　2018年，全市制造业税收继续保持主导地位。当年云浮市制造业税收收入27.4亿元，比上年增长32.8%，增收6.8亿元，增收额占总税收增量的79.1%。其中水泥行业受市场需求回暖、产品价格上升等因素影响收入6.4亿元，约占制造业税收的23.4%，增收3.3亿元；石材、电子和硫化工行业税收分别增长45%、19%和16.2%，合计增收2亿元。

房地产业税收增长明显。2018年云浮市房地产开发投资比上年增长38%，带动2018年房地产业税收收入18.7亿元，增长24.3%。其中，房地产业增值税收入6.8亿元，增长23.6%；房地产业土地增值税收入5.6亿元，增长33.3%。

建筑业税收持续增长。在房地产业发展以及云浮高速公路、基础设施建设不断增加的带动下，2018年建筑业税收收入10.3亿元，比上年增长23.2%，其中房屋建筑业增收1.3亿元。

管理型增长效果明显。一是通过欠税清理追缴以前年度欠缴企业所得税0.6亿元，清理营业税欠税入库0.2亿元。二是整顿和规范税收秩序，加大涉税违法案件查处力度，自查及查补税款入库共1亿元。三是开展行业调查摸底和专项整治，促使2018年石材行业入库4.4亿元，比上年增长45%。

非常规性税源税收增收较多。2018年云浮市处置大额资产（含土地、房产、在建工程转让等）实现税收4亿元，比上年增加1.8亿元，增幅为81.8%，其中罗定市农村信用合作联社因改制实现一次性收入入库企业所得税1.3亿元。

政策性因素使部分税种增收。2018年云浮市城镇土地使用税收入比上年增长82.6%，增收1亿元，主要是全省城镇土地使用税税额标准有所调整，2017年城镇土地使用税征收缴纳期延迟至2018年2月28日。此外，2018年新开征环保税，全市环保税收入0.2亿元。

重点经济税源出现减收。2018年来自温氏食品集团的个人所得税（含代扣代缴其他利息、股息、红利个人所得税等）收入8.3亿元，比上年下降21.1%，减收2.2亿元，拉低全市税收增速2.2个百分点。

部分传统产业税收出现下降。2018年云浮市大部分传统产业税收实现增长，但电力行业受燃煤价格居高不下、企业发电量减少影响，比上年减收1.4亿元，下降38.1%；不锈钢行业主要受市场成本上涨影响减收0.1亿元，下降4.1%。

耕地占用项目减少形成大幅减收。2018年云浮市土地交易有所放缓，大宗耕地占用项目明显减少，全年耕地占用税收入2.4亿元，比上年下降36.5%，减收1.4亿元。其中，云城区和新兴县分别减收0.7亿元和0.3亿元。

免抵调库收入有所下降。2015年后，云浮市生产型自营出口企业业务增长缓慢，受新增免抵调库资源不足以及2017年免抵调库基数较大的影响，2018年全市共办理免抵调库2.9亿元，比上年下降24.7%，对全市工业增值税增长产生较大影响。

减税降费成效明显。2018年，云浮市在鼓励高新技术、改善民生、促进小微企业发展等方面减免税共计7.6亿元。

【党建品牌建设】 2018年，云浮市税务局聚焦学习贯彻党的十九大精神、习近平新时代中国特色社会主义思想和习近平总书记视察广东重要讲话精神，在全系统开展了党的十九大精神宣讲、“两学一做”学习教育、“不忘初心·牢记使命”主题教育、“长岗坡渡槽”精神专题教育和“践行中国税务精神，助力国税地税征管体制改革”等学习活动，并以规范化建设为基础，大力培育和发展“磐石先锋”党建品牌及“好家风”“蓝色梦想”“道德讲堂”等工作品牌，党建引领和党员先锋模范作用得到凸显。其中：云浮市税务局青年宣讲团成为全省税务系统和云浮市唯一入选的广东省基层理论宣讲先进集体，其青年宣讲活动入选云浮市学习宣传贯彻党的十九大精神“十大创新项目”“诚信纳税 文明同行”宣讲计划获云浮市首届社会公益项目大赛第4名。

云浮市税务局被市委宣传部确定为云浮市创建全国文明城市示范点和“云浮市全民阅读示范基地”，承办云浮市文明单位（窗口）创建工作现场会，并被推荐参评全国文明单位。

云浮市“新时代文明传习所”及“广东好人工作服务站”于2018年7月在云浮市税务局挂牌，市税务局志愿服务队被评为“云浮市2018年志愿服务工作优秀单位”。

“美好生活公寓”扶贫项目作为云浮市两个扶贫参展项目之一在第六届中国慈展会中展示，驻村干部邓水强的事迹被云浮市委组织部制作成党员教育片《答卷——邓水强的十年扶贫纪录片》。

【税收智慧管理平台】 2018年，由市税务部门提出并牵头建设，采用地方党政主导、部门配合方式引入的前沿大数据一体化应用框架，开发上线税收大数据平台——云浮税收智慧管理平台。该平台于5月8日正式上线运行，通过与税务信息系统及第三方数据库的对接，实现与第三方数据的点对点传输和与金税三期等征管数据的自动关联匹配，并结合征管数据质量和风险两类指标模型的建设，自动扫描识别风险和疑点问题，从而打破数据资源壁垒，实现大数据管税。

为提高涉税信息采集质量，云浮市税务部门制定《涉税信息采集目录》，统一涉税数据采集规范，并利用个人所得税改革、社会保险费和非税收入征管职责划转等工作契机，在2018年度与24个第三方单位签订利用云浮税收智慧管理平台进行涉税信息采集与交换的协议，成功从其中15个单位采集外部信息数据5000万条，并将继续扩大共享范围。

截至2018年12月31日，云浮市税务局共建立指标模型563个，其中征管数据质量指标模型共212个、风险指标模型351个，指标模型涵盖了流转税、所得税、财产行为税和社会保险费等税费风险；利用云浮税收智慧管理平台采集涉税数据6.69亿条，成功匹配数据2138万条，清洗加工数据256万条；累计处理征管数据质量9004户次，修改更正数据项7314个；发起税收风险任务9806户，据以开展纳税评估1690户次，调查核实4169户次，查补税款和滞纳金及罚款5015万元。

同时，以该平台为基础，云浮市税务局在管理目标、组织架构、指标模型、执行体系、数据资源、事前防范等多个方面对税收风险管理工作进行重构，并形成以云浮税收智慧管理平台为主，以云浮市政务网、“智慧云浮”等平台定期交换为补充的涉税信息交换与共享架构，夯实了大数据管税（费）基础。

【税收管理规范化】　2018年云浮市税务部门编制税收业务指引、纳税人涉税风险防范应对指引和风险应对经典案例汇编，进一步提升税收管理规范化水平，降低税务人员执法和廉政风险。

税收业务指引在系统原有的征管规范和纳税规范基础上，增加了具有本地特色的“风险应对”和“监控分析”两个模块，详细梳理实际税收执法过程中容易出现的风险点，并提出本地化的数据监控方案，以便税收管理员有效应对税收执法风险和增强信息管税能力。

纳税人涉税风险防范应对指引以税收风险应对为切入点，梳理日常税源管理中税收政策解读、纳税评估和税务检查实操经验，针对风险任务中涉及范围较广的风险类型及地方行业特点，共梳理出20个风险点，从案头分析、数据分析、实地核查等方面，为税收风险应对提出具有针对性、操作性的具体思路和做法，为基层税收管理提出切实可行的日常税源管理措施。

风险应对经典案例汇编汇集近三年该市系统风险应对的经典案例，提炼和总结出不同类型、不同行业、不同税种的风险应对方式方法，对一线人员具有重要参考作用。

【队伍建设】　2018年，云浮市税务局为迅速适应税务机构改革后的工作需要，开展一系列具有特色的培训活动。

树立“大培训”理念，实行跨部门、跨类别、分阶段集中轮训，让各岗位业务骨干集中跨部门参加征管评估、纳税服务、稽查等业务类别培训，拓宽工作思路和视野，提高队伍整体素质。

创新载体，利用“新时代文明传习所”，加强思想政治教育、应知应会知识学习以及文明礼仪、行为规范等方面的教育，在市局机关开展“传习课堂”活动12期、培训超2000人次；在全市24个办税服务厅同步开展“流动课堂”活动，通过“岗位漂流”“业务讲学”“送教上门”和“纳税人学堂”等形式，系统、灵活地组织开展在岗学习，加速了人员和业务融合。

建设新录用公务员培训品牌，课程涵盖新时期党的方针路线、税收基础知识、纪律规矩意识教育、执法风险防范、保密教育、行为礼仪等各个方面，以现场教学、交流发言、学习心得分享等多种方式开展，并在培训过程中穿插“中国税务精神”主题演讲、迎新晚会、成长沙龙等活动环节，让新录用公务员强化规矩意识，提高政治、文化素质和实际工作能力，增进认同感、归属感。

【行政信息化】　2018年，为降低行政运行成本，提高行政运转效率，云浮市税务部门以日常工作需求为导向，引入上线云浮市综合管理平台。该平台功能涵盖政务办公、财务管理、人事管理、后勤管理等6大模块，于2018年5月15日上线运行，实现了绝大部分行政管理工作的信息化管理和无纸化办公。

此后，根据综合管理平台的上线运行情况，云浮市税务局不断对综合管理平台的各项功能进行优化完善。以此为基础，2018年底部署云浮市税务局行政管理平台建设工作，以进一步解决内部行政事务存在的信息分散、管理不规范、统计不及时等问题，推动云浮市税务系统各项行政事务办理进一步电子化、流程化、标准化。

（王小惠）

珠海市横琴新区税务局

【税费收入】 2018年，横琴新区税务局累计组织税费收入193.66亿元，比上年增长31.2%。其中，国内税收收入180.67亿元，增长29.8%。

分级次看，中央、省、市区三个级次分别收入91.92亿元、38.08亿元、50.68亿元，增速分别达34.0%、25.0%、26.3%。

【税收特点】 2018年，横琴新区税收收入形势总体较好。分税种看，三大税种贡献突出，小税种增减差异较大。国内增值税收入53.28亿元，比上年增长56.1%。所得税合计贡献六成（59.9%）税收，收入108.23亿元。其中与企业盈利水平相关的企业所得税收入59.92亿元，增长14.7%，反映新区企业发展活力和经济发展质效继续提升；个人所得税收入48.31亿元，增长47.1%。地方小税种中收入规模较大的有：土地增值税累计收入6.26亿元，比上年下降33.5%；城市维护建设税收入3.89亿元，增长63.5%；印花税收入1.84亿元，增长38.6%；契税收入5.88亿元，增长31.4%。

分行业看，四大行业贡献八成收入，部分新兴行业快速增长。具体来看，租赁和商务服务业收入41.51亿元，小幅下降3.2%。金融业、房地产业、建筑业等3个行业高速增长，分别收入55.41亿元、33.24亿元、10.74亿元，增速分别达80.5%、54.7%、46.3%。此外，新兴行业税收增长较快，例如信息传输、软件和信息技术服务业增长88.8%，反映新区经济新动能正茁壮成长。

【税源分析】 重点纳税户增长迅速，重点企业支柱作用明显。2018年，税收超1000万元的纳税人共220户，合计纳税145.05亿元，以0.8%户数比重贡献80.3%的税收收入，38家企业税收超1亿元，合计税收占比为53.8%。与此同时，纳税100万元以下的中小纳税户，税收贡献率比2017年提升3.7个百分点，税源基础进一步夯实。

（邱　璇）

第四篇

大 事 记

广东省税收大事记（2018年）

1月

1日

全省推行增值税一般纳税人“一键申报”系统。

“数智党建系统”正式在全省国税系统上线运行。

2日

在“2015—2017年广东省‘两法衔接’优秀案例”评选活动中，全省税务系统两个案例获评优秀案例、两个案例获优秀案例提名。

15日

广东省地方税务局印发《广东省地方税务局关于大力支持中国（广东）自由贸易试验区高标准建设的意见》（粤税发〔2018〕9号）。

17日

广东省国家税务局、广东省地方税务局、省经信委、省工商联、建行广东省分行共同举办“云税贷”推动会。

22日

广东省地方税务局上线“粤税学习”平台，实现学员手册电子化、通知公告实时发布、扫码签到一目了然、培训课件实时共享、考试成绩即时掌握，达到了优化培训管理体系，提高培训保障能力的目的。

24日

经工业和信息化部、国家机关事务管理局、国家能源局联合评估，国家税务总局广东数据中心入选第一批国家绿色数据中心，为入选的8个公共机构之一。

29日

国家税务总局党组书记、局长王军一行到广东税务调研。王军局长首先前往广州市荔湾区国地税联合办税服务厅考察调研联合办税落实情况，慰问基层税务干部，并参加广东省广州市荔湾区国家税务局党组2017年度民主生活会。王军局长强调，各级税务机关党组要把开好民主生活会作为强化政治担当、提升党性修养、转变工作作风的重要方式，不断增强凝聚力战斗力，为高质量推进新时代税收现代化提供坚强保证。随后，王军局长与广东省国家税务局、广东省地方税务局班子和干部职工代表进行座谈交流，听取广东省国家税务局、广东省地方税务局工作汇报。在广东省国家税务局，王军局长高度赞赏广东国税在推动改革创新、组织收入、队伍建设、绩效管理等方面取得的优异成绩，认为广东国税真正实现了“高站位、重集成、讲效率、硬作风、好氛围”。在广东省地方税务局，王军局长充分肯定广东地税近年来各项工作取得的成绩，他指出，“广东地税为税收现代化事业、为广东经济社会发展作出了突出贡献”“广东地税不愧是在改革开放前沿阵地上奋斗的一支优秀的税务铁军”“给广东地税班子、给全省三万多名地税干部点赞”。

1月

组织对全省税务系统2017年度公务员信息采集数据进行审核、修正，确保与年度人事统计数据保持一致。

2月

1日—2日

全省国税工作会议和全省国税系统全面从严治党工作会议在广州召开，传达贯彻全国税务工作会议和全国税务系统全面从严治党工作会议以及广东省委副书记、省长马兴瑞，省委常委、常务副省长林少春对全省国税工作的重要批示精神，总结2017年和过去五年全省国税工作和全省国税系统全面从严治党工作情况，部署2018年有关工作任务。

全省地方税务工作会议和全面从严治党工作会议在广州召开，深入贯彻落实党的十九大和中央经济工作会议、省委十二届二次、三次全会、广东省“两会”、全国税务工作会议以及广东省委副书记、省长马兴瑞的重要批示精神，总结2017年和过去五年全省地税工作和全省地税系统全面从严治党工作情况，部署2018年主要任务。

9日

全省国税系统顺利上线国家税务总局内控监督平台。

22日

广东省国家税务局在广州市国家税务局召开干部大会，宣布国家税务总局关于调整广州市国家税务局主要负责人的决定：经国家税务总局党组研究决定，王义平担任广东省国家税务局党组成员、广州市国家税务局党组书记、局长；谢文不再担任广东省国家税务局党组成员、广州市国家税务局党组书记、局长职务，另有任用。

2月

广东省国家税务局完成广东国税系统历史上首次数字人事年度考核和年度数据轧账工作，并将数字人事年度考核得分（个人绩效成绩）和段位反馈至干部职工个人账户。

3月

1日

全省正式施行《国家税务总局关于成品油消费税征收管理有关问题的公告》(国家税务总局公告2018年第1号)。

广东省国家税务局下发《2018年全省国税系统纪检监察工作要点》。

5日—16日

广东省国家税务局在省委党校举办2期全省国税系统处级领导干部学习贯彻党的十九大精神轮训班，全系统共234名省管处级领导干部参加培训。

14日—19日

广东国税系统2018年公务员招录面试工作完成。本次面试是广东国税历史上最大规模的一次，采用全新的“结构化小组”方式进行，实施过程操作规范、平稳有序，得到国家税务总局人事司巡考组、广东省人社厅考试录用处及广东省人事考试局等有关领导高度肯定。

15日

广东省国家税务局、广东省地方税务局分别召开党组扩大会议，传达学习国家税务总局党组书记、局长王军“打招呼”会议讲话精神。

16日

广东省国家税务局、广东省地方税务局联合向省委省政府书面报告税务机构改革工作有关事项。

广东省地方税务局印发《广东省地方税务局关于明确征管体制改革期间重大资产事项处理要求的通知》(粤地税函〔2018〕188号)。

20日

广东省国家税务局发布机关工作人员2017年度考核结果的通报(粤国税发〔2018〕32号),陆群英等62人被评为“优秀”等次。

27日

广东省国家税务局、广东省地方税务局参加“推动粤港澳大湾区建设”有关工作汇报会,向广东省委副书记、省长马兴瑞汇报了国家税务总局当前税务机构改革的有关要求。

广东省地方税务局局长吴紫骊到香港、澳门参加粤港澳春茗活动。

28日

广东省国家税务局落实国家税务总局“四个确保”要求,召开一季度部分市税收收入形势分析会。

广东省地方税务局局长吴紫骊带队到澳门财政局交流粤澳两地税收管理服务经验,并与澳门财政局局长容光亮进行会谈。

29日—30日

广东省国家税务局新任厅级干部的转正考核工作完成,得到国家税务总局工作组的充分肯定。

3月

广东省国家税务局定点帮扶的龙山村被确定为茂名市新农村建设现场示范推进会的示范点。

第一季度

选拔任用2名广州市国家税务局副巡视员和11名地级市国家税务局、地方税务局副处级领导干部,从广东省地方税务局事业单位调任1名处级领导干部到广东省地方税务局机关任职,并对全省税务系统共计16名处级领导干部进行岗位调整。

广东省国家税务局、广东省地方税务局组织开展机关干部职工和市(区)局领导班子、领导干部年度考核以及“一报告两评议”工作,共评定“优秀”等次179人,并对“优秀”等次的人员给予嘉奖,对连续三年“优秀”等次的人员记三等功。

全省税务系统2018年领导干部个人有关事项年度集中填报和录入工作顺利完成。

广东省国家税务局3个案例入选省直机关工委评选的50个党建优秀工作法。

广东省国家税务局数字党建系统宣传片“党建新引擎”参加第十四届全国党员教育电视片观摩交流活动,获三等奖。

4月

1日

广东省国家税务局、广东省地方税务局围绕“优化税收营商环境,助力经济高质量发展”的主题,精准组织实施第27个税收宣传月系列活动。

4日

广东省国家税务局对全省20个市的办税服务厅落实国家税务总局党委书记、局长王军“四个确保”讲话精神情况进行了抽查。

8日

广东省地方税务局电子税票改革项目入选广东省委宣传部组织评选的“2018年度广东省全面深化改革工作十大范例”。

12日—13日

广东省地方税务局在佛山市召开全省地税稽查工作会议,副局长苏振钿出席会议并作讲话。

15日—17日

广东省国家税务局在东莞市召开全省国税稽

查工作会议，副巡视员周家喜出席会议并作讲话。

16日

广东省国家税务局局长胡金木、广东省地方税务局局长吴紫骊参加“税收服务粤港澳 携手共创新时代”政策宣传活动，并发表致辞。

18日

广东省国家税务局、广东省地方税务局联合召开全省国税地税联合办税工作视频会议，就推进全省国税地税业务“一厅通办”和12366热线“一键咨询”工作进行部署。

19日

全省地税系统市局纪检组长会议在广州召开。

23日至12月31日

全省税务系统对国家税务总局抽取的30户重点稽查对象中涉及省内的1410户企业开展全面自查，查补税款、滞纳金共计20.64亿元，入库19.47亿元。

24日—25日

广东省国家税务局召开全省国税系统市局纪检组长会议，传达全国税务系统省局纪检组长会议精神，对纪检监察部门履行职责保证国税地税征管体制改革顺利进行做出工作部署。

25日

广东省国家税务局、广东省地方税务局在广州联合举办“优化税收营商环境 助力金融大企业发展”税务沙龙，并同步启动“春风暖企 广州先行”大企业个性化纳税服务走进金融活动。国家税务总局大企业司巡视员王春路出席活动。

5月

1日

全省实施降低两档增值税税率、统一增值税小规模纳税人标准、对部分行业未抵扣完的进项税额予以退还的三项深化增值税改革措施。

9日

广东省国家税务局、广东省地方税务局联合部署推进网站、微信微博初步整合工作，制定《广东省税务机关网站初步整合工作方案》。

21日

广东省国家税务局联合省公安厅共同研发的税警执法信息共享平台正式运行。

广东省国家税务局、广东省地方税务局联合发布《广东省国家税务局 广东省地方税务局关于发布实名认证无纸化办理事项清单2.0版的公告》（广东省国家税务局 广东省地方税务局公告2018年第9号）。

21日—26日

广东省地方税务局在广东省地税干部进修学校举办全省规费业务骨干规费征管及综合素质培训班。

23日

广东省国家税务局纪检组与省纪委驻广东省地方税务局纪检监察组开展工作交流。

6月

1日

国税地税征管体制改革座谈会在北京召开，中共中央政治局常委、国务院副总理韩正出席会议并讲话。广东省国家税务局党组书记胡金木代表广东省国家税务局、广东省地方税务局在会上作表态发言。

2日

广东省国家税务局、广东省地方税务局起草关于国税地税征管体制改革座谈会有关情况的报告报广东省委省政府。

3日

广东省国家税务局、广东省地方税务局向省

委省政府报告贯彻落实国务院机构改革专项协调小组会议精神和国家税务总局关于国税地税机构改革的举措。

4日

国家税务总局第19联络（督导）组进驻广东省国家税务局，对广东省国税地税征管体制改革开展联络（督导）工作。

7日

广东省国家税务局组织召开机关全体干部职工大会，深入传达学习习近平总书记关于深化党和国家机构改革重要思想，李克强总理重要批示精神，韩正副总理重要讲话精神，以及国家税务总局党组书记、局长王军的讲话要求，动员全体干部职工进一步统一思想认识，凝心聚力、真抓实干推动税务机构改革平稳有序落地，取得完胜。

广东省地方税务局组织全省稽查工作上岗资格考试，全省共266人参考，213人获得稽查工作上岗资格。

8日

广东省国家税务局、广东省地方税务局联合制发《广东省地方税务局　广东省国家税务局关于明确国税地税征管体制改革涉及地方性法规规定的税务机关职责调整意见的函》（粤地税发〔2018〕38号）。

广东省国家税务局、广东省地方税务局联合制发《广东省地方税务局　广东省国家税务局关于明确国税地税征管体制改革涉及政府规章和规范性文件规定的税务机关职责调整意见的函》（粤地税发〔2018〕39号）。

10日

广东省委常委、常务副省长林少春主持召开广东省国税地税征管体制改革专项小组第一次会议，传达国务院专项协调小组国税地税征管体制改革座谈会会议精神、省委深化机构改革工作领导小组第一次会议关于省国税地税征管体制改革方面的要求，研究部署广东省国税地税征管体制改革工作。

广东省国家税务局、广东省地方税务局局领导班子及机关各部门提前实现合署办公。

12日

全省国税、地税系统全体干部职工收看全国税务系统机构改革动员部署视频会。

13日

国家税务总局第十九联络（督导）组宣布广东省国家税务局、地方税务局联合党委成立。胡金木任联合党委书记、副局长，吴紫骊任联合党委副书记、局长，联合党委全体班子成员出席会议。

广东省国家税务局、地方税务局联合党委召开第1次会议（扩大），联合党委书记胡金木主持学习传达贯彻全国税务系统机构改革动员部署视频会议精神，审议联合党委议事规则、挂牌工作方案、改革组织实施工作安排、规范性文件清理结果等改革事项。税务总局第19联络（督导）组及广东省国家税务局、广东省地方税务局厅局级、正处长级以上干部列席会议。

广东省税务机构改革工作小组成立，由联合党委书记胡金木、局长吴紫骊任组长，其他联合党委委员为副组长。总会计师蒋余良任广东省税务机构改革工作小组办公室主任，具体抓好改革的实施工作。办公室下设综合组、人事组、法规组、社保和非税收入业务组、纳服组、征管组、财务组、培训组、宣传舆情组、联络（督导）组10个专项组。

14日

国家税务总局原党组成员、副局长，第19联络（督导）组组长汪康主持召开广东省国家税务局、地方税务局联合党委班子成员及办公室、人事处、纳税服务处、党建办四个综合部门临时负责人座谈会。

15日

上午10时，国家税务总局广东省税务局正式挂牌成立。国家税务总局原党组成员、副局长汪康，广东省委常委、常务副省长林少春出席挂牌仪式并致辞。

国家税务总局广东省税务局发布《国家税务总局广东省税务局关于公布税费规范性文件清理结果的公告》（国家税务总局广东省税务局公告2018年第1号）、《国家税务总局广东省税务局关于税务机构改革有关事项的公告》（国家税务总局广东省税务局公告2018年第2号）、《国家税务总局广东省税务局关于发布〈国家税务总局广东省税务局重大税务案件审理办法〉的公告》（国家税务总局广东省税务局公告2018年第3号）、《国家税务总局广东省税务局关于房地产开发企业销售未完工开发产品计税毛利率的公告》（国家税务总局广东省税务局公告2018年第4号）、《国家税务总局广东省税务局关于省内跨市经营建筑企业所得税征收管理问题的公告》（国家税务总局广东省税务局公告2018年第5号）、《国家税务总局广东省税务局关于发布〈国家税务总局广东省税务系统税款缴库退库工作规程实施办法〉的公告》（国家税务总局广东省税务局公告2018年第6号）、《国家税务总局广东省税务局关于发布〈国家税务总局广东省税务局自然人税收管理办法〉的公告》（国家税务总局广东省税务局公告2018年第7号）、《国家税务总局广东省税务局关于发布〈广东省部分企业所得税优惠事项管理目录（2017年版）〉的公告》（国家税务总局广东省税务局公告2018年第8号）、《国家税务总局广东省税务局关于在广东省电子税务局启用各级税务机关电子印章的公告》（国家税务总局广东省税务局公告2018年第9号）、《国家税务总局广东省税务局关于发布〈国家税务总局广东省税务局税收风险共治管理办法（试行）〉的公告》（国家税务总局广东省税务局公告2018年第10号）、《国家税务总局广东省税务局关于发布〈国家税务总局广东省税务局普通发票管理实施规定〉的公告》（国家税务总局广东省税务局公告2018年第11号）、《国家税务总局广东省税务局关于实行税收实名制管理的公告》（国家税务总局广东省税务局公告2018年第12号）、《国家税务总局广东省税务局关于居民企业所得税预缴申报期限的公告》（国家税务总局广东省税务局公告2018年第13号）。

国家税务总局广东省税务局新网站、新微信、新微博同步整合上线，6大类95项微信办税功能平稳运行。

19日

全省国税地税征管体制改革座谈会在广州召开，对落实党中央、国务院国税地税征管体制改革部署，推进广东省国税地税征管体制改革作出安排。广东省委常委、常务副省长林少春，国家税务总局第十九联络督导组常务副组长韩月朝出席会议并讲话。

20日

广东省委副书记、省长马兴瑞深入国家税务总局广东省税务局调研并召开座谈会，亲切慰问广东税务干部，倾听税务干部意见心声，回应税务部门改革关切。

国家税务总局广东省税务局2018年第2次联合党委会议召开，联合党委书记胡金木主持审议多个实施方案，研究国家税务总局广东省税务局联合党委委员分工有关事宜。

21日—22日

国家税务总局广东省税务局举办机构改革培

训班，深入学习贯彻习近平总书记关于深化党和国家机构改革的重要思想，认真落实国家税务总局和省委、省政府关于税务机构改革的工作要求，部署落实全省税务机构改革主要任务和工作安排。

21 日—25 日

2018 年广东省公务员招录省直第三考场（即原广东地税系统考场）面试工作完成。本次面试是广东地税系统近十年规模最大的一次，实施过程平稳有序，得到省人社厅考试录用处等有关领导充分肯定。

22 日

国家税务总局广东省税务局 2018 年第 3 次联合党委会议召开，联合党委书记胡金木主持审议了新机构领导干部的配备原则，研究市局联合党委书记暨新税务机构局长、市局联合党委副书记、副局长建议人选等事项。

25 日

国家税务总局广东省税务局 2018 年第 4 次联合党委会议召开，联合党委书记胡金木主持审议了局务会议、局长办公会议制度及各地级以上市（区）局新税务机构纪检组长配备调整有关事项等。

国家税务总局广东省税务局 11 个联络（督导）组由 20 位常务副组长带队分赴 20 个市，对各地国税地税征管体制改革工作开展联络（督导）；国家税务总局广东省税务局下发第一期联络（督导）事项清单。

国税地税征管体制改革过渡期间财务若干事项的通知下发，妥善处理政策过渡期间各类财务事项和疑难杂症，明确合并期间财务事项清单。

26 日

国家税务总局广东省税务局 2018 年第 5 次联合党委会议召开，联合党委书记胡金木主持审议各市（区）税务局新机构纪检组长建议人选及干部交流调整方案。

国家税务总局广东省税务局联合党委部署全省税务系统开展专题组织生活会暨“人员大团结、人心大融合”大讨论活动，进一步统一思想、凝心聚力，确保广东省国税地税征管体制改革顺利进行。

《国家税务总局广东省税务局防范和打击虚开骗税工作方案》（粤税函〔2018〕13 号）印发，全面推进防范和打击虚开骗税工作。

27 日

国家税务总局广东省税务局 2018 年第 6 次联合党委会议召开，联合党委书记胡金木主持审议了市级税务局联合党委委员排序和行政班子排序规则有关事项；局长吴紫骊主持召开国家税务总局广东省税务局 2018 年第 1 次局长办公会议，审议了局领导接待日制度、改革国税地税征管体制征管业务工作方案等事项。

全省税务系统庆祝中国共产党建党 97 周年暨“我是共产党员”主题党日活动举办。活动分为新《党章》学习辅导、党员代表谈体会、联合党委书记讲党课、全体党员重温入党誓词等四个环节，以视频形式在全省税务系统同步开展，是国家税务总局广东省税务局挂牌后全省税务系统党员、干部开展的第一次集体活动。胡金木同志讲授专题党课，吴紫骊同志主持活动。

28 日

国家税务总局广东省税务局召开联合党委理论学习中心组（扩大）会议，传达学习国税地税征管体制改革方案精神，研究贯彻落实措施。

29 日

国家税务总局广东省税务局 2018 年第 7 次联合党委会议召开，联合党委书记胡金木主持审议了全省税务系统各市级税务局省局管理干部在新税务机构职务任免、国家税务总局广东省税务局“三定”暂行规定“二上”稿等有关事项；国家税务总局广东省税务局2018年第2次局长办公会议召开，局长吴紫骊主持审议整合主办报刊杂志事项。

国家税务总局广东省税务局机关各党支部召开“强党性、聚合力、履职能、比奉献、晒业绩”专题组织生活会，进一步统一思想、凝心聚力，确保国税地税征管体制改革顺利进行。

30日

国家税务总局广东省税务局编制省级预算“一上”方案，并向广东省委党委、常务副省长林少春作专题汇报，基本确认2018年原经费渠道不变、2019年省财政保障力度不减。

7月

2日

全省税务系统机构改革动员部署视频会议召开，深入学习贯彻习近平总书记关于深化党和国家机构改革的重要思想，认真贯彻落实党中央、国务院决策部署以及国家税务总局、广东省委、省政府的工作要求，进一步提高思想认识，明确任务要求，动员部署全省税务系统平稳有序推进国税地税征管体制改革。

国家税务总局广东省税务局宣布国家税务总局广东省税务局系统管理干部任命。

3日

国家税务总局广东省税务局编制发布《全省国税地税征管体制改革专项绩效考评办法》，对国家税务总局广东省税务局机关部门和各市税务局开展改革专项绩效考评。

4日

国家税务总局广东省税务局在全系统开展“我在改革中成长”主题征文活动，记录、宣传身边税务人、纳税人的改革故事，记录税务机构改革过程，展示新机构、新气象、新风采。

5日

上午10时，广东省21个市（区）税务局顺利挂牌成立。联合党委书记胡金木为国家税务总局广州市税务局揭牌，局长吴紫骊为国家税务总局汕头市税务局揭牌，国家税务总局广东省税务局局领导朱江涛、李华东、杨荣华、陈忠明、梁世桃、罗达佳、蒋学武、叶秀佑、伍关兴、蒋余良、肖映波、李榕滨、揭晔、周家喜分别参加了部分市级税务局挂牌仪式。

7日

国家税务总局广东省税务局2018年第8次联合党委会议召开，联合党委书记胡金木主持审议县级税务局联合党委书记暨新税务机构局长配备原则、国家税务总局广东省税务局落实“三定”暂行规定实施方案，研究国家税务总局广东省税务局联合党委委员和行政领导班子成员分工有关事宜；国家税务总局广东省税务局2018年第3次局长办公会议召开，局长吴紫骊主持审议国家税务总局广东省税务局机关过渡期间财务报销管理办法。

10日

全省县级办税服务厅整合方案制定工作完成。

国家税务总局广东省税务局过渡期间财务报销管理办法制定，理顺机关内部财务流程，明确工作职责、审批权限、业务流程和工作要求，统一财务审批流程和公用支出标准，保证各项支出按规定渠道、范围和标准执行。

11日

全省21个市（区）税务局顺利召开国税地税征管体制改革座谈会。

《转发国家税务总局关于加强脱贫攻坚税收

优惠政策贯彻落实工作的通知》（粤税发〔2018〕12号）印发。

13日

国家税务总局广东省税务局2018年第9次联合党委会议召开，联合党委书记胡金木主持审议广州市税务系统副局级区局和地级市税务系统副处级区局干部职务任免有关事项及国家税务总局广东省税务局党委审议财务管理主要内容清单。

17日

国家税务总局广东省税务局联合党委召开专题会议，学习国家税务总局关于税务分局（所）挂牌工作的文件精神，研究提出贯彻落实措施。

18日

国家税务总局广东省税务局11个派驻各市联络（督导）组会同国家税务总局第十九联络（督导）组，分赴全省各地检查县（市、区）税务局和基层税务分局（所）挂牌各项准备工作到位情况，确保按照统一要求规范挂牌。

20日

上午10时，广东省136个县（市、区）税务局及下属778个税务分局（所）统一挂牌。国家税务总局广东省税务局领导分别参加部分县乡级税务局挂牌仪式。全省县乡新税务机构征管系统配置升级顺利完成。联合党委书记胡金木为国家税务总局鹤山市税务局揭牌，吴紫骊局长为国家税务总局普宁市税务局揭牌，国家税务总局广东省税务局局领导朱江涛、李华东、杨荣华、陈忠明、梁世桃、罗达佳、王义平、蒋学武、叶秀佑、伍关兴，蒋余良、肖映波、李榕滨，揭晔、周家喜分别参加了部分县（区）新税务局挂牌仪式。

广东数据中心税改云平台扩容建设完成，为国家税务总局自然人税收管理系统（ITS）上线提供保障。

《国家税务总局广东省税务局关于做好残疾人就业保障金征收工作的通知》（粤税函〔2018〕119号）发出，就残保金征收模块上线工作作出部署。

国家税务总局广东省税务局联合党委书记胡金木、局长吴紫骊联名给全省县（区）党委、政府发出感谢信，向各地对推进国税地税征管体制改革予以关心、支持和帮助表示由衷敬意和感谢。

24日

国家税务总局广东省税务局2018年第10次联合党委会议召开，联合党委书记胡金木主持审议国家税务总局广东省税务局处室主要负责人和其他处级干部拟任人选有关事项，研究方佳雄、余振荣、赵平三位同志工作安排；国家税务总局广东省税务局2018年第4次局长办公会议召开，局长吴紫骊主持审议省税务机关印章管理办法（暂行）和公文处理规则。

25日

广东省各县（市、区）全部召开国税地税征管体制改革座谈会。

27日

《国家税务总局广东省税务局关于进一步规范涉企软件全面推广无纸化办税的公告》（国家税务总局广东省税务局公告2018年第15号）发布。

30日

国家税务总局广东省税务局2018年第11次联合党委会议召开，联合党委书记胡金木主持审议国家税务总局广东省税务局个别处室主要负责人拟任人选调整、国家税务总局广州市税务局职能配置机构设置和人员编制暂行规定等事项。

31日

全省税务系统机构改革推进工作视频会议召开，全面总结前期广东省国税地税征管体制改革情况，深入分析当前改革形势，部署近期推进改革和下一步税收工作。

国家税务总局广东省税务局统一宣布机关处级干部任命，联合党委书记胡金木对新任职188名副处级以上干部开展集体任前谈话和廉政谈话。

国家税务总局广东省税务局举行副处级以上干部宪法宣誓仪式，省税务局机关188名新任命副处级以上干部和各市（区）税务局804名省税务局管理干部参加了宪法宣誓。

7月

国家税务总局广东省税务局汇总梳理原国税、地税系统在职和离退休人员津贴补贴发放情况，形成调研报告及工作建议上报国家税务总局人事司。

国家税务总局广东省税务局配合财政部、国家税务总局开展工资津贴补贴调研，相关工作得到财政部、国家税务总局领导肯定。

8月

1日

广东省残疾人就业保障金征收模块成功在金税三期系统、广东省电子税务局同步上线运行，并开出第一张企业自主申报残疾人就业保障金电子税收票证，标志着广东省残疾人就业保障金由以往的“残联核定、税务代征”平稳过渡为“用人单位自行向税务机关申报缴纳”的征管新模式。

2日

国家税务总局广东省税务局2018年第12次联合党委会议召开，联合党委书记胡金木主持审议国家税务总局广东省税务局机关各处室编制控制数及科级以下人员岗位安排，研究国家税务总局广东省税务局联合党委委员和行政领导班子成员分工及“AB角”工作安排。

3日

国家税务总局广东省税务局组织召开机关干部大会，宣布国家税务总局广东省税务局机关科级及以下干部职工岗位安排。

6日

中共国家税务总局广东省税务局联合委员会审议财务管理事项主要内容清单印发，建立健全重大财务事项决策机制。

7日

国家税务总局广东省税务局联合党委召开机构改革专题民主生活会，为推进改革进一步凝聚思想共识和攻坚合力。

8日

国家税务总局广东省税务局2018年第13次联合党委会议召开，联合党委书记胡金木主持学习传达全国税务系统省局纪检组长会议精神，审定各市级税务局“三定”暂行规定（报备稿），听取国家税务总局广州市税务局“三定”暂行规定“一下”意见。

10日

国家税务总局广东省税务局机关全面完成处室职责划转、工作交接等工作，国家税务总局广东省税务局“三定”暂行规定落实到位。

15日

《国家税务总局广东省税务局关于部分派出机构有关事项的公告》（国家税务总局广东省税务局公告2018年第16号）发布。

16日

《国家税务总局广东省税务局关于国家税务总局广东省税务局第三税务分局有关事项的公告》（国家税务总局广东省税务局公告2018年第17号）、《国家税务总局广东省税务局关于启用新发票监制章的公告》（国家税务总局广东省税务局公告2018年第18号）发布。

17 日

全省各级税务机关相关部门参加推进国税地税征管体制改革第一轮视频培训。

20 日

广东省政府办公厅副主任张春新，省财政厅、省人社厅、省发改委、财政部驻广东专员办、省残联、省扶贫办、省民政厅、省社保局等相关部门负责人受邀收看国家税务总局、财政部、人力资源社会保障部、国家卫生健康委员会、国家医疗保障局召开的社会保险费和非税收入征管职责划转工作动员部署视频会议。

国家税务总局广东省税务局2018年14次联合党委会议召开，联合党委书记胡金木主持审议成立国家税务总局广东省税务局机关党委、机关纪委及各群团组织有关工作及候选人名单安排、市局科（处）室主要负责人配备原则、研究国家税务总局广东省税务局领导分工调整有关事宜；2018年第5次局长办公会议召开，局长吴紫骊主持审议广东省税务局会议管理办法等制度。

21 日

《国家税务总局广东省税务局关于推行新办纳税人“套餐式”服务的公告》（国家税务总局广东省税务局公告2018年第19号）发布。

22 日

广东省委印发《关于同意中共广东省国家税务局、地方税务局联合委员会改设中共国家税务总局广东省税务局委员会的批复》（粤委〔2018〕108号），批准国家税务总局广东省税务局联合党委改设党委。

27 日

国家税务总局广东省税务局2018年第1次党委会议召开，党委书记胡金木主持审议税务总局人事司关于市级税务局“三定”审核意见及修改建议有关事项及全省税务系统县级税务局“三定”暂行规定制定情况。

国家税务总局广东省税务局代省政府草拟的贯彻执行国务院关于社保费和非税收入划转工作相关指导意见的通知由省府办公厅率先在全国印发实施。

国家税务总局广东省税务局与13家银行业金融机构联合举办线上“银税互动”服务项目签约仪式。

27 日—28 日

中共国家税务总局广东省税务局直属机关第一次代表大会、第一次机关团员代表大会、第一次机关妇女代表大会、第一次机关工会委员会会员代表大会先后召开，分别选举产生中共国家税务总局广东省税务局直属机关第一届委员会委员和纪律检查委员会委员、直属机关团委第一届委员会委员、机关第一届妇女委员会委员，以及第一届机关工会委员会委员、经费审查委员会委员、女职工委员会委员。

29 日

全省税务系统纳税服务业务骨干培训班在江门市开班。国家税务总局广东省税务局联合党委委员、副局长梁世桃出席开班仪式。

国家税务总局广东省税务局2018年第2次党委会议召开，局长吴紫骊受党委书记胡金木委托，主持审议2018年税务系统厅局级非领导职务干部选拔任用工作有关事项。

全国公共机构能源资源节约和生态环境保护工作会议在北京召开，国家税务总局广东数据中心相关工作经验被作为书面汇报材料。

31 日

国家税务总局广东省税务局成立社会保险费和非税收入征管职责划转工作办公室，办公室下设社会保险费组、非税收入组2个工作组，由副局长肖映波牵头负责。

广东省纪委第六纪检监察室到国家税务总局广东省税务局开展纪检监察工作专题调研。

8 月

广东省政府办公厅公布“全省政务公开第三方评估结果”，原广东省地方税务局以 90.1 分的成绩，在全省纳入绩效考核的 47 个省直部门中位列第一。

9 月

4 日

国家税务总局广东省税务局 2018 年第 3 次党委会议召开，党委书记胡金木主持传达学习贯彻广东省委书记李希的批示精神，审议市级税务局落实“三定”暂行规定的指导原则。

国家税务总局广东省税务局局长吴紫骊赴香港参加香港会计界庆祝六十九周年国庆联欢晚会。

全省税务系统 21 个市级税务局联合党委全部获批改设党委。

国家税务总局广东省税务局向国家税务总局报备广东省《关于市级税务局落实“三定”暂行规定的指导原则》。

《国家税务总局广东省税务局关于成立扫黑除恶专项斗争领导小组的通知》（粤税发〔2018〕69 号）印发，对领导小组及领导小组办公室的具体人员构成、主要职责等予以明确。

6 日

全省个人所得税改革动员部署推进会召开，全面贯彻全国个人所得税改革动员部署会议精神。

6 日至 12 月 11 日

全省稽查业务线条的培训班先后举办七期，培训人数达 345 人次。

7 日

广东省国税地税征管体制改革专项小组召开全省社会保险费和非税收入征管职责划转工作动员部署视频会议，学习贯彻中央五部委局社会保险费和非税收入征管职责划转工作动员部署视频会议精神，传达学习广东省委书记李希、省长马兴瑞、常务副省长林少春关于做好广东省国税地税征管体制改革、特别是社会保险费和非税收入征管职责划转工作的批示精神，并作全省动员部署。

国家税务总局广东省税务局 2018 年第 4 次党委会议召开，党委书记胡金木主持审议国家税务总局广东省税务局领导联系基层工作制度。

10 日

国家税务总局广东省税务局扫黑除恶专项斗争领导小组召开全体成员会议，总经济师伍关兴参加会议并作讲话。

11 日—16 日

国家税务总局广东省税务局机关组建 3 个检查组对原广东省国家税务局、原广东省地方税务局 46 个支部开展党建责任落实情况检查。

12 日

国家税务总局广东省税务局正式下发关于落实市级税务局“三定”暂行规定的指导原则。

13 日

国家税务总局督导组对国家税务总局广东省税务局个人所得税改革工作进行督导。

14 日

国家税务总局广东省税务局批复市税务局落实“三定”暂行规定具体实施方案。

17 日

国家税务总局广东省税务局党委书记胡金木主持召开党委理论学习中心组学习（扩大）会议，进一步传达学习全国税务系统党建工作会议精神，研究广东省税务系统贯彻落实举措，谋划推动新形势下全省税务系统党的建设工作。

国家税务总局广东省税务局召开模范机关创建活动动员暨专题党课视频会议，党委书记胡金木作动员部署讲话并讲授专题党课，局长吴紫骊主持会议。

国家税务总局广东省税务局全面完成全省系统所有预算单位的设立、变更和撤销工作，详细测算人员、公用经费需求，科学编制基本支出预算，顺利完成新税务机构 2019 年“一上”预算编报工作。

《国家税务总局广东省税务局关于开展互联网物流平台企业代开增值税专用发票试点工作的公告》（国家税务总局广东省税务局公告 2018 年第 20 号）、《国家税务总局广东省税务局关于公布部分税收规范性文件清理结果的公告》（国家税务总局广东省税务局公告 2018 年第 21 号）发布。

18 日

《中国税务报》头版头条刊登《打造税收智库　当好参谋助手》，介绍国家税务总局广东省税务局税收经济分析工作经验。

国家税务总局广东省税务局完成个人所得税扣缴客户端推广工作。广东省个人所得税扣缴客户端使用户数超 200 万户，推广比例为 100%。

国家税务总局广东省税务局召开全省税务系统增值税发票风险快速反应专项工作部署暨业务培训视频会。

国家税务总局广东省税务局制定加强对各级党组织“一把手”监督的任务清单。

国家税务总局广东省税务局局长吴紫骊率队到数字广东网络建设有限公司进行调研，专题研究税务部门与“数字政府”的全面对接和后续建设工作。

21 日

国家税务总局广东省税务局个人所得税改革专项工作领导小组成立，由党委书记胡金木、局长吴紫骊任组长，总经济师罗达佳任副组长，相关处室主要负责人任小组成员。领导小组下设 7 个专项工作组。全省各市、县（区）局建立专项工作组。

上午 10 时，广东税务系统各市级税务局宣布内设机构、派出机构和事业单位负责人任命。

《国家税务总局广东省税务局关于成立依法行政工作领导小组等组织架构的通知》（粤税发〔2018〕77 号）印发，成立税务行政应诉工作领导小组（行政复议委员会）以及重大税务案件审理委员会。

25 日

广东税务系统各市级税务局宣布市级税务局机关工作人员岗位安排。

加强全省税务系统扫黑除恶专项斗争工作的意见印发。

26 日

全省税务系统省、市、县（区）局纪检组长专题培训班在佛山南海开班。

《国家税务总局广东省税务局个体工商户定期定额征收管理实施办法》的公告（国家税务总局广东省税务局公告 2018 年第 22 号）发布。

27 日

国家税务总局党委委员、副局长、第十九联络（督导）组组长孙瑞标在广东就税务部门落实简政减税降负措施情况开展督导调研，实地走访企业并主持召开税务干部座谈会。

全省税务系统党建工作会议召开，专题传达学习全国税务系统党建工作会议精神，谋划推动新形势下全省税务系统党的建设工作。

28 日

国家税务总局广东省税务局联合国家税务总局驻广州特派员办事处、省公安厅、海关总署广东分署、中国人民银行广州分行召开广东四部门打击虚开骗税违法犯罪两年专项行动工作推进会，贯彻落实四部委打击虚开骗税两年专项行动工作部署，共同研究推进广东省两年专项行动工作。国家税务总局广东省税务局党委书记胡金木，国家税务总局驻广州特派员办事处特派员韩月朝，以及公安、海关、人民银行领导出席会议并讲话。

30 日

广东省税务系统 21 个市级税务局 148 个派出机构正式挂牌。

广东税务系统各市级税务局机关全面完成部门职责划转、工作交接等工作，市级税务局“三定”暂行规定落实到位。

国家税务总局广东省税务局代广东省政府草拟的社会保险费征管职责交接方案正式由广东省政府办公厅印发实施。

广东省政府发出《广东省人民政府关于商请确定广东省第一批划转由税务部门征管省级设立非税收入项目的函》（粤府明电〔2018〕65 号）至国家税务总局商请确定广东省首批划转省级非税收入项目，建议将“村镇基础设施配套费（仅对乡镇规划区收取）”划转由税务部门征收。

国家税务总局广东省税务局举办新个人所得税法及过渡期政策宣讲会。

《国家税务总局广东省税务局依法行政工作领导小组议事规则》（粤税发〔2018〕87 号）、《广东省税务系统主要负责人履行推进法治建设第一责任人职责清单》（粤税发〔2018〕88 号）印发。

国家税务总局广东省税务局举办全省税务系统个人所得税业务视频培训。

在国家税务总局、公安部、海关总署、中国人民银行通报表扬的 2017 年打击骗取出口退税和虚开增值税专用发票专项工作成绩突出集体和个人中，原广东省国家税务局稽查局等 3 个集体、张智洪等 4 名个人获表扬。

10 月

8 日—11 日

国家税务总局广东省税务局组织开展全省税务稽查部门落实机构改革情况分片集中调研。总经济师伍关兴参加此次调研。

9 日至 12 月 29 日

国家税务总局广东省税务局圆满完成初任公务员培训工作。此次初任公务员培训共 8 个班分两批次进行，同时在江门、广州、佛山、阳江等多地举办。

9 日—15 日

全省税务系统执纪审查业务培训班在中国纪检监察学院开班。

10 日至 12 月 31 日

国家税务总局广东省税务局组织部署全省影视行业 4040 户企业和 763 名从业人员的自查自纠工作，实现自查自纠阶段“百分百告知提醒、百分百自查申报”，自查补缴税款 1.86 亿元，得到广东省委常委、宣传部长傅华批示肯定。

15 日

国家税务总局广东省税务局 2018 年第 6 次党委会议召开，党委书记胡金木主持审议委员会工作规则（试行）。

18 日

《国家税务总局广东省税务局关于印发〈非税收入征管职责划转工作方案〉的通知》（粤税函〔2018〕444 号）制发。

国家税务总局广东省税务局党委召开机关离

退休干部国税地税征管体制改革情况通报会，向老干部通报了改革相关情况。

19日—22日

国家税务总局广东省税务局领导分赴广州、汕头、潮州、清远、佛山、肇庆、惠州、河源、揭阳、江门、云浮、珠海、韶关等地开展县乡税务局（所）落实“三定”工作专题调研，与有关市县乡税务局（所）干部职工深入开展谈心谈话，详细了解基层在推进改革中存在的问题和建议，并召开座谈会，听取有关市局县乡税务局（所）落实“三定”工作情况汇报。

22日

国家税务总局广东省税务局党委书记胡金木主持召开县乡局（所）落实“三定”党委（扩大）专题会议，通报了近期国家税务总局广东省税务局领导班子带队深入基层开展专题调研的情况，听取梅州市梅县区税务局等6个县乡局（所）情况汇报，研究讨论了县乡局（所）干部安排、机构设置和编制、工资福利待遇、行政管理、党建工作等问题。

22日—31日

国家税务总局广东省税务局深入北京大学、复旦大学、中国人民大学、武汉大学等12所重点高校开展公务员招录现场宣讲活动，积极发动高素质人才报考广东税务系统。

25日

上午10时，广东税务系统136个县级税务局同步组织召开干部大会，统一举行县乡税务机构“三定”宣布仪式，宣布县级税务局内设机构、派出机构和事业单位负责人和所有工作人员岗位安排。

26日

新税务机构第一次全体离退休党员大会在天河北办公楼召开，选举产生中国共产党国家税务总局广东省税务局第一届老干部委员会委员以及所属6个老干部支部委员会委员。国家税务总局广东省税务局党委书记胡金木向大会致贺信，代表国家税务总局广东省税务局党委预祝大会圆满召开，国家税务总局广东省税务局党委委员杨荣华出席会议。

29日

非税收入项目划转税企座谈会召开，国家税务总局广东省税务局相关部门、5个市局、财政部驻广东监察专员办以及13家重点缴费企业参会。国家税务总局广东省税务局副局长肖映波主持会议。

30日

国家税务总局广东省税务局召开党委会（扩大）会议，专题传达学习贯彻习近平总书记视察广东重要讲话精神，以及10月26日省委常委会扩大会议和10月28日全省干部大会精神，研究部署学习贯彻落实工作。

国家税务总局广东省税务局召开全省个人所得税改革第二阶段工作动员部署会议，对广东省个人所得税改革第二阶段工作进行动员部署。国家税务总局广东省税务局总经济师罗达佳参加会议。

30日至11月1日

国家税务总局大企业司副司长刘新利一行在国家税务总局广东省税务局副局长陈忠明等相关人员陪同下，到广州市开展粤港澳大湾区税收经济分析专题调研，并在霍英东研究院召开企业座谈会。

31日

广东税务系统各县级税务局全面完成部门职责划转、工作交接等工作，县级税务局“三定”暂行规定落实到位。

全省系统358个独立核算机构的国有资产清

查工作全面完成，并初步与地方财政部门协商确认了相关工作审批事项和手续。

10 月

全省实施进一步优化和简化申领发票流程工作。

请（休）假、因私出国（境）、日常考勤3项人事管理制度发布。

11 月

1 日

国家税务总局广东省税务局联合省工商业联合会举办“问需求　优服务”纳税人座谈会。11家大型民营企业集团围绕税务系统在机构改革之后进一步深化“放管服”改革、优化税收营商环境、提升纳税人满意度等方面积极建言献策。

国家税务总局广东省税务局在全国率先开展车辆购置税全程电子化试点工作。

国家税务总局广东省税务局组织全省各级税务机关相关部门参加推进国税地税征管体制改革第二轮视频培训。

1 日至 12 月 20 日

国家税务总局广东省税务局纪检组在全省税务系统组织开展国税地税征管体制改革纪律执行情况监督检查。

5 日

国家税务总局广东省税务局联合国家税务总局广州特派员办事处、广东省公安厅、海关总署广东分署、中国人民银行广州分行印发《关于印发〈打击虚开骗税违法犯罪两年专项行动方案（2018.08—2020.08）〉的通知》（粤税发〔2018〕108号）。

国家税务总局广东省税务局联合国家税务总局驻广州特派员办事处、海关总署广东分署、广州海关正式成立“猎鲨行动”联合专案组，联合开展“猎鲨行动”骗税专案查办工作。

5 日至 12 月 25 日

国家税务总局广东省税务局承接全国税务巡视巡察工作信息管理系统试运行工作。

5 日—8 日

广东税务系统巡察干部培训班在国家税务总局广东省税务局天河北办公区举办。

6 日—9 日

广东税务系统个人所得税政策培训班在广东省税务干部学校举办。

7 日

国家税务总局广东省税务局党委书记胡金木、局长吴紫骊联名致信全省20个市（不含深圳）市委书记、市委组织部部长，对各地在推进国税地税征管体制改革中给予税务部门的关心、支持和帮助表示衷心的感谢，并恳请对税务干部交流到地方任职工作给予进一步关心和支持。

8 日

国家税务总局广东省税务局成立粤港澳大湾区专业管理服务团队。

9 日

全省税务系统警示教育大会暨国税地税征管体制改革纪律执行情况监督检查动员会召开。

全省税务系统大企业税收服务和管理业务培训班在国家税务总局广东省税务局税务干部学校举办。国家税务总局广东省税务局副局长陈忠明作开班讲话；国家税务总局大企业司司长缪慧频为培训班专题授课。

9 日—10 日

全国税务系统优化大企业纳税服务工作座谈会在佛山召开。国家税务总局大企业司司长缪慧频、副巡视员班英，全国15个省（区、市）、计划单列市分管大企业税收工作局领导及大企业税收服务和管理局局长参加会议，共同研究全国大企业纳税服务工作三年规划。期间，赴美的集团总部实地调研税收风险防御系统。

10日

国家税务总局广东省税务局党委书记胡金木、总会计师蒋余良陪同国家税务总局第十九联络（督导）组常务副组长韩月朝向广东省委常委、常务副省长林少春作关于广东省国税地税征管体制改革推进情况的汇报。

广东税务系统20个市税务局党委书记、局长致信各县（区）委书记、组织部长，对各地在推进国税地税征管体制改革中给予税务部门的关心、支持和帮助表示衷心的感谢，并恳请对税务干部交流到地方任职工作给予进一步关心和支持。

国家税务总局广东省税务局机关女干部职工开展“聚合力　促改革”拓展活动，激励机关广大女干部职工支持改革、拥护改革、奉献改革。

12日—19日

对全省税务系统开展国税地税征管体制改革纪律执行情况监督检查。

12日—25日

全省税务系统开展大调研、大走访活动。省、市、县（区）、乡四级税务部门的局领导班子成员通过实地走访、召开专题座谈会等形式共走访民营企业5542户、举办座谈会604场、受邀企业代表8332人次，收集民营企业提出问题3918个，收集意见1916条。

13日

国家税务总局广东省税务局局长吴紫骊主持召开2018年第一次局务会议和第三季度绩效分析讲评会。

国家税务总局纳税服务司在国家税务总局广东省税务局召开纳税服务工作研讨会，国家税务总局纳税服务司副司长向君、国家税务总局广东省税务局副局长梁世桃出席会议。

全省税务系统公职律师业务培训班在广州市开班，为期2天。

15日—16日

全省税务系统纳税服务中心（税收宣传中心）工作会议召开。

16日

广东省政府发文明确，自2019年1月1日起广东省村镇基础设施配套费（仅对乡镇规划区收取）由税务部门统一征收。

20日

广东税务系统136个县级税务局已全部召开专题民主生活会，并设立机关党组织和群团组织。

全省税务系统财产和行为税工作会议在江门市召开。

21日

国家税务总局广东省税务局党委书记胡金木主持召开国家税务总局广东省税务局党委巡察工作领导小组第一次会议。会议审议并通过第一轮专项巡察方案等。

组织全省2083名考生参加全国税收执法资格统一考试，通过率为97.17%。

21日—24日

全省财产和行为税业务培训班在江门市举办。

26日—28日

全省税务系统防范骗税工作会议在汕头市召开，国家税务总局广东省税务局总审计师李榕滨出席会议并讲话。

28日

《国家税务总局广东省税务局领导干部学法工作规定》（粤税办发〔2018〕66号）印发。

30 日

国家税务总局广东省税务局党委第一轮专项巡察动员部署会召开，巡察工作领导小组副组长杨荣华作动员讲话。

《转发国家税务总局关于实施进一步支持和服务民营经济发展若干措施的通知》（粤税发〔2018〕126 号）印发。

11 月

在全国率先实现省市两级同步编制主动公开基本目录，国家税务总局广东省税务局和 21 个市（区）税务局同步实现主动公开基本目录的编制发布，全网共 5595 条信息纳入省市主动公开基本目录管理。

完成数字人事全面推行工作，实现省、市、县三级 4.6 万余名干部职工全覆盖。

基本完成原省国税、原地税系统干部人事信息系统数据整合工作。

12 月

2 日—20 日

国家税务总局广东省税务局党委对河源市、中山市税务局党委领导班子及其成员开展国税地税征管体制改革专项巡察。

3 日

国家税务总局广东省税务局与广东省财政厅、省人社厅共同召开省直机关事业单位财政统发工资个人所得税扣缴方式讨论会。

3 日—7 日

全省税务系统税收经济分析业务培训班在暨南大学举办，党委委员、副局长朱江涛出席开班仪式并发表讲话。

3 日—21 日

国家税务总局广东省税务局党委第一、第二巡察组对河源市、中山市税务局党委开展第一轮专项巡察。

4 日

《国家税务总局广东省税务局关于试点应用“税链”区块链电子发票平台开具通用类发票的公告》（国家税务总局广东省税务局公告 2018 年第 24 号）、《国家税务总局广东省税务局　广东省财政厅关于在淀粉及淀粉制品制造行业试行农产品增值税进项税额核定扣除办法的公告》（国家税务总局广东省税务局公告 2018 年第 25 号）发布。

国家税务总局广东省税务局召开全省金税三期系统并库工作动员部署视频会。

4 日—6 日

全省税务系统门户网站管理会议召开，各市局负责网站及新媒体管理工作的业务骨干共 44 人参加了会议。

5 日

国家税务总局广东省税务局联合公安部门在东莞市对“12·05”虚开增值税专用发票专案开展收网行动，该案是国家税务总局广东省税务局成功运用“信息化战法”查办的一起重大案件。

6 日

国家税务总局涉税专业服务监管调研会在东莞松山湖高新技术产业开发区局召开，国家税务总局纳税服务司副司长于耀财，国家税务总局广东省税务局副局长梁世桃出席会议。

国家税务总局广东省税务局机关在广州体育学院亚运馆举办“凝心力·促融合·展风采”趣味运动会，进一步促进队伍融合。

全国税务系统“新机构、新职责、新业务、新作为”知识网络竞赛第三轮闯关“奋勇争先”环节在广东省赛区正式开赛。

9 日

12366 纳税服务热线系统（V3.6 版本）升级上线工作完成，实现对原国税、原地税 12366 纳税服务热线的整合工作。

10 日

国家税务总局通报 2018 年纳税人满意度调查有关情况。广东省税务系统纳税人满意度位于 2018 年全国税务系统纳税人满意度调查第 20 名，比 2016 年提升 11 名，是国家税务总局开展纳税人满意度调查工作以来取得的最好成绩。

国家税务总局广东省税务局与财政部驻广东省财政监察专员办事处联合召开非税收入项目划转交接工作会议，完成“大中型水库移民后期扶持基金”“免税商品特许经营费”等 6 项中央非税收入项目的资料交接，标志着相关划转工作全部完成。

国家税务总局广东省税务局党委会研究审议国税地税征管体制改革资产清查情况的有关事项。全面完成资产整体划转移交，全省税务系统 179 个清查单位全部取得国有资产主管部门批复，圆满完成资产划转工作。

11 日

国家税务总局广东省税务局联合广东省财政厅、省残疾人联合会印发《关于调整 2018—2020 年残疾人就业保障金征收标准的通知》（粤财社〔2018〕219 号），下调残疾人就业保障金征收标准。

国家税务总局广东省税务局组织机关干部前往深圳参观学习“大潮起珠江——广东改革开放 40 周年展览”。

11 日—14 日

国家税务总局广东省税务局邀请制造业、金融业、房地产业、零售业、服务业和互联网业等 47 户龙头企业集团，在广州市举办 4 期大企业税收经济形势分析暨问计问需税企座谈会，国家税务总局广东省税务局副局长陈忠明和副厅级干部方佳雄参加座谈会。

13 日

全省纳税服务部门优化税收营商环境工作研讨会在东莞市召开，国家税务总局广东省税务局副局长梁世桃参加研讨会。

14 日

全省税务系统个人所得税工作会议召开，国家税务总局广东省税务局总经济师罗达佳参加会议。

《国家税务总局广东省税务局关于全面推行出口退（免）税无纸化管理工作的公告》（国家税务总局广东省税务局公告 2018 年第 26 号）发布。

18 日

全省税务系统个人所得税专项附加扣除暂行办法全员培训视频会召开。国家税务总局广东省税务局总经济师罗达佳参加会议。

《国家税务总局广东省税务局关于跨境电子商务零售出口免税有关问题的公告》（国家税务总局广东省税务局公告 2018 年第 27 号）发布。

19 日

在由广东省网信办和腾讯联合举办的第六届广东互联网政务论坛上，国家税务总局广东省税务局获评“2018 年最具影响力政务微信订阅号”“最佳创新突破案例”，被南方报业传媒集团授予“2018 广东政务新媒体年度最具传播力奖”。

20 日

广东省税务机关全面完成城乡居民养老保险、城乡居民基本医疗保险征管职责划转工作。

24 日—26 日

国家税务总局广东省税务局与国家税务总局驻广州特派办、广东省公安厅、海关总署广东分署、中国人民银行广州分行抽调人员组成两个联合调研组，分赴佛山、惠州、东莞、中山调研督导打击虚开骗税违法犯罪两年专项行动开展情况。

24 日

《国家税务总局广东省税务局办公室关于印发〈进一步支持和服务民营经济发展若干措施分工安排〉的通知》（粤税办发〔2018〕72 号）印发。

25 日

全面完成资产整体划转移交，全省税务系统 179 个清查单位全部取得国有资产主管部门批复，圆满完成资产划转工作。

26 日

国家税务总局广东省税务局局长吴紫骊、总会计师蒋余良、总审计师李榕滨及副厅级干部方佳雄一行到深圳腾讯总部和华为总部开展调研，并组织召开税企座谈会。

27 日

国家税务总局党委书记、局长王军对江门市不动产交易登记集成服务创新成果并入选中国“互联网 + 政务”优秀实践案例 50 强予以高度肯定，批示相关同志阅研并“要总结推介”。

28 日

“创建新举措打造新高地”媒体发布会召开，正式发布优化税收营商环境试点工作实施方案（2018—2020 年）。

29 日

国家税务总局广东省税务局联合有关单位先后印发了《国家税务总局广东省税务局　广东省人力资源和社会保障厅　广东省医疗保障局关于税务机关征收城乡居民基本养老保险费和城乡居民基本医疗保险费的公告》（国家税务总局广东省税务局公告 2018 年第 28 号）、《国家税务总局广东省税务局　广东省人力资源和社会保障厅　广东省医疗保障局　广东省财政厅　中国人民银行广州分行关于发布〈广东省城乡居民基本养老保险费和城乡居民基本医疗保险费征收暂行办法〉的公告》（国家税务总局广东省税务局公告 2018 年第 29 号）、《国家税务总局广东省税务局关于明确广东省房地产开发企业销售未完工开发产品计税毛利率的公告》（国家税务总局广东省税务局公告 2018 年第 30 号）。

12 月

《广东税务》策划改革开放 40 周年专刊。

2018 年

国家税务总局广东省税务局在全国税务系统绩效考评中位列第二。

全省税费收入完成 28127.47 亿元，突破 2.8 万亿元大关，比上年增长 10.1%。全省税收收入总额 23636.47 亿元，增长 8.1%，税收收入规模连续 25 年居全国首位。其中，税务部门组织的国内税收收入 19683.13 亿元，增长 7.6%；海关代征进口税收收入 3953.34 亿元，增长 10.4%。税务部门组织费金收入 4491.01 亿元，增长 21.7%。

全省税务稽查系统共立案检查 6983 户、督导自查 10789 户，实现查补收入 215.97 亿元，入库 193.51 亿元。

全省受理行政复议案件 17 宗，新增一审行政诉讼案件 5 宗，审理重大税务案件 2 宗。

全省对现行有效的 3553 份税收规范性文件进行清理，继续执行 333 份，全文废止 2968 份，部分条款废止 36 份，修改 216 份，新制发文件 249 份。

深圳市税收大事记（2018年）

1月

9日

深圳市税务部门与腾讯公司签署《涉税协查机制合作备忘录》，建立涉税协查合作机制。

10日

国家税务总局纳税服务司副司长孙玉山到深圳市福田区税务部门调研。

22日

深圳市国家税务局重大税务案件审理委员会对“5·23”案件进行集中审理。

29日

2017年度深圳市国家税务局党组民主生活会召开。

2月

1日

2018年全市国税工作会议召开。

2日

2018年全市国税系统全面从严治党工作会议、纪检监察工作会议召开。

5日

2017年度深圳市地方税务局领导班子党员领导干部民主生活会召开。

9日

深圳市税务部门内部控制监督平台正式上线。

23日

深圳市国家税务局领导班子成员到蛇口参观全国首家“改革开放”主题博物馆，开展纪念改革开放40周年学习交流活动。

3月

2日

2018年度深圳市地方税务局全系统稽查工作会议召开。

12日

国家税务总局政策法规司组织各省国税、地税代表来深圳集中办公。

13日

深圳市税务部门举办大企业税收服务与管理合作推进会议。

15日

国家税务总局大企业税收管理司副司长刘新利一行到腾讯开展互联网金融专题调研。

20日

深圳市国家税务局、深圳市地方税务局联合就国税地税征管体制改革有关情况向深圳市委、市政府作出专题报告。

22日

深圳市税务部门召开“代表委员话税收”恳谈会，向各级人大代表、政协委员问需问计。

26日—30日

深圳市国家税务局党组成员分别带队到基层联系点督导国税地税征管体制改革“四个确保”落实情况。

4月

2日

粤港澳大湾区税收高端沙龙暨税收宣传月启动仪式举行。

3日

2018年深圳市地方税务局全系统教育培训工作会议召开。

11日

深圳市税务部门举办“提升税收共治新能力 构建营商环境新格局”合作框架协议签约活动。

23日

深圳市国家税务局、深圳市地方税务局联合印发《深圳市国家税务局 深圳市地方税务局“一厅通办”工作方案》。

27日

“前海蛇口自贸区税收营商环境研究中心”正式揭牌。

5月

11日

深圳市税务部门召开大企业纳税服务工作座谈会。

12日

深圳市委常委、常务副市长刘庆生主持召开会议，研究深圳市国税地税征管体制改革相关事宜。

14日

深圳市国家税务局、深圳市地方税务局召开领导班子联席会议。

6月

5日

国家税务总局第36联络（督导）组进驻深圳市税务部门开展工作。

11日

深圳市政府召开深圳市国税地税征管体制改革座谈会。

15日

国家税务总局深圳市税务局正式挂牌成立，召开国家税务总局深圳市税务局干部大会。

15日起

全市各办税服务厅统一按照5大类等设置窗口，统一284项纳税人依申请涉税事项办税指南。

29日

国家税务总局深圳市税务局召开全市税务系统庆祝中国共产党成立97周年表彰大会。

国家税务总局深圳市税务局宣布各区税务局联合党委班子成员任职。

7月

5日

全市各区税务局正式挂牌成立。

6日

国家税务总局印发《国家税务总局深圳市税务局职能配置、机构设置和人员编制暂行规定》。

9日

深圳市副市长艾学峰带队到国家税务总局深圳市税务局调研税收大数据分析工作。

27日

国家税务总局深圳市税务局召开全市各区税务局“三定”座谈会。

31日

国家税务总局深圳市税务局召开2018年全

市人大代表、政协委员座谈会。

8 月

10 日

国家税务总局服务纳税人创新电子发票应用试点启动现场会召开。国家税务总局党委委员、副局长任荣发现场见证全国首张区块链电子发票正式上线。

13 日起

全市各办税服务厅推出午间延时服务。

14 日

国家税务总局深圳市税务局联合党委召开国税地税征管体制改革专题民主生活会。

15 日

国家税务总局深圳市税务局各派出机构正式挂牌成立。

22 日

国家税务总局深圳市税务局召开全市税务系统绩效管理座谈会。

24 日

国家税务总局深圳市税务局与深圳市工商联举办合作备忘录签约仪式暨惠企税收政策宣讲会，共同签署《关于推进依法治税 构建良好营商环境合作备忘录》。

25 日

国家税务总局深圳市税务局出台进一步优化税收营商环境 108 条，持续深化“放管服”改革。

27 日

国家税务总局深圳市税务局联合党委改设为国家税务总局深圳市税务局党委。

29 日

深圳市政府组织国家税务总局深圳市税务局、深圳市人力资源和社会保障局、深圳市财政委员会等部门召开社会保险费和非税收入征管职责划转改革协调会。

30 日

深圳市政府召开国税地税征管体制改革专项组会议。

9 月

5 日

国家税务总局深圳市税务局联合深圳市公安局、人民银行深圳市中心支行开展“鹰击 1 号”收网行动。

深圳市政府召开全市社会保险费和非税收入征管职责划转工作动员部署会议。

6 日

全市 13 个区税务局联合党委获批改设党委。

7 日

国家税务总局深圳市税务局印发《社会保险费和非税收入征管职责划转工作方案》。

10 日

国家税务总局深圳市税务局召开全市个人所得税改革动员部署推进会。

11 日

国家税务总局深圳市税务局召开全市各区税务局落实“三定”暂行规定专项部署会。

12 日—14 日

国家税务总局召开中韩“数字经济相关税收议题”研讨会，国家税务总局深圳市税务局分别围绕“大数据在税务系统中的应用”及“区块链电子发票”做了主题发言。

18 日

国家税务总局深圳市税务局召开新《个人所得税法》新闻通报会。

25 日

国家税务总局深圳市税务局与公安、海关、

人民银行四部门联合召开打击虚开发票、骗取退税违法犯罪两年专项行动部署会议。

25日—30日

国家税务总局督查组对国家税务总局深圳市税务局贯彻落实减税政策和“放管服”改革措施情况进行实地督查。

27日

全市各区税务局“三定”暂行规定落实到位。

全市各区税务局完成派出机构挂牌工作。

9月

全市办税服务厅实现“一窗一人一机两系统”服务。

10月

18日—14日

国家税务总局深圳市税务局举办全市税务系统党建工作暨深化国税地税征管体制改革专题研讨培训。

9日

全市各区局落实“三定”暂行规定情况通过国家税务总局督导组及各区督导组验收。

22日

国家税务总局深圳市税务局召开全市税务系统后勤工作会议。

25日

全市税务系统顺利度过“三定”暂行规定落实后首个“大征期”。

29日

国家税务总局深圳市税务局召开“问需求优服务”纳税人座谈会。

10月

国家税务总局深圳市税务局联合深圳市人力资源和社会保障局完成社会保险费信息共享平台开发建设与联调联试。

10—12月

国家税务总局深圳市税务局开展全市税务系统“以案明纪　以案促改”警示教育巡回展览、巡回宣讲活动。

11月

8日

国家税务总局深圳市税务局召开全市税务系统规范影视行业税收秩序专项工作培训暨交流推进会。

9日

国家税务总局深圳市税务局召开扫黑除恶专项斗争推进会、管查互动专项工作会、稽查专案工作部署会议。

13日

中共国家税务总局深圳市税务局委员会召开第一轮专项巡察动员部署会。

15日

国家税务总局深圳市税务局召开全市民营企业纳税人代表座谈会。

国家税务总局深圳市税务局召开税收经济分析座谈会。

16日

国家税务总局深圳市税务局召开全市区块链电子发票试点工作座谈会。

国家税务总局深圳市税务局联合深圳市投资推广署、外国驻粤驻深使领馆举办吸引外商来深投资税收政策宣讲。

20日

国家税务总局深圳市税务局召开全市税务系统警示教育大会。

24日

国家税务总局深圳市税务局上线全国统一版本电子税务局。

26 日

国家税务总局深圳市税务局召开国家税务总局深圳市税务局绩效管理工作会议。

27 日

国家税务总局深圳市税务局组织开展全市税务系统落实税务总局党委决策部署和党内政治生活专项检查。

28 日—29 日

国家税务总局深圳市税务局召开 2019 年税收收入预测分析座谈会。

11 月

国家税务总局深圳市税务局在全市税务系统开展支持民营经济大调研、大走访活动。

12 月

6 日

国家税务总局深圳市税务局联合深圳日本商工会举办深圳市日资企业税收政策宣讲。

7 日

国家税务总局深圳市税务局召开全市税务系统办公室工作会议。

8 日

深圳市政府批复同意将深圳市非税收入项目“超计划超定额加价水费”划转由税务部门征管。

10 日

国家税务总局深圳市税务局全面推行出口退税申报无纸化。

国家税务总局深圳市税务局 12366 纳税服务热线正式对外提供社会保险费和非税收入业务咨询服务。

11 日

国家税务总局深圳市税务局与公安、海关、人民银行四部门联合广州特派办成功破获“海啸 3 号”利用道具循环出口特大骗税走私专案。

国家税务总局深圳市税务局微信支付商户平台上线区块链电子发票功能。

12 日

国家税务总局深圳市税务局联合深圳市中小企业发展促进会举办民营中小企业政策宣讲。

20 日

国家税务总局深圳市税务局召开第一批全面推行数字人事动员部署会。

25 日

国家税务总局深圳市税务局社会保险费和非税收入征管职责划转工作部署大会召开。

国家税务总局深圳市税务局联合深圳市公安局对国家税务总局下发的信息化作战虚开团伙案源开展收网行动。

25 日—28 日

国家税务总局督导组对国家税务总局深圳市税务局个人所得税改革、社会保险费和非税收入征管职责划转工作开展实地督导。

27 日

国家税务总局深圳市税务局发布《关于征收机关事业单位社会保险费和城乡居民基本养老保险费的公告》。

28 日

国家税务总局深圳市税务局上线企业微信“微税务”平台。

12 月

国家税务总局深圳市税务局做好专项附加扣除信息采集工作，累计组织个人所得税培训 621 场次，全面覆盖全市有税申报单位。

国家税务总局深圳市税务局上线区块链电子发票微信通用版本。

国家税务总局深圳市税务局试点电子税务局注销登记套餐。

第五篇

机构与人员

广东省税务局厅级干部名单（2018年）

统计截止时间：2018年12月31日

序号	机构名称	姓名	现任职务
1	广东省税务局	胡金木	党委书记、副局长
2	广东省税务局	吴紫骊	党委副书记、局长
3	广东省税务局	朱江涛	党委委员、副局长
4	广东省税务局	陈忠明	党委委员、副局长
5	广东省税务局	梁世桃	党委委员、副局长
6	广东省税务局	罗达佳	党委委员、总经济师
7	广东省税务局	王义平	党委委员，广州市税务局党委书记、局长
8	广东省税务局	蒋学武	党委委员、纪检组组长
9	广东省税务局	伍关兴	党委委员、总经济师
10	广东省税务局	蒋余良	党委委员、总会计师
11	广东省税务局	肖映波	党委委员、副局长
12	广东省税务局	李榕滨	党委委员、总审计师
13	广东省税务局	周家喜	副巡视员
14	广东省税务局	方佳雄	副厅级干部
15	广东省税务局	余振荣	副厅级干部
16	广东省税务局	林树山	副巡视员
17	广州市税务局	杨　凡	广州市局巡视员（副厅级）

附：

原广东省国家税务局厅级干部名单

统计截止时间：2018 年 6 月 14 日

序号	机构名称	姓名	职务名称
1	原广东省国家税务局	胡金木	党组书记、局长
2	原广东省国家税务局	朱江涛	党组成员、副局长
3	原广东省国家税务局	陈忠明	党组成员、副局长
4	原广东省国家税务局	梁世桃	党组成员、副局长
5	原广东省国家税务局	王义平	党组成员，原广州市国家税务局党组书记、局长
6	原广东省国家税务局	蒋学武	党组成员、纪检组长
7	原广东省国家税务局	伍关兴	党组成员、总经济师
8	原广东省国家税务局	蒋余良	党组成员、总会计师
9	原广东省国家税务局	李榕滨	党组成员、总审计师
10	原广东省国家税务局	周家喜	副巡视员

原广东省地方税务局厅级干部名单

统计截止时间：2018年6月14日

序号	机构名称	姓名	职务名称
1	原广东省地方税务局	吴紫骊	党组书记、局长
2	原广东省地方税务局	李华东	党组成员、副局长
3	原广东省地方税务局	杨荣华	党组成员、副局长
4	原广东省地方税务局	叶秀佑	党组成员，省纪委、省监察厅派驻原广东省地方税务局纪检组组长、监察专员
5	原广东省地方税务局	肖映波	党组成员、副局长，原广州市地方税务局党组书记、局长
6	原广东省地方税务局	罗达佳	党组成员、总经济师
7	原广东省地方税务局	揭晔	巡视员
8	原广东省地方税务局	方佳雄	直属税务分局（大企业税收管理局）局长（副厅级）
9	原广东省地方税务局	余振荣	稽查局局长（副厅级）

深圳市税务局厅级干部名单（2018年）

统计截止时间：2018年12月31日

序号	机构名称	姓名	现任职务
1	深圳市税务局	张国钧	党委书记、局长
2	深圳市税务局	李　伟	党委委员、副局长
3	深圳市税务局	陈　捷	党委委员、副局长
4	深圳市税务局	唐晓明	党委委员、副局长
5	深圳市税务局	刘　高	党委委员、副局长
6	深圳市税务局	吴　德	党委委员、纪检组组长
7	深圳市税务局	李显著	党委委员、总审计师
8	深圳市税务局	杨　龙	党委委员、副局长
9	深圳市税务局	林伟明	党委委员、副局长
10	深圳市税务局	项　清	党委委员、副局长
11	深圳市税务局	万伟平	党委委员
12	深圳市税务局	陈海新	二级巡视员
13	深圳市税务局	徐志忠	二级巡视员

广东省税务局机关及直属单位处级干部名单（2018 年）

统计截止时间：2018 年 12 月 31 日

序号	机构名称	机构部门	姓名	职　务
1	广东省税务局		赵　平	总审计师
2	广东省税务局	办公室	冯绍伍	主任
3	广东省税务局	办公室	马咏华	副主任
4	广东省税务局	办公室	朱晓菁	副主任
5	广东省税务局	办公室	杨　珉	副主任
6	广东省税务局	办公室	黄炜锋	副主任
7	广东省税务局	办公室	王立行	副调研员
8	广东省税务局	办公室	潘健红	副调研员
9	广东省税务局	政策法规处	曾玉勤	处长
10	广东省税务局	政策法规处	张媛春	副处长
11	广东省税务局	政策法规处	陈　勃	副处长
12	广东省税务局	政策法规处	林　昊	副处长
13	广东省税务局	政策法规处	李祖光	副调研员
14	广东省税务局	政策法规处	张　敏	副调研员
15	广东省税务局	货物和劳务税处	陆群英	处长
16	广东省税务局	货物和劳务税处	李　明	副处长
17	广东省税务局	货物和劳务税处	梁静茹	副处长
18	广东省税务局	货物和劳务税处	安韶君	副处长
19	广东省税务局	货物和劳务税处	莫英澍	副调研员
20	广东省税务局	企业所得税处	石　真	处长
21	广东省税务局	企业所得税处	陈小松	副处长
22	广东省税务局	企业所得税处	何　凡	副处长
23	广东省税务局	企业所得税处	杨佩玲	副调研员
24	广东省税务局	企业所得税处	郭美莲	副调研员
25	广东省税务局	个人所得税处	詹立仁	处长
26	广东省税务局	个人所得税处	吴旭红	副处长

续表

序号	机构名称	机构部门	姓名	职　务
27	广东省税务局	个人所得税处	陈云璋	副处长
28	广东省税务局	个人所得税处	谢沁华	副调研员
29	广东省税务局	财产和行为税处	宁　波	处长
30	广东省税务局	财产和行为税处	陈晓敏	副处长
31	广东省税务局	财产和行为税处	杨　皓	副处长
32	广东省税务局	财产和行为税处	卢红秋	副调研员
33	广东省税务局	资源和环境税处	刘　柯	处长
34	广东省税务局	资源和环境税处	麦　立	副处长
35	广东省税务局	资源和环境税处	温春红	副处长
36	广东省税务局	资源和环境税处	钟　鸣	副处长
37	广东省税务局	资源和环境税处	姚　波	副调研员
38	广东省税务局	社会保险费处	黄　荣	处长
39	广东省税务局	社会保险费处	卢新生	副处长
40	广东省税务局	社会保险费处	谢森承	副处长
41	广东省税务局	社会保险费处	钟　斌	副调研员
42	广东省税务局	非税收入处	陈小东	处长
43	广东省税务局	非税收入处	唐　山	副处长
44	广东省税务局	非税收入处	华　关	副处长
45	广东省税务局	非税收入处	黄锡深	副调研员
46	广东省税务局	收入规划核算处	李殿相	处长
47	广东省税务局	收入规划核算处	覃为勇	副处长
48	广东省税务局	收入规划核算处	杜　鹃	副处长
49	广东省税务局	收入规划核算处	杨万霞	副处长
50	广东省税务局	收入规划核算处	叶红玲	副调研员
51	广东省税务局	纳税服务处	潘启平	处长
52	广东省税务局	纳税服务处	郭　葵	副处长
53	广东省税务局	纳税服务处	肖　戎	副处长
54	广东省税务局	纳税服务处	郑　珩	副处长
55	广东省税务局	纳税服务处	温芳芳	副处长
56	广东省税务局	纳税服务处	冯　超	副调研员
57	广东省税务局	征管和科技发展处	陈学著	处长
58	广东省税务局	征管和科技发展处	杨建军	副处长

续表

序号	机构名称	机构部门	姓名	职　务
59	广东省税务局	征管和科技发展处	李友乔	副处长
60	广东省税务局	征管和科技发展处	段智勇	副处长
61	广东省税务局	征管和科技发展处	肖二蓝	副调研员
62	广东省税务局	国际税收管理处	刘　丽	处长
63	广东省税务局	国际税收管理处	罗翠英	副处长
64	广东省税务局	国际税收管理处	钟志深	副处长
65	广东省税务局	国际税收管理处	江　慧	副处长
66	广东省税务局	税收经济分析处	袁红兵	处长
67	广东省税务局	税收经济分析处	李秋然	副处长
68	广东省税务局	税收经济分析处	谭蜀鄂	副处长
69	广东省税务局	税收大数据和风险管理局	张晓明	局长
70	广东省税务局	税收大数据和风险管理局	陈济华	副局长
71	广东省税务局	税收大数据和风险管理局	黄世能	副局长
72	广东省税务局	税收大数据和风险管理局	庄广文	副局长
73	广东省税务局	税收大数据和风险管理局	黄攸响	副调研员
74	广东省税务局	财务管理处（装备和采购处）	黄媛春	处长
75	广东省税务局	财务管理处（装备和采购处）	江　平	副处长
76	广东省税务局	财务管理处（装备和采购处）	庄义伟	副处长
77	广东省税务局	财务管理处（装备和采购处）	邓少波	副处长
78	广东省税务局	财务管理处（装备和采购处）	黄武如	副处长
79	广东省税务局	财务管理处（装备和采购处）	聂永红	副调研员
80	广东省税务局	督察内审处	高　峰	处长
81	广东省税务局	督察内审处	赵善文	副处长
82	广东省税务局	督察内审处	谢建新	副处长
83	广东省税务局	督察内审处	王琼珍	副处长
84	广东省税务局	督察内审处	袁　涛	副调研员
85	广东省税务局	人事处	林敬忠	处长
86	广东省税务局	人事处	苏大豪	副处长
87	广东省税务局	人事处	温丽萍	副处长
88	广东省税务局	人事处	杨鸿城	副处长
89	广东省税务局	人事处	梁杰文	副处长
90	广东省税务局	人事处	付海涛	副调研员

续表

序号	机构名称	机构部门	姓名	职　务
91	广东省税务局	人事处	周义莲	副调研员
92	广东省税务局	考核考评处	黄　英	处长
93	广东省税务局	考核考评处	唐雪峰	副处长
94	广东省税务局	考核考评处	林　莹	副处长
95	广东省税务局	考核考评处	王　劼	副处长
96	广东省税务局	考核考评处	梁明裕	调研员
97	广东省税务局	教育处	傅宏中	处长
98	广东省税务局	教育处	王德华	副处长（正处长级）
99	广东省税务局	教育处	范思鑫	副处长
100	广东省税务局	教育处	冯伟智	副处长
101	广东省税务局	教育处	黄晓平	副调研员
102	广东省税务局	教育处	李　强	副调研员
103	广东省税务局	机关党委	罗志文	副处长级干部
104	广东省税务局	机关党委	林克波	副处长级干部
105	广东省税务局	机关党委	窦　丽	副处长级干部
106	广东省税务局	机关党委	张秀群	调研员
107	广东省税务局	机关党委	林文娟	副调研员
108	广东省税务局	老干部处	陈　琦	处长
109	广东省税务局	老干部处	魏冬青	副处长
110	广东省税务局	老干部处	徐　辉	副处长
111	广东省税务局	老干部处	詹汉东	调研员
112	广东省税务局	老干部处	冉启红	副调研员
113	广东省税务局	老干部处	黄心丹	副调研员
114	广东省税务局	系统党建工作处	王绍乐	处长
115	广东省税务局	系统党建工作处	吴永红	副处长
116	广东省税务局	系统党建工作处	杨若婷	副处长
117	广东省税务局	系统党建工作处	林润生	调研员
118	广东省税务局	系统党建工作处	李树波	副调研员
119	广东省税务局	巡察工作办公室	钟文锋	主任
120	广东省税务局	巡察工作办公室	蔡少镇	副主任
121	广东省税务局	巡察工作办公室	申　深	副主任
122	广东省税务局	巡察工作办公室	江杰娟	副主任

续表

序号	机构名称	机构部门	姓名	职　务
123	广东省税务局	巡察工作办公室	王曼玲	调研员
124	广东省税务局	巡察工作办公室	李新忠	调研员
125	广东省税务局	巡察工作办公室	古惠云	副调研员
126	广东省税务局	纪检组	陈少明	副组长（正处长级）
127	广东省税务局	纪检组	金振孝	副组长（副处长级）
128	广东省税务局	纪检组	陈庆雄	副组长（副处长级）
129	广东省税务局	纪检组	江国煌	副组长（副处长级）
130	广东省税务局	纪检组	邵　顺	副调研员
131	广东省税务局	第一税务分局	陈　挺	局长
132	广东省税务局	第一税务分局	凌宏兴	副局长
133	广东省税务局	第一税务分局	黄东辉	副局长
134	广东省税务局	第一税务分局	曹令飞	副局长
135	广东省税务局	第一税务分局	宋天福	调研员
136	广东省税务局	第一税务分局	吕燕英	副调研员
137	广东省税务局	第二税务分局	林振龙	局长
138	广东省税务局	第二税务分局	肖明亮	副局长
139	广东省税务局	第二税务分局	马维胜	副局长
140	广东省税务局	第二税务分局	唐　敏	副局长
141	广东省税务局	第二税务分局	杨健美	副调研员
142	广东省税务局	第三税务分局	王中高	局长
143	广东省税务局	第三税务分局	黄桂祥	副局长（正处长级）
144	广东省税务局	第三税务分局	庞信城	副局长
145	广东省税务局	第三税务分局	林华儿	副局长
146	广东省税务局	第三税务分局	朱慧严	副局长
147	广东省税务局	第三税务分局	何革明	调研员
148	广东省税务局	第三税务分局	王力元	调研员
149	广东省税务局	第三税务分局	苏　彤	副调研员
150	广东省税务局	第三税务分局	陈滨霞	副调研员
151	广东省税务局	第三税务分局	王淑燕	副调研员
152	广东省税务局	稽查局	陈佳发	局长
153	广东省税务局	稽查局	刘通天	副局长（正处长级）
154	广东省税务局	稽查局	叶　松	副局长

续表

序号	机构名称	机构部门	姓名	职　务
155	广东省税务局	稽查局	张智洪	副局长
156	广东省税务局	稽查局	林　辉	副局长
157	广东省税务局	稽查局	柯晓江	副局长
158	广东省税务局	稽查局	庄义河	调研员
159	广东省税务局	稽查局	李小杰	副调研员
160	广东省税务局	稽查局	朱　虹	副调研员
161	广东省税务局	稽查局	陈　蕾	副调研员
162	广东省税务局	稽查局	陈德强	副调研员
163	广东省税务局	电子税务管理办公室	陈　冰	主任
164	广东省税务局	电子税务管理办公室	梁以馥	副主任
165	广东省税务局	电子税务管理办公室	范胜光	副主任
166	广东省税务局	纳税服务中心（税收宣传中心）	黄永桂	主任，管理五级（正处级）
167	广东省税务局	纳税服务中心（税收宣传中心）	戴宏辉	副主任，管理六级（副处级）
168	广东省税务局	信息中心	黄海军	主任
169	广东省税务局	信息中心	周　昊	副主任（正处长级）
170	广东省税务局	信息中心	郑毅强	副主任
171	广东省税务局	信息中心	林蓄仁	副主任
172	广东省税务局	信息中心	唐炳阳	副调研员
173	广东省税务局	机关服务中心	赖建华	主任
174	广东省税务局	机关服务中心	曾建辉	副主任
175	广东省税务局	机关服务中心	张少宏	副主任
176	广东省税务局	机关服务中心	雷效校	副主任
177	广东省税务局	机关服务中心	傅　玲	副调研员
178	广东省税务局	机关服务中心	李育林	副调研员
179	广东省税务局	税收科学研究所	向　景	所长
180	广东省税务局	税收科学研究所	梁若莲	副所长
181	广东省税务局	税收科学研究所	钟云姗	副所长
182	广东省税务局	广东省税务干部学校	王永民	校长
183	广东省税务局	广东省税务干部学校	黄　杰	副校长
184	广东省税务局	广东省税务干部学校	周　斌	副校长
185	广东省税务局	广东省税务干部学校	梁　江	副调研员

广东省各市（区）税务局领导班子成员（含同级非领导职务）名单（在职）（2018年）

统计截止时间：2018年12月31日

序号	机构名称	姓名	职务名称
1	广州市税务局	王义平	广东省税务局党委委员，广州市税务局党委书记、局长
2	广州市税务局	陆耀炳	党委副书记、副局长
3	广州市税务局	钟鉴雄	党委委员、副局长
4	广州市税务局	胡融冰	党委委员、副局长
5	广州市税务局	许满棠	党委委员、纪检组组长
6	广州市税务局	侯邦安	党委委员、副局长
7	广州市税务局	李健强	党委委员、副局长
8	广州市税务局	王　峰	党委委员、副局长
9	广州市税务局	陈忠文	党委委员、副局长
10	广州市税务局	马世超	党委委员、总会计师
11	广州市税务局	韩流柱	党委委员、总经济师
12	广州市税务局	曾昭孔	党委委员、总会计师
13	广州市税务局	罗得力	党委委员、总审计师
14	广州市税务局	张凤平	党委委员、副局长
15	广州市税务局	张忠锋	党委委员、副巡视员
16	广州市税务局	杨　凡	巡视员（副厅级）
17	广州市税务局	罗桂新	副巡视员，广州市白云区税务局党委副书记、副局长
18	广州市税务局	佘秀华	副巡视员
19	广州市税务局	梁妙玲	副巡视员，广州市海珠区税务局党委书记、局长
20	广州市税务局	陈燕华	副局级干部
21	广州市税务局	石锦洪	副局级干部
22	广州市税务局	钟晓山	副局级干部
23	广州市税务局	伍建兰	广州市黄埔区税务局（广州开发区税务局）党委书记、局长
24	广州市税务局	谢　政	广州市黄埔区税务局（广州开发区税务局）党委副书记、副局长
25	广州市税务局	陈汉钗	广州市南沙区税务局（广州南沙开发区税务局）党委书记、局长
26	广州市税务局	任辉平	广州市南沙区税务局（广州南沙开发区税务局）党委副书记、副局长
27	珠海市税务局	曾天翔	党委书记、局长
28	珠海市税务局	严贵杨	党委副书记、副局长（正处级）
29	珠海市税务局	徐均红	党委委员、调研员

续表

序号	机构名称	姓名	职务名称
30	珠海市税务局	杨　敏	党委委员、副局长
31	珠海市税务局	文　英	党委委员、总经济师
32	珠海市税务局	凌寿斌	党委委员、副局长
33	珠海市税务局	邝景伦	党委委员、副局长
34	珠海市税务局	梁春洪	党委委员、副局长
35	珠海市税务局	吴淑生	党委委员、副局长
36	珠海市税务局	陆　强	党委委员、副局长
37	珠海市税务局	邱职君	党委委员、副局长
38	珠海市税务局	郑伟轩	党委委员、总会计师
39	珠海市税务局	李维泽	党委委员、纪检组组长
40	珠海市税务局	吴　健	党委委员、副局长
41	珠海市税务局	卢日扬	调研员
42	珠海市税务局	李国华	副调研员
43	珠海市税务局	王敬华	副调研员
44	珠海市税务局	冼瑞霞	副调研员
45	珠海市税务局	李建强	副处长级干部
46	珠海市税务局	朱铁清	副处长级干部（担任第一稽查局局长）
47	汕头市税务局	张振宇	党委书记、局长
48	汕头市税务局	杨奕忠	党委副书记、副局长（正处级）
49	汕头市税务局	郑贵和	党委委员、副局长
50	汕头市税务局	梁丹扬	党委委员、副局长
51	汕头市税务局	许锦如	党委委员、副局长
52	汕头市税务局	杨啟丰	党委委员、副局长
53	汕头市税务局	林立宇	党委委员、副局长
54	汕头市税务局	张小曼	党委委员、总经济师
55	汕头市税务局	徐　斌	党委委员、总会计师
56	汕头市税务局	苏春光	党委委员、纪检组组长
57	汕头市税务局	林建龙	党委委员、副局长
58	汕头市税务局	吴玲玫	党委委员、副局长
59	汕头市税务局	张浩林	党委委员、副局长
60	汕头市税务局	陈维明	党委委员、总经济师
61	汕头市税务局	张伟新	调研员
62	汕头市税务局	郑巽毅	副调研员
63	汕头市税务局	王楚丰	副调研员
64	汕头市税务局	罗浩旋	副调研员

续表

序号	机构名称	姓名	职务名称
65	汕头市税务局	蔡竟成	副处长级干部
66	汕头市税务局	洪伟波	副处长级干部
67	佛山市税务局	朱　毅	党委书记、局长
68	佛山市税务局	张巧珍	副局长、党委副书记（正处级）
69	佛山市税务局	岑慧勤	党委委员、副局长
70	佛山市税务局	戚晋北	党委委员、副局长
71	佛山市税务局	谢文捷	党委委员、副局长
72	佛山市税务局	周卫平	党委委员、纪检组组长
73	佛山市税务局	黄健劲	党委委员、副局长
74	佛山市税务局	吕卓坚	党委委员、副局长
75	佛山市税务局	黄济敏	党委委员、副局长
76	佛山市税务局	李怀嘉	党委委员、总经济师
77	佛山市税务局	黄嘉志	党委委员、总经济师
78	佛山市税务局	余远辉	党委委员、总会计师
79	佛山市税务局	潘志豪	党委委员、副局长
80	佛山市税务局	陈裕辉	党委委员、总会计师
81	佛山市税务局	王明耀	党委委员、副局长
82	佛山市税务局	杨汉奇	副调研员
83	佛山市税务局	罗立标	副处长级干部（担任稽查局局长）
84	佛山市税务局	梁铭强	副处长级干部
85	佛山市税务局	郭艳盛	佛山市禅城区税务局党委书记、局长
86	佛山市税务局	卜朝晖	佛山市禅城区税务局党委副书记、副局长
87	佛山市税务局	李振辉	佛山市南海区税务局党委书记、局长
88	佛山市税务局	郭洁志	佛山市南海区税务局党委副书记、副局长
89	佛山市税务局	杜　文	佛山市顺德区税务局党委书记、局长
90	佛山市税务局	邓　玮	佛山市高明区税务局党委书记、局长
91	佛山市税务局	吴金基	佛山市三水区税务局党委书记、局长
92	韶关市税务局	林　晓	党委书记、局长
93	韶关市税务局	李政科	党委副书记、副局长（正处级）
94	韶关市税务局	苏韶娟	党委委员、调研员
95	韶关市税务局	陈红光	党委委员、副局长
96	韶关市税务局	欧阳坚	党委委员、副局长
97	韶关市税务局	朱戴伟	党委委员、副局长
98	韶关市税务局	郭俊明	党委委员、副局长
99	韶关市税务局	高　海	党委委员、副局长

续表

序号	机构名称	姓名	职务名称
100	韶关市税务局	张锦标	党委委员、副局长
101	韶关市税务局	朱伟波	党委委员、总会计师
102	韶关市税务局	彭峰彪	党委委员、副局长
103	韶关市税务局	黄　文	党委委员、总经济师
104	韶关市税务局	李建新	党委委员、总经济师
105	韶关市税务局	杨文涛	党委委员、纪检组组长
106	韶关市税务局	梁庆光	副调研员
107	韶关市税务局	黄　粤	副处长级干部（担任稽查局局长）
108	韶关市税务局	黄小林	副处长级干部
109	河源市税务局	李保中	党委书记、局长
110	河源市税务局	徐　伟	党委副书记、副局长（正处级）
111	河源市税务局	郑兆青	党委委员、副局长
112	河源市税务局	石小辉	党委委员、副局长
113	河源市税务局	徐庆元	党委委员、副局长
114	河源市税务局	骆伟军	党委委员、副局长
115	河源市税务局	邬坤辉	党委委员、副局长
116	河源市税务局	曾锦雄	党委委员、总经济师
117	河源市税务局	陈　雄	党委委员、副局长
118	河源市税务局	罗伟民	党委委员、总经济师
119	河源市税务局	刘怀滇	党委委员、总会计师
120	河源市税务局	叶绿宽	党委委员、总会计师
121	河源市税务局	陈建洪	党委委员、副局长
122	河源市税务局	曾思敏	党委委员、纪检组组长
123	河源市税务局	何伟军	调研员
124	河源市税务局	李伟忠	副调研员
125	河源市税务局	黄国强	副调研员
126	河源市税务局	曾小平	副处长级干部（担任稽查局局长）
127	河源市税务局	余小凡	副处长级干部
128	梅州市税务局	练富强	党委书记、局长
129	梅州市税务局	饶羽平	党委委员、副局长
130	梅州市税务局	韩学元	党委委员、副局长
131	梅州市税务局	廖瑞标	党委委员、副局长
132	梅州市税务局	甘广木	党委委员、副局长
133	梅州市税务局	利志清	党委委员、副局长
134	梅州市税务局	曾建东	党委委员、副局长

续表

序号	机构名称	姓名	职务名称
135	梅州市税务局	徐春辉	党委委员、副局长
136	梅州市税务局	曾小斌	党委委员、总会计师
137	梅州市税务局	袁辉祥	党委委员、总经济师
138	梅州市税务局	张世盛	党委委员、总经济师
139	梅州市税务局	苏振球	党委委员、纪检组组长
140	梅州市税务局	黄祥国	调研员
141	梅州市税务局	李吉祥	副处长级干部（担任稽查局局长）
142	梅州市税务局	张爱东	副处级干部
143	惠州市税务局	曾小彦	党委书记、局长
144	惠州市税务局	柳晓晖	党委副书记、副局长（正处级）
145	惠州市税务局	谢国强	党委委员、副局长
146	惠州市税务局	陈少龙	党委委员、副局长
147	惠州市税务局	丘旭辉	党委委员、副局长
148	惠州市税务局	徐　彪	党委委员、副局长
149	惠州市税务局	吕伟华	党委委员、副局长
150	惠州市税务局	张光华	党委委员、副局长
151	惠州市税务局	许志诚	党委委员、副局长
152	惠州市税务局	罗群忠	党委委员、副局长
153	惠州市税务局	田茂真	党委委员、纪检组组长
154	惠州市税务局	黄顺来	党委委员、总经济师
155	惠州市税务局	刘　剑	党委委员、总经济师
156	惠州市税务局	林　瑜	党委委员、总会计师
157	惠州市税务局	张国建	副调研员
158	惠州市税务局	杜胜坚	副处长级干部（担任稽查局局长）
159	惠州市税务局	陈新华	惠州大亚湾经济技术开发区税务局党委书记、局长
160	惠州市税务局	谢德良	惠州大亚湾经济技术开发区税务局党委副书记、副局长
161	汕尾市税务局	曾　军	党委书记、局长
162	汕尾市税务局	卢伟雄	党委副书记、副局长（正处级）
163	汕尾市税务局	赖永腾	党委委员、副局长
164	汕尾市税务局	林永胜	党委委员、副局长
165	汕尾市税务局	吴明生	党委委员、副局长
166	汕尾市税务局	黄礼文	党委委员、总经济师
167	汕尾市税务局	钟雪欢	党委委员、副局长
168	汕尾市税务局	彭金盛	党委委员、副局长
169	汕尾市税务局	陈　远	党委委员、总会计师

续表

序号	机构名称	姓名	职务名称
170	汕尾市税务局	张　弘	党委委员、副局长
171	汕尾市税务局	郭　郁	党委委员、总经济师
172	汕尾市税务局	郑剑锋	党委委员、纪检组组长
173	汕尾市税务局	黄碧香	副调研员
174	汕尾市税务局	魏炳标	副调研员
175	汕尾市税务局	彭　毅	副处长级干部（担任第一稽查局局长）
176	汕尾市税务局	卢锡豪	副处长级干部（担任稽查局局长）
177	东莞市税务局	曹益镇	党委书记、局长
178	东莞市税务局	钟毅民	党委副书记、副局长（正处级）
179	东莞市税务局	刘　丹	党委委员、副局长（正处级）
180	东莞市税务局	邓进强	党委委员、副局长
181	东莞市税务局	黄见洪	党委委员、副局长
182	东莞市税务局	邝照东	党委委员、副局长
183	东莞市税务局	黄月华	党委委员、副局长
184	东莞市税务局	李玉梅	党委委员、副局长
185	东莞市税务局	欧　英	党委委员、副局长
186	东莞市税务局	黄光涛	党委委员、总会计师
187	东莞市税务局	冼其军	党委委员、纪检组组长
188	东莞市税务局	蔡超文	党委委员、总经济师
189	东莞市税务局	吴文杰	党委委员、总会计师
190	东莞市税务局	王志豪	党委委员、总经济师
191	东莞市税务局	傅平辉	副调研员
192	东莞市税务局	罗发业	副调研员，石龙税务分局局长
193	东莞市税务局	周　辉	副调研员
194	东莞市税务局	王诚华	副处长级干部
195	东莞市税务局	翁伟东	副处长级干部（担任稽查局局长）
196	中山市税务局	罗镜文	党委书记、局长
197	中山市税务局	林庆川	党委副书记、副局长
198	中山市税务局	袁培志	党委委员、副局长
199	中山市税务局	蒙全忠	党委委员、副局长
200	中山市税务局	张政鸿	党委委员、副局长
201	中山市税务局	黄荣军	党委委员、副局长
202	中山市税务局	吴冠伟	党委委员、副局长
203	中山市税务局	陈志忠	党委委员、副局长
204	中山市税务局	甘小林	党委委员、总经济师

续表

序号	机构名称	姓名	职务名称
205	中山市税务局	温牧汉	党委委员、总经济师
206	中山市税务局	茹岱芸	党委委员、副局长
207	中山市税务局	陈劲伟	党委委员、总会计师
208	中山市税务局	何汉良	党委委员、纪检组组长
209	中山市税务局	刘　建	调研员
210	中山市税务局	林　锡	调研员
211	中山市税务局	郑宇山	副处长级干部（担任稽查局局长）
212	中山市税务局	蓝铭坚	副处长级干部（担任第一稽查局局长）
213	江门市税务局	陈雁成	党委书记、局长
214	江门市税务局	冯桂源	党委副书记、副局长
215	江门市税务局	黄俊杰	党委副书记、副局长
216	江门市税务局	张俊兴	党委委员、纪检组组长
217	江门市税务局	徐安办	党委委员、副局长
218	江门市税务局	李扬保	党委委员、副局长
219	江门市税务局	余焕伟	党委委员、副局长
220	江门市税务局	谭道良	党委委员、副局长
221	江门市税务局	柯见贤	党委委员、总经济师
222	江门市税务局	黄　钟	党委委员、总会计师
223	江门市税务局	邓大铁	党委委员、副局长
224	江门市税务局	施耀雄	党委委员、总会计师
225	江门市税务局	欧锦驱	调研员
226	江门市税务局	黄海荣	副调研员
227	江门市税务局	崔旭力	副调研员
228	江门市税务局	黄小美	副调研员
229	江门市税务局	李小冰	副处长级干部
230	江门市税务局	朱彤彤	副处长级干部（担任稽查局局长）
231	阳江市税务局	林小东	党委书记、局长
232	阳江市税务局	蒋安平	党委副书记、副局长（正处级）
233	阳江市税务局	郑向阳	党委委员、调研员
234	阳江市税务局	杨　路	党委委员、副局长
235	阳江市税务局	冯任之	党委委员、副局长
236	阳江市税务局	莫晓阳	党委委员、副局长
237	阳江市税务局	许世荣	党委委员、副局长
238	阳江市税务局	黄燎原	党委委员、副局长
239	阳江市税务局	赖少明	党委委员、副局长

续表

序号	机构名称	姓名	职务名称
240	阳江市税务局	陈小猛	党委委员、总经济师
241	阳江市税务局	颜培兴	党委委员、副局长
242	阳江市税务局	项贵良	党委委员、总经济师
243	阳江市税务局	陈　方	党委委员、纪检组组长
244	阳江市税务局	高维德	副调研员
245	阳江市税务局	王作华	副处长级干部
246	阳江市税务局	廖德清	副处长级干部
247	湛江市税务局	李漫天	党委书记、局长
248	广东省税务局第四税务分局	龙成东	湛江市税务局党委副书记、副局长（正处级），第四税务分局局长
249	湛江市税务局	李　斌	党委委员、副局长
250	湛江市税务局	李志明	党委委员、副局长
251	湛江市税务局	李　孔	党委委员、副局长
252	湛江市税务局	阎　志	党委委员、副局长
253	湛江市税务局	王上治	党委委员、副局长
254	湛江市税务局	刘　文	党委委员、副局长
255	湛江市税务局	苏赤进	党委委员、副局长
256	湛江市税务局	邱　秀	党委委员、纪检组组长
257	湛江市税务局	吴苗盛	党委委员、总经济师
258	湛江市税务局	戴　航	党委委员、总会计师
259	湛江市税务局	梁宇卫	党委委员、总经济师
260	湛江市税务局	周景明	调研员
261	湛江市税务局	蔡正维	调研员
262	湛江市税务局	庞　秋	副处长级干部
263	湛江市税务局	杨光照	副处长级干部（担任稽查局局长）
264	广东省税务局第四税务分局	林水安	副局长
265	广东省税务局第四税务分局	张荣	副局长
266	湛江市税务局	欧益和	湛江经济技术开发区税务局党委书记、局长
267	湛江市税务局	陈卫东	湛江经济技术开发区税务局党委副书记、副局长
268	茂名市税务局	梁紫枫	党委书记、局长
269	茂名市税务局	吴锡昌	党委副书记、副局长（正处级）
270	茂名市税务局	赖克胜	党委委员、副局长
271	茂名市税务局	白明培	党委委员、副局长
272	茂名市税务局	叶秀红	党委委员、副局长
273	茂名市税务局	卢俭生	党委委员、副局长
274	茂名市税务局	梁伟文	党委委员、副局长

续表

序号	机构名称	姓名	职务名称
275	茂名市税务局	王振义	党委委员、副局长
276	茂名市税务局	林　桓	党委委员、总会计师
277	茂名市税务局	林宗武	党委委员、副局长
278	茂名市税务局	李　锋	党委委员、副局长
279	茂名市税务局	冯国雄	党委委员、总经济师
280	茂名市税务局	邓锦源	党委委员、总经济师
281	茂名市税务局	林汝书	党委委员、总会计师
282	茂名市税务局	罗建文	党委委员、纪检组组长
283	茂名市税务局	邱坚明	副调研员
284	茂名市税务局	梁艺清	副调研员
285	茂名市税务局	陈文辉	副处长级干部（担任稽查局局长）
286	茂名市税务局	梁洪解	副处长级干部（担任第一稽查局局长）
287	肇庆市税务局	梁培文	党委书记、局长
288	肇庆市税务局	林兆华	党委副书记、副局长（正处级）
289	肇庆市税务局	何　蜀	党委委员、调研员
290	肇庆市税务局	陈明兴	党委委员、副局长
291	肇庆市税务局	梁悦南	党委委员、副局长
292	肇庆市税务局	莫秋涛	党委委员、副局长
293	肇庆市税务局	邓国庆	党委委员、副局长
294	肇庆市税务局	伍自强	党委委员、副局长
295	肇庆市税务局	陈志刚	党委委员、副局长
296	肇庆市税务局	张东卡	党委委员、副局长
297	肇庆市税务局	吴　云	党委委员、总经济师
298	肇庆市税务局	林茂峰	党委委员、副局长
299	肇庆市税务局	黎耀城	党委委员、纪检组组长
300	肇庆市税务局	冼文甲	党委委员、总会计师
301	肇庆市税务局	邹智勇	党委委员、总经济师
302	肇庆市税务局	冼少强	调研员
303	肇庆市税务局	苏成耀	副调研员，肇庆市端州区税务局党委书记、局长
304	肇庆市税务局	林华勤	副调研员
305	肇庆市税务局	杜文广	副处长级干部
306	肇庆市税务局	陈振华	副处长级干部（担任第二稽查局局长）
307	清远市税务局	徐　杰	党委书记、局长
308	清远市税务局	伍勇翔	党委副书记、副局长
309	清远市税务局	肖事叶	党委委员、副局长

续表

序号	机构名称	姓名	职务名称
310	清远市税务局	雷文广	党委委员、副局长
311	清远市税务局	林荣威	党委委员、副局长
312	清远市税务局	王立新	党委委员、副局长
313	清远市税务局	唐少铭	党委委员、副局长
314	清远市税务局	陈文汉	党委委员、副局长
315	清远市税务局	熊诵伟	党委委员、总会计师
316	清远市税务局	阳世展	党委委员、总会计师
317	清远市税务局	胡东胜	党委委员、纪检组组长
318	清远市税务局	张传娣	副调研员
319	清远市税务局	曾桂芬	副调研员
320	清远市税务局	苏兴无	副处长级干部
321	清远市税务局	陈金彪	副处长级干部
322	清远市税务局	黄伟鹏	广东清远高新技术产业开发区税务局党委书记、局长
323	潮州市税务局	赖竹华	党委书记、局长
324	潮州市税务局	苏玉川	党委副书记、副局长
325	潮州市税务局	陈　泽	党委委员、副局长
326	潮州市税务局	罗逸绪	党委委员、副局长
327	潮州市税务局	林桂茂	党委委员、副局长
328	潮州市税务局	曾伟昭	党委委员、副局长
329	潮州市税务局	蔡　浩	党委委员、副局长
330	潮州市税务局	林揆扬	党委委员、副局长
331	潮州市税务局	吴宏庆	党委委员、总经济师
332	潮州市税务局	郑　舸	党委委员、副局长
333	潮州市税务局	陈树波	党委委员、纪检组组长
334	潮州市税务局	李宏	副处长级干部（担任稽查局局长）
335	潮州市税务局	陈金树	副处长级干部（担任第一稽查局局长）
336	揭阳市税务局	郑杰鹏	党委书记、局长
337	揭阳市税务局	杨原青	党委副书记、副局长
338	揭阳市税务局	林壁光	党委委员、副局长
339	揭阳市税务局	许少波	党委委员、副局长
340	揭阳市税务局	杨少忠	党委委员、副局长
341	揭阳市税务局	郑明钦	党委委员、副局长
342	揭阳市税务局	吴澜星	党委委员、总会计师
343	揭阳市税务局	黄建明	党委委员、总经济师
344	揭阳市税务局	陈剑锋	党委委员、总经济师

续表

序号	机构名称	姓名	职务名称
345	揭阳市税务局	刘　舫	党委委员、纪检组组长
346	揭阳市税务局	黄少波	调研员
347	揭阳市税务局	郑可夫	副调研员
348	揭阳市税务局	王少忠	副调研员
349	揭阳市税务局	陈泽标	副处长级干部（担任稽查局局长）
350	云浮市税务局	程金勇	党委书记、局长
351	云浮市税务局	李文平	党委副书记、副局长（正处级）
352	云浮市税务局	李　铸	党委副书记、副局长
353	云浮市税务局	区卓斌	党委委员、副局长
354	云浮市税务局	梁树平	党委委员、副局长
355	云浮市税务局	陈　奇	党委委员、副局长
356	云浮市税务局	梁云谦	党委委员、副局长
357	云浮市税务局	张志权	党委委员、副局长
358	云浮市税务局	成志杰	党委委员、副局长
359	云浮市税务局	冯志桓	党委委员、总会计师
360	云浮市税务局	刘永才	党委委员、副局长
361	云浮市税务局	雷源亮	党委委员、总经济师
362	云浮市税务局	全泰丞	党委委员、总会计师
363	云浮市税务局	林伟刚	党委委员、纪检组组长
364	云浮市税务局	周石南	调研员
365	云浮市税务局	刘　萍	副调研员
366	云浮市税务局	邝梓熹	副处长级干部（担任稽查局局长）
367	云浮市税务局	张向明	副处长级干部（担任第一稽查局局长）
368	珠海市横琴新区税务局	黄　勇	党组书记、局长
369	珠海市横琴新区税务局	李喜妍	党委副书记、副局长（正处级）
370	珠海市横琴新区税务局	林锦雄	党委委员、副局长
371	珠海市横琴新区税务局	樊　荣	党委委员、副局长
372	珠海市横琴新区税务局	朱　华	党委委员、副局长
373	珠海市横琴新区税务局	张友华	党委委员、副局长
374	珠海市横琴新区税务局	刘　军	党委委员、副局长
375	珠海市横琴新区税务局	吴建文	党委委员、纪检组组长
376	珠海市横琴新区税务局	容　梅	党委委员、副局长
377	珠海市横琴新区税务局	张国文	副调研员

注：班子成员按党委排序。

广东省税务系统获各荣誉奖项（2018年）

	荣誉	授奖部门	获奖单位（个人）
全国	全国模范职工之家	中华全国总工会	原韶关市乳源瑶族自治县地方税务局工会委员会 国家税务总局中山市税务局机关工会委员会 原阳春市地方税务局工会委员会 原潮州市地方税务局机关工会委员会 原揭阳产业转移工业园国家税务局工会委员会
		中华全国总工会	原梅州市大埔县国家税务局高陂税务分局工会小组 原汕尾市陆河县国家税务局稽查局工会小组 原阳江市阳山县地方税务局城区税务分局工会小组
	工人先锋号	中华全国总工会	原广州市越秀区国家税务局办税服务厅 原潮州市饶平县地方税务局城区税务分局
	全国三八红旗集体	中华全国妇女联合会	国家税务总局珠海高新技术产业开发区税务局办税服务厅
	环境保护税工作先进集体	国家税务总局	原汕尾市地方税务局
	全国优秀工会工作者	中华全国总工会	张建河（国家税务总局梅州市平远县税务局） 张火星（原惠东县国家税务局工主席）
	全国优秀工会积极分子	中华全国总工会	宋尔珈（国家税务总局广州市海珠区税务局） 廖振国（国家税务总局梅州市大埔县税务局） 朱志存（国家税务总局云浮市税务局）
	全国优秀工会之友	中华全国总工会	罗群忠（国家税务总局惠州市税务局） 陈雁成（国家税务总局江门市税务局）
	全国五一劳动奖章	中华全国总工会	黄　丹（国家税务总局东莞市税务局望牛墩税务分局）
	100名优秀县税务局长	国家税务总局	曲建军（国家税务总局广州市荔湾区税务局） 陈汉钗（国家税务总局广州市南沙区税务局） 郑耀平（国家税务总局珠海市香洲区税务局）
	100名优秀办税服务厅主任	国家税务总局	骆志垣（国家税务总局广州市花都区税务局第一税务所）
广东省	广东省学雷锋活动示范点	广东省委宣传部、广东省精神文明建设委员会	国家税务总局海洋石油税务管理局湛江分局
	巾帼文明岗	广东省妇女联合会	国家税务总局湛江经济技术开发区税务局东海岛税务分局办税服务厅 国家税务总局珠海市横琴新区税务局税源管理三科
	广东省三八红旗集体	广东省妇女联合会	原广州市天河区地方税务局纳税服务分局 国家税务总局湛江市赤坎区税务局第一税务分局 原茂名市国家税务局； 原云浮市郁南县国家税务局纳税服务股
	广东省直单位第六届工作技能大赛暨市县机关工作技能邀请赛荣誉奖	广东省直单位第六届工作技能大赛暨市县机关工作技能邀请赛组委会	国家税务总局广州市黄埔区税务局
	广东省五一劳动奖状	广东省总工会	原茂名市国家税务局直属税务分局办税服务厅
	南粤女职工文明岗	广东省总工会	原茂名市国家税务局直属税务分局办税服务厅

续表

荣誉		授奖部门	获奖单位（个人）
广东省	广东省基层理论宣讲先进集体	中共广东省委宣传部	国家税务总局云浮市税务局
	广东省五四红旗团委	共青团广东省委员会	原云浮市国家税务局团委
	广东省五四红旗团支部	共青团广东省委员会	原珠海市高栏港区国税局团支部 原佛山市高明区国家税务局团总支 原韶关市国家税务局团总支 原河源市和平县地方税务局团支部 原河源市连平县地方税务局团支部 原梅州市大埔县国家税务局团支部 原惠州市大亚湾经济技术开发区国家税务局团支部 原东莞市国家税务局团总支 原阳春市国家税务局团支部 原茂名市滨海新区地方税务局团支部 原肇庆市端州区地方税务局团总支 原肇庆市怀集县国家税务局团支部 原清远市国家税务局团支部 原英德市地方税务局团支部
	广东省五一劳动奖章	广东省总工会	龙成东（国家税务总局湛江市税务局）
	广东省优秀共青团干部	共青团广东省委员会	黄泽恩（国家税务总局广东省税务局） 郇　佼（国家税务总局广东省税务局） 伊霞菲（国家税务总局广州市白云区税务局） 韩　勖（国家税务总局珠海市金湾区税务局） 陈铭维（国家税务总局茂名市税务局） 陈紫微（国家税务总局肇庆市税务局） 成　烁（国家税务总局潮州市税务局）
	广东省优秀共青团员	共青团广东省委员会	曾　俊（国家税务总局广州市黄埔区税务局） 李美君（国家税务总局广州市海珠区税务局） 朱紫敏（国家税务总局珠海市税务局） 陈若曦（国家税务总局珠海市香洲区税务局） 陈圣平（国家税务总局韶关市武江区税务局） 李雪敏（国家税务总局台山市税务局） 凌丽珠（国家税务总局江门市税务局） 李雪球（国家税务总局阳江市阳山县税务局） 黎柏扬（国家税务总局湛江市税务局） 杨　柳（国家税务总局高州市税务局长坡税务分局） 黄　城（国家税务总局茂名市茂南区税务局） 余晓红（国家税务总局信宜市税务局） 张启敏（国家税务总局化州市税务局） 黄艺琳（国家税务总局肇庆市德庆县税务局） 梁磊然（国家税务总局珠海市横琴新区税务局） 李唯钢（国家税务总局珠海市横琴新区税务局）
	广东省青年岗位能手	广东省直单位第六届工作技能大赛暨市县机关工作技能邀请赛组委会	郑文滢（国家税务总局广州市黄埔区税务局）

续表

荣誉		授奖部门	获奖单位（个人）
广东省	广东省2016—2018年脱贫攻坚突出贡献集体和个人	广东省扶贫开发领导小组	何伟荣（国家税务总局广东省税务局第四税务分局） 梁妙玲（国家税务总局廉江市税务局） 周文斌（国家税务总局湛江市赤坎区税务局）
	三八红旗手	广东省妇女联合会	张　勤（国家税务总局罗定市罗城税务分局） 陈铁梅（国家税务总局云浮市云城区税务局）
	广东百户“最美家庭”	广东省委宣传部、广东省精神文明建设委员会、广东省妇女联合会	李国卿（国家税务总局广州市天河区税务局凤凰税务所）

广东省税务系统机构级别情况统计表（局机关）（2018年）

统计截止时间：2018年12月31日　　单位：个

项目	合计	省局	直辖市局	计划单列市局	副省级城市局	地（市、州、盟）局	直辖市区局	计划单列市区局	副省级城市区局	地（市、州、盟）区局	直辖市县局	计划单列市县局	副省级城市县局	县（市、旗）局
总计	158	1			1	20			11	68				57
部级														
正厅级	1	1												
副厅级	1				1									
正处级	31					20			11					
副处级	5									5				
正科级	120									63				57
副科级														
股级														

注：本表数据不含深圳，以下表同。

广东省税务系统机构级别情况统计表（开发区税务局）（2018年）

统计截止时间：2018年12月31日　　单位：个

项目	合计	省局	直辖市局	计划单列市局	副省级城市局	地（市、州、盟）局	直辖市区局	计划单列市区局	副省级城市区局	地（市、州、盟）区局	直辖市县局	计划单列市县局	副省级城市县局	县（市、旗）局
总计	24					1				23				
部级														
正厅级														
副厅级														
正处级	1					1								
副处级	5									5				
正科级	18									18				
副科级														
股级														

广东省税务系统机构级别情况统计表（派出机构）（2018 年）

统计截止时间：2018 年 12 月 31 日　　单位：个

项目	合计	省局	直辖市局	计划单列市局	副省级城市局	地（市、州、盟）局	直辖市区局	计划单列市区局	副省级城市区局	地（市、州、盟）区局	直辖市县局	计划单列市县局	副省级城市县局	县（市、旗）局
总计	931	6			7	140			106	254				418
部级														
正厅级														
副厅级														
正处级	13	6			7									
副处级														
正科级	247					140			106	1				
副科级	647									229				418
股级	24									24				

广东省税务系统机构级别情况统计表（事业单位）（2018年）

统计截止时间：2018年12月31日　　单位：个

项目	合计	省局	直辖市局	计划单列市局	副省级城市局	地（市、州、盟）局	直辖市区局	计划单列市区局	副省级城市区局	地（市、州、盟）区局	直辖市县局	计划单列市县局	副省级城市县局	县（市、旗）局
总计	290	5			4	59			22	86				114
部级														
正厅级														
副厅级														
正处级	9	5			4									
副处级														
正科级	82					59			22	1				
副科级	4									4				
股级	195									81				114

广东省税务系统机构设置情况统计表（2018年）

统计截止时间：2018年12月31日　　　　单位：个

项目		合计	省（自治区）局	直辖市局	计划单列市局	副省级城市局	地（市、州、盟）局	直辖市区局	计划单列市区局	副省级城市区局	地（市、州、盟）区局	直辖市县局	计划单列市县局	副省级城市县局	县（市、旗）局
总计		3612	37			35	595			337	1278				1330
局机关		158	1			1	20			11	68				57
	其中：设在开发区	24					1				23				
局机关内设机构		2233	25			23	376			198	870				741
派出机构	合计	931	6			7	140			106	254				418
派出机构	稽查局	54	1			4	49								
派出机构	其中：跨区域稽查局	31				3	28								
派出机构	税务分局（所）	877	5			3	91			106	254				418
派出机构	其中：税务所	133								106	27				
派出机构	其中：按属地管理税务分局（所）	603					55			84	159				305
派出机构	其中：按专业化管理税务分局（所）	274	5			3	36			22	95				113
事业单位	合计	290	5			4	59			22	86				114
事业单位	纳税服务中心（税收宣传中心）	22	1			1	20								
事业单位	信息中心	158	1			1	20			11	68				57
事业单位	机关服务中心	32	1			1	19			11					
事业单位	税收科学研究所	2	1			1									
事业单位	税务干部学校	1	1												
事业单位	其他事业单位	75									18				57

注："其中：设在开发区"是指设在开发区的税务局，不含税务分局（所）；"局机关内设机构"包含三定暂行规定中的另设机构。

广东省税务系统从业人员基本情况统计表（2018年）

统计截止时间：2018年12月31日

项目			总计	女性	少数民族	政治面貌			学位			学历				离退休人员				
						共产党员	共青团员	民主党派	博士	硕士	学士	研究生	大学本科	大学专科	中专（高中）及以下	小计	厅局级	中共党员	离休	退休
总计			47455	18858	521	34688	3826	99	43	2632	16379	3187	33157	9913	1198	17328	75	9744	255	17073
公务员			43901	17851	486	32617	3682	93	39	2584	15873	3135	31328	8615	823	15778	75	9343	255	15523
事业编制	小计		2322	784	24	1305	144	5	4	48	498	50	1451	672	149	600		156		600
	参公管理人员																			
	事业部	小计	1560	649	21	914	144	3	4	47	487	46	1203	283	28	101		40		101
		管理人员	1541	644	21	904	143	3	3	37	480	35	1195	283	28	101		40		101
		专业技术人员	19	5		10	1		1	10	7	11	8							
	事业工人		762	135	3	391		2		1	11	4	248	389	121	499		116		499
工勤人员			1232	223	11	766		1			8	2	378	626	226	950		245		950

注：本表统计范围为正式的在职和离退休人员。

第六篇

税费统计

1－1　广东省税费收入情况（1994—2018 年）

单位：亿元

年份＼项目	税费收入			税收收入			费金收入			社会保险费收入		
	数额	上年同期	增长（%）	数额	上年同期	增长（%）	数额	上年同期	增长（%）	数额	上年同期	增长（%）
1994	531.08			531.08								
1995	678.21	531.08	27.7	673.03	531.08	26.7	5.18					
1996	861.62	678.21	27.0	848.37	673.03	26.1	13.25	5.18	155.6			
1997	1096.30	861.62	27.2	1081.48	848.37	27.5	14.82	13.25	11.9			
1998	1197.46	1096.30	9.2	1183.57	1081.48	9.4	13.89	14.82	-6.3			
1999	1498.82	1197.46	25.2	1479.95	1183.57	25.0	18.87	13.89	35.9			
2000	2168.84	1498.82	44.7	1987.96	1479.95	34.3	180.88	18.87	858.3	149.63	0.00	36.0
2001	2521.21	2168.84	16.2	2285.92	1987.96	15.0	235.29	180.88	30.1	201.50	149.63	34.7
2002	2840.67	2521.21	12.7	2528.81	2285.92	10.6	311.86	235.29	32.5	270.90	201.50	34.4
2003	3371.60	2840.67	18.7	2989.33	2528.81	18.2	382.27	311.86	22.6	339.86	270.90	25.5
2004	4049.71	3371.60	20.1	3587.17	2989.33	20.0	462.53	382.27	21.0	403.21	339.86	18.6
2005	4753.21	4049.71	17.4	4203.08	3587.17	17.2	550.13	462.53	18.9	479.91	403.21	19.0
2006	5764.76	4753.21	21.3	5078.28	4203.08	20.8	686.47	550.13	24.8	605.07	479.91	26.1
2007	7806.02	5764.76	35.4	6973.62	5078.28	37.3	832.40	686.47	21.3	728.25	605.07	20.4
2008	8753.10	7806.02	12.1	7747.71	6973.62	11.1	1005.39	832.40	20.8	873.06	728.25	19.9
2009	9262.59	8753.10	5.8	8161.59	7747.71	5.3	1100.99	1005.39	9.5	960.46	873.06	10.0
2010	11476.78	9262.59	23.9	10112.28	8161.59	23.9	1364.50	1100.99	23.9	1172.51	960.46	22.1
2011	13880.89	11476.78	20.9	12028.53	10112.28	18.9	1852.36	1364.50	35.8	1477.58	1172.51	26.0
2012	15334.65	13880.89	10.5	13164.15	12028.53	9.4	2170.50	1852.36	17.2	1732.42	1477.58	17.2
2013	16576.09	15334.65	8.1	14111.44	13164.15	7.2	2464.66	2170.50	13.6	1947.61	1732.42	12.4
2014	18537.39	16576.09	11.8	15852.69	14111.44	12.3	2684.70	2464.66	8.9	2134.45	1947.61	9.6
2015	21240.18	18537.39	14.6	18203.92	15852.69	14.8	3036.26	2684.70	13.1	2461.25	2134.45	15.3
2016	22772.27	21240.18	7.2	19430.38	18203.92	6.7	3341.89	3036.26	10.1	2783.93	2461.25	13.1
2017	25557.18	22772.27	12.2	21867.18	19430.38	12.5	3690.00	3341.89	10.4	3116.77	2783.93	12.0
2018	28127.47	25557.18	10.1	23636.47	21867.18	8.1	4491.01	3690.00	21.7	3805.05	3116.77	22.1

2－1　广东省税务局入库税金明细年报（2018年）

编报机关：广东省税务局　　　　单位：万元

序号	项　目	合计	中央	地方	省级	市级	县级
1	总　计	201550726	97659944	103890782	27223538	41562472	35104772
2	一、税收收入合计	236364674	139264351	97100323	26591785	37853420	32655118
3	1. 增值税收入	115875339	76609638	39265701	14528091	14333171	10404439
4	（1）国内增值税	78539206	39273505	39265701	14528091	14333171	10404439
5	（2）进口货物增值税	37336133	37336133	0	0	0	0
6	2. 消费税收入	9448930	9448930	0	0	0	0
7	（1）国内消费税	7251661	7251661	0	0	0	0
8	（2）进口消费品消费税	2197269	2197269	0	0	0	0
9	3. 企业所得税	48775916	30712649	18063267	5925505	7633379	4504383
10	4. 个人所得税	21702069	13021247	8680822	2472972	3935246	2272604
11	5. 资源税	331473	196910	134563	0	10946	123617
12	6. 城市维护建设税	6279993	0	6279993	－118	1977524	4302587
13	7. 房产税	3612052	0	3612052	0	1688950	1923102
14	8. 印花税	7023548	5500904	1522644	0	309053	1213591
15	9. 城镇土地使用税	1585166	0	1585166	0	401489	1183677
16	10. 土地增值税	10561110	0	10561110	3641965	3767965	3151180
17	11. 车船税	738206	0	738206	0	505013	233193
18	12. 车辆购置税	3734510	3734510	0	0	0	0
19	13. 烟叶税	12144	0	12144	0	0	12144
20	14. 耕地占用税	537822	0	537822	0	110466	427356

续表

序号	项　目	合计	中央	地方			
					省级	市级	县级
21	15. 契税	6017037	0	6017037	0	3159887	2857150
22	16. 环境保护税	50233	0	50233	0	18016	32217
23	17. 其他税收	79126	39563	39563	23370	2315	13878
24	二、成品油消费税退税	-7583	-7583	0	0	0	0
25	三、出口退税合计	-41665973	-41665973	0	0	0	0
26	1. 出口货物退增值税	-29529005	-29529005	0	0	0	0
27	2. 改征增值税出口退税	-388599	-388599	0	0	0	0
28	3. 免抵调减增值税	-11526084	-11526084	0	0	0	0
29	4. 免抵调减改征增值税	-213035	-213035	0	0	0	0
30	5. 出口消费品退消费税	-9250	-9250	0	0	0	0
31	四、非税收入合计	6859608	69149	6790459	631753	3709052	2449654
32	1. 教育费附加收入	2803316	0	2803316	-71	1710876	1092511
33	2. 地方教育附加	1868559	0	1868559	440363	1085379	342817
34	3. 文化事业建设费收入	290748	10919	279829	32855	228413	18561
35	4. 海上石油矿区使用费收入	4647	4647	0	0	0	0
36	5. 税务部门罚没收入	21191	12569	8622	0	6107	2515
37	6. 残疾人就业保障金收入	874940	0	874940	158606	341918	374416
38	7. 废弃电器电子产品处理基金收入	41014	41014	0	0	0	0
39	8. 工会经费收入	954782	0	954782	0	335873	618909
40	9. 其他	411	0	411	0	486	-75

2-2 深圳市税务局入库税金明细年报（2018年）

编报机关：深圳市税务局

单位：万元

序号	项目	合计	中央	地方		
				省级	市级	县级
1	总计	68547150	37775628	30771522		
				0	18051596	12719926
2	一、税收收入合计	80188152	51098738	29089414		
				0	16369885	12719529
3	1. 增值税收入	36817606	26301255	10516351		
				0	6152254	4364097
4	（1）国内增值税	21032703	10516352	10516351		
				0	6152254	4364097
5	（2）进口货物增值税	15784903	15784903	0		
				0	0	0
6	2. 消费税收入	694158	694158	0		
				0	0	0
7	（1）国内消费税	576159	576159	0		
				0	0	0
8	（2）进口消费品消费税	117999	117999	0		
				0	0	0
9	3. 企业所得税	18960414	12317814	6642600		
				0	4526225	2116375
10	4. 个人所得税	9337193	5602316	3734877		
				0	2287150	1447727
11	5. 资源税	36	0	36		
				0	35	1
12	6. 城市维护建设税	1804969	0	1804969		
				0	69896	1735073
13	7. 房产税	771963	0	771963		
				0	430265	341698
14	8. 印花税	5956059	5500904	455155		
				0	8112	447043
15	9. 城镇土地使用税	88680	0	88680		
				0	8	88672
16	10. 土地增值税	3277190	0	3277190		
				0	1878690	1398500
17	11. 车船税	145937	0	145937		
				0	145937	0
18	12. 车辆购置税	684949	684949	0		
				0	0	0
19	13. 烟叶税	0	0	0		
				0	0	0
20	14. 耕地占用税	1202	0	1202		
				0	1202	0

续表

序号	项 目	合计	中央	地方			
					省级	市级	县级
21	15. 契税	1649247	0	1649247	0	872443	776804
22	16. 环境保护税	3867	0	3857	0	3768	99
23	17. 其他税收	-5318	-2658	-2660	0	-6100	3440
24	二、成品油消费税退税	0	0	0	0	0	0
25	三、出口退税合计	-13343116	-13343116	0	0	0	0
26	1. 出口货物退增值税	-10811936	-10811936	0	0	0	0
27	2. 改征增值税出口退税	-23648	-23648	0	0	0	0
28	3. 免抵调减增值税	-2470287	-2470287	0	0	0	0
29	4. 免抵调减改征增值税	-36864	-36864	0	0	0	0
30	5. 出口消费品退消费税	-381	-381	0	0	0	0
31	四、非税收入合计	1702114	20006	1682108	0	1681711	397
32	1. 教育费附加收入	774130	0	774130	0	773892	238
33	2. 地方教育附加	516032	0	516032	0	515873	159
34	3. 文化事业建设费收入	182073	9888	172185	0	172185	0
35	4. 海上石油矿区使用费收入	0	0	0	0	0	0
36	5. 税务部门罚没收入	9173	6336	2837	0	2837	0
37	6. 残疾人就业保障金收入	0	0	0	0	0	0
38	7. 废弃电器电子产品处理基金收入	3782	3782	0	0	0	0
39	8. 工会经费收入	216923	0	216923	0	216923	0
40	9. 其他	1	0	1	0	1	0

2－3　广州市税务局入库税金明细年报（2018年）

编报机关：广州市税务局　　　　单位：万元

序号	项　目	合计	中央	地方			
					省级	市级	县级
1	总　计	50577728	27403542	23174186	8798367	9790021	4585798
2	一、税收收入合计	54005305	32487303	21518002	8591781	9223781	3702440
3	1. 增值税收入	26399440	17585804	8813636	4434498	3780381	598757
4	（1）国内增值税	17634163	8820527	8813636	4434498	3780381	598757
5	（2）进口货物增值税	8765277	8765277	0	0	0	0
6	2. 消费税收入	4065568	4065568	0	0	0	0
7	（1）国内消费税	2703626	2703626	0	0	0	0
8	（2）进口消费品消费税	1361942	1361942	0	0	0	0
9	3. 企业所得税	11365235	7095212	4270023	2254322	1642512	373189
10	4. 个人所得税	5209857	3125914	2083943	1041972	1000099	41872
11	5. 资源税	103904	100172	3732	0	16	3716
12	6. 城市维护建设税	1461672	0	1461672	0	401404	1060268
13	7. 房产税	1004444	0	1004444	0	439980	564464
14	8. 印花税	394675	0	394675	0	1690	392985
15	9. 城镇土地使用税	212264	0	212264	0	305	211959
16	10. 土地增值税	1713542	0	1713542	856771	775725	81046
17	11. 车船税	140913	0	140913	0	107186	33727
18	12. 车辆购置税	506255	506255	0	0	0	0
19	13. 烟叶税	0	0	0	0	0	0
20	14. 耕地占用税	66307	0	66307	0	924	65383

续表

序号	项目	合计	中央	地方		
				省级	市级	县级
21	15. 契税	1337934	0	1337934	0	1071454	266480
22	16. 环境保护税	6539	0	6539	0	20	6519
23	17. 其他税收	16756	8378	8378	4218	2085	2075
24	二、成品油消费税退税	0	0	0	0	0	0
25	三、出口退税合计	-5094000	-5094000	0	0	0	0
26	1. 出口货物退增值税	-3076026	-3076026	0	0	0	0
27	2. 改征增值税出口退税	-356949	-356949	0	0	0	0
28	3. 免抵调减增值税	-1487707	-1487707	0	0	0	0
29	4. 免抵调减改征增值税	-166293	-166293	0	0	0	0
30	5. 出口消费品退消费税	-7025	-7025	0	0	0	0
31	四、非税收入合计	1666423	10239	1656184	206586	566240	883358
32	1. 教育费附加收入	619501	0	619501	0	244878	374623
33	2. 地方教育附加	412990	0	412990	138254	254157	20579
34	3. 文化事业建设费收入	73455	885	72570	22303	45787	4480
35	4. 海上石油矿区使用费收入	0	0	0	0	0	0
36	5. 税务部门罚没收入	4053	2006	2047	0	1291	756
37	6. 残疾人就业保障金收入	220163	0	220163	46029	20127	154007
38	7. 废弃电器电子产品处理基金收入	7348	7348	0	0	0	0
39	8. 工会经费收入	328920	0	328920	0	0	328920
40	9. 其他	-7	0	-7	0	0	-7

2－4　珠海市税务局入库税金明细年报（2018年）

编报机关：珠海市税务局　　　　单位：万元

序号	项　目	合计	中央	地方			
					省级	市级	县级
1	总　计	7009311	2795091	4214220	1688007	1009813	1516400
2	一、税收收入合计	8586355	4636117	3950238	1658943	915386	1375909
3	1. 增值税收入	4474643	2717310	1757333	910951	308443	537939
4	（1）国内增值税	3514666	1757333	1757333	910951	308443	537939
5	（2）进口货物增值税	959977	959977	0	0	0	0
6	2. 消费税收入	99697	99697	0	0	0	0
7	（1）国内消费税	43595	43595	0	0	0	0
8	（2）进口消费品消费税	56102	56102	0	0	0	0
9	3. 企业所得税	2239382	1356313	883069	443486	164211	275372
10	4. 个人所得税	543485	326091	217394	108697	48516	60181
11	5. 资源税	5999	5936	63	0	16	47
12	6. 城市维护建设税	220873	0	220873	0	93787	127086
13	7. 房产税	123058	0	123058	0	57623	65435
14	8. 印花税	52516	0	52516	0	17943	34573
15	9. 城镇土地使用税	49512	0	49512	0	16073	33439
16	10. 土地增值税	390320	0	390320	195160	82852	112308
17	11. 车船税	19188	0	19188	0	19188	0
18	12. 车辆购置税	129474	129474	0	0	0	0
19	13. 烟叶税	0	0	0	0	0	0
20	14. 耕地占用税	10588	0	10588	0	1568	9020

续表

序号	项　目	合计	中央	地方	省级	市级	县级
21	15. 契税	224167	0	224167	0	104743	119424
22	16. 环境保护税	859	0	859	0	86	773
23	17. 其他税收	2594	1296	1298	649	337	312
24	二、成品油消费税退税	-7583	-7583	0	0	0	0
25	三、出口退税合计	-1842000	-1842000	0	0	0	0
26	1. 出口货物退增值税	-1238958	-1238958	0	0	0	0
27	2. 改征增值税出口退税	-1040	-1040	0	0	0	0
28	3. 免抵调减增值税	-600030	-600030	0	0	0	0
29	4. 免抵调减改征增值税	-1970	-1970	0	0	0	0
30	5. 出口消费品退消费税	-2	-2	0	0	0	0
31	四、非税收入合计	272539	8557	263982	29064	94427	140491
32	1. 教育费附加收入	97392	0	97392	0	34267	63125
33	2. 地方教育附加	64906	0	64906	21723	16169	27014
34	3. 文化事业建设费收入	4200	0	4200	1260	740	2200
35	4. 海上石油矿区使用费收入	4647	4647	0	0	0	0
36	5. 税务部门罚没收入	391	138	253	0	158	95
37	6. 残疾人就业保障金收入	37912	0	37912	6081	12114	19717
38	7. 废弃电器电子产品处理基金收入	3772	3772	0	0	0	0
39	8. 工会经费收入	59294	0	59294	0	30968	28326
40	9. 其他	25	0	25	0	11	14

2－5 汕头市税务局入库税金明细年报（2018年）

编报机关：汕头市税务局

单位：万元

序号	项目	合计	中央	地方			
					省级	市级	县级
1	总计	2666851	953948	1712903	620776	470914	621213
2	一、税收收入合计	3237134	1616186	1620948	609865	445723	565360
3	1. 增值税收入	1587681	903726	683955	341979	135808	206168
4	（1）国内增值税	1367910	683955	683955	341979	135808	206168
5	（2）进口货物增值税	219771	219771	0	0	0	0
6	2. 消费税收入	70184	70184	0	0	0	0
7	（1）国内消费税	70013	70013	0	0	0	0
8	（2）进口消费品消费税	171	171	0	0	0	0
9	3. 企业所得税	674444	414036	260408	130550	56857	73001
10	4. 个人所得税	189940	113964	75976	37988	16682	21306
11	5. 资源税	4906	0	4906	0	9	4897
12	6. 城市维护建设税	99181	0	99181	0	33432	65749
13	7. 房产税	61036	0	61036	0	22362	38674
14	8. 印花税	23956	0	23956	0	648	23308
15	9. 城镇土地使用税	49846	0	49846	0	27179	22667
16	10. 土地增值税	197889	0	197889	98945	39438	59506
17	11. 车船税	21921	0	21921	0	13898	8023
18	12. 车辆购置税	113470	113470	0	0	0	0
19	13. 烟叶税	0	0	0	0	0	0
20	14. 耕地占用税	5827	0	5827	0	1361	4466

续表

序号	项目	合计	中央	地方	省级	市级	县级
21	15. 契税	131548	0	131548	0	96966	34582
22	16. 环境保护税	3693	0	3693	0	1079	2614
23	17. 其他税收	1612	806	806	403	4	399
24	二、成品油消费税退税	0	0	0	0	0	0
25	三、出口退税合计	-662299	-662299	0	0	0	0
26	1. 出口货物退增值税	-387999	-387999	0	0	0	0
27	2. 改征增值税出口退税	0	0	0	0	0	0
28	3. 免抵调减增值税	-274300	-274300	0	0	0	0
29	4. 免抵调减改征增值税	0	0	0	0	0	0
30	5. 出口消费品退消费税	0	0	0	0	0	0
31	四、非税收入合计	92016	61	91955	10911	25191	55853
32	1. 教育费附加收入	41451	0	41451	0	13801	27650
33	2. 地方教育附加	27574	0	27574	9269	5939	12366
34	3. 文化事业建设费收入	1495	18	1477	444	818	215
35	4. 海上石油矿区使用费收入	0	0	0	0	0	0
36	5. 税务部门罚没收入	122	43	79	0	48	31
37	6. 残疾人就业保障金收入	5709	0	5709	1198	4511	0
38	7. 废弃电器电子产品处理基金收入	0	0	0	0	0	0
39	8. 工会经费收入	15637	0	15637	0	72	15565
40	9. 其他	28	0	28	0	2	26

2-6 佛山市税务局入库税金明细年报（2018年）

编报机关：佛山市税务局　　　　单位：万元

序号	项　目	合计	中央	地方	省级	市级	县级
1	总　计	13632182	4785678	8846504	3174915	147525	5524064
2	一、税收收入合计	16276189	7986215	8289974	3106916	142678	5040380
3	1. 增值税收入	7754574	4513505	3241069	1644940	20108	1576021
4	（1）国内增值税	6482150	3241081	3241069	1644940	20108	1576021
5	（2）进口货物增值税	1272424	1272424	0	0	0	0
6	2. 消费税收入	285111	285111	0	0	0	0
7	（1）国内消费税	281084	281084	0	0	0	0
8	（2）进口消费品消费税	4027	4027	0	0	0	0
9	3. 企业所得税	3263127	1966008	1297119	653270	13220	630629
10	4. 个人所得税	1299760	779857	519903	259951	13763	246189
11	5. 资源税	491	0	491	0	0	491
12	6. 城市维护建设税	502892	0	502892	0	18713	484179
13	7. 房产税	458703	0	458703	0	16905	441798
14	8. 印花税	113517	0	113517	0	5148	108369
15	9. 城镇土地使用税	250187	0	250187	0	6129	244058
16	10. 土地增值税	1096315	0	1096315	548158	18710	529447
17	11. 车船税	87030	0	87030	0	7835	79195
18	12. 车辆购置税	440540	440540	0	0	0	0
19	13. 烟叶税	0	0	0	0	0	0
20	14. 耕地占用税	48476	0	48476	0	571	47905

续表

序号	项目	合计	中央	地方			
					省级	市级	县级
21	15. 契税	668591	0	668591	0	21489	647102
22	16. 环境保护税	4485	0	4485	0	29	4456
23	17. 其他税收	2390	1194	1196	597	58	541
24	二、成品油消费税退税	0	0	0	0	0	0
25	三、出口退税合计	−3208990	−3208990	0	0	0	0
26	1. 出口货物退增值税	−2282346	−2282346	0	0	0	0
27	2. 改征增值税出口退税	−402	−402	0	0	0	0
28	3. 免抵调减增值税	−923860	−923860	0	0	0	0
29	4. 免抵调减改征增值税	−2141	−2141	0	0	0	0
30	5. 出口消费品退消费税	−241	−241	0	0	0	0
31	四、非税收入合计	564983	8453	556530	67999	4847	483684
32	1. 教育费附加收入	214198	0	214198	0	945	213253
33	2. 地方教育附加	142780	0	142780	46417	412	95951
34	3. 文化事业建设费收入	5808	92	5716	1715	0	4001
35	4. 海上石油矿区使用费收入	0	0	0	0	0	0
36	5. 税务部门罚没收入	1126	717	409	0	0	409
37	6. 残疾人就业保障金收入	123271	0	123271	19867	3474	99930
38	7. 废弃电器电子产品处理基金收入	7644	7644	0	0	0	0
39	8. 工会经费收入	70988	0	70988	0	0	70988
40	9. 其他	−832	0	−832	0	16	−848

2－7　韶关市税务局入库税金明细年报（2018年）

编报机关：韶关市税务局　　　　单位：万元

序号	项　目	合计	中央	地方	省级	市级	县级
1	总　计	1955174	947395	1007779	332948	231263	443568
2	一、税收收入合计	1977827	1051826	926001	323137	195829	407035
3	1. 增值税收入	1009795	559334	450461	226241	64390	159830
4	（1）国内增值税	900922	450461	450461	226241	64390	159830
5	（2）进口货物增值税	108873	108873	0	0	0	0
6	2. 消费税收入	214847	214847	0	0	0	0
7	（1）国内消费税	214826	214826	0	0	0	0
8	（2）进口消费品消费税	21	21	0	0	0	0
9	3. 企业所得税	226659	149516	77143	38587	6100	32456
10	4. 个人所得税	117427	70456	46971	23486	4409	19076
11	5. 资源税	14368	0	14368	0	889	13479
12	6. 城市维护建设税	78398	0	78398	0	40372	38026
13	7. 房产税	32474	0	32474	0	7414	25060
14	8. 印花税	13509	0	13509	0	3620	9889
15	9. 城镇土地使用税	38119	0	38119	0	12064	26055
16	10. 土地增值税	69192	0	69192	34597	14806	19789
17	11. 车船税	9510	0	9510	0	5094	4416
18	12. 车辆购置税	57221	57221	0	0	0	0
19	13. 烟叶税	7705	0	7705	0	0	7705
20	14. 耕地占用税	34301	0	34301	0	8155	26146

续表

序号	项 目	合计	中央	地方		
				省级	市级	县级
21	15. 契税	50676	0	50676	0	27002	23674
22	16. 环境保护税	2722	0	2722	0	1511	1211
23	17. 其他税收	904	452	452	226	3	223
24	二、成品油消费税退税	0	0	0	0	0	0
25	三、出口退税合计	-104476	-104476	0	0	0	0
26	1. 出口货物退增值税	-48000	-48000	0	0	0	0
27	2. 改征增值税出口退税	0	0	0	0	0	0
28	3. 免抵调减增值税	-56476	-56476	0	0	0	0
29	4. 免抵调减改征增值税	0	0	0	0	0	0
30	5. 出口消费品退消费税	0	0	0	0	0	0
31	四、非税收入合计	81823	45	81778	9811	35434	36533
32	1. 教育费附加收入	35737	0	35737	0	21705	14032
33	2. 地方教育附加	23827	0	23827	7405	8773	7649
34	3. 文化事业建设费收入	669	1	668	200	214	254
35	4. 海上石油矿区使用费收入	0	0	0	0	0	0
36	5. 税务部门罚没收入	62	44	18	0	7	11
37	6. 残疾人就业保障金收入	9665	0	9665	2206	4297	3162
38	7. 废弃电器电子产品处理基金收入	0	0	0	0	0	0
39	8. 工会经费收入	11893	0	11893	0	480	11413
40	9. 其他	-30	0	-30	0	-42	12

2-8 河源市税务局入库税金明细年报（2018年）

编报机关：河源市税务局　　　　单位：万元

序号	项　目	合计	中央	地方			
					省级	市级	县级
1	总　计	1210029	394045	815984	251230	161026	403728
2	一、税收收入合计	1354589	584746	769843	244944	149196	375703
3	1. 增值税收入	616172	325939	290233	146831	40091	103311
4	（1）国内增值税	580467	290234	290233	146831	40091	103311
5	（2）进口货物增值税	35705	35705	0	0	0	0
6	2. 消费税收入	35216	35216	0	0	0	0
7	（1）国内消费税	35148	35148	0	0	0	0
8	（2）进口消费品消费税	68	68	0	0	0	0
9	3. 企业所得税	201932	121523	80409	40892	12313	27204
10	4. 个人所得税	80886	48532	32354	16177	5449	10728
11	5. 资源税	5288	0	5288	0	274	5014
12	6. 城市维护建设税	39120	0	39120	0	12799	26321
13	7. 房产税	28900	0	28900	0	7853	21047
14	8. 印花税	10273	0	10273	0	2734	7539
15	9. 城镇土地使用税	85733	0	85733	0	24597	61136
16	10. 土地增值税	81223	0	81223	40612	13334	27277
17	11. 车船税	8506	0	8506	0	3634	4872
18	12. 车辆购置税	52670	52670	0	0	0	0
19	13. 烟叶税	0	0	0	0	0	0
20	14. 耕地占用税	52803	0	52803	0	5628	47175

续表

序号	项　目	合计	中央	地方			
					省级	市级	县级
21	15. 契税	53624	0	53624	0	20329	33295
22	16. 环境保护税	513	0	513	0	48	465
23	17. 其他税收	1730	866	864	432	113	319
24	二、成品油消费税退税	0	0	0	0	0	0
25	三、出口退税合计	-190798	-190798	0	0	0	0
26	1. 出口货物退增值税	-99800	-99800	0	0	0	0
27	2. 改征增值税出口退税	0	0	0	0	0	0
28	3. 免抵调减增值税	-90998	-90998	0	0	0	0
29	4. 免抵调减改征增值税	0	0	0	0	0	0
30	5. 出口消费品退消费税	0	0	0	0	0	0
31	四、非税收入合计	46238	97	46141	6286	11830	28025
32	1. 教育费附加收入	19158	0	19158	0	6757	12401
33	2. 地方教育附加	12781	0	12781	4176	3040	5565
34	3. 文化事业建设费收入	544	1	543	163	222	158
35	4. 海上石油矿区使用费收入	0	0	0	0	0	0
36	5. 税务部门罚没收入	183	88	95	0	21	74
37	6. 残疾人就业保障金收入	7258	0	7258	1947	1764	3547
38	7. 废弃电器电子产品处理基金收入	8	8	0	0	0	0
39	8. 工会经费收入	6246	0	6246	0	11	6235
40	9. 其他	60	0	60	0	15	45

2-9 梅州市税务局入库税金明细年报（2018年）

编报机关：梅州市税务局

单位：万元

序号	项目	合计	中央	地方			
					省级	市级	县级
1	总计	2075071	936503	1138568	371093	229888	537587
2	一、税收收入合计	2155698	1098531	1057167	361399	193311	502457
3	1. 增值税收入	787150	397336	389814	196284	63809	129721
4	（1）国内增值税	779633	389819	389814	196284	63809	129721
5	（2）进口货物增值税	7517	7517	0	0	0	0
6	2. 消费税收入	348199	348199	0	0	0	0
7	（1）国内消费税	348087	348087	0	0	0	0
8	（2）进口消费品消费税	112	112	0	0	0	0
9	3. 企业所得税	343163	206428	136735	69110	17595	50030
10	4. 个人所得税	115275	69165	46110	23052	7169	15889
11	5. 资源税	32538	0	32538	0	293	32245
12	6. 城市维护建设税	73322	0	73322	0	43877	29445
13	7. 房产税	34826	0	34826	0	7877	26949
14	8. 印花税	13528	0	13528	0	4238	9290
15	9. 城镇土地使用税	43111	0	43111	0	2592	40519
16	10. 土地增值税	144821	0	144821	72411	16910	55500
17	11. 车船税	11368	0	11368	0	5106	6262
18	12. 车辆购置税	76320	76320	0	0	0	0
19	13. 烟叶税	4021	0	4021	0	0	4021
20	14. 耕地占用税	50996	0	50996	0	1784	49212

续表

序号	项目	合计	中央	地方	省级	市级	县级
21	15. 契税	73609	0	73609	0	21915	51694
22	16. 环境保护税	1287	0	1287	0	86	1201
23	17. 其他税收	2164	1083	1081	542	60	479
24	二、成品油消费税退税	0	0	0	0	0	0
25	三、出口退税合计	-162100	-162100	0	0	0	0
26	1. 出口货物退增值税	-96001	-96001	0	0	0	0
27	2. 改征增值税出口退税	0	0	0	0	0	0
28	3. 免抵调减增值税	-66099	-66099	0	0	0	0
29	4. 免抵调减改征增值税	0	0	0	0	0	0
30	5. 出口消费品退消费税	0	0	0	0	0	0
31	四、非税收入合计	81473	72	81401	9694	36577	35130
32	1. 教育费附加收入	35128	0	35128	0	19582	15546
33	2. 地方教育附加	23419	0	23419	7347	8971	7101
34	3. 文化事业建设费收入	954	3	951	284	401	266
35	4. 海上石油矿区使用费收入	0	0	0	0	0	0
36	5. 税务部门罚没收入	97	69	28	0	7	21
37	6. 残疾人就业保障金收入	11511	0	11511	2063	3091	6357
38	7. 废弃电器电子产品处理基金收入	0	0	0	0	0	0
39	8. 工会经费收入	10232	0	10232	0	4508	5724
40	9. 其他	132	0	132	0	17	115

2－10　惠州市税务局入库税金明细年报（2018年）

编报机关：惠州市税务局　　　　单位：万元

序号	项　目	合计	中央	地方	省级	市级	县级
1	总　计	8921440	3955156	4966284	1831788	573354	2561142
2	一、税收收入合计	11376550	6755606	4620944	1789795	499325	2331824
3	1. 增值税收入	5845199	3929224	1915975	968236	56467	891272
4	（1）国内增值税	3831950	1915975	1915975	968236	56467	891272
5	（2）进口货物增值税	2013249	2013249	0	0	0	0
6	2. 消费税收入	1197957	1197957	0	0	0	0
7	（1）国内消费税	582609	582609	0	0	0	0
8	（2）进口消费品消费税	615348	615348	0	0	0	0
9	3. 企业所得税	1720759	1032563	688196	345330	49868	292998
10	4. 个人所得税	625505	375304	250201	125101	33658	91442
11	5. 资源税	5170	0	5170	0	188	4982
12	6. 城市维护建设税	345933	0	345933	0	145883	200050
13	7. 房产税	122122	0	122122	0	29153	92969
14	8. 印花税	62496	0	62496	0	17717	44779
15	9. 城镇土地使用税	130678	0	130678	0	20997	109681
16	10. 土地增值税	700357	0	700357	350179	49435	300743
17	11. 车船税	31779	0	31779	0	11688	20091
18	12. 车辆购置税	218660	218660	0	0	0	0
19	13. 烟叶税	0	0	0	0	0	0
20	14. 耕地占用税	16685	0	16685	0	3144	13541

续表

序号	项　目	合计	中央	地方			
					省级	市级	县级
21	15. 契税	347090	0	347090	0	80444	266646
22	16. 环境保护税	2362	0	2362	0	630	1732
23	17. 其他税收	3798	1898	1900	949	53	898
24	二、成品油消费税退税	0	0	0	0	0	0
25	三、出口退税合计	-2810899	-2810899	0	0	0	0
26	1. 出口货物退增值税	-1746400	-1746400	0	0	0	0
27	2. 改征增值税出口退税	0	0	0	0	0	0
28	3. 免抵调减增值税	-1064499	-1064499	0	0	0	0
29	4. 免抵调减改征增值税	0	0	0	0	0	0
30	5. 出口消费品退消费税	0	0	0	0	0	0
31	四、非税收入合计	355789	10449	345340	41993	74029	229318
32	1. 教育费附加收入	157982	0	157982	0	39022	118960
33	2. 地方教育附加	105276	0	105276	33289	17891	54096
34	3. 文化事业建设费收入	2777	0	2777	833	0	1944
35	4. 海上石油矿区使用费收入	0	0	0	0	0	0
36	5. 税务部门罚没收入	1389	928	461	0	100	361
37	6. 残疾人就业保障金收入	44613	0	44613	7871	16988	19754
38	7. 废弃电器电子产品处理基金收入	9521	9521	0	0	0	0
39	8. 工会经费收入	34183	0	34183	0	0	34183
40	9. 其他	48	0	48	0	28	20

2－11 汕尾市税务局入库税金明细年报（2018年）

编报机关：汕尾市税务局 单位：万元

序号	项 目	合计	中央	地方			
					省级	市级	县级
1	总 计	743197	319462	423735	138604	97144	187987
2	一、税收收入合计	827720	426918	400802	135418	92618	172766
3	1. 增值税收入	395149	253695	141454	71162	21085	49207
4	（1）国内增值税	282907	141453	141454	71162	21085	49207
5	（2）进口货物增值税	112242	112242	0	0	0	0
6	2. 消费税收入	32898	32898	0	0	0	0
7	（1）国内消费税	32754	32754	0	0	0	0
8	（2）进口消费品消费税	144	144	0	0	0	0
9	3. 企业所得税	135400	81240	54160	27080	11171	15909
10	4. 个人所得税	40279	24167	16112	8056	2908	5148
11	5. 资源税	225	0	225	0	27	198
12	6. 城市维护建设税	19843	0	19843	0	6004	13839
13	7. 房产税	12049	0	12049	0	4365	7684
14	8. 印花税	6314	0	6314	0	2342	3972
15	9. 城镇土地使用税	14521	0	14521	0	4476	10045
16	10. 土地增值税	58014	0	58014	29007	8060	20947
17	11. 车船税	5314	0	5314	0	1189	4125
18	12. 车辆购置税	34692	34692	0	0	0	0
19	13. 烟叶税	0	0	0	0	0	0
20	14. 耕地占用税	22327	0	22327	0	15462	6865

续表

序号	项　目	合计	中央	地方	省级	市级	县级
21	15. 契税	49910	0	49910	0	15341	34569
22	16. 环境保护税	334	0	334	0	184	150
23	17. 其他税收	451	226	225	113	4	108
24	二、成品油消费税退税	0	0	0	0	0	0
25	三、出口退税合计	-107494	-107494	0	0	0	0
26	1. 出口货物退增值税	-61499	-61499	0	0	0	0
27	2. 改征增值税出口退税	0	0	0	0	0	0
28	3. 免抵调减增值税	-45995	-45995	0	0	0	0
29	4. 免抵调减改征增值税	0	0	0	0	0	0
30	5. 出口消费品退消费税	0	0	0	0	0	0
31	四、非税收入合计	22971	38	22933	3186	4526	15221
32	1. 教育费附加收入	9723	0	9723	0	2749	6974
33	2. 地方教育附加	6490	0	6490	2076	993	3421
34	3. 文化事业建设费收入	619	0	619	186	96	337
35	4. 海上石油矿区使用费收入	0	0	0	0	0	0
36	5. 税务部门罚没收入	71	38	33	0	6	27
37	6. 残疾人就业保障金收入	3079	0	3079	924	681	1474
38	7. 废弃电器电子产品处理基金收入	0	0	0	0	0	0
39	8. 工会经费收入	2974	0	2974	0	0	2974
40	9. 其他	15	0	15	0	1	14

2－12 东莞市税务局入库税金明细年报（2018年）

编报机关：东莞市税务局

单位：万元

序号	项 目	合计	中央	地方			
					省级	市级	县级
1	总 计	14807506	4743481	10064025	3889776	6174249	0
2	一、税收收入合计	22636894	13367577	9269317	3786896	5482421	0
3	1. 增值税收入	14000904	9435901	4565003	2303123	2261880	0
4	（1）国内增值税	9130008	4565005	4565003	2303123	2261880	0
5	（2）进口货物增值税	4870896	4870896	0	0	0	0
6	2. 消费税收入	142775	142775	0	0	0	0
7	（1）国内消费税	110049	110049	0	0	0	0
8	（2）进口消费品消费税	32726	32726	0	0	0	0
9	3. 企业所得税	3698403	2284759	1413644	711049	702595	0
10	4. 个人所得税	1621423	972854	648569	324285	324284	0
11	5. 资源税	233	0	233	0	233	0
12	6. 城市维护建设税	587656	0	587656	0	587656	0
13	7. 房产税	366702	0	366702	0	366702	0
14	8. 印花税	160215	0	160215	0	160215	0
15	9. 城镇土地使用税	113135	0	113135	0	113135	0
16	10. 土地增值税	893282	0	893282	446641	446641	0
17	11. 车船税	95655	0	95655	0	95655	0
18	12. 车辆购置税	527693	527693	0	0	0	0
19	13. 烟叶税	0	0	0	0	0	0
20	14. 耕地占用税	40019	0	40019	0	40019	0

续表

序号	项　目	合计	中央	地方			
					省级	市级	县级
21	15. 契税	379322	0	379322	0	379322	0
22	16. 环境保护税	2286	0	2286	0	2286	0
23	17. 其他税收	7191	3595	3596	1798	1798	0
24	二、成品油消费税退税	0	0	0	0	0	0
25	三、出口退税合计	-8627400	-8627400	0	0	0	0
26	1. 出口货物退增值税	-5996152	-5996152	0	0	0	0
27	2. 改征增值税出口退税	-3788	-3788	0	0	0	0
28	3. 免抵调减增值税	-2625656	-2625656	0	0	0	0
29	4. 免抵调减改征增值税	-1744	-1744	0	0	0	0
30	5. 出口消费品退消费税	-60	-60	0	0	0	0
31	四、非税收入合计	798012	3304	794708	102880	691828	0
32	1. 教育费附加收入	310662	0	310662	0	310662	0
33	2. 地方教育附加	207014	0	207014	65796	141218	0
34	3. 文化事业建设费收入	6050	0	6050	1815	4235	0
35	4. 海上石油矿区使用费收入	0	0	0	0	0	0
36	5. 税务部门罚没收入	1815	790	1025	0	1025	0
37	6. 残疾人就业保障金收入	233106	0	233106	35269	197837	0
38	7. 废弃电器电子产品处理基金收入	2514	2514	0	0	0	0
39	8. 工会经费收入	36660	0	36660	0	36660	0
40	9. 其他	191	0	191	0	191	0

2－13 中山市税务局入库税金明细年报（2018年）

编报机关：中山市税务局

单位：万元

序号	项　目	合计	中央	地方			
					省级	市级	县级
1	总　计	5346141	1182226	4163915	1570815	2234423	358677
2	一、税收收入合计	7394922	3512647	3882275	1535414	2017759	329102
3	1. 增值税收入	3777327	2024114	1753213	884612	760284	108317
4	（1）国内增值税	3506427	1753214	1753213	884612	760284	108317
5	（2）进口货物增值税	270900	270900	0	0	0	0
6	2. 消费税收入	53223	53223	0	0	0	0
7	（1）国内消费税	46940	46940	0	0	0	0
8	（2）进口消费品消费税	6283	6283	0	0	0	0
9	3. 企业所得税	1425156	874201	550955	275797	232466	42692
10	4. 个人所得税	597538	358523	239015	119507	100816	18692
11	5. 资源税	26	0	26	0	26	0
12	6. 城市维护建设税	206485	0	206485	0	174086	32399
13	7. 房产税	200347	0	200347	0	174467	25880
14	8. 印花税	47642	0	47642	0	38190	9452
15	9. 城镇土地使用税	91388	0	91388	0	76297	15091
16	10. 土地增值税	507164	0	507164	253582	214721	38861
17	11. 车船税	32860	0	32860	0	32782	78
18	12. 车辆购置税	198754	198754	0	0	0	0
19	13. 烟叶税	0	0	0	0	0	0
20	14. 耕地占用税	17895	0	17895	0	11181	6714

续表

序号	项　目	合计	中央	地方			
					省级	市级	县级
21	15. 契税	229958	0	229958	0	199120	30838
22	16. 环境保护税	1496	0	1496	0	1415	81
23	17. 其他税收	7663	3832	3831	1916	1908	7
24	二、成品油消费税退税	0	0	0	0	0	0
25	三、出口退税合计	-2336000	-2336000	0	0	0	0
26	1. 出口货物退增值税	-1527407	-1527407	0	0	0	0
27	2. 改征增值税出口退税	-1894	-1894	0	0	0	0
28	3. 免抵调减增值税	-802625	-802625	0	0	0	0
29	4. 免抵调减改征增值税	-3375	-3375	0	0	0	0
30	5. 出口消费品退消费税	-699	-699	0	0	0	0
31	四、非税收入合计	287219	5579	281640	35401	216664	29575
32	1. 教育费附加收入	104357	0	104357	0	93674	10683
33	2. 地方教育附加	69571	0	69571	22593	43419	3559
34	3. 文化事业建设费收入	2660	0	2660	798	1782	80
35	4. 海上石油矿区使用费收入	0	0	0	0	0	0
36	5. 税务部门罚没收入	881	461	420	0	390	30
37	6. 残疾人就业保障金收入	66193	0	66193	12010	45775	8408
38	7. 废弃电器电子产品处理基金收入	5118	5118	0	0	0	0
39	8. 工会经费收入	38392	0	38392	0	31577	6815
40	9. 其他	47	0	47	0	47	0

2－14 江门市税务局入库税金明细年报（2018年）

编报机关：江门市税务局

单位：万元

序号	项 目	合计	中央	地方			
					省级	市级	县级
1	总 计	3987437	1037969	2949468	1045868	246215	1657385
2	一、税收收入合计	5205735	2451416	2754319	1023662	222191	1508466
3	1. 增值税收入	2703221	1489786	1213435	614369	1316	597750
4	（1）国内增值税	2426871	1213436	1213435	614369	1316	597750
5	（2）进口货物增值税	276350	276350	0	0	0	0
6	2. 消费税收入	56608	56608	0	0	0	0
7	（1）国内消费税	55449	55449	0	0	0	0
8	（2）进口消费品消费税	1159	1159	0	0	0	0
9	3. 企业所得税	960998	585026	375972	189567	9803	176602
10	4. 个人所得税	326926	196155	130771	65386	15723	49662
11	5. 资源税	9806	0	9806	0	1599	8207
12	6. 城市维护建设税	165007	0	165007	0	37924	127083
13	7. 房产税	128305	0	128305	0	30384	97921
14	8. 印花税	40026	0	40026	0	9650	30376
15	9. 城镇土地使用税	141241	0	141241	0	18656	122585
16	10. 土地增值税	307124	0	307124	153562	37382	116180
17	11. 车船税	23904	0	23904	0	6066	17838
18	12. 车辆购置税	122285	122285	0	0	0	0
19	13. 烟叶税	0	0	0	0	0	0
20	14. 耕地占用税	37454	0	37454	0	8473	28981

续表

序号	项　目	合计	中央	地方	省级	市级	县级
21	15. 契税	177165	0	177165	0	44800	132365
22	16. 环境保护税	2553	0	2553	0	255	2298
23	17. 其他税收	3112	1556	1556	778	160	618
24	二、成品油消费税退税	0	0	0	0	0	0
25	三、出口退税合计	-1414910	-1414910	0	0	0	0
26	1. 出口货物退增值税	-994311	-994311	0	0	0	0
27	2. 改征增值税出口退税	-20	-20	0	0	0	0
28	3. 免抵调减增值税	-419549	-419549	0	0	0	0
29	4. 免抵调减改征增值税	-350	-350	0	0	0	0
30	5. 出口消费品退消费税	-680	-680	0	0	0	0
31	四、非税收入合计	196612	1463	195149	22206	24024	148919
32	1. 教育费附加收入	75879	0	75879	0	12166	63713
33	2. 地方教育附加	50572	0	50572	16208	5357	29007
34	3. 文化事业建设费收入	1767	0	1767	530	0	1237
35	4. 海上石油矿区使用费收入	0	0	0	0	0	0
36	5. 税务部门罚没收入	360	164	196	0	0	196
37	6. 残疾人就业保障金收入	33453	0	33453	5468	6490	21495
38	7. 废弃电器电子产品处理基金收入	1299	1299	0	0	0	0
39	8. 工会经费收入	33241	0	33241	0	0	33241
40	9. 其他	41	0	41	0	11	30

2-15 阳江市税务局入库税金明细年报（2018年）

编报机关：阳江市税务局　　　　单位：万元

序号	项　目	合计	中央	地方			
					省级	市级	县级
1	总　计	1421084	625863	795221	291583	78484	425154
2	一、税收收入合计	1461414	713816	747598	285172	71805	390621
3	1. 增值税收入	739975	416724	323251	165177	13905	144169
4	（1）国内增值税	646502	323251	323251	165177	13905	144169
5	（2）进口货物增值税	93473	93473	0	0	0	0
6	2. 消费税收入	22293	22293	0	0	0	0
7	（1）国内消费税	22293	22293	0	0	0	0
8	（2）进口消费品消费税	0	0	0	0	0	0
9	3. 企业所得税	254812	152887	101925	51124	5357	45444
10	4. 个人所得税	96546	57928	38618	19309	3732	15577
11	5. 资源税	5368	0	5368	0	594	4774
12	6. 城市维护建设税	48253	0	48253	0	8555	39698
13	7. 房产税	21103	0	21103	0	4424	16679
14	8. 印花税	9304	0	9304	0	1578	7726
15	9. 城镇土地使用税	23515	0	23515	0	3611	19904
16	10. 土地增值税	96428	0	96428	48214	7122	41092
17	11. 车船税	9893	0	9893	0	4080	5813
18	12. 车辆购置税	61288	61288	0	0	0	0
19	13. 烟叶税	0	0	0	0	0	0
20	14. 耕地占用税	10958	0	10958	0	791	10167

续表

序号	项　目	合计	中央	地方			
					省级	市级	县级
21	15. 契税	54337	0	54337	0	17786	36551
22	16. 环境保护税	1949	0	1949	0	85	1864
23	17. 其他税收	5392	2696	2696	1348	185	1163
24	二、成品油消费税退税	0	0	0	0	0	0
25	三、出口退税合计	-88007	-88007	0	0	0	0
26	1. 出口货物退增值税	-85086	-85086	0	0	0	0
27	2. 改征增值税出口退税	-707	-707	0	0	0	0
28	3. 免抵调减增值税	-2207	-2207	0	0	0	0
29	4. 免抵调减改征增值税	0	0	0	0	0	0
30	5. 出口消费品退消费税	-7	-7	0	0	0	0
31	四、非税收入合计	47677	54	47623	6411	6679	34533
32	1. 教育费附加收入	21784	0	21784	0	3604	18180
33	2. 地方教育附加	14526	0	14526	4752	1498	8276
34	3. 文化事业建设费收入	804	0	804	241	187	376
35	4. 海上石油矿区使用费收入	0	0	0	0	0	0
36	5. 税务部门罚没收入	94	54	40	0	19	21
37	6. 残疾人就业保障金收入	5244	0	5244	1418	1066	2760
38	7. 废弃电器电子产品处理基金收入	0	0	0	0	0	0
39	8. 工会经费收入	5113	0	5113	0	281	4832
40	9. 其他	112	0	112	0	24	88

2－16 湛江市税务局入库税金明细年报（2018年）

编报机关：湛江市税务局　　　　单位：万元

序号	项目	合计	中央	地方	省级	市级	县级
1	总计	5014925	3377975	1636950	581495	430873	624582
2	一、税收收入合计	5098534	3602311	1496223	565016	372923	558284
3	1. 增值税收入	2850995	2193988	657007	329284	144773	182950
4	（1）国内增值税	1314908	657901	657007	329284	144773	182950
5	（2）进口货物增值税	1536087	1536087	0	0	0	0
6	2. 消费税收入	735163	735163	0	0	0	0
7	（1）国内消费税	735088	735088	0	0	0	0
8	（2）进口消费品消费税	75	75	0	0	0	0
9	3. 企业所得税	585885	379282	206603	103434	47404	55765
10	4. 个人所得税	195182	117110	78072	39036	15216	23820
11	5. 资源税	93394	90802	2592	0	89	2503
12	6. 城市维护建设税	130007	0	130007	2	56577	73428
13	7. 房产税	43425	0	43425	0	19740	23685
14	8. 印花税	22719	0	22719	0	8761	13958
15	9. 城镇土地使用税	37335	0	37335	0	13319	24016
16	10. 土地增值税	184509	0	184509	92255	23534	68720
17	11. 车船税	15697	0	15697	0	10537	5160
18	12. 车辆购置税	83954	83954	0	0	0	0
19	13. 烟叶税	0	0	0	0	0	0
20	14. 耕地占用税	13792	0	13792	0	0	13792

续表

序号	项　目	合计	中央	地方			
					省级	市级	县级
21	15. 契税	98659	0	98659	0	29570	69089
22	16. 环境保护税	3798	0	3798	0	3019	779
23	17. 其他税收	4020	2012	2008	1005	384	619
24	二、成品油消费税退税	0	0	0	0	0	0
25	三、出口退税合计	−224395	−224395	0	0	0	0
26	1. 出口货物退增值税	−179990	−179990	0	0	0	0
27	2. 改征增值税出口退税	−9	−9	0	0	0	0
28	3. 免抵调减增值税	−44396	−44396	0	0	0	0
29	4. 免抵调减改征增值税	0	0	0	0	0	0
30	5. 出口消费品退消费税	0	0	0	0	0	0
31	四、非税收入合计	140786	59	140727	16479	57950	66298
32	1. 教育费附加收入	63282	0	63282	1	32081	31200
33	2. 地方教育附加	42169	0	42169	13215	14956	13998
34	3. 文化事业建设费收入	1273	0	1273	382	317	574
35	4. 海上石油矿区使用费收入	0	0	0	0	0	0
36	5. 税务部门罚没收入	377	58	319	0	161	158
37	6. 残疾人就业保障金收入	15890	0	15890	2881	9453	3556
38	7. 废弃电器电子产品处理基金收入	1	1	0	0	0	0
39	8. 工会经费收入	17760	0	17760	0	970	16790
40	9. 其他	34	0	34	0	12	22

2－17　茂名市税务局入库税金明细年报（2018年）

编报机关：茂名市税务局　　　　单位：万元

序号	项　目	合计	中央	地方			
					省级	市级	县级
1	总　计	4322080	2760119	1561961	536708	547751	477502
2	一、税收收入合计	4356091	2944750	1411341	518402	452286	440653
3	1. 增值税收入	1956984	1329874	627110	314967	192563	119580
4	（1）国内增值税	1254220	627110	627110	314967	192563	119580
5	（2）进口货物增值税	702764	702764	0	0	0	0
6	2. 消费税收入	1177855	1177855	0	0	0	0
7	（1）国内消费税	1177760	1177760	0	0	0	0
8	（2）进口消费品消费税	95	95	0	0	0	0
9	3. 企业所得税	413881	290600	123281	62204	20820	40257
10	4. 个人所得税	106087	63653	42434	21217	8356	12861
11	5. 资源税	3826	0	3826	0	294	3532
12	6. 城市维护建设税	180167	0	180167	0	146447	33720
13	7. 房产税	23822	0	23822	0	8537	15285
14	8. 印花税	12273	0	12273	0	4092	8181
15	9. 城镇土地使用税	26734	0	26734	0	13231	13503
16	10. 土地增值税	238969	0	238969	119484	31814	87671
17	11. 车船税	16734	0	16734	0	5596	11138
18	12. 车辆购置税	81709	81709	0	0	0	0
19	13. 烟叶税	0	0	0	0	0	0
20	14. 耕地占用税	36778	0	36778	0	0	36778

续表

序号	项目	合计	中央	地方			
					省级	市级	县级
21	15. 契税	76031	0	76031	0	19199	56832
22	16. 环境保护税	2122	0	2122	0	1306	816
23	17. 其他税收	2119	1059	1060	530	31	499
24	二、成品油消费税退税	0	0	0	0	0	0
25	三、出口退税合计	-184800	-184800	0	0	0	0
26	1. 出口货物退增值税	-53800	-53800	0	0	0	0
27	2. 改征增值税出口退税	0	0	0	0	0	0
28	3. 免抵调减增值税	-131000	-131000	0	0	0	0
29	4. 免抵调减改征增值税	0	0	0	0	0	0
30	5. 出口消费品退消费税	0	0	0	0	0	0
31	四、非税收入合计	150789	169	150620	18306	95465	36849
32	1. 教育费附加收入	77380	0	77380	0	62680	14700
33	2. 地方教育附加	51580	0	51580	15811	29143	6626
34	3. 文化事业建设费收入	826	4	822	247	152	423
35	4. 海上石油矿区使用费收入	0	0	0	0	0	0
36	5. 税务部门罚没收入	225	165	60	0	3	57
37	6. 残疾人就业保障金收入	9297	0	9297	2248	3484	3565
38	7. 废弃电器电子产品处理基金收入	0	0	0	0	0	0
39	8. 工会经费收入	11308	0	11308	0	0	11308
40	9. 其他	173	0	173	0	3	170

2－18　肇庆市税务局入库税金明细年报（2018年）

编报机关：肇庆市税务局　　　　单位：万元

序号	项　目	合计	中央	地方			
					省级	市级	县级
1	总　计	2218352	847377	1370975	470349	229326	671300
2	一、税收收入合计	2329971	1049183	1280788	460540	205005	615243
3	1. 增值税收入	1143817	611601	532216	269997	65813	196406
4	（1）国内增值税	1064430	532214	532216	269997	65813	196406
5	（2）进口货物增值税	79387	79387	0	0	0	0
6	2. 消费税收入	47851	47851	0	0	0	0
7	（1）国内消费税	47047	47047	0	0	0	0
8	（2）进口消费品消费税	804	804	0	0	0	0
9	3. 企业所得税	344265	207276	136989	68551	18730	49708
10	4. 个人所得税	164160	98497	65663	32832	9610	23221
11	5. 资源税	10762	0	10762	0	32	10730
12	6. 城市维护建设税	76474	0	76474	0	21585	54889
13	7. 房产税	43960	0	43960	0	13158	30802
14	8. 印花税	20035	0	20035	0	5428	14607
15	9. 城镇土地使用税	50268	0	50268	0	8090	42178
16	10. 土地增值税	176499	0	176499	88251	21610	66638
17	11. 车船税	15082	0	15082	0	5031	10051
18	12. 车辆购置税	82143	82143	0	0	0	0
19	13. 烟叶税	0	0	0	0	0	0
20	14. 耕地占用税	20583	0	20583	0	2516	18067

续表

序号	项　目	合计	中央	地方	省级	市级	县级
21	15. 契税	127941	0	127941	0	33187	94754
22	16. 环境保护税	2498	0	2498	0	67	2431
23	17. 其他税收	3633	1815	1818	909	148	761
24	二、成品油消费税退税	0	0	0	0	0	0
25	三、出口退税合计	−202000	−202000	0	0	0	0
26	1. 出口货物退增值税	−127000	−127000	0	0	0	0
27	2. 改征增值税出口退税	0	0	0	0	0	0
28	3. 免抵调减增值税	−75000	−75000	0	0	0	0
29	4. 免抵调减改征增值税	0	0	0	0	0	0
30	5. 出口消费品退消费税	0	0	0	0	0	0
31	四、非税收入合计	90381	194	90187	9809	24321	56057
32	1. 教育费附加收入	35385	0	35385	0	8949	26436
33	2. 地方教育附加	23570	0	23570	7558	3985	12027
34	3. 文化事业建设费收入	1072	3	1069	321	277	471
35	4. 海上石油矿区使用费收入	0	0	0	0	0	0
36	5. 税务部门罚没收入	267	191	76	0	8	68
37	6. 残疾人就业保障金收入	11196	0	11196	1930	3086	6180
38	7. 废弃电器电子产品处理基金收入	0	0	0	0	0	0
39	8. 工会经费收入	18863	0	18863	0	8023	10840
40	9. 其他	28	0	28	0	−7	35

2－19　清远市税务局入库税金明细年报（2018年）

编报机关：清远市税务局　　　　单位：万元

序号	项目	合计	中央	地方			
					省级	市级	县级
1	总　计	2400511	1003746	1396765	511428	458307	427030
2	一、税收收入合计	2473825	1166154	1307671	499678	420370	387623
3	1. 增值税收入	1196984	639918	557066	282197	133893	140976
4	（1）国内增值税	1114135	557069	557066	282197	133893	140976
5	（2）进口货物增值税	82849	82849	0	0	0	0
6	2. 消费税收入	41555	41555	0	0	0	0
7	（1）国内消费税	41552	41552	0	0	0	0
8	（2）进口消费品消费税	3	3	0	0	0	0
9	3. 企业所得税	467855	283132	184723	92858	45733	46132
10	4. 个人所得税	187472	112483	74989	37494	19309	18186
11	5. 资源税	12754	0	12754	0	1317	11437
12	6. 城市维护建设税	75481	0	75481	0	39006	36475
13	7. 房产税	40324	0	40324	0	21134	19190
14	8. 印花税	17237	0	17237	0	10089	7148
15	9. 城镇土地使用税	40467	0	40467	0	17694	22773
16	10. 土地增值税	171647	0	171647	85823	56475	29349
17	11. 车船税	13280	0	13280	0	7730	5550
18	12. 车辆购置税	86454	86454	0	0	0	0
19	13. 烟叶税	418	0	418	0	0	418
20	14. 耕地占用税	8853	0	8853	0	4476	4377

续表

序号	项　目	合计	中央	地方			
					省级	市级	县级
21	15. 契税	104714	0	104714	0	62189	42525
22	16. 环境保护税	3107	0	3107	0	464	2643
23	17. 其他税收	5223	2612	2611	1306	861	444
24	二、成品油消费税退税	0	0	0	0	0	0
25	三、出口退税合计	-162500	-162500	0	0	0	0
26	1. 出口货物退增值税	-100000	-100000	0	0	0	0
27	2. 改征增值税出口退税	0	0	0	0	0	0
28	3. 免抵调减增值税	-62500	-62500	0	0	0	0
29	4. 免抵调减改征增值税	0	0	0	0	0	0
30	5. 出口消费品退消费税	0	0	0	0	0	0
31	四、非税收入合计	89186	92	89094	11750	37937	39407
32	1. 教育费附加收入	37403	0	37403	0	18463	18940
33	2. 地方教育附加	24933	0	24933	7877	8258	8798
34	3. 文化事业建设费收入	1525	8	1517	455	706	356
35	4. 海上石油矿区使用费收入	0	0	0	0	0	0
36	5. 税务部门罚没收入	152	80	72	0	22	50
37	6. 残疾人就业保障金收入	13770	0	13770	3418	5163	5189
38	7. 废弃电器电子产品处理基金收入	4	4	0	0	0	0
39	8. 工会经费收入	11275	0	11275	0	5295	5980
40	9. 其他	124	0	124	0	30	94

2－20 潮州市税务局入库税金明细年报（2018年）

编报机关：潮州市税务局　　　　单位：万元

序号	项目	合计	中央	地方			
					省级	市级	县级
1	总计	810663	278729	531934	185008	143879	203047
2	一、税收收入合计	1009313	511818	497495	180175	136132	181188
3	1. 增值税收入	515739	293354	222385	111193	47276	63916
4	（1）国内增值税	444769	222384	222385	111193	47276	63916
5	（2）进口货物增值税	70970	70970	0	0	0	0
6	2. 消费税收入	30912	30912	0	0	0	0
7	（1）国内消费税	30912	30912	0	0	0	0
8	（2）进口消费品消费税	0	0	0	0	0	0
9	3. 企业所得税	139623	83774	55849	27924	14920	13005
10	4. 个人所得税	85665	51400	34265	17133	7985	9147
11	5. 资源税	10989	0	10989	0	2247	8742
12	6. 城市维护建设税	32769	0	32769	0	11809	20960
13	7. 房产税	18903	0	18903	0	5226	13677
14	8. 印花税	7292	0	7292	0	2514	4778
15	9. 城镇土地使用税	18207	0	18207	0	4434	13773
16	10. 土地增值税	47651	0	47651	23826	13714	10111
17	11. 车船税	10308	0	10308	0	4710	5598
18	12. 车辆购置税	52179	52179	0	0	0	0
19	13. 烟叶税	0	0	0	0	0	0
20	14. 耕地占用税	8785	0	8785	0	0	8785

续表

序号	项　目	合计	中央	地方	省级	市级	县级
21	15. 契税	28445	0	28445	0	20216	8229
22	16. 环境保护税	1449	0	1449	0	1062	387
23	17. 其他税收	397	199	198	99	19	80
24	二、成品油消费税退税	0	0	0	0	0	0
25	三、出口退税合计	-233100	-233100	0	0	0	0
26	1. 出口货物退增值税	-123958	-123958	0	0	0	0
27	2. 改征增值税出口退税	-142	-142	0	0	0	0
28	3. 免抵调减增值税	-108702	-108702	0	0	0	0
29	4. 免抵调减改征增值税	-298	-298	0	0	0	0
30	5. 出口消费品退消费税	0	0	0	0	0	0
31	四、非税收入合计	34450	11	34439	4833	7747	21859
32	1. 教育费附加收入	14639	0	14639	0	5084	9555
33	2. 地方教育附加	9763	0	9763	3141	2239	4383
34	3. 文化事业建设费收入	441	3	438	131	166	141
35	4. 海上石油矿区使用费收入	0	0	0	0	0	0
36	5. 税务部门罚没收入	70	5	65	0	0	65
37	6. 残疾人就业保障金收入	5701	0	5701	1561	153	3987
38	7. 废弃电器电子产品处理基金收入	3	3	0	0	0	0
39	8. 工会经费收入	3818	0	3818	0	105	3713
40	9. 其他	15	0	15	0	0	15

2－21 揭阳市税务局入库税金明细年报（2018年）

编报机关：揭阳市税务局　　　　单位：万元

序号	项目	合计	中央	地方			
					省级	市级	县级
1	总计	1038240	171081	867159	296584	118252	452323
2	一、税收收入合计	1576212	766487	809725	288896	115179	405650
3	1. 增值税收入	790359	408395	381964	190982	41137	149845
4	（1）国内增值税	763927	381963	381964	190982	41137	149845
5	（2）进口货物增值税	26432	26432	0	0	0	0
6	2. 消费税收入	73490	73490	0	0	0	0
7	（1）国内消费税	73490	73490	0	0	0	0
8	（2）进口消费品消费税	0	0	0	0	0	0
9	3. 企业所得税	238980	143395	95585	47796	7144	40645
10	4. 个人所得税	91087	54652	36435	18218	4044	14173
11	5. 资源税	3282	0	3282	0	502	2780
12	6. 城市维护建设税	58591	0	58591	0	13810	44781
13	7. 房产税	31178	0	31178	0	7634	23544
14	8. 印花税	12334	0	12334	0	2643	9691
15	9. 城镇土地使用税	49125	0	49125	0	11162	37963
16	10. 土地增值税	62830	0	62830	31415	5621	25794
17	11. 车船税	15958	0	15958	0	9234	6724
18	12. 车辆购置税	85586	85586	0	0	0	0
19	13. 烟叶税	0	0	0	0	0	0
20	14. 耕地占用税	9516	0	9516	0	0	9516

续表

序号	项　目	合计	中央	地方			
					省级	市级	县级
21	15. 契税	51167	0	51167	0	12147	39020
22	16. 环境保护税	790	0	790	0	106	684
23	17. 其他税收	1939	969	970	485	-5	490
24	二、成品油消费税退税	0	0	0	0	0	0
25	三、出口退税合计	-595501	-595501	0	0	0	0
26	1. 出口货物退增值税	-449901	-449901	0	0	0	0
27	2. 改征增值税出口退税	0	0	0	0	0	0
28	3. 免抵调减增值税	-145600	-145600	0	0	0	0
29	4. 免抵调减改征增值税	0	0	0	0	0	0
30	5. 出口消费品退消费税	0	0	0	0	0	0
31	四、非税收入合计	57529	95	57434	7688	3073	46673
32	1. 教育费附加收入	25814	0	25814	0	1741	24073
33	2. 地方教育附加	17205	0	17205	5581	785	10839
34	3. 文化事业建设费收入	805	9	796	239	34	523
35	4. 海上石油矿区使用费收入	0	0	0	0	0	0
36	5. 税务部门罚没收入	129	86	43	0	0	43
37	6. 残疾人就业保障金收入	6365	0	6365	1868	442	4055
38	7. 废弃电器电子产品处理基金收入	0	0	0	0	0	0
39	8. 工会经费收入	7089	0	7089	0	0	7089
40	9. 其他	122	0	122	0	71	51

2－22 云浮市税务局入库税金明细年报（2018年）

编报机关：云浮市税务局　　　　单位：万元

序号	项 目	合计	中央	地方			
					省级	市级	县级
1	总 计	1088268	462094	626174	217985	99289	308900
2	一、税收收入合计	1105832	516182	589650	213463	92962	283225
3	1. 增值税收入	465591	255839	209752	105295	25461	78996
4	（1）国内增值税	419504	209752	209752	105295	25461	78996
5	（2）进口货物增值税	46087	46087	0	0	0	0
6	2. 消费税收入	23370	23370	0	0	0	0
7	（1）国内消费税	23180	23180	0	0	0	0
8	（2）进口消费品消费税	190	190	0	0	0	0
9	3. 企业所得税	156802	94081	62721	31361	6646	24714
10	4. 个人所得税	173216	103930	69286	34643	3566	31077
11	5. 资源税	8108	0	8108	0	2266	5842
12	6. 城市维护建设税	29172	0	29172	0	11888	17284
13	7. 房产税	20865	0	20865	0	5787	15078
14	8. 印花税	7164	0	7164	0	1701	5463
15	9. 城镇土地使用税	21807	0	21807	0	7440	14367
16	10. 土地增值税	83581	0	83581	41790	11370	30421
17	11. 车船税	7214	0	7214	0	2682	4532
18	12. 车辆购置税	38214	38214	0	0	0	0
19	13. 烟叶税	0	0	0	0	0	0
20	14. 耕地占用税	23677	0	23677	0	3211	20466

续表

序号	项　目	合计	中央	地方			
					省级	市级	县级
21	15. 契税	44066	0	44066	0	10225	33841
22	16. 环境保护税	1488	0	1488	0	510	978
23	17. 其他税收	1497	748	749	374	209	166
24	二、成品油消费税退税	0	0	0	0	0	0
25	三、出口退税合计	-54198	-54198	0	0	0	0
26	1. 出口货物退增值税	-25600	-25600	0	0	0	0
27	2. 改征增值税出口退税	0	0	0	0	0	0
28	3. 免抵调减增值税	-28598	-28598	0	0	0	0
29	4. 免抵调减改征增值税	0	0	0	0	0	0
30	5. 出口消费品退消费税	0	0	0	0	0	0
31	四、非税收入合计	36634	110	36524	4522	6327	25675
32	1. 教育费附加收入	13677	0	13677	0	2924	10753
33	2. 地方教育附加	9147	0	9147	2998	1328	4821
34	3. 文化事业建设费收入	602	2	600	180	94	326
35	4. 海上石油矿区使用费收入	0	0	0	0	0	0
36	5. 税务部门罚没收入	121	108	13	0	4	9
37	6. 残疾人就业保障金收入	7091	0	7091	1344	1922	3825
38	7. 废弃电器电子产品处理基金收入	0	0	0	0	0	0
39	8. 工会经费收入	5929	0	5929	0	0	5929
40	9. 其他	67	0	67	0	55	12

2-23 广东省税务局第三税务分局入库税金明细年报（2018年）

编报机关：省第三税务分局　　　　单位：万元

序号	项　目	合计	中央	地方			
					省级	市级	县级
1	总　计	763510	440455	323055	228818	38726	55511
2	一、税收收入合计	772075	457443	314632	228009	36501	50122
3	1. 增值税收入	45819	22909	22910	15719	2034	5157
4	（1）国内增值税	45819	22909	22910	15719	2034	5157
5	（2）进口货物增值税	0	0	0	0	0	0
6	2. 消费税收入	0	0	0	0	0	0
7	（1）国内消费税	0	0	0	0	0	0
8	（2）进口消费品消费税	0	0	0	0	0	0
9	3. 企业所得税	675298	421647	253651	205142	21689	26820
10	4. 个人所得税	14052	8431	5621	2810	2802	9
11	5. 资源税	0	0	0	0	0	0
12	6. 城市维护建设税	4811	0	4811	-120	2014	2917
13	7. 房产税	17719	0	17719	0	7960	9759
14	8. 印花税	2092	0	2092	0	0	2092
15	9. 城镇土地使用税	3368	0	3368	0	0	3368
16	10. 土地增值税	3	0	3	2	1	0
17	11. 车船税	1	0	1	0	1	0
18	12. 车辆购置税	0	0	0	0	0	0
19	13. 烟叶税	0	0	0	0	0	0
20	14. 耕地占用税	0	0	0	0	0	0

续表

序号	项　目	合计	中央	地方	省级	市级	县级
21	15. 契税	0	0	0	0	0	0
22	16. 环境保护税	0	0	0	0	0	0
23	17. 其他税收	8912	4456	4456	4456	0	0
24	二、成品油消费税退税	0	0	0	0	0	0
25	三、出口退税合计	-16990	-16990	0	0	0	0
26	1. 出口货物退增值税	-16835	-16835	0	0	0	0
27	2. 改征增值税出口退税	0	0	0	0	0	0
28	3. 免抵调减增值税	0	0	0	0	0	0
29	4. 免抵调减改征增值税	0	0	0	0	0	0
30	5. 出口消费品退消费税	-155	-155	0	0	0	0
31	四、非税收入合计	8425	2	8423	809	2225	5389
32	1. 教育费附加收入	2041	0	2041	-72	1250	863
33	2. 地方教育附加	1361	0	1361	375	975	11
34	3. 文化事业建设费收入	329	2	327	128	0	199
35	4. 海上石油矿区使用费收入	0	0	0	0	0	0
36	5. 税务部门罚没收入	0	0	0	0	0	0
37	6. 残疾人就业保障金收入	1041	0	1041	378	0	663
38	7. 废弃电器电子产品处理基金收入	0	0	0	0	0	0
39	8. 工会经费收入	3653	0	3653	0	0	3653
40	9. 其他	0	0	0	0	0	0

2－24 横琴新区税务局入库税金明细年报（2018 年）

编报机关：横琴新区税务局

单位：万元

序号	项 目	合计	中央	地方			
					省级	市级	县级
1	总 计	993876	462381	531495	189393	154	341948
2	一、税收收入合计	958337	462381	495956	184264	154	311538
3	1. 增值税收入	215	107	108	54	0	54
4	（1）国内增值税	215	107	108	54	0	54
5	（2）进口货物增值税	0	0	0	0	0	0
6	2. 消费税收入	0	0	0	0	0	0
7	（1）国内消费税	0	0	0	0	0	0
8	（2）进口消费品消费税	0	0	0	0	0	0
9	3. 企业所得税	283443	171936	111507	56071	0	55436
10	4. 个人所得税	483108	289865	193243	96622	0	96621
11	5. 资源税	0	0	0	0	0	0
12	6. 城市维护建设税	38917	0	38917	0	0	38917
13	7. 房产税	5824	0	5824	0	0	5824
14	8. 印花税	18372	0	18372	0	0	18372
15	9. 城镇土地使用税	5925	0	5925	0	0	5925
16	10. 土地增值税	62560	0	62560	31280	0	31280
17	11. 车船税	154	0	154	0	154	0
18	12. 车辆购置税	0	0	0	0	0	0
19	13. 烟叶税	0	0	0	0	0	0
20	14. 耕地占用税	0	0	0	0	0	0

续表

序号	项目	合计	中央	地方		
				省级	市级	县级
21	15. 契税	58836	0	58836	0	0	58836
22	16. 环境保护税	36	0	36	0	0	36
23	17. 其他税收	947	473	474	237	0	237
24	二、成品油消费税退税	0	0	0	0	0	0
25	三、出口退税合计	0	0	0	0	0	0
26	1. 出口货物退增值税	0	0	0	0	0	0
27	2. 改征增值税出口退税	0	0	0	0	0	0
28	3. 免抵调减增值税	0	0	0	0	0	0
29	4. 免抵调减改征增值税	0	0	0	0	0	0
30	5. 出口消费品退消费税	0	0	0	0	0	0
31	四、非税收入合计	35539	0	35539	5129	0	30410
32	1. 教育费附加收入	16613	0	16613	0	0	16613
33	2. 地方教育附加	11073	0	11073	4502	0	6571
34	3. 文化事业建设费收入	0	0	0	0	0	0
35	4. 海上石油矿区使用费收入	0	0	0	0	0	0
36	5. 税务部门罚没收入	33	0	33	0	0	33
37	6. 残疾人就业保障金收入	3412	0	3412	627	0	2785
38	7. 废弃电器电子产品处理基金收入	0	0	0	0	0	0
39	8. 工会经费收入	4391	0	4391	0	0	4391
40	9. 其他	17	0	17	0	0	17

3－1 广东省税务局税收收入分行业分税种统计年报（2018年）

编报机关：广东省税务局　　　　单位：万元

序号	项目	税收收入合计	国内增值税	一般纳税人增值税	国内消费税	企业所得税		个人所得税	资源税	城市维护建设税	房产税	印花税	城镇土地使用税	土地增值税	车辆购置税	车船税	耕地占用税	契税	环境保护税	其他各税
						内资企业	外资企业													
1	合计	236364674	78539206	71106196	7251661	33089913	15686003	21702069	331473	6279993	3612052	7023548	1585166	10561110	3734510	738206	537822	6017037	50233	39624672
2	一、农、林、牧、渔业	172756	45921	31819	7	45183	4725	32596	5	4604	7928	2884	6155	17930	1259	6	1019	1410	662	462
3	二、采矿业	1308548	713307	709302	0	36999	120194	44122	258604	14240	3680	4218	5429	653	309	17	475	218	3728	102355
4	1. 煤炭开采和洗选业	283	67	25	0	7	10	12	0	11	0	2	0	96	6	0	0	72	0	0
5	2. 石油和天然气开采业	942568	594159	593327	0	130	116305	21275	196961	7070	360	2828	211	－21	7	0	0	0	3283	0
6	3. 黑色金属矿采选业	20413	11612	11455	0	3622	0	256	3814	559	200	102	118	117	8	0	0	0	5	0
7	4. 有色金属矿采选业	90931	49556	49451	0	11345	585	5562	17369	2846	620	461	2393	86	37	0	0	10	61	0
8	5. 非金属矿采选业	103428	45316	44041	0	10299	1003	3063	37335	2460	545	363	2015	0	238	1	345	45	338	62
9	6. 开采专业及辅助性活动	39391	10162	9002	0	8552	2291	13694	679	1065	1837	401	596	0	5	16	61	0	32	0
10	7. 其他采矿业	111534	2435	2001	0	3044	0	260	2446	229	118	61	96	375	8	0	69	91	9	102293
11	三、制造业	76997779	33540772	33230330	5978837	5071049	6848249	4716246	41139	3038353	877405	507314	438196	266560	111164	673	4841	93342	31361	15432278
12	1. 农副食品加工业	470775	209508	206894	7	84694	83496	34031	6	12059	15389	9717	10067	8108	856	8	0	2148	660	21
13	2. 食品制造业	2247142	1280150	1276829	13275	86233	612635	113091	5	91125	22218	8503	9914	6044	1029	11	2	2329	397	181
14	3. 酒、饮料和精制茶制造业	817996	384674	384131	122040	33858	179199	31285	487	36530	15698	4175	6136	1471	386	12	0	732	97	1216
15	4. 烟草制品业	2418876	529060	528960	1582421	97764	0	22517	0	176315	6156	3024	1362	0	21	2	0	221	13	0
16	5. 纺织业	922737	613376	605165	0	58339	71814	43308	0	38543	28502	6958	18754	12973	2254	11	2	2045	3086	22772
17	6. 纺织服装、服饰业	1394914	1019123	1001461	0	107610	64455	59497	0	65609	31329	8998	17935	14326	2860	23	0	1914	394	841
18	7. 皮革、毛皮、羽毛及其制品和制鞋业	936053	708163	695793	20	41581	53201	32620	4	43447	17065	6477	10525	20140	1657	19	0	841	239	54
19	8. 木材加工和木竹藤棕草制品业	241371	168800	164686	4896	18737	12558	8553	5	11623	4749	1725	5741	2353	817	0	40	492	276	6
20	9. 家具制造业	1069346	760379	748521	178	95004	43261	62004	5	48611	22908	7224	11948	12380	2125	12	6	2888	249	164
21	10. 造纸和纸制品业	1193679	756098	752721	0	114121	160541	44839	2	54800	26690	10930	12504	5436	3664	24	0	1755	2230	45
22	11. 印刷和记录媒介复制业	603395	390728	381795	0	45363	53961	43624	0	28258	16024	4515	6699	12364	1768	11	0	－78	134	24

续表

序号	项　目	税收收入合计	国内增值税	一般纳税人增值税	国内消费税	企业所得税		个人所得税	资源税	城市维护建设税	房产税	印花税	城镇土地使用税	土地增值税	车辆购置税	车船税	耕地占用税	契税	环境保护税	其他各税
						内资企业	外资企业													
23	12. 文教、工美、体育和娱乐用品制造业	978442	719655	712980	1053	57210	67669	37083	2	40288	24321	7191	11950	5284	1704	18	10	4727	242	35
24	13. 石油、煤炭及其他燃料加工业	5236356	1282301	1282255	3159550	251295	102996	19462	0	354980	2996	4995	14302	812	68	8	0	421	2091	40079
25	14. 化学原料和化学制品制造业	2422165	1259210	1251394	26934	211126	562526	162971	40	97407	39111	20774	23879	4962	4175	41	17	7128	969	895
26	15. 医药制造业	1427009	782553	780789	761	220501	228036	94639	0	58646	23212	6682	7792	618	612	13	127	2694	121	2
27	16. 化学纤维制造业	107712	49680	49594	0	2281	42876	3715	0	3542	2861	779	1560	22	106	0	0	253	37	0
28	17. 橡胶和塑料制品业	2521695	1679148	1659358	2	220086	235956	135576	24	121127	49535	21006	28426	18317	7466	51	0	4150	750	75
29	18. 非金属矿物制品业	2325612	1469667	1456445	0	284475	200077	94404	39959	98340	41189	14636	43462	3646	17255	65	1395	4888	11649	505
30	19. 黑色金属冶炼和压延加工业	582168	342175	341217	0	118577	34759	17643	0	26019	16517	9438	9214	1923	662	6	0	1058	3579	598
31	20. 有色金属冶炼和压延加工业	550382	319737	318011	1	79504	61196	25600	0	24372	15348	8850	10123	3027	1124	8	0	966	526	0
32	21. 金属制品业	3089811	2152195	2116498	15	283211	189957	158704	20	135407	56418	24916	39502	27569	12707	53	420	6904	1131	682
33	22. 通用设备制造业	1949065	1236777	1227908	0	157415	246349	138442	2	87826	29202	16758	13069	7986	6798	34	27	8231	132	17
34	23. 专用设备制造业	2007882	1206624	1188964	53	193007	166160	246245	21	101766	38008	18511	13921	13373	6802	31	49	3190	147	-26
35	24. 汽车制造业	5069108	1954091	1952631	1040550	136487	1199415	263834	0	243399	44033	41630	16687	6333	1347	40	0	4377	214	116671
36	25. 铁路、船舶、航空航天和其他运输设备制造业	226059	79959	78568	3887	22645	39615	32977	0	17652	14320	4925	8135	166	475	27	0	1072	177	27
37	26. 电气机械和器材制造业	5575931	3598508	3571405	21155	707712	436831	344375	7	264475	86037	46958	31135	18819	7846	49	0	10836	392	796
38	27. 计算机、通信和其他电子设备制造业	12200241	6495615	6467065	968	1058384	1344108	2180378	5	605862	143692	156300	31442	48008	11400	51	59	9175	876	113918
39	28. 仪表仪器制造业	556079	327195	325954	165	45838	69489	68024	0	23683	9488	6640	2408	1410	981	4	0	726	25	3
40	29. 其他制造业	17477777	1575758	1517373	906	209421	262816	168705	545	111864	28667	20768	15954	7265	11277	26	248	6512	382	15056663
41	30. 废弃资源综合利用业	210387	84177	83099	0	22643	7771	5675	0	5912	2680	1483	2480	430	386	6	0	625	105	76014
42	31. 金属制品、机械和设备修理业	167614	105688	101866	0	5927	14526	22425	0	8866	3042	1828	1170	995	536	9	2439	122	41	0
43	四、电力、热力、燃气及水的生产和供应业	4253275	2419552	2414664	0	810036	398883	247119	145	157673	108694	28663	47533	9379	4436	116	5363	4860	7853	2970
44	1. 电力、热力生产和供应业	3638746	2219673	2215963	0	663603	231093	205949	77	139870	95080	24583	28320	8439	3410	107	5148	3303	7167	2924

续表

序号	项目	税收收入合计	国内增值税	一般纳税人增值税	国内消费税	企业所得税		个人所得税	资源税	城市维护建设税	房产税	印花税	城镇土地使用税	土地增值税	车辆购置税	车船税	耕地占用税	契税	环境保护税	其他各税
						内资企业	外资企业													
45	2. 燃气生产和供应业	244786	76915	76790	0	46863	88191	16169	0	6698	3025	2532	2793	765	454	5	0	331	7	38
46	3. 水的生产和供应业	369743	122964	121911	0	99570	79599	25001	68	11105	10589	1548	16420	175	572	4	215	1226	679	8
47	五、建筑业	8592430	5417699	2255999	0	1506612	85330	844390	15661	358984	42474	105532	27660	89377	32703	149	40649	16944	754	7512
48	1. 房屋建筑业	2371005	1392005	768895	0	573855	26238	193388	7859	101301	9201	32866	4577	16006	4892	17	147	5773	303	2577
49	2. 土木工程建筑业	1340683	791961	342683	0	217432	31152	145557	2215	53027	9526	23404	7369	17812	11706	41	24374	3652	161	1294
50	3. 建筑安装业	2798061	1947649	623296	0	349811	7750	302489	4267	119976	12770	26368	7025	6775	5086	58	3795	2019	173	2050
51	4. 建筑装饰、装修和其他建筑业	2082681	1286084	521125	0	365514	20190	202956	1320	84680	10977	22894	8689	48784	11019	33	12333	5500	117	1591
52	六、批发和零售业	37749556	10962492	10233235	1268854	3449623	1036910	1489445	9681	862209	272569	295866	121426	198129	139041	611	9730	61630	845	17570495
53	1. 批发业	17410143	8315394	7942150	1196309	2833916	810250	1071512	5695	664362	182685	240422	71028	142408	72891	377	2611	45059	431	1754793
54	2. 零售业	20339413	2647098	2291085	72545	615707	226660	417933	3986	197847	89884	55444	50398	55721	66150	234	7119	16571	414	15815702
55	七、交通运输、仓储和邮政业	3760077	1210744	1090927	0	861529	614633	519075	46	76012	131428	40436	50795	115543	124019	2880	3791	7365	1178	603
56	1. 铁路运输业	186903	60758	71335	0	75006	1654	37546	0	1918	1080	3070	632	4405	355	29	292	156	2	0
57	2. 道路运输业	1326610	429099	365749	0	259191	210708	142293	36	33014	34847	16001	9563	88109	96476	1015	3078	2224	691	265
58	3. 水上运输业	281516	49326	46731	0	77556	84758	40766	0	4973	7347	3986	4731	6099	421	1319	0	89	100	45
59	4. 航空运输业	724469	268144	267951	0	153889	126937	130873	0	8322	24772	4783	5885	66	438	152	116	12	1	79
60	5. 管道运输业	37133	4815	4624	0	14458	15058	1315	0	736	230	55	412	0	31	0	0	13	4	6
61	6. 多式联运和运输代理业	308836	83194	65596	0	91240	26864	68592	3	11855	7255	4949	2271	1859	8839	161	305	1418	7	24
62	7. 装卸搬运和仓储业	759416	266298	230347	0	175932	143949	50222	7	12688	44745	6458	24385	14954	15637	201	0	3425	373	142
63	8. 邮政业	135194	49110	38594	0	14257	4705	47468	0	2506	11152	1134	2916	51	1822	3	0	28	0	42
64	八、住宿和餐饮业	854916	381972	232365	0	89037	113714	124630	500	26551	65822	2920	18977	18741	3534	31	26	5267	853	2341
65	1. 住宿业	372013	136757	105837	0	43662	53030	42742	493	10069	49894	1216	13877	15421	711	21	17	2765	288	1050
66	2. 餐饮业	482903	245215	126528	0	45375	60684	81888	7	16482	15928	1704	5100	3320	2823	10	9	2502	565	1291
67	九、信息传输、软件和信息技术服务业	6616995	1721608	1614411	219	1195957	1500652	1839211	3	179136	76680	51881	13127	12045	9675	66	6	14382	39	2308
68	1. 电信、广播电视和卫星传输服务	1203438	265354	261682	0	79446	647008	133669	0	17969	42812	5976	8560	513	752	19	0	1312	9	39

续表

序号	项 目	税收收入合计	国内增值税	一般纳税人增值税	国内消费税	企业所得税		个人所得税	资源税	城市维护建设税	房产税	印花税	城镇土地使用税	土地增值税	车辆购置税	车船税	耕地占用税	契税	环境保护税	其他各税
						内资企业	外资企业													
69	2. 互联网和相关服务	199639	66493	60284	146	51709	6824	61096	0	6271	2006	2864	416	896	686	3	0	228	0	1
70	3. 软件和信息技术服务业	5213918	1389761	1292445	73	1064802	846820	1644446	3	154896	31862	43041	4151	10636	8237	44	6	12842	30	2268
71	十、金融业	27744112	7496970	7407023	1329	8881272	721642	3490500	3	541829	162959	5589964	28789	67469	27112	714863	797	44797	69	-26252
72	1. 货币金融服务	12391513	4831087	4798943	1302	5302437	267885	1353877	0	356646	127791	51817	21015	29918	23311	287	0	21730	0	2410
73	2. 资本市场服务	8976864	1101595	1068194	1	927179	122689	1174258	3	88210	17500	5513244	4734	16977	1056	6	791	7889	58	674
74	3. 保险业	5008926	923239	902011	16	2297454	186858	817292	0	62654	13553	17261	849	559	1070	714547	0	8163	0	-34589
75	4. 其他金融业	1366809	641049	637875	10	354202	144210	145073	0	34319	4115	7642	2191	20015	1675	23	6	7015	11	5253
76	十一、房地产业	34059134	8389372	7215414	12	7530733	2551941	1464780	256	562962	1028302	192643	507268	8726747	17911	278	37989	2985747	1758	60435
77	1. 房地产开发经营	27008020	6719160	6229925	12	6569160	2176642	752511	173	439517	430626	156192	387002	8013198	13791	128	11504	1286748	1612	50044
78	2. 物业管理	1426769	442020	379698	0	424405	75109	149412	11	39427	134463	8819	30822	97309	2067	96	645	21900	29	235
79	3. 房地产中介服务	440474	104858	79210	0	110459	53308	103899	0	11327	11360	1778	2680	12957	658	11	0	26825	0	354
80	4. 房地产租赁经营	1115055	371806	251592	0	121093	41034	83108	70	18346	284552	9826	46347	82047	723	29	4059	51009	113	893
81	5. 其他房地产业	4068816	751528	274989	0	305616	205848	375850	2	54345	167301	16028	40417	521236	672	14	21781	1599265	4	8909
82	十二、租赁和商务服务业	10201231	3155190	2575173	338	2271836	868670	2333649	262	209197	344900	108124	154652	405450	97318	298	54584	185598	150	11015
83	1. 租赁业	449181	226187	162382	0	53606	31362	23864	92	10679	18187	12549	3887	1023	67042	75	17	542	9	60
84	2. 商务服务业	9752050	2929003	2412791	338	2218230	837308	2309785	170	198518	326713	95575	150765	404427	30276	223	54567	185056	141	10955
85	十三、科学研究和技术服务业	3112259	1204627	1047446	78	608876	193094	816030	298	110103	46468	23394	15284	18134	11945	139	33765	29067	215	742
86	1. 研究和试验发展	827404	282495	254377	18	153175	58997	242150	1	34637	16781	9589	5497	2328	4612	32	0	16473	27	592
87	2. 专业技术服务业	2033727	851199	739294	9	418448	100581	501194	175	66374	22721	10899	7811	8329	5601	103	33765	6207	163	148
88	3. 科技推广和应用服务业	251128	70933	53775	51	37253	33516	72686	122	9092	6966	2906	1976	7477	1732	4	0	6387	25	2
89	十四、水利、环境和公共设施管理业	415614	118512	99086	0	74289	21628	47097	838	12131	11622	3863	14006	44638	3162	26	57395	6253	82	72
90	1. 水利管理业	35352	11938	9298	0	5930	1040	8071	786	919	407	455	941	341	82	4	4249	189	0	0
91	2. 生态保护和环境治理业	80165	26602	24121	0	16899	4143	17648	10	4249	3488	1315	3757	61	575	3	791	554	61	9
92	3. 公共设施管理业	241940	69976	61565	0	50275	16445	20698	42	6835	7067	2043	8928	43944	2448	17	8310	4705	21	186
93	4. 土地管理业	58157	9996	4102	0	1185	0	680	0	128	660	50	380	292	57	2	44045	805	0	-123

续表

序号	项 目	税收收入合计	国内增值税	一般纳税人增值税	国内消费税	企业所得税		个人所得税	资源税	城市维护建设税	房产税	印花税	城镇土地使用税	土地增值税	车辆购置税	车船税	耕地占用税	契税	环境保护税	其他各税
						内资企业	外资企业													
94	十五、居民服务、修理和其他服务业	3469457	903156	677021	1930	371687	566562	1222279	214	62767	192232	16579	31858	48506	13481	1778	26768	6579	178	2903
95	1. 居民服务业	448649	148802	64972	1	35418	4468	93463	24	9396	103614	5689	11148	24416	2619	24	7175	1558	58	776
96	2. 机动车、电子产品和日用产品修理业	166485	103293	90234	1902	18200	13977	13980	0	6569	2526	1218	1258	136	3300	8	0	45	60	13
97	3. 其他服务业	2854323	651061	521815	27	318069	548117	1114836	190	46802	86092	9672	19452	23954	7562	1746	19593	4976	60	2114
98	十六、教育	704092	114977	90738	0	71726	8646	478808	0	7590	7894	1348	1443	369	7292	213	215	2879	16	676
99	1. 学前教育	30157	2853	1315	0	6400	2005	17111	0	200	219	56	57	48	1047	48	0	83	0	30
100	2. 初等教育	101572	29243	24289	0	16853	241	52920	0	342	266	61	32	7	1364	57	35	0	0	151
101	3. 中等教育	104402	3542	2072	0	6673	322	90580	0	374	1535	78	216	152	466	31	128	112	8	185
102	4. 高等教育	204494	11215	9591	0	4473	358	183216	0	866	3040	276	152	138	91	11	33	615	8	2
103	5. 特殊教育	1958	796	723	0	69	5	1072	0	9	1	3	1	0	2	0	0	0	0	0
104	6. 技能培训、教育辅助及其他	261509	67328	52748	0	37258	5715	133909	0	5799	2833	874	985	24	4322	66	19	2069	0	308
105	十七、卫生和社会工作	730140	16074	12338	0	51998	3999	643010	5	1425	5005	1538	1028	685	2327	69	175	2403	354	45
106	1. 卫生	722182	13683	10981	0	51437	3990	639235	4	1263	4245	1495	964	684	2263	67	166	2321	348	17
107	2. 社会工作	7958	2391	1357	0	561	9	3775	1	162	760	43	64	1	64	2	9	82	6	28
108	十八、文化、体育和娱乐业	505511	162982	124719	57	104191	22930	137690	8	12712	18800	3346	24581	7597	1041	21	5	9240	106	204
109	1. 新闻和出版业	91986	18495	18003	0	38622	194	23142	0	2085	5214	410	784	684	59	4	0	2292	1	0
110	2. 广播、电视、电影和影视录音制作业	106990	43632	36787	0	22458	1283	30663	0	3170	3076	1191	383	84	199	8	0	769	0	74
111	3. 文化艺术业	99959	42825	24787	57	16022	2262	23149	0	3300	2314	753	706	6182	460	6	0	1910	0	13
112	4. 体育	89554	27076	21964	0	7461	6497	27848	0	1171	3725	401	11886	22	133	1	0	3330	4	-1
113	5. 娱乐业	117022	30954	23178	0	19628	12694	32888	8	2986	4471	591	10822	625	190	2	5	939	101	118
114	十九、公共管理、社会保障和社会组织	7022812	563138	44164	0	57194	577	1207845	3805	41003	206833	42852	76876	513143	10393	15971	259829	2539052	32	1484269
115	二十、其他行业	8093980	141	22	0	86	3024	3547	0	512	357	183	83	15	3116388	1	400	4	0	4969239

3－2　深圳市税务局税收收入分行业分税种统计年报（2018年）

编报机关：深圳市税务局　　　　单位：万元

序号	项目	税收收入合计	国内增值税	一般纳税人增值税	国内消费税	企业所得税		个人所得税	资源税	城市维护建设税	房产税	印花税	城镇土地使用税	土地增值税	车辆购置税	车船税	耕地占用税	契税	环境保护税	其他各税
						内资企业	外资企业													
1	合计	80188152	21032703	18675164	576159	14078016	4882398	9337193	36	1804969	771963	5956059	88680	3277190	684949	145937	1202	1649247	3867	15897584
2	一、农、林、牧、渔业	34856	14790	13505	0	10244	1494	2271	0	1785	575	182	202	3171	141	0	0	0	1	0
3	二、采矿业	55148	16249	15045	0	5934	2638	21326	0	4510	190	1710	12	341	15	0	0	0	2223	0
4	1. 煤炭开采和洗选业	62	31	19	0	7	10	0	0	8	0	0	0	0	6	0	0	0	0	0
5	2. 石油和天然气开采业	31900	10894	10727	0	0	488	12894	0	4050	0	1351	0	0	0	0	0	0	2223	0
6	3. 黑色金属矿采选业	64	39	2	0	0	0	20	0	5	0	0	0	0	0	0	0	0	0	0
7	4. 有色金属矿采选业	8675	103	103	0	5039	292	2736	0	111	94	290	2	0	8	0	0	0	0	0
8	5. 非金属矿采选业	338	203	120	0	23	0	61	0	39	7	4	1	0	0	0	0	0	0	0
9	6. 开采专业及辅助性活动	13654	4963	4072	0	865	1848	5610	0	291	5	63	8	0	1	0	0	0	0	0
10	7. 其他采矿业	455	16	2	0	0	0	5	0	6	84	2	1	341	0	0	0	0	0	0
11	三、制造业	12053837	6247959	6169028	351508	990621	1216834	2135719	35	659181	134179	135770	19980	18528	21683	82	0	1726	478	119554
12	1. 农副食品加工业	96177	37418	37255	0	5248	45466	4463	0	1261	1419	516	303	0	78	0	0	0	5	0
13	2. 食品制造业	60173	34207	34136	0	2514	12685	5683	0	3729	619	495	127	0	101	1	0	0	12	0
14	3. 酒、饮料和精制茶制造业	58986	18967	13930	6726	40	21000	7474	21	1970	1181	255	209	1101	38	0	0	0	4	0
15	4. 烟草制品业	440650	82245	82243	311671	13756	0	2133	0	29726	686	314	108	0	11	0	0	0	0	0
16	5. 纺织业	83278	39567	39486	0	23044	5483	8917	0	3452	1821	540	222	54	148	1	0	0	29	0
17	6. 纺织服装、服饰业	189389	130967	130227	0	12688	13183	17761	0	9963	2515	985	402	655	262	3	0	0	3	2
18	7. 皮革、毛皮、羽毛及其制品和制鞋业	75535	49091	46307	0	13630	2868	4175	0	3588	1223	430	360	51	75	2	0	0	3	39
19	8. 木材加工和木竹藤棕草制品业	10510	6434	6119	166	1256	516	515	0	757	604	125	40	0	97	0	0	0	0	0
20	9. 家具制造业	94659	61762	59841	0	11252	2513	6611	0	5534	2533	775	629	2691	357	0	0	0	2	0
21	10. 造纸和纸制品业	118750	82058	81863	0	11282	9082	5719	0	6196	979	943	403	1407	658	8	0	0	15	0
22	11. 印刷和记录媒介复制业	148967	84064	81217	0	16623	15154	14658	0	10017	4854	1198	415	1524	453	1	0	0	5	1

续表

序号	项 目	税收收入合计	国内增值税	一般纳税人增值税	国内消费税	企业所得税		个人所得税	资源税	城市维护建设税	房产税	印花税	城镇土地使用税	土地增值税	车辆购置税	车船税	耕地占用税	契税	环境保护税	其他各税
						内资企业	外资企业													
23	12. 文教、工美、体育和娱乐用品制造业	200257	150647	150202	422	17015	9678	9387	0	7351	2969	1931	386	95	357	1	0	0	18	0
24	13. 石油、煤炭及其他燃料加工业	99398	48490	48488	3928	79	39428	543	0	3942	80	368	25	0	2	0	0	0	0	2513
25	14. 化学原料和化学制品制造业	152720	83967	83234	1757	13855	21812	16471	0	7974	2485	1282	456	1240	557	0	0	0	8	856
26	15. 医药制造业	315397	185548	185468	0	39764	37627	30058	0	15053	5088	1572	509	68	108	0	0	0	2	0
27	16. 化学纤维制造业	3227	2167	2149	0	147	334	253	0	214	53	22	33	0	4	0	0	0	0	0
28	17. 橡胶和塑料制品业	451930	262987	258621	0	95800	32982	26253	0	24123	3742	3129	1252	414	1204	13	0	-15	40	6
29	18. 非金属矿物制品业	105403	72059	71777	0	6679	5418	11601	0	5525	1108	917	234	149	1333	2	0	375	3	0
30	19. 黑色金属冶炼和压延加工业	3137	1230	1224	0	60	88	366	0	636	444	121	107	0	77	0	0	0	8	0
31	20. 有色金属冶炼和压延加工业	30001	17343	17070	0	2020	3712	2670	0	2181	911	877	103	0	182	1	0	0	1	0
32	21. 金属制品业	422780	256994	254308	3	59030	33773	35046	0	23272	4026	3093	1003	4488	1719	4	0	67	70	192
33	22. 通用设备制造业	321356	159562	158863	0	22236	73548	38031	0	20030	3029	3490	455	67	891	4	0	0	13	0
34	23. 专用设备制造业	654629	285157	283774	0	82088	68752	150785	0	44335	11683	9018	1227	44	1501	5	0	26	8	0
35	24. 汽车制造业	162648	-54459	-54468	20966	2813	16991	42951	0	6906	7042	2298	1371	108	173	0	0	0	2	115486
36	25. 铁路、船舶、航空航天和其他运输设备制造业	80953	49623	48940	3206	2900	6956	8589	0	5735	1325	923	786	0	85	0	0	821	4	0
37	26. 电气机械和器材制造业	670782	414487	409072	720	54427	48748	94366	0	37426	8329	8265	1482	591	1492	3	0	417	21	8
38	27. 计算机、通信和其他电子设备制造业	5417045	2666002	2655165	968	327339	550071	1433945	0	298882	51380	76269	4987	1811	4893	18	0	0	150	330
39	28. 仪表仪器制造业	276942	146886	146661	165	31869	31422	45657	0	11748	3735	4544	406	233	269	0	0	0	6	2
40	29. 其他制造业	1293047	863817	823226	810	118936	107150	108303	14	66752	8089	10985	1836	1737	4404	15	0	35	45	119
41	30. 废弃资源综合利用业	5363	1919	1873	0	1361	219	1130	0	360	178	38	89	0	68	0	0	0	1	0
42	31. 金属制品、机械和设备修理业	9748	6753	5757	0	870	175	1205	0	543	49	52	15	0	86	0	0	0	0	0
43	四、电力、热力、燃气及水的生产和供应业	985011	541839	541525	0	126135	207229	40344	0	37970	14767	4504	4156	6831	478	1	0	6	751	0
44	1. 电力、热力生产和供应业	791383	490039	489807	0	113481	103381	25681	0	34165	12121	3643	1608	6175	331	1	0	6	751	0

续表

序号	项　目	税收收入合计	国内增值税	一般纳税人增值税	国内消费税	企业所得税		个人所得税	资源税	城市维护建设税	房产税	印花税	城镇土地使用税	土地增值税	车辆购置税	车船税	耕地占用税	契税	环境保护税	其他各税
						内资企业	外资企业													
45	2. 燃气生产和供应业	73555	25640	25617	0	194	38140	5250	0	1812	1015	583	201	656	64	0	0	0	0	0
46	3. 水的生产和供应业	120073	26160	26101	0	12460	65708	9413	0	1993	1631	278	2347	0	83	0	0	0	0	0
47	五、建筑业	1760548	1097233	379167	0	253165	30342	236144	0	71283	11928	24379	1871	23130	9566	18	0	82	274	1133
48	1. 房屋建筑业	203569	132319	31946	0	13550	16153	25054	0	7883	1054	3723	231	2170	1291	2	0	79	57	3
49	2. 土木工程建筑业	321255	210050	72076	0	39764	132	42535	0	11265	2678	4925	892	6136	2733	10	0	0	97	38
50	3. 建筑安装业	586724	381008	105416	0	59926	3427	99837	0	25872	4027	7350	346	3301	1482	4	0	0	78	66
51	4. 建筑装饰、装修和其他建筑业	649000	373856	169729	0	139925	10630	68718	0	26263	4169	8381	402	11523	4060	2	0	3	42	1026
52	六、批发和零售业	22093900	3440048	3194157	222384	1090327	383157	613946	0	270301	85162	83182	10331	70098	38826	154	8	349	9	15785618
53	1. 批发业	5067643	2712667	2552308	195719	905393	310371	493373	0	219301	68112	68743	8199	59310	25586	92	8	301	4	464
54	2. 零售业	17026257	727381	641849	26665	184934	72786	120573	0	51000	17050	14439	2132	10788	13240	62	0	48	5	15785154
55	七、交通运输、仓储和邮政业	1280085	311684	275848	0	310251	228990	213700	0	25734	37375	14606	4647	98492	33337	1075	0	5	0	189
56	1. 铁路运输业	74465	17153	17091	0	46297	1239	3540	0	1359	286	291	244	3887	159	5	0	5	0	0
57	2. 道路运输业	300968	78398	60404	0	33485	10289	52301	0	8059	5496	6489	644	87095	18463	155	0	0	0	94
58	3. 水上运输业	105919	9346	9201	0	14334	63673	13083	0	1864	1720	647	-33	512	125	629	0	0	0	19
59	4. 航空运输业	256276	46024	45985	0	103900	20367	65162	0	2857	14368	1884	1465	0	105	75	0	0	0	69
60	5. 管道运输业	8767	532	368	0	1	7953	251	0	22	0	1	0	0	1	0	0	0	0	6
61	6. 多式联运和运输代理业	109096	5956	4338	0	37032	11544	41280	0	6124	1686	2714	147	447	2098	67	0	0	0	1
62	7. 装卸搬运和仓储业	396868	149017	133645	0	73411	113321	20779	0	5084	12320	2092	2064	6551	12085	144	0	0	0	0
63	8. 邮政业	27726	5258	4816	0	1791	604	17304	0	365	1499	488	116	0	301	0	0	0	0	0
64	八、住宿和餐饮业	260716	113895	73439	0	27529	55582	40783	1	7535	12436	880	437	481	735	3	0	29	76	314
65	1. 住宿业	116951	39490	32509	0	14226	34037	14961	1	2596	10663	287	364	87	136	2	0	29	8	64
66	2. 餐饮业	143765	74405	45930	0	13303	21545	25822	0	4939	1773	593	73	394	599	1	0	0	68	250
67	九、信息传输、软件和信息技术服务业	3917139	972836	917557	194	887065	753993	1121457	0	111737	20808	32819	1097	9113	4246	12	0	0	0	1762
68	1. 电信、广播电视和卫星传输服务	291321	141154	140332	0	60848	41485	30395	0	10118	5742	944	162	213	251	2	0	0	0	7

续表

序号	项目	税收收入合计	国内增值税	一般纳税人增值税	国内消费税	企业所得税		个人所得税	资源税	城市维护建设税	房产税	印花税	城镇土地使用税	土地增值税	车辆购置税	车船税	耕地占用税	契税	环境保护税	其他各税
						内资企业	外资企业													
69	2. 互联网和相关服务	67081	14973	11744	126	10763	839	36084	0	1780	467	852	87	843	265	2	0	0	0	0
70	3. 软件和信息技术服务业	3558737	816709	765481	68	815454	711669	1054978	0	99839	14599	31023	848	8057	3730	8	0	0	0	1755
71	十、金融业	18649366	3863202	3827128	28	6493838	481384	1805990	0	290274	37715	5544267	1121	9385	1909	143017	0	4445	0	-27209
72	1. 货币金融服务	7013679	2252207	2236500	5	3691023	144556	700362	0	176166	18789	26058	398	2199	840	1	0	80	0	995
73	2. 资本市场服务	7793014	845138	832144	1	593063	66748	695797	0	66463	11148	5506570	452	6819	643	1	0	0	0	171
74	3. 保险业	3062376	390608	389914	16	2032021	171788	315256	0	25250	6885	6870	248	0	210	143014	0	0	0	-29790
75	4. 其他金融业	780297	375249	368570	6	177731	98292	94575	0	22395	893	4769	23	367	216	1	0	4365	0	1415
76	十一、房地产业	10430457	2129841	1351316	0	2049347	905558	573309	0	146929	209302	44004	20527	2785121	4016	17	839	1551147	7	10493
77	1. 房地产开发经营	6801145	1641858	1264238	0	1673231	760760	192011	0	87661	81976	26928	10806	2293881	3462	10	45	21736	3	6777
78	2. 物业管理	346835	25325	22387	0	135457	20519	60253	0	11673	31114	3254	3217	55593	246	5	0	26	2	151
79	3. 房地产中介服务	124034	4089	3229	0	53089	5315	48158	0	4227	1951	534	113	6530	25	0	0	0	0	3
80	4. 房地产租赁经营	301418	115211	58707	0	13489	1053	34883	0	3985	64749	1890	3107	37905	145	0	0	24795	2	204
81	5. 其他房地产业	2857025	343358	2755	0	174081	117911	238004	0	39383	29512	11398	3284	391212	138	2	794	1504590	0	3358
82	十二、租赁和商务服务业	4922902	1356126	1161966	284	1363460	393244	1308945	0	99152	83412	49149	14184	229274	19659	43	42	583	2	5343
83	1. 租赁业	161575	75270	55874	0	24456	18007	8888	0	3686	8166	10104	1274	826	10876	7	0	0	0	15
84	2. 商务服务业	4761327	1280856	1106092	284	1339004	375237	1300057	0	95466	75246	39045	12910	228448	8783	36	42	583	2	5328
85	十三、科学研究和技术服务业	985369	396076	353218	60	185655	83867	262136	0	38407	8968	5862	957	1487	2324	7	0	0	19	-456
86	1. 研究和试验发展	138602	44607	39943	0	17951	23882	43512	0	4830	1645	1359	255	408	310	0	0	0	0	-157
87	2. 专业技术服务业	794186	333489	299599	9	161425	57532	197494	0	31938	5749	3620	590	1012	1601	7	0	0	19	-299
88	3. 科技推广和应用服务业	52581	17980	13676	51	6279	2453	21130	0	1639	1574	883	112	67	413	0	0	0	0	0
89	十四、水利、环境和公共设施管理业	93125	35203	33330	0	18970	11251	18559	0	3427	3381	646	1232	0	446	0	0	0	9	1
90	1. 水利管理业	7775	2017	1930	0	2303	17	3120	0	195	23	69	9	0	22	0	0	0	0	0
91	2. 生态保护和环境治理业	35592	8915	8280	0	8693	1997	11871	0	1573	1049	317	1096	0	71	0	0	0	9	1
92	3. 公共设施管理业	45602	20456	19536	0	7974	9237	3335	0	1644	2219	259	125	0	353	0	0	0	0	0
93	4. 土地管理业	4156	3815	3584	0	0	0	233	0	15	90	1	2	0	0	0	0	0	0	0

续表

序号	项　目	税收收入合计	国内增值税	一般纳税人增值税	国内消费税	企业所得税		个人所得税	资源税	城市维护建设税	房产税	印花税	城镇土地使用税	土地增值税	车辆购置税	车船税	耕地占用税	契税	环境保护税	其他各税
						内资企业	外资企业													
94	十五、居民服务、修理和其他服务业	1171714	355055	291726	1646	204061	109912	409678	0	26920	33876	6047	3990	14230	4609	24	78	821	5	762
95	1. 居民服务业	64221	32116	20296	1	6764	3035	11869	0	2413	2725	608	231	3694	488	1	43	144	0	89
96	2. 机动车、电子产品和日用产品修理业	54610	30341	28703	1619	10869	1526	5741	0	2280	431	585	14	0	1203	0	0	0	0	1
97	3. 其他服务业	1052883	292598	242727	26	186428	105351	392068	0	22227	30720	4854	3745	10536	2918	23	35	677	5	672
98	十六、教育	203812	34928	29015	0	17503	3582	142735	0	2310	1559	271	77	0	769	0	0	0	0	78
99	1. 学前教育	3715	134	58	0	389	0	3171	0	16	1	4	0	0	0	0	0	0	0	0
100	2. 初等教育	46040	24624	20835	0	7094	158	13555	0	54	0	0	0	0	555	0	0	0	0	0
101	3. 中等教育	16782	25	15	0	616	31	16016	0	68	21	2	3	0	0	0	0	0	0	0
102	4. 高等教育	38935	462	405	0	394	91	37859	0	98	18	13	0	0	0	0	0	0	0	0
103	5. 特殊教育	482	65	27	0	3	5	401	0	5	0	3	0	0	0	0	0	0	0	0
104	6. 技能培训、教育辅助及其他	97858	9618	7675	0	9007	3297	71733	0	2069	1519	249	74	0	214	0	0	0	0	78
105	十七、卫生和社会工作	262396	4533	3398	0	16393	850	239030	0	378	480	166	34	0	517	1	0	0	13	1
106	1. 卫生	261118	4095	3148	0	16282	850	238417	0	341	416	166	31	0	505	1	0	0	13	1
107	2. 社会工作	1278	438	250	0	111	0	613	0	37	64	0	3	0	12	0	0	0	0	0
108	十八、文化、体育和娱乐业	139094	48992	36051	55	20069	12352	45696	0	3259	4642	867	2227	700	227	1	0	6	0	1
109	1. 新闻和出版业	18264	5266	5130	0	4228	70	5848	0	377	1677	34	66	684	8	0	0	6	0	0
110	2. 广播、电视、电影和影视录音制作业	33165	13751	11794	0	5465	543	10861	0	674	1395	392	40	0	44	0	0	0	0	0
111	3. 文化艺术业	39386	16674	8970	55	8030	434	11956	0	1270	534	273	25	0	134	1	0	0	0	0
112	4. 体育	24062	4880	3633	0	1385	1242	14406	0	247	464	60	1361	0	17	0	0	0	0	0
113	5. 娱乐业	24217	8421	5524	0	961	10063	2625	0	691	572	108	735	16	24	0	0	0	0	1
114	十九、公共管理、社会保障和社会组织	349064	52155	3727	0	7443	74	105403	0	3869	71207	6748	1598	6808	1994	1482	235	90048	0	0
115	二十、其他行业	539613	59	18	0	6	65	22	0	8	1	0	0	0	539452	0	0	0	0	0

3－3 广州市税务局税收收入分行业分税种统计年报（2018年）

编报机关：广州市税务局　　　　单位：万元

序号	项目	税收收入合计	国内增值税	一般纳税人增值税	国内消费税	企业所得税		个人所得税	资源税	城市维护建设税	房产税	印花税	城镇土地使用税	土地增值税	车辆购置税	车船税	耕地占用税	契税	环境保护税	其他各税
						内资企业	外资企业													
1	合计	54005305	17634163	16399772	2703626	6017848	5347387	5209857	103904	1461672	1004444	394675	212264	1713542	506255	140913	66307	1337934	6539	10143975
2	一、农、林、牧、渔业	28291	5881	5265	0	14586	356	4171	0	580	1358	367	512	97	136	2	14	139	41	51
3	二、采矿业	498964	326030	325461	0	5208	60610	2726	101999	366	1619	137	86	96	21	0	0	22	44	0
4	1. 煤炭开采和洗选业	120	22	0	0	0	0	0	0	2	0	0	0	96	0	0	0	0	0	0
5	2. 石油和天然气开采业	487026	324205	323783	0	0	60610	1424	100188	211	317	66	5	0	0	0	0	0	0	0
6	3. 黑色金属矿采选业	11	0	0	0	0	0	10	0	0	1	0	0	0	0	0	0	0	0	0
7	4. 有色金属矿采选业	216	16	16	0	87	0	92	0	0	2	19	0	0	0	0	0	0	0	0
8	5. 非金属矿采选业	3725	1201	1091	0	622	0	32	1688	80	15	18	12	0	21	0	0	0	36	0
9	6. 开采专业及辅助性活动	7794	543	528	0	4499	0	1168	123	73	1277	34	69	0	0	0	0	0	8	0
10	7. 其他采矿业	72	43	43	0	0	0	0	0	0	7	0	0	0	0	0	0	22	0	0
11	三、制造业	20869919	6132063	6106287	2542202	744329	2178444	688116	1720	665045	143046	93018	53386	22411	13306	293	0	15958	2861	7573721
12	1. 农副食品加工业	59288	22602	22443	0	12686	7680	9614	0	1560	2091	1425	1228	94	162	5	0	98	43	0
13	2. 食品制造业	952388	481316	480965	13039	14011	333008	62782	0	34728	7572	2787	1546	1064	250	7	0	226	52	0
14	3. 酒、饮料和精制茶制造业	286737	159929	159886	20047	－838	73608	13682	70	13627	3475	1720	1208	65	90	3	0	39	12	0
15	4. 烟草制品业	1186489	262099	262099	731383	82752	0	14779	0	88958	3375	2600	490	0	0	0	0	51	2	0
16	5. 纺织业	132024	89456	89080	0	3843	21413	5499	0	5196	3009	948	2163	66	228	4	0	52	147	0
17	6. 纺织服装、服饰业	275910	202733	199005	0	20796	14047	11444	0	13447	4161	1878	2196	3977	481	11	0	682	57	0
18	7. 皮革、毛皮、羽毛及其制品和制鞋业	196351	150567	149343	0	5783	18025	5579	0	9599	2666	1479	1448	220	382	8	0	525	70	0
19	8. 木材加工和木竹藤棕草制品业	33382	20763	20547	1024	2527	4800	1090	0	1590	598	211	545	99	73	0	0	41	21	0
20	9. 家具制造业	222015	142153	141656	0	31198	8902	25119	0	9428	1979	1434	1098	186	305	4	0	145	64	0
21	10. 造纸和纸制品业	96138	60444	60142	0	9228	11887	4020	0	4791	2072	1172	1166	515	446	6	0	223	168	0
22	11. 印刷和记录媒介复制业	56026	39598	39306	0	4359	3109	3938	0	2440	1469	615	575	0	213	4	0	－321	27	0

续表

序号	项　目	税收收入合计	国内增值税	一般纳税人增值税	国内消费税	企业所得税		个人所得税	资源税	城市维护建设税	房产税	印花税	城镇土地使用税	土地增值税	车辆购置税	车船税	耕地占用税	契税	环境保护税	其他各税
						内资企业	外资企业													
23	12. 文教、工美、体育和娱乐用品制造业	101137	62876	62215	176	7879	9704	6700	0	4433	3638	1029	1433	218	187	11	0	2787	63	3
24	13. 石油、煤炭及其他燃料加工业	1253123	240694	240681	834556	55237	4532	3912	0	91406	739	356	149	42	12	1	0	2	579	20906
25	14. 化学原料和化学制品制造业	933089	493006	491774	6442	67608	221791	79894	0	38057	12913	6203	4323	579	1329	22	0	747	175	0
26	15. 医药制造业	358449	206775	205515	0	41941	57569	24952	0	15893	6280	1999	1889	44	207	13	0	862	25	0
27	16. 化学纤维制造业	3555	1882	1877	0	422	571	134	0	148	210	24	154	0	8	0	0	0	2	0
28	17. 橡胶和塑料制品业	306932	178728	176796	0	12005	57143	24282	0	14287	7734	3175	3530	4703	773	17	0	419	136	0
29	18. 非金属矿物制品业	163316	107830	107181	0	11692	18711	6871	1650	7832	2572	1240	1678	6	2523	7	0	287	417	0
30	19. 黑色金属冶炼和压延加工业	55333	31850	31780	0	1171	8378	4012	0	3054	3344	1999	1172	294	9	2	0	0	48	0
31	20. 有色金属冶炼和压延加工业	29998	15635	15594	0	2863	5220	2020	0	1448	972	874	637	0	96	2	0	204	27	0
32	21. 金属制品业	360391	212781	210560	0	69947	36315	14786	0	11478	6052	2504	3441	583	827	20	0	1483	150	24
33	22. 通用设备制造业	397834	239392	238529	0	33668	63649	29676	0	16760	6765	3809	1733	855	701	17	0	751	51	7
34	23. 专用设备制造业	249973	163949	162279	0	18323	24346	21177	0	11490	5396	1938	1788	525	824	16	0	190	48	-37
35	24. 汽车制造业	3825982	1485932	1485429	934360	104842	895395	164108	0	187173	13570	30770	6511	1180	479	33	0	1533	100	-4
36	25. 铁路、船舶、航空航天和其他运输设备制造业	2822	-34185	-34310	34	3323	6167	11868	0	4460	5711	2237	2825	0	136	25	0	105	116	0
37	26. 电气机械和器材制造业	400255	256941	255142	1136	38272	43262	24791	0	18316	7428	4039	2799	701	571	20	0	1920	59	0
38	27. 计算机、通信和其他电子设备制造业	1097484	655610	653135	0	66334	206131	81233	0	42970	21712	12844	4190	3828	954	17	0	1429	151	81
39	28. 仪表仪器制造业	60220	37907	37303	0	4094	4133	6951	0	2682	2023	431	408	1073	185	4	0	322	7	0
40	29. 其他制造业	7697724	96780	94847	5	14810	14416	8382	0	4160	1919	685	727	1242	723	4	0	1096	34	7552741
41	30. 废弃资源综合利用业	15261	11486	11442	0	772	1424	380	0	516	393	91	135	0	53	2	0	8	1	0
42	31. 金属制品、机械和设备修理业	60293	34534	34046	0	2781	3108	14441	0	3118	1208	502	201	252	79	8	0	52	9	0
43	四、电力、热力、燃气及水的生产和供应业	651614	389536	389040	0	99134	29740	65652	99	28024	19373	10147	6535	404	341	23	246	1487	626	247
44	1. 电力、热力生产和供应业	558070	358391	357989	0	70840	17513	56179	42	23851	17006	9371	2611	365	169	20	164	750	555	243

续表

序号	项　目	税收收入合计	国内增值税	一般纳税人增值税	国内消费税	企业所得税		个人所得税	资源税	城市维护建设税	房产税	印花税	城镇土地使用税	土地增值税	车辆购置税	车船税	耕地占用税	契税	环境保护税	其他各税
						内资企业	外资企业													
45	2. 燃气生产和供应业	36330	10545	10507	0	10073	8345	4772	0	1385	299	502	288	39	39	0	0	38	1	4
46	3. 水的生产和供应业	57214	20600	20544	0	18221	3882	4701	57	2788	2068	274	3636	0	133	3	82	699	70	0
47	五、建筑业	1522094	906440	491758	0	283206	28719	172103	2	66514	14646	29459	3440	3416	5767	88	1658	5605	77	954
48	1. 房屋建筑业	395187	230113	136748	0	87508	3374	39258	2	17899	4460	8308	823	624	765	10	9	1320	18	696
49	2. 土木工程建筑业	287836	136534	88980	0	52011	21671	44601	0	12277	4314	10836	1024	120	2290	21	358	1774	2	3
50	3. 建筑安装业	439312	283145	120419	0	67873	1337	52473	0	19989	3201	5905	1018	735	1133	33	1291	1004	30	145
51	4. 建筑装饰、装修和其他建筑业	399759	256648	145611	0	75814	2337	35771	0	16349	2671	4410	575	1937	1579	24	0	1507	27	110
52	六、批发和零售业	7167423	3417721	3295799	160605	1104001	424634	483251	23	242743	59799	114156	19072	16129	20985	327	13	19310	305	1084349
53	1. 批发业	6060671	2785234	2700849	136435	961076	354992	342947	23	191804	46172	100274	15171	11174	14746	203	0	16569	143	1083708
54	2. 零售业	1106752	632487	594950	24170	142925	69642	140304	0	50939	13627	13882	3901	4955	6239	124	13	2741	162	641
55	七、交通运输、仓储和邮政业	1437683	510385	503477	0	270234	295434	205394	0	26021	52407	17899	19099	779	36646	573	73	1907	797	35
56	1. 铁路运输业	96227	35623	46547	0	28438	414	27718	0	480	519	2586	267	0	151	20	0	9	2	0
57	2. 道路运输业	504825	146945	139410	0	79680	153984	53951	0	11264	17471	5763	3101	316	30306	332	73	947	689	3
58	3. 水上运输业	88518	11368	10955	0	41866	3504	20662	0	1518	4245	2907	1896	298	92	42	0	57	63	0
59	4. 航空运输业	447609	216115	216079	0	46683	105666	58247	0	5182	8871	2796	3649	0	302	76	0	12	0	10
60	5. 管道运输业	9454	1732	1732	0	6753	0	313	0	503	32	15	78	0	28	0	0	0	0	0
61	6. 多式联运和运输代理业	116123	38831	34625	0	33256	12473	19802	0	2874	2911	1522	970	165	2793	62	0	439	7	18
62	7. 装卸搬运和仓储业	140446	46450	41317	0	31184	16552	14909	0	3412	14874	1999	8374	0	2178	38	0	436	36	4
63	8. 邮政业	34481	13321	12812	0	2374	2841	9792	0	788	3484	311	764	0	796	3	0	7	0	0
64	八、住宿和餐饮业	266012	103421	70568	0	32559	40318	43199	14	7971	16414	1110	3180	13712	612	23	17	2811	381	270
65	1. 住宿业	124560	42965	36603	0	16001	15515	14445	14	3574	14388	509	2824	12906	205	17	17	1082	88	10
66	2. 餐饮业	141452	60456	33965	0	16558	24803	28754	0	4397	2026	601	356	806	407	6	0	1729	293	260
67	九、信息传输、软件和信息技术服务业	2017759	580772	556613	25	212054	547784	579866	0	52235	15213	13171	2384	1254	2654	37	0	9941	39	330
68	1. 电信、广播电视和卫星传输服务	668790	112362	111993	0	19271	464016	55274	0	7226	5475	3003	1112	36	148	1	0	826	9	31

续表

序号	项　目	税收收入合计	国内增值税	一般纳税人增值税	国内消费税	企业所得税		个人所得税	资源税	城市维护建设税	房产税	印花税	城镇土地使用税	土地增值税	车辆购置税	车船税	耕地占用税	契税	环境保护税	其他各税
						内资企业	外资企业													
69	2. 互联网和相关服务	93170	38269	37321	20	27249	2968	18956	0	3554	224	1656	8	3	104	1	0	158	0	0
70	3. 软件和信息技术服务业	1255799	430141	407299	5	165534	80800	505636	0	41455	9514	8512	1264	1215	2402	35	0	8957	30	299
71	十、金融业	4140288	1783446	1752133	438	1106983	191372	716913	0	122320	32359	19661	2005	6326	1126	133412	0	23862	58	7
72	1. 货币金融服务	2595482	1331302	1329662	438	687601	98849	325514	0	93589	26865	11115	969	3769	691	16	0	14764	0	0
73	2. 资本市场服务	505942	134990	117564	0	126568	42803	182981	0	8375	2524	3409	898	2161	162	5	0	1004	58	4
74	3. 保险业	766611	181248	169815	0	221720	15053	189752	0	12620	2198	3477	59	19	222	133389	0	6853	0	1
75	4. 其他金融业	272253	135906	135092	0	71094	34667	18666	0	7736	772	1660	79	377	51	2	0	1241	0	2
76	十一、房地产业	6545214	1515402	1414890	0	1295112	939600	309579	1	110414	363282	35875	61042	1536214	3308	99	13158	348866	859	12403
77	1. 房地产开发经营	5014533	1029546	1009945	0	1003651	763123	187804	1	79475	157320	26185	37312	1465641	1847	40	6451	245885	791	9461
78	2. 物业管理	574139	212442	186509	0	178891	35428	39600	0	15544	62001	3485	7311	7029	866	20	0	11742	11	-231
79	3. 房地产中介服务	187246	48433	40524	0	33113	36712	31208	0	3529	4392	889	673	3341	176	10	0	24802	0	-32
80	4. 房地产租赁经营	342384	90107	83248	0	54368	30286	18399	0	6791	98935	3965	12156	15524	211	22	0	11407	53	160
81	5. 其他房地产业	426912	134874	94664	0	25089	74051	32568	0	5075	40634	1351	3590	44679	208	7	6707	55030	4	3045
82	十二、租赁和商务服务业	2402341	873380	732422	53	414930	257651	498318	37	53708	102036	28007	14384	27824	14469	125	17129	100091	108	91
83	1. 租赁业	129411	76157	65331	0	17306	8706	6117	0	3979	6052	1480	990	45	8075	39	0	448	1	16
84	2. 商务服务业	2272930	797223	667091	53	397624	248945	492201	37	49729	95984	26527	13394	27779	6394	86	17129	99643	107	75
85	十三、科学研究和技术服务业	1276312	496586	447029	18	222897	46159	410578	0	44286	22136	11324	3645	2004	4926	95	0	11421	45	192
86	1. 研究和试验发展	521603	194850	176674	18	90270	25279	163557	0	21148	8054	5529	2075	1128	2496	30	0	7135	16	18
87	2. 专业技术服务业	647896	271578	247456	0	112233	18395	206240	0	18444	11691	4593	1046	868	1608	61	0	953	13	173
88	3. 科技推广和应用服务业	106813	30158	22899	0	20394	2485	40781	0	4694	2391	1202	524	8	822	4	0	3333	16	1
89	十四、水利、环境和公共设施管理业	106180	18180	15597	0	10539	2871	14156	4	2508	2944	944	1698	43937	923	17	6925	359	11	164
90	1. 水利管理业	6966	2396	2066	0	1856	0	2211	0	252	67	36	121	13	12	2	0	0	0	0
91	2. 生态保护和环境治理业	13614	3937	3583	0	3060	0	3764	0	598	481	283	424	61	131	2	791	70	4	8
92	3. 公共设施管理业	76878	11343	9702	0	4643	2871	7901	4	1608	1929	608	1022	43863	757	12	0	128	7	182
93	4. 土地管理业	8722	504	246	0	980	0	280	0	50	467	17	131	0	23	1	6134	161	0	-26

续表

序号	项 目	税收收入合计	国内增值税	一般纳税人增值税	国内消费税	企业所得税		个人所得税	资源税	城市维护建设税	房产税	印花税	城镇土地使用税	土地增值税	车辆购置税	车船税	耕地占用税	契税	环境保护税	其他各税
						内资企业	外资企业													
94	十五、居民服务、修理和其他服务业	1046710	245822	168211	283	85221	295912	253467	0	15250	118761	6925	10566	4022	3113	1672	3358	1734	97	507
95	1. 居民服务业	253298	72062	21738	0	7761	690	64149	0	4357	90619	4576	7415	118	307	13	70	716	32	413
96	2. 机动车、电子产品和日用产品修理业	47114	26361	24451	283	3817	8952	4004	0	1452	635	313	185	82	979	8	0	7	35	1
97	3. 其他服务业	746298	147399	122022	0	73643	286270	185314	0	9441	27507	2036	2966	3822	1827	1651	3288	1011	30	93
98	十六、教育	315497	52515	44823	0	28101	3180	221322	0	3492	4240	461	345	23	1053	88	33	129	14	501
99	1. 学前教育	13705	1858	987	0	3068	1916	6615	0	124	19	17	10	0	34	15	0	0	0	29
100	2. 初等教育	22981	2821	1773	0	2659	0	17046	0	182	35	28	10	0	85	17	0	0	0	98
101	3. 中等教育	38085	2329	1320	0	2383	2	32126	0	188	663	42	70	0	64	15	0	13	7	183
102	4. 高等教育	130625	7616	7364	0	2976	26	116328	0	563	2738	148	80	0	58	10	33	43	7	-1
103	5. 特殊教育	1093	608	602	0	5	0	476	0	3	1	0	0	0	0	0	0	0	0	0
104	6. 技能培训、教育辅助及其他	109008	37283	32777	0	17010	1236	48731	0	2432	784	226	175	23	812	31	0	73	0	192
105	十七、卫生和社会工作	255693	7283	6105	0	11237	607	230002	5	712	1994	851	311	21	361	25	0	2176	80	28
106	1. 卫生	251580	5978	5278	0	10947	607	228367	4	638	1378	816	264	21	355	23	0	2105	77	0
107	2. 社会工作	4113	1305	827	0	290	0	1635	1	74	616	35	47	0	6	2	0	71	3	28
108	十八、文化、体育和娱乐业	216340	70437	57765	2	68222	1106	55194	0	5523	6032	1512	4535	21	507	11	0	3169	71	-2
109	1. 新闻和出版业	64905	10957	10667	0	33783	68	13062	0	1350	2897	305	398	0	31	1	0	2052	1	0
110	2. 广播、电视、电影和影视录音制作业	41983	15177	12890	0	9962	434	13622	0	1312	325	515	50	0	81	3	0	511	0	-9
111	3. 文化艺术业	35805	18670	12001	2	5160	169	8249	0	1374	898	285	212	0	206	5	0	575	0	0
112	4. 体育	30554	14413	12288	0	5239	212	6079	0	586	1596	228	2091	21	67	1	0	16	3	2
113	5. 娱乐业	43093	11220	9919	0	14078	223	14182	0	901	316	179	1784	0	122	1	0	15	67	5
114	十九、公共管理、社会保障和社会组织	2843458	198844	16529	0	9290	73	254506	0	13958	26785	9650	6039	34852	2674	4003	23683	788947	25	1470129
115	二十、其他行业	397513	19	0	0	5	2817	1344	0	2	0	1	0	0	393327	0	0	0	0	-2

3－4 珠海市税务局税收收入分行业分税种统计年报（2018年）

编报机关：珠海市税务局

单位：万元

序号	项目	税收收入合计	国内增值税	一般纳税人增值税	国内消费税	企业所得税		个人所得税	资源税	城市维护建设税	房产税	印花税	城镇土地使用税	土地增值税	车辆购置税	车船税	耕地占用税	契税	环境保护税	其他各税
						内资企业	外资企业													
1	合计	8586355	3514666	3222988	43595	1577590	661792	543485	5999	220873	123058	52516	49512	390320	129474	19188	10588	224167	859	1018673
2	一、农、林、牧、渔业	1989	485	248	0	363	28	360	0	53	298	46	167	24	62	0	0	5	2	96
3	二、采矿业	69930	62321	62287	0	88	0	289	5936	699	13	395	14	18	0	0	0	125	32	0
4	1. 煤炭开采和洗选业	73	0	0	0	0	0	0	0	0	0	1	0	0	0	0	0	72	0	0
5	2. 石油和天然气开采业	69506	62195	62195	0	0	0	278	5936	674	0	391	0	0	0	0	0	0	32	0
6	3. 黑色金属矿采选业	1	0	0	0	0	0	0	0	0	0	0	1	0	0	0	0	0	0	0
7	4. 有色金属矿采选业	12	12	12	0	0	0	0	0	0	0	0	0	0	0	0	0	0	0	0
8	5. 非金属矿采选业	189	72	72	0	76	0	8	0	22	7	2	2	0	0	0	0	0	0	0
9	6. 开采专业及辅助性活动	58	35	8	0	6	0	3	0	3	0	0	11	0	0	0	0	0	0	0
10	7. 其他采矿业	91	7	0	0	6	0	0	0	0	6	1	0	18	0	0	0	53	0	0
11	三、制造业	3767244	1542529	1536730	10043	478441	340133	166940	25	126381	35163	21857	12847	6638	2796	6	0	6732	582	1016131
12	1. 农副食品加工业	11916	3717	3647	0	4049	－11	2145	0	258	389	264	213	755	12	0	0	115	10	0
13	2. 食品制造业	71752	39188	39162	0	15951	7498	4316	0	2869	1018	244	531	54	47	0	0	21	5	10
14	3. 酒、饮料和精制茶制造业	14587	7232	7229	4395	50	910	275	19	825	503	51	142	0	9	0	0	175	1	0
15	4. 烟草制品业	21	0	0	0	0	0	0	0	0	17	0	1	0	3	0	0	0	0	0
16	5. 纺织业	9438	6753	6693	0	26	883	589	0	407	379	68	282	0	14	0	0	1	36	0
17	6. 纺织服装、服饰业	35643	25553	25021	0	1362	2253	1463	0	1670	1105	150	578	1372	39	0	0	92	3	3
18	7. 皮革、毛皮、羽毛及其制品和制鞋业	2819	1597	1575	0	51	305	221	0	259	223	26	130	0	5	0	0	0	2	0
19	8. 木材加工和木竹藤棕草制品业	3857	3114	3094	0	160	68	197	0	211	22	29	24	0	31	0	0	0	1	0
20	9. 家具制造业	8633	6204	6169	0	51	456	536	0	519	579	56	212	2	12	0	0	3	3	0
21	10. 造纸和纸制品业	16882	11495	11421	0	697	1076	1044	0	763	818	293	430	114	123	0	0	1	28	0
22	11. 印刷和记录媒介复制业	9120	6424	6392	0	482	979	366	0	448	215	32	86	1	86	0	0	0	1	0

续表

序号	项目	税收收入合计	国内增值税	一般纳税人增值税	国内消费税	企业所得税		个人所得税	资源税	城市维护建设税	房产税	印花税	城镇土地使用税	土地增值税	车辆购置税	车船税	耕地占用税	契税	环境保护税	其他各税
						内资企业	外资企业													
23	12. 文教、工美、体育和娱乐用品制造业	13147	8937	8908	0	999	745	497	0	701	788	98	356	0	21	0	0	4	1	0
24	13. 石油、煤炭及其他燃料加工业	10986	1787	1787	3537	-66	1783	751	0	2278	111	653	109	0	3	0	0	0	40	0
25	14. 化学原料和化学制品制造业	127956	73516	73238	1906	9448	22081	7535	0	6514	2189	2363	966	725	98	1	0	523	91	0
26	15. 医药制造业	213810	74130	73994	0	7054	107218	15240	0	6209	2430	663	771	15	40	0	0	32	8	0
27	16. 化学纤维制造业	28680	8234	8226	0	3	17521	1419	0	755	414	136	184	11	2	0	0	0	1	0
28	17. 橡胶和塑料制品业	48060	32144	31987	0	2967	4350	3146	0	2461	1182	375	497	695	191	0	0	45	7	0
29	18. 非金属矿物制品业	42810	30241	29541	0	6426	724	1317	6	2295	523	341	385	20	475	2	0	31	24	0
30	19. 黑色金属冶炼和压延加工业	78394	52865	52864	0	32	19709	1151	0	3914	38	314	168	0	3	0	0	0	200	0
31	20. 有色金属冶炼和压延加工业	8395	4975	4967	0	875	1441	382	0	351	188	99	77	0	6	0	0	0	1	0
32	21. 金属制品业	65826	46368	45652	0	3250	5660	3812	0	3352	1227	457	659	687	204	0	0	132	18	0
33	22. 通用设备制造业	94924	58016	57768	0	7420	14046	7135	0	4058	461	870	419	141	134	0	0	2218	6	0
34	23. 专用设备制造业	110090	65040	64425	0	15102	7038	12580	0	5680	1875	523	825	874	195	0	0	361	1	-4
35	24. 汽车制造业	34880	18548	18547	0	4239	4953	3562	0	1953	703	512	377	0	28	0	0	0	5	0
36	25. 铁路、船舶、航空航天和其他运输设备制造业	10235	-1799	-1865	45	4257	1697	2941	0	952	1387	200	339	116	33	0	0	30	10	27
37	26. 电气机械和器材制造业	1140911	646853	646342	160	355161	34564	33314	0	52702	6188	7895	1326	442	174	2	0	2115	15	0
38	27. 计算机、通信和其他电子设备制造业	391697	231175	230588	0	22675	52976	50985	0	18768	8012	4028	1855	461	351	1	0	356	54	0
39	28. 仪表仪器制造业	40325	22667	22646	0	1594	10098	3117	0	1953	560	149	122	0	64	0	0	0	1	0
40	29. 其他制造业	1099846	50416	49714	0	13294	9595	4850	0	2035	1599	293	662	153	374	0	0	477	3	1016095
41	30. 废弃资源综合利用业	1368	493	491	0	681	0	64	0	99	0	12	12	0	2	0	0	0	5	0
42	31. 金属制品、机械和设备修理业	20236	6646	6507	0	151	9517	1990	0	1122	20	663	109	0	17	0	0	0	1	0
43	四、电力、热力、燃气及水的生产和供应业	274586	198038	197965	0	11411	49637	5767	0	4854	2606	922	906	64	118	1	18	36	208	0
44	1. 电力、热力生产和供应业	251951	191345	191278	0	1848	46250	4621	0	4244	2060	610	637	64	20	1	18	29	204	0

续表

序号	项目	税收收入合计	国内增值税	一般纳税人增值税	国内消费税	企业所得税		个人所得税	资源税	城市维护建设税	房产税	印花税	城镇土地使用税	土地增值税	车辆购置税	车船税	耕地占用税	契税	环境保护税	其他各税
						内资企业	外资企业													
45	2. 燃气生产和供应业	5848	1847	1846	0	1656	1252	258	0	209	257	261	96	0	6	0	0	6	0	0
46	3. 水的生产和供应业	16787	4846	4841	0	7907	2135	888	0	401	289	51	173	0	92	0	0	1	4	0
47	五、建筑业	493703	261557	85177	0	148131	2327	20712	0	14251	1477	3061	731	36877	3612	2	410	494	3	58
48	1. 房屋建筑业	150340	55816	24928	0	82911	220	4296	0	3502	456	1043	149	1413	452	2	0	69	1	10
49	2. 土木工程建筑业	48916	29874	11354	0	4786	41	3044	0	1267	243	372	121	7177	1643	0	86	262	0	0
50	3. 建筑安装业	151896	116729	27349	0	18840	341	7352	0	6181	546	867	157	208	432	0	160	20	2	61
51	4. 建筑装饰、装修和其他建筑业	142551	59138	21546	0	41594	1725	6020	0	3301	232	779	304	28079	1085	0	164	143	0	-13
52	六、批发和零售业	792491	435848	415723	33530	180598	33637	29628	6	27024	14977	12263	5653	10503	5341	4	86	3149	12	232
53	1. 批发业	655542	368283	358126	32800	149686	29632	21029	0	19338	8522	9588	3505	7252	3035	3	0	2651	11	207
54	2. 零售业	136949	67565	57597	730	30912	4005	8599	6	7686	6455	2675	2148	3251	2306	1	86	498	1	25
55	七、交通运输、仓储和邮政业	94503	29091	25337	0	19010	14637	11701	0	1982	3210	842	1666	8382	3510	33	116	322	1	0
56	1. 铁路运输业	510	8	3	0	116	0	209	0	43	51	75	8	0	0	0	0	0	0	0
57	2. 道路运输业	28778	11235	9905	0	4045	6161	2558	0	660	719	191	221	0	2860	9	0	119	0	0
58	3. 水上运输业	12858	2005	1855	0	2932	6009	1217	0	120	171	67	63	238	17	19	0	0	0	0
59	4. 航空运输业	9677	2589	2581	0	1783	885	3630	0	131	350	71	103	0	19	0	116	0	0	0
60	5. 管道运输业	4122	9	7	0	3880	0	153	0	9	26	0	44	0	1	0	0	0	0	0
61	6. 多式联运和运输代理业	8522	4502	3386	0	2206	49	581	0	327	149	36	85	0	519	3	0	65	0	0
62	7. 装卸搬运和仓储业	26874	7555	6532	0	4004	1298	2254	0	623	1343	380	1050	8144	82	2	0	138	1	0
63	8. 邮政业	3162	1188	1068	0	44	235	1099	0	69	401	22	92	0	12	0	0	0	0	0
64	八、住宿和餐饮业	25567	12474	6584	0	1459	4482	3141	8	916	2290	75	346	0	159	0	0	178	7	32
65	1. 住宿业	11702	3808	2430	0	984	2338	1359	8	397	2208	41	317	0	63	0	0	167	4	8
66	2. 餐饮业	13865	8666	4154	0	475	2144	1782	0	519	82	34	29	0	96	0	0	11	3	24
67	九、信息传输、软件和信息技术服务业	145854	58685	55057	0	35265	9541	31037	0	4318	3565	1269	678	224	376	0	0	896	0	0
68	1. 电信、广播电视和卫星传输服务	6753	1968	1695	0	7	0	2905	0	54	1511	95	181	0	20	0	0	12	0	0

续表

序号	项目	税收收入合计	国内增值税	一般纳税人增值税	国内消费税	企业所得税		个人所得税	资源税	城市维护建设税	房产税	印花税	城镇土地使用税	土地增值税	车辆购置税	车船税	耕地占用税	契税	环境保护税	其他各税
						内资企业	外资企业													
69	2. 互联网和相关服务	7614	1992	1842	0	2335	2170	842	0	142	75	4	5	19	30	0	0	0	0	0
70	3. 软件和信息技术服务业	131487	54725	51520	0	32923	7371	27290	0	4122	1979	1170	492	205	326	0	0	884	0	0
71	十、金融业	618800	318597	316188	22	177748	18382	44981	0	10479	5116	1635	1139	20173	1096	18970	0	797	0	-335
72	1. 货币金融服务	286542	146228	145266	22	86120	12474	23869	0	8892	3889	1075	430	2329	967	2	0	158	0	87
73	2. 资本市场服务	181121	83940	82915	0	89534	3497	2372	0	294	254	74	55	752	35	0	0	314	0	0
74	3. 保险业	55027	19695	19622	0	40	0	14993	0	1235	139	337	19	0	30	18968	0	0	0	-429
75	4. 其他金融业	96110	68734	68385	0	2054	2411	3747	0	58	834	149	635	17092	64	0	0	325	0	7
76	十一、房地产业	1343414	331276	311921	0	396481	91079	70227	16	18367	30519	6408	16613	273559	908	2	361	105278	4	2316
77	1. 房地产开发经营	1142553	270905	267785	0	381735	76186	32008	16	15385	16687	5887	12963	245615	661	2	372	82224	4	1903
78	2. 物业管理	48588	14112	12305	0	4235	2293	2098	0	1040	2705	121	1384	20295	105	0	-11	199	0	12
79	3. 房地产中介服务	12971	6295	5245	0	2715	619	2563	0	316	270	18	67	6	61	0	0	40	0	1
80	4. 房地产租赁经营	51458	23270	19539	0	5546	5181	1337	0	877	7823	268	981	3506	63	0	0	2590	0	16
81	5. 其他房地产业	87844	16694	7047	0	2250	6800	32221	0	749	3034	114	1218	4137	18	0	0	20225	0	384
82	十二、租赁和商务服务业	411479	172211	138455	0	71486	76463	33384	0	4609	6853	1714	3837	25367	4387	13	5692	5384	0	79
83	1. 租赁业	19107	6647	3515	0	5004	1037	1340	0	252	1332	44	433	0	3008	1	0	9	0	0
84	2. 商务服务业	392372	165564	134940	0	66482	75426	32044	0	4357	5521	1670	3404	25367	1379	12	5692	5375	0	79
85	十三、科学研究和技术服务业	113984	41383	35707	0	39502	8650	16875	0	3076	1061	820	676	239	658	0	0	1036	8	0
86	1. 研究和试验发展	55332	14230	13392	0	25959	3411	7174	0	1474	635	627	498	239	282	0	0	796	7	0
87	2. 专业技术服务业	54021	25834	21333	0	12934	3579	9120	0	1468	335	171	100	0	305	0	0	174	1	0
88	3. 科技推广和应用服务业	4631	1319	982	0	609	1660	581	0	134	91	22	78	0	71	0	0	66	0	0
89	十四、水利、环境和公共设施管理业	5069	2407	1032	0	1315	280	401	0	123	101	35	145	0	99	0	0	163	0	0
90	1. 水利管理业	1043	605	5	0	171	0	125	0	26	30	1	26	0	0	0	0	59	0	0
91	2. 生态保护和环境治理业	971	223	156	0	207	279	62	0	34	0	32	20	0	10	0	0	104	0	0
92	3. 公共设施管理业	2636	1169	871	0	937	1	211	0	63	65	2	99	0	89	0	0	0	0	0
93	4. 土地管理业	419	410	0	0	0	0	3	0	0	6	0	0	0	0	0	0	0	0	0

续表

序号	项目	税收收入合计	国内增值税	一般纳税人增值税	国内消费税	企业所得税		个人所得税	资源税	城市维护建设税	房产税	印花税	城镇土地使用税	土地增值税	车辆购置税	车船税	耕地占用税	契税	环境保护税	其他各税
						内资企业	外资企业													
94	十五、居民服务、修理和其他服务业	122436	31863	25679	0	9008	9789	54853	8	2855	7658	360	2006	2104	558	1	383	896	0	94
95	1. 居民服务业	12367	5533	3474	0	2712	151	2122	8	426	918	48	174	0	178	0	0	91	0	6
96	2. 机动车、电子产品和日用产品修理业	5699	2489	2002	0	1178	1024	380	0	269	232	28	62	0	34	0	0	0	0	3
97	3. 其他服务业	104370	23841	20203	0	5118	8614	52351	0	2160	6508	284	1770	2104	346	1	383	805	0	85
98	十六、教育	20206	4617	3210	0	1649	675	12498	0	256	73	54	10	0	332	0	0	42	0	0
99	1. 学前教育	1215	48	14	0	203	54	837	0	5	18	1	0	0	49	0	0	0	0	0
100	2. 初等教育	3633	759	756	0	472	0	2284	0	53	0	1	0	0	64	0	0	0	0	0
101	3. 中等教育	936	18	15	0	23	2	885	0	2	0	0	0	0	6	0	0	0	0	0
102	4. 高等教育	9167	1225	645	0	623	168	6973	0	88	40	46	4	0	0	0	0	0	0	0
103	5. 特殊教育	8	0	0	0	0	0	8	0	0	0	0	0	0	0	0	0	0	0	0
104	6. 技能培训、教育辅助及其他	5247	2567	1780	0	328	451	1511	0	108	15	6	6	0	213	0	0	42	0	0
105	十七、卫生和社会工作	10634	425	298	0	842	5	9128	0	29	65	6	9	0	106	0	0	5	0	14
106	1. 卫生	10614	417	298	0	842	5	9122	0	28	65	6	9	0	106	0	0	0	0	14
107	2. 社会工作	20	8	0	0	0	0	6	0	1	0	0	0	0	0	0	0	5	0	0
108	十八、文化、体育和娱乐业	19877	6404	5178	0	4560	2032	3708	0	259	998	48	1566	0	41	0	0	260	0	1
109	1. 新闻和出版业	1070	403	367	0	8	3	236	0	11	272	3	44	0	6	0	0	84	0	0
110	2. 广播、电视、电影和影视录音制作业	2264	944	644	0	556	12	606	0	53	5	13	2	0	5	0	0	68	0	0
111	3. 文化艺术业	7564	3213	2675	0	1357	1575	730	0	128	468	20	34	0	24	0	0	15	0	0
112	4. 体育	1438	902	790	0	10	76	152	0	23	138	5	37	0	2	0	0	93	0	0
113	5. 娱乐业	7541	942	702	0	2629	366	1984	0	44	115	7	1449	0	4	0	0	0	0	1
114	十九、公共管理、社会保障和社会组织	149465	4449	209	0	233	15	27513	0	342	7015	705	503	6148	540	156	3522	98369	0	-45
115	二十、其他行业	105124	6	3	0	0	0	342	0	0	0	1	0	0	104775	0	0	0	0	0

3－5 汕头市税务局税收收入分行业分税种统计年报（2018年）

编报机关：汕头市税务局　　　　单位：万元

序号	项目	税收收入合计	国内增值税	一般纳税人增值税	国内消费税	企业所得税		个人所得税	资源税	城市维护建设税	房产税	印花税	城镇土地使用税	土地增值税	车辆购置税	车船税	耕地占用税	契税	环境保护税	其他各税
						内资企业	外资企业													
1	合计	3237134	1367910	1265908	70013	583911	90533	189940	4906	99181	61036	23956	49846	197889	113470	21921	5827	131548	3693	221554
2	一、农、林、牧、渔业	1269	135	80	0	656	0	155	2	24	88	54	61	73	16	0	0	0	5	0
3	二、采矿业	604	248	240	0	51	0	72	128	12	29	2	56	0	4	0	0	0	2	0
4	1. 煤炭开采和洗选业	0	0	0	0	0	0	0	0	0	0	0	0	0	0	0	0	0	0	0
5	2. 石油和天然气开采业	0	0	0	0	0	0	0	0	0	0	0	0	0	0	0	0	0	0	0
6	3. 黑色金属矿采选业	0	0	0	0	0	0	0	0	0	0	0	0	0	0	0	0	0	0	0
7	4. 有色金属矿采选业	3	0	0	0	0	0	2	0	0	1	0	0	0	0	0	0	0	0	0
8	5. 非金属矿采选业	500	229	225	0	51	0	67	120	11	5	2	9	0	4	0	0	0	2	0
9	6. 开采专业及辅助性活动	80	5	1	0	0	0	1	5	0	23	0	46	0	0	0	0	0	0	0
10	7. 其他采矿业	21	14	14	0	0	0	2	3	1	0	0	1	0	0	0	0	0	0	0
11	三、制造业	888315	620993	612751	1084	80838	49272	31330	276	41405	25380	7212	18574	3823	2401	10	0	3775	1724	218
12	1. 农副食品加工业	20116	16183	16089	0	712	244	558	2	1058	344	229	402	172	35	0	0	144	33	0
13	2. 食品制造业	52451	32664	32547	2	6004	7534	1241	0	2214	906	1159	394	0	71	1	0	219	42	0
14	3. 酒、饮料和精制茶制造业	5148	3249	3176	885	68	133	37	0	255	227	26	160	93	4	0	0	0	11	0
15	4. 烟草制品业	7066	5075	5075	0	973	0	146	0	380	309	63	113	0	0	0	0	0	7	0
16	5. 纺织业	58186	38342	37490	0	6192	641	1834	0	2553	3052	532	2947	35	393	1	0	782	882	0
17	6. 纺织服装、服饰业	142559	102634	100832	0	15633	3633	3149	0	7077	4229	1060	2372	1560	467	3	0	584	132	26
18	7. 皮革、毛皮、羽毛及其制品和制鞋业	4104	3189	3178	0	166	134	30	0	227	147	21	87	0	7	0	0	91	5	0
19	8. 木材加工和木竹藤棕草制品业	610	174	146	0	22	6	9	0	25	76	3	291	0	2	0	0	0	2	0
20	9. 家具制造业	36899	32747	32693	53	1403	7	218	0	1510	340	170	262	0	16	0	0	0	10	163
21	10. 造纸和纸制品业	38698	24718	24482	0	5036	2969	1347	0	1834	1049	257	973	167	182	0	0	24	142	0
22	11. 印刷和记录媒介复制业	40808	25116	24864	0	1997	8768	1226	0	1712	847	214	579	185	114	1	0	11	38	0

续表

序号	项 目	税收收入合计	国内增值税	一般纳税人增值税	国内消费税	企业所得税		个人所得税	资源税	城市维护建设税	房产税	印花税	城镇土地使用税	土地增值税	车辆购置税	车船税	耕地占用税	契税	环境保护税	其他各税
						内资企业	外资企业													
23	12. 文教、工美、体育和娱乐用品制造业	115366	84822	83188	17	8952	6015	2819	0	4864	3928	679	2287	421	196	2	0	257	78	29
24	13. 石油、煤炭及其他燃料加工业	140	74	74	2	12	0	9	0	13	14	8	8	0	0	0	0	0	0	0
25	14. 化学原料和化学制品制造业	52847	35049	34771	69	6300	3710	2645	0	2237	1210	427	924	63	66	1	0	89	57	0
26	15. 医药制造业	33640	21191	21175	6	4833	753	3767	0	1504	1015	122	357	0	21	0	0	60	11	0
27	16. 化学纤维制造业	90	−318	−318	0	7	255	11	0	20	27	7	73	0	8	0	0	0	0	0
28	17. 橡胶和塑料制品业	70403	50118	49281	0	6953	856	2457	0	3866	2290	634	1982	615	223	1	0	311	97	0
29	18. 非金属矿物制品业	25329	16353	16133	0	2942	3069	402	273	1089	269	160	385	0	164	0	0	189	34	0
30	19. 黑色金属冶炼和压延加工业	1266	981	976	0	72	0	7	0	66	23	11	100	0	0	0	0	0	6	0
31	20. 有色金属冶炼和压延加工业	1331	351	349	0	40	0	171	0	115	181	20	451	0	0	0	0	0	2	0
32	21. 金属制品业	15000	10672	10343	0	1321	425	487	0	647	479	137	580	174	53	0	0	0	25	0
33	22. 通用设备制造业	14831	10766	10657	0	1677	259	611	0	671	351	106	308	1	55	0	0	12	14	0
34	23. 专用设备制造业	23245	14869	14601	0	3554	578	1080	1	1101	1029	134	481	251	71	0	0	80	16	0
35	24. 汽车制造业	19176	15319	15318	0	141	2052	867	0	578	21	110	25	0	5	0	0	50	8	0
36	25. 铁路、船舶、航空航天和其他运输设备制造业	3734	3108	3089	16	13	0	129	0	243	112	20	89	0	1	0	0	0	3	0
37	26. 电气机械和器材制造业	33108	24079	23910	34	1463	1728	1786	0	1760	1301	303	379	23	64	0	0	173	15	0
38	27. 计算机、通信和其他电子设备制造业	45664	32546	32460	0	1869	5153	2728	0	2147	367	365	355	0	101	0	0	3	30	0
39	28. 仪表仪器制造业	2661	1247	1218	0	34	19	873	0	72	162	8	238	0	5	0	0	0	3	0
40	29. 其他制造业	13424	7834	7437	0	1357	331	573	0	665	985	156	739	63	71	0	0	631	19	0
41	30. 废弃资源综合利用业	9949	7506	7299	0	1064	0	95	0	895	87	66	229	0	5	0	0	0	2	0
42	31. 金属制品、机械和设备修理业	466	335	218	0	28	0	18	0	7	3	5	4	0	1	0	0	65	0	0
43	四、电力、热力、燃气及水的生产和供应业	131225	89549	83968	0	12900	6727	8053	0	5588	3048	1183	2132	0	259	2	0	83	1701	0
44	1. 电力、热力生产和供应业	121531	85322	84766	0	12222	4377	7599	0	5236	2562	892	1338	0	231	2	0	56	1694	0

续表

序号	项目	税收收入合计	国内增值税	一般纳税人增值税	国内消费税	企业所得税		个人所得税	资源税	城市维护建设税	房产税	印花税	城镇土地使用税	土地增值税	车辆购置税	车船税	耕地占用税	契税	环境保护税	其他各税
						内资企业	外资企业													
45	2. 燃气生产和供应业	2222	574	565	0	156	843	177	0	85	57	161	152	0	15	0	0	0	2	0
46	3. 水的生产和供应业	7472	3653	3637	0	522	1507	277	0	267	429	130	642	0	13	0	0	27	5	0
47	五、建筑业	375363	192958	141924	0	135325	136	18544	4415	13351	465	4097	1484	941	1068	1	112	2338	40	88
48	1. 房屋建筑业	271522	122221	113079	0	120779	1	9673	3258	8942	202	2776	315	802	267	0	0	2239	29	18
49	2. 土木工程建筑业	23656	13801	7055	0	4294	114	2058	369	979	24	415	943	0	543	0	112	0	4	0
50	3. 建筑安装业	57070	41577	14692	0	7069	18	4431	609	2407	89	534	125	1	139	1	0	57	7	6
51	4. 建筑装饰、装修和其他建筑业	23115	15359	7098	0	3183	3	2382	179	1023	150	372	101	138	119	0	0	42	0	64
52	六、批发和零售业	562307	147279	137596	68878	66396	2499	14770	26	16047	6215	4484	4596	6667	3614	5	23	810	36	219962
53	1. 批发业	491228	107893	105057	66335	54017	1585	8967	12	13374	4245	3740	2968	6346	1034	3	11	724	14	219960
54	2. 零售业	71079	39386	32539	2543	12379	914	5803	14	2673	1970	744	1628	321	2580	2	12	86	22	2
55	七、交通运输、仓储和邮政业	34180	12949	11226	0	4232	4232	4484	7	828	2237	241	1912	9	2434	56	0	492	67	0
56	1. 铁路运输业	74	20	0	0	0	0	0	0	2	48	1	3	0	0	0	0	0	0	0
57	2. 道路运输业	14195	5561	4576	0	1024	2548	893	0	501	727	132	417	9	2229	48	0	105	1	0
58	3. 水上运输业	3498	1080	973	0	385	1498	176	0	65	102	32	132	0	0	3	0	0	25	0
59	4. 航空运输业	5081	1777	1777	0	1006	0	2012	0	25	215	4	39	0	3	0	0	0	0	0
60	5. 管道运输业	0	0	0	0	0	0	0	0	0	0	0	0	0	0	0	0	0	0	0
61	6. 多式联运和运输代理业	3156	1562	1387	0	613	55	269	0	79	112	25	130	0	160	1	0	150	0	0
62	7. 装卸搬运和仓储业	5009	1524	1145	0	837	4	488	7	77	710	31	1031	0	18	4	0	237	41	0
63	8. 邮政业	3167	1425	1368	0	367	127	646	0	79	323	16	160	0	24	0	0	0	0	0
64	八、住宿和餐饮业	11420	5795	2940	0	962	900	1265	1	393	1515	20	384	0	87	0	0	32	61	5
65	1. 住宿业	5072	2367	1582	0	326	180	404	1	170	1298	8	240	0	19	0	0	32	26	1
66	2. 餐饮业	6348	3428	1358	0	636	720	861	0	223	217	12	144	0	68	0	0	0	35	4
67	九、信息传输、软件和信息技术服务业	14123	5518	4287	0	913	187	4056	1	385	1884	123	930	2	92	0	0	11	0	21
68	1. 电信、广播电视和卫星传输服务	8060	2236	2056	0	39	0	2927	0	123	1810	77	799	0	20	0	0	8	0	21

续表

序号	项目	税收收入合计	国内增值税	一般纳税人增值税	国内消费税	企业所得税		个人所得税	资源税	城市维护建设税	房产税	印花税	城镇土地使用税	土地增值税	车辆购置税	车船税	耕地占用税	契税	环境保护税	其他各税
						内资企业	外资企业													
69	2. 互联网和相关服务	342	183	98	0	22	0	19	0	22	2	3	91	0	0	0	0	0	0	0
70	3. 软件和信息技术服务业	5721	3099	2133	0	852	187	1110	1	240	72	43	40	2	72	0	0	3	0	0
71	十、金融业	194612	77786	76777	51	50204	3876	29188	0	5431	2528	1139	632	1226	86	21422	0	318	0	725
72	1. 货币金融服务	122514	57271	57213	51	45138	1293	10002	0	4098	2092	728	274	1221	54	1	0	163	0	128
73	2. 资本市场服务	11432	2564	2485	0	2504	1629	4125	0	143	125	32	158	0	14	0	0	138	0	0
74	3. 保险业	52184	16727	15898	0	35	1	12370	0	1155	262	312	23	1	18	21420	0	0	0	-140
75	4. 其他金融业	8482	1224	1181	0	2527	953	2691	0	35	49	67	177	4	0	1	0	17	0	737
76	十一、房地产业	602073	163021	155268	0	153781	15875	18201	5	12021	12238	3691	14639	177839	425	7	333	29482	1	514
77	1. 房地产开发经营	563414	152397	148276	0	150866	15730	9627	3	10649	2482	3500	12603	176720	354	7	0	27963	0	513
78	2. 物业管理	6833	4109	3127	0	1176	20	274	1	279	556	20	114	204	50	0	8	22	0	0
79	3. 房地产中介服务	403	135	50	0	126	0	19	0	10	99	3	6	2	3	0	0	0	0	0
80	4. 房地产租赁经营	22360	4176	2192	0	624	125	6336	0	921	7781	102	1628	296	17	0	325	27	1	1
81	5. 其他房地产业	9063	2204	1623	0	989	0	1945	1	162	1320	66	288	617	1	0	0	1470	0	0
82	十二、租赁和商务服务业	98626	18790	12330	0	65225	1876	4002	5	1220	1772	493	1347	1076	1386	2	0	1427	5	0
83	1. 租赁业	2301	1024	462	0	96	1	61	4	52	46	20	6	0	991	0	0	0	0	0
84	2. 商务服务业	96325	17766	11868	0	65129	1875	3941	1	1168	1726	473	1341	1076	395	2	0	1427	5	0
85	十三、科学研究和技术服务业	21408	9153	6962	0	4132	76	3342	7	678	471	124	457	0	120	1	2797	50	0	0
86	1. 研究和试验发展	1574	315	237	0	426	0	586	1	112	50	28	48	0	7	0	0	1	0	0
87	2. 专业技术服务业	18837	8240	6245	0	3642	68	2699	6	527	249	92	359	0	108	1	2797	49	0	0
88	3. 科技推广和应用服务业	997	598	480	0	64	8	57	0	39	172	4	50	0	5	0	0	0	0	0
89	十四、水利、环境和公共设施管理业	3236	996	507	0	958	0	286	11	202	223	38	189	0	299	1	0	32	1	0
90	1. 水利管理业	187	42	9	0	26	0	28	0	10	73	1	1	0	6	0	0	0	0	0
91	2. 生态保护和环境治理业	1386	301	117	0	593	0	99	10	116	49	6	167	0	44	0	0	0	1	0
92	3. 公共设施管理业	1610	641	381	0	339	0	137	1	76	84	31	19	0	249	1	0	32	0	0
93	4. 土地管理业	53	12	0	0	0	0	22	0	0	17	0	2	0	0	0	0	0	0	0

续表

序号	项目	税收收入合计	国内增值税		国内消费税	企业所得税		个人所得税	资源税	城市维护建设税	房产税	印花税	城镇土地使用税	土地增值税	车辆购置税	车船税	耕地占用税	契税	环境保护税	其他各税
				一般纳税人增值税		内资企业	外资企业													
94	十五、居民服务、修理和其他服务业	36511	11412	8697	0	3587	3617	11681	22	774	1488	153	1095	1236	189	3	1137	91	16	10
95	1. 居民服务业	6307	1448	718	0	1518	0	551	0	166	359	73	486	1224	56	0	416	1	6	3
96	2. 机动车、电子产品和日用产品修理业	2246	1338	1003	0	95	367	183	0	96	62	14	70	0	13	0	0	2	6	0
97	3. 其他服务业	27958	8626	6976	0	1974	3250	10947	22	512	1067	66	539	12	120	3	721	88	4	7
98	十六、教育	7685	400	127	0	178	66	6533	0	40	58	21	23	6	344	15	0	0	0	1
99	1. 学前教育	901	19	6	0	37	0	761	0	1	3	1	4	0	70	4	0	0	0	1
100	2. 初等教育	692	1	0	0	1	0	612	0	0	3	1	0	0	70	4	0	0	0	0
101	3. 中等教育	1526	38	5	0	15	0	1277	0	3	40	1	8	6	133	5	0	0	0	0
102	4. 高等教育	3895	80	52	0	28	20	3743	0	6	1	16	0	0	1	0	0	0	0	0
103	5. 特殊教育	1	0	0	0	0	0	1	0	0	0	0	0	0	0	0	0	0	0	0
104	6. 技能培训、教育辅助及其他	670	262	64	0	97	46	139	0	30	11	2	11	0	70	2	0	0	0	0
105	十七、卫生和社会工作	13151	336	140	0	389	985	10862	0	23	141	89	234	0	50	1	19	1	21	0
106	1. 卫生	12988	314	123	0	321	985	10808	0	22	134	88	233	0	41	1	19	1	21	0
107	2. 社会工作	163	22	17	0	68	0	54	0	1	7	1	1	0	9	0	0	0	0	0
108	十八、文化、体育和娱乐业	11988	5708	5030	0	3117	209	1775	0	411	300	100	327	3	11	0	0	10	13	4
109	1. 新闻和出版业	40	1	1	0	0	0	8	0	0	23	0	5	0	0	0	0	3	0	0
110	2. 广播、电视、电影和影视录音制作业	8753	4407	4244	0	2888	174	633	0	356	137	95	63	0	0	0	0	0	0	0
111	3. 文化艺术业	450	217	116	0	53	1	128	0	13	15	3	8	0	5	0	0	7	0	0
112	4. 体育	991	65	0	0	16	0	870	0	4	22	1	7	3	2	0	0	0	1	0
113	5. 娱乐业	1754	1018	669	0	160	34	136	0	38	103	1	244	0	4	0	0	0	12	4
114	十九、公共管理、社会保障和社会组织	128651	4881	58	0	67	0	21315	0	348	935	692	773	4988	249	395	1406	92596	0	6
115	二十、其他行业	100387	3	0	0	0	0	26	0	0	21	0	1	0	100336	0	0	0	0	0

3－6　佛山市税务局税收收入分行业分税种统计年报（2018年）

编报机关：佛山市税务局　　　　单位：万元

序号	项　目	税收收入合计	国内增值税	一般纳税人增值税	国内消费税	企业所得税		个人所得税	资源税	城市维护建设税	房产税	印花税	城镇土地使用税	土地增值税	车辆购置税	车船税	耕地占用税	契税	环境保护税	其他各税
						内资企业	外资企业													
1	合　计	16276189	6482150	5902054	281084	2260499	1002628	1299760	491	502892	458703	113517	250187	1096315	440540	87030	48476	668591	4485	1278841
2	一、农、林、牧、渔业	14131	1178	721	0	10088	70	1351	0	177	491	128	284	154	100	0	101	0	9	0
3	二、采矿业	969	421	417	0	291	0	14	186	47	0	6	1	0	3	0	0	0	0	0
4	1. 煤炭开采和洗选业	0	0	0	0	0	0	0	0	0	0	0	0	0	0	0	0	0	0	0
5	2. 石油和天然气开采业	0	0	0	0	0	0	0	0	0	0	0	0	0	0	0	0	0	0	0
6	3. 黑色金属矿采选业	0	0	0	0	0	0	0	0	0	0	0	0	0	0	0	0	0	0	0
7	4. 有色金属矿采选业	0	0	0	0	0	0	0	0	0	0	0	0	0	0	0	0	0	0	0
8	5. 非金属矿采选业	961	420	416	0	291	0	14	179	47	0	6	1	0	3	0	0	0	0	0
9	6. 开采专业及辅助性活动	0	0	0	0	0	0	0	0	0	0	0	0	0	0	0	0	0	0	0
10	7. 其他采矿业	8	1	1	0	0	0	0	7	0	0	0	0	0	0	0	0	0	0	0
11	三、制造业	6481376	3377304	3349896	190326	455384	615131	314803	18	276792	140922	39703	68886	14983	11220	77	0	9315	2818	963694
12	1. 农副食品加工业	35975	14085	13915	0	7701	7330	2276	0	1043	1699	574	1032	16	100	0	0	92	27	0
13	2. 食品制造业	190292	113425	113198	18	3921	51007	9307	0	7973	2393	770	1182	102	49	0	0	114	31	0
14	3. 酒、饮料和精制茶制造业	198022	65837	65656	64914	2347	43728	4032	17	9595	5128	565	1589	212	31	0	0	10	17	0
15	4. 烟草制品业	125	0	0	0	0	0	0	0	0	105	0	20	0	0	0	0	0	0	0
16	5. 纺织业	156243	101889	100917	0	8803	12753	11081	0	8849	6548	1207	3848	274	404	3	0	94	404	86
17	6. 纺织服装、服饰业	85860	64413	63575	0	7165	2134	2716	0	4671	2370	509	985	393	330	2	0	150	22	0
18	7. 皮革、毛皮、羽毛及其制品和制鞋业	53067	40512	40138	0	3134	2165	2380	0	2967	819	408	433	76	155	3	0	5	10	0
19	8. 木材加工和木竹藤棕草制品业	26217	18950	13510	458	2697	28	945	0	1356	789	157	711	0	85	0	0	23	18	0
20	9. 家具制造业	176143	129010	125726	1	19028	2482	7224	0	9490	4114	1183	2052	165	394	2	0	903	94	1
21	10. 造纸和纸制品业	107993	73875	73492	0	12645	1091	7696	0	5065	3383	743	1593	938	307	1	0	631	25	0
22	11. 印刷和记录媒介复制业	46044	29738	29462	0	3556	1049	6429	0	2173	1749	262	751	132	126	1	0	65	13	0

续表

序号	项目	税收收入合计	国内增值税	一般纳税人增值税	国内消费税	企业所得税		个人所得税	资源税	城市维护建设税	房产税	印花税	城镇土地使用税	土地增值税	车辆购置税	车船税	耕地占用税	契税	环境保护税	其他各税
						内资企业	外资企业													
23	12. 文教、工美、体育和娱乐用品制造业	45278	25858	25587	98	2805	7926	2727	0	2073	2322	312	971	44	46	1	0	90	3	2
24	13. 石油、煤炭及其他燃料加工业	48606	10686	10682	29153	440	2390	573	0	3492	187	498	582	0	6	0	0	0	18	581
25	14. 化学原料和化学制品制造业	182999	114707	114184	3590	20819	13079	10616	0	8364	5557	1211	3531	275	474	8	0	738	45	−15
26	15. 医药制造业	79980	51023	51018	709	12244	3224	6243	0	3957	1693	336	466	0	35	0	0	33	17	0
27	16. 化学纤维制造业	22616	6095	6092	0	141	13998	565	0	835	660	135	177	0	7	0	0	0	3	0
28	17. 橡胶和塑料制品业	330910	201354	199413	0	32744	39079	20006	0	17522	10157	2536	4907	1260	751	8	0	487	99	0
29	18. 非金属矿物制品业	423088	283192	281264	0	57159	19772	20202	1	20253	9463	2630	7315	269	881	7	0	641	1303	0
30	19. 黑色金属冶炼和压延加工业	62031	42150	41605	0	6419	4325	2397	0	2445	1601	752	1107	539	224	1	0	12	59	0
31	20. 有色金属冶炼和压延加工业	182899	122284	121745	0	14759	14094	8243	0	9566	6137	2750	3640	634	375	4	0	199	214	0
32	21. 金属制品业	431660	309324	302228	0	32638	16955	23661	0	22470	10229	3231	7160	3256	1951	10	0	622	144	9
33	22. 通用设备制造业	319254	219989	218307	0	28249	20733	21236	0	12485	7134	2056	3166	2003	1007	6	0	1172	17	1
34	23. 专用设备制造业	257291	163468	161142	0	27084	20633	20383	0	11598	5934	1495	3065	2018	931	4	0	638	29	11
35	24. 汽车制造业	591103	264423	264145	85187	14778	148039	24193	0	29714	15551	4119	4451	183	260	3	0	140	56	6
36	25. 铁路、船舶、航空航天和其他运输设备制造业	17927	11972	11888	40	1458	580	893	0	783	1102	203	799	50	27	0	0	17	3	0
37	26. 电气机械和器材制造业	1196034	768746	766645	6147	90872	135013	79999	0	66316	24417	8649	9982	1653	1545	11	0	1818	112	754
38	27. 计算机、通信和其他电子设备制造业	155475	75469	75033	0	31485	22092	9664	0	6699	6233	1402	1640	91	229	1	0	182	14	274
39	28. 仪表仪器制造业	19243	10145	10131	0	1792	3838	1365	0	730	876	92	344	0	56	0	0	5	0	0
40	29. 其他制造业	947608	34820	33757	11	5602	3564	7100	0	3649	2081	583	1067	333	386	1	0	434	13	887964
41	30. 废弃资源综合利用业	87836	7141	7019	0	2792	1755	436	0	534	443	319	302	67	19	0	0	0	8	74020
42	31. 金属制品、机械和设备修理业	3557	2724	2422	0	107	275	215	0	125	48	16	18	0	29	0	0	0	0	0
43	四、电力、热力、燃气及水的生产和供应业	248538	136163	136076	0	52880	12095	17225	0	10140	11176	1039	6120	0	479	5	370	238	608	0
44	1. 电力、热力生产和供应业	162802	111504	111453	0	7504	9806	13458	0	7868	8072	708	2774	0	388	2	370	50	298	0

续表

序号	项　目	税收收入合计	国内增值税	一般纳税人增值税	国内消费税	企业所得税		个人所得税	资源税	城市维护建设税	房产税	印花税	城镇土地使用税	土地增值税	车辆购置税	车船税	耕地占用税	契税	环境保护税	其他各税
						内资企业	外资企业													
45	2. 燃气生产和供应业	33285	11199	11199	0	17313	1332	1198	0	1009	627	110	400	0	45	3	0	49	0	0
46	3. 水的生产和供应业	52451	13460	13424	0	28063	957	2569	0	1263	2477	221	2946	0	46	0	0	139	310	0
47	五、建筑业	608757	410980	130017	0	84283	7234	62009	0	28244	2231	5992	2190	306	4343	14	0	940	14	-23
48	1. 房屋建筑业	168622	114040	49490	0	21196	5905	15033	0	8378	572	2643	197	5	426	0	0	214	12	1
49	2. 土木工程建筑业	87022	49142	21940	0	18547	496	9943	0	3980	590	947	530	240	2339	7	0	260	0	1
50	3. 建筑安装业	216068	151862	31187	0	27709	625	22781	0	9528	447	1354	1327	14	279	3	0	134	1	4
51	4. 建筑装饰、装修和其他建筑业	137045	95936	27400	0	16831	208	14252	0	6358	622	1048	136	47	1299	4	0	332	1	-29
52	六、批发和零售业	1711823	820954	771046	90544	239620	30947	68584	6	62634	27322	20751	11487	7586	11141	35	83	5122	37	314970
53	1. 批发业	1373467	603307	578376	85315	189944	16915	51068	0	49153	18022	17790	8410	7129	6653	30	83	4663	21	314964
54	2. 零售业	338356	217647	192670	5229	49676	14032	17516	6	13481	9300	2961	3077	457	4488	5	0	459	16	6
55	七、交通运输、仓储和邮政业	144535	61433	51620	0	31698	5574	13067	0	4265	10469	1231	5170	108	10239	153	231	815	0	82
56	1. 铁路运输业	592	322	262	0	0	1	186	0	-25	23	0	3	0	0	0	82	0	0	0
57	2. 道路运输业	92082	41249	35894	0	25105	100	7274	0	2857	3536	648	1444	78	9309	94	149	230	0	9
58	3. 水上运输业	7431	1740	1661	0	225	3340	897	0	141	289	39	687	0	31	42	0	0	0	0
59	4. 航空运输业	12	0	0	0	0	0	8	0	0	1	3	0	0	0	0	0	0	0	0
60	5. 管道运输业	2	2	0	0	0	0	0	0	0	0	0	0	0	0	0	0	0	0	0
61	6. 多式联运和运输代理业	11743	4910	3340	0	2379	561	1410	0	603	816	118	264	10	602	17	0	53	0	0
62	7. 装卸搬运和仓储业	27842	11464	8843	0	3774	1558	1645	0	575	4952	369	2633	19	248	0	0	532	0	73
63	8. 邮政业	4831	1746	1620	0	215	14	1647	0	114	852	54	139	1	49	0	0	0	0	0
64	八、住宿和餐饮业	51883	25149	13557	0	6990	2447	6248	38	1788	6710	141	1771	347	133	1	0	1	86	33
65	1. 住宿业	19331	7774	5204	0	3422	262	1753	38	582	4081	60	945	347	33	1	0	1	31	1
66	2. 餐饮业	32552	17375	8353	0	3568	2185	4495	0	1206	2629	81	826	0	100	0	0	0	55	32
67	九、信息传输、软件和信息技术服务业	59762	20931	17507	0	6978	3064	17213	0	1564	7441	491	1159	-19	335	6	0	598	0	1
68	1. 电信、广播电视和卫星传输服务	18414	3766	3416	0	134	11	7679	0	-146	5605	226	1007	0	46	5	0	81	0	0

续表

序号	项　目	税收收入合计	国内增值税	一般纳税人增值税	国内消费税	企业所得税		个人所得税	资源税	城市维护建设税	房产税	印花税	城镇土地使用税	土地增值税	车辆购置税	车船税	耕地占用税	契税	环境保护税	其他各税
						内资企业	外资企业													
69	2. 互联网和相关服务	3701	1694	1479	0	537	588	675	0	101	79	16	5	0	5	0	0	0	0	1
70	3. 软件和信息技术服务业	37647	15471	12712	0	6307	2465	8859	0	1609	1757	249	147	-19	284	1	0	517	0	0
71	十、金融业	953973	318547	318601	214	267831	12422	169292	0	22756	46325	4590	7363	11076	9725	83937	0	2064	11	-2180
72	1. 货币金融服务	658790	239537	234048	214	242895	6582	84665	0	16835	42276	2872	5838	6859	9539	6	0	873	0	-201
73	2. 资本市场服务	45602	6593	6319	0	9209	4257	17642	0	734	1558	319	940	3859	55	0	0	849	0	-413
74	3. 保险业	235072	72174	67551	0	7665	11	64234	0	4903	2023	1301	94	0	128	83931	0	144	0	-1536
75	4. 其他金融业	14509	243	10683	0	8062	1572	2751	0	284	468	98	491	358	3	0	0	198	11	-30
76	十一、房地产业	3748071	913762	873806	0	926621	256348	128040	0	64858	139927	23377	99138	866898	1588	24	5155	319781	819	1735
77	1. 房地产开发经营	3303283	771652	764495	0	835195	242386	74366	0	57603	59995	21343	70685	857549	1134	18	806	308400	781	1370
78	2. 物业管理	164368	60291	54374	0	35276	5400	30414	0	3286	14297	525	7734	1606	288	3	109	4944	15	180
79	3. 房地产中介服务	37589	14718	11067	0	3660	4759	10720	0	1169	1340	82	596	215	76	1	0	252	0	1
80	4. 房地产租赁经营	80822	26833	16212	0	14761	853	1733	0	983	22478	912	7108	1325	82	1	1433	2072	23	225
81	5. 其他房地产业	162009	40268	27658	0	37729	2950	10807	0	1817	41817	515	13015	6203	8	1	2807	4113	0	-41
82	十二、租赁和商务服务业	473461	137676	108252	0	64314	41802	133803	0	9232	29443	5076	15204	12384	12584	23	1314	10548	3	55
83	1. 租赁业	29258	12836	8062	0	1632	722	1275	0	405	868	158	221	0	11099	11	0	31	0	0
84	2. 商务服务业	444203	124840	100190	0	62682	41080	132528	0	8827	28575	4918	14983	12384	1485	12	1314	10517	3	55
85	十三、科学研究和技术服务业	203943	77581	64545	0	56995	10061	34618	243	6327	3073	1696	3813	947	1286	10	0	7134	2	157
86	1. 研究和试验发展	31852	7046	5738	0	5015	1832	5600	0	1872	1798	700	745	556	783	2	0	5902	1	0
87	2. 专业技术服务业	163471	69389	58532	0	49062	6848	27402	125	3919	854	785	2966	391	417	8	0	1149	0	156
88	3. 科技推广和应用服务业	8620	1146	275	0	2918	1381	1616	118	536	421	211	102	0	86	0	0	83	1	1
89	十四、水利、环境和公共设施管理业	41693	21238	18650	0	5074	3652	2890	0	1637	893	90	1162	0	492	3	3842	803	2	-85
90	1. 水利管理业	600	128	83	0	82	0	215	0	17	11	10	132	0	4	1	0	0	0	0
91	2. 生态保护和环境治理业	2921	1598	1466	0	226	286	184	0	183	65	20	196	0	79	0	0	83	1	0
92	3. 公共设施管理业	33165	18172	17099	0	4766	3366	2485	0	1444	817	60	826	0	409	2	89	716	1	12
93	4. 土地管理业	5007	1340	2	0	0	0	6	0	-7	0	0	8	0	0	0	3753	4	0	-97

续表

序号	项目	税收收入合计	国内增值税	一般纳税人增值税	国内消费税	企业所得税		个人所得税	资源税	城市维护建设税	房产税	印花税	城镇土地使用税	土地增值税	车辆购置税	车船税	耕地占用税	契税	环境保护税	其他各税
						内资企业	外资企业													
94	十五、居民服务、修理和其他服务业	153429	24722	16952	0	5604	1013	108864	0	2198	2080	378	2752	829	690	9	3745	531	9	5
95	1. 居民服务业	10683	4528	2327	0	1643	51	1709	0	265	380	30	932	649	182	1	289	22	2	0
96	2. 机动车、电子产品和日用产品修理业	9128	6384	5403	0	674	3	918	0	513	324	58	125	0	124	0	0	0	5	0
97	3. 其他服务业	133618	13810	9222	0	3287	959	106237	0	1420	1376	290	1695	180	384	8	3456	509	2	5
98	十六、教育	37393	5870	4077	0	9293	667	18235	0	420	229	235	104	68	798	35	0	1386	1	52
99	1. 学前教育	2863	415	118	0	1278	3	992	0	27	25	9	8	48	28	4	0	26	0	0
100	2. 初等教育	8474	859	831	0	3774	13	3618	0	32	11	6	3	0	94	11	0	0	0	53
101	3. 中等教育	10660	472	414	0	1738	164	8071	0	32	88	1	21	20	48	5	0	0	0	0
102	4. 高等教育	3857	152	103	0	62	2	3493	0	8	56	3	27	0	0	1	0	52	1	0
103	5. 特殊教育	38	11	0	0	0	0	27	0	0	0	0	0	0	0	0	0	0	0	0
104	6. 技能培训、教育辅助及其他	11501	3961	2611	0	2441	485	2034	0	321	49	216	45	0	628	14	0	1308	0	-1
105	十七、卫生和社会工作	27474	1033	760	0	5796	0	19143	0	68	913	43	64	158	119	5	0	70	63	-1
106	1. 卫生	26611	826	719	0	5752	0	18583	0	49	897	40	64	158	105	5	0	70	63	-1
107	2. 社会工作	863	207	41	0	44	0	560	0	19	16	3	0	0	14	0	0	0	0	0
108	十八、文化、体育和娱乐业	21881	7075	5170	0	2193	66	5906	0	547	1104	127	3823	7	38	3	0	911	2	79
109	1. 新闻和出版业	2856	220	212	0	7	0	2191	0	148	113	47	118	0	11	1	0	0	0	0
110	2. 广播、电视、电影和影视录音制作业	3819	1821	1435	0	1225	9	391	0	201	54	29	7	7	7	2	0	0	0	66
111	3. 文化艺术业	2302	876	479	0	265	39	381	0	38	118	25	41	0	9	0	0	497	0	13
112	4. 体育	8673	3285	2817	0	243	3	638	0	103	639	17	3629	0	4	0	0	112	0	0
113	5. 娱乐业	4231	873	227	0	453	15	2305	0	57	180	9	28	0	7	0	0	302	2	0
114	十九、公共管理、社会保障和社会组织	918363	120121	20284	0	28566	35	178443	0	9197	27896	8419	19695	180483	581	2690	33635	308334	1	267
115	二十、其他行业	374734	12	0	0	0	0	12	0	1	58	4	1	0	374646	0	0	0	0	0

3－7 韶关市税务局税收收入分行业分税种统计年报（2018年）

编报机关：韶关市税务局

单位：万元

序号	项目	税收收入合计	国内增值税	一般纳税人增值税	国内消费税	企业所得税		个人所得税	资源税	城市维护建设税	房产税	印花税	城镇土地使用税	土地增值税	车辆购置税	车船税	耕地占用税	契税	环境保护税	其他各税
						内资企业	外资企业													
1	合计	1977827	900922	793233	214826	191951	34708	117427	14368	78398	32474	13509	38119	69192	57221	9510	34301	50676	2722	117503
2	一、农、林、牧、渔业	2608	686	417	0	390	70	679	1	81	199	65	227	85	63	0	0	56	9	－3
3	二、采矿业	170963	45417	45239	0	4858	0	2609	10874	2505	182	117	2092	48	23	0	0	0	59	102179
4	1. 煤炭开采和洗选业	8	0	0	0	0	0	8	0	0	0	0	0	0	0	0	0	0	0	0
5	2. 石油和天然气开采业	0	0	0	0	0	0	0	0	0	0	0	0	0	0	0	0	0	0	0
6	3. 黑色金属矿采选业	2045	1870	1870	0	0	0	101	37	15	8	1	10	0	3	0	0	0	0	0
7	4. 有色金属矿采选业	60035	40350	40330	0	4094	0	2133	8821	2277	149	88	2002	48	15	0	0	0	58	0
8	5. 非金属矿采选业	6418	3042	3005	0	764	0	322	1967	200	25	19	73	0	5	0	0	0	1	0
9	6. 开采专业及辅助性活动	0	0	0	0	0	0	0	0	0	0	0	0	0	0	0	0	0	0	0
10	7. 其他采矿业	102457	155	34	0	0	0	45	49	13	0	9	7	0	0	0	0	0	0	102179
11	三、制造业	694757	354871	353507	185423	37219	27039	12368	1113	41922	11086	4717	13470	1308	626	3	89	1291	2184	28
12	1. 农副食品加工业	1611	376	364	0	164	409	87	0	23	107	50	374	0	13	0	0	0	8	0
13	2. 食品制造业	1118	608	585	1	145	9	14	0	36	84	14	194	0	3	0	0	3	7	0
14	3. 酒、饮料和精制茶制造业	4866	2129	2120	822	266	829	118	2	254	241	19	164	0	14	0	0	6	2	0
15	4. 烟草制品业	280268	73062	72968	181184	100	0	2192	0	22386	847	13	481	0	0	1	0	0	2	0
16	5. 纺织业	10911	7462	7455	0	1976	0	280	0	487	264	77	349	0	0	0	0	2	14	0
17	6. 纺织服装、服饰业	4201	3455	3410	0	126	20	20	0	244	182	27	113	3	0	0	0	11	0	0
18	7. 皮革、毛皮、羽毛及其制品和制鞋业	1005	790	781	0	5	2	24	0	17	94	4	66	0	2	0	0	0	1	0
19	8. 木材加工和木竹藤棕草制品业	7579	5481	5384	0	279	43	343	0	487	217	75	600	0	14	0	0	0	40	0
20	9. 家具制造业	1182	818	794	0	2	66	77	0	97	45	7	67	0	0	0	0	2	1	0
21	10. 造纸和纸制品业	4074	3070	3065	0	154	1	65	0	184	215	59	277	0	4	0	0	7	38	0
22	11. 印刷和记录媒介复制业	2587	1758	1696	0	116	164	113	0	115	88	9	55	168	0	0	0	0	1	0

续表

序号	项目	税收收入合计	国内增值税	一般纳税人增值税	国内消费税	企业所得税		个人所得税	资源税	城市维护建设税	房产税	印花税	城镇土地使用税	土地增值税	车辆购置税	车船税	耕地占用税	契税	环境保护税	其他各税
						内资企业	外资企业													
23	12. 文教、工美、体育和娱乐用品制造业	27128	20415	20392	0	43	3494	412	0	1217	768	220	542	0	10	0	0	0	7	0
24	13. 石油、煤炭及其他燃料加工业	10	9	9	0	0	0	0	0	1	0	0	0	0	0	0	0	0	0	0
25	14. 化学原料和化学制品制造业	47612	27106	27097	819	8813	5173	859	2	1732	1423	282	1259	0	61	0	4	49	30	0
26	15. 医药制造业	15517	8329	8316	0	819	4702	212	0	578	345	115	303	0	6	0	0	107	1	0
27	16. 化学纤维制造业	11	0	0	0	0	0	0	0	0	0	0	11	0	0	0	0	0	0	0
28	17. 橡胶和塑料制品业	4430	2086	2070	0	342	1171	138	0	140	212	36	280	0	21	0	0	4	0	0
29	18. 非金属矿物制品业	46044	30927	30769	0	8588	11	1030	1093	1621	373	217	1335	7	239	1	0	36	564	2
30	19. 黑色金属冶炼和压延加工业	124940	103894	103891	0	3078	177	1962	0	7770	1982	1961	2774	1	28	0	0	0	1313	0
31	20. 有色金属冶炼和压延加工业	22340	10487	10482	0	4681	1049	1439	0	642	1203	584	1435	685	32	0	0	18	85	0
32	21. 金属制品业	10775	8299	8232	0	167	28	427	0	396	318	133	358	1	41	0	85	513	9	0
33	22. 通用设备制造业	14001	7863	7794	0	2249	392	766	0	672	764	119	742	0	81	0	0	352	1	0
34	23. 专用设备制造业	6433	4378	4331	0	594	58	293	0	270	297	67	434	0	3	0	0	38	1	0
35	24. 汽车制造业	1017	587	587	0	19	158	32	0	57	60	7	92	0	4	1	0	0	0	0
36	25. 铁路、船舶、航空航天和其他运输设备制造业	586	19	17	0	454	0	31	0	0	5	0	77	0	0	0	0	0	0	0
37	26. 电气机械和器材制造业	16169	10777	10739	2597	457	638	394	0	617	161	115	269	137	1	0	0	4	2	0
38	27. 计算机、通信和其他电子设备制造业	21388	11427	11151	0	2918	3612	520	5	1082	659	174	557	272	9	0	0	109	44	0
39	28. 仪表仪器制造业	3457	1395	1394	0	1	1564	216	0	124	45	89	15	0	0	0	0	6	2	0
40	29. 其他制造业	5859	3510	3320	0	613	562	205	11	373	68	215	197	34	17	0	0	22	6	26
41	30. 废弃资源综合利用业	6717	3555	3546	0	47	2707	47	0	245	18	27	42	0	22	0	0	2	5	0
42	31. 金属制品、机械和设备修理业	921	799	748	0	3	0	52	0	55	1	2	8	0	1	0	0	0	0	0
43	四、电力、热力、燃气及水的生产和供应业	87890	56980	56721	0	13568	370	6886	0	3411	2950	661	1965	17	172	0	18	557	336	-1
44	1. 电力、热力生产和供应业	82763	55101	54867	0	11403	236	6578	0	3231	2859	611	1730	17	156	0	18	490	334	-1

续表

序号	项 目	税收收入合计	国内增值税	一般纳税人增值税	国内消费税	企业所得税		个人所得税	资源税	城市维护建设税	房产税	印花税	城镇土地使用税	土地增值税	车辆购置税	车船税	耕地占用税	契税	环境保护税	其他各税
						内资企业	外资企业													
45	2. 燃气生产和供应业	2411	821	818	0	1335	0	89	0	79	30	13	38	0	6	0	0	0	0	0
46	3. 水的生产和供应业	2716	1058	1036	0	830	134	219	0	101	61	37	197	0	10	0	0	67	2	0
47	五、建筑业	176600	120821	58655	0	25589	103	13628	1152	7429	285	1439	777	2625	478	0	1923	133	94	124
48	1. 房屋建筑业	63684	39133	27781	0	14029	0	3963	358	2863	102	417	397	2303	69	0	0	0	50	0
49	2. 土木工程建筑业	36532	25945	11019	0	4898	15	3326	314	1416	51	251	85	1	210	0	0	2	14	4
50	3. 建筑安装业	47710	34965	13325	0	5342	0	3793	378	2007	98	576	149	126	78	0	0	126	14	58
51	4. 建筑装饰、装修和其他建筑业	28674	20778	6530	0	1320	88	2546	102	1143	34	195	146	195	121	0	1923	5	16	62
52	六、批发和零售业	246076	129435	118855	29403	33781	1791	22766	954	10751	2439	1637	3200	155	1138	3	8	874	14	7727
53	1. 批发业	184044	89366	87386	29045	25607	251	17077	306	8466	1411	1250	2340	138	464	2	0	606	5	7710
54	2. 零售业	62032	40069	31469	358	8174	1540	5689	648	2285	1028	387	860	17	674	1	8	268	9	17
55	七、交通运输、仓储和邮政业	24414	13833	8965	0	1589	62	3568	1	904	790	565	591	126	2265	31	0	43	0	46
56	1. 铁路运输业	2357	651	646	0	9	0	1626	0	28	17	14	4	0	1	2	0	5	0	0
57	2. 道路运输业	17427	10527	6323	0	1351	6	1100	1	760	469	530	373	120	2099	20	0	25	0	46
58	3. 水上运输业	507	342	287	0	59	1	21	0	22	30	6	1	6	5	8	0	6	0	0
59	4. 航空运输业	6	0	0	0	0	0	0	0	0	0	2	0	0	4	0	0	0	0	0
60	5. 管道运输业	9	1	0	0	0	0	0	0	0	6	0	2	0	0	0	0	0	0	0
61	6. 多式联运和运输代理业	469	202	153	0	27	54	52	0	16	3	3	15	0	95	1	0	1	0	0
62	7. 装卸搬运和仓储业	1940	1419	929	0	131	0	184	0	59	35	6	57	0	48	0	0	1	0	0
63	8. 邮政业	1699	691	627	0	12	1	585	0	19	230	4	139	0	13	0	0	5	0	0
64	八、住宿和餐饮业	8425	3369	1530	0	282	73	1191	28	235	1124	31	1472	493	37	0	0	52	16	22
65	1. 住宿业	5789	1733	1093	0	105	14	918	28	128	968	23	1359	413	26	0	0	52	14	8
66	2. 餐饮业	2636	1636	437	0	177	59	273	0	107	156	8	113	80	11	0	0	0	2	14
67	九、信息传输、软件和信息技术服务业	5673	1920	1306	0	590	4	1549	0	126	803	77	292	0	113	0	0	101	0	98
68	1. 电信、广播电视和卫星传输服务	2657	298	249	0	26	0	1154	0	-18	800	54	278	0	17	0	0	48	0	0

续表

序号	项 目	税收收入合计	国内增值税	一般纳税人增值税	国内消费税	企业所得税 内资企业	企业所得税 外资企业	个人所得税	资源税	城市维护建设税	房产税	印花税	城镇土地使用税	土地增值税	车辆购置税	车船税	耕地占用税	契税	环境保护税	其他各税
69	2. 互联网和相关服务	262	46	15	0	46	0	157	0	8	0	1	0	0	4	0	0	0	0	0
70	3. 软件和信息技术服务业	2754	1576	1042	0	518	4	238	0	136	3	22	14	0	92	0	0	53	0	98
71	十、金融业	71112	30716	30436	0	13107	24	11783	0	2050	1408	453	335	205	163	9276	0	1600	0	-8
72	1. 货币金融服务	41585	21725	21623	0	12084	24	4213	0	1427	1146	275	195	205	86	0	0	199	0	6
73	2. 资本市场服务	3761	793	766	0	636	0	537	0	53	187	34	115	0	5	0	0	1401	0	0
74	3. 保险业	24691	7700	7679	0	1	0	6916	0	542	73	134	24	0	39	9276	0	0	0	-14
75	4. 其他金融业	1075	498	368	0	386	0	117	0	28	2	10	1	0	33	0	0	0	0	0
76	十一、房地产业	252570	98305	93985	0	49030	4293	8644	0	6431	7746	2016	9009	57639	276	1	1050	7620	2	508
77	1. 房地产开发经营	227964	87909	86787	0	46710	4137	7659	0	6020	3356	1887	6925	55374	223	1	0	7258	2	503
78	2. 物业管理	5086	3081	2212	0	424	152	378	0	211	670	21	105	0	33	0	0	6	0	5
79	3. 房地产中介服务	321	156	46	0	74	0	48	0	12	24	1	1	3	0	0	0	2	0	0
80	4. 房地产租赁经营	14697	4887	3851	0	971	2	336	0	120	2942	83	1945	2002	18	0	1050	339	0	2
81	5. 其他房地产业	4502	2272	1089	0	851	2	223	0	68	754	24	33	260	2	0	0	15	0	-2
82	十二、租赁和商务服务业	41832	20901	10209	0	6418	461	3442	12	1189	1227	907	2301	3861	489	0	1	603	0	20
83	1. 租赁业	2968	1980	583	0	133	0	312	0	92	13	18	38	0	382	0	0	0	0	0
84	2. 商务服务业	38864	18921	9626	0	6285	461	3130	12	1097	1214	889	2263	3861	107	0	1	603	0	20
85	十三、科学研究和技术服务业	10806	5769	4099	0	2386	98	1514	3	453	175	86	161	2	72	1	0	84	2	0
86	1. 研究和试验发展	784	140	59	0	124	43	208	0	54	48	39	80	0	16	0	0	32	0	0
87	2. 专业技术服务业	9292	5403	3930	0	1866	49	1279	3	383	115	45	43	2	51	1	0	52	0	0
88	3. 科技推广和应用服务业	730	226	110	0	396	6	27	0	16	12	2	38	0	5	0	0	0	2	0
89	十四、水利、环境和公共设施管理业	10452	1540	975	0	1182	12	241	0	149	51	57	137	0	55	1	7023	0	3	1
90	1. 水利管理业	409	286	26	0	13	0	46	0	26	11	23	4	0	0	0	0	0	0	0
91	2. 生态保护和环境治理业	461	189	158	0	114	0	35	0	31	21	17	40	0	12	0	0	0	2	0
92	3. 公共设施管理业	2476	996	791	0	1055	12	151	0	90	19	14	93	0	43	1	0	0	1	1
93	4. 土地管理业	7106	69	0	0	0	0	9	0	2	0	3	0	0	0	0	7023	0	0	0

续表

序号	项目	税收收入合计	国内增值税	一般纳税人增值税	国内消费税	企业所得税		个人所得税	资源税	城市维护建设税	房产税	印花税	城镇土地使用税	土地增值税	车辆购置税	车船税	耕地占用税	契税	环境保护税	其他各税
						内资企业	外资企业													
94	十五、居民服务、修理和其他服务业	23434	11052	7712	0	1495	307	4102	23	378	289	70	673	30	251	1	4266	469	1	27
95	1. 居民服务业	5339	2818	2118	0	571	18	533	0	67	25	16	246	9	28	0	629	379	0	0
96	2. 机动车、电子产品和日用产品修理业	1415	1026	720	0	22	0	107	0	50	73	2	44	0	89	0	0	2	0	0
97	3. 其他服务业	16680	7208	4874	0	902	289	3462	23	261	191	52	383	21	134	1	3637	88	1	27
98	十六、教育	2143	393	176	0	110	0	1310	0	23	73	6	38	1	157	0	0	30	0	2
99	1. 学前教育	89	4	0	0	5	0	12	0	0	2	2	1	0	63	0	0	0	0	0
100	2. 初等教育	195	10	6	0	30	0	127	0	1	23	0	0	0	4	0	0	0	0	0
101	3. 中等教育	380	40	28	0	29	0	276	0	3	14	0	3	1	13	0	0	0	0	1
102	4. 高等教育	761	19	0	0	1	0	705	0	2	31	1	1	0	0	0	0	0	0	1
103	5. 特殊教育	0	0	0	0	0	0	0	0	0	0	0	0	0	0	0	0	0	0	0
104	6. 技能培训、教育辅助及其他	718	320	142	0	45	0	190	0	17	3	3	33	0	77	0	0	30	0	0
105	十七、卫生和社会工作	7983	32	8	0	22	0	7755	0	1	40	7	22	0	93	3	0	6	2	0
106	1. 卫生	7958	28	8	0	17	0	7751	0	1	38	3	22	0	93	3	0	0	2	0
107	2. 社会工作	25	4	0	0	5	0	4	0	0	2	4	0	0	0	0	0	6	0	0
108	十八、文化、体育和娱乐业	2185	696	438	0	81	1	1008	0	53	51	4	258	1	4	0	0	1	0	27
109	1. 新闻和出版业	120	104	102	0	0	0	16	0	0	0	0	0	0	0	0	0	0	0	0
110	2. 广播、电视、电影和影视录音制作业	269	108	66	0	33	0	94	0	10	17	2	1	3	1	0	0	0	0	0
111	3. 文化艺术业	177	59	0	0	12	0	76	0	17	7	1	1	0	3	0	0	1	0	0
112	4. 体育	258	71	21	0	6	0	9	0	4	2	0	172	-2	0	0	0	0	0	-4
113	5. 娱乐业	1361	354	249	0	30	1	813	0	22	25	1	84	0	0	0	0	0	0	31
114	十九、公共管理、社会保障和社会组织	87326	4186	0	0	254	0	12364	207	307	1556	594	1099	2596	188	190	19923	37156	0	6706
115	二十、其他行业	50578	0	0	0	0	0	20	0	0	0	0	0	0	50558	0	0	0	0	0

3－8　河源市税务局税收收入分行业分税种统计年报（2018年）

编报机关：河源市税务局　　　　　　　　　　　　　　　　　　单位：万元

序号	项　目	税收收入合计	国内增值税	一般纳税人增值税	国内消费税	企业所得税		个人所得税	资源税	城市维护建设税	房产税	印花税	城镇土地使用税	土地增值税	车辆购置税	车船税	耕地占用税	契税	环境保护税	其他各税
						内资企业	外资企业													
1	合　计	1354589	580467	464527	35148	161968	39964	80886	5288	39120	28900	10273	85733	81223	52670	8506	52803	53624	513	37503
2	一、农、林、牧、渔业	4634	722	365	0	1222	249	456	0	75	162	102	517	86	44	2	863	34	100	0
3	二、采矿业	21536	11943	11624	0	5032	72	843	2312	621	225	70	186	127	18	0	83	0	4	0
4	1. 煤炭开采和洗选业	6	4	0	0	0	0	2	0	0	0	0	0	0	0	0	0	0	0	0
5	2. 石油和天然气开采业	23	21	0	0	0	0	1	0	1	0	0	0	0	0	0	0	0	0	0
6	3. 黑色金属矿采选业	11729	6413	5321	0	3608	0	100	940	386	121	32	36	89	1	0	0	0	3	0
7	4. 有色金属矿采选业	375	111	68	0	0	0	29	154	6	8	12	13	38	4	0	0	0	0	0
8	5. 非金属矿采选业	8844	4992	4838	0	1418	72	682	1146	216	88	24	126	0	12	0	67	0	1	0
9	6. 开采专业及辅助性活动	141	109	107	0	0	0	2	15	6	0	0	2	0	1	0	6	0	0	0
10	7. 其他采矿业	418	293	290	0	6	0	27	57	6	8	2	9	0	0	0	10	0	0	0
11	三、制造业	319245	179501	177512	131	32972	21183	10696	291	12112	11783	2702	9709	829	593	3	-25	575	336	35854
12	1. 农副食品加工业	1515	308	293	0	714	119	71	0	45	108	48	95	0	4	0	0	0	3	0
13	2. 食品制造业	1579	1069	1064	0	60	0	93	0	75	99	27	146	0	4	0	0	0	6	0
14	3. 酒、饮料和精制茶制造业	27741	11557	11551	130	13885	0	197	2	815	552	112	483	0	0	0	0	5	3	0
15	4. 烟草制品业	27	1	0	0	0	0	16	0	0	9	0	1	0	0	0	0	0	0	0
16	5. 纺织业	3680	2793	2693	0	3	222	78	0	145	155	23	253	0	5	0	0	0	3	0
17	6. 纺织服装、服饰业	16470	12896	12829	0	68	774	485	0	719	522	171	448	365	11	0	0	10	1	0
18	7. 皮革、毛皮、羽毛及其制品和制鞋业	9248	7562	7523	0	3	605	115	0	403	303	79	174	0	4	0	0	0	0	0
19	8. 木材加工和木竹藤棕草制品业	3955	3077	2939	0	90	1	115	0	175	116	46	206	11	22	0	30	60	6	0
20	9. 家具制造业	3006	2104	2076	0	234	0	31	0	130	289	21	181	0	16	0	0	0	0	0
21	10. 造纸和纸制品业	2442	1616	1611	0	78	112	38	0	102	240	26	212	0	18	0	0	0	0	0
22	11. 印刷和记录媒介复制业	3824	3158	3053	0	33	50	96	0	157	138	20	161	0	0	0	0	11	0	0

续表

序号	项目	税收收入合计	国内增值税	一般纳税人增值税	国内消费税	企业所得税		个人所得税	资源税	城市维护建设税	房产税	印花税	城镇土地使用税	土地增值税	车辆购置税	车船税	耕地占用税	契税	环境保护税	其他各税
						内资企业	外资企业													
23	12. 文教、工美、体育和娱乐用品制造业	14193	9457	9398	0	2299	503	275	0	583	530	97	426	0	11	1	10	0	1	0
24	13. 石油、煤炭及其他燃料加工业	0	0	0	0	0	0	0	0	0	0	0	0	0	0	0	0	0	0	0
25	14. 化学原料和化学制品制造业	1588	984	978	1	123	140	86	0	61	44	19	45	0	9	0	10	18	0	48
26	15. 医药制造业	5130	3044	3041	0	174	809	609	0	183	136	37	131	0	4	0	0	0	3	0
27	16. 化学纤维制造业	83	2	0	0	0	33	0	0	0	5	0	32	0	0	0	0	11	0	0
28	17. 橡胶和塑料制品业	26676	18207	18003	0	1072	2606	1061	0	1593	938	320	748	0	59	0	0	66	6	0
29	18. 非金属矿物制品业	41673	27558	27197	0	7261	-7	1418	285	1335	1450	234	1592	152	251	2	-137	24	255	0
30	19. 黑色金属冶炼和压延加工业	8164	6803	6800	0	652	0	25	0	383	93	86	114	0	5	0	0	0	3	0
31	20. 有色金属冶炼和压延加工业	4129	2814	2801	0	652	1	55	0	166	165	31	227	0	1	0	0	13	4	0
32	21. 金属制品业	19772	12591	12492	0	138	3471	1508	1	784	461	108	596	8	8	0	0	70	1	27
33	22. 通用设备制造业	4263	3028	2988	0	217	103	223	0	159	255	48	209	0	8	0	0	12	1	0
34	23. 专用设备制造业	6427	4448	4380	0	321	232	217	1	333	396	53	386	0	11	0	0	26	3	0
35	24. 汽车制造业	2256	1219	1216	0	1	698	88	0	135	0	31	26	0	5	0	0	53	0	0
36	25. 铁路、船舶、航空航天和其他运输设备制造业	49	42	36	0	3	0	1	0	3	0	0	0	0	0	0	0	0	0	0
37	26. 电气机械和器材制造业	-3021	-7436	-7575	0	519	292	905	0	759	1163	169	434	81	8	0	0	81	4	0
38	27. 计算机、通信和其他电子设备制造业	62109	39928	39805	0	2949	7735	2523	0	2323	2958	761	1687	159	24	0	10	41	17	994
39	28. 仪表仪器制造业	1591	1028	1021	0	102	127	71	0	54	95	12	99	0	2	0	0	0	0	1
40	29. 其他制造业	48018	7904	7590	0	946	2557	144	2	318	472	105	506	53	99	0	52	74	2	34784
41	30. 废弃资源综合利用业	2401	1552	1552	0	373	0	106	0	153	91	17	91	0	4	0	0	0	14	0
42	31. 金属制品、机械和设备修理业	257	187	157	0	2	0	46	0	21	0	1	0	0	0	0	0	0	0	0
43	四、电力、热力、燃气及水的生产和供应业	57184	37831	37694	0	8090	1006	3549	0	2319	1567	324	2266	9	117	7	20	21	57	1
44	1. 电力、热力生产和供应业	51867	36186	36102	0	6733	668	3329	0	2220	1393	244	885	0	109	7	20	16	57	0

续表

序号	项目	税收收入合计	国内增值税	一般纳税人增值税	国内消费税	企业所得税		个人所得税	资源税	城市维护建设税	房产税	印花税	城镇土地使用税	土地增值税	车辆购置税	车船税	耕地占用税	契税	环境保护税	其他各税
						内资企业	外资企业													
45	2. 燃气生产和供应业	2497	857	852	0	1047	173	141	0	56	57	37	118	0	5	0	0	5	0	1
46	3. 水的生产和供应业	2820	788	740	0	310	165	79	0	43	117	43	1263	9	3	0	0	0	0	0
47	五、建筑业	159066	92317	33376	0	19582	130	10920	1559	5480	207	1402	999	1037	204	1	23399	913	6	910
48	1. 房屋建筑业	33711	20635	11311	0	7189	0	1774	621	1367	82	424	292	452	51	0	0	305	4	515
49	2. 土木工程建筑业	51405	18172	5706	0	6662	17	1636	393	1228	11	237	228	0	41	0	22399	119	0	262
50	3. 建筑安装业	37920	29401	5484	0	2394	68	3592	292	1537	49	383	56	0	55	1	60	14	2	16
51	4. 建筑装饰、装修和其他建筑业	36030	24109	5875	0	3337	45	3918	253	1348	65	358	423	585	57	0	940	475	0	117
52	六、批发和零售业	127554	56772	43335	34974	13036	738	4566	493	6324	1451	824	2312	1742	1051	3	1897	1369	2	0
53	1. 批发业	80318	27080	24982	34398	9385	390	1979	200	4442	459	368	698	296	131	1	97	393	1	0
54	2. 零售业	47236	29692	13353	576	3651	348	2587	293	1882	992	456	1614	1446	920	2	1800	976	1	0
55	七、交通运输、仓储和邮政业	11753	5936	4348	0	1126	168	2113	0	385	373	51	191	0	1389	19	0	2	0	0
56	1. 铁路运输业	891	63	60	0	0	0	823	0	4	0	1	0	0	0	0	0	0	0	0
57	2. 道路运输业	9163	4919	3887	0	1056	151	939	0	343	206	40	105	0	1383	19	0	2	0	0
58	3. 水上运输业	21	9	5	0	1	0	2	0	0	7	0	2	0	0	0	0	0	0	0
59	4. 航空运输业	0	0	0	0	0	0	0	0	0	0	0	0	0	0	0	0	0	0	0
60	5. 管道运输业	6	4	0	0	0	0	2	0	0	0	0	0	0	0	0	0	0	0	0
61	6. 多式联运和运输代理业	117	76	8	0	11	17	6	0	4	0	1	0	0	2	0	0	0	0	0
62	7. 装卸搬运和仓储业	646	427	84	0	5	0	103	0	19	39	4	49	0	0	0	0	0	0	0
63	8. 邮政业	909	438	304	0	53	0	238	0	15	121	5	35	0	4	0	0	0	0	0
64	八、住宿和餐饮业	6342	3799	1520	0	348	144	586	25	224	672	13	277	149	39	0	0	63	1	2
65	1. 住宿业	2740	1555	984	0	40	47	159	25	93	471	5	199	79	5	0	0	61	1	0
66	2. 餐饮业	3602	2244	536	0	308	97	427	0	131	201	8	78	70	34	0	0	2	0	2
67	九、信息传输、软件和信息技术服务业	5198	1891	1137	0	537	260	1117	0	2	642	86	420	0	13	0	6	210	0	14
68	1. 电信、广播电视和卫星传输服务	2563	556	509	0	6	0	1002	0	-44	635	43	358	0	2	0	0	5	0	0

续表

序号	项 目	税收收入合计	国内增值税	一般纳税人增值税	国内消费税	企业所得税		个人所得税	资源税	城市维护建设税	房产税	印花税	城镇土地使用税	土地增值税	车辆购置税	车船税	耕地占用税	契税	环境保护税	其他各税
						内资企业	外资企业													
69	2. 互联网和相关服务	67	55	6	0	25	0	13	0	-42	3	1	2	0	6	0	0	4	0	0
70	3. 软件和信息技术服务业	2568	1280	622	0	506	260	102	0	88	4	42	60	0	5	0	6	201	0	14
71	十、金融业	93308	34897	34652	31	30008	5	14624	3	2161	1905	478	317	554	82	8299	0	255	0	-311
72	1. 货币金融服务	68494	26778	26667	31	28962	0	8880	0	1734	1585	340	147	72	47	2	0	227	0	-311
73	2. 资本市场服务	2046	445	419	0	576	0	186	3	44	124	15	143	481	5	0	0	24	0	0
74	3. 保险业	19979	5725	5685	0	1	0	5335	0	372	93	115	10	1	30	8297	0	0	0	0
75	4. 其他金融业	2789	1949	1881	0	469	5	223	0	11	103	8	17	0	0	0	0	4	0	0
76	十一、房地产业	295627	110387	103164	12	41001	15594	4846	30	6613	5545	2869	29695	61759	358	4	3056	12939	0	919
77	1. 房地产开发经营	267614	98943	97459	12	38665	15386	3730	27	6176	2659	2764	23643	61045	326	3	710	12642	0	883
78	2. 物业管理	6187	2652	1895	0	2049	133	337	3	172	287	33	481	0	12	0	0	5	0	23
79	3. 房地产中介服务	1833	1294	1138	0	145	0	159	0	34	20	4	40	2	12	0	0	123	0	0
80	4. 房地产租赁经营	4142	797	327	0	6	3	292	0	43	2093	19	426	0	8	0	413	42	0	0
81	5. 其他房地产业	15851	6701	2345	0	136	72	328	0	188	486	49	5105	712	0	1	1933	127	0	13
82	十二、租赁和商务服务业	78664	14568	7793	0	6073	239	2624	23	933	326	361	33964	3108	383	1	14531	1529	0	1
83	1. 租赁业	3331	2123	230	0	112	1	506	0	106	33	72	126	0	222	0	0	29	0	1
84	2. 商务服务业	75333	12445	7563	0	5961	238	2118	23	827	293	289	33838	3108	161	1	14531	1500	0	0
85	十三、科学研究和技术服务业	8687	4898	2992	0	1596	126	828	27	339	209	55	432	0	67	0	0	110	0	0
86	1. 研究和试验发展	776	401	302	0	40	6	27	0	15	90	5	164	0	3	0	0	25	0	0
87	2. 专业技术服务业	7433	4259	2590	0	1525	85	677	27	302	103	43	265	0	62	0	0	85	0	0
88	3. 科技推广和应用服务业	478	238	100	0	31	35	124	0	22	16	7	3	0	2	0	0	0	0	0
89	十四、水利、环境和公共设施管理业	5369	1666	993	0	268	0	73	461	103	61	96	54	0	54	0	1287	1246	0	0
90	1. 水利管理业	603	104	0	0	2	0	8	461	4	0	23	1	0	0	0	0	0	0	0
91	2. 生态保护和环境治理业	1022	655	486	0	212	0	23	0	66	11	14	18	0	23	0	0	0	0	0
92	3. 公共设施管理业	2451	735	507	0	54	0	42	0	33	50	59	35	0	29	0	168	1246	0	0
93	4. 土地管理业	1293	172	0	0	0	0	0	0	0	0	0	0	0	2	0	1119	0	0	0

续表

序号	项目	税收收入合计	国内增值税	一般纳税人增值税	国内消费税	企业所得税		个人所得税	资源税	城市维护建设税	房产税	印花税	城镇土地使用税	土地增值税	车辆购置税	车船税	耕地占用税	契税	环境保护税	其他各税
						内资企业	外资企业													
94	十五、居民服务、修理和其他服务业	17322	9404	5689	0	561	50	3371	35	466	589	117	2238	221	131	1	10	77	3	48
95	1. 居民服务业	1414	681	215	0	34	14	295	9	57	44	71	122	0	33	1	0	49	3	1
96	2. 机动车、电子产品和日用产品修理业	724	527	177	0	11	0	71	0	40	17	4	39	0	15	0	0	0	0	0
97	3. 其他服务业	15184	8196	5297	0	516	36	3005	26	369	528	42	2077	221	83	0	10	28	0	47
98	十六、教育	2274	730	549	0	71	0	1084	0	79	36	7	20	0	238	8	0	0	0	1
99	1. 学前教育	90	1	0	0	10	0	29	0	0	7	0	3	0	38	2	0	0	0	0
100	2. 初等教育	157	8	3	0	1	0	129	0	0	0	0	0	0	17	2	0	0	0	0
101	3. 中等教育	763	14	3	0	1	0	728	0	2	12	2	0	0	1	2	0	0	0	1
102	4. 高等教育	141	19	0	0	2	0	119	0	1	0	0	0	0	0	0	0	0	0	0
103	5. 特殊教育	0	0	0	0	0	0	0	0	0	0	0	0	0	0	0	0	0	0	0
104	6. 技能培训、教育辅助及其他	1123	688	543	0	57	0	79	0	76	17	5	17	0	182	2	0	0	0	0
105	十七、卫生和社会工作	4349	21	9	0	420	0	3781	0	4	12	38	2	0	27	2	0	39	3	0
106	1. 卫生	4346	19	9	0	420	0	3780	0	4	12	38	2	0	27	2	0	39	3	0
107	2. 社会工作	3	2	0	0	0	0	1	0	0	0	0	0	0	0	0	0	0	0	0
108	十八、文化、体育和娱乐业	1569	693	391	0	24	0	708	0	46	62	3	13	0	6	0	0	14	0	0
109	1. 新闻和出版业	534	283	279	0	0	0	217	0	21	1	0	0	0	0	0	0	12	0	0
110	2. 广播、电视、电影和影视录音制作业	193	128	94	0	3	0	34	0	10	14	0	4	0	0	0	0	0	0	0
111	3. 文化艺术业	187	97	0	0	15	0	28	0	5	24	2	8	0	6	0	0	2	0	0
112	4. 体育	61	32	0	0	0	0	14	0	2	13	0	0	0	0	0	0	0	0	0
113	5. 娱乐业	594	153	18	0	6	0	415	0	8	10	1	1	0	0	0	0	0	0	0
114	十九、公共管理、社会保障和社会组织	87081	12491	384	0	1	0	14100	29	831	2929	664	2095	11602	264	156	7676	34228	1	14
115	二十、其他行业	47827	0	0	0	0	0	1	0	3	144	11	26	0	47592	0	0	0	0	50

3-9 梅州市税务局税收收入分行业分税种统计年报（2018年）

编报机关：梅州市税务局

单位：万元

序号	项目	税收收入合计	国内增值税	一般纳税人增值税	国内消费税	企业所得税		个人所得税	资源税	城市维护建设税	房产税	印花税	城镇土地使用税	土地增值税	车辆购置税	车船税	耕地占用税	契税	环境保护税	其他各税
						内资企业	外资企业													
1	合计	2155698	779633	659983	348087	317164	25999	115275	32538	73322	34826	13528	43111	144821	76320	11368	50996	73609	1287	13814
2	一、农、林、牧、渔业	5322	1222	621	0	827	1172	494	0	174	267	193	302	518	83	1	0	26	42	1
3	二、采矿业	36680	11745	11457	0	1396	482	281	21628	464	122	160	98	16	42	0	82	16	148	0
4	1. 煤炭开采和洗选业	13	9	6	0	0	0	2	0	1	0	1	0	0	0	0	0	0	0	0
5	2. 石油和天然气开采业	1	1	1	0	0	0	0	0	0	0	0	0	0	0	0	0	0	0	0
6	3. 黑色金属矿采选业	3317	635	634	0	1	0	0	2607	11	5	53	5	0	0	0	0	0	0	0
7	4. 有色金属矿采选业	13091	4217	4207	0	1082	0	135	7302	161	100	27	55	0	2	0	0	10	0	0
8	5. 非金属矿采选业	19485	6417	6253	0	281	482	140	11567	263	14	74	29	0	40	0	34	0	144	0
9	6. 开采专业及辅助性活动	182	110	110	0	12	0	2	48	7	0	1	1	0	0	0	0	0	1	0
10	7. 其他采矿业	591	356	246	0	20	0	2	104	21	3	4	8	16	0	0	48	6	3	0
11	三、制造业	707450	269241	267477	302943	34306	14918	11356	5382	39326	5380	2131	5679	2165	1275	7	3880	1305	521	7635
12	1. 农副食品加工业	2939	1079	837	0	624	69	57	0	49	249	52	517	198	13	1	0	31	0	0
13	2. 食品制造业	5533	3163	3135	0	487	0	218	0	108	33	44	146	1024	12	0	0	297	1	0
14	3. 酒、饮料和精制茶制造业	6648	2152	2135	2770	949	0	117	3	258	208	38	147	0	2	2	0	1	1	0
15	4. 烟草制品业	420928	89133	89132	300106	181	0	2091	0	28533	608	27	70	0	7	1	0	170	1	0
16	5. 纺织业	1700	1488	1477	0	35	10	8	0	73	8	16	38	0	1	0	0	20	3	0
17	6. 纺织服装、服饰业	8196	4184	4134	0	295	3026	105	0	323	96	49	83	25	3	0	0	0	1	6
18	7. 皮革、毛皮、羽毛及其制品和制鞋业	4805	4373	4366	0	48	3	9	0	313	12	29	18	0	0	0	0	0	0	0
19	8. 木材加工和木竹藤棕草制品业	8282	6730	6630	0	883	50	23	0	386	63	35	104	0	6	0	0	0	2	0
20	9. 家具制造业	9470	8553	8535	0	48	17	12	0	522	45	41	121	0	13	0	0	96	2	0
21	10. 造纸和纸制品业	2420	2010	2001	0	72	0	11	0	152	18	27	99	21	5	0	0	0	5	0
22	11. 印刷和记录媒介复制业	928	807	722	0	9	4	9	0	49	5	7	38	0	0	0	0	0	0	0

续表

序号	项　目	税收收入合计	国内增值税	一般纳税人增值税	国内消费税	企业所得税		个人所得税	资源税	城市维护建设税	房产税	印花税	城镇土地使用税	土地增值税	车辆购置税	车船税	耕地占用税	契税	环境保护税	其他各税
						内资企业	外资企业													
23	12. 文教、工美、体育和娱乐用品制造业	4907	4115	4092	1	15	154	6	0	214	69	44	67	199	10	0	0	13	0	0
24	13. 石油、煤炭及其他燃料加工业	110	56	56	0	6	0	2	0	37	0	3	2	0	4	0	0	0	0	0
25	14. 化学原料和化学制品制造业	3129	1701	1684	28	699	4	121	0	124	102	48	206	37	57	0	0	0	2	0
26	15. 医药制造业	9767	6316	6314	0	1687	0	473	0	334	366	41	322	0	16	0	127	84	1	0
27	16. 化学纤维制造业	213	204	204	0	0	0	0	0	0	0	0	9	0	0	0	0	0	0	0
28	17. 橡胶和塑料制品业	8930	4995	4986	0	195	2718	198	0	258	180	54	229	80	10	0	0	0	13	0
29	18. 非金属矿物制品业	79292	44047	43668	0	18955	101	3152	5261	2337	1244	401	1467	35	775	3	1075	30	409	0
30	19. 黑色金属冶炼和压延加工业	5019	3575	3560	0	117	0	996	0	169	54	28	57	0	0	0	0	0	23	0
31	20. 有色金属冶炼和压延加工业	2326	961	957	1	474	0	306	0	103	110	68	155	131	3	0	0	11	3	0
32	21. 金属制品业	6456	4239	4160	0	1256	253	146	0	186	69	54	213	0	9	0	0	29	2	0
33	22. 通用设备制造业	1527	952	914	0	220	29	19	0	64	50	9	117	60	4	0	0	3	0	0
34	23. 专用设备制造业	3626	2502	2444	0	268	46	147	0	187	147	29	222	13	16	0	49	0	0	0
35	24. 汽车制造业	8374	5197	5197	36	51	1638	444	0	411	113	105	191	0	28	0	0	160	0	0
36	25. 铁路、船舶、航空航天和其他运输设备制造业	2228	1652	1647	0	4	400	7	0	97	19	4	17	0	21	0	0	7	0	0
37	26. 电气机械和器材制造业	6463	4873	4808	1	444	135	85	0	285	162	100	187	3	18	0	0	170	0	0
38	27. 计算机、通信和其他电子设备制造业	76408	51114	50960	0	3872	5348	2226	0	3392	1085	679	622	252	44	0	0	121	24	7629
39	28. 仪表仪器制造业	2309	1335	1330	0	12	837	14	0	63	15	12	18	0	1	0	0	2	0	0
40	29. 其他制造业	11328	7167	5947	0	2395	76	344	118	272	247	78	160	0	194	0	190	60	27	0
41	30. 废弃资源综合利用业	684	512	435	0	4	0	5	0	24	2	9	37	87	3	0	0	0	1	0
42	31. 金属制品、机械和设备修理业	2505	56	10	0	1	0	5	0	3	1	0	0	0	0	0	2439	0	0	0
43	四、电力、热力、燃气及水的生产和供应业	91436	54772	54452	0	17563	1066	7391	11	3066	3222	343	1309	1426	373	20	0	385	489	0
44	1. 电力、热力生产和供应业	86570	52733	52453	0	16562	157	7025	2	2878	3124	306	1184	1423	354	20	0	332	470	0

续表

序号	项目	税收收入合计	国内增值税	一般纳税人增值税	国内消费税	企业所得税		个人所得税	资源税	城市维护建设税	房产税	印花税	城镇土地使用税	土地增值税	车辆购置税	车船税	耕地占用税	契税	环境保护税	其他各税
						内资企业	外资企业													
45	2. 燃气生产和供应业	1822	313	311	0	537	817	62	0	26	10	11	41	3	2	0	0	0	0	0
46	3. 水的生产和供应业	3044	1726	1688	0	464	92	304	9	162	88	26	84	0	17	0	0	53	19	0
47	五、建筑业	267073	154416	90216	0	77826	211	15835	1313	9028	547	3584	1561	1388	611	1	0	331	21	400
48	1. 房屋建筑业	78268	40283	28683	0	28101	99	3801	480	2650	28	1652	90	433	138	0	0	200	13	300
49	2. 土木工程建筑业	27382	18423	7981	0	4811	16	1829	119	1130	240	390	205	0	212	0	0	7	0	0
50	3. 建筑安装业	119149	69296	42529	0	36613	47	6619	556	3801	73	829	212	849	88	1	0	57	8	100
51	4. 建筑装饰、装修和其他建筑业	42274	26414	11023	0	8301	49	3586	158	1447	206	713	1054	106	173	0	0	67	0	0
52	六、批发和零售业	193355	84601	67244	45103	30562	3516	7228	360	8464	2201	1926	1971	1233	1393	4	193	537	42	4021
53	1. 批发业	131542	45593	41128	44889	22226	1125	3851	196	6094	777	888	655	495	434	3	129	163	3	4021
54	2. 零售业	61813	39008	26116	214	8336	2391	3377	164	2370	1424	1038	1316	738	959	1	64	374	39	0
55	七、交通运输、仓储和邮政业	15278	7859	5455	0	2304	16	1502	3	484	494	103	285	162	1950	33	0	83	0	0
56	1. 铁路运输业	23	1	0	0	0	0	19	0	1	2	0	0	0	0	0	0	0	0	0
57	2. 道路运输业	11285	6446	4779	0	1501	16	476	3	406	206	84	127	22	1882	33	0	83	0	0
58	3. 水上运输业	63	52	0	0	0	0	7	0	2	2	0	0	0	0	0	0	0	0	0
59	4. 航空运输业	101	0	0	0	0	0	94	0	0	0	2	4	0	1	0	0	0	0	0
60	5. 管道运输业	33	22	18	0	0	0	6	0	1	0	0	4	0	0	0	0	0	0	0
61	6. 多式联运和运输代理业	448	130	41	0	104	0	10	0	17	5	4	3	140	35	0	0	0	0	0
62	7. 装卸搬运和仓储业	1249	674	210	0	384	0	115	0	21	12	4	26	0	13	0	0	0	0	0
63	8. 邮政业	2076	534	407	0	315	0	775	0	36	267	9	121	0	19	0	0	0	0	0
64	八、住宿和餐饮业	5941	2482	1075	0	220	94	477	10	171	851	5	1460	111	46	0	0	3	5	6
65	1. 住宿业	3688	1235	837	0	173	3	194	10	96	590	3	1328	42	7	0	0	3	4	0
66	2. 餐饮业	2253	1247	238	0	47	91	283	0	75	261	2	132	69	39	0	0	0	1	6
67	九、信息传输、软件和信息技术服务业	9951	4615	1481	0	407	1184	1562	1	309	882	412	405	0	77	3	0	94	0	0
68	1. 电信、广播电视和卫星传输服务	2961	272	238	0	22	0	1330	0	26	829	79	363	0	35	3	0	2	0	0

续表

序号	项　目	税收收入合计	国内增值税	一般纳税人增值税	国内消费税	企业所得税		个人所得税	资源税	城市维护建设税	房产税	印花税	城镇土地使用税	土地增值税	车辆购置税	车船税	耕地占用税	契税	环境保护税	其他各税
						内资企业	外资企业													
69	2. 互联网和相关服务	307	114	48	0	30	45	62	0	21	1	8	24	0	2	0	0	0	0	0
70	3. 软件和信息技术服务业	6683	4229	1195	0	355	1139	170	1	262	52	325	18	0	40	0	0	92	0	0
71	十、金融业	112129	35506	34912	41	36136	39	23429	0	2237	1532	573	352	637	504	10990	0	176	0	-23
72	1. 货币金融服务	72316	25016	24978	37	34542	0	7915	0	1619	1379	411	183	585	467	220	0	-40	0	-18
73	2. 资本市场服务	10976	981	920	0	1072	0	8532	0	65	67	11	30	0	3	0	0	215	0	0
74	3. 保险业	26027	7832	7769	0	2	0	6663	0	493	70	146	22	0	34	10769	0	1	0	-5
75	4. 其他金融业	2810	1677	1245	4	520	39	319	0	60	16	5	117	52	0	1	0	0	0	0
76	十一、房地产业	395292	116698	107603	0	102397	2028	8162	8	7046	5502	2295	10415	123930	366	3	3610	10984	0	1848
77	1. 房地产开发经营	363280	103545	101163	0	100513	2015	4240	8	6546	1937	2181	9383	119878	348	2	7	10891	0	1786
78	2. 物业管理	5120	3568	3079	0	908	13	219	0	239	89	9	37	0	8	0	0	30	0	0
79	3. 房地产中介服务	335	224	72	0	28	0	42	0	17	11	3	1	0	0	0	0	9	0	0
80	4. 房地产租赁经营	6728	1247	774	0	62	0	1712	0	67	2783	33	624	177	10	1	0	12	0	0
81	5. 其他房地产业	19829	8114	2515	0	886	0	1949	0	177	682	69	370	3875	0	0	3603	42	0	62
82	十二、租赁和商务服务业	61010	18540	8130	0	8545	1011	4541	40	1111	11633	853	10790	1025	247	2	0	2670	1	1
83	1. 租赁业	5312	3938	2128	0	675	16	338	0	132	76	52	17	0	67	0	0	0	0	1
84	2. 商务服务业	55698	14602	6002	0	7870	995	4203	40	979	11557	801	10773	1025	180	2	0	2670	1	0
85	十三、科学研究和技术服务业	16937	6058	3980	0	2797	80	716	7	408	78	62	45	124	86	0	6410	66	0	0
86	1. 研究和试验发展	378	245	38	0	56	0	34	0	18	11	4	7	0	3	0	0	0	0	0
87	2. 专业技术服务业	16220	5539	3760	0	2722	57	680	7	380	65	57	36	124	77	0	6410	66	0	0
88	3. 科技推广和应用服务业	339	274	182	0	19	23	2	0	10	2	1	2	0	6	0	0	0	0	0
89	十四、水利、环境和公共设施管理业	7132	1157	560	0	273	5	459	315	62	34	39	436	59	31	0	4249	8	5	0
90	1. 水利管理业	4804	62	2	0	76	0	21	315	6	9	1	3	59	3	0	4249	0	0	0
91	2. 生态保护和环境治理业	340	168	102	0	82	0	21	0	28	5	5	24	0	6	0	0	0	1	0
92	3. 公共设施管理业	1763	705	424	0	115	5	416	0	28	19	33	409	0	21	0	0	8	4	0
93	4. 土地管理业	225	222	32	0	0	0	1	0	0	1	0	0	0	1	0	0	0	0	0

续表

序号	项目	税收收入合计	国内增值税	一般纳税人增值税	国内消费税	企业所得税		个人所得税	资源税	城市维护建设税	房产税	印花税	城镇土地使用税	土地增值税	车辆购置税	车船税	耕地占用税	契税	环境保护税	其他各税
						内资企业	外资企业													
94	十五、居民服务、修理和其他服务业	17428	8345	4330	0	1077	20	3976	1	383	1680	118	160	1291	160	2	0	214	2	-1
95	1. 居民服务业	2788	1549	982	0	28	0	824	0	48	131	13	24	0	68	0	0	102	1	0
96	2. 机动车、电子产品和日用产品修理业	1035	852	527	0	21	5	59	0	33	23	1	25	0	12	0	0	4	0	0
97	3. 其他服务业	13605	5944	2821	0	1028	15	3093	1	302	1526	104	111	1291	80	2	0	108	1	-1
98	十六、教育	3912	503	288	0	67	0	3062	0	16	54	11	13	13	167	2	0	4	0	0
99	1. 学前教育	875	2	2	0	2	0	723	0	0	7	0	2	0	137	2	0	0	0	0
100	2. 初等教育	737	0	0	0	0	0	727	0	0	3	0	1	4	2	0	0	0	0	0
101	3. 中等教育	1041	31	15	0	26	0	947	0	3	18	0	2	9	4	0	0	1	0	0
102	4. 高等教育	563	40	0	0	3	0	500	0	2	16	0	1	0	1	0	0	0	0	0
103	5. 特殊教育	3	0	0	0	0	0	3	0	0	0	0	0	0	0	0	0	0	0	0
104	6. 技能培训、教育辅助及其他	693	430	271	0	36	0	162	0	11	10	11	7	0	23	0	0	3	0	0
105	十七、卫生和社会工作	7127	40	33	0	130	0	6622	0	2	21	7	9	17	115	0	147	7	10	0
106	1. 卫生	7125	40	33	0	130	0	6620	0	2	21	7	9	17	115	0	147	7	10	0
107	2. 社会工作	2	0	0	0	0	0	2	0	0	0	0	0	0	0	0	0	0	0	0
108	十八、文化、体育和娱乐业	4904	883	566	0	126	157	3363	0	207	49	34	56	0	23	0	0	5	0	1
109	1. 新闻和出版业	13	3	0	0	0	0	5	0	0	0	0	0	0	2	0	0	3	0	0
110	2. 广播、电视、电影和影视录音制作业	595	433	332	0	31	0	63	0	33	24	3	4	0	2	0	0	2	0	0
111	3. 文化艺术业	385	128	40	0	12	7	12	0	157	14	26	26	0	3	0	0	0	0	0
112	4. 体育	3143	207	169	0	50	150	2681	0	10	6	4	19	0	16	0	0	0	0	0
113	5. 娱乐业	768	112	25	0	33	0	602	0	7	5	1	7	0	0	0	0	0	0	1
114	十九、公共管理、社会保障和社会组织	128991	949	102	0	205	0	14817	3459	364	277	679	7765	10706	424	300	32425	56695	1	-75
115	二十、其他行业	68350	1	1	0	0	0	2	0	0	0	0	0	0	68347	0	0	0	0	0

3－10　惠州市税务局税收收入分行业分税种统计年报（2018 年）

编报机关：惠州市税务局　　　　单位：万元

序号	项　目	税收收入合计	国内增值税	一般纳税人增值税	国内消费税	企业所得税		个人所得税	资源税	城市维护建设税	房产税	印花税	城镇土地使用税	土地增值税	车辆购置税	车船税	耕地占用税	契税	环境保护税	其他各税
						内资企业	外资企业													
1	合　计	11376550	3831950	3385260	582609	1134565	586194	625505	5170	345933	122122	62496	130678	700357	218660	31779	16685	347090	2362	2632395
2	一、农、林、牧、渔业	8764	3309	857	0	324	96	630	0	283	226	170	587	2907	103	0	24	41	64	0
3	二、采矿业	10595	4267	4172	0	3261	0	365	2006	244	14	43	355	0	29	0	0	0	11	0
4	1. 煤炭开采和洗选业	0	0	0	0	0	0	0	0	0	0	0	0	0	0	0	0	0	0	0
5	2. 石油和天然气开采业	35	0	0	0	0	0	0	0	0	0	0	35	0	0	0	0	0	0	0
6	3. 黑色金属矿采选业	722	652	652	0	0	0	3	28	33	1	2	3	0	0	0	0	0	0	0
7	4. 有色金属矿采选业	1098	590	576	0	309	0	38	127	29	0	3	0	0	2	0	0	0	0	0
8	5. 非金属矿采选业	5811	2667	2603	0	587	0	309	1684	165	13	34	315	0	26	0	0	0	11	0
9	6. 开采专业及辅助性活动	290	255	240	0	10	0	4	18	3	0	0	0	0	0	0	0	0	0	0
10	7. 其他采矿业	2639	103	101	0	2355	0	11	149	14	0	4	2	0	1	0	0	0	0	0
11	三、制造业	6447828	2024837	2008044	527546	263103	472425	153199	2724	221303	43508	29111	37198	27980	7136	19	236	6830	1782	2628891
12	1. 农副食品加工业	5203	2765	2732	2	1062	108	471	0	182	159	147	265	0	31	1	0	0	10	0
13	2. 食品制造业	16392	9589	9495	0	4286	419	286	0	623	431	81	483	138	30	0	0	21	5	0
14	3. 酒、饮料和精制茶制造业	42003	22962	22943	2282	5217	8595	398	303	1335	459	214	201	0	2	0	0	31	4	0
15	4. 烟草制品业	0	0	0	0	0	0	0	0	0	0	0	0	0	0	0	0	0	0	0
16	5. 纺织业	26797	19864	19722	0	612	2019	615	0	1255	1127	225	715	187	48	0	0	14	116	0
17	6. 纺织服装、服饰业	48242	34487	33182	0	1049	2452	1063	0	2909	2038	367	1912	1670	96	0	0	72	47	80
18	7. 皮革、毛皮、羽毛及其制品和制鞋业	80636	67275	65002	0	1042	2446	1487	0	3665	1329	457	1274	1460	164	0	0	22	15	0
19	8. 木材加工和木竹藤棕草制品业	14356	11199	11065	2	1070	85	285	0	966	218	139	296	-14	93	0	0	0	17	0
20	9. 家具制造业	81193	56206	55510	0	2176	8658	3615	0	4354	2313	599	1433	1257	153	4	0	417	8	0
21	10. 造纸和纸制品业	27088	19667	19523	0	2826	438	839	0	1472	684	239	660	39	115	1	0	91	17	0
22	11. 印刷和记录媒介复制业	21671	15889	15099	0	1168	866	669	0	758	406	143	743	917	72	0	0	38	2	0

续表

序号	项 目	税收收入合计	国内增值税	一般纳税人增值税	国内消费税	企业所得税		个人所得税	资源税	城市维护建设税	房产税	印花税	城镇土地使用税	土地增值税	车辆购置税	车船税	耕地占用税	契税	环境保护税	其他各税
						内资企业	外资企业													
23	12. 文教、工美、体育和娱乐用品制造业	45074	33760	32386	5	629	2405	920	0	2107	1975	289	1350	1351	134	0	0	142	7	0
24	13. 石油、煤炭及其他燃料加工业	952469	266791	266790	520430	86318	11	4161	0	69944	194	1284	2574	421	3	0	0	0	338	0
25	14. 化学原料和化学制品制造业	236286	35820	35538	1070	16358	149348	14084	0	7957	1683	3614	3602	541	253	1	0	1715	240	0
26	15. 医药制造业	26852	17564	17562	0	4526	2402	552	0	1132	261	78	314	0	16	0	0	0	7	0
27	16. 化学纤维制造业	1444	1035	1035	0	11	193	26	0	46	69	9	47	0	6	0	0	0	2	0
28	17. 橡胶和塑料制品业	152528	104731	103826	0	4737	18171	5193	0	9384	4309	1212	3128	1125	362	1	0	108	67	0
29	18. 非金属矿物制品业	154618	61973	61299	0	38036	20462	14220	2344	7483	1546	1954	2635	71	2491	4	187	581	631	0
30	19. 黑色金属冶炼和压延加工业	3180	2316	2315	0	78	87	84	0	263	72	67	63	0	54	0	0	94	2	0
31	20. 有色金属冶炼和压延加工业	12716	8354	8306	0	516	510	1140	0	1291	307	232	331	0	26	0	0	0	9	0
32	21. 金属制品业	142085	97570	94241	0	4776	6776	5704	0	7476	3080	1425	2516	11920	640	1	0	144	56	1
33	22. 通用设备制造业	33291	17852	17532	0	2161	2013	3662	0	3041	761	419	1216	1641	132	0	0	385	3	5
34	23. 专用设备制造业	63505	41729	41248	53	3072	7155	4544	0	3637	1192	494	848	593	178	1	0	0	9	0
35	24. 汽车制造业	81518	42472	42430	0	289	26990	5196	0	4069	404	816	706	0	50	0	0	519	7	0
36	25. 铁路、船舶、航空航天和其他运输设备制造业	4554	3580	3524	10	17	289	93	0	188	134	35	168	0	3	0	0	37	0	0
37	26. 电气机械和器材制造业	231268	134803	134576	3680	28809	21049	19705	0	13343	4532	2664	2040	417	173	1	0	31	13	8
38	27. 计算机、通信和其他电子设备制造业	1092783	755853	754825	0	37601	147994	57101	0	66091	10031	10544	3868	1816	650	3	49	1187	114	-119
39	28. 仪表仪器制造业	15750	10590	10586	0	96	3246	821	0	593	131	171	73	0	28	0	0	0	1	0
40	29. 其他制造业	2815293	116103	113859	12	14178	35734	5271	77	4696	3086	1027	3496	2394	1090	1	0	1177	29	2626922
41	30. 废弃资源综合利用业	9232	4895	4888	0	202	1457	155	0	220	61	45	153	36	10	0	0	4	0	1994
42	31. 金属制品、机械和设备修理业	9801	7143	7005	0	185	47	839	0	823	516	121	88	0	33	0	0	0	6	0
43	四、电力、热力、燃气及水的生产和供应业	160483	91751	91232	0	39499	4935	12532	2	5967	2527	887	1639	90	182	3	126	8	329	6
44	1. 电力、热力生产和供应业	136211	82575	82219	0	33949	250	9684	0	4984	2212	736	1231	7	131	3	126	8	315	0

续表

序号	项 目	税收收入合计	国内增值税	一般纳税人增值税	国内消费税	企业所得税		个人所得税	资源税	城市维护建设税	房产税	印花税	城镇土地使用税	土地增值税	车辆购置税	车船税	耕地占用税	契税	环境保护税	其他各税
						内资企业	外资企业													
45	2. 燃气生产和供应业	8321	2343	2343	0	1328	3897	285	0	157	69	93	135	0	14	0	0	0	0	0
46	3. 水的生产和供应业	15951	6833	5670	0	4222	788	2563	2	826	246	58	273	83	37	0	0	0	14	6
47	五、建筑业	504438	363500	75197	0	49167	2583	46714	25	23243	2235	4484	5252	3208	1739	3	472	1289	79	445
48	1. 房屋建筑业	117285	87852	27612	0	7487	6	11254	0	6210	407	1498	272	1876	193	1	0	165	11	53
49	2. 土木工程建筑业	64977	47376	5936	0	3336	970	5860	4	3068	328	663	1860	56	372	0	468	581	35	0
50	3. 建筑安装业	205721	154533	25585	0	19513	798	17673	11	8774	899	1250	1093	276	317	1	0	165	26	392
51	4. 建筑装饰、装修和其他建筑业	116455	73739	15064	0	18831	809	11927	10	5191	601	1073	2027	1000	857	1	4	378	7	0
52	六、批发和零售业	522400	245960	212565	55015	86682	11299	28310	129	22083	10890	5307	16175	21113	14072	5	121	4681	10	548
53	1. 批发业	277931	122461	113966	53741	54529	3479	11083	20	11752	3137	2420	5685	5675	2602	2	0	1087	2	256
54	2. 零售业	244469	123499	98599	1274	32153	7820	17227	109	10331	7753	2887	10490	15438	11470	3	121	3594	8	292
55	七、交通运输、仓储和邮政业	95808	34748	23894	0	23998	11036	8422	0	2359	3314	716	2592	728	4721	22	2399	702	30	21
56	1. 铁路运输业	2777	687	665	0	12	0	1243	0	42	76	11	91	518	7	0	0	90	0	0
57	2. 道路运输业	49347	20618	17655	0	14335	1829	3354	0	1316	761	186	488	9	3947	13	2399	71	0	21
58	3. 水上运输业	1262	560	497	0	228	97	276	0	30	29	15	5	0	3	5	0	14	0	0
59	4. 航空运输业	9	1	0	0	0	0	0	0	0	7	0	1	0	0	0	0	0	0	0
60	5. 管道运输业	7353	631	624	0	0	6139	198	0	187	33	14	137	0	0	0	0	13	1	0
61	6. 多式联运和运输代理业	5409	2150	1421	0	1503	388	365	0	184	131	40	29	5	576	2	0	36	0	0
62	7. 装卸搬运和仓储业	26974	9327	3377	0	7896	2344	2065	0	556	1852	400	1721	171	133	2	0	478	29	0
63	8. 邮政业	2677	774	655	0	24	239	921	0	44	425	50	120	25	55	0	0	0	0	0
64	八、住宿和餐饮业	32564	18011	3637	0	3120	1744	3659	187	1182	2088	69	1363	344	442	0	0	95	18	242
65	1. 住宿业	13343	7672	5174	0	521	121	1811	186	520	1302	37	623	278	64	0	0	95	16	97
66	2. 餐饮业	19221	10339	3463	0	2599	1623	1848	1	662	786	32	740	66	378	0	0	0	2	145
67	九、信息传输、软件和信息技术服务业	22900	8778	5308	0	2080	747	6911	0	868	950	400	503	166	461	1	0	1035	0	0
68	1. 电信、广播电视和卫星传输服务	7167	1872	1563	0	151	0	3954	0	-80	837	143	193	0	64	1	0	32	0	0

续表

序号	项目	税收收入合计	国内增值税		国内消费税	企业所得税		个人所得税	资源税	城市维护建设税	房产税	印花税	城镇土地使用税	土地增值税	车辆购置税	车船税	耕地占用税	契税	环境保护税	其他各税
				一般纳税人增值税		内资企业	外资企业													
69	2. 互联网和相关服务	854	378	185	0	34	76	97	0	36	5	4	6	0	204	0	0	14	0	0
70	3. 软件和信息技术服务业	14879	6528	4560	0	1895	671	2860	0	912	108	253	304	166	193	0	0	989	0	0
71	十、金融业	312862	139417	136957	47	64162	905	55310	0	9903	2742	1690	747	1950	4326	31486	0	359	0	-182
72	1. 货币金融服务	203096	106299	105394	47	57142	406	22575	0	7740	2354	1120	366	746	4154	7	0	139	0	1
73	2. 资本市场服务	10260	3646	3609	0	999	263	4581	0	238	46	37	254	28	9	0	0	159	0	0
74	3. 保险业	83546	26386	25078	0	14	0	23262	0	1874	234	497	7	0	42	31479	0	0	0	-249
75	4. 其他金融业	15960	3086	2876	0	6007	236	4892	0	51	108	36	120	1176	121	0	0	61	0	66
76	十一、房地产业	2327111	736087	703026	0	553182	67171	98021	52	48132	42086	16036	55756	620289	1764	14	625	85785	5	2106
77	1. 房地产开发经营	2150673	664247	655359	0	536872	62848	66811	45	45106	17795	15265	47877	607100	1531	13	504	82633	5	2021
78	2. 物业管理	42370	20843	16504	0	8199	847	2045	7	1114	3622	208	3519	822	105	0	0	993	0	46
79	3. 房地产中介服务	17254	7682	4342	0	3027	2534	2908	0	564	101	71	234	19	87	0	0	19	0	8
80	4. 房地产租赁经营	43481	16170	11894	0	896	130	2101	0	423	13447	190	2261	7392	21	1	120	329	0	0
81	5. 其他房地产业	73333	27145	14927	0	4188	812	24156	0	925	7121	302	1865	4956	20	0	1	1811	0	31
82	十二、租赁和商务服务业	141659	71288	50991	0	13967	4956	19809	8	3625	4019	886	2728	1995	12632	1	194	5543	2	6
83	1. 租赁业	16210	5880	3360	0	532	67	767	8	323	168	77	80	0	8303	0	0	1	1	3
84	2. 商务服务业	125449	65408	47631	0	13435	4889	19042	0	3302	3851	809	2648	1995	4329	1	194	5542	1	3
85	十三、科学研究和技术服务业	32855	18062	13464	0	6077	544	3941	0	1473	508	201	496	89	328	1	0	1128	7	0
86	1. 研究和试验发展	1964	-768	-890	0	1716	20	563	0	179	42	36	81	-3	48	0	0	49	1	0
87	2. 专业技术服务业	30338	19260	14985	0	4320	476	3246	0	1208	216	134	175	89	244	1	0	963	6	0
88	3. 科技推广和应用服务业	553	-430	-631	0	41	48	132	0	86	250	31	240	3	36	0	0	116	0	0
89	十四、水利、环境和公共设施管理业	13617	6573	4658	0	1043	860	1628	24	846	638	132	596	306	144	0	251	567	9	0
90	1. 水利管理业	1522	342	208	0	560	0	547	0	43	4	5	1	17	3	0	0	0	0	0
91	2. 生态保护和环境治理业	4883	3237	3075	0	268	49	387	0	486	234	58	143	0	16	0	0	0	5	0
92	3. 公共设施管理业	5092	1884	1375	0	215	811	657	24	269	398	50	428	0	101	0	251	0	4	0
93	4. 土地管理业	2120	1110	0	0	0	0	37	0	48	2	19	24	289	24	0	0	567	0	0

续表

序号	项目	税收收入合计	国内增值税	一般纳税人增值税	国内消费税	企业所得税		个人所得税	资源税	城市维护建设税	房产税	印花税	城镇土地使用税	土地增值税	车辆购置税	车船税	耕地占用税	契税	环境保护税	其他各税
						内资企业	外资企业													
94	十五、居民服务、修理和其他服务业	174567	47010	35905	1	20597	6122	82116	13	3134	4011	348	1485	3282	1402	3	4237	631	9	166
95	1. 居民服务业	16737	4481	2819	0	6044	7	3961	1	331	916	15	251	22	546	1	0	84	1	76
96	2. 机动车、电子产品和日用产品修理业	3600	2561	1875	0	113	148	195	0	159	23	16	107	4	273	0	0	0	1	0
97	3. 其他服务业	154230	39968	31211	1	14440	5967	77960	12	2644	3072	317	1127	3256	583	2	4237	547	7	90
98	十六、教育	8015	1429	522	0	459	55	5096	0	86	52	14	45	0	296	2	0	481	0	0
99	1. 学前教育	345	24	0	0	40	0	228	0	2	16	2	2	0	30	1	0	0	0	0
100	2. 初等教育	1189	9	0	0	3	0	1112	0	1	9	1	1	0	53	0	0	0	0	0
101	3. 中等教育	1999	72	3	0	97	0	1772	0	9	5	0	0	0	43	0	0	1	0	0
102	4. 高等教育	1816	336	208	0	119	0	1322	0	21	14	2	0	0	2	0	0	0	0	0
103	5. 特殊教育	10	3	0	0	0	0	7	0	0	0	0	0	0	0	0	0	0	0	0
104	6. 技能培训、教育辅助及其他	2656	985	311	0	200	55	655	0	53	8	9	42	0	168	1	0	480	0	0
105	十七、卫生和社会工作	12687	187	81	0	970	17	11168	0	15	207	3	1	0	111	4	0	0	4	0
106	1. 卫生	12529	143	79	0	969	17	11078	0	13	188	3	0	0	110	4	0	0	4	0
107	2. 社会工作	158	44	2	0	1	0	90	0	2	19	0	1	0	1	0	0	0	0	0
108	十八、文化、体育和娱乐业	5319	2151	1343	0	261	698	752	0	138	200	23	958	0	34	0	0	34	0	70
109	1. 新闻和出版业	288	156	155	0	0	0	90	0	10	1	1	30	0	0	0	0	0	0	0
110	2. 广播、电视、电影和影视录音制作业	1357	651	467	0	177	1	375	0	44	90	6	8	0	5	0	0	0	0	0
111	3. 文化艺术业	374	245	72	0	7	6	37	0	12	1	2	5	0	25	0	0	34	0	0
112	4. 体育	548	228	140	0	8	265	37	0	6	1	1	1	0	1	0	0	0	0	0
113	5. 娱乐业	2752	871	509	0	69	426	213	0	66	107	13	914	0	3	0	0	0	0	70
114	十九、公共管理、社会保障和社会组织	373580	14569	407	0	2605	0	86905	0	1048	1878	1976	2188	15900	337	215	8000	237880	3	76
115	二十、其他行业	168498	16	0	0	8	1	17	0	1	29	0	14	10	168401	0	0	1	0	0

3－11　汕尾市税务局税收收入分行业分税种统计年报（2018年）

编报机关：汕尾市税务局　　　　单位：万元

序号	项目	税收收入合计	国内增值税	一般纳税人增值税	国内消费税	企业所得税		个人所得税	资源税	城市维护建设税	房产税	印花税	城镇土地使用税	土地增值税	车辆购置税	车船税	耕地占用税	契税	环境保护税	其他各税
						内资企业	外资企业													
1	合计	827720	282907	220499	32754	95878	39522	40279	225	19843	12049	6314	14521	58014	34692	5314	22327	49910	334	112837
2	一、农、林、牧、渔业	1772	830	733	0	199	36	54	0	59	38	8	77	317	38	0	0	4	15	97
3	二、采矿业	169	86	83	0	8	0	16	39	19	0	0	0	0	0	0	0	0	1	0
4	1. 煤炭开采和洗选业	0	0	0	0	0	0	0	0	0	0	0	0	0	0	0	0	0	0	0
5	2. 石油和天然气开采业	25	0	0	0	0	0	14	0	11	0	0	0	0	0	0	0	0	0	0
6	3. 黑色金属矿采选业	0	0	0	0	0	0	0	0	0	0	0	0	0	0	0	0	0	0	0
7	4. 有色金属矿采选业	0	0	0	0	0	0	0	0	0	0	0	0	0	0	0	0	0	0	0
8	5. 非金属矿采选业	124	77	76	0	8	0	2	28	8	0	0	0	0	0	0	0	0	1	0
9	6. 开采专业及辅助性活动	17	8	7	0	0	0	0	9	0	0	0	0	0	0	0	0	0	0	0
10	7. 其他采矿业	3	1	0	0	0	0	0	2	0	0	0	0	0	0	0	0	0	0	0
11	三、制造业	202545	43602	42757	265	2663	22009	7168	143	2545	3861	1549	3805	829	253	1	0	1373	93	112386
12	1. 农副食品加工业	3342	2260	2224	0	244	101	41	0	71	180	15	217	161	11	0	0	36	5	0
13	2. 食品制造业	2585	2074	2030	0	1	145	25	0	69	54	7	73	0	10	0	0	125	2	0
14	3. 酒、饮料和精制茶制造业	581	409	397	30	60	0	6	1	22	8	5	36	0	1	1	0	0	2	0
15	4. 烟草制品业	0	0	0	0	0	0	0	0	0	0	0	0	0	0	0	0	0	0	0
16	5. 纺织业	10195	7714	7683	0	1	501	383	0	361	404	106	291	56	2	0	0	0	25	351
17	6. 纺织服装、服饰业	7371	5202	5046	0	213	121	50	0	162	210	22	477	40	1	0	0	173	14	686
18	7. 皮革、毛皮、羽毛及其制品和制鞋业	865	203	198	0	6	171	44	0	18	30	2	111	279	0	0	0	0	1	0
19	8. 木材加工和木竹藤棕草制品业	750	577	562	0	21	0	4	0	38	6	3	100	0	1	0	0	0	0	0
20	9. 家具制造业	151	92	73	0	4	0	11	0	5	1	0	12	0	1	0	0	25	0	0
21	10. 造纸和纸制品业	8489	2149	2140	0	66	6060	7	0	94	73	17	22	0	0	0	0	0	1	0
22	11. 印刷和记录媒介复制业	294	270	221	0	3	0	6	0	9	1	1	2	0	2	0	0	0	0	0

续表

序号	项　目	税收收入合计	国内增值税	一般纳税人增值税	国内消费税	企业所得税		个人所得税	资源税	城市维护建设税	房产税	印花税	城镇土地使用税	土地增值税	车辆购置税	车船税	耕地占用税	契税	环境保护税	其他各税
						内资企业	外资企业													
23	12. 文教、工美、体育和娱乐用品制造业	2354	502	413	99	522	83	69	0	124	322	56	339	0	16	0	0	218	4	0
24	13. 石油、煤炭及其他燃料加工业	0	0	0	0	0	0	0	0	0	0	0	0	0	0	0	0	0	0	0
25	14. 化学原料和化学制品制造业	1119	851	846	7	59	0	24	0	50	27	4	73	0	1	0	0	18	5	0
26	15. 医药制造业	164	26	26	0	4	0	5	0	5	15	2	100	0	0	0	0	7	0	0
27	16. 化学纤维制造业	0	0	0	0	0	0	0	0	0	0	0	0	0	0	0	0	0	0	0
28	17. 橡胶和塑料制品业	3736	3111	3096	0	53	109	14	0	139	110	31	162	0	4	0	0	0	3	0
29	18. 非金属矿物制品业	7978	4898	4841	0	725	0	419	142	243	276	147	380	266	188	0	0	290	4	0
30	19. 黑色金属冶炼和压延加工业	3	0	0	0	0	0	2	0	1	0	0	0	0	0	0	0	0	0	0
31	20. 有色金属冶炼和压延加工业	14	0	0	0	0	0	0	0	0	2	0	12	0	0	0	0	0	0	0
32	21. 金属制品业	985	563	534	0	56	34	75	0	41	21	7	122	13	3	0	0	48	2	0
33	22. 通用设备制造业	357	233	219	0	51	0	15	0	18	6	4	30	0	0	0	0	0	0	0
34	23. 专用设备制造业	412	82	65	0	11	116	29	0	32	1	28	60	0	1	0	0	52	0	0
35	24. 汽车制造业	11370	3933	3933	0	0	4804	748	0	275	902	131	373	0	0	0	0	198	6	0
36	25. 铁路、船舶、航空航天和其他运输设备制造业	362	266	214	0	10	6	9	0	15	1	2	34	0	3	0	0	15	1	0
37	26. 电气机械和器材制造业	1760	1115	1114	126	9	0	68	0	104	109	34	103	0	0	0	0	91	1	0
38	27. 计算机、通信和其他电子设备制造业	127274	5167	5149	0	3	9745	5060	0	533	938	883	472	0	0	0	0	57	15	104401
39	28. 仪表仪器制造业	431	155	154	0	5	0	27	0	42	103	7	92	0	0	0	0	0	0	0
40	29. 其他制造业	8828	1154	994	3	476	13	12	0	42	52	23	95	0	8	0	0	0	2	6948
41	30. 废弃资源综合利用业	150	97	96	0	0	0	0	0	2	9	11	11	0	0	0	0	20	0	0
42	31. 金属制品、机械和设备修理业	625	499	489	0	60	0	15	0	30	0	1	6	14	0	0	0	0	0	0
43	四、电力、热力、燃气及水的生产和供应业	62601	36540	36466	0	6169	9386	3523	0	2540	2008	472	1599	0	69	1	0	105	187	2
44	1. 电力、热力生产和供应业	59391	35322	35284	0	5290	8728	3437	0	2415	1967	460	1427	0	57	1	0	105	182	0

续表

序号	项　目	税收收入合计	国内增值税	一般纳税人增值税	国内消费税	企业所得税		个人所得税	资源税	城市维护建设税	房产税	印花税	城镇土地使用税	土地增值税	车辆购置税	车船税	耕地占用税	契税	环境保护税	其他各税
						内资企业	外资企业													
45	2. 燃气生产和供应业	1011	44	44	0	220	666	36	0	17	5	4	15	0	4	0	0	0	0	0
46	3. 水的生产和供应业	2199	1174	1138	0	659	-8	50	0	108	36	8	157	0	8	0	0	0	5	2
47	五、建筑业	103118	79330	37512	0	10484	109	6994	13	4666	193	852	276	18	95	0	0	87	0	1
48	1. 房屋建筑业	27502	21351	13000	0	3075	15	1518	2	1138	10	264	103	-1	26	0	0	0	0	1
49	2. 土木工程建筑业	20082	15420	8310	0	1808	1	1545	0	1057	67	147	4	0	33	0	0	0	0	0
50	3. 建筑安装业	39012	29707	11109	0	4389	7	2556	2	1707	74	312	141	19	15	0	0	83	0	0
51	4. 建筑装饰、装修和其他建筑业	16522	12852	5093	0	1212	86	1375	9	764	42	129	28	0	21	0	0	4	0	0
52	六、批发和零售业	91191	30848	26254	32469	11261	926	2300	28	4295	1039	711	1499	4779	653	1	0	324	21	37
53	1. 批发业	73651	19744	18994	32288	10266	309	1409	28	3656	340	352	778	4260	82	0	0	104	19	16
54	2. 零售业	17540	11104	7260	181	995	617	891	0	639	699	359	721	519	571	1	0	220	2	21
55	七、交通运输、仓储和邮政业	5142	3204	2776	0	647	25	538	0	133	198	13	85	4	252	1	0	42	0	0
56	1. 铁路运输业	0	0	0	0	0	0	0	0	0	0	0	0	0	0	0	0	0	0	0
57	2. 道路运输业	3368	2474	2207	0	251	7	142	0	87	115	10	14	0	238	0	0	30	0	0
58	3. 水上运输业	27	64	56	0	-63	0	14	0	9	1	1	0	0	0	1	0	0	0	0
59	4. 航空运输业	2	2	0	0	0	0	0	0	0	0	0	0	0	0	0	0	0	0	0
60	5. 管道运输业	0	0	0	0	0	0	0	0	0	0	0	0	0	0	0	0	0	0	0
61	6. 多式联运和运输代理业	400	49	37	0	254	0	75	0	6	0	0	2	0	2	0	0	12	0	0
62	7. 装卸搬运和仓储业	185	134	28	0	1	18	16	0	5	2	0	5	4	0	0	0	0	0	0
63	8. 邮政业	1160	481	448	0	204	0	291	0	26	80	2	64	0	12	0	0	0	0	0
64	八、住宿和餐饮业	5852	2960	1464	0	171	379	358	2	179	818	16	448	37	82	0	0	390	8	4
65	1. 住宿业	2953	1072	554	0	25	229	150	2	76	599	10	376	25	3	0	0	384	2	0
66	2. 餐饮业	2899	1888	910	0	146	150	208	0	103	219	6	72	12	79	0	0	6	6	4
67	九、信息传输、软件和信息技术服务业	4294	1126	861	0	64	146	1391	0	40	973	125	302	0	27	0	0	100	0	0
68	1. 电信、广播电视和卫星传输服务	2287	244	175	0	1	6	1120	0	-28	596	48	266	0	22	0	0	12	0	0

续表

序号	项目	税收收入合计	国内增值税	一般纳税人增值税	国内消费税	企业所得税		个人所得税	资源税	城市维护建设税	房产税	印花税	城镇土地使用税	土地增值税	车辆购置税	车船税	耕地占用税	契税	环境保护税	其他各税
						内资企业	外资企业													
69	2. 互联网和相关服务	397	10	4	0	1	9	0	0	1	375	0	1	0	0	0	0	0	0	0
70	3. 软件和信息技术服务业	1610	872	682	0	62	131	271	0	67	2	77	35	0	5	0	0	88	0	0
71	十、金融业	32649	16388	15262	20	3685	0	5131	0	1006	612	185	197	19	62	5293	0	51	0	0
72	1. 货币金融服务	18100	11310	11251	20	3354	0	1749	0	728	582	107	138	19	42	0	0	51	0	0
73	2. 资本市场服务	1117	666	649	0	216	0	167	0	13	4	5	46	0	0	0	0	0	0	0
74	3. 保险业	13046	4127	4097	0	46	0	3189	0	260	26	72	13	0	20	5293	0	0	0	0
75	4. 其他金融业	386	285	265	0	69	0	26	0	5	0	1	0	0	0	0	0	0	0	0
76	十一、房地产业	204876	53572	43846	0	53850	6310	3641	0	3272	1475	1995	4707	44872	79	0	0	30816	0	287
77	1. 房地产开发经营	195959	49197	43145	0	53458	6309	2308	0	2989	420	1966	4532	43710	78	0	0	30707	0	285
78	2. 物业管理	1965	1272	939	0	213	1	142	0	85	99	6	67	0	0	0	0	80	0	0
79	3. 房地产中介服务	128	54	23	0	3	0	10	0	5	4	1	8	30	1	0	0	12	0	0
80	4. 房地产租赁经营	1311	828	631	0	9	0	108	0	22	300	1	22	18	0	0	0	3	0	0
81	5. 其他房地产业	5513	2221	108	0	167	0	1073	0	171	652	21	78	1114	0	0	0	14	0	2
82	十二、租赁和商务服务业	14577	5593	2815	0	5107	52	849	0	350	310	91	636	1095	211	0	0	268	0	15
83	1. 租赁业	654	397	129	0	26	0	40	0	19	17	12	12	0	131	0	0	0	0	0
84	2. 商务服务业	13923	5196	2686	0	5081	52	809	0	331	293	79	624	1095	80	0	0	268	0	15
85	十三、科学研究和技术服务业	3239	1757	1112	0	592	125	265	0	152	100	64	43	0	49	0	0	91	0	1
86	1. 研究和试验发展	184	27	0	0	0	29	7	0	6	87	0	17	0	0	0	0	11	0	0
87	2. 专业技术服务业	2829	1719	1112	0	564	74	226	0	130	12	37	26	0	40	0	0	0	0	1
88	3. 科技推广和应用服务业	226	11	0	0	28	22	32	0	16	1	27	0	0	9	0	0	80	0	0
89	十四、水利、环境和公共设施管理业	5015	823	643	0	741	0	55	0	66	2	10	303	0	48	0	2926	41	0	0
90	1. 水利管理业	478	342	332	0	104	0	15	0	17	0	0	0	0	0	0	0	0	0	0
91	2. 生态保护和环境治理业	645	284	224	0	292	0	14	0	7	2	4	41	0	1	0	0	0	0	0
92	3. 公共设施管理业	960	191	87	0	345	0	26	0	42	0	6	262	0	47	0	0	41	0	0
93	4. 土地管理业	2932	6	0	0	0	0	0	0	0	0	0	0	0	0	0	2926	0	0	0

续表

序号	项目	税收收入合计	国内增值税	一般纳税人增值税	国内消费税	企业所得税 内资企业	企业所得税 外资企业	个人所得税	资源税	城市维护建设税	房产税	印花税	城镇土地使用税	土地增值税	车辆购置税	车船税	耕地占用税	契税	环境保护税	其他各税
94	十五、居民服务、修理和其他服务业	5499	2849	727	0	182	18	1400	0	269	176	10	261	46	80	0	30	171	1	6
95	1. 居民服务业	1301	354	138	0	48	0	658	0	75	44	1	86	0	32	0	0	1	1	1
96	2. 机动车、电子产品和日用产品修理业	487	327	85	0	8	0	17	0	23	3	1	54	46	8	0	0	0	0	0
97	3. 其他服务业	3711	2168	504	0	126	18	725	0	171	129	8	121	0	40	0	30	170	0	5
98	十六、教育	807	155	35	0	12	0	358	0	14	29	1	19	0	213	0	0	6	0	0
99	1. 学前教育	72	10	3	0	1	0	2	0	1	0	0	0	0	58	0	0	0	0	0
100	2. 初等教育	109	2	0	0	0	0	45	0	0	5	0	1	0	56	0	0	0	0	0
101	3. 中等教育	310	3	0	0	0	0	280	0	0	13	0	4	0	10	0	0	0	0	0
102	4. 高等教育	2	0	0	0	0	0	2	0	0	0	0	0	0	0	0	0	0	0	0
103	5. 特殊教育	0	0	0	0	0	0	0	0	0	0	0	0	0	0	0	0	0	0	0
104	6. 技能培训、教育辅助及其他	314	140	32	0	11	0	29	0	13	11	1	14	0	89	0	0	6	0	0
105	十七、卫生和社会工作	1320	15	5	0	1	0	898	0	3	13	2	4	342	25	1	0	8	8	0
106	1. 卫生	1316	13	5	0	1	0	898	0	3	13	2	4	342	23	1	0	8	8	0
107	2. 社会工作	4	2	0	0	0	0	0	0	0	0	0	0	0	2	0	0	0	0	0
108	十八、文化、体育和娱乐业	761	353	123	0	21	1	269	0	22	25	9	35	12	8	0	0	5	0	1
109	1. 新闻和出版业	7	0	0	0	1	0	3	0	2	0	0	1	0	0	0	0	0	0	0
110	2. 广播、电视、电影和影视录音制作业	247	153	111	0	5	1	49	0	10	4	0	10	12	3	0	0	0	0	0
111	3. 文化艺术业	65	48	4	0	4	0	4	0	3	1	0	0	0	5	0	0	0	0	0
112	4. 体育	50	28	0	0	7	0	7	0	1	1	0	1	0	0	0	0	5	0	0
113	5. 娱乐业	392	124	8	0	4	0	206	0	6	19	9	23	0	0	0	0	0	0	1
114	十九、公共管理、社会保障和社会组织	50039	2876	25	0	21	0	5071	0	213	179	201	225	5644	194	16	19371	16028	0	0
115	二十、其他行业	32254	0	0	0	0	0	0	0	0	0	0	0	0	32254	0	0	0	0	0

3－12 东莞市税务局税收收入分行业分税种统计年报（2018年）

编报机关：东莞市税务局

单位：万元

序号	项目	税收收入合计	国内增值税	一般纳税人增值税	国内消费税	企业所得税		个人所得税	资源税	城市维护建设税	房产税	印花税	城镇土地使用税	土地增值税	车辆购置税	车船税	耕地占用税	契税	环境保护税	其他各税
						内资企业	外资企业													
1	合计	22636894	9130008	8580065	110049	2329102	1369301	1621423	233	587656	366702	160215	113135	893282	527693	95655	40019	379322	2286	4910813
2	一、农、林、牧、渔业	3081	1622	1317	0	233	105	397	0	90	198	140	205	0	79	0	0	11	1	0
3	二、采矿业	1481	643	634	0	528	0	4	219	37	9	1	38	0	2	0	0	0	0	0
4	1. 煤炭开采和洗选业	1	1	0	0	0	0	0	0	0	0	0	0	0	0	0	0	0	0	0
5	2. 石油和天然气开采业	7	0	0	0	0	0	0	0	0	0	0	7	0	0	0	0	0	0	0
6	3. 黑色金属矿采选业	1	0	0	0	0	0	0	0	0	0	0	0	0	1	0	0	0	0	0
7	4. 有色金属矿采选业	0	0	0	0	0	0	0	0	0	0	0	0	0	0	0	0	0	0	0
8	5. 非金属矿采选业	1448	625	618	0	528	0	3	219	33	7	1	31	0	1	0	0	0	0	0
9	6. 开采专业及辅助性活动	19	17	16	0	0	0	0	0	0	2	0	0	0	0	0	0	0	0	0
10	7. 其他采矿业	5	0	0	0	0	0	1	0	4	0	0	0	0	0	0	0	0	0	0
11	三、制造业	9523449	6163699	6105520	14503	872815	867586	804375	14	393036	137929	97630	40405	78933	27873	62	303	10959	1777	11550
12	1. 农副食品加工业	65069	25027	24959	0	19733	8304	3296	4	979	3255	3171	761	11	90	0	0	410	28	0
13	2. 食品制造业	121936	68793	68161	0	9643	29191	4285	0	4618	2667	837	697	1029	95	1	0	2	17	61
14	3. 酒、饮料和精制茶制造业	51685	21867	21846	8388	1885	12804	1379	10	2759	1400	362	510	0	18	4	0	293	6	0
15	4. 烟草制品业	0	0	0	0	0	0	0	0	0	0	0	0	0	0	0	0	0	0	0
16	5. 纺织业	176866	135773	132750	0	5119	11047	7041	0	6607	4074	1436	1272	3434	578	0	2	370	113	0
17	6. 纺织服装、服饰业	275805	199305	196302	0	31415	11251	9597	0	10669	7047	2149	1344	2286	718	1	0	4	19	0
18	7. 皮革、毛皮、羽毛及其制品和制鞋业	288699	227275	223681	20	7075	13514	11363	0	10702	4753	1959	1787	9644	572	4	0	0	27	4
19	8. 木材加工和木竹藤棕草制品业	39174	29210	28843	47	2587	2599	1504	0	1599	789	276	350	0	199	0	0	0	14	0
20	9. 家具制造业	249205	189348	187955	0	15225	8261	9626	0	9078	6295	1788	2579	6321	443	1	0	204	36	0
21	10. 造纸和纸制品业	498860	312697	311899	0	25143	103768	11851	0	24283	11245	4372	2449	540	1196	6	0	367	943	0
22	11. 印刷和记录媒介复制业	149287	102071	98905	0	6631	13355	7733	0	5366	2228	1141	911	9320	461	2	0	52	16	0

续表

序号	项目	税收收入合计	国内增值税	一般纳税人增值税	国内消费税	企业所得税		个人所得税	资源税	城市维护建设税	房产税	印花税	城镇土地使用税	土地增值税	车辆购置税	车船税	耕地占用税	契税	环境保护税	其他各税
						内资企业	外资企业													
23	12. 文教、工美、体育和娱乐用品制造业	236342	190637	189246	218	9046	10840	8416	0	9485	3751	1299	1676	0	467	1	0	486	19	1
24	13. 石油、煤炭及其他燃料加工业	19276	5114	5106	1142	828	239	408	0	352	53	73	45	0	33	0	0	-16	0	11005
25	14. 化学原料和化学制品制造业	165049	108415	107995	4456	7079	23115	8593	0	5523	3510	1337	1296	668	485	1	0	548	22	1
26	15. 医药制造业	37893	23259	23161	0	8229	211	3023	0	1422	1058	234	219	214	21	0	0	1	2	0
27	16. 化学纤维制造业	14252	11554	11549	0	422	777	508	0	413	346	85	124	0	14	0	0	4	5	0
28	17. 橡胶和塑料制品业	686574	520868	515255	2	26906	50243	32476	0	27938	9134	6185	3880	5608	2543	7	0	711	73	0
29	18. 非金属矿物制品业	177702	124860	124067	0	10996	19445	6558	0	6782	3938	1325	1597	20	1698	1	0	244	238	0
30	19. 黑色金属冶炼和压延加工业	8149	4762	4756	0	1038	786	928	0	334	145	100	51	0	5	0	0	0	0	0
31	20. 有色金属冶炼和压延加工业	18105	12877	12830	0	560	1239	1482	0	772	589	351	159	0	54	0	0	17	5	0
32	21. 金属制品业	794270	616260	608624	12	42411	43175	36016	0	29646	10999	6243	3568	981	4476	7	301	125	51	-1
33	22. 通用设备制造业	434718	319420	316421	0	35422	28156	21669	0	15713	4768	3599	1268	666	3100	3	0	925	5	4
34	23. 专用设备制造业	470028	361627	356239	0	28520	24348	25622	0	16143	5203	3530	1375	194	2561	5	0	887	9	4
35	24. 汽车制造业	111716	60496	60456	0	3122	30748	10704	0	3768	1443	940	356	0	136	0	0	0	3	0
36	25. 铁路、船舶、航空航天和其他运输设备制造业	14789	8940	8870	0	1264	996	1496	0	608	959	248	232	0	42	1	0	0	3	0
37	26. 电气机械和器材制造业	782611	561384	559568	181	32534	96693	38957	0	27845	12488	6598	3232	896	1304	5	0	475	18	1
38	27. 计算机、通信和其他电子设备制造业	3192076	1630705	1619734	0	517726	275050	505978	0	142550	27736	41809	6101	36742	3534	8	0	3925	69	143
39	28. 仪表仪器制造业	101321	70357	70087	0	4847	12673	6791	0	3878	1109	926	278	84	278	0	0	98	2	0
40	29. 其他制造业	319565	202926	199253	37	16091	34387	26150	0	22348	6371	5074	2149	275	2576	3	0	827	24	327
41	30. 废弃资源综合利用业	2224	974	948	0	888	0	53	0	61	184	14	31	0	11	0	0	0	8	0
42	31. 金属制品、机械和设备修理业	20203	16898	16054	0	430	371	872	0	795	392	169	108	0	165	1	0	0	2	0
43	四、电力、热力、燃气及水的生产和供应业	255358	174304	174005	0	16785	23599	13389	0	12257	10253	1363	2604	0	255	15	2	75	457	0
44	1. 电力、热力生产和供应业	194608	151348	151186	0	2072	7116	11253	0	10784	8877	1096	1406	0	208	14	2	75	357	0

续表

序号	项　目	税收收入合计	国内增值税	一般纳税人增值税	国内消费税	企业所得税		个人所得税	资源税	城市维护建设税	房产税	印花税	城镇土地使用税	土地增值税	车辆购置税	车船税	耕地占用税	契税	环境保护税	其他各税
						内资企业	外资企业													
45	2. 燃气生产和供应业	28569	6555	6533	0	4652	15413	1048	0	476	80	196	138	0	11	0	0	0	0	0
46	3. 水的生产和供应业	32181	16401	16286	0	10061	1070	1088	0	997	1296	71	1060	0	36	1	0	0	100	0
47	五、建筑业	435143	322145	102868	0	40260	1479	37729	0	18799	2660	4675	1103	3891	1863	4	61	271	1	202
48	1. 房屋建筑业	95974	68675	20800	0	9343	261	9746	0	4336	442	1358	246	796	475	0	0	204	0	92
49	2. 土木工程建筑业	42968	32873	10056	0	3993	2	3510	0	1678	87	419	66	0	329	0	0	5	0	6
50	3. 建筑安装业	165295	127041	34268	0	13397	469	14226	0	6649	1286	1137	495	53	410	2	0	6	0	124
51	4. 建筑装饰、装修和其他建筑业	130906	93556	37744	0	13527	747	10247	0	6136	845	1761	296	3042	649	2	61	56	1	-20
52	六、批发和零售业	1605139	972701	908169	95370	204968	60591	85425	0	71537	27359	22955	10020	24161	23278	20	0	6707	27	20
53	1. 批发业	1076433	641481	617195	91323	139830	40341	52181	0	44390	13644	15071	4361	18169	10222	11	0	5386	19	4
54	2. 零售业	528706	331220	290974	4047	65138	20250	33244	0	27147	13715	7884	5659	5992	13056	9	0	1321	8	16
55	七、交通运输、仓储和邮政业	188600	73547	54458	0	42519	28057	17540	0	4082	7921	1731	2726	6	9554	313	0	597	0	7
56	1. 铁路运输业	149	23	0	0	2	0	85	0	7	1	4	0	0	24	1	0	2	0	0
57	2. 道路运输业	77431	24952	20997	0	11536	22130	6779	0	1689	1135	623	557	0	7766	77	0	183	0	4
58	3. 水上运输业	5336	2805	2514	0	986	142	436	0	151	182	76	323	0	11	224	0	0	0	0
59	4. 航空运输业	294	76	68	0	170	14	17	0	10	3	3	0	0	0	1	0	0	0	0
60	5. 管道运输业	803	787	787	0	0	0	0	0	0	12	0	4	0	0	0	0	0	0	0
61	6. 多式联运和运输代理业	26027	12608	8006	0	8233	278	1663	0	725	1042	210	153	0	1099	4	0	9	0	3
62	7. 装卸搬运和仓储业	50869	19062	16687	0	14461	5493	2702	0	1033	5062	776	1607	6	268	6	0	393	0	0
63	8. 邮政业	27691	13234	5399	0	7131	0	5858	0	467	484	39	82	0	386	0	0	10	0	0
64	八、住宿和餐饮业	57601	30617	14854	0	2483	4017	8378	0	1768	6185	193	1655	1221	569	2	0	438	1	74
65	1. 住宿业	15568	6868	5172	0	276	60	2780	0	401	4070	29	1035	0	27	0	0	0	0	22
66	2. 餐饮业	42033	23749	9682	0	2207	3957	5598	0	1367	2115	164	620	1221	542	2	0	438	1	52
67	九、信息传输、软件和信息技术服务业	177976	43961	40201	0	43212	52094	24541	0	3775	6572	829	870	990	440	1	0	710	0	-19
68	1. 电信、广播电视和卫星传输服务	29578	4767	4455	0	487	11494	8351	0	279	3290	244	546	0	19	1	0	120	0	-20

续表

序号	项目	税收收入合计	国内增值税	一般纳税人增值税	国内消费税	企业所得税		个人所得税	资源税	城市维护建设税	房产税	印花税	城镇土地使用税	土地增值税	车辆购置税	车船税	耕地占用税	契税	环境保护税	其他各税
						内资企业	外资企业													
69	2. 互联网和相关服务	20853	5830	5401	0	10332	65	3282	0	376	641	147	92	0	49	0	0	39	0	0
70	3. 软件和信息技术服务业	127545	33364	30345	0	32393	40535	12908	0	3120	2641	438	232	990	372	0	0	551	0	1
71	十、金融业	834514	314825	311256	175	207993	9058	155802	0	23762	8967	4755	1321	6455	5346	93998	0	2379	0	-322
72	1. 货币金融服务	441248	216693	214484	175	112747	3343	70478	0	15047	7584	2637	924	6298	4839	1	0	182	0	300
73	2. 资本市场服务	46071	11610	11249	0	18007	1859	11215	0	1165	533	157	88	41	38	0	0	1358	0	0
74	3. 保险业	277159	70351	69887	0	35508	3	70139	0	5513	488	1579	127	0	40	93997	0	251	0	-837
75	4. 其他金融业	70036	16171	15636	0	41731	3853	3970	0	2037	362	382	182	116	429	0	0	588	0	215
76	十一、房地产业	2552931	648298	574328	0	711565	88871	81768	0	33315	84080	12000	22951	745599	957	6	612	116801	0	6108
77	1. 房地产开发经营	2169761	485558	458807	0	659903	80213	51573	0	26788	35481	9958	10697	701329	463	2	51	102238	0	5507
78	2. 物业管理	79026	37326	31204	0	20935	2394	3962	0	1918	6642	286	2380	2020	165	1	0	871	0	126
79	3. 房地产中介服务	22687	9163	5916	0	1923	3252	3649	0	617	2603	42	631	435	79	0	0	293	0	0
80	4. 房地产租赁经营	91514	38379	16956	0	2475	489	6854	0	1533	24962	766	4870	6086	77	1	4	5005	0	13
81	5. 其他房地产业	189943	77872	61445	0	26329	2523	15730	0	2459	14392	948	4373	35729	173	2	557	8394	0	462
82	十二、租赁和商务服务业	621566	220921	168974	1	106956	58947	68520	0	12470	57714	6158	17156	19913	20468	51	3125	28682	13	471
83	1. 租赁业	36789	15572	10354	0	771	1454	802	0	413	390	203	104	0	17071	5	0	0	0	4
84	2. 商务服务业	584777	205349	158620	1	106185	57493	67718	0	12057	57324	5955	17052	19913	3397	46	3125	28682	13	467
85	十三、科学研究和技术服务业	184543	68679	56859	0	26018	36780	27770	0	5946	5916	1291	1479	5300	980	1	3643	719	2	19
86	1. 研究和试验发展	40034	16155	14830	0	3493	3139	8986	0	2820	3346	774	597	0	446	0	0	278	0	0
87	2. 专业技术服务业	97208	39971	30510	0	19233	8669	14778	0	2634	1490	361	563	5285	448	1	3643	113	0	19
88	3. 科技推广和应用服务业	47301	12553	11519	0	3292	24972	4006	0	492	1080	156	319	15	86	0	0	328	2	0
89	十四、水利、环境和公共设施管理业	39497	7192	6402	0	24706	78	4414	0	982	477	1161	230	0	132	1	19	99	5	1
90	1. 水利管理业	1237	286	238	0	82	0	411	0	59	62	257	72	0	8	0	0	0	0	0
91	2. 生态保护和环境治理业	2638	986	890	0	187	78	377	0	246	225	313	70	0	54	0	0	97	5	0
92	3. 公共设施管理业	35509	5828	5231	0	24437	0	3611	0	675	190	591	88	0	69	0	19	0	0	1
93	4. 土地管理业	113	92	43	0	0	0	15	0	2	0	0	0	0	1	1	0	2	0	0

续表

序号	项　目	税收收入合计	国内增值税	一般纳税人增值税	国内消费税	企业所得税		个人所得税	资源税	城市维护建设税	房产税	印花税	城镇土地使用税	土地增值税	车辆购置税	车船税	耕地占用税	契税	环境保护税	其他各税
						内资企业	外资企业													
94	十五、居民服务、修理和其他服务业	304692	64764	51900	0	9565	130137	85250	0	3881	4992	988	1476	863	823	15	1467	385	2	84
95	1. 居民服务业	10473	6788	3389	0	1292	238	1130	0	300	336	32	140	0	188	2	0	0	2	25
96	2. 机动车、电子产品和日用产品修理业	20332	17363	15967	0	522	972	620	0	377	100	82	52	0	237	0	0	0	0	7
97	3. 其他服务业	273887	40613	32544	0	7751	128927	83500	0	3204	4556	874	1284	863	398	13	1467	385	0	52
98	十六、教育	26967	4413	2881	0	5591	332	15600	0	276	83	80	46	0	566	27	12	-59	0	0
99	1. 学前教育	2263	162	62	0	724	20	1284	0	12	15	10	8	0	8	11	0	9	0	0
100	2. 初等教育	6396	89	69	0	1946	70	4201	0	9	9	22	3	0	21	14	12	0	0	0
101	3. 中等教育	3679	177	146	0	744	93	2628	0	11	38	17	10	0	28	1	0	-68	0	0
102	4. 高等教育	3738	175	159	0	289	9	3203	0	11	5	21	2	0	23	0	0	0	0	0
103	5. 特殊教育	187	90	85	0	56	0	40	0	1	0	0	0	0	0	0	0	0	0	0
104	6. 技能培训、教育辅助及其他	10704	3720	2360	0	1832	140	4244	0	232	16	10	23	0	486	1	0	0	0	0
105	十七、卫生和社会工作	30990	720	565	0	11227	1523	16531	0	55	581	51	130	0	165	7	0	0	0	0
106	1. 卫生	30685	494	388	0	11218	1523	16486	0	41	575	51	126	0	164	7	0	0	0	0
107	2. 社会工作	305	226	177	0	9	0	45	0	14	6	0	4	0	1	0	0	0	0	0
108	十八、文化、体育和娱乐业	21168	6000	4517	0	1239	6043	3280	0	384	903	55	2931	3	41	0	0	288	0	1
109	1. 新闻和出版业	166	2	0	0	0	1	141	0	14	6	1	1	0	0	0	0	0	0	0
110	2. 广播、电视、电影和影视录音制作业	3943	1858	504	0	870	29	944	0	91	46	17	26	0	18	0	0	44	0	0
111	3. 文化艺术业	855	483	93	0	109	8	176	0	43	18	6	3	0	9	0	0	0	0	0
112	4. 体育	8472	1081	888	0	61	4499	1583	0	70	192	17	723	0	2	0	0	244	0	0
113	5. 娱乐业	7732	2576	2032	0	199	1506	436	0	166	641	14	2178	3	12	0	0	0	0	1
114	十九、公共管理、社会保障和社会组织	444068	10943	357	0	376	3	169531	0	711	3856	3995	5766	5947	776	1131	30775	210258	0	0
115	二十、其他行业	5328130	14	0	0	63	1	1179	0	493	47	164	23	0	433526	1	0	2	0	4892617

3－13 中山市税务局税收收入分行业分税种统计年报（2018年）

编报机关：中山市税务局　　　　单位：万元

序号	项目	税收收入合计	国内增值税	一般纳税人增值税	国内消费税	企业所得税		个人所得税	资源税	城市维护建设税	房产税	印花税	城镇土地使用税	土地增值税	车辆购置税	车船税	耕地占用税	契税	环境保护税	其他各税
						内资企业	外资企业													
1	合　计	7394922	3506427	3180498	46940	814000	611156	597538	26	206485	200347	47642	91388	507164	198754	32860	17895	229958	1496	284846
2	一、农、林、牧、渔业	3009	1149	922	0	642	31	520	0	108	120	57	37	0	38	0	0	295	3	9
3	二、采矿业	2633	165	164	0	34	1936	299	0	122	40	17	13	0	7	0	0	0	0	0
4	1. 煤炭开采和洗选业	0	0	0	0	0	0	0	0	0	0	0	0	0	0	0	0	0	0	0
5	2. 石油和天然气开采业	2163	0	0	0	0	1936	145	0	46	9	16	4	0	7	0	0	0	0	0
6	3. 黑色金属矿采选业	0	0	0	0	0	0	0	0	0	0	0	0	0	0	0	0	0	0	0
7	4. 有色金属矿采选业	0	0	0	0	0	0	0	0	0	0	0	0	0	0	0	0	0	0	0
8	5. 非金属矿采选业	266	165	164	0	34	0	51	0	15	0	0	1	0	0	0	0	0	0	0
9	6. 开采专业及辅助性活动	203	0	0	0	0	0	103	0	61	31	0	8	0	0	0	0	0	0	0
10	7. 其他采矿业	1	0	0	0	0	0	0	0	0	0	1	0	0	0	0	0	0	0	0
11	三、制造业	3659822	2280003	2248598	7100	218800	426161	160307	14	126244	58111	22781	16716	48291	8086	17	0	8507	1091	277593
12	1. 农副食品加工业	25646	8685	7694	0	6297	1711	1028	0	500	599	137	138	6297	37	1	0	210	6	0
13	2. 食品制造业	232232	119409	119196	4	5531	91481	4985	0	8075	1263	263	370	803	30	1	0	4	13	0
14	3. 酒、饮料和精制茶制造业	46551	27651	27632	506	1319	12006	1412	12	1502	395	303	208	0	14	0	0	0	7	1216
15	4. 烟草制品业	0	0	0	0	0	0	0	0	0	0	0	0	0	0	0	0	0	0	0
16	5. 纺织业	94772	66060	64361	0	3775	7330	2964	0	3226	3077	539	1001	6209	164	0	0	101	326	0
17	6. 纺织服装、服饰业	153757	122686	119812	0	6371	7070	7347	0	5993	2604	646	529	161	262	2	0	44	42	0
18	7. 皮革、毛皮、羽毛及其制品和制鞋业	58673	37195	36851	0	3035	5489	1821	0	2116	2078	413	512	5918	84	0	0	0	12	0
19	8. 木材加工和木竹藤棕草制品业	25048	15669	15368	3017	611	3853	866	0	577	219	86	79	0	65	0	0	0	6	0
20	9. 家具制造业	87334	66108	64050	31	7273	2233	4541	0	3744	1621	499	530	0	141	0	0	602	11	0
21	10. 造纸和纸制品业	73619	49957	49635	0	5209	6547	6292	0	2961	1185	576	533	0	313	1	0	0	45	0
22	11. 印刷和记录媒介复制业	44704	29682	29567	0	2661	5898	3515	0	1606	711	209	296	17	90	0	0	0	4	15

续表

序号	项目	税收收入合计	国内增值税	一般纳税人增值税	国内消费税	企业所得税		个人所得税	资源税	城市维护建设税	房产税	印花税	城镇土地使用税	土地增值税	车辆购置税	车船税	耕地占用税	契税	环境保护税	其他各税
						内资企业	外资企业													
23	12. 文教、工美、体育和娱乐用品制造业	109061	79550	79361	1	5053	12973	3345	0	3648	1706	567	567	1194	117	1	0	330	9	0
24	13. 石油、煤炭及其他燃料加工业	7965	1352	1349	456	332	29	129	0	145	36	17	32	0	0	0	0	371	0	5066
25	14. 化学原料和化学制品制造业	214332	119088	118715	2772	7600	65597	7558	0	6745	2603	986	861	137	238	1	0	131	15	0
26	15. 医药制造业	78584	57582	57576	0	3075	9387	2841	0	3284	1219	683	335	0	21	0	0	153	4	0
27	16. 化学纤维制造业	6150	3570	3563	0	81	1937	94	0	95	256	17	90	0	1	0	0	0	9	0
28	17. 橡胶和塑料制品业	214090	153521	152067	0	16073	13894	12092	0	8716	4088	1351	1084	1823	694	1	0	689	64	0
29	18. 非金属矿物制品业	93510	64506	63969	0	8090	10341	3336	0	3204	1143	448	564	1	1479	1	0	121	276	0
30	19. 黑色金属冶炼和压延加工业	7256	3772	3772	0	247	979	650	0	552	721	151	170	0	5	0	0	0	9	0
31	20. 有色金属冶炼和压延加工业	25045	18250	18136	0	2383	979	1408	0	1152	352	171	78	115	47	0	0	107	3	0
32	21. 金属制品业	294185	216031	212532	0	25734	14855	14744	0	11363	4583	1667	1349	2368	1033	1	0	-3	65	395
33	22. 通用设备制造业	192751	125743	124730	0	8690	31921	9627	0	8554	1917	1393	689	2370	295	1	0	1544	7	0
34	23. 专用设备制造业	101583	66311	64777	0	6841	9412	5022	0	3465	2565	504	903	6036	328	0	0	195	1	0
35	24. 汽车制造业	109673	53817	53387	0	2260	41932	4652	0	3213	1253	950	309	831	49	0	0	405	2	0
36	25. 铁路、船舶、航空航天和其他运输设备制造业	-10524	-13392	-13413	62	670	77	938	0	316	550	70	181	0	4	0	0	0	0	0
37	26. 电气机械和器材制造业	760214	561740	550552	240	72444	22641	37661	0	28093	12490	5127	2966	12655	1806	4	0	2275	72	0
38	27. 计算机、通信和其他电子设备制造业	237108	150559	149811	0	9605	36154	16275	0	9485	6861	4512	1431	1356	357	1	0	456	56	0
39	28. 仪表仪器制造业	26728	20848	20832	0	863	1332	1450	0	1192	433	140	150	0	65	0	0	254	1	0
40	29. 其他制造业	325472	35835	34705	11	5759	7095	2276	2	1217	1027	203	396	0	233	0	0	513	4	270901
41	30. 废弃资源综合利用业	2300	1524	1445	0	474	1	148	0	102	14	3	11	0	15	1	0	0	7	0
42	31. 金属制品、机械和设备修理业	22003	16694	16566	0	444	1007	1290	0	1403	542	150	354	0	99	0	0	5	15	0
43	四、电力、热力、燃气及水的生产和供应业	134816	95984	95765	0	7178	12067	5987	0	6412	4183	675	1801	-4	139	1	0	190	203	0
44	1. 电力、热力生产和供应业	104555	82549	82525	0	1097	4707	4924	0	5655	3584	590	1228	-4	52	1	0	16	156	0

续表

序号	项目	税收收入合计	国内增值税	一般纳税人增值税	国内消费税	企业所得税		个人所得税	资源税	城市维护建设税	房产税	印花税	城镇土地使用税	土地增值税	车辆购置税	车船税	耕地占用税	契税	环境保护税	其他各税
						内资企业	外资企业													
45	2. 燃气生产和供应业	10625	4436	4433	0	895	4415	400	0	219	44	38	47	0	70	0	0	61	0	0
46	3. 水的生产和供应业	19636	8999	8807	0	5186	2945	663	0	538	555	47	526	0	17	0	0	113	47	0
47	五、建筑业	259224	179546	50276	0	30248	3545	26130	0	10828	1758	2370	1290	831	1140	9	0	1179	2	348
48	1. 房屋建筑业	63016	43919	9681	0	7813	9	5614	0	2958	505	479	467	779	136	0	0	76	0	261
49	2. 土木工程建筑业	28666	17204	7564	0	4969	301	3462	0	1132	274	353	324	10	495	1	0	140	1	0
50	3. 建筑安装业	96330	70584	15794	0	10452	81	9121	0	3891	650	879	349	0	189	8	0	66	0	60
51	4. 建筑装饰、装修和其他建筑业	71212	47839	17237	0	7014	3154	7933	0	2847	329	659	150	42	320	0	0	897	1	27
52	六、批发和零售业	493378	262414	235206	39840	86043	19671	31554	3	18833	8843	5290	5003	7883	3601	8	0	4285	25	82
53	1. 批发业	344730	172092	159823	38288	66364	14677	17564	3	13387	4832	4188	3016	4505	2372	6	0	3396	3	37
54	2. 零售业	148648	90322	75383	1552	19679	4994	13990	0	5446	4011	1102	1987	3378	1229	2	0	889	22	45
55	七、交通运输、仓储和邮政业	62881	27667	22760	0	11157	5315	7754	0	1746	2980	390	1816	66	3832	41	0	113	1	3
56	1. 铁路运输业	31	1	0	0	0	0	0	0	0	5	0	0	0	1	0	0	24	0	0
57	2. 道路运输业	25905	14459	12125	0	2547	284	3135	0	1046	632	205	274	0	3300	19	0	0	1	3
58	3. 水上运输业	8977	3388	3349	0	683	3563	796	0	123	156	16	203	0	29	20	0	0	0	0
59	4. 航空运输业	197	81	0	0	0	5	3	0	5	32	1	4	66	0	0	0	0	0	0
60	5. 管道运输业	4170	46	43	0	3824	0	256	0	3	29	5	6	0	1	0	0	0	0	0
61	6. 多式联运和运输代理业	8553	3848	2921	0	1940	899	1028	0	264	133	59	31	0	350	1	0	0	0	0
62	7. 装卸搬运和仓储业	10926	4585	3224	0	1727	175	1404	0	200	1490	48	1122	0	85	1	0	89	0	0
63	8. 邮政业	4122	1259	1098	0	436	389	1132	0	105	503	56	176	0	66	0	0	0	0	0
64	八、住宿和餐饮业	32338	15765	8807	0	2426	917	4830	9	1088	4905	129	845	1121	102	0	0	151	14	36
65	1. 住宿业	11068	3806	2708	0	662	56	808	9	368	3235	90	684	1119	59	0	0	152	8	12
66	2. 餐饮业	21270	11959	6099	0	1764	861	4022	0	720	1670	39	161	2	43	0	0	-1	6	24
67	九、信息传输、软件和信息技术服务业	20811	7112	5399	0	2178	683	6820	0	620	1770	338	556	64	520	0	0	149	0	1
68	1. 电信、广播电视和卫星传输服务	5494	1122	1018	0	125	0	2802	0	-149	957	178	334	58	7	0	0	60	0	0

续表

序号	项目	税收收入合计	国内增值税	一般纳税人增值税	国内消费税	企业所得税		个人所得税	资源税	城市维护建设税	房产税	印花税	城镇土地使用税	土地增值税	车辆购置税	车船税	耕地占用税	契税	环境保护税	其他各税
						内资企业	外资企业													
69	2. 互联网和相关服务	948	506	354	0	108	13	187	0	92	17	11	1	4	2	0	0	7	0	0
70	3. 软件和信息技术服务业	14369	5484	4027	0	1945	670	3831	0	677	796	149	221	2	511	0	0	82	0	1
71	十、金融业	310501	148838	147350	0	51468	1216	53502	0	9524	4616	2170	1081	2527	693	32460	6	2026	0	374
72	1. 货币金融服务	196218	108118	107677	0	46640	179	25269	0	7063	3924	1155	566	1731	312	4	0	1122	0	135
73	2. 资本市场服务	12265	2413	1736	0	3062	941	3435	0	191	438	419	454	601	42	0	0	269	0	0
74	3. 保险业	87847	28103	27985	0	58	2	24133	0	1963	146	542	21	73	33	32456	0	511	0	-194
75	4. 其他金融业	14171	10204	9952	0	1708	94	665	0	307	108	54	40	122	306	0	6	124	0	433
76	十一、房地产业	1344592	305123	283618	0	350894	119569	32817	0	18856	48447	8429	39236	338783	917	11	228	77386	24	3872
77	1. 房地产开发经营	1136532	245670	237305	0	289755	110741	21166	0	15330	19194	7462	32923	318356	731	10	53	71313	0	3828
78	2. 物业管理	54288	18176	15325	0	16316	6388	2971	0	1025	4296	259	1223	1880	49	0	0	1702	0	3
79	3. 房地产中介服务	26474	8961	5561	0	11331	61	2659	0	462	241	68	105	2022	88	0	0	476	0	0
80	4. 房地产租赁经营	52059	10580	7610	0	17398	1988	1611	0	563	11844	205	3328	2048	25	1	79	2365	24	0
81	5. 其他房地产业	75239	21736	13817	0	16094	391	4410	0	1476	12872	435	1657	14477	24	0	96	1530	0	41
82	十二、租赁和商务服务业	223465	76120	57970	0	32856	13616	31290	0	3985	26172	1370	9154	17355	3525	2	1005	5061	0	1954
83	1. 租赁业	11283	5438	3791	0	1171	109	1001	0	269	309	50	112	0	2803	1	17	3	0	0
84	2. 商务服务业	212182	70682	54179	0	31685	13507	30289	0	3716	25863	1320	9042	17355	722	1	988	5058	0	1954
85	十三、科学研究和技术服务业	40072	16631	12459	0	7749	2805	8297	0	1863	962	245	283	232	317	1	0	463	117	107
86	1. 研究和试验发展	9689	2666	2350	0	2207	1042	2258	0	476	479	98	132	0	75	0	0	256	0	0
87	2. 专业技术服务业	26344	12414	8911	0	5271	1562	5127	0	836	259	95	96	232	202	1	0	25	117	107
88	3. 科技推广和应用服务业	4039	1551	1198	0	271	201	912	0	551	224	52	55	0	40	0	0	182	0	0
89	十四、水利、环境和公共设施管理业	10356	2857	2185	0	524	1024	1408	0	214	196	165	3010	249	65	2	464	173	5	0
90	1. 水利管理业	3260	900	740	0	4	1023	865	0	36	20	12	17	249	4	0	0	130	0	0
91	2. 生态保护和环境治理业	1398	972	881	0	80	0	151	0	68	40	8	25	0	7	1	0	44	2	0
92	3. 公共设施管理业	5577	908	550	0	417	1	379	0	108	136	145	2961	0	54	1	464	0	3	0
93	4. 土地管理业	121	77	14	0	23	0	13	0	2	0	0	7	0	0	0	0	-1	0	0

续表

序号	项目	税收收入合计	国内增值税	一般纳税人增值税	国内消费税	企业所得税		个人所得税	资源税	城市维护建设税	房产税	印花税	城镇土地使用税	土地增值税	车辆购置税	车船税	耕地占用税	契税	环境保护税	其他各税
						内资企业	外资企业													
94	十五、居民服务、修理和其他服务业	77319	14049	8802	0	5671	2511	41537	0	1514	9594	229	848	606	229	2	1	272	8	248
95	1. 居民服务业	15347	2986	864	0	3523	223	2255	0	180	5576	32	411	51	33	1	1	7	0	68
96	2. 机动车、电子产品和日用产品修理业	6240	3943	3083	0	232	56	799	0	757	230	60	93	0	64	0	0	0	6	0
97	3. 其他服务业	55732	7120	4855	0	1916	2232	38483	0	577	3788	137	344	555	132	1	0	265	2	180
98	十六、教育	12857	1802	626	0	2139	8	7996	0	105	104	26	106	113	287	7	0	163	1	0
99	1. 学前教育	833	47	11	0	432	1	323	0	2	2	2	13	0	11	0	0	0	0	0
100	2. 初等教育	2829	24	16	0	761	0	1980	0	2	1	0	0	0	61	0	0	0	0	0
101	3. 中等教育	4548	44	10	0	343	0	3830	0	2	17	3	25	113	7	0	0	163	1	0
102	4. 高等教育	559	111	89	0	119	6	320	0	2	1	0	0	0	0	0	0	0	0	0
103	5. 特殊教育	11	8	0	0	1	0	2	0	0	0	0	0	0	0	0	0	0	0	0
104	6. 技能培训、教育辅助及其他	4077	1568	500	0	483	1	1541	0	97	83	21	68	0	208	7	0	0	0	0
105	十七、卫生和社会工作	9175	241	144	0	819	3	7872	0	18	83	12	60	14	43	2	0	6	2	0
106	1. 卫生	9073	187	101	0	817	3	7831	0	13	83	12	60	14	43	2	0	6	2	0
107	2. 社会工作	102	54	43	0	2	0	41	0	5	0	0	0	0	0	0	0	0	0	0
108	十八、文化、体育和娱乐业	13094	3641	2318	0	726	78	4467	0	220	746	58	2380	46	19	0	0	713	0	0
109	1. 新闻和出版业	469	17	17	0	0	0	327	0	18	104	0	3	0	0	0	0	0	0	0
110	2. 广播、电视、电影和影视录音制作业	2859	782	520	0	308	26	1334	0	78	128	34	19	46	7	0	0	97	0	0
111	3. 文化艺术业	1516	413	174	0	53	18	235	0	25	104	15	30	0	7	0	0	616	0	0
112	4. 体育	1730	612	414	0	39	14	144	0	25	46	1	847	0	2	0	0	0	0	0
113	5. 娱乐业	6520	1817	1193	0	326	20	2427	0	74	364	8	1481	0	3	0	0	0	0	0
114	十九、公共管理、社会保障和社会组织	509540	67311	129	0	2448	0	164149	0	4184	26717	2891	7153	88987	167	297	16191	128826	0	219
115	二十、其他行业	175039	9	0	0	0	0	2	0	1	0	0	0	0	175027	0	0	0	0	0

3－14 江门市税务局税收收入分行业分税种统计年报（2018年）

编报机关：江门市税务局

单位：万元

序号	项目	税收收入合计	国内增值税	一般纳税人增值税	国内消费税	企业所得税		个人所得税	资源税	城市维护建设税	房产税	印花税	城镇土地使用税	土地增值税	车辆购置税	车船税	耕地占用税	契税	环境保护税	其他各税
						内资企业	外资企业													
1	合计	5205735	2426871	2192530	55449	583562	377436	326926	9806	165007	128305	40026	141241	307124	122285	23904	37454	177165	2553	280621
2	一、农、林、牧、渔业	3571	728	523	0	448	13	1285	0	78	255	159	340	0	59	0	0	136	69	1
3	二、采矿业	15560	4726	4685	0	2417	319	262	7437	262	11	68	47	0	8	0	0	0	3	0
4	1. 煤炭开采和洗选业	0	0	0	0	0	0	0	0	0	0	0	0	0	0	0	0	0	0	0
5	2. 石油和天然气开采业	0	0	0	0	0	0	0	0	0	0	0	0	0	0	0	0	0	0	0
6	3. 黑色金属矿采选业	0	0	0	0	0	0	0	0	0	0	0	0	0	0	0	0	0	0	0
7	4. 有色金属矿采选业	36	12	12	0	6	18	0	0	0	0	0	0	0	0	0	0	0	0	0
8	5. 非金属矿采选业	14399	4346	4319	0	2235	301	248	6910	241	7	63	39	0	8	0	0	0	1	0
9	6. 开采专业及辅助性活动	35	32	29	0	1	0	1	0	1	0	0	0	0	0	0	0	0	0	0
10	7. 其他采矿业	1090	336	325	0	175	0	13	527	20	4	5	8	0	0	0	0	0	2	0
11	三、制造业	2482639	1430899	1413932	5369	148036	297548	83660	1929	93463	48021	17283	48065	14237	6371	29	0	7970	1991	277768
12	1. 农副食品加工业	17986	6263	6114	0	5887	569	1705	0	668	926	574	887	0	48	0	0	429	30	0
13	2. 食品制造业	409954	297814	297620	209	3442	70408	12384	0	20121	1998	717	1677	801	99	0	0	235	49	0
14	3. 酒、饮料和精制茶制造业	24511	13989	13965	236	6553	988	782	2	986	491	99	237	0	134	0	0	12	2	0
15	4. 烟草制品业	394	49	48	107	0	0	136	0	96	0	5	1	0	0	0	0	0	0	0
16	5. 纺织业	69449	48309	48169	0	1854	4694	2684	0	2860	2821	767	2803	1832	165	1	0	88	422	149
17	6. 纺织服装、服饰业	45324	32390	31875	0	1797	1582	737	0	2218	1409	269	4414	345	92	0	0	23	19	29
18	7. 皮革、毛皮、羽毛及其制品和制鞋业	31456	20029	19828	0	2446	1735	1118	0	1244	706	255	1819	1968	45	0	0	72	19	0
19	8. 木材加工和木竹藤棕草制品业	16283	10983	9990	182	827	301	443	0	619	431	131	920	1367	58	0	0	0	21	0
20	9. 家具制造业	41889	27065	25424	93	5487	514	1954	0	1706	1775	283	1636	1107	230	1	0	27	11	0
21	10. 造纸和纸制品业	84070	51823	51252	0	6544	13432	2921	0	2576	2074	924	1772	1471	177	1	0	161	149	45
22	11. 印刷和记录媒介复制业	35828	24778	24680	0	1407	3118	1823	0	1492	1869	338	842	31	76	1	0	38	7	8

续表

序号	项目	税收收入合计	国内增值税	一般纳税人增值税	国内消费税	企业所得税		个人所得税	资源税	城市维护建设税	房产税	印花税	城镇土地使用税	土地增值税	车辆购置税	车船税	耕地占用税	契税	环境保护税	其他各税
						内资企业	外资企业													
23	12. 文教、工美、体育和娱乐用品制造业	16086	12821	12740	8	379	866	347	0	551	414	79	496	20	33	0	0	68	4	0
24	13. 石油、煤炭及其他燃料加工业	2422	1057	1056	694	22	189	256	0	149	7	26	21	0	1	0	0	0	0	0
25	14. 化学原料和化学制品制造业	123186	68117	67851	2705	8474	24857	6374	2	4779	2338	1269	2378	149	223	4	0	1414	103	0
26	15. 医药制造业	24296	15853	15739	0	3379	2075	572	0	1108	266	74	313	243	57	0	0	352	4	0
27	16. 化学纤维制造业	16460	10649	10613	0	401	3067	497	0	608	524	264	332	11	32	0	0	70	5	0
28	17. 橡胶和塑料制品业	89772	60721	60379	0	5763	9413	3558	0	4206	2283	834	2378	33	297	3	0	252	21	10
29	18. 非金属矿物制品业	100045	61364	60971	0	17057	2032	3272	1870	4698	2593	724	3372	121	1708	4	0	404	826	0
30	19. 黑色金属冶炼和压延加工业	6683	3613	3468	0	734	33	445	0	367	280	125	238	476	39	2	0	329	2	0
31	20. 有色金属冶炼和压延加工业	38889	21797	21739	0	1455	12379	792	0	970	542	532	329	21	59	0	0	0	13	0
32	21. 金属制品业	286384	199462	196646	0	21023	18958	12468	0	12040	7686	3440	8505	613	1079	5	0	991	97	17
33	22. 通用设备制造业	52949	34261	34046	0	2597	7087	2971	0	2627	1252	389	1283	49	228	2	0	198	5	0
34	23. 专用设备制造业	19320	9026	7422	0	1439	901	1952	0	1474	955	243	791	2057	71	0	0	409	2	0
35	24. 汽车制造业	49821	23470	23461	0	513	18490	2092	0	2105	1187	307	1170	0	83	0	0	388	16	0
36	25. 铁路、船舶、航空航天和其他运输设备制造业	90082	44851	44785	474	7591	21958	5234	0	3731	2808	868	2407	0	114	1	0	17	28	0
37	26. 电气机械和器材制造业	215043	138921	135991	650	22185	23985	7502	0	10040	4992	1927	2988	804	506	1	0	517	25	0
38	27. 计算机、通信和其他电子设备制造业	126071	88031	87801	0	9270	9968	5337	0	6164	3415	1059	1638	102	131	1	0	886	69	0
39	28. 仪表仪器制造业	1603	686	676	0	166	0	240	0	369	18	38	39	0	12	0	0	35	0	0
40	29. 其他制造业	427367	88739	85726	11	7472	43875	1851	55	2128	1565	566	1946	616	511	1	0	487	34	277510
41	30. 废弃资源综合利用业	13444	10027	10008	0	1741	57	469	0	496	220	52	264	0	47	1	0	68	2	0
42	31. 金属制品、机械和设备修理业	5572	3941	3849	0	131	17	744	0	267	176	105	169	0	16	0	0	0	6	0
43	四、电力、热力、燃气及水的生产和供应业	143589	84525	84442	0	24128	4387	12084	0	5328	6996	995	4086	30	170	29	129	342	359	1
44	1. 电力、热力生产和供应业	125622	77757	77713	0	19446	2114	11016	0	4620	6483	826	2675	0	138	28	0	193	325	1

续表

序号	项目	税收收入合计	国内增值税	一般纳税人增值税	国内消费税	企业所得税		个人所得税	资源税	城市维护建设税	房产税	印花税	城镇土地使用税	土地增值税	车辆购置税	车船税	耕地占用税	契税	环境保护税	其他各税
						内资企业	外资企业													
45	2. 燃气生产和供应业	5743	2074	2074	0	573	2270	365	0	206	47	44	129	0	4	1	0	30	0	0
46	3. 水的生产和供应业	12224	4694	4655	0	4109	3	703	0	502	466	125	1282	30	28	0	129	119	34	0
47	五、建筑业	294823	199492	66236	0	44566	313	28960	87	13058	717	3255	1757	1547	843	3	-35	181	21	58
48	1. 房屋建筑业	96984	62172	28239	0	20112	2	7296	2	4577	166	1022	146	1315	122	2	0	28	15	7
49	2. 土木工程建筑业	33600	22430	4979	0	3328	3	4220	85	1673	145	873	224	163	169	0	212	75	0	0
50	3. 建筑安装业	107211	73889	26287	0	16627	234	10524	0	4332	220	876	245	28	182	1	0	31	3	19
51	4. 建筑装饰、装修和其他建筑业	57028	41001	6731	0	4499	74	6920	0	2476	186	484	1142	41	370	0	-247	47	3	32
52	六、批发和零售业	470789	235124	217423	49993	85042	37942	14518	174	21296	5776	5898	6507	2665	4669	13	0	1134	24	14
53	1. 批发业	368136	184133	178981	48927	74730	20278	9171	151	16627	3408	4092	2916	1345	1560	7	0	775	16	0
54	2. 零售业	102653	50991	38442	1066	10312	17664	5347	23	4669	2368	1806	3591	1320	3109	6	0	359	8	14
55	七、交通运输、仓储和邮政业	60823	19469	14533	0	13705	14461	5061	0	1307	1661	573	1672	113	1984	48	667	65	0	37
56	1. 铁路运输业	289	1	0	0	0	0	76	0	1	1	0	0	0	0	0	210	0	0	0
57	2. 道路运输业	43634	12591	9963	0	11752	12409	2464	0	886	842	443	261	0	1467	42	457	20	0	0
58	3. 水上运输业	2615	1478	1312	0	185	337	150	0	87	59	23	119	82	86	4	0	5	0	0
59	4. 航空运输业	0	0	0	0	0	0	0	0	0	0	0	0	0	0	0	0	0	0	0
60	5. 管道运输业	41	24	24	0	0	0	1	0	0	14	0	2	0	0	0	0	0	0	0
61	6. 多式联运和运输代理业	4509	2200	1262	0	1028	251	403	0	155	58	54	61	0	297	1	0	0	0	1
62	7. 装卸搬运和仓储业	6488	2365	1284	0	568	1286	575	0	107	298	33	1090	8	117	1	0	40	0	0
63	8. 邮政业	3247	810	688	0	172	178	1392	0	71	389	20	139	23	17	0	0	0	0	36
64	八、住宿和餐饮业	23057	10506	5350	0	1231	1353	2675	125	790	2874	83	2136	20	261	1	0	504	17	481
65	1. 住宿业	10363	3871	2893	0	623	81	735	125	301	2152	50	1755	20	20	0	0	378	9	243
66	2. 餐饮业	12694	6635	2457	0	608	1272	1940	0	489	722	33	381	0	241	1	0	126	8	238
67	九、信息传输、软件和信息技术服务业	13132	4269	2643	0	1267	329	3927	0	320	2001	331	478	32	63	5	0	109	0	1
68	1. 电信、广播电视和卫星传输服务	6462	995	887	0	95	0	2862	0	5	1960	167	347	0	21	5	0	5	0	0

续表

序号	项目	税收收入合计	国内增值税	一般纳税人增值税	国内消费税	企业所得税		个人所得税	资源税	城市维护建设税	房产税	印花税	城镇土地使用税	土地增值税	车辆购置税	车船税	耕地占用税	契税	环境保护税	其他各税
						内资企业	外资企业													
69	2. 互联网和相关服务	590	339	58	0	27	0	105	0	32	2	26	24	27	4	0	0	4	0	0
70	3. 软件和信息技术服务业	6080	2935	1698	0	1145	329	960	0	283	39	138	107	5	38	0	0	100	0	1
71	十、金融业	247451	99294	95127	87	65477	654	37938	0	6429	4167	1349	8064	2135	214	20171	791	717	0	-36
72	1. 货币金融服务	160983	62113	61488	87	61524	59	17340	0	4936	3751	866	7946	1982	153	5	0	67	0	154
73	2. 资本市场服务	7074	1644	1578	0	1535	397	1877	0	117	159	69	84	0	10	0	791	391	0	0
74	3. 保险业	60440	20045	19964	0	5	0	18351	0	1308	186	369	28	2	31	20166	0	183	0	-234
75	4. 其他金融业	18954	15492	12097	0	2413	198	370	0	68	71	45	6	151	20	0	0	76	0	44
76	十一、房地产业	850317	257452	245166	0	170302	11965	16128	50	17146	23606	6334	41853	243368	821	3	2199	57291	26	1773
77	1. 房地产开发经营	759859	217006	213947	0	163428	10665	11434	50	15235	9086	5801	34625	233659	700	3	1723	55643	20	781
78	2. 物业管理	30427	14393	11275	0	3298	526	1254	0	731	4095	176	1806	3090	58	0	52	931	0	17
79	3. 房地产中介服务	1793	818	306	0	187	1	374	0	58	102	9	81	41	26	0	0	95	0	1
80	4. 房地产租赁经营	28052	12220	8266	0	735	773	1362	0	649	6635	189	2723	1591	13	0	396	529	6	231
81	5. 其他房地产业	30186	13015	11372	0	2654	0	1704	0	473	3688	159	2618	4987	24	0	28	93	0	743
82	十二、租赁和商务服务业	133117	33448	22267	0	9576	4391	27317	0	1995	6293	1251	8062	23764	1587	3	8183	7010	6	231
83	1. 租赁业	8916	4329	1874	0	391	1229	582	0	204	576	77	294	108	1099	0	0	22	4	1
84	2. 商务服务业	124201	29119	20393	0	9185	3162	26735	0	1791	5717	1174	7768	23656	488	3	8183	6988	2	230
85	十三、科学研究和技术服务业	46568	12941	8340	0	8012	916	13404	0	919	725	301	552	29	168	17	7236	1348	0	0
86	1. 研究和试验发展	3107	-263	-393	0	707	172	1716	0	141	134	48	217	0	40	0	0	195	0	0
87	2. 专业技术服务业	39795	10978	7883	0	6814	735	11525	0	657	209	228	147	29	110	17	7236	1110	0	0
88	3. 科技推广和应用服务业	3666	2226	850	0	491	9	163	0	121	382	25	188	0	18	0	0	43	0	0
89	十四、水利、环境和公共设施管理业	10469	1650	1082	0	2396	2	515	0	220	1293	188	762	1	51	0	820	2544	26	1
90	1. 水利管理业	279	81	54	0	88	0	59	0	7	6	3	35	0	0	0	0	0	0	0
91	2. 生态保护和环境治理业	4019	468	368	0	1798	2	167	0	86	1002	79	380	0	11	0	0	0	26	0
92	3. 公共设施管理业	6101	1043	657	0	505	0	288	0	126	284	102	347	1	40	0	820	2544	0	1
93	4. 土地管理业	70	58	3	0	5	0	1	0	1	1	4	0	0	0	0	0	0	0	0

续表

序号	项目	税收收入合计	国内增值税	一般纳税人增值税	国内消费税	企业所得税		个人所得税	资源税	城市维护建设税	房产税	印花税	城镇土地使用税	土地增值税	车辆购置税	车船税	耕地占用税	契税	环境保护税	其他各税
						内资企业	外资企业													
94	十五、居民服务、修理和其他服务业	54880	11404	7722	0	4366	2649	30935	3	840	1468	239	1331	136	438	13	704	213	1	140
95	1. 居民服务业	4965	2467	1547	0	636	20	417	0	163	251	29	157	1	210	2	599	3	0	10
96	2. 机动车、电子产品和日用产品修理业	3727	2226	1770	0	168	778	131	0	121	76	23	102	3	97	0	0	0	1	1
97	3. 其他服务业	46188	6711	4405	0	3562	1851	30387	3	556	1141	187	1072	132	131	11	105	210	0	129
98	十六、教育	7575	1426	734	0	1241	11	4297	0	104	104	9	68	2	224	5	0	52	0	32
99	1. 学前教育	1136	55	23	0	90	11	854	0	4	12	1	2	0	56	2	0	49	0	0
100	2. 初等教育	1089	13	0	0	89	0	894	0	5	33	1	9	2	42	1	0	0	0	0
101	3. 中等教育	1903	66	21	0	37	0	1721	0	17	48	1	13	0	0	0	0	0	0	0
102	4. 高等教育	809	112	103	0	175	0	506	0	2	7	0	2	0	0	0	0	3	0	2
103	5. 特殊教育	40	1	0	0	0	0	39	0	0	0	0	0	0	0	0	0	0	0	0
104	6. 技能培训、教育辅助及其他	2598	1179	587	0	850	0	283	0	76	4	6	42	0	126	2	0	0	0	30
105	十七、卫生和社会工作	10857	481	345	0	214	0	9785	0	40	89	28	69	2	122	5	9	3	10	0
106	1. 卫生	10751	438	345	0	192	0	9763	0	37	89	28	69	2	118	5	0	3	7	0
107	2. 社会工作	106	43	0	0	22	0	22	0	3	0	0	0	0	4	0	9	0	3	0
108	十八、文化、体育和娱乐业	8214	2002	1333	0	309	42	772	1	137	487	78	924	452	22	1	0	2984	0	3
109	1. 新闻和出版业	500	118	117	0	0	0	329	0	14	29	5	5	0	0	0	0	0	0	0
110	2. 广播、电视、电影和影视录音制作业	1459	794	667	0	85	28	119	0	53	297	3	78	0	1	1	0	0	0	0
111	3. 文化艺术业	692	233	126	0	176	0	89	0	21	35	7	3	0	4	0	0	124	0	0
112	4. 体育	3999	195	86	0	15	14	45	0	12	23	57	764	0	13	0	0	2860	0	1
113	5. 娱乐业	1564	662	337	0	33	0	190	1	37	103	6	74	452	4	0	0	0	0	2
114	十九、公共管理、社会保障和社会组织	223485	17035	647	0	829	1	33040	0	1275	21761	1604	14468	18591	294	3558	16351	94562	0	116
115	二十、其他行业	104819	0	0	0	0	140	363	0	0	0	0	0	0	103916	0	400	0	0	0

3－15　阳江市税务局税收收入分行业分税种统计年报（2018年）

编报机关：阳江市税务局　　　　单位：万元

序号	项目	税收收入合计	国内增值税	一般纳税人增值税	国内消费税	企业所得税		个人所得税	资源税	城市维护建设税	房产税	印花税	城镇土地使用税	土地增值税	车辆购置税	车船税	耕地占用税	契税	环境保护税	其他各税
						内资企业	外资企业													
1	合计	1461414	646502	568274	22293	199259	55553	96546	5368	48253	21103	9304	23515	96428	61288	9893	10958	54337	1949	98865
2	一、农、林、牧、渔业	5053	138	36	0	1552	11	815	0	57	128	64	426	1578	54	0	0	19	70	141
3	二、采矿业	3949	1339	1322	0	1005	94	73	1247	82	30	18	31	0	11	0	0	7	12	0
4	1. 煤炭开采和洗选业	0	0	0	0	0	0	0	0	0	0	0	0	0	0	0	0	0	0	0
5	2. 石油和天然气开采业	0	0	0	0	0	0	0	0	0	0	0	0	0	0	0	0	0	0	0
6	3. 黑色金属矿采选业	12	0	0	0	0	0	0	7	5	0	0	0	0	0	0	0	0	0	0
7	4. 有色金属矿采选业	119	0	0	0	0	94	2	0	0	8	2	13	0	0	0	0	0	0	0
8	5. 非金属矿采选业	2497	976	960	0	665	0	46	695	49	20	7	13	0	8	0	0	7	11	0
9	6. 开采专业及辅助性活动	562	204	204	0	73	0	6	264	10	0	1	2	0	1	0	0	0	1	0
10	7. 其他采矿业	759	159	158	0	267	0	19	281	18	2	8	3	0	2	0	0	0	0	0
11	三、制造业	381059	196334	194183	591	56668	28835	9820	1853	15749	5400	3019	4596	2157	686	1	34	2122	1650	51544
12	1. 农副食品加工业	11822	3194	3169	3	1167	5746	459	0	314	255	381	219	0	17	0	0	43	24	0
13	2. 食品制造业	29311	16824	16796	0	4435	5492	484	1	1047	450	136	235	0	10	0	0	178	19	0
14	3. 酒、饮料和精制茶制造业	1274	477	474	509	94	0	6	1	53	28	9	9	0	0	0	0	86	2	0
15	4. 烟草制品业	105	18	18	74	2	0	0	0	6	2	0	2	0	0	0	0	0	1	0
16	5. 纺织业	2490	2288	2237	0	9	1	2	0	163	7	3	15	0	0	0	0	0	2	0
17	6. 纺织服装、服饰业	6049	4994	4910	0	381	27	49	0	318	118	30	74	27	16	0	0	0	6	9
18	7. 皮革、毛皮、羽毛及其制品和制鞋业	1325	1014	988	0	35	48	49	0	98	12	10	45	6	0	0	0	6	2	0
19	8. 木材加工和木竹藤棕草制品业	6948	3898	3602	0	1376	26	842	0	571	76	47	80	0	1	0	0	5	26	0
20	9. 家具制造业	775	404	362	0	49	2	23	0	102	23	3	51	115	1	0	0	0	2	0
21	10. 造纸和纸制品业	3789	2911	2900	0	385	111	70	0	194	20	22	47	0	10	0	0	3	16	0
22	11. 印刷和记录媒介复制业	2183	1586	1550	0	233	7	73	0	142	53	12	57	0	4	0	0	8	8	0

续表

序号	项　目	税收收入合计	国内增值税	一般纳税人增值税	国内消费税	企业所得税		个人所得税	资源税	城市维护建设税	房产税	印花税	城镇土地使用税	土地增值税	车辆购置税	车船税	耕地占用税	契税	环境保护税	其他各税
						内资企业	外资企业													
23	12. 文教、工美、体育和娱乐用品制造业	1037	753	716	2	28	64	10	0	86	66	4	21	0	0	0	0	0	3	0
24	13. 石油、煤炭及其他燃料加工业	23	3	3	0	0	0	0	0	0	8	0	11	0	0	0	0	0	1	0
25	14. 化学原料和化学制品制造业	3146	2169	2151	2	42	586	39	0	120	46	12	65	39	3	0	0	18	3	2
26	15. 医药制造业	3322	2369	2368	0	421	99	36	0	166	104	40	54	0	4	0	0	26	3	0
27	16. 化学纤维制造业	167	1	1	0	0	6	31	0	40	31	4	46	0	0	0	0	5	3	0
28	17. 橡胶和塑料制品业	5690	3720	3678	0	375	766	158	0	382	66	32	139	0	23	0	0	4	25	0
29	18. 非金属矿物制品业	58908	29738	29644	0	16757	5437	853	1783	1860	886	213	514	0	160	0	0	230	477	0
30	19. 黑色金属冶炼和压延加工业	77348	59004	58994	0	6018	6	3354	0	4011	1237	1235	516	333	11	0	0	411	620	592
31	20. 有色金属冶炼和压延加工业	31596	12433	12432	0	10326	6523	302	0	897	340	219	194	0	98	0	0	234	30	0
32	21. 金属制品业	47263	28281	27838	0	8677	1385	1476	15	3346	1081	385	1452	345	207	1	34	281	284	13
33	22. 通用设备制造业	5920	880	839	0	3389	2	704	0	417	77	64	203	10	10	0	0	161	3	0
34	23. 专用设备制造业	870	552	483	0	72	6	37	0	89	39	18	43	6	6	0	0	0	2	0
35	24. 汽车制造业	57	24	24	1	3	0	4	0	0	18	0	7	0	0	0	0	0	0	0
36	25. 铁路、船舶、航空航天和其他运输设备制造业	59	41	11	0	2	0	4	0	2	1	1	6	0	0	0	0	0	2	0
37	26. 电气机械和器材制造业	2462	568	551	0	47	871	355	0	298	105	17	79	0	8	0	0	112	2	0
38	27. 计算机、通信和其他电子设备制造业	2299	801	480	0	243	50	16	0	73	15	9	32	1016	1	0	0	42	1	0
39	28. 仪表仪器制造业	124	68	67	0	6	0	0	0	5	22	0	22	0	1	0	0	0	0	0
40	29. 其他制造业	72172	15436	15072	0	1928	1511	302	53	890	198	90	250	260	75	0	0	176	75	50928
41	30. 废弃资源综合利用业	1914	1368	1343	0	163	63	28	0	37	15	22	98	0	20	0	0	93	7	0
42	31. 金属制品、机械和设备修理业	611	517	482	0	5	0	54	0	22	1	1	10	0	0	0	0	0	1	0
43	四、电力、热力、燃气及水的生产和供应业	202364	141269	141153	0	16969	21249	7639	0	9992	3127	796	663	2	200	0	0	301	152	5
44	1. 电力、热力生产和供应业	195948	138908	138816	0	15245	20281	6799	0	9741	3055	749	583	0	158	0	0	279	150	0

续表

序号	项目	税收收入合计	国内增值税	一般纳税人增值税	国内消费税	企业所得税		个人所得税	资源税	城市维护建设税	房产税	印花税	城镇土地使用税	土地增值税	车辆购置税	车船税	耕地占用税	契税	环境保护税	其他各税
						内资企业	外资企业													
45	2. 燃气生产和供应业	4335	1354	1354	0	964	968	764	0	130	42	17	27	2	40	0	0	22	0	5
46	3. 水的生产和供应业	2081	1007	983	0	760	0	76	0	121	30	30	53	0	2	0	0	0	2	0
47	五、建筑业	146773	95850	46695	0	27754	16	12259	1917	6143	215	1111	454	37	143	0	0	344	7	523
48	1. 房屋建筑业	49066	28515	18906	0	13696	3	3122	915	2306	78	341	9	2	59	0	0	0	0	20
49	2. 土木工程建筑业	23994	17093	12399	0	3562	1	1720	242	867	9	216	19	10	29	0	0	221	5	0
50	3. 建筑安装业	56604	40045	12916	0	8065	2	4311	504	2164	117	409	349	16	28	0	0	103	2	489
51	4. 建筑装饰、装修和其他建筑业	17109	10197	2474	0	2431	10	3106	256	806	11	145	77	9	27	0	0	20	0	14
52	六、批发和零售业	137866	44515	36717	21702	14113	1344	3264	233	4826	1063	941	1407	477	721	5	0	673	20	42562
53	1. 批发业	103972	21714	20464	21457	9620	340	1651	185	3447	449	643	819	275	373	5	0	427	15	42552
54	2. 零售业	33894	22801	16253	245	4493	1004	1613	48	1379	614	298	588	202	348	0	0	246	5	10
55	七、交通运输、仓储和邮政业	18447	7127	5672	0	3679	1294	1756	2	464	404	181	860	858	1528	11	0	262	21	0
56	1. 铁路运输业	754	609	603	0	82	0	22	0	30	0	11	0	0	0	0	0	0	0	0
57	2. 道路运输业	9357	4378	3550	0	2087	5	548	0	273	177	94	129	0	1398	6	0	262	0	0
58	3. 水上运输业	478	184	176	0	177	0	33	0	18	30	12	18	0	2	4	0	0	0	0
59	4. 航空运输业	54	9	0	0	0	0	37	0	0	0	5	0	0	3	0	0	0	0	0
60	5. 管道运输业	0	0	0	0	0	0	0	0	0	0	0	0	0	0	0	0	0	0	0
61	6. 多式联运和运输代理业	1546	381	150	0	111	75	39	2	39	4	9	21	858	7	0	0	0	0	0
62	7. 装卸搬运和仓储业	4767	1018	670	0	1169	1209	426	0	79	38	46	646	0	114	1	0	0	21	0
63	8. 邮政业	1491	548	523	0	53	5	651	0	25	155	4	46	0	4	0	0	0	0	0
64	八、住宿和餐饮业	7479	4378	2490	0	771	149	892	40	305	593	8	283	0	14	0	0	0	8	38
65	1. 住宿业	2133	1388	853	0	123	6	214	34	73	191	1	96	0	5	0	0	0	2	0
66	2. 餐饮业	5346	2990	1637	0	648	143	678	6	232	402	7	187	0	9	0	0	0	6	38
67	九、信息传输、软件和信息技术服务业	3719	1046	626	0	192	76	1296	1	108	436	163	163	174	25	0	0	39	0	0
68	1. 电信、广播电视和卫星传输服务	2272	189	105	0	2	0	1225	0	34	422	39	147	174	15	0	0	25	0	0

续表

序号	项　目	税收收入合计	国内增值税	一般纳税人增值税	国内消费税	企业所得税		个人所得税	资源税	城市维护建设税	房产税	印花税	城镇土地使用税	土地增值税	车辆购置税	车船税	耕地占用税	契税	环境保护税	其他各税
						内资企业	外资企业													
69	2. 互联网和相关服务	193	43	1	0	11	18	1	0	6	3	110	1	0	0	0	0	0	0	0
70	3. 软件和信息技术服务业	1254	814	520	0	179	58	70	1	68	11	14	15	0	10	0	0	14	0	0
71	十、金融业	63164	29095	29015	0	9546	2	11075	0	1997	574	331	162	106	200	9814	0	179	0	83
72	1. 货币金融服务	32702	21563	21548	0	4548	0	4047	0	1476	446	184	152	14	184	1	0	17	0	70
73	2. 资本市场服务	2402	300	294	0	32	0	1747	0	24	21	6	2	91	0	0	0	162	0	17
74	3. 保险业	22812	7090	7069	0	2	0	5213	0	487	54	133	8	1	16	9813	0	0	0	-5
75	4. 其他金融业	5248	142	104	0	4964	2	68	0	10	53	8	0	0	0	0	0	0	0	1
76	十一、房地产业	300775	101093	97785	0	60826	2327	5888	18	6638	5941	2210	12557	85457	217	0	0	13685	4	3914
77	1. 房地产开发经营	283490	94328	92943	0	58272	2275	4163	18	6364	2753	2110	12098	83522	217	0	0	13658	4	3708
78	2. 物业管理	4238	2128	1516	0	988	40	222	0	155	578	17	77	30	0	0	0	0	0	3
79	3. 房地产中介服务	269	209	145	0	15	2	23	0	18	1	1	0	0	0	0	0	0	0	0
80	4. 房地产租赁经营	2929	1153	972	0	0	0	341	0	28	653	6	40	709	0	0	0	0	0	-1
81	5. 其他房地产业	9849	3275	2209	0	1551	10	1139	0	73	1956	76	342	1196	0	0	0	27	0	204
82	十二、租赁和商务服务业	21163	11393	7610	0	2794	71	2634	0	756	708	92	467	1452	120	0	0	675	0	1
83	1. 租赁业	1589	1168	456	0	80	0	171	0	50	10	10	2	14	84	0	0	0	0	0
84	2. 商务服务业	19574	10225	7154	0	2714	71	2463	0	706	698	82	465	1438	36	0	0	675	0	1
85	十三、科学研究和技术服务业	10505	2209	1239	0	1388	18	884	0	281	163	18	41	0	15	0	5447	29	0	12
86	1. 研究和试验发展	181	45	24	0	28	0	32	0	7	13	2	15	0	2	0	0	29	0	8
87	2. 专业技术服务业	10143	2048	1176	0	1342	15	827	0	266	148	14	23	0	9	0	5447	0	0	4
88	3. 科技推广和应用服务业	181	116	39	0	18	3	25	0	8	2	2	3	0	4	0	0	0	0	0
89	十四、水利、环境和公共设施管理业	4397	619	361	0	51	0	128	1	49	52	3	36	0	19	0	3439	0	0	0
90	1. 水利管理业	59	19	8	0	1	0	19	0	2	14	0	4	0	0	0	0	0	0	0
91	2. 生态保护和环境治理业	296	269	224	0	3	0	5	0	7	6	1	2	0	3	0	0	0	0	0
92	3. 公共设施管理业	580	309	129	0	47	0	103	1	40	32	2	30	0	16	0	0	0	0	0
93	4. 土地管理业	3462	22	0	0	0	0	1	0	0	0	0	0	0	0	0	3439	0	0	0

续表

序号	项目	税收收入合计	国内增值税	一般纳税人增值税	国内消费税	企业所得税		个人所得税	资源税	城市维护建设税	房产税	印花税	城镇土地使用税	土地增值税	车辆购置税	车船税	耕地占用税	契税	环境保护税	其他各税
						内资企业	外资企业													
94	十五、居民服务、修理和其他服务业	24990	4217	2542	0	1099	66	18619	9	334	363	28	132	88	31	0	0	1	3	0
95	1. 居民服务业	1386	882	190	0	61	0	292	5	30	41	3	30	40	1	0	0	0	1	0
96	2. 机动车、电子产品和日用产品修理业	859	480	194	0	10	56	213	0	58	13	8	11	1	8	0	0	0	1	0
97	3. 其他服务业	22745	2855	2158	0	1028	10	18114	4	246	309	17	91	47	22	0	0	1	1	0
98	十六、教育	1985	494	287	0	154	0	1047	0	60	77	19	10	0	124	0	0	0	0	0
99	1. 学前教育	62	3	0	0	6	0	28	0	1	7	0	1	0	16	0	0	0	0	0
100	2. 初等教育	231	2	0	0	1	0	216	0	0	2	0	1	0	9	0	0	0	0	0
101	3. 中等教育	691	35	4	0	15	0	559	0	3	67	1	4	0	7	0	0	0	0	0
102	4. 高等教育	128	0	0	0	4	0	120	0	0	0	0	0	0	4	0	0	0	0	0
103	5. 特殊教育	11	0	0	0	0	0	11	0	0	0	0	0	0	0	0	0	0	0	0
104	6. 技能培训、教育辅助及其他	862	454	283	0	128	0	113	0	56	1	18	4	0	88	0	0	0	0	0
105	十七、卫生和社会工作	5180	62	35	0	348	0	4622	0	5	10	15	12	43	54	0	0	7	2	0
106	1. 卫生	5178	61	35	0	348	0	4621	0	5	10	15	12	43	54	0	0	7	2	0
107	2. 社会工作	2	1	0	0	0	0	1	0	0	0	0	0	0	0	0	0	0	0	0
108	十八、文化、体育和娱乐业	2816	766	494	0	243	1	1493	0	59	168	1	72	0	0	0	0	13	0	0
109	1. 新闻和出版业	73	0	0	0	0	0	70	0	1	2	0	0	0	0	0	0	0	0	0
110	2. 广播、电视、电影和影视录音制作业	484	238	185	0	107	1	88	0	21	12	1	3	0	0	0	0	13	0	0
111	3. 文化艺术业	112	72	1	0	12	0	13	0	6	4	0	5	0	0	0	0	0	0	0
112	4. 体育	477	262	232	0	91	0	42	0	18	60	0	4	0	0	0	0	0	0	0
113	5. 娱乐业	1670	194	76	0	33	0	1280	0	13	90	0	60	0	0	0	0	0	0	0
114	十九、公共管理、社会保障和社会组织	62856	4558	12	0	107	0	12341	47	348	1651	286	1143	3999	253	62	2038	35981	0	42
115	二十、其他行业	56874	0	0	0	0	0	1	0	0	0	0	0	0	56873	0	0	0	0	0

3－16 湛江市税务局税收收入分行业分税种统计年报（2018年）

编报机关：湛江市税务局　　　　单位：万元

序号	项目	税收收入合计	国内增值税	一般纳税人增值税	国内消费税	企业所得税		个人所得税	资源税	城市维护建设税	房产税	印花税	城镇土地使用税	土地增值税	车辆购置税	车船税	耕地占用税	契税	环境保护税	其他各税
						内资企业	外资企业													
1	合　计	5098534	1314908	1170508	735088	439947	145938	195182	93394	130007	43425	22719	37335	184509	83954	15697	13792	98659	3798	1540182
2	一、农、林、牧、渔业	12225	3482	3086	3	1174	300	2774	0	246	1990	549	888	436	8	0	0	237	77	61
3	二、采矿业	368775	203358	202921	0	677	53714	13107	91834	2772	383	1305	525	－21	0	16	20	21	1064	0
4	1. 煤炭开采和洗选业	0	0	0	0	0	0	0	0	0	0	0	0	0	0	0	0	0	0	0
5	2. 石油和天然气开采业	351337	196823	196621	0	129	53271	6235	90837	2026	8	1001	0	－21	0	0	0	0	1028	0
6	3. 黑色金属矿采选业	43	31	30	0	0	0	0	0	0	0	0	12	0	0	0	0	0	0	0
7	4. 有色金属矿采选业	876	726	711	0	69	0	5	0	34	11	5	25	0	0	0	0	0	1	0
8	5. 非金属矿采选业	3741	2288	2241	0	242	0	54	936	100	10	9	40	0	0	0	20	21	21	0
9	6. 开采专业及辅助性活动	12483	3388	3218	0	139	443	6793	1	602	353	288	447	0	0	16	0	0	13	0
10	7. 其他采矿业	295	102	100	0	98	0	20	60	10	1	2	1	0	0	0	0	0	1	0
11	三、制造业	2954735	380728	376010	688311	151094	67596	15007	770	75462	12343	6218	8156	7347	268	0	0	1860	2079	1537496
12	1. 农副食品加工业	45365	25242	25188	2	4722	5147	3309	0	1543	1816	1196	1755	265	21	0	0	80	267	0
13	2. 食品制造业	7086	4557	3969	0	669	211	235	4	286	217	48	331	325	1	0	0	186	16	0
14	3. 酒、饮料和精制茶制造业	10272	4750	4737	3188	432	202	384	5	543	369	141	247	0	0	0	0	0	11	0
15	4. 烟草制品业	82625	17330	17329	57804	0	0	1024	0	6219	185	2	61	0	0	0	0	0	0	0
16	5. 纺织业	5843	3867	3832	0	63	194	86	0	173	95	29	294	772	0	0	0	268	2	0
17	6. 纺织服装、服饰业	1381	1086	1024	0	68	4	55	0	91	62	5	9	0	1	0	0	0	0	0
18	7. 皮革、毛皮、羽毛及其制品和制鞋业	10476	7903	7142	0	302	48	1107	0	544	254	38	210	62	0	0	0	0	8	0
19	8. 木材加工和木竹藤棕草制品业	11606	9422	9343	0	807	24	65	0	580	50	76	378	16	0	0	0	179	9	0
20	9. 家具制造业	14647	12672	12041	0	173	149	47	0	665	81	73	262	514	0	0	0	11	0	0
21	10. 造纸和纸制品业	67081	31491	31475	0	29948	59	947	0	2261	801	766	308	0	0	0	0	145	355	0
22	11. 印刷和记录媒介复制业	10731	6739	6635	0	2866	0	214	0	425	235	52	179	0	0	0	0	20	1	0

续表

序号	项目	税收收入合计	国内增值税	一般纳税人增值税	国内消费税	企业所得税		个人所得税	资源税	城市维护建设税	房产税	印花税	城镇土地使用税	土地增值税	车辆购置税	车船税	耕地占用税	契税	环境保护税	其他各税
						内资企业	外资企业													
23	12. 文教、工美、体育和娱乐用品制造业	1427	256	157	2	48	0	7	0	27	36	3	56	992	0	0	0	0	0	0
24	13. 石油、煤炭及其他燃料加工业	914667	173811	173808	627268	12	54276	1558	0	56121	8	883	643	0	0	0	0	50	37	0
25	14. 化学原料和化学制品制造业	484	-1811	-1835	1	1233	1	173	0	212	114	143	316	0	3	0	0	96	3	0
26	15. 医药制造业	18357	9117	9101	46	5235	953	1580	0	668	399	35	305	12	0	0	0	0	7	0
27	16. 化学纤维制造业	143	11	11	0	0	0	3	0	2	29	0	83	0	0	0	0	15	0	0
28	17. 橡胶和塑料制品业	6305	4195	3982	0	620	28	406	0	441	178	57	250	55	0	0	0	34	10	31
29	18. 非金属矿物制品业	46054	32819	32523	0	4905	2477	905	741	1736	521	274	871	189	185	0	0	258	172	1
30	19. 黑色金属冶炼和压延加工业	105170	233	233	0	94893	3	958	0	24	5817	1868	44	0	0	0	0	174	1156	0
31	20. 有色金属冶炼和压延加工业	180	131	108	0	31	0	1	0	8	3	1	5	0	0	0	0	0	0	0
32	21. 金属制品业	4579	1986	1785	0	106	1317	225	0	336	192	73	282	18	0	0	0	42	2	0
33	22. 通用设备制造业	3507	2852	2677	0	177	6	71	0	117	45	6	217	16	0	0	0	0	0	0
34	23. 专用设备制造业	3930	2940	2474	0	385	1	116	0	120	66	107	97	0	0	0	0	96	2	0
35	24. 汽车制造业	5910	255	116	0	10	0	44	0	130	191	17	49	4031	0	0	0	0	0	1183
36	25. 铁路、船舶、航空航天和其他运输设备制造业	3667	2371	2326	0	34	489	443	0	256	6	36	30	0	0	0	0	0	2	0
37	26. 电气机械和器材制造业	21863	15993	15789	0	1251	1922	335	0	1154	334	124	617	0	16	0	0	107	10	0
38	27. 计算机、通信和其他电子设备制造业	356	-57	-71	0	255	0	27	0	23	69	6	12	0	0	0	0	21	0	0
39	28. 仪表仪器制造业	193	95	88	0	1	0	43	0	5	26	0	23	0	0	0	0	0	0	0
40	29. 其他制造业	1543116	5059	4809	0	758	85	199	20	213	76	40	183	80	41	0	0	78	3	1536281
41	30. 废弃资源综合利用业	4042	2606	2558	0	927	0	101	0	281	4	99	19	0	0	0	0	0	5	0
42	31. 金属制品、机械和设备修理业	3672	2807	2656	0	163	0	339	0	258	64	20	20	0	0	0	0	0	1	0
43	四、电力、热力、燃气及水的生产和供应业	47977	25918	25806	0	4131	3123	6607	0	2419	2650	773	2063	3	5	0	0	83	195	7
44	1. 电力、热力生产和供应业	39827	22770	22688	0	3344	388	6235	0	2113	2524	702	1495	0	3	0	0	55	195	3

续表

序号	项　目	税收收入合计	国内增值税	一般纳税人增值税	国内消费税	企业所得税		个人所得税	资源税	城市维护建设税	房产税	印花税	城镇土地使用税	土地增值税	车辆购置税	车船税	耕地占用税	契税	环境保护税	其他各税
						内资企业	外资企业													
45	2. 燃气生产和供应业	4413	1184	1181	0	111	2719	107	0	112	34	25	86	3	0	0	0	28	0	4
46	3. 水的生产和供应业	3737	1964	1937	0	676	16	265	0	194	92	46	482	0	2	0	0	0	0	0
47	五、建筑业	300219	205022	140175	0	39714	6	35486	75	13551	350	3505	1180	194	17	0	739	153	8	219
48	1. 房屋建筑业	119051	72105	60639	0	18675	0	19551	1	6394	101	1883	202	79	10	0	0	30	5	15
49	2. 土木工程建筑业	42754	29446	17076	0	7576	0	2636	0	1686	71	401	215	2	5	0	739	1	2	-26
50	3. 建筑安装业	105737	81820	51393	0	7996	2	10248	39	4036	93	835	283	100	1	0	0	56	0	228
51	4. 建筑装饰、装修和其他建筑业	32677	21651	11067	0	5467	4	3051	35	1435	85	386	480	13	1	0	0	66	1	2
52	六、批发和零售业	266670	130572	107395	46748	38930	9747	10151	558	11796	3253	3070	3954	5910	62	2	299	1441	75	102
53	1. 批发业	191969	79953	72919	45875	32759	8632	4890	264	8301	1777	2205	2314	3814	26	1	299	711	64	84
54	2. 零售业	74701	50619	34476	873	6171	1115	5261	294	3495	1476	865	1640	2096	36	1	0	730	11	18
55	七、交通运输、仓储和邮政业	68642	29049	24928	0	17048	2492	8342	12	1760	1348	408	1993	4873	290	136	305	262	230	94
56	1. 铁路运输业	2426	1771	1669	0	4	0	512	0	60	5	72	2	0	0	0	0	0	0	0
57	2. 道路运输业	10044	6904	4976	0	689	13	812	12	464	349	89	289	14	275	20	0	29	0	85
58	3. 水上运输业	33720	9497	9328	0	13931	2111	2391	0	466	146	41	162	4848	0	115	0	4	0	8
59	4. 航空运输业	2742	1171	1167	0	345	0	908	0	89	152	10	67	0	0	0	0	0	0	0
60	5. 管道运输业	1196	945	945	0	0	0	120	0	0	36	7	85	0	0	0	0	0	3	0
61	6. 多式联运和运输代理业	6099	3339	2842	0	1012	20	1069	0	200	50	42	25	0	3	1	305	33	0	0
62	7. 装卸搬运和仓储业	10244	4987	3694	0	1057	314	1331	0	453	290	141	1225	11	11	0	0	196	227	1
63	8. 邮政业	2171	435	307	0	10	34	1199	0	28	320	6	138	0	1	0	0	0	0	0
64	八、住宿和餐饮业	13261	7819	3926	0	781	267	1816	8	537	1191	29	661	21	4	0	0	62	21	44
65	1. 住宿业	4791	2640	1671	0	218	0	388	8	177	798	4	462	0	1	0	0	62	4	29
66	2. 餐饮业	8470	5179	2255	0	563	267	1428	0	360	393	25	199	21	3	0	0	0	17	15
67	九、信息传输、软件和信息技术服务业	5989	2570	1693	0	351	18	1598	0	241	793	133	266	0	0	0	0	19	0	0
68	1. 电信、广播电视和卫星传输服务	3323	830	721	0	35	0	1318	0	99	715	108	213	0	0	0	0	5	0	0

续表

序号	项目	税收收入合计	国内增值税	一般纳税人增值税	国内消费税	企业所得税		个人所得税	资源税	城市维护建设税	房产税	印花税	城镇土地使用税	土地增值税	车辆购置税	车船税	耕地占用税	契税	环境保护税	其他各税
						内资企业	外资企业													
69	2. 互联网和相关服务	311	141	69	0	8	0	37	0	11	71	0	43	0	0	0	0	0	0	0
70	3. 软件和信息技术服务业	2355	1599	903	0	308	18	243	0	131	7	25	10	0	0	0	0	14	0	0
71	十、金融业	183916	71153	67897	26	66348	84	22327	0	4408	1835	980	568	744	10	15387	0	372	0	-326
72	1. 货币金融服务	141509	58312	55277	26	65741	32	10511	0	3516	1672	682	464	282	6	0	0	264	0	1
73	2. 资本市场服务	2310	847	811	0	351	52	698	0	60	72	74	46	0	2	0	0	108	0	0
74	3. 保险业	39437	11729	11633	0	4	0	11069	0	776	78	223	51	462	2	15370	0	0	0	-327
75	4. 其他金融业	660	265	176	0	252	0	49	0	56	13	1	7	0	0	17	0	0	0	0
76	十一、房地产业	517753	180924	166634	0	101500	1218	10691	0	12532	12090	4247	13620	141851	24	0	1523	35337	4	2192
77	1. 房地产开发经营	463587	156574	149315	0	94098	1212	8936	0	10993	4521	3837	9229	137264	22	0	0	35039	2	1860
78	2. 物业管理	9560	4327	3112	0	951	6	470	0	647	531	142	562	1418	0	0	487	0	1	18
79	3. 房地产中介服务	344	202	78	0	32	0	75	0	14	4	1	16	0	0	0	0	0	0	0
80	4. 房地产租赁经营	12906	3241	1942	0	321	0	546	0	300	5099	153	2713	364	0	0	83	70	1	15
81	5. 其他房地产业	31356	16580	12187	0	6098	0	664	0	578	1935	114	1100	2805	2	0	953	228	0	299
82	十二、租赁和商务服务业	65415	27800	18394	0	5393	5458	6510	83	1817	2116	537	2221	10239	60	0	0	3018	0	163
83	1. 租赁业	4780	3555	1263	0	472	0	389	79	158	17	21	49	23	17	0	0	0	0	0
84	2. 商务服务业	60635	24245	17131	0	4921	5458	6121	4	1659	2099	516	2172	10216	43	0	0	3018	0	163
85	十三、科学研究和技术服务业	26975	16096	13220	0	3554	1789	3738	0	808	656	159	41	0	1	0	0	145	1	-13
86	1. 研究和试验发展	1801	1015	730	0	62	0	353	0	86	214	8	16	0	0	0	0	47	0	0
87	2. 专业技术服务业	24665	14793	12419	0	3456	1773	3297	0	702	421	118	19	0	1	0	0	98	0	-13
88	3. 科技推广和应用服务业	509	288	71	0	36	16	88	0	20	21	33	6	0	0	0	0	0	1	0
89	十四、水利、环境和公共设施管理业	6731	3319	2431	0	2141	0	445	0	216	132	29	433	0	3	0	0	5	0	8
90	1. 水利管理业	877	471	418	0	334	0	54	0	9	5	1	3	0	0	0	0	0	0	0
91	2. 生态保护和环境治理业	1204	413	374	0	175	0	66	0	77	65	14	394	0	0	0	0	0	0	0
92	3. 公共设施管理业	3825	1705	1485	0	1606	0	290	0	118	50	9	36	0	3	0	0	0	0	8
93	4. 土地管理业	825	730	154	0	26	0	35	0	12	12	5	0	0	0	0	0	5	0	0

续表

序号	项　目	税收收入合计	国内增值税	一般纳税人增值税	国内消费税	企业所得税		个人所得税	资源税	城市维护建设税	房产税	印花税	城镇土地使用税	土地增值税	车辆购置税	车船税	耕地占用税	契税	环境保护税	其他各税
						内资企业	外资企业													
94	十五、居民服务、修理和其他服务业	37341	20548	14585	0	4499	121	8933	47	875	546	119	328	273	32	5	912	12	4	87
95	1. 居民服务业	4887	3568	986	0	111	0	685	0	154	216	24	117	0	11	0	0	-1	1	1
96	2. 机动车、电子产品和日用产品修理业	2255	1836	1162	0	221	0	108	0	57	4	0	15	0	1	0	0	13	0	0
97	3. 其他服务业	30199	15144	12437	0	4167	121	8140	47	664	326	95	196	273	20	5	912	0	3	86
98	十六、教育	10934	666	313	0	172	0	9126	0	51	363	25	28	0	8	0	23	472	0	0
99	1. 学前教育	98	6	0	0	8	0	77	0	0	1	0	0	0	6	0	0	0	0	0
100	2. 初等教育	2043	16	0	0	0	0	1928	0	2	72	0	2	0	0	0	23	0	0	0
101	3. 中等教育	2780	67	18	0	5	0	2492	0	9	138	4	3	0	0	0	0	62	0	0
102	4. 高等教育	4525	132	115	0	18	0	3899	0	9	42	19	4	0	0	0	0	402	0	0
103	5. 特殊教育	30	0	0	0	0	0	30	0	0	0	0	0	0	0	0	0	0	0	0
104	6. 技能培训、教育辅助及其他	1458	445	180	0	141	0	700	0	31	110	2	19	0	2	0	0	8	0	0
105	十七、卫生和社会工作	21768	168	126	0	1948	0	19319	0	10	136	56	19	1	49	0	0	21	40	1
106	1. 卫生	21700	164	126	0	1948	0	19257	0	10	135	56	19	0	49	0	0	21	40	1
107	2. 社会工作	68	4	0	0	0	0	62	0	0	1	0	0	1	0	0	0	0	0	0
108	十八、文化、体育和娱乐业	3202	1142	687	0	268	5	1049	0	125	532	6	70	0	4	0	0	0	0	1
109	1. 新闻和出版业	184	4	0	0	7	0	114	0	19	19	1	19	0	1	0	0	0	0	0
110	2. 广播、电视、电影和影视录音制作业	981	431	315	0	190	4	109	0	39	198	3	7	0	0	0	0	0	0	0
111	3. 文化艺术业	275	105	0	0	4	0	119	0	13	23	0	8	0	3	0	0	0	0	0
112	4. 体育	562	191	134	0	49	1	79	0	13	210	2	17	0	0	0	0	0	0	0
113	5. 娱乐业	1200	411	238	0	18	0	628	0	41	82	0	19	0	0	0	0	0	0	1
114	十九、公共管理、社会保障和社会组织	102996	4574	281	0	224	0	18147	7	381	718	571	312	12638	117	151	9971	55139	0	46
115	二十、其他行业	83010	0	0	0	0	0	9	0	0	0	0	9	0	82992	0	0	0	0	0

3－17　茂名市税务局税收收入分行业分税种统计年报（2018年）

编报机关：茂名市税务局　　　　单位：万元

序号	项目	税收收入合计	国内增值税	一般纳税人增值税	国内消费税	企业所得税		个人所得税	资源税	城市维护建设税	房产税	印花税	城镇土地使用税	土地增值税	车辆购置税	车船税	耕地占用税	契税	环境保护税	其他各税
						内资企业	外资企业													
1	合计	4356091	1254220	1170434	1177760	400753	13128	106087	3826	180167	23822	12273	26734	238969	81709	16734	36778	76031	2122	704978
2	一、农、林、牧、渔业	4074	771	641	4	346	280	451	0	96	143	50	178	1293	29	0	17	315	99	2
3	二、采矿业	11581	4075	3997	0	3262	10	289	2911	257	242	17	82	0	20	0	290	17	109	0
4	1. 煤炭开采和洗选业	0	0	0	0	0	0	0	0	0	0	0	0	0	0	0	0	0	0	0
5	2. 石油和天然气开采业	51	0	0	0	0	0	0	0	51	0	0	0	0	0	0	0	0	0	0
6	3. 黑色金属矿采选业	46	0	0	0	0	0	0	0	0	46	0	0	0	0	0	0	0	0	0
7	4. 有色金属矿采选业	275	198	198	0	3	0	16	4	21	19	0	12	0	1	0	0	0	1	0
8	5. 非金属矿采选业	7377	3664	3597	0	356	10	240	2491	163	31	4	61	0	19	0	224	17	97	0
9	6. 开采专业及辅助性活动	3412	121	121	0	2882	0	0	179	6	146	13	1	0	0	0	55	0	9	0
10	7. 其他采矿业	420	92	81	0	21	0	33	237	16	0	0	8	0	0	0	11	0	2	0
11	三、制造业	2821578	653826	651640	1138512	152934	5640	12195	517	134868	3456	2144	9570	1510	411	8	324	983	1668	703012
12	1. 农副食品加工业	16100	8244	8201	0	3762	179	1378	0	552	653	326	564	63	33	0	0	238	108	0
13	2. 食品制造业	2660	1931	1841	0	117	36	45	0	128	60	32	25	62	2	0	2	216	4	0
14	3. 酒、饮料和精制茶制造业	270	166	153	28	17	0	1	6	9	9	1	16	0	1	0	0	15	1	0
15	4. 烟草制品业	158	48	48	92	0	0	0	0	11	4	0	3	0	0	0	0	0	0	0
16	5. 纺织业	2985	2170	1836	0	640	10	14	0	85	25	11	25	0	0	0	0	0	5	0
17	6. 纺织服装、服饰业	2582	2194	2144	0	126	2	86	0	137	12	15	4	0	6	0	0	0	0	0
18	7. 皮革、毛皮、羽毛及其制品和制鞋业	6338	5547	5482	0	127	147	8	0	379	44	29	55	0	1	0	0	0	1	0
19	8. 木材加工和木竹藤棕草制品业	5804	4732	4626	0	503	24	60	0	308	63	20	67	0	3	0	10	0	14	0
20	9. 家具制造业	599	528	439	0	11	7	1	0	17	11	1	17	0	0	0	6	0	0	0
21	10. 造纸和纸制品业	4445	4091	4073	0	30	17	9	2	224	9	20	16	0	0	0	0	-9	36	0
22	11. 印刷和记录媒介复制业	769	644	582	0	47	13	6	0	29	14	1	13	1	1	0	0	0	0	0

续表

序号	项目	税收收入合计	国内增值税	一般纳税人增值税	国内消费税	企业所得税		个人所得税	资源税	城市维护建设税	房产税	印花税	城镇土地使用税	土地增值税	车辆购置税	车船税	耕地占用税	契税	环境保护税	其他各税
						内资企业	外资企业													
23	12. 文教、工美、体育和娱乐用品制造业	4034	3034	3022	2	164	204	69	0	227	31	23	54	190	0	0	0	35	1	0
24	13. 石油、煤炭及其他燃料加工业	1923454	532157	532156	1138381	108051	119	7020	0	127078	1516	819	6867	349	4	7	0	0	1078	8
25	14. 化学原料和化学制品制造业	79127	39008	38998	9	29871	4504	1694	0	2506	306	491	486	0	43	0	3	163	43	0
26	15. 医药制造业	4379	3558	3550	0	356	0	41	0	274	76	18	44	0	8	0	0	0	4	0
27	16. 化学纤维制造业	1	1	1	0	0	0	0	0	0	0	0	0	0	0	0	0	0	0	0
28	17. 橡胶和塑料制品业	8943	4881	4717	0	2839	59	100	0	261	139	35	294	94	4	0	0	74	18	145
29	18. 非金属矿物制品业	23402	16760	16385	0	2929	134	497	498	1109	149	61	438	0	187	1	270	54	315	0
30	19. 黑色金属冶炼和压延加工业	3252	2526	2525	0	133	0	5	0	232	45	70	240	0	0	0	0	0	1	0
31	20. 有色金属冶炼和压延加工业	1189	527	527	0	446	0	53	0	37	75	0	42	0	8	0	0	0	1	0
32	21. 金属制品业	5733	4296	4165	0	733	178	91	0	201	73	38	77	0	19	0	0	16	11	0
33	22. 通用设备制造业	2342	2177	2152	0	36	−2	20	0	57	8	2	13	0	4	0	27	0	0	0
34	23. 专用设备制造业	4243	2517	2466	0	637	0	637	0	335	44	39	20	0	4	0	0	9	1	0
35	24. 汽车制造业	0	0	0	0	0	0	0	0	0	0	0	0	0	0	0	0	0	0	0
36	25. 铁路、船舶、航空航天和其他运输设备制造业	103	90	87	0	4	0	0	0	6	1	0	2	0	0	0	0	0	0	0
37	26. 电气机械和器材制造业	1948	1500	1463	0	117	27	78	0	123	26	10	38	22	3	0	0	2	2	0
38	27. 计算机、通信和其他电子设备制造业	688	609	565	0	28	1	9	0	34	4	2	1	0	0	0	0	0	0	0
39	28. 仪表仪器制造业	25	18	16	0	−1	0	1	0	4	1	0	2	0	0	0	0	0	0	0
40	29. 其他制造业	709708	5546	5119	0	666	−19	70	11	257	41	54	122	0	69	0	6	2	24	702859
41	30. 废弃资源综合利用业	238	20	14	0	16	0	10	0	9	1	8	1	0	5	0	0	168	0	0
42	31. 金属制品、机械和设备修理业	6059	4306	4287	0	529	0	192	0	239	16	18	24	729	6	0	0	0	0	0
43	四、电力、热力、燃气及水的生产和供应业	44674	25959	25808	0	2074	1523	5068	0	1569	2123	307	965	0	232	0	4309	489	56	0
44	1. 电力、热力生产和供应业	40477	24538	24406	0	1415	196	4807	0	1429	2013	289	712	0	226	0	4309	489	54	0

续表

序号	项目	税收收入合计	国内增值税	一般纳税人增值税	国内消费税	企业所得税		个人所得税	资源税	城市维护建设税	房产税	印花税	城镇土地使用税	土地增值税	车辆购置税	车船税	耕地占用税	契税	环境保护税	其他各税
						内资企业	外资企业													
45	2. 燃气生产和供应业	1940	165	161	0	296	1326	48	0	35	18	9	37	0	5	0	0	0	1	0
46	3. 水的生产和供应业	2257	1256	1241	0	363	1	213	0	105	92	9	216	0	1	0	0	0	1	0
47	五、建筑业	340106	196771	157122	0	106196	131	11409	0	14625	158	3600	442	2279	125	1	3776	176	45	372
48	1. 房屋建筑业	199549	107165	99069	0	72734	0	5172	0	9286	59	2548	95	1892	41	0	138	9	44	366
49	2. 土木工程建筑业	59694	33282	25343	0	21679	55	1675	0	2208	42	385	147	175	44	1	0	0	1	0
50	3. 建筑安装业	52607	38742	21584	0	8120	37	2994	0	2144	35	425	38	41	20	0	1	10	0	0
51	4. 建筑装饰、装修和其他建筑业	28256	17582	11126	0	3663	39	1568	0	987	22	242	162	171	20	0	3637	157	0	6
52	六、批发和零售业	236882	133283	122294	39207	24100	1190	6924	365	13185	2412	1536	3139	5937	1165	2	3851	450	57	79
53	1. 批发业	187852	103999	100067	38404	17477	579	4274	163	10739	1030	1193	2321	4941	455	1	1984	227	34	31
54	2. 零售业	49030	29284	22227	803	6623	611	2650	202	2446	1382	343	818	996	710	1	1867	223	23	48
55	七、交通运输、仓储和邮政业	25617	13243	11415	0	3877	998	1999	6	750	1052	165	1308	26	1602	49	0	514	28	0
56	1. 铁路运输业	3284	3255	3235	0	0	0	5	0	1	1	0	1	0	0	0	0	21	0	0
57	2. 道路运输业	12302	6675	5441	0	2261	6	505	6	469	559	68	55	26	1537	24	0	111	0	0
58	3. 水上运输业	3508	1075	1070	0	1134	0	152	0	84	93	34	895	0	5	24	0	0	12	0
59	4. 航空运输业	0	0	0	0	0	0	0	0	0	0	0	0	0	0	0	0	0	0	0
60	5. 管道运输业	1035	42	41	0	0	966	13	0	11	2	1	0	0	0	0	0	0	0	0
61	6. 多式联运和运输代理业	811	414	295	0	277	0	24	0	22	16	3	11	0	44	0	0	0	0	0
62	7. 装卸搬运和仓储业	2485	1281	969	0	165	26	116	0	119	29	49	291	0	10	1	0	382	16	0
63	8. 邮政业	2192	501	364	0	40	0	1184	0	44	352	10	55	0	6	0	0	0	0	0
64	八、住宿和餐饮业	6175	3744	1277	0	302	173	744	4	270	573	10	89	66	21	0	9	0	14	156
65	1. 住宿业	1878	1165	605	0	86	12	167	4	74	305	4	50	0	4	0	0	0	5	2
66	2. 餐饮业	4297	2579	672	0	216	161	577	0	196	268	6	39	66	17	0	9	0	9	154
67	九、信息传输、软件和信息技术服务业	4255	1138	468	0	203	147	1650	0	74	765	59	170	0	14	0	0	35	0	0
68	1. 电信、广播电视和卫星传输服务	2726	308	234	0	6	0	1484	0	-16	733	45	148	0	8	0	0	10	0	0

续表

序号	项　目	税收收入合计	国内增值税	一般纳税人增值税	国内消费税	企业所得税		个人所得税	资源税	城市维护建设税	房产税	印花税	城镇土地使用税	土地增值税	车辆购置税	车船税	耕地占用税	契税	环境保护税	其他各税
						内资企业	外资企业													
69	2. 互联网和相关服务	156	114	55	0	5	19	10	0	5	2	1	0	0	0	0	0	0	0	0
70	3. 软件和信息技术服务业	1373	716	179	0	192	128	156	0	85	30	13	22	0	6	0	0	25	0	0
71	十、金融业	101222	40415	40265	37	19973	982	17696	0	2777	1313	562	291	122	114	16568	0	744	0	-372
72	1. 货币金融服务	57655	27652	27607	37	19067	7	6986	0	1933	1111	331	230	109	71	1	0	492	0	-372
73	2. 资本市场服务	2002	651	645	0	564	4	444	0	27	82	5	44	0	0	0	0	181	0	0
74	3. 保险业	39161	11354	11299	0	1	0	10031	0	795	81	206	14	0	41	16567	0	71	0	0
75	4. 其他金融业	2404	758	714	0	341	971	235	0	22	39	20	3	13	2	0	0	0	0	0
76	十一、房地产业	440906	142958	133711	0	77825	743	6030	0	8806	6987	3034	8228	147320	330	0	2534	34674	2	1435
77	1. 房地产开发经营	410168	125693	121534	0	77089	718	4045	0	8442	1931	2954	7329	145652	288	0	70	34556	0	1401
78	2. 物业管理	3368	2151	1528	0	396	25	208	0	149	112	10	94	153	4	0	0	66	0	0
79	3. 房地产中介服务	100	48	11	0	7	0	14	0	6	23	0	1	0	1	0	0	0	0	0
80	4. 房地产租赁经营	6453	987	449	0	43	0	621	0	64	3991	21	697	15	6	0	0	4	2	2
81	5. 其他房地产业	20817	14079	10189	0	290	0	1142	0	145	930	49	107	1500	31	0	2464	48	0	32
82	十二、租赁和商务服务业	30303	16671	11478	0	1884	213	3484	0	797	1701	130	1178	1111	816	0	1783	526	1	8
83	1. 租赁业	3924	2677	1641	0	146	0	227	0	102	16	6	8	7	738	0	0	-3	0	0
84	2. 商务服务业	26379	13994	9837	0	1738	213	3257	0	695	1685	124	1170	1104	78	0	1783	529	1	8
85	十三、科学研究和技术服务业	16573	4478	2869	0	1559	226	1392	0	301	79	101	144	0	59	0	8232	1	1	0
86	1. 研究和试验发展	1003	231	113	0	46	49	629	0	19	8	8	2	0	11	0	0	0	0	0
87	2. 专业技术服务业	14943	4000	2712	0	1449	60	721	0	248	46	64	84	0	38	0	8232	1	0	0
88	3. 科技推广和应用服务业	627	247	44	0	64	117	42	0	34	25	29	58	0	10	0	0	0	1	0
89	十四、水利、环境和公共设施管理业	7340	1824	769	0	231	20	154	0	119	118	19	90	0	56	0	4708	0	1	0
90	1. 水利管理业	739	492	37	0	108	0	44	0	6	34	2	47	0	6	0	0	0	0	0
91	2. 生态保护和环境治理业	197	82	54	0	5	0	18	0	18	11	12	15	0	35	0	0	0	1	0
92	3. 公共设施管理业	6184	1041	676	0	118	20	87	0	95	67	5	28	0	15	0	4708	0	0	0
93	4. 土地管理业	220	209	2	0	0	0	5	0	0	6	0	0	0	0	0	0	0	0	0

续表

序号	项目	税收收入合计	国内增值税	一般纳税人增值税	国内消费税	企业所得税		个人所得税	资源税	城市维护建设税	房产税	印花税	城镇土地使用税	土地增值税	车辆购置税	车船税	耕地占用税	契税	环境保护税	其他各税
						内资企业	外资企业													
94	十五、居民服务、修理和其他服务业	47999	7774	5337	0	5016	838	7874	12	990	1681	121	358	18310	23	14	5186	-115	1	-84
95	1. 居民服务业	27713	1697	479	0	1095	0	569	1	125	712	23	76	18372	7	0	5128	-94	0	2
96	2. 机动车、电子产品和日用产品修理业	1048	829	484	0	54	0	46	0	52	47	2	12	0	6	0	0	0	0	0
97	3. 其他服务业	19238	5248	4374	0	3867	838	7259	11	813	922	96	270	-62	10	14	58	-21	1	-86
98	十六、教育	6089	811	625	0	423	0	3994	0	50	438	8	123	4	142	0	19	77	0	0
99	1. 学前教育	1062	15	0	0	17	0	890	0	1	74	1	1	0	63	0	0	0	0	0
100	2. 初等教育	802	0	0	0	2	0	789	0	0	10	1	0	0	0	0	0	0	0	0
101	3. 中等教育	1344	1	0	0	43	0	1027	0	6	260	2	2	3	0	0	0	0	0	0
102	4. 高等教育	1148	55	34	0	8	0	989	0	8	18	2	0	0	0	0	0	68	0	0
103	5. 特殊教育	4	0	0	0	0	0	4	0	0	0	0	0	0	0	0	0	0	0	0
104	6. 技能培训、教育辅助及其他	1729	740	591	0	353	0	295	0	35	76	2	120	1	79	0	19	9	0	0
105	十七、卫生和社会工作	14604	76	41	0	57	0	14247	0	8	54	22	1	13	80	2	0	3	39	2
106	1. 卫生	14596	70	41	0	57	0	14245	0	8	54	22	1	13	80	2	0	3	39	2
107	2. 社会工作	8	6	0	0	0	0	2	0	0	0	0	0	0	0	0	0	0	0	0
108	十八、文化、体育和娱乐业	1899	981	602	0	143	14	542	0	86	94	2	17	0	14	1	5	0	0	0
109	1. 新闻和出版业	386	260	260	0	32	0	66	0	27	0	0	0	0	0	1	0	0	0	0
110	2. 广播、电视、电影和影视录音制作业	652	427	286	0	78	2	57	0	25	48	1	4	0	10	0	0	0	0	0
111	3. 文化艺术业	192	94	14	0	16	0	25	0	22	24	1	8	0	2	0	0	0	0	0
112	4. 体育	421	60	24	0	5	0	350	0	2	1	0	3	0	0	0	0	0	0	0
113	5. 娱乐业	248	140	18	0	12	12	44	0	10	21	0	2	0	2	0	5	0	0	0
114	十九、公共管理、社会保障和社会组织	117853	5422	75	0	348	0	9795	11	537	377	385	361	60978	304	89	1735	37142	1	368
115	二十、其他行业	76361	0	0	0	0	0	150	0	2	56	1	0	0	76152	0	0	0	0	0

3－18　肇庆市税务局税收收入分行业分税种统计年报（2018年）

编报机关：肇庆市税务局　　　　单位：万元

序号	项目	税收收入合计	国内增值税	一般纳税人增值税	国内消费税	企业所得税		个人所得税	资源税	城市维护建设税	房产税	印花税	城镇土地使用税	土地增值税	车辆购置税	车船税	耕地占用税	契税	环境保护税	其他各税
						内资企业	外资企业													
1	合计	2329971	1064430	878496	47047	260641	83624	164160	10762	76474	43960	20035	50268	176499	82143	15082	20583	127941	2498	83824
2	一、农、林、牧、渔业	3865	678	266	0	701	51	912	0	62	232	67	261	830	42	0	0	25	4	0
3	二、采矿业	9684	4377	4016	0	1423	16	276	3134	248	23	49	99	28	7	0	0	0	4	0
4	1. 煤炭开采和洗选业	0	0	0	0	0	0	0	0	0	0	0	0	0	0	0	0	0	0	0
5	2. 石油和天然气开采业	23	20	0	0	1	0	0	0	0	2	0	0	0	0	0	0	0	0	0
6	3. 黑色金属矿采选业	1519	1239	1216	0	6	0	7	140	61	2	10	24	28	0	0	0	0	2	0
7	4. 有色金属矿采选业	784	105	105	0	375	0	144	128	4	11	0	17	0	0	0	0	0	0	0
8	5. 非金属矿采选业	6599	2785	2542	0	933	16	84	2554	155	8	24	31	0	7	0	0	0	2	0
9	6. 开采专业及辅助性活动	197	137	133	0	57	0	1	2	0	0	0	0	0	0	0	0	0	0	0
10	7. 其他采矿业	562	91	20	0	51	0	40	310	28	0	15	27	0	0	0	0	0	0	0
11	三、制造业	690563	442654	435302	7736	73079	54277	28265	4806	29488	15196	6123	14669	5101	1857	21	0	4351	2353	587
12	1. 农副食品加工业	7723	5230	5121	0	728	157	545	0	522	140	169	197	2	18	0	0	5	8	2
13	2. 食品制造业	33585	18606	18458	2	8800	1816	871	0	1142	826	212	384	629	46	0	0	116	54	81
14	3. 酒、饮料和精制茶制造业	13941	6320	6312	3812	623	1738	320	0	653	172	52	183	0	7	0	0	59	2	0
15	4. 烟草制品业	0	0	0	0	0	0	0	0	0	0	0	0	0	0	0	0	0	0	0
16	5. 纺织业	18392	11846	11825	0	912	3246	401	0	783	410	121	464	0	7	1	0	26	175	0
17	6. 纺织服装、服饰业	4072	3065	2584	0	42	35	100	0	187	229	32	219	146	8	1	0	7	1	0
18	7. 皮革、毛皮、羽毛及其制品和制鞋业	16709	12219	11914	0	380	1473	374	0	1267	239	119	236	361	30	2	0	0	9	0
19	8. 木材加工和木竹藤棕草制品业	9023	5479	5239	0	2104	52	183	0	473	166	73	283	49	43	0	0	63	49	6
20	9. 家具制造业	29980	16447	16391	0	45	8949	2100	0	1216	569	176	242	18	23	0	0	192	3	0
21	10. 造纸和纸制品业	11270	7007	6980	0	338	1960	154	0	411	578	119	582	15	33	0	0	0	73	0
22	11. 印刷和记录媒介复制业	2709	2137	1952	0	180	8	46	0	157	40	22	53	54	12	0	0	0	0	0

续表

序号	项目	税收收入合计	国内增值税	一般纳税人增值税	国内消费税	企业所得税		个人所得税	资源税	城市维护建设税	房产税	印花税	城镇土地使用税	土地增值税	车辆购置税	车船税	耕地占用税	契税	环境保护税	其他各税
						内资企业	外资企业													
23	12. 文教、工美、体育和娱乐用品制造业	6225	4614	4509	1	43	277	61	0	186	161	143	201	527	9	0	0	0	2	0
24	13. 石油、煤炭及其他燃料加工业	195	131	131	2	4	0	6	0	10	25	2	15	0	0	0	0	0	0	0
25	14. 化学原料和化学制品制造业	40150	24983	24593	277	4724	2792	2343	0	1804	1004	400	987	506	92	2	0	211	22	3
26	15. 医药制造业	11197	5229	5227	0	3446	2	872	0	397	627	51	267	0	11	0	0	290	5	0
27	16. 化学纤维制造业	1401	791	791	0	6	336	31	0	65	28	8	45	0	1	0	0	88	2	0
28	17. 橡胶和塑料制品业	16732	11977	11654	0	1022	620	658	0	863	429	149	504	296	44	0	0	162	8	0
29	18. 非金属矿物制品业	166593	111842	111203	0	12036	18267	2823	4743	6407	2313	784	3614	191	808	2	0	549	1719	495
30	19. 黑色金属冶炼和压延加工业	920	594	582	0	73	0	21	0	43	43	9	96	0	0	0	0	38	3	0
31	20. 有色金属冶炼和压延加工业	39163	26661	26537	0	3510	1137	3217	0	2118	768	746	806	1	54	1	0	67	77	0
32	21. 金属制品业	77901	55173	53688	0	6532	2547	2406	0	3603	2295	979	2546	1145	235	4	0	359	77	0
33	22. 通用设备制造业	13241	8929	8776	0	1736	50	581	0	646	383	78	310	2	95	1	0	429	1	0
34	23. 专用设备制造业	9464	5993	4609	0	1407	-2	287	0	498	241	87	243	533	23	0	0	154	0	0
35	24. 汽车制造业	28513	16837	16836	0	2751	2476	2517	0	1628	824	265	319	0	38	2	0	853	3	0
36	25. 铁路、船舶、航空航天和其他运输设备制造业	513	99	95	0	174	0	47	0	39	68	8	75	0	0	0	0	0	3	0
37	26. 电气机械和器材制造业	31784	16837	16743	3636	1270	4692	1637	0	1873	392	283	353	364	56	2	0	388	1	0
38	27. 计算机、通信和其他电子设备制造业	53806	37685	37608	0	8962	684	2814	0	954	1372	542	494	9	35	1	0	239	15	0
39	28. 仪表仪器制造业	1519	969	955	0	234	0	178	0	52	66	8	12	0	0	0	0	0	0	0
40	29. 其他制造业	15961	11588	10918	6	1016	937	571	63	641	344	151	490	13	69	0	0	56	16	0
41	30. 废弃资源综合利用业	27417	12958	12739	0	9973	26	2082	0	829	442	334	447	240	59	2	0	0	25	0
42	31. 金属制品、机械和设备修理业	464	408	332	0	8	2	19	0	21	2	1	2	0	1	0	0	0	0	0
43	四、电力、热力、燃气及水的生产和供应业	69664	43598	43518	0	5820	6218	6065	0	3086	2393	394	1510	58	253	3	81	53	116	16
44	1. 电力、热力生产和供应业	54794	37964	37900	0	3313	1563	5543	0	2633	2119	284	972	7	230	3	81	31	51	0

续表

序号	项　目	税收收入合计	国内增值税	一般纳税人增值税	国内消费税	企业所得税		个人所得税	资源税	城市维护建设税	房产税	印花税	城镇土地使用税	土地增值税	车辆购置税	车船税	耕地占用税	契税	环境保护税	其他各税
						内资企业	外资企业													
45	2. 燃气生产和供应业	8688	2806	2801	0	515	4455	297	0	228	63	81	195	0	15	0	0	17	0	16
46	3. 水的生产和供应业	6182	2828	2817	0	1992	200	225	0	225	211	29	343	51	8	0	0	5	65	0
47	五、建筑业	236240	159773	40661	0	21408	7611	22909	0	10270	578	2613	1064	1937	370	3	5851	1436	3	414
48	1. 房屋建筑业	61925	43392	16788	0	8435	78	5918	0	3016	30	543	22	46	128	0	0	138	2	177
49	2. 土木工程建筑业	31369	15966	4195	0	2634	7309	3263	0	1303	41	555	105	32	126	1	0	34	0	0
50	3. 建筑安装业	88480	67750	15310	0	7765	135	7943	0	3921	115	636	110	6	23	2	0	32	0	42
51	4. 建筑装饰、装修和其他建筑业	54466	32665	4368	0	2574	89	5785	0	2030	392	879	827	1853	93	0	5851	1232	1	195
52	六、批发和零售业	293514	103214	89691	39272	24649	3908	8372	2822	12526	2854	2739	4307	4655	2720	14	0	1244	7	80211
53	1. 批发业	211844	52322	46993	38095	18203	1228	3719	2646	8632	1160	1232	930	1710	1245	2	0	522	1	80197
54	2. 零售业	81670	50892	42698	1177	6446	2680	4653	176	3894	1694	1507	3377	2945	1475	12	0	722	6	14
55	七、交通运输、仓储和邮政业	31573	16992	13588	0	3191	565	4362	0	755	1814	148	950	42	2071	84	0	529	0	70
56	1. 铁路运输业	2018	558	545	0	0	0	1427	0	3	15	4	0	0	10	1	0	0	0	0
57	2. 道路运输业	18648	12324	10337	0	1639	238	1337	0	508	361	76	196	0	1909	59	0	1	0	0
58	3. 水上运输业	1310	816	617	0	126	150	97	0	55	11	16	13	0	3	23	0	0	0	0
59	4. 航空运输业	0	0	0	0	0	0	0	0	0	0	0	0	0	0	0	0	0	0	0
60	5. 管道运输业	1	0	0	0	0	0	1	0	0	0	0	0	0	0	0	0	0	0	0
61	6. 多式联运和运输代理业	2176	630	393	0	408	135	278	0	46	50	20	104	0	46	1	0	458	0	0
62	7. 装卸搬运和仓储业	5748	2283	1417	0	1007	7	490	0	92	1011	27	569	40	94	0	0	64	0	64
63	8. 邮政业	1672	381	279	0	11	35	732	0	51	366	5	68	2	9	0	0	6	0	6
64	八、住宿和餐饮业	8601	4979	2377	0	409	140	944	0	346	822	42	618	0	69	1	0	225	1	5
65	1. 住宿业	3430	1741	1168	0	256	4	178	0	119	618	20	455	0	1	1	0	36	0	1
66	2. 餐饮业	5171	3238	1209	0	153	136	766	0	227	204	22	163	0	68	0	0	189	1	4
67	九、信息传输、软件和信息技术服务业	10246	2874	2018	0	568	187	4843	0	194	866	157	250	10	62	1	0	234	0	0
68	1. 电信、广播电视和卫星传输服务	2895	167	109	0	41	0	1561	0	-12	831	74	191	0	15	1	0	26	0	0

续表

序号	项　目	税收收入合计	国内增值税	一般纳税人增值税	国内消费税	企业所得税		个人所得税	资源税	城市维护建设税	房产税	印花税	城镇土地使用税	土地增值税	车辆购置税	车船税	耕地占用税	契税	环境保护税	其他各税
						内资企业	外资企业													
69	2. 互联网和相关服务	848	651	634	0	102	14	64	0	13	1	1	1	0	1	0	0	0	0	0
70	3. 软件和信息技术服务业	6503	2056	1275	0	425	173	3218	0	193	34	82	58	10	46	0	0	208	0	0
71	十、金融业	114606	47253	46622	39	23581	830	17815	0	3447	2706	821	976	299	463	14311	0	2071	0	-6
72	1. 货币金融服务	71456	34835	34548	39	21219	18	7309	0	2579	2459	519	812	105	373	13	0	1107	0	69
73	2. 资本市场服务	5127	610	581	0	742	10	2479	0	68	65	63	124	8	10	0	0	948	0	0
74	3. 保险业	33938	10635	10533	0	6	0	7866	0	768	170	235	21	0	14	14297	0	1	0	-75
75	4. 其他金融业	4085	1173	960	0	1614	802	161	0	32	12	4	19	186	66	1	0	15	0	0
76	十一、房地产业	516558	181256	171022	0	82615	8129	10286	0	11710	10126	4881	14664	137072	453	80	156	54211	0	919
77	1. 房地产开发经营	464752	163362	161141	0	64330	7293	8389	0	10930	4613	4589	13522	133604	410	11	0	52798	0	901
78	2. 物业管理	23041	5763	4338	0	10054	683	581	0	553	1720	165	241	3116	12	67	0	82	0	4
79	3. 房地产中介服务	2193	779	73	0	688	0	220	0	114	94	24	39	114	7	0	0	114	0	0
80	4. 房地产租赁经营	13885	6193	4813	0	3266	151	649	0	70	2245	64	424	127	22	1	156	517	0	0
81	5. 其他房地产业	12687	5159	657	0	4277	2	447	0	43	1454	39	438	111	2	1	0	700	0	14
82	十二、租赁和商务服务业	60909	21060	13000	0	11710	553	6885	0	1390	2041	835	5930	3822	1138	24	976	3930	3	612
83	1. 租赁业	3849	2162	814	0	315	7	288	0	129	34	29	32	0	843	7	0	0	3	0
84	2. 商务服务业	57060	18898	12186	0	11395	546	6597	0	1261	2007	806	5898	3822	295	17	976	3930	0	612
85	十三、科学研究和技术服务业	17700	6849	4268	0	4898	445	2776	0	637	229	175	813	0	202	5	0	670	1	0
86	1. 研究和试验发展	2404	424	243	0	795	90	330	0	112	3	44	160	0	53	0	0	393	0	0
87	2. 专业技术服务业	14123	6242	3960	0	4074	302	2093	0	485	71	99	571	0	115	5	0	66	0	0
88	3. 科技推广和应用服务业	1173	183	65	0	29	53	353	0	40	155	32	82	0	34	0	0	211	1	0
89	十四、水利、环境和公共设施管理业	20346	3859	3526	0	537	0	493	0	491	286	77	2507	0	69	1	11920	102	4	0
90	1. 水利管理业	685	20	7	0	11	0	139	0	20	28	10	455	0	1	1	0	0	0	0
91	2. 生态保护和环境治理业	3877	2488	2424	0	211	0	157	0	286	170	41	379	0	29	0	0	112	4	0
92	3. 公共设施管理业	3577	1283	1088	0	164	0	192	0	184	87	26	1477	0	33	0	141	-10	0	0
93	4. 土地管理业	12207	68	7	0	151	0	5	0	1	1	0	196	0	6	0	11779	0	0	0

续表

序号	项目	税收收入合计	国内增值税	一般纳税人增值税	国内消费税	企业所得税		个人所得税	资源税	城市维护建设税	房产税	印花税	城镇土地使用税	土地增值税	车辆购置税	车船税	耕地占用税	契税	环境保护税	其他各税
						内资企业	外资企业													
94	十五、居民服务、修理和其他服务业	36061	9642	5435	0	2863	280	18787	0	462	759	140	286	256	342	12	1159	160	1	912
95	1. 居民服务业	2659	1262	564	0	229	19	363	0	66	149	40	68	228	66	1	0	94	0	74
96	2. 机动车、电子产品和日用产品修理业	2035	1462	971	0	27	90	105	0	58	135	5	70	0	83	0	0	0	0	0
97	3. 其他服务业	31367	6918	4900	0	2607	171	18319	0	338	475	95	148	28	193	11	1159	66	1	838
98	十六、教育	7629	983	435	0	789	27	4888	0	90	99	19	63	139	395	13	0	124	0	0
99	1. 学前教育	212	8	0	0	33	0	74	0	1	1	5	0	0	86	5	0	-1	0	0
100	2. 初等教育	1340	2	0	0	2	0	1310	0	1	19	0	0	1	4	1	0	0	0	0
101	3. 中等教育	1793	43	21	0	437	0	1264	0	5	34	1	6	0	0	3	0	0	0	0
102	4. 高等教育	2348	616	294	0	23	23	1438	0	40	15	5	1	138	2	0	0	47	0	0
103	5. 特殊教育	10	0	0	0	1	0	9	0	0	0	0	0	0	0	0	0	0	0	0
104	6. 技能培训、教育辅助及其他	1926	314	120	0	293	4	793	0	43	30	8	56	0	303	4	0	78	0	0
105	十七、卫生和社会工作	6327	58	11	0	20	0	5999	0	9	72	62	17	0	81	8	0	0	1	0
106	1. 卫生	6253	44	11	0	18	0	5981	0	4	44	62	12	0	79	8	0	0	1	0
107	2. 社会工作	74	14	0	0	2	0	18	0	5	28	0	5	0	2	0	0	0	0	0
108	十八、文化、体育和娱乐业	9440	2262	961	0	361	11	592	0	176	373	34	306	5314	8	3	0	0	0	0
109	1. 新闻和出版业	159	124	123	0	1	0	19	0	13	0	1	0	0	0	1	0	0	0	0
110	2. 广播、电视、电影和影视录音制作业	1068	581	514	0	62	0	228	0	55	124	9	5	0	3	1	0	0	0	0
111	3. 文化艺术业	6446	890	2	0	11	0	56	0	68	6	16	85	5314	0	0	0	0	0	0
112	4. 体育	771	330	178	0	182	11	132	0	20	65	2	26	0	3	0	0	0	0	0
113	5. 娱乐业	996	337	144	0	105	0	157	0	20	178	6	190	0	2	1	0	0	0	0
114	十九、公共管理、社会保障和社会组织	115186	12067	779	0	2019	376	18681	0	1087	2491	659	978	16936	294	498	440	58576	0	84
115	二十、其他行业	71259	2	0	0	0	0	10	0	0	0	0	0	0	71247	0	0	0	0	0

3－19 清远市税务局税收收入分行业分税种统计年报（2018年）

编报机关：清远市税务局　　　　单位：万元

序号	项目	税收收入合计	国内增值税	一般纳税人增值税	国内消费税	企业所得税		个人所得税	资源税	城市维护建设税	房产税	印花税	城镇土地使用税	土地增值税	车辆购置税	车船税	耕地占用税	契税	环境保护税	其他各税
						内资企业	外资企业													
1	合计	2473825	1114135	924183	41552	327942	139913	187472	12754	75481	40324	17237	40467	171647	86454	13280	8853	104714	3107	88493
2	一、农、林、牧、渔业	5526	879	572	0	361	317	2157	0	80	400	130	267	780	98	1	0	31	25	0
3	二、采矿业	15616	9307	9000	0	867	122	425	3611	478	219	56	385	0	72	1	0	10	1	62
4	1. 煤炭开采和洗选业	0	0	0	0	0	0	0	0	0	0	0	0	0	0	0	0	0	0	0
5	2. 石油和天然气开采业	0	0	0	0	0	0	0	0	0	0	0	0	0	0	0	0	0	0	0
6	3. 黑色金属矿采选业	674	552	551	0	7	0	6	31	30	16	3	27	0	2	0	0	0	0	0
7	4. 有色金属矿采选业	1684	592	590	0	281	0	119	285	34	130	7	234	0	2	0	0	0	0	0
8	5. 非金属矿采选业	12367	7667	7455	0	539	122	277	2999	395	73	44	120	0	67	1	0	0	1	62
9	6. 开采专业及辅助性活动	63	50	24	0	0	0	0	11	1	0	0	1	0	0	0	0	0	0	0
10	7. 其他采矿业	828	446	380	0	40	0	23	285	18	0	2	3	0	1	0	0	10	0	0
11	三、制造业	697139	421909	417553	3605	59531	109662	20548	7957	28177	14040	5204	12310	6043	2188	30	0	2861	3016	58
12	1. 农副食品加工业	11987	5077	5035	0	5068	74	498	0	419	363	149	198	0	67	0	0	60	14	0
13	2. 食品制造业	1119	549	532	0	59	2	211	0	62	168	24	33	0	14	0	0	－39	7	29
14	3. 酒、饮料和精制茶制造业	16923	11010	10995	824	593	2314	534	3	657	599	176	204	0	4	2	0	0	3	0
15	4. 烟草制品业	18	0	0	0	0	0	0	0	0	8	0	10	0	0	0	0	0	0	0
16	5. 纺织业	14393	11283	11262	0	200	673	201	0	772	493	125	408	3	54	0	0	33	148	0
17	6. 纺织服装、服饰业	5688	3797	3280	0	69	205	185	0	310	271	30	112	679	6	0	0	23	1	0
18	7. 皮革、毛皮、羽毛及其制品和制鞋业	34620	25208	25057	0	182	3302	1168	0	2632	1132	312	467	0	85	0	0	117	15	0
19	8. 木材加工和木竹藤棕草制品业	4347	2971	2899	0	518	40	220	0	224	105	35	187	0	19	0	0	19	9	0
20	9. 家具制造业	5627	3683	3648	0	1011	40	143	0	123	161	43	152	0	10	0	0	261	0	0
21	10. 造纸和纸制品业	8800	4808	4794	0	45	1917	310	0	533	519	97	295	209	13	0	0	24	30	0
22	11. 印刷和记录媒介复制业	1923	1280	1224	0	70	57	41	0	72	278	18	101	0	6	0	0	0	0	0

续表

序号	项　目	税收收入合计	国内增值税	一般纳税人增值税	国内消费税	企业所得税		个人所得税	资源税	城市维护建设税	房产税	印花税	城镇土地使用税	土地增值税	车辆购置税	车船税	耕地占用税	契税	环境保护税	其他各税
						内资企业	外资企业													
23	12. 文教、工美、体育和娱乐用品制造业	12096	7856	7763	0	260	1444	608	0	886	229	118	304	0	83	0	0	297	11	0
24	13. 石油、煤炭及其他燃料加工业	1	1	1	0	0	0	0	0	0	0	0	0	0	0	0	0	0	0	0
25	14. 化学原料和化学制品制造业	24747	12826	12817	1000	3821	1922	1712	10	1046	756	325	731	0	164	0	0	413	21	0
26	15. 医药制造业	9712	6166	5165	0	1143	881	292	0	784	107	80	140	0	0	0	0	119	0	0
27	16. 化学纤维制造业	4435	215	215	0	2	3848	51	0	32	186	34	6	0	0	0	0	60	1	0
28	17. 橡胶和塑料制品业	27523	15449	15047	0	4872	909	1579	0	1270	754	353	489	1368	156	0	0	305	19	0
29	18. 非金属矿物制品业	292174	171199	170023	0	24792	58894	5076	7939	10166	3790	984	4306	1267	883	25	0	215	2638	0
30	19. 黑色金属冶炼和压延加工业	9081	5992	5861	0	1489	32	56	0	514	84	197	251	280	180	1	0	0	5	0
31	20. 有色金属冶炼和压延加工业	48322	23833	23429	0	5419	12702	1492	0	1305	702	620	691	1440	61	0	0	41	16	0
32	21. 金属制品业	29971	20305	19814	0	1771	2508	1086	0	1142	1078	330	772	698	49	0	0	198	34	0
33	22. 通用设备制造业	24046	16140	16092	0	1020	4156	1095	2	891	261	221	218	0	25	0	0	16	1	0
34	23. 专用设备制造业	3505	2419	2343	0	77	365	102	0	154	95	16	126	93	29	0	0	29	0	0
35	24. 汽车制造业	20316	12999	12995	0	610	3865	1158	0	856	325	160	251	0	9	1	0	78	4	0
36	25. 铁路、船舶、航空航天和其他运输设备制造业	3801	2607	2574	0	460	0	243	0	209	128	68	55	0	6	0	0	23	2	0
37	26. 电气机械和器材制造业	16923	9308	9260	1781	2719	300	691	0	862	544	245	338	4	16	0	0	114	1	0
38	27. 计算机、通信和其他电子设备制造业	44747	30031	29995	0	1246	8889	1376	0	1392	525	121	1042	2	17	0	0	83	23	0
39	28. 仪表仪器制造业	483	339	337	0	0	41	28	0	42	14	5	4	0	6	0	0	4	0	0
40	29. 其他制造业	7230	4698	4371	0	1040	215	166	3	304	27	89	135	0	190	1	0	328	5	29
41	30. 废弃资源综合利用业	12232	9537	9459	0	968	61	220	0	514	338	229	281	0	36	0	0	40	8	0
42	31. 金属制品、机械和设备修理业	349	323	266	0	7	6	6	0	4	0	0	3	0	0	0	0	0	0	0
43	四、电力、热力、燃气及水的生产和供应业	84275	57696	57002	0	10745	1716	5275	0	3440	2995	369	1220	365	206	0	4	236	1	7
44	1. 电力、热力生产和供应业	74406	54149	53494	0	6335	1220	4749	0	3046	2837	317	988	363	174	0	0	229	0	-1

续表

序号	项　目	税收收入合计	国内增值税	一般纳税人增值税	国内消费税	企业所得税		个人所得税	资源税	城市维护建设税	房产税	印花税	城镇土地使用税	土地增值税	车辆购置税	车船税	耕地占用税	契税	环境保护税	其他各税
						内资企业	外资企业													
45	2. 燃气生产和供应业	6133	1607	1605	0	3475	496	183	0	193	40	34	63	0	30	0	0	4	0	8
46	3. 水的生产和供应业	3736	1940	1903	0	935	0	343	0	201	118	18	169	2	2	0	4	3	1	0
47	五、建筑业	246801	182265	54435	0	25234	278	24436	3	11338	202	1700	262	102	261	0	500	185	16	19
48	1. 房屋建筑业	65486	45332	16455	0	9602	112	6398	2	3016	28	683	81	57	63	0	0	100	0	12
49	2. 土木工程建筑业	34687	25075	9448	0	4334	8	3045	0	1841	13	228	110	0	21	0	0	6	0	6
50	3. 建筑安装业	101640	78904	23772	0	8200	66	8629	0	4518	100	526	22	42	115	0	500	16	0	2
51	4. 建筑装饰、装修和其他建筑业	44988	32954	4760	0	3098	92	6364	1	1963	61	263	49	3	62	0	0	63	16	-1
52	六、批发和零售业	168444	80990	70172	37920	17604	3418	8958	1057	8390	2652	1527	1773	-240	2232	2	0	1578	34	549
53	1. 批发业	111924	44318	41440	37512	12236	2402	3080	611	6262	1427	773	751	134	971	1	0	864	33	549
54	2. 零售业	56520	36672	28732	408	5368	1016	5878	446	2128	1225	754	1022	-374	1261	1	0	714	1	0
55	七、交通运输、仓储和邮政业	26865	14999	12000	0	2350	225	2064	14	758	627	154	294	585	4294	95	0	388	0	18
56	1. 铁路运输业	9	0	0	0	0	0	8	0	1	0	0	0	0	0	0	0	0	0	0
57	2. 道路运输业	16634	7976	6272	0	1903	196	1107	14	522	316	113	112	236	4116	18	0	5	0	0
58	3. 水上运输业	2493	1805	1340	0	112	0	193	0	124	1	15	23	115	8	76	0	3	0	18
59	4. 航空运输业	1	0	0	0	0	0	0	0	0	1	0	0	0	0	0	0	0	0	0
60	5. 管道运输业	5	3	0	0	0	0	1	0	0	1	0	0	0	0	0	0	0	0	0
61	6. 多式联运和运输代理业	625	231	138	0	101	0	5	0	11	0	2	2	234	39	0	0	0	0	0
62	7. 装卸搬运和仓储业	2320	1127	488	0	122	26	310	0	68	62	20	93	0	111	1	0	380	0	0
63	8. 邮政业	4778	3857	3762	0	112	3	440	0	32	246	4	64	0	20	0	0	0	0	0
64	八、住宿和餐饮业	10106	5096	2928	0	635	168	1145	0	325	1413	46	306	134	56	0	0	227	1	554
65	1. 住宿业	4711	1999	1458	0	326	29	411	0	157	655	30	229	71	27	0	0	225	1	551
66	2. 餐饮业	5395	3097	1470	0	309	139	734	0	168	758	16	77	63	29	0	0	2	0	3
67	九、信息传输、软件和信息技术服务业	9979	3758	2918	0	2599	145	1984	0	111	864	121	279	3	54	0	0	61	0	0
68	1. 电信、广播电视和卫星传输服务	3125	321	180	0	8	0	1650	0	-10	812	70	242	0	14	0	0	18	0	0

续表

序号	项　目	税收收入合计	国内增值税	一般纳税人增值税	国内消费税	企业所得税		个人所得税	资源税	城市维护建设税	房产税	印花税	城镇土地使用税	土地增值税	车辆购置税	车船税	耕地占用税	契税	环境保护税	其他各税
						内资企业	外资企业													
69	2. 互联网和相关服务	183	138	80	0	13	0	10	0	14	0	1	1	0	4	0	0	2	0	0
70	3. 软件和信息技术服务业	6671	3299	2658	0	2578	145	324	0	107	52	50	36	3	36	0	0	41	0	0
71	十、金融业	129877	47435	46763	27	43572	40	17553	0	3265	2137	619	257	400	410	12850	0	1280	0	32
72	1. 货币金融服务	90359	32546	32404	27	42948	20	8201	0	2471	1988	334	147	333	357	3	0	952	0	32
73	2. 资本市场服务	1754	484	429	0	485	0	416	0	34	0	78	9	67	0	0	0	181	0	0
74	3. 保险业	33619	10834	10463	0	8	0	8656	0	742	141	195	10	0	39	12847	0	147	0	0
75	4. 其他金融业	4145	3571	3467	0	131	20	280	0	18	8	12	91	0	14	0	0	0	0	0
76	十一、房地产业	614871	223067	212573	0	142074	13295	30751	70	14518	6777	4322	14750	140014	650	4	0	20442	1	4136
77	1. 房地产开发经营	576956	202422	199051	0	136035	13054	27194	0	13486	4375	4224	13644	138484	590	4	0	19369	0	4075
78	2. 物业管理	9196	4763	3796	0	1365	199	1868	0	298	229	30	189	53	30	0	0	160	0	12
79	3. 房地产中介服务	3078	1401	318	0	184	36	535	0	90	39	19	49	197	15	0	0	513	0	0
80	4. 房地产租赁经营	13941	7487	5619	0	3789	0	439	70	446	1167	15	329	136	5	0	0	57	1	0
81	5. 其他房地产业	11700	6994	2789	0	701	6	715	0	198	967	34	539	1144	10	0	0	343	0	49
82	十二、租赁和商务服务业	74566	28758	23709	0	9148	5680	6751	20	1556	2614	1479	5169	8084	1359	4	0	3783	0	161
83	1. 租赁业	4923	3287	1824	0	123	5	389	1	140	12	30	14	0	899	4	0	0	0	19
84	2. 商务服务业	69643	25471	13885	0	9025	5675	6362	19	1416	2602	1449	5155	8084	460	0	0	3783	0	142
85	十三、科学研究和技术服务业	28541	7584	5578	0	7571	215	2654	0	1040	358	195	593	7406	145	0	0	772	8	0
86	1. 研究和试验发展	3055	322	246	0	1934	3	484	0	26	29	63	63	0	19	0	0	111	1	0
87	2. 专业技术服务业	12819	5541	3801	0	3549	195	1665	0	521	280	82	480	22	81	0	0	396	7	0
88	3. 科技推广和应用服务业	12667	1721	1531	0	2088	17	505	0	493	49	50	50	7384	45	0	0	265	0	0
89	十四、水利、环境和公共设施管理业	10052	5768	4545	0	689	1573	366	6	317	189	40	442	81	118	0	384	78	1	0
90	1. 水利管理业	3466	3129	3099	0	85	0	76	0	163	0	0	0	1	12	0	0	0	0	0
91	2. 生态保护和环境治理业	2487	721	673	0	50	1452	138	0	48	11	13	14	0	29	0	0	11	0	0
92	3. 公共设施管理业	2801	1072	771	0	554	121	152	6	106	178	26	428	80	77	0	0	0	1	0
93	4. 土地管理业	1298	846	2	0	0	0	0	0	0	0	1	0	0	0	0	384	67	0	0

续表

序号	项 目	税收收入合计	国内增值税	一般纳税人增值税	国内消费税	企业所得税		个人所得税	资源税	城市维护建设税	房产税	印花税	城镇土地使用税	土地增值税	车辆购置税	车船税	耕地占用税	契税	环境保护税	其他各税
						内资企业	外资企业													
94	十五、居民服务、修理和其他服务业	37084	9615	6216	0	2569	3022	19770	15	481	811	61	268	342	126	0	0	-25	2	27
95	1. 居民服务业	3202	1964	1314	0	799	2	306	0	59	26	15	21	6	48	0	0	-48	1	3
96	2. 机动车、电子产品和日用产品修理业	1394	1134	737	0	96	0	70	0	54	13	6	10	0	10	0	0	0	1	0
97	3. 其他服务业	32488	6517	4165	0	1674	3020	19394	15	368	772	40	237	336	68	0	0	23	0	24
98	十六、教育	16263	845	527	0	430	30	14038	0	37	70	65	139	0	579	1	0	20	0	9
99	1. 学前教育	347	39	31	0	4	0	177	0	3	6	0	1	0	117	0	0	0	0	0
100	2. 初等教育	603	0	0	0	4	0	575	0	0	20	0	0	0	3	1	0	0	0	0
101	3. 中等教育	12550	48	34	0	0	30	12457	0	7	2	0	0	0	6	0	0	0	0	0
102	4. 高等教育	500	0	0	0	0	0	469	0	0	2	0	29	0	0	0	0	0	0	0
103	5. 特殊教育	6	0	0	0	0	0	6	0	0	0	0	0	0	0	0	0	0	0	0
104	6. 技能培训、教育辅助及其他	2257	758	462	0	422	0	354	0	27	40	65	109	0	453	0	0	20	0	9
105	十七、卫生和社会工作	8394	92	17	0	267	0	7765	0	9	23	24	9	62	90	1	0	51	1	0
106	1. 卫生	7776	86	17	0	267	0	7154	0	8	23	24	9	62	90	1	0	51	1	0
107	2. 社会工作	618	6	0	0	0	0	611	0	1	0	0	0	0	0	0	0	0	0	0
108	十八、文化、体育和娱乐业	3050	1018	644	0	166	7	1226	0	88	86	12	396	31	20	0	0	0	0	0
109	1. 新闻和出版业	107	4	0	0	35	0	67	0	1	0	0	0	0	0	0	0	0	0	0
110	2. 广播、电视、电影和影视录音制作业	822	384	294	0	68	1	235	0	49	55	7	4	16	3	0	0	0	0	0
111	3. 文化艺术业	163	112	1	0	12	0	17	0	6	1	0	0	0	15	0	0	0	0	0
112	4. 体育	501	208	150	0	13	6	58	0	10	0	0	206	0	0	0	0	0	0	0
113	5. 娱乐业	1457	310	199	0	38	0	849	0	22	30	5	186	15	2	0	0	0	0	0
114	十九、公共管理、社会保障和社会组织	136477	13054	31	0	1526	0	19566	1	1072	3846	1112	1339	7450	233	291	7965	72735	0	6287
115	二十、其他行业	149899	0	0	0	4	0	40	0	1	1	1	9	5	73263	0	0	1	0	76574

3－20 潮州市税务局税收收入分行业分税种统计年报（2018年）

编报机关：潮州市税务局

单位：万元

序号	项目	税收收入合计	国内增值税	一般纳税人增值税	国内消费税	企业所得税		个人所得税	资源税	城市维护建设税	房产税	印花税	城镇土地使用税	土地增值税	车辆购置税	车船税	耕地占用税	契税	环境保护税	其他各税
						内资企业	外资企业													
1	合计	1009313	444769	402049	30912	132784	6839	85665	10989	32769	18903	7292	18207	47651	52179	10308	8785	28445	1449	71367
2	一、农、林、牧、渔业	1099	418	199	0	351	31	57	2	42	40	43	75	0	28	0	0	0	12	0
3	二、采矿业	2728	1144	1128	0	140	0	250	962	113	32	15	55	0	13	0	0	0	4	0
4	1. 煤炭开采和洗选业	0	0	0	0	0	0	0	0	0	0	0	0	0	0	0	0	0	0	0
5	2. 石油和天然气开采业	0	0	0	0	0	0	0	0	0	0	0	0	0	0	0	0	0	0	0
6	3. 黑色金属矿采选业	1	0	0	0	0	0	1	0	0	0	0	0	0	0	0	0	0	0	0
7	4. 有色金属矿采选业	0	0	0	0	0	0	0	0	0	0	0	0	0	0	0	0	0	0	0
8	5. 非金属矿采选业	2685	1130	1128	0	140	0	248	948	113	30	15	48	0	9	0	0	0	4	0
9	6. 开采专业及辅助性活动	0	0	0	0	0	0	0	0	0	0	0	0	0	0	0	0	0	0	0
10	7. 其他采矿业	42	14	0	0	0	0	1	14	0	2	0	7	0	4	0	0	0	0	0
11	三、制造业	440796	243657	239170	6	44539	5790	24718	6957	17023	10160	3158	10281	629	868	0	0	1394	597	71019
12	1. 农副食品加工业	19052	14926	14866	0	2313	5	251	0	676	244	175	258	0	24	0	0	143	20	17
13	2. 食品制造业	31904	20810	20611	0	4295	1538	1559	0	1545	732	286	569	13	117	0	0	405	35	0
14	3. 酒、饮料和精制茶制造业	933	683	665	2	26	0	84	6	45	39	9	33	0	4	0	0	0	2	0
15	4. 烟草制品业	0	0	0	0	0	0	0	0	0	0	0	0	0	0	0	0	0	0	0
16	5. 纺织业	1507	942	918	0	95	90	119	0	61	58	11	86	0	2	0	0	0	43	0
17	6. 纺织服装、服饰业	11394	8175	8040	0	915	420	629	0	680	326	81	152	0	9	0	0	0	7	0
18	7. 皮革、毛皮、羽毛及其制品和制鞋业	11250	7044	6968	0	1364	222	1112	4	626	323	107	307	95	15	0	0	3	28	0
19	8. 木材加工和木竹藤棕草制品业	1818	1443	1396	0	9	34	137	5	72	30	17	63	0	4	0	0	0	4	0
20	9. 家具制造业	1465	990	914	0	110	4	78	5	65	79	11	115	0	7	0	0	0	1	0
21	10. 造纸和纸制品业	9661	6230	6073	0	843	1	1257	0	444	257	103	279	0	43	0	0	87	117	0
22	11. 印刷和记录媒介复制业	19974	11632	11426	0	2352	1362	2483	0	842	647	179	424	14	32	0	0	0	7	0

续表

序号	项　目	税收收入合计	国内增值税	一般纳税人增值税	国内消费税	企业所得税		个人所得税	资源税	城市维护建设税	房产税	印花税	城镇土地使用税	土地增值税	车辆购置税	车船税	耕地占用税	契税	环境保护税	其他各税
						内资企业	外资企业													
23	12. 文教、工美、体育和娱乐用品制造业	2991	2248	2231	0	166	85	126	2	129	97	20	107	0	1	0	0	0	10	0
24	13. 石油、煤炭及其他燃料加工业	12	7	6	0	0	0	2	0	1	1	0	1	0	0	0	0	0	0	0
25	14. 化学原料和化学制品制造业	6804	2615	2587	4	2453	21	777	26	322	148	84	192	0	8	0	0	129	25	0
26	15. 医药制造业	3375	2916	2916	0	92	0	92	0	136	45	15	70	0	3	0	0	0	6	0
27	16. 化学纤维制造业	3	1	1	0	0	0	1	0	0	0	0	1	0	0	0	0	0	0	0
28	17. 橡胶和塑料制品业	13070	8580	8237	0	1199	67	1206	24	515	438	124	461	0	39	0	0	390	27	0
29	18. 非金属矿物制品业	128669	85527	83913	0	8689	1226	7855	6744	6157	5102	814	5444	390	337	0	0	191	186	7
30	19. 黑色金属冶炼和压延加工业	1929	1421	1420	0	136	0	109	0	71	80	32	67	0	12	0	0	0	1	0
31	20. 有色金属冶炼和压延加工业	17406	13126	13122	0	2379	0	218	0	916	101	577	67	0	8	0	0	0	14	0
32	21. 金属制品业	20282	13059	12037	0	1323	106	2895	4	923	809	121	937	0	54	0	0	46	5	0
33	22. 通用设备制造业	1343	882	857	0	102	13	143	0	60	72	8	46	0	15	0	0	0	2	0
34	23. 专用设备制造业	2643	2101	2064	0	58	89	141	19	114	42	13	54	0	8	0	0	0	4	0
35	24. 汽车制造业	129	70	70	0	24	0	15	0	9	6	1	4	0	0	0	0	0	0	0
36	25. 铁路、船舶、航空航天和其他运输设备制造业	34	26	22	0	2	0	2	0	2	1	0	1	0	0	0	0	0	0	0
37	26. 电气机械和器材制造业	11611	8074	8036	0	1886	22	537	7	499	209	94	183	26	40	0	0	0	9	25
38	27. 计算机、通信和其他电子设备制造业	40822	22778	22745	0	13413	162	2305	0	1654	67	202	74	91	49	0	0	0	27	0
39	28. 仪表仪器制造业	664	252	250	0	6	158	175	0	43	9	5	13	0	1	0	0	0	2	0
40	29. 其他制造业	76557	3973	3702	0	272	165	361	111	208	150	41	260	0	34	0	0	0	12	70970
41	30. 废弃资源综合利用业	3452	3104	3072	0	9	0	42	0	206	47	28	12	0	1	0	0	0	3	0
42	31. 金属制品、机械和设备修理业	42	22	5	0	8	0	7	0	2	1	0	1	0	1	0	0	0	0	0
43	四、电力、热力、燃气及水的生产和供应业	72048	39803	39779	0	21071	109	3889	0	2495	1891	692	1119	62	232	3	0	13	669	0
44	1. 电力、热力生产和供应业	65475	37090	37072	0	19092	0	3386	0	2231	1703	450	706	0	148	2	0	0	667	0

续表

序号	项　目	税收收入合计	国内增值税	一般纳税人增值税	国内消费税	企业所得税		个人所得税	资源税	城市维护建设税	房产税	印花税	城镇土地使用税	土地增值税	车辆购置税	车船税	耕地占用税	契税	环境保护税	其他各税
						内资企业	外资企业													
45	2. 燃气生产和供应业	4525	2034	2031	0	1053	109	337	0	199	115	235	288	62	77	1	0	13	2	0
46	3. 水的生产和供应业	2048	679	676	0	926	0	166	0	65	73	7	125	0	7	0	0	0	0	0
47	五、建筑业	71345	41121	16517	0	15028	21	5866	2888	2710	161	627	236	796	107	0	1783	0	0	1
48	1. 房屋建筑业	32577	15103	12062	0	11957	0	1968	1378	991	81	195	82	780	42	0	0	0	0	0
49	2. 土木工程建筑业	12582	8730	2270	0	1502	0	1091	480	546	35	140	34	0	24	0	0	0	0	0
50	3. 建筑安装业	20366	13534	1757	0	1112	21	1742	904	892	20	221	110	16	11	0	1783	0	0	0
51	4. 建筑装饰、装修和其他建筑业	5820	3754	428	0	457	0	1065	126	281	25	71	10	0	30	0	0	0	0	1
52	六、批发和零售业	97329	35030	30760	30906	13742	387	4117	155	4803	1491	925	1416	3110	605	2	0	531	44	65
53	1. 批发业	76929	22826	21791	30720	11757	129	2176	81	4021	510	585	713	2859	200	2	0	338	9	3
54	2. 零售业	20400	12204	8969	186	1985	258	1941	74	782	981	340	703	251	405	0	0	193	35	62
55	七、交通运输、仓储和邮政业	8133	4698	3287	0	675	68	884	0	263	462	89	347	0	567	79	0	0	0	1
56	1. 铁路运输业	0	0	0	0	0	0	0	0	0	0	0	0	0	0	0	0	0	0	0
57	2. 道路运输业	3783	2214	1239	0	189	0	306	0	140	212	47	162	0	511	2	0	0	0	0
58	3. 水上运输业	1553	1268	1246	0	69	13	22	0	51	28	19	5	0	1	77	0	0	0	0
59	4. 航空运输业	0	0	0	0	0	0	0	0	0	0	0	0	0	0	0	0	0	0	0
60	5. 管道运输业	35	35	35	0	0	0	0	0	0	0	0	0	0	0	0	0	0	0	0
61	6. 多式联运和运输代理业	775	350	160	0	108	54	58	0	25	53	10	76	0	40	0	0	0	0	1
62	7. 装卸搬运和仓储业	410	230	50	0	58	1	51	0	8	10	2	50	0	0	0	0	0	0	0
63	8. 邮政业	1577	601	557	0	251	0	447	0	39	159	11	54	0	15	0	0	0	0	0
64	八、住宿和餐饮业	2673	1335	612	0	348	73	334	0	88	275	3	124	0	11	0	0	0	74	8
65	1. 住宿业	1114	589	339	0	133	3	97	0	33	151	1	67	0	3	0	0	0	37	0
66	2. 餐饮业	1559	746	273	0	215	70	237	0	55	124	2	57	0	8	0	0	0	37	8
67	九、信息传输、软件和信息技术服务业	2892	632	385	0	78	66	1180	0	-3	642	63	186	32	8	0	0	8	0	0
68	1. 电信、广播电视和卫星传输服务	2074	162	138	0	6	0	1056	0	-57	630	50	181	32	6	0	0	8	0	0

续表

序号	项目	税收收入合计	国内增值税	一般纳税人增值税	国内消费税	企业所得税		个人所得税	资源税	城市维护建设税	房产税	印花税	城镇土地使用税	土地增值税	车辆购置税	车船税	耕地占用税	契税	环境保护税	其他各税
						内资企业	外资企业													
69	2. 互联网和相关服务	27	11	7	0	2	0	5	0	1	6	0	2	0	0	0	0	0	0	0
70	3. 软件和信息技术服务业	791	459	240	0	70	66	119	0	53	6	13	3	0	2	0	0	0	0	0
71	十、金融业	46155	16689	16196	0	5413	44	9800	0	1325	1333	424	365	174	304	10208	0	70	0	6
72	1. 货币金融服务	16903	8023	7968	0	3751	0	2414	0	808	1276	192	291	0	60	1	0	70	0	17
73	2. 资本市场服务	4633	624	438	0	1372	23	2229	0	86	24	37	57	174	7	0	0	0	0	0
74	3. 保险业	21526	5758	5520	0	0	0	4915	0	416	33	187	4	0	17	10207	0	0	0	-11
75	4. 其他金融业	3093	2284	2270	0	290	21	242	0	15	0	8	13	0	220	0	0	0	0	0
76	十一、房地产业	128416	45987	44808	0	24344	161	6274	1	2805	1663	880	2462	38664	39	0	138	4732	0	266
77	1. 房地产开发经营	114718	38605	38533	0	23732	142	5036	1	2582	227	833	2109	36312	33	0	0	4703	0	403
78	2. 物业管理	1672	1385	1205	0	78	0	63	0	41	142	8	56	0	6	0	0	31	0	-138
79	3. 房地产中介服务	71	63	41	0	4	0	0	0	3	1	0	0	0	0	0	0	0	0	0
80	4. 房地产租赁经营	8548	3559	2980	0	433	0	863	0	170	1026	33	209	2255	0	0	0	0	0	0
81	5. 其他房地产业	3407	2375	2049	0	97	19	312	0	9	267	6	88	97	0	0	138	-2	0	1
82	十二、租赁和商务服务业	19433	7459	5249	0	1660	26	4314	3	445	239	113	1148	3237	212	0	367	209	1	0
83	1. 租赁业	587	349	192	0	12	0	81	0	13	5	4	2	0	121	0	0	0	0	0
84	2. 商务服务业	18846	7110	5057	0	1648	26	4233	3	432	234	109	1146	3237	91	0	367	209	1	0
85	十三、科学研究和技术服务业	2910	1489	940	0	564	11	284	10	138	110	44	58	0	33	0	0	169	0	0
86	1. 研究和试验发展	207	77	67	0	25	0	23	0	10	6	4	10	0	1	0	0	51	0	0
87	2. 专业技术服务业	2382	1322	846	0	526	4	221	6	113	36	17	28	0	14	0	0	95	0	0
88	3. 科技推广和应用服务业	321	90	27	0	13	7	40	4	15	68	23	20	0	18	0	0	23	0	0
89	十四、水利、环境和公共设施管理业	8277	1655	1331	0	537	0	49	6	228	8	31	53	0	16	0	5694	0	0	0
90	1. 水利管理业	91	76	8	0	0	0	6	1	4	2	0	2	0	0	0	0	0	0	0
91	2. 生态保护和环境治理业	1866	1290	1283	0	315	0	10	0	213	0	28	0	0	10	0	0	0	0	0
92	3. 公共设施管理业	480	143	40	0	222	0	33	5	11	6	3	51	0	6	0	0	0	0	0
93	4. 土地管理业	5840	146	0	0	0	0	0	0	0	0	0	0	0	0	0	5694	0	0	0

续表

序号	项目	税收收入合计	国内增值税	一般纳税人增值税	国内消费税	企业所得税		个人所得税	资源税	城市维护建设税	房产税	印花税	城镇土地使用税	土地增值税	车辆购置税	车船税	耕地占用税	契税	环境保护税	其他各税
						内资企业	外资企业													
94	十五、居民服务、修理和其他服务业	19086	1558	877	0	722	24	16042	1	145	252	34	171	2	33	0	95	1	5	1
95	1. 居民服务业	1072	609	462	0	214	0	94	0	41	44	9	44	2	11	0	0	0	3	1
96	2. 机动车、电子产品和日用产品修理业	702	527	270	0	11	0	66	0	21	35	2	31	0	8	0	0	0	1	0
97	3. 其他服务业	17312	422	145	0	497	24	15882	1	83	173	23	96	0	14	0	95	1	1	0
98	十六、教育	5664	723	648	0	3424	0	1293	0	8	15	0	2	0	71	0	128	0	0	0
99	1. 学前教育	42	1	0	0	0	0	10	0	0	0	0	0	0	31	0	0	0	0	0
100	2. 初等教育	75	0	0	0	0	0	56	0	0	0	0	0	0	19	0	0	0	0	0
101	3. 中等教育	515	3	0	0	0	0	373	0	0	0	0	0	0	11	0	128	0	0	0
102	4. 高等教育	901	32	0	0	12	0	840	0	3	13	0	1	0	0	0	0	0	0	0
103	5. 特殊教育	1	0	0	0	0	0	1	0	0	0	0	0	0	0	0	0	0	0	0
104	6. 技能培训、教育辅助及其他	4130	687	648	0	3412	0	13	0	5	2	0	1	0	10	0	0	0	0	0
105	十七、卫生和社会工作	1255	30	14	0	41	0	1138	0	3	1	5	0	0	12	0	0	0	25	0
106	1. 卫生	1241	26	14	0	39	0	1137	0	3	1	5	0	0	5	0	0	0	25	0
107	2. 社会工作	14	4	0	0	2	0	1	0	0	0	0	0	0	7	0	0	0	0	0
108	十八、文化、体育和娱乐业	946	360	149	0	100	28	166	0	32	66	7	30	139	0	0	0	0	18	0
109	1. 新闻和出版业	77	56	56	0	0	0	15	0	5	0	1	0	0	0	0	0	0	0	0
110	2. 广播、电视、电影和影视录音制作业	238	90	65	0	53	0	84	0	10	-1	1	1	0	0	0	0	0	0	0
111	3. 文化艺术业	104	55	0	0	24	0	15	0	5	3	1	1	0	0	0	0	0	0	0
112	4. 体育	21	8	0	0	2	0	11	0	0	0	0	0	0	0	0	0	0	0	0
113	5. 娱乐业	506	151	28	0	21	28	41	0	12	64	4	28	139	0	0	0	0	18	0
114	十九、公共管理、社会保障和社会组织	29355	981	0	0	7	0	5009	4	106	62	139	79	806	248	16	580	21318	0	0
115	二十、其他行业	48773	0	0	0	0	0	1	0	0	0	0	0	0	48772	0	0	0	0	0

3－21 揭阳市税务局税收收入分行业分税种统计年报（2018年）

编报机关：揭阳市税务局 单位：万元

序号	项目	税收收入合计	国内增值税	一般纳税人增值税	国内消费税	企业所得税		个人所得税	资源税	城市维护建设税	房产税	印花税	城镇土地使用税	土地增值税	车辆购置税	车船税	耕地占用税	契税	环境保护税	其他各税
						内资企业	外资企业													
1	合计	1576212	763927	662997	73490	230466	8514	91087	3282	58591	31178	12334	49125	62830	85586	15958	9516	51167	790	28371
2	一、农、林、牧、渔业	2289	1281	1104	0	213	3	177	0	68	238	88	94	93	10	0	0	18	6	0
3	二、采矿业	2053	687	668	0	52	0	345	805	72	3	13	73	0	0	0	0	0	3	0
4	1. 煤炭开采和洗选业	0	0	0	0	0	0	0	0	0	0	0	0	0	0	0	0	0	0	0
5	2. 石油和天然气开采业	287	0	0	0	0	0	284	0	0	0	3	0	0	0	0	0	0	0	0
6	3. 黑色金属矿采选业	0	0	0	0	0	0	0	0	0	0	0	0	0	0	0	0	0	0	0
7	4. 有色金属矿采选业	0	0	0	0	0	0	0	0	0	0	0	0	0	0	0	0	0	0	0
8	5. 非金属矿采选业	1252	521	502	0	46	0	44	540	31	2	4	62	0	0	0	0	0	2	0
9	6. 开采专业及辅助性活动	15	10	10	0	1	0	0	4	0	0	0	0	0	0	0	0	0	0	0
10	7. 其他采矿业	499	156	156	0	5	0	17	261	41	1	6	11	0	0	0	0	0	1	0
11	三、制造业	599861	376805	369963	1523	110167	4695	11127	191	27148	12562	3854	22853	464	787	3	0	865	486	26331
12	1. 农副食品加工业	7651	4301	4262	0	1734	89	533	0	210	248	81	339	74	35	0	0	1	6	0
13	2. 食品制造业	17003	12754	12573	0	1523	155	308	0	855	597	114	650	0	31	0	0	0	16	0
14	3. 酒、饮料和精制茶制造业	6178	3320	3314	1463	271	344	43	2	362	203	18	136	0	13	0	0	0	3	0
15	4. 烟草制品业	0	0	0	0	0	0	0	0	0	0	0	0	0	0	0	0	0	0	0
16	5. 纺织业	42129	14381	14183	0	1046	596	488	0	966	651	156	1248	0	30	0	0	192	189	22186
17	6. 纺织服装、服饰业	66196	48359	47758	0	6907	1462	2261	0	3373	1726	480	1417	130	51	0	0	12	18	0
18	7. 皮革、毛皮、羽毛及其制品和制鞋业	47718	39274	39196	0	2753	499	434	0	2768	667	298	977	0	26	0	0	0	11	11
19	8. 木材加工和木竹藤棕草制品业	9065	7762	7688	0	381	8	85	0	469	58	115	187	0	0	0	0	0	0	0
20	9. 家具制造业	4140	3294	3218	0	220	1	36	0	291	50	59	187	0	1	0	0	0	1	0
21	10. 造纸和纸制品业	3697	2638	2566	0	346	13	45	0	181	96	28	317	0	19	0	0	0	14	0
22	11. 印刷和记录媒介复制业	4401	2967	2873	0	494	0	145	0	209	158	31	372	0	20	1	0	0	4	0

续表

序号	项　目	税收收入合计	国内增值税	一般纳税人增值税	国内消费税	企业所得税		个人所得税	资源税	城市维护建设税	房产税	印花税	城镇土地使用税	土地增值税	车辆购置税	车船税	耕地占用税	契税	环境保护税	其他各税
						内资企业	外资企业													
23	12. 文教、工美、体育和娱乐用品制造业	1980	16313	16277	1	854	76	247	0	1301	517	147	307	33	4	0	0	0	1	0
24	13. 石油、煤炭及其他燃料加工业	346	81	72	1	20	0	131	0	11	17	5	3195	0	0	0	0	0	0	0
25	14. 化学原料和化学制品制造业	12667	9726	6813	7	807	3	178	0	712	280	164	781	0	4	0	0	0	5	0
26	15. 医药制造业	161618	73080	73079	0	77862	124	2947	0	5071	1090	412	682	22	21	0	0	299	8	0
27	16. 化学纤维制造业	4752	3563	3561	0	636	0	90	0	269	23	34	111	0	22	0	0	0	4	0
28	17. 橡胶和塑料制品业	44819	34113	33627	0	3269	548	500	0	2628	1107	316	2128	148	59	0	0	104	16	-117
29	18. 非金属矿物制品业	20212	14570	14321	0	1701	86	488	189	999	265	166	1522	0	179	2	0	34	11	0
30	19. 黑色金属冶炼和压延加工业	20469	14156	14153	0	2137	156	115	0	1170	414	312	1879	0	10	0	0	0	120	0
31	20. 有色金属冶炼和压延加工业	7383	4220	4204	0	742	210	102	0	154	1367	47	513	0	9	0	0	0	19	0
32	21. 金属制品业	31890	23114	22170	0	2214	187	504	0	1634	989	283	2856	0	87	0	0	0	17	5
33	22. 通用设备制造业	2782	1189	1152	0	228	1	101	0	212	716	37	293	0	5	0	0	0	0	0
34	23. 专用设备制造业	8988	6125	6043	0	375	74	511	0	597	512	76	643	37	30	0	0	0	8	0
35	24. 汽车制造业	141	50	50	0	13	0	0	0	10	4	2	62	0	0	0	0	0	0	0
36	25. 铁路、船舶、航空航天和其他运输设备制造业	62	33	25	0	4	0	5	0	5	2	2	11	0	0	0	0	0	0	0
37	26. 电气机械和器材制造业	29392	23196	22963	51	2148	20	502	0	1565	412	263	1185	0	43	0	0	0	7	0
38	27. 计算机、通信和其他电子设备制造业	6055	4607	4589	0	424	5	128	0	320	165	52	331	0	19	0	0	1	3	0
39	28. 仪表仪器制造业	366	138	133	0	113	1	3	0	25	14	2	42	20	8	0	0	0	0	0
40	29. 其他制造业	12796	6650	6367	0	754	37	109	0	475	85	96	286	0	56	0	0	0	2	4246
41	30. 废弃资源综合利用业	3911	2759	2730	0	180	0	69	0	299	127	57	191	0	4	0	0	222	3	0
42	31. 金属制品、机械和设备修理业	118	72	3	0	11	0	19	0	7	2	1	5	0	1	0	0	0	0	0
43	四、电力、热力、燃气及水的生产和供应业	74222	47039	46939	0	10698	2178	6115	0	3020	2669	518	1560	0	108	2	0	117	198	0
44	1. 电力、热力生产和供应业	69909	45202	45134	0	9768	2178	5701	0	2875	2411	431	954	0	96	2	0	94	197	0

续表

序号	项目	税收收入合计	国内增值税	一般纳税人增值税	国内消费税	企业所得税		个人所得税	资源税	城市维护建设税	房产税	印花税	城镇土地使用税	土地增值税	车辆购置税	车船税	耕地占用税	契税	环境保护税	其他各税
						内资企业	外资企业													
45	2. 燃气生产和供应业	1305	233	232	0	296	0	297	0	27	100	66	262	0	0	0	0	23	1	0
46	3. 水的生产和供应业	3008	1604	1573	0	634	0	117	0	118	158	21	344	0	12	0	0	0	0	0
47	五、建筑业	128141	83268	31170	0	23098	5	10199	2148	5371	601	1296	465	1131	156	1	0	162	0	240
48	1. 房屋建筑业	28499	18110	8115	0	4858	0	2811	777	1190	23	518	142	25	45	0	0	0	0	0
49	2. 土木工程建筑业	23347	15658	2266	0	4599	0	1133	209	1106	54	176	62	162	26	0	0	162	0	0
50	3. 建筑安装业	59004	36743	15868	0	12109	5	4571	972	2329	373	470	192	944	55	1	0	0	0	240
51	4. 建筑装饰、装修和其他建筑业	17291	12757	4921	0	1532	0	1684	190	746	151	132	69	0	30	0	0	0	0	0
52	六、批发和零售业	251982	109441	92865	71941	35941	918	5446	87	13704	2758	2843	5125	2092	1133	1	0	530	22	0
53	1. 批发业	216986	86803	78855	71764	32169	284	3814	48	11990	1449	2540	3093	1974	527	1	0	519	11	0
54	2. 零售业	34996	22638	14010	177	3772	634	1632	39	1714	1309	303	2032	118	606	0	0	11	11	0
55	七、交通运输、仓储和邮政业	18125	6708	5197	0	3997	4	2071	1	480	1522	141	2038	184	796	18	0	162	3	0
56	1. 铁路运输业	6	0	0	0	0	0	0	0	0	1	0	5	0	0	0	0	0	0	0
57	2. 道路运输业	7325	3962	2791	0	876	2	617	0	322	121	76	402	184	747	16	0	0	0	0
58	3. 水上运输业	457	131	82	0	105	0	25	0	9	5	3	177	0	0	2	0	0	0	0
59	4. 航空运输业	2269	294	294	0	2	0	748	0	23	772	2	426	0	1	0	0	0	1	0
60	5. 管道运输业	0	0	0	0	0	0	0	0	0	0	0	0	0	0	0	0	0	0	0
61	6. 多式联运和运输代理业	1511	645	599	0	408	2	55	1	31	31	19	133	0	24	0	0	162	0	0
62	7. 装卸搬运和仓储业	3600	657	468	0	2010	0	34	0	25	224	27	610	0	11	0	0	0	2	0
63	8. 邮政业	2957	1019	963	0	596	0	592	0	70	368	14	285	0	13	0	0	0	0	0
64	八、住宿和餐饮业	7640	3704	2230	0	445	245	946	0	240	1145	5	815	10	38	0	0	6	36	5
65	1. 住宿业	2942	1682	1175	0	128	33	245	0	80	436	1	293	10	3	0	0	6	25	0
66	2. 餐饮业	4698	2022	1055	0	317	212	701	0	160	709	4	522	0	35	0	0	0	11	5
67	九、信息传输、软件和信息技术服务业	7665	3381	2399	0	409	0	2011	0	263	882	124	535	0	55	0	0	5	0	0
68	1. 电信、广播电视和卫星传输服务	3170	287	167	0	2	0	1540	0	-53	835	83	465	0	6	0	0	5	0	0

续表

序号	项 目	税收收入合计	国内增值税	一般纳税人增值税	国内消费税	企业所得税		个人所得税	资源税	城市维护建设税	房产税	印花税	城镇土地使用税	土地增值税	车辆购置税	车船税	耕地占用税	契税	环境保护税	其他各税
						内资企业	外资企业													
69	2. 互联网和相关服务	206	114	21	0	36	0	19	0	10	10	1	14	0	2	0	0	0	0	0
70	3. 软件和信息技术服务业	4289	2980	2211	0	371	0	452	0	306	37	40	56	0	47	0	0	0	0	0
71	十、金融业	79993	38689	38038	26	2369	3	14582	0	2593	2002	578	1082	1929	212	15733	0	191	0	4
72	1. 货币金融服务	35338	25139	25043	26	456	0	5274	0	1735	1805	354	381	33	41	3	0	91	0	0
73	2. 资本市场服务	7381	1738	1731	0	1352	1	1407	0	131	68	34	643	1895	12	0	0	100	0	0
74	3. 保险业	35205	10262	9836	0	314	0	7865	0	700	95	187	22	0	31	15730	0	0	0	-1
75	4. 其他金融业	2069	1550	1428	0	247	2	36	0	27	34	3	36	1	128	0	0	0	0	5
76	十一、房地产业	201837	66378	60353	0	36168	84	4786	5	3482	4133	2043	7023	49160	196	1	0	26635	0	1743
77	1. 房地产开发经营	189094	60093	56432	0	35852	67	1979	4	3319	1610	1963	6716	49084	195	1	0	26536	0	1675
78	2. 物业管理	2032	1424	986	0	280	0	96	0	84	85	10	48	0	1	0	0	0	0	4
79	3. 房地产中介服务	229	72	25	0	16	17	14	0	4	19	2	10	0	0	0	0	75	0	0
80	4. 房地产租赁经营	2583	1303	799	0	2	0	636	0	14	560	7	59	0	0	0	0	1	0	1
81	5. 其他房地产业	7899	3486	2111	0	18	0	2061	1	61	1859	61	190	76	0	0	0	23	0	63
82	十二、租赁和商务服务业	30754	11000	7260	0	4160	121	1532	1	1134	1028	377	2926	5850	1454	3	0	1165	2	1
83	1. 租赁业	1616	1044	342	0	140	0	101	0	55	32	30	26	0	188	0	0	0	0	0
84	2. 商务服务业	29138	9956	6918	0	4020	121	1431	1	1079	996	347	2900	5850	1266	3	0	1165	2	1
85	十三、科学研究和技术服务业	3361	1814	1058	0	667	103	280	1	148	61	34	192	0	61	0	0	0	0	0
86	1. 研究和试验发展	752	324	305	0	210	0	51	0	25	15	12	109	0	6	0	0	0	0	0
87	2. 专业技术服务业	2452	1430	735	0	433	103	219	1	111	31	15	57	0	52	0	0	0	0	0
88	3. 科技推广和应用服务业	157	60	18	0	24	0	10	0	12	15	7	26	0	3	0	0	0	0	0
89	十四、水利、环境和公共设施管理业	2195	-467	-685	0	86	0	160	3	122	155	13	316	0	13	0	1794	0	0	0
90	1. 水利管理业	126	86	28	0	9	0	7	3	12	4	0	4	0	1	0	0	0	0	0
91	2. 生态保护和环境治理业	-310	-671	-725	0	41	0	31	0	62	35	6	186	0	0	0	0	0	0	0
92	3. 公共设施管理业	571	104	12	0	36	0	122	0	48	116	7	126	0	12	0	0	0	0	0
93	4. 土地管理业	1808	14	0	0	0	0	0	0	0	0	0	0	0	0	0	1794	0	0	0

续表

序号	项目	税收收入合计	国内增值税	一般纳税人增值税	国内消费税	企业所得税		个人所得税	资源税	城市维护建设税	房产税	印花税	城镇土地使用税	土地增值税	车辆购置税	车船税	耕地占用税	契税	环境保护税	其他各税
						内资企业	外资企业													
94	十五、居民服务、修理和其他服务业	19910	7392	3684	0	891	150	9377	0	369	289	31	1150	88	139	1	0	28	2	3
95	1. 居民服务业	1332	775	265	0	82	0	181	0	37	55	7	76	0	106	1	0	8	1	3
96	2. 机动车、电子产品和日用产品修理业	1191	876	423	0	35	0	42	0	66	29	3	113	0	9	0	0	17	1	0
97	3. 其他服务业	17387	5741	2996	0	774	150	9154	0	266	205	21	961	88	24	0	0	3	0	0
98	十六、教育	1875	653	341	0	103	0	565	0	40	32	5	72	0	443	10	0	-48	0	0
99	1. 学前教育	109	1	0	0	0	0	6	0	0	0	0	0	0	100	2	0	0	0	0
100	2. 初等教育	341	2	0	0	0	0	128	0	0	7	0	0	0	198	6	0	0	0	0
101	3. 中等教育	319	8	0	0	0	0	272	0	1	11	1	3	0	83	0	0	-60	0	0
102	4. 高等教育	83	10	0	0	0	0	72	0	1	0	0	0	0	0	0	0	0	0	0
103	5. 特殊教育	15	10	9	0	2	0	2	0	0	0	0	1	0	0	0	0	0	0	0
104	6. 技能培训、教育辅助及其他	1008	622	332	0	101	0	85	0	38	14	4	68	0	62	2	0	12	0	0
105	十七、卫生和社会工作	9398	55	26	0	548	0	8675	0	4	7	31	12	0	35	1	0	0	30	0
106	1. 卫生	9391	55	26	0	548	0	8674	0	4	7	31	12	0	29	1	0	0	30	0
107	2. 社会工作	7	0	0	0	0	0	1	0	0	0	0	0	0	6	0	0	0	0	0
108	十八、文化、体育和娱乐业	3496	655	334	0	283	5	609	0	45	181	11	1550	0	5	1	0	132	2	17
109	1. 新闻和出版业	144	10	10	0	0	0	0	0	0	0	2	0	0	0	0	0	132	0	0
110	2. 广播、电视、电影和影视录音制作业	837	366	285	0	212	0	82	0	26	91	6	32	0	4	1	0	0	0	17
111	3. 文化艺术业	298	89	12	0	11	5	23	0	7	5	3	155	0	0	0	0	0	0	0
112	4. 体育	980	8	0	0	2	0	9	0	1	41	0	919	0	0	0	0	0	0	0
113	5. 娱乐业	1237	182	27	0	58	0	495	0	11	44	0	444	0	1	0	0	0	2	0
114	十九、公共管理、社会保障和社会组织	51546	5444	53	0	171	0	12081	40	288	910	329	1244	1829	79	183	7722	21199	0	27
115	二十、其他行业	79869	0	0	0	0	0	3	0	0	0	0	0	0	79866	0	0	0	0	0

3－22　云浮市税务局税收收入分行业分税种统计年报（2018 年）

编报机关：云浮市税务局　　　　　　　　　　　　　　　　单位：万元

序号	项　目	税收收入合计	国内增值税	一般纳税人增值税	国内消费税	企业所得税		个人所得税	资源税	城市维护建设税	房产税	印花税	城镇土地使用税	土地增值税	车辆购置税	车船税	耕地占用税	契税	环境保护税	其他各税
						内资企业	外资企业													
1	合　计	1105832	419504	340958	23180	130055	26747	173216	8108	29172	20865	7164	21807	83581	38214	7214	23677	44066	1488	47774
2	一、农、林、牧、渔业	25203	5532	336	0	173	12	12416	0	382	470	220	450	5488	28	0	0	18	8	6
3	二、采矿业	8746	4759	4742	0	467	181	251	1336	310	270	19	1021	0	14	0	0	0	4	114
4	1. 煤炭开采和洗选业	0	0	0	0	0	0	0	0	0	0	0	0	0	0	0	0	0	0	0
5	2. 石油和天然气开采业	0	0	0	0	0	0	0	0	0	0	0	0	0	0	0	0	0	0	0
6	3. 黑色金属矿采选业	228	181	179	0	0	0	8	24	13	0	1	0	0	1	0	0	0	0	0
7	4. 有色金属矿采选业	3652	2524	2523	0	0	181	111	548	169	87	8	20	0	3	0	0	0	1	0
8	5. 非金属矿采选业	4402	1829	1816	0	460	0	131	664	114	183	9	1001	0	8	0	0	0	3	0
9	6. 开采专业及辅助性活动	186	175	174	0	7	0	0	0	1	0	1	0	0	2	0	0	0	0	0
10	7. 其他采矿业	278	50	50	0	0	0	1	100	13	0	0	0	0	0	0	0	0	0	114
11	三、制造业	274143	155731	152843	110	34271	22278	9147	4404	10642	5513	1851	6766	2354	480	1	0	2553	1274	16768
12	1. 农副食品加工业	4285	2526	2486	0	79	0	1241	0	126	145	38	105	0	7	0	0	13	5	0
13	2. 食品制造业	1452	800	755	0	339	0	93	0	64	31	11	103	0	7	0	0	0	4	0
14	3. 酒、饮料和精制茶制造业	139	18	15	83	1	0	4	2	5	11	0	14	0	0	0	0	0	1	0
15	4. 烟草制品业	2	0	0	0	0	0	0	0	0	1	0	1	0	0	0	0	0	0	0
16	5. 纺织业	1458	1129	1096	0	91	8	24	0	68	24	18	30	51	11	0	0	2	2	0
17	6. 纺织服装、服饰业	8808	6537	6460	0	119	754	195	0	447	97	43	95	492	1	0	0	27	1	0
18	7. 皮革、毛皮、羽毛及其制品和制鞋业	354	296	275	0	14	0	2	0	15	11	2	9	0	5	0	0	0	0	0
19	8. 木材加工和木竹藤棕草制品业	2757	732	696	0	9	0	622	0	140	53	26	230	825	1	0	0	102	17	0
20	9. 家具制造业	331	191	6	0	4	0	0	0	13	5	2	110	4	2	0	0	0	0	0
21	10. 造纸和纸制品业	5413	1343	1334	0	3206	0	197	0	79	375	127	71	0	2	0	0	0	13	0
22	11. 印刷和记录媒介复制业	348	275	254	0	12	0	3	0	19	10	1	28	0	0	0	0	0	0	0

续表

序号	项目	税收收入合计	国内增值税	一般纳税人增值税	国内消费税	企业所得税		个人所得税	资源税	城市维护建设税	房产税	印花税	城镇土地使用税	土地增值税	车辆购置税	车船税	耕地占用税	契税	环境保护税	其他各税
						内资企业	外资企业													
23	12. 文教、工美、体育和娱乐用品制造业	500	184	177	0	10	133	35	0	95	4	33	4	0	2	0	0	0	0	0
24	13. 石油、煤炭及其他燃料加工业	38	0	0	0	0	0	1	0	0	0	0	23	0	0	0	0	14	0	0
25	14. 化学原料和化学制品制造业	12327	7367	7365	12	940	1208	1187	0	558	373	109	401	3	7	0	0	108	54	0
26	15. 医药制造业	14445	9063	9063	0	3640	0	183	0	456	560	67	189	0	13	0	0	269	3	2
27	16. 化学纤维制造业	29	23	23	0	2	0	1	0	0	0	0	2	0	1	0	0	0	0	0
28	17. 橡胶和塑料制品业	3436	2662	2636	0	82	224	90	0	131	65	68	104	0	9	0	0	0	1	0
29	18. 非金属矿物制品业	128488	77335	75687	0	17849	13477	2095	4397	5200	1665	601	3814	492	311	1	0	104	1147	0
30	19. 黑色金属冶炼和压延加工业	438	438	438	0	0	0	0	0	0	0	0	0	0	0	0	0	0	0	0
31	20. 有色金属冶炼和压延加工业	3684	2656	2654	0	170	0	105	0	179	307	50	155	0	5	0	0	55	2	0
32	21. 金属制品业	20995	14529	14151	0	84	1051	1048	0	1027	596	204	420	271	13	0	0	1741	11	0
33	22. 通用设备制造业	12556	6651	6595	0	4709	187	51	0	551	97	28	114	105	8	0	0	53	2	0
34	23. 专用设备制造业	5201	982	946	0	1119	2012	363	0	46	261	52	253	99	11	0	0	0	3	0
35	24. 汽车制造业	4508	2902	2902	0	8	186	459	0	409	416	89	37	0	0	0	0	0	2	0
36	25. 铁路、船舶、航空航天和其他运输设备制造业	19	14	5	0	1	0	2	0	1	0	0	1	0	0	0	0	0	0	0
37	26. 电气机械和器材制造业	7989	5674	5641	15	674	229	591	0	481	136	31	127	0	2	0	0	26	3	0
38	27. 计算机、通信和其他电子设备制造业	8274	5402	5364	0	81	2277	85	0	303	48	35	41	0	2	0	0	0	0	0
39	28. 仪表仪器制造业	118	70	69	0	3	0	1	0	4	31	1	8	0	0	0	0	0	0	0
40	29. 其他制造业	25469	5764	5601	0	1015	530	432	5	196	185	213	252	12	57	0	0	39	3	16766
41	30. 废弃资源综合利用业	250	144	142	0	8	1	34	0	29	6	2	24	0	2	0	0	0	0	0
42	31. 金属制品、机械和设备修理业	32	24	7	0	2	1	3	0	0	0	0	1	0	1	0	0	0	0	0
43	四、电力、热力、燃气及水的生产和供应业	25792	16943	16793	0	1635	517	2467	33	1160	1727	275	826	0	48	0	40	2	119	0
44	1. 电力、热力生产和供应业	22699	15365	15296	0	1191	-42	2337	33	1035	1655	248	687	0	31	0	40	0	119	0

续表

序号	项　目	税收收入合计	国内增值税	一般纳税人增值税	国内消费税	企业所得税 内资企业	企业所得税 外资企业	个人所得税	资源税	城市维护建设税	房产税	印花税	城镇土地使用税	土地增值税	车辆购置税	车船税	耕地占用税	契税	环境保护税	其他各税
45	2. 燃气生产和供应业	1170	284	283	0	174	555	54	0	38	16	8	37	0	2	0	0	2	0	0
46	3. 水的生产和供应业	1923	1294	1214	0	270	4	76	0	87	56	19	102	0	15	0	0	0	0	0
47	五、建筑业	102569	69151	25102	0	13437	10	12936	64	4227	311	680	295	158	195	0	0	32	43	1030
48	1. 房屋建筑业	40794	23259	13068	0	7972	0	7093	63	1507	165	297	100	158	93	0	0	15	42	30
49	2. 土木工程建筑业	13237	8479	3742	0	1963	0	989	0	616	59	67	39	0	22	0	0	3	0	1000
50	3. 建筑安装业	31390	24790	5668	0	2082	10	2883	0	1375	10	181	17	0	34	0	0	8	0	0
51	4. 建筑装饰、装修和其他建筑业	17148	12623	2624	0	1420	0	1971	1	729	77	135	139	0	46	0	0	6	1	0
52	六、批发和零售业	128933	40764	24991	23050	11776	1686	4413	2202	4571	1057	615	1619	1474	641	1	3148	2382	22	29512
53	1. 批发业	59936	19635	17960	22979	8266	359	1920	758	3391	359	302	632	607	173	1	0	551	3	0
54	2. 零售业	68997	21129	17031	71	3510	1327	2493	1444	1180	698	313	987	867	468	0	3148	1831	19	29512
55	七、交通运输、仓储和邮政业	16776	6041	4061	0	6264	11	2275	0	349	563	48	398	0	758	9	0	60	0	0
56	1. 铁路运输业	17	10	7	0	0	0	4	0	1	0	0	0	0	2	0	0	0	0	0
57	2. 道路运输业	13113	4246	2972	0	5910	1	1431	0	256	367	37	121	0	734	9	0	1	0	0
58	3. 水上运输业	453	307	201	0	62	0	43	0	19	1	1	17	0	3	0	0	0	0	0
59	4. 航空运输业	132	5	0	0	0	0	0	0	0	0	0	127	0	0	0	0	0	0	0
60	5. 管道运输业	0	0	0	0	0	0	0	0	0	0	0	0	0	0	0	0	0	0	0
61	6. 多式联运和运输代理业	329	180	94	0	46	9	56	0	14	5	2	9	0	8	0	0	0	0	0
62	7. 装卸搬运和仓储业	1341	684	258	0	200	1	208	0	40	69	4	65	0	11	0	0	59	0	0
63	8. 邮政业	1391	609	529	0	46	0	533	0	19	121	4	59	0	0	0	0	0	0	0
64	八、住宿和餐饮业	7835	2624	1150	0	2994	49	490	0	169	688	11	302	474	17	0	0	0	7	10
65	1. 住宿业	4748	1292	780	0	2595	0	136	0	44	479	3	171	24	0	0	0	0	3	1
66	2. 餐饮业	3087	1332	370	0	399	49	354	0	125	209	8	131	450	17	0	0	0	4	9
67	九、信息传输、软件和信息技术服务业	3246	899	551	0	154	1	986	0	41	751	39	328	0	40	0	0	7	0	0
68	1. 电信、广播电视和卫星传输服务	1774	48	12	0	10	0	799	0	−24	703	30	188	0	16	0	0	4	0	0

续表

序号	项目	税收收入合计	国内增值税	一般纳税人增值税	国内消费税	企业所得税		个人所得税	资源税	城市维护建设税	房产税	印花税	城镇土地使用税	土地增值税	车辆购置税	车船税	耕地占用税	契税	环境保护税	其他各税
						内资企业	外资企业													
69	2. 互联网和相关服务	379	277	247	0	13	0	60	0	21	1	3	0	0	4	0	0	0	0	0
70	3. 软件和信息技术服务业	1093	574	292	0	131	1	127	0	44	47	6	140	0	20	0	0	3	0	0
71	十、金融业	148191	24601	24267	20	30084	249	81081	0	1517	974	384	395	1027	67	7109	0	683	0	0
72	1. 货币金融服务	54864	18337	18214	20	28921	43	3475	0	1115	818	241	158	1027	28	0	0	681	0	0
73	2. 资本市场服务	75376	889	883	0	795	195	73344	0	52	1	16	80	0	4	0	0	0	0	0
74	3. 保险业	16668	4856	4714	0	1	0	4135	0	335	78	96	24	0	33	7109	0	1	0	0
75	4. 其他金融业	1283	519	456	0	367	11	127	0	15	77	31	133	0	2	0	0	1	0	0
76	十一、房地产业	186816	67867	63164	0	24473	1723	7572	0	4211	2983	2131	5655	55697	219	1	2412	11537	0	335
77	1. 房地产开发经营	168614	59647	57262	0	23734	1382	4295	0	3885	1346	2075	5260	54365	178	1	712	11426	0	308
78	2. 物业管理	3287	2229	1822	0	326	42	158	0	80	251	6	156	0	29	0	0	10	0	0
79	3. 房地产中介服务	107	62	0	0	22	0	13	0	4	3	1	1	0	1	0	0	0	0	0
80	4. 房地产租赁经营	5034	3049	2699	0	19	0	807	0	145	848	5	137	0	0	0	0	0	0	24
81	5. 其他房地产业	9774	2880	1381	0	372	299	2299	0	97	535	44	101	1332	11	0	1700	101	0	3
82	十二、租赁和商务服务业	22590	10120	7532	0	2053	26	4641	30	601	1082	243	970	1129	132	1	242	1320	3	-3
83	1. 租赁业	452	267	70	0	8	1	73	0	20	7	4	47	0	25	0	0	0	0	0
84	2. 商务服务业	22138	9853	7462	0	2045	25	4568	30	581	1075	239	923	1129	107	1	242	1320	3	-3
85	十三、科学研究和技术服务业	6616	2828	1802	0	1003	0	1819	0	228	71	83	136	275	48	0	0	123	2	0
86	1. 研究和试验发展	910	251	214	0	120	0	249	0	49	37	42	92	0	11	0	0	58	1	0
87	2. 专业技术服务业	4316	2211	1260	0	855	0	693	0	161	19	31	26	275	18	0	0	27	0	0
88	3. 科技推广和应用服务业	1390	366	328	0	28	0	877	0	18	15	10	18	0	19	0	0	38	1	0
89	十四、水利、环境和公共设施管理业	2944	452	193	0	249	0	156	7	43	103	50	167	5	29	0	1650	33	0	0
90	1. 水利管理业	112	54	0	0	0	0	38	6	5	2	1	4	2	0	0	0	0	0	0
91	2. 生态保护和环境治理业	571	76	27	0	214	0	61	0	13	3	44	123	0	4	0	0	33	0	0
92	3. 公共设施管理业	2101	248	153	0	35	0	43	1	23	41	5	30	0	25	0	1650	0	0	0
93	4. 土地管理业	160	74	13	0	0	0	14	0	2	57	0	10	3	0	0	0	0	0	0

续表

序号	项　目	税收收入合计	国内增值税	一般纳税人增值税	国内消费税	企业所得税		个人所得税	资源税	城市维护建设税	房产税	印花税	城镇土地使用税	土地增值税	车辆购置税	车船税	耕地占用税	契税	环境保护税	其他各税
						内资企业	外资企业													
94	十五、居民服务、修理和其他服务业	22408	4375	3011	0	906	4	15886	25	163	389	28	281	251	82	0	0	12	6	0
95	1. 居民服务业	758	217	72	0	75	0	341	0	11	47	3	41	0	20	0	0	0	3	0
96	2. 机动车、电子产品和日用产品修理业	583	410	226	0	15	0	52	0	29	21	3	24	0	27	0	0	0	2	0
97	3. 其他服务业	21067	3748	2713	0	816	4	15493	25	123	321	22	216	251	35	0	0	12	1	0
98	十六、教育	4258	383	261	0	43	0	3561	0	11	82	2	90	0	86	0	0	0	0	0
99	1. 学前教育	120	1	0	0	50	0	18	0	0	3	1	1	0	46	0	0	0	0	0
100	2. 初等教育	1596	2	0	0	1	0	1581	0	0	4	0	1	0	7	0	0	0	0	0
101	3. 中等教育	1672	8	0	0	8	0	1566	0	3	46	0	39	0	2	0	0	0	0	0
102	4. 高等教育	346	3	0	0	3	0	316	0	1	23	0	0	0	0	0	0	0	0	0
103	5. 特殊教育	8	0	0	0	1	0	5	0	0	0	0	0	0	2	0	0	0	0	0
104	6. 技能培训、教育辅助及其他	516	369	261	0	-20	0	75	0	7	6	1	49	0	29	0	0	0	0	0
105	十七、卫生和社会工作	3448	9	0	0	44	0	3271	0	1	25	5	8	12	72	1	0	0	0	0
106	1. 卫生	3436	8	0	0	43	0	3265	0	1	24	5	5	12	72	1	0	0	0	0
107	2. 社会工作	12	1	0	0	1	0	6	0	0	1	0	3	0	0	0	0	0	0	0
108	十八、文化、体育和娱乐业	493	222	84	0	14	0	114	7	11	25	5	52	0	9	0	0	34	0	0
109	1. 新闻和出版业	4	4	4	0	0	0	0	0	0	0	0	0	0	0	0	0	0	0	0
110	2. 广播、电视、电影和影视录音制作业	186	77	44	0	0	0	51	0	5	7	4	3	0	5	0	0	34	0	0
111	3. 文化艺术业	148	45	0	0	11	0	43	0	3	6	1	39	0	0	0	0	0	0	0
112	4. 体育	26	10	0	0	2	0	6	0	0	2	0	2	0	4	0	0	0	0	0
113	5. 娱乐业	129	86	36	0	1	0	14	7	3	10	0	8	0	0	0	0	0	0	0
114	十九、公共管理、社会保障和社会组织	79756	6203	75	0	15	0	9731	0	535	3781	475	2048	15237	183	91	16185	25270	0	2
115	二十、其他行业	35069	0	0	0	0	0	3	0	0	0	0	0	0	35066	0	0	0	0	0

3－23 广东省税务局第三税务分局税收收入分行业分税种统计年报（2018年）

编报机关：省第三税务分局

单位：万元

序号	项目	税收收入合计	国内增值税	一般纳税人增值税	国内消费税	企业所得税		个人所得税	资源税	城市维护建设税	房产税	印花税	城镇土地使用税	土地增值税	车辆购置税	车船税	耕地占用税	契税	环境保护税	其他各税
						内资企业	外资企业													
1	合计	772075	45819	45816	0	539160	136138	14052	0	4811	17719	2092	3368	3	0	1	0	0	0	8912
2	一、农、林、牧、渔业	114	5	5	0	90	0	6	0	3	10	2	-2	0	0	0	0	0	0	0
3	二、采矿业	0	0	0	0	0	0	0	0	0	0	0	0	0	0	0	0	0	0	0
4	1. 煤炭开采和洗选业	0	0	0	0	0	0	0	0	0	0	0	0	0	0	0	0	0	0	0
5	2. 石油和天然气开采业	0	0	0	0	0	0	0	0	0	0	0	0	0	0	0	0	0	0	0
6	3. 黑色金属矿采选业	0	0	0	0	0	0	0	0	0	0	0	0	0	0	0	0	0	0	0
7	4. 有色金属矿采选业	0	0	0	0	0	0	0	0	0	0	0	0	0	0	0	0	0	0	0
8	5. 非金属矿采选业	0	0	0	0	0	0	0	0	0	0	0	0	0	0	0	0	0	0	0
9	6. 开采专业及辅助性活动	0	0	0	0	0	0	0	0	0	0	0	0	0	0	0	0	0	0	0
10	7. 其他采矿业	0	0	0	0	0	0	0	0	0	0	0	0	0	0	0	0	0	0	0
11	三、制造业	32589	1627	1627	0	29055	782	152	0	130	365	28	257	0	0	0	0	0	0	193
12	1. 农副食品加工业	2	0	0	0	0	0	0	0	0	0	0	0	0	0	0	0	0	0	2
13	2. 食品制造业	2	0	0	0	0	0	1	0	0	0	1	0	0	0	0	0	0	0	0
14	3. 酒、饮料和精制茶制造业	0	0	0	0	0	0	0	0	0	0	0	0	0	0	0	0	0	0	0
15	4. 烟草制品业	0	0	0	0	0	0	0	0	0	0	0	0	0	0	0	0	0	0	0
16	5. 纺织业	0	0	0	0	0	0	0	0	0	0	0	0	0	0	0	0	0	0	0
17	6. 纺织服装、服饰业	17	11	11	0	5	0	0	0	1	0	0	0	0	0	0	0	0	0	0
18	7. 皮革、毛皮、羽毛及其制品和制鞋业	0	0	0	0	0	0	0	0	0	0	0	0	0	0	0	0	0	0	0
19	8. 木材加工和木竹藤棕草制品业	0	0	0	0	0	0	0	0	0	0	0	0	0	0	0	0	0	0	0
20	9. 家具制造业	0	0	0	0	0	0	0	0	0	0	0	0	0	0	0	0	0	0	0
21	10. 造纸和纸制品业	0	0	0	0	0	0	0	0	0	0	0	0	0	0	0	0	0	0	0
22	11. 印刷和记录媒介复制业	269	115	115	0	64	0	32	0	21	9	10	18	0	0	0	0	0	0	0

续表

序号	项目	税收收入合计	国内增值税	一般纳税人增值税	国内消费税	企业所得税		个人所得税	资源税	城市维护建设税	房产税	印花税	城镇土地使用税	土地增值税	车辆购置税	车船税	耕地占用税	契税	环境保护税	其他各税
						内资企业	外资企业													
23	12. 文教、工美、体育和娱乐用品制造业	0	0	0	0	0	0	0	0	0	0	0	0	0	0	0	0	0	0	0
24	13. 石油、煤炭及其他燃料加工业	0	0	0	0	0	0	0	0	0	0	0	0	0	0	0	0	0	0	0
25	14. 化学原料和化学制品制造业	782	0	0	0	0	782	0	0	0	0	0	0	0	0	0	0	0	0	0
26	15. 医药制造业	109	415	415	0	577	0	23	0	30	32	2	12	0	0	0	0	0	0	0
27	16. 化学纤维制造业	0	0	0	0	0	0	0	0	0	0	0	0	0	0	0	0	0	0	0
28	17. 橡胶和塑料制品业	198	0	0	0	198	0	0	0	0	0	0	0	0	0	0	0	0	0	0
29	18. 非金属矿物制品业	284	69	69	0	208	0	1	0	5	0	1	0	0	0	0	0	0	0	0
30	19. 黑色金属冶炼和压延加工业	6	0	0	0	0	0	0	0	0	0	0	0	0	0	0	0	0	0	6
31	20. 有色金属冶炼和压延加工业	2527	22	22	0	25203	0	2	0	1	26	1	16	0	0	0	0	0	0	0
32	21. 金属制品业	532	298	298	0	22	0	22	0	22	75	3	90	0	0	0	0	0	0	0
33	22. 通用设备制造业	1252	0	0	0	1159	0	29	0	12	29	3	20	0	0	0	0	0	0	0
34	23. 专用设备制造业	2084	409	409	0	1530	0	38	0	29	35	6	37	0	0	0	0	0	0	0
35	24. 汽车制造业	0	0	0	0	0	0	0	0	0	0	0	0	0	0	0	0	0	0	0
36	25. 铁路、船舶、航空航天和其他运输设备制造业	1	1	1	0	0	0	0	0	0	0	0	0	0	0	0	0	0	0	0
37	26. 电气机械和器材制造业	240	75	75	0	4	0	4	0	9	119	1	28	0	0	0	0	0	0	0
38	27. 计算机、通信和其他电子设备制造业	495	173	173	0	85	0	0	0	0	40	0	12	0	0	0	0	0	0	185
39	28. 仪表仪器制造业	0	0	0	0	0	0	0	0	0	0	0	0	0	0	0	0	0	0	0
40	29. 其他制造业	39	39	39	0	0	0	0	0	0	0	0	0	0	0	0	0	0	0	0
41	30. 废弃资源综合利用业	0	0	0	0	0	0	0	0	0	0	0	0	0	0	0	0	0	0	0
42	31. 金属制品、机械和设备修理业	24	0	0	0	0	0	0	0	0	0	0	24	0	0	0	0	0	0	0
43	四、电力、热力、燃气及水的生产和供应业	346271	33515	33515	0	301440	6	1354	0	1520	4437	913	407	0	0	0	0	0	0	2679
44	1. 电力、热力生产和供应业	346271	33515	33515	0	301440	6	1354	0	1520	4437	913	407	0	0	0	0	0	0	2679

续表

序号	项目	税收收入合计	国内增值税	一般纳税人增值税	国内消费税	企业所得税		个人所得税	资源税	城市维护建设税	房产税	印花税	城镇土地使用税	土地增值税	车辆购置税	车船税	耕地占用税	契税	环境保护税	其他各税
						内资企业	外资企业													
45	2. 燃气生产和供应业	0	0	0	0	0	0	0	0	0	0	0	0	0	0	0	0	0	0	0
46	3. 水的生产和供应业	0	0	0	0	0	0	0	0	0	0	0	0	0	0	0	0	0	0	0
47	五、建筑业	25165	3743	3743	0	18720	0	1094	0	325	532	338	413	0	0	0	0	0	0	0
48	1. 房屋建筑业	3375	495	495	0	2503	0	27	0	31	150	59	110	0	0	0	0	0	0	0
49	2. 土木工程建筑业	14949	988	988	0	12656	0	800	0	120	142	130	113	0	0	0	0	0	0	0
50	3. 建筑安装业	5381	1584	1584	0	2816	0	243	0	168	239	141	190	0	0	0	0	0	0	0
51	4. 建筑装饰、装修和其他建筑业	1460	676	676	0	745	0	24	0	6	1	8	0	0	0	0	0	0	0	0
52	六、批发和零售业	47992	4978	4978	0	35345	2964	736	0	1610	1484	319	721	0	0	0	0	0	0	-165
53	1. 批发业	38690	4490	4490	0	27582	1952	657	0	1577	1391	308	703	0	0	0	0	0	0	30
54	2. 零售业	9302	488	488	0	7763	1012	79	0	33	93	11	18	0	0	0	0	0	0	-195
55	七、交通运输、仓储和邮政业	89140	82	82	0	87706	969	206	0	-113	165	20	105	0	0	0	0	0	0	0
56	1. 铁路运输业	4	2	2	0	46	0	43	0	-120	29	0	4	0	0	0	0	0	0	0
57	2. 道路运输业	56581	46	46	0	55929	333	115	0	4	70	13	71	0	0	0	0	0	0	0
58	3. 水上运输业	443	6	6	0	15	320	34	0	1	37	7	23	0	0	0	0	0	0	0
59	4. 航空运输业	0	0	0	0	0	0	0	0	0	0	0	0	0	0	0	0	0	0	0
60	5. 管道运输业	0	0	0	0	0	0	0	0	0	0	0	0	0	0	0	0	0	0	0
61	6. 多式联运和运输代理业	0	0	0	0	0	0	0	0	0	0	0	0	0	0	0	0	0	0	0
62	7. 装卸搬运和仓储业	32096	28	28	0	31716	316	4	0	2	23	0	7	0	0	0	0	0	0	0
63	8. 邮政业	16	0	0	0	0	0	10	0	0	6	0	0	0	0	0	0	0	0	0
64	八、住宿和餐饮业	2830	50	50	0	2567	0	16	0	6	186	0	5	0	0	0	0	0	0	0
65	1. 住宿业	2666	45	45	0	2412	0	16	0	6	182	0	5	0	0	0	0	0	0	0
66	2. 餐饮业	164	5	5	0	155	0	0	0	0	4	0	0	0	0	0	0	0	0	0
67	九、信息传输、软件和信息技术服务业	132314	-7104	-7104	0	-1238	129996	1628	0	694	7185	179	875	0	0	0	0	0	0	99
68	1. 电信、广播电视和卫星传输服务	129503	-8570	-8570	0	-1876	129996	1228	0	639	7084	164	838	0	0	0	0	0	0	0

续表

序号	项 目	税收收入合计	国内增值税	一般纳税人增值税	国内消费税	企业所得税		个人所得税	资源税	城市维护建设税	房产税	印花税	城镇土地使用税	土地增值税	车辆购置税	车船税	耕地占用税	契税	环境保护税	其他各税
						内资企业	外资企业													
69	2. 互联网和相关服务	753	615	615	0	10	0	65	0	38	21	1	8	0	0	0	0	0	0	0
70	3. 软件和信息技术服务业	2053	851	851	0	628	0	335	0	17	80	14	29	0	0	0	0	0	0	99
71	十、金融业	22196	181	181	0	17854	71	149	0	11	93	9	1	0	0	0	0	0	0	3827
72	1. 货币金融服务	6866	83	83	0	5388	0	73	0	4	0	1	0	0	0	0	0	0	0	1317
73	2. 资本市场服务	1124	29	29	0	125	10	55	0	2	0	8	0	0	0	0	0	0	0	895
74	3. 保险业	-743	0	0	0	0	0	0	0	0	0	0	0	0	0	0	0	0	0	-743
75	4. 其他金融业	14949	69	69	0	12341	61	21	0	5	93	0	1	0	0	0	0	0	0	2358
76	十一、房地产业	11222	428	427	0	8351	0	155	0	37	1234	63	337	3	0	1	0	0	0	613
77	1. 房地产开发经营	4606	3	3	0	4325	0	14	0	1	73	44	50	1	0	0	0	0	0	95
78	2. 物业管理	2153	260	260	0	1570	0	20	0	21	263	10	9	0	0	0	0	0	0	0
79	3. 房地产中介服务	457	0	0	0	57	0	1	0	1	18	0	8	0	0	0	0	0	0	372
80	4. 房地产租赁经营	2828	112	112	0	1631	0	119	0	12	693	6	252	2	0	1	0	0	0	0
81	5. 其他房地产业	1178	53	52	0	768	0	1	0	2	187	3	18	0	0	0	0	0	0	146
82	十二、租赁和商务服务业	20831	1367	1367	0	13802	1258	1490	0	126	851	95	37	0	0	0	0	0	0	1805
83	1. 租赁业	112	87	87	0	0	0	16	0	1	8	0	0	0	0	0	0	0	0	0
84	2. 商务服务业	20719	1280	1280	0	13802	1258	1474	0	125	843	95	37	0	0	0	0	0	0	1805
85	十三、科学研究和技术服务业	28002	5706	5706	0	20336	0	1167	0	396	261	94	42	0	0	0	0	0	0	0
86	1. 研究和试验发展	2202	155	155	0	1984	0	48	0	10	4	1	0	0	0	0	0	0	0	0
87	2. 专业技术服务业	25651	5539	5539	0	18233	0	1104	0	386	257	90	42	0	0	0	0	0	0	0
88	3. 科技推广和应用服务业	149	12	12	0	119	0	15	0	0	0	3	0	0	0	0	0	0	0	0
89	十四、水利、环境和公共设施管理业	2119	1	1	0	1778	0	49	0	0	283	0	8	0	0	0	0	0	0	0
90	1. 水利管理业	27	0	0	0	15	0	12	0	0	0	0	0	0	0	0	0	0	0	0
91	2. 生态保护和环境治理业	80	1	1	0	73	0	3	0	0	3	0	0	0	0	0	0	0	0	0
92	3. 公共设施管理业	2012	0	0	0	1690	0	34	0	0	280	0	8	0	0	0	0	0	0	0
93	4. 土地管理业	0	0	0	0	0	0	0	0	0	0	0	0	0	0	0	0	0	0	0

续表

序号	项　目	税收收入合计	国内增值税	一般纳税人增值税	国内消费税	企业所得税		个人所得税	资源税	城市维护建设税	房产税	印花税	城镇土地使用税	土地增值税	车辆购置税	车船税	耕地占用税	契税	环境保护税	其他各税
						内资企业	外资企业													
94	十五、居民服务、修理和其他服务业	2368	284	282	0	1662	0	69	0	8	480	1	3	0	0	0	0	0	0	-139
95	1. 居民服务业	67	17	15	0	50	0	0	0	0	0	0	0	0	0	0	0	0	0	0
96	2. 机动车、电子产品和日用产品修理业	2	1	1	0	1	0	0	0	0	0	0	0	0	0	0	0	0	0	0
97	3. 其他服务业	2299	266	266	0	1611	0	69	0	8	480	1	3	0	0	0	0	0	0	-139
98	十六、教育	68	238	238	0	-227	13	15	0	2	24	1	2	0	0	0	0	0	0	0
99	1. 学前教育	3	0	0	0	3	0	0	0	0	0	0	0	0	0	0	0	0	0	0
100	2. 初等教育	13	0	0	0	13	0	0	0	0	0	0	0	0	0	0	0	0	0	0
101	3. 中等教育	113	0	0	0	113	0	0	0	0	0	0	0	0	0	0	0	0	0	0
102	4. 高等教育	-353	20	20	0	-386	13	0	0	0	0	0	0	0	0	0	0	0	0	0
103	5. 特殊教育	0	0	0	0	0	0	0	0	0	0	0	0	0	0	0	0	0	0	0
104	6. 技能培训、教育辅助及其他	292	218	218	0	30	0	15	0	2	24	1	2	0	0	0	0	0	0	0
105	十七、卫生和社会工作	5922	177	177	0	265	9	5389	0	28	38	15	1	0	0	0	0	0	0	0
106	1. 卫生	5909	177	177	0	261	0	5389	0	28	38	15	1	0	0	0	0	0	0	0
107	2. 社会工作	13	0	0	0	4	9	0	0	0	0	0	0	0	0	0	0	0	0	0
108	十八、文化、体育和娱乐业	2493	541	541	0	1215	70	377	0	28	91	15	156	0	0	0	0	0	0	0
109	1. 新闻和出版业	1454	503	503	0	520	52	182	0	24	70	9	94	0	0	0	0	0	0	0
110	2. 广播、电视、电影和影视录音制作业	341	31	31	0	80	18	185	0	3	6	6	12	0	0	0	0	0	0	0
111	3. 文化艺术业	233	7	7	0	219	0	2	0	0	5	0	0	0	0	0	0	0	0	0
112	4. 体育	35	0	0	0	35	0	0	0	0	0	0	0	0	0	0	0	0	0	0
113	5. 娱乐业	430	0	0	0	361	0	8	0	1	10	0	50	0	0	0	0	0	0	0
114	十九、公共管理、社会保障和社会组织	439	0	0	0	439	0	0	0	0	0	0	0	0	0	0	0	0	0	0
115	二十、其他行业	0	0	0	0	0	0	0	0	0	0	0	0	0	0	0	0	0	0	0

3－24　横琴新区税务局税收收入分行业分税种统计年报（2018年）

编报机关：横琴新区税务局　　　　单位：万元

序号	项目	税收收入合计	国内增值税	一般纳税人增值税	国内消费税	企业所得税		个人所得税	资源税	城市维护建设税	房产税	印花税	城镇土地使用税	土地增值税	车辆购置税	车船税	耕地占用税	契税	环境保护税	其他各税
						内资企业	外资企业													
1	合计	958337	215	0	0	282852	591	483108	0	38917	5824	18372	5925	62560	0	154	0	58836	36	947
2	一、农、林、牧、渔业	11	0	0	0	0	0	8	0	1	2	0	0	0	0	0	0	0	0	0
3	二、采矿业	184	0	0	0	0	0	0	0	0	24	0	160	0	0	0	0	0	0	0
4	1. 煤炭开采和洗选业	0	0	0	0	0	0	0	0	0	0	0	0	0	0	0	0	0	0	0
5	2. 石油和天然气开采业	184	0	0	0	0	0	0	0	0	24	0	160	0	0	0	0	0	0	0
6	3. 黑色金属矿采选业	0	0	0	0	0	0	0	0	0	0	0	0	0	0	0	0	0	0	0
7	4. 有色金属矿采选业	0	0	0	0	0	0	0	0	0	0	0	0	0	0	0	0	0	0	0
8	5. 非金属矿采选业	0	0	0	0	0	0	0	0	0	0	0	0	0	0	0	0	0	0	0
9	6. 开采专业及辅助性活动	0	0	0	0	0	0	0	0	0	0	0	0	0	0	0	0	0	0	0
10	7. 其他采矿业	0	0	0	0	0	0	0	0	0	0	0	0	0	0	0	0	0	0	0
11	三、制造业	6890	0	0	0	184	11	5230	0	911	1	251	18	0	0	0	0	37	0	247
12	1. 农副食品加工业	5	0	0	0	0	0	5	0	0	0	0	0	0	0	0	0	0	0	0
13	2. 食品制造业	4635	0	0	0	0	0	3665	0	758	0	194	18	0	0	0	0	0	0	0
14	3. 酒、饮料和精制茶制造业	0	0	0	0	0	0	0	0	0	0	0	0	0	0	0	0	0	0	0
15	4. 烟草制品业	0	0	0	0	0	0	0	0	0	0	0	0	0	0	0	0	0	0	0
16	5. 纺织业	1	0	0	0	0	0	0	0	1	0	0	0	0	0	0	0	0	0	0
17	6. 纺织服装、服饰业	0	0	0	0	0	0	0	0	0	0	0	0	0	0	0	0	0	0	0
18	7. 皮革、毛皮、羽毛及其制品和制鞋业	0	0	0	0	0	0	0	0	0	0	0	0	0	0	0	0	0	0	0
19	8. 木材加工和木竹藤棕草制品业	0	0	0	0	0	0	0	0	0	0	0	0	0	0	0	0	0	0	0
20	9. 家具制造业	3	0	0	0	0	0	1	0	2	0	0	0	0	0	0	0	0	0	0
21	10. 造纸和纸制品业	0	0	0	0	0	0	0	0	0	0	0	0	0	0	0	0	0	0	0
22	11. 印刷和记录媒介复制业	0	0	0	0	0	0	0	0	0	0	0	0	0	0	0	0	0	0	0

续表

序号	项目	税收收入合计	国内增值税	一般纳税人增值税	国内消费税	企业所得税		个人所得税	资源税	城市维护建设税	房产税	印花税	城镇土地使用税	土地增值税	车辆购置税	车船税	耕地占用税	契税	环境保护税	其他各税
						内资企业	外资企业													
23	12. 文教、工美、体育和娱乐用品制造业	1	0	0	0	1	0	0	0	0	0	0	0	0	0	0	0	0	0	0
24	13. 石油、煤炭及其他燃料加工业	0	0	0	0	0	0	0	0	0	0	0	0	0	0	0	0	0	0	0
25	14. 化学原料和化学制品制造业	19	0	0	0	0	0	8	0	10	0	1	0	0	0	0	0	0	0	0
26	15. 医药制造业	34	0	0	0	0	0	26	0	2	0	6	0	0	0	0	0	0	0	0
27	16. 化学纤维制造业	0	0	0	0	0	0	0	0	0	0	0	0	0	0	0	0	0	0	0
28	17. 橡胶和塑料制品业	8	0	0	0	0	0	5	0	3	0	0	0	0	0	0	0	0	0	0
29	18. 非金属矿物制品业	20	0	0	0	3	0	13	0	4	0	0	0	0	0	0	0	0	0	0
30	19. 黑色金属冶炼和压延加工业	0	0	0	0	0	0	0	0	0	0	0	0	0	0	0	0	0	0	0
31	20. 有色金属冶炼和压延加工业	0	0	0	0	0	0	0	0	0	0	0	0	0	0	0	0	0	0	0
32	21. 金属制品业	96	0	0	0	2	0	71	0	22	0	1	0	0	0	0	0	0	0	0
33	22. 通用设备制造业	20	0	0	0	2	0	6	0	11	1	0	0	0	0	0	0	0	0	0
34	23. 专用设备制造业	392	0	0	0	130	0	182	0	39	0	41	0	0	0	0	0	0	0	0
35	24. 汽车制造业	0	0	0	0	0	0	0	0	0	0	0	0	0	0	0	0	0	0	0
36	25. 铁路、船舶、航空航天和其他运输设备制造业	3	0	0	0	0	0	2	0	1	0	0	0	0	0	0	0	0	0	0
37	26. 电气机械和器材制造业	122	0	0	0	0	0	112	0	5	0	5	0	0	0	0	0	0	0	0
38	27. 计算机、通信和其他电子设备制造业	117	0	0	0	1	11	43	0	23	0	2	0	0	0	0	0	37	0	0
39	28. 仪表仪器制造业	6	0	0	0	1	0	2	0	3	0	0	0	0	0	0	0	0	0	0
40	29. 其他制造业	1350	0	0	0	43	0	1034	0	25	0	1	0	0	0	0	0	0	0	247
41	30. 废弃资源综合利用业	2	0	0	0	0	0	1	0	1	0	0	0	0	0	0	0	0	0	0
42	31. 金属制品、机械和设备修理业	56	0	0	0	1	0	54	0	1	0	0	0	0	0	0	0	0	0	0
43	四、电力、热力、燃气及水的生产和供应业	1657	0	0	0	13	0	258	0	1096	6	111	82	22	0	0	0	33	36	0
44	1. 电力、热力生产和供应业	1616	0	0	0	13	0	254	0	1096	6	107	82	22	0	0	0	0	36	0

续表

序号	项 目	税收收入合计	国内增值税	一般纳税人增值税	国内消费税	企业所得税		个人所得税	资源税	城市维护建设税	房产税	印花税	城镇土地使用税	土地增值税	车辆购置税	车船税	耕地占用税	契税	环境保护税	其他各税
						内资企业	外资企业													
45	2. 燃气生产和供应业	38	0	0	0	0	0	1	0	0	0	4	0	0	0	0	0	33	0	0
46	3. 水的生产和供应业	3	0	0	0	0	0	3	0	0	0	0	0	0	0	0	0	0	0	0
47	五、建筑业	35121	0	0	0	14191	21	11374	0	4250	17	1013	118	3528	0	0	0	613	0	-4
48	1. 房屋建筑业	5019	0	0	0	330	0	3048	0	861	0	192	6	0	0	0	0	582	0	0
49	2. 土木工程建筑业	9773	0	0	0	3720	0	1636	0	584	8	278	19	3528	0	0	0	0	0	0
50	3. 建筑安装业	7434	0	0	0	1402	20	3947	0	1754	9	272	1	0	0	0	0	31	0	-2
51	4. 建筑装饰、装修和其他建筑业	12895	0	0	0	8739	1	2743	0	1051	0	271	92	0	0	0	0	0	0	-2
52	六、批发和零售业	42118	0	0	0	1106	0	30218	0	4466	72	1967	139	0	0	0	0	4150	0	0
53	1. 批发业	24705	0	0	0	794	0	13632	0	4218	52	1877	50	0	0	0	0	4082	0	0
54	2. 零售业	17413	0	0	0	312	0	16586	0	248	20	90	89	0	0	0	0	68	0	0
55	七、交通运输、仓储和邮政业	1074	0	0	0	272	0	272	0	316	42	121	50	0	0	1	0	0	0	0
56	1. 铁路运输业	0	0	0	0	0	0	0	0	0	0	0	0	0	0	0	0	0	0	0
57	2. 道路运输业	415	0	0	0	40	0	149	0	182	0	44	0	0	0	0	0	0	0	0
58	3. 水上运输业	69	0	0	0	4	0	39	0	14	2	9	0	0	0	1	0	0	0	0
59	4. 航空运输业	7	0	0	0	0	0	7	0	0	0	0	0	0	0	0	0	0	0	0
60	5. 管道运输业	101	0	0	0	0	0	0	0	0	39	12	50	0	0	0	0	0	0	0
61	6. 多式联运和运输代理业	392	0	0	0	183	0	64	0	89	0	56	0	0	0	0	0	0	0	0
62	7. 装卸搬运和仓储业	89	0	0	0	45	0	13	0	31	0	0	0	0	0	0	0	0	0	0
63	8. 邮政业	1	0	0	0	0	0	0	0	0	1	0	0	0	0	0	0	0	0	0
64	八、住宿和餐饮业	598	0	0	0	5	0	513	0	25	54	1	0	0	0	0	0	0	0	0
65	1. 住宿业	472	0	0	0	1	0	413	0	4	54	0	0	0	0	0	0	0	0	0
66	2. 餐饮业	126	0	0	0	4	0	100	0	21	0	1	0	0	0	0	0	0	0	0
67	九、信息传输、软件和信息技术服务业	22118	0	0	0	31	0	20588	0	1114	-8	372	1	0	0	0	0	20	0	0
68	1. 电信、广播电视和卫星传输服务	69	0	0	0	0	0	53	0	3	0	12	1	0	0	0	0	0	0	0

续表

序号	项目	税收收入合计	国内增值税	一般纳税人增值税	国内消费税	企业所得税		个人所得税	资源税	城市维护建设税	房产税	印花税	城镇土地使用税	土地增值税	车辆购置税	车船税	耕地占用税	契税	环境保护税	其他各税
						内资企业	外资企业													
69	2. 互联网和相关服务	392	0	0	0	0	0	346	0	29	0	17	0	0	0	0	0	0	0	0
70	3. 软件和信息技术服务业	21657	0	0	0	31	0	20189	0	1082	-8	343	0	0	0	0	0	20	0	0
71	十、金融业	283227	0	0	0	93892	0	174539	0	12157	0	2311	18	0	0	152	0	158	0	0
72	1. 货币金融服务	4814	0	0	0	626	0	2756	0	1135	0	220	6	0	0	0	0	71	0	0
73	2. 资本市场服务	244074	0	0	0	74380	0	157992	0	9831	0	1772	12	0	0	0	0	87	0	0
74	3. 保险业	3298	0	0	0	2	0	2949	0	147	0	48	0	0	0	152	0	0	0	0
75	4. 其他金融业	31041	0	0	0	18884	0	10842	0	1044	0	271	0	0	0	0	0	0	0	0
76	十一、房地产业	247435	190	0	0	118994	0	28964	0	4823	2613	3503	2391	55639	0	0	0	30318	0	0
77	1. 房地产开发经营	235465	0	0	0	117711	0	23723	0	4552	789	2436	2071	55053	0	0	0	29130	0	0
78	2. 物业管理	2990	0	0	0	1020	0	1779	0	82	79	18	12	0	0	0	0	0	0	0
79	3. 房地产中介服务	558	0	0	0	13	0	487	0	53	0	5	0	0	0	0	0	0	0	0
80	4. 房地产租赁经营	5522	17	0	0	249	0	1023	0	120	1498	893	308	569	0	0	0	845	0	0
81	5. 其他房地产业	2900	173	0	0	1	0	1952	0	16	247	151	0	17	0	0	0	343	0	0
82	十二、租赁和商务服务业	230568	0	0	0	50319	555	158564	0	6996	1310	7907	859	2485	0	0	0	1573	0	0
83	1. 租赁业	234	0	0	0	5	0	100	0	79	0	48	0	0	0	0	0	2	0	0
84	2. 商务服务业	230334	0	0	0	50314	555	158464	0	6917	1310	7859	859	2485	0	0	0	1571	0	0
85	十三、科学研究和技术服务业	26353	0	0	0	2928	0	16752	0	1799	98	360	185	0	0	0	0	3508	0	723
86	1. 研究和试验发展	9010	0	0	0	7	0	5723	0	1148	33	158	114	0	0	0	0	1104	0	723
87	2. 专业技术服务业	14363	0	0	0	2920	0	9861	0	555	65	108	69	0	0	0	0	785	0	0
88	3. 科技推广和应用服务业	2980	0	0	0	1	0	1168	0	96	0	94	2	0	0	0	0	1619	0	0
89	十四、水利、环境和公共设施管理业	3	0	0	0	1	0	12	0	7	2	0	0	0	0	0	0	0	0	-19
90	1. 水利管理业	7	0	0	0	0	0	5	0	0	2	0	0	0	0	0	0	0	0	0
91	2. 生态保护和环境治理业	7	0	0	0	0	0	4	0	3	0	0	0	0	0	0	0	0	0	0
92	3. 公共设施管理业	-11	0	0	0	1	0	3	0	4	0	0	0	0	0	0	0	0	0	-19
93	4. 土地管理业	0	0	0	0	0	0	0	0	0	0	0	0	0	0	0	0	0	0	0

续表

序号	项　目	税收收入合计	国内增值税	一般纳税人增值税	国内消费税	企业所得税		个人所得税	资源税	城市维护建设税	房产税	印花税	城镇土地使用税	土地增值税	车辆购置税	车船税	耕地占用税	契税	环境保护税	其他各税
						内资企业	外资企业													
94	十五、居民服务、修理和其他服务业	16269	0	0	0	465	0	15692	0	78	0	34	0	0	0	0	0	0	0	0
95	1. 居民服务业	333	0	0	0	128	0	159	0	25	0	21	0	0	0	0	0	0	0	0
96	2. 机动车、电子产品和日用产品修理业	59	0	0	0	0	0	53	0	4	0	2	0	0	0	0	0	0	0	0
97	3. 其他服务业	15877	0	0	0	337	0	15480	0	49	0	11	0	0	0	0	0	0	0	0
98	十六、教育	184	0	0	0	1	0	155	0	20	0	8	0	0	0	0	0	0	0	0
99	1. 学前教育	0	0	0	0	0	0	0	0	0	0	0	0	0	0	0	0	0	0	0
100	2. 初等教育	7	0	0	0	0	0	7	0	0	0	0	0	0	0	0	0	0	0	0
101	3. 中等教育	13	0	0	0	0	0	13	0	0	0	0	0	0	0	0	0	0	0	0
102	4. 高等教育	0	0	0	0	0	0	0	0	0	0	0	0	0	0	0	0	0	0	0
103	5. 特殊教育	0	0	0	0	0	0	0	0	0	0	0	0	0	0	0	0	0	0	0
104	6. 技能培训、教育辅助及其他	164	0	0	0	1	0	135	0	20	0	8	0	0	0	0	0	0	0	0
105	十七、卫生和社会工作	8	0	0	0	0	0	8	0	0	0	0	0	0	0	0	0	0	0	0
106	1. 卫生	8	0	0	0	0	0	8	0	0	0	0	0	0	0	0	0	0	0	0
107	2. 社会工作	0	0	0	0	0	0	0	0	0	0	0	0	0	0	0	0	0	0	0
108	十八、文化、体育和娱乐业	11282	0	0	0	450	4	4624	0	856	1585	335	1899	868	0	0	0	661	0	0
109	1. 新闻和出版业	166	0	0	0	0	0	136	0	30	0	0	0	0	0	0	0	0	0	0
110	2. 广播、电视、电影和影视录音制作业	475	0	0	0	0	0	419	0	12	0	44	0	0	0	0	0	0	0	0
111	3. 文化艺术业	2230	0	0	0	449	0	735	0	64	0	66	9	868	0	0	0	39	0	0
112	4. 体育	1781	0	0	0	1	4	496	0	14	203	6	1057	0	0	0	0	0	0	0
113	5. 娱乐业	6630	0	0	0	0	0	2838	0	736	1382	219	833	0	0	0	0	622	0	0
114	十九、公共管理、社会保障和社会组织	33237	25	0	0	0	0	15337	0	2	6	78	5	18	0	1	0	17765	0	0
115	二十、其他行业	0	0	0	0	0	0	0	0	0	0	0	0	0	0	0	0	0	0	0

4－1　广东省税务局税收收入分企业类型统计年报（2018年）

编报机关：广东省税务局　　　　单位：万元

序号	项　目	税收收入合计	国内增值税	一般纳税人	国内消费税	企业所得税	个人所得税	资源税	城市维护建设税	房产税	印花税	城镇土地使用税	土地增值税	车船税	车辆购置税	耕地占用税	契税	环境保护税	其他税收
1	合　计	236364674	78539206	71106196	7251661	48775916	21702069	331473	6279993	3612052	7023548	1585166	10561110	738206	3734510	537822	6017037	50233	39624672
2	一、内资企业	168544417	55997224	50257461	5555718	33089913	15552344	120648	4559533	2498303	6645779	1211515	7936159	708651	515685	533652	3324124	32513	30262656
3	（一）国有企业	4405404	1259960	1044639	322878	454631	292543	10293	126384	93650	20302	48070	59792	7032	3033	10610	18175	1162	1676889
4	（二）集体企业	1025379	429599	323834	124	283689	53567	5867	27682	73764	6057	49376	64725	143	766	3984	6617	167	19252
5	（三）股份合作企业	442626	135756	121830	101	206106	40052	44	8839	24984	1996	14599	5798	120	658	124	3499	146	－196
6	（四）联营企业	52695	29111	19043	0	12431	3224	98	1628	2444	193	2777	688	1	55	0	13	8	24
7	其中：国有控股	36664	20008	11511	0	8875	2373	97	998	2009	137	1739	362	1	45	0	12	5	3
8	1. 国有联营企业	27285	15413	7027	0	6618	2087	97	671	910	67	1346	51	0	13	0	10	2	0
9	2. 集体联营企业	8096	3630	3503	0	2537	385	1	251	314	23	929	10	0	8	0	0	1	7
10	3. 国有与集体联营企业	2268	908	859	0	673	18	0	60	97	22	243	243	0	1	0	0	0	3
11	4. 其他联营企业	15046	9160	7654	0	2603	734	0	646	1123	81	259	384	1	33	0	3	5	14
12	（五）有限责任公司	68333582	27938808	24953363	3216588	16195231	5479133	65482	2232237	1136187	630259	725296	5642207	50171	254099	66600	1169145	19370	3512769
13	其中：国有控股	9483804	3057915	2966477	1736262	2272528	687005	3747	322760	221620	100340	145747	729327	6038	14635	34342	140783	6138	4245
14	1. 国有独资企业	1980108	537548	483363	366909	413970	143212	475	59319	87852	25968	68094	204733	457	1312	30864	38285	395	715
15	2. 其他有限责任公司	66353474	27401260	24470000	2849679	15781261	5335921	65007	2172918	1048335	604291	657202	5437474	49714	252787	35736	1130860	18975	3512054
16	（六）股份有限公司	37544815	9630987	9450165	1977518	9538746	3711811	9315	898064	339184	135249	64653	226984	627479	10605	85	97632	3768	10272735
17	其中：国有控股	14253160	5936810	5900138	1973716	3124602	1721329	7510	595768	182147	68343	32050	126161	332316	4051	85	43665	3183	101424
18	（七）私营企业	35714131	15601306	14001867	38454	5855803	4051080	24903	1194272	464534	324759	236329	1678163	10531	225233	2716	776291	7457	5222300
19	1. 私营独资企业	726389	503643	455449	642	1174	132044	6396	30868	17239	4132	16932	4727	24	4191	370	2637	1177	193

续表

序号	项目	税收收入合计	国内增值税	一般纳税人	国内消费税	企业所得税	个人所得税	资源税	城市维护建设税	房产税	印花税	城镇土地使用税	土地增值税	车船税	车辆购置税	耕地占用税	契税	环境保护税	其他税收
20	2. 私营合伙企业	895518	311192	269944	170	211	534787	1201	21333	4019	15806	1764	2332	5	1262	19	1302	143	72
21	3. 私营有限责任公司	32390144	13904514	12424455	36019	5476019	3093608	17209	1079976	412958	291105	206157	1652121	10126	217367	2327	764112	5222	5221304
22	4. 私营股份有限公司	1701980	881957	852019	1623	378399	290641	97	62095	30318	13716	11476	18983	376	2413	0	8240	915	731
23	(八) 其他企业	21025785	971697	342720	55	543276	1920934	4646	70427	363556	5526964	70415	257802	13174	21236	449533	1252752	435	9558883
24	二、港、澳、台商投资企业	30962401	11194074	10918940	723697	7397197	2077923	204787	826196	538806	163447	201477	1478201	848	39825	1819	197702	10767	5905635
25	其中：国有控股	1090493	547511	546196	2700	257004	77155	92704	33114	23496	7863	7358	36591	71	1061	0	1535	1677	653
26	1. 合资经营企业（港或澳、台资）	5001495	2218377	2165420	30886	1474358	358059	3191	177312	124233	32711	46291	383184	122	7308	0	25261	2234	117968
27	2. 合作经营企业（港或澳、台资）	1947604	440382	434172	623936	593729	29717	354	74709	34709	3301	20935	107872	21	398	396	7852	225	9068
28	3. 港、澳、台商独资经营企业	15526379	7659869	7496363	67377	3942536	1469801	110410	540303	335000	115451	119439	939746	596	31241	1417	83309	6928	102556
29	4. 港、澳、台商投资股份有限公司	6948569	742889	742739	1154	283274	107840	90831	28310	16916	9246	6198	3016	55	611	0	1010	1379	5655840
30	5. 其他港、澳、台商投资企业	1538354	132557	80246	344	1102900	112506	1	5562	27948	2738	8614	44383	54	267	6	80270	1	20203
31	三、外商投资企业	26717529	9644920	9500563	968442	8288806	2028671	1145	786496	382171	184568	105671	787031	18448	20862	49	47031	6042	3447176
32	其中：国有控股	2528434	1050690	1050470	560466	647228	105539	673	96889	18541	19491	8083	16650	523	997	0	2032	551	81
33	1. 中外合资经营企业	7635065	3233750	3221147	734022	2244899	594948	281	332840	114822	70209	36844	245250	8445	5512	49	13147	2000	-1953
34	2. 中外合作经营企业	664665	181091	179641	0	309292	32891	799	13469	12471	5147	6363	100730	2	176	0	166	144	1924
35	3. 外资企业	12100269	5822289	5733475	234301	3489560	1249829	65	424673	229791	103334	57983	400816	5419	13827	0	22501	3290	42591
36	4. 外商投资股份有限公司	3735920	157121	151867	119	60970	50042	0	11624	9576	2389	2070	30643	4520	1292	0	997	603	3403954
37	5. 其他外商投资企业	2581610	250669	214433	0	2184085	100961	0	3890	15511	3489	2411	9592	62	55	0	10220	5	660
38	四、个体经营	10140327	1702988	429232	3804	0	2043131	4893	107768	192772	29754	66503	359719	10259	3153138	2302	2448180	911	9205
39	1. 个体户	10134341	1700366	427015	3798	0	2040746	4660	107551	192666	29742	66393	359680	10259	3153076	2294	2448021	884	9205
40	2. 个人合伙	5986	2622	2217	6	0	2385	233	217	106	12	110	39	0	62	8	159	27	0

4-2 深圳市税务局税收收入分企业类型统计年报（2018年）

编报机关：深圳市税务局　　　　单位：万元

序号	项目	税收收入合计	国内增值税	一般纳税人	国内消费税	企业所得税	个人所得税	资源税	城市维护建设税	房产税	印花税	城镇土地使用税	土地增值税	车船税	车辆购置税	耕地占用税	契税	环境保护税	其他税收
1	合　计	80188152	21032703	18675164	576159	18960414	9337193	36	1804969	771963	5956059	88680	3277190	145937	684949	1202	1649247	3867	15897584
2	一、内资企业	57866501	16713615	14672332	529164	14078016	7373666	1	1402246	566837	5861233	60463	2548020	141195	131042	1202	1600686	710	6858405
3	（一）国有企业	2149956	156225	115967	183876	77280	42813	0	26409	8480	3444	1734	2072	3	190	0	194	5	1647231
4	（二）集体企业	83237	28729	17057	0	17043	12883	0	2000	3077	245	548	2739	9	56	0	102	14	15792
5	（三）股份合作企业	80975	34671	31200	0	15658	9352	0	2414	13881	418	2491	1505	0	111	0	582	0	-108
6	（四）联营企业	8608	4041	3819	0	2168	666	0	316	561	46	193	573	0	36	0	8	0	0
7	其中：国有控股	6024	3077	2884	0	1224	480	0	246	407	39	173	339	0	31	0	8	0	0
8	1. 国有联营企业	2029	1261	1195	0	399	127	0	84	105	15	20	0	0	10	0	8	0	0
9	2. 集体联营企业	2277	924	902	0	937	185	0	65	139	5	17	0	0	5	0	0	0	0
10	3. 国有与集体联营企业	408	38	33	0	5	1	0	2	13	1	115	233	0	0	0	0	0	0
11	4. 其他联营企业	3894	1818	1689	0	827	353	0	165	304	25	41	340	0	21	0	0	0	0
12	（五）有限责任公司	19578582	8397717	7287736	326949	5087482	2710762	1	663482	223052	195545	29816	1656413	10235	85417	46	179569	431	11665
13	其中：国有控股	671261	233667	221279	97	149100	33395	0	8547	19630	8825	2768	192062	1	216	0	22623	328	0
14	1. 国有独资企业	440413	44644	31320	0	107914	32857	0	8470	19483	8851	2611	192143	1	75	0	23393	2	-31
15	2. 其他有限责任公司	19138169	8353073	7256416	326949	4979568	2677905	1	655012	203569	186694	27205	1464270	10234	85342	46	156176	429	11696
16	（六）股份有限公司	13645565	4013139	3948010	1750	6843985	1949457	0	335268	122533	65940	11111	138443	129956	4449	85	54206	89	-24846
17	其中：国有控股	5552111	2315043	2297341	274	1755512	952312	0	171681	77197	31444	6506	100897	124650	2034	85	15832	68	-1424
18	（七）私营企业	13971711	3600202	3187761	16589	1813387	1920484	0	336834	107191	102074	12760	681983	149	37304	8	133943	157	5208646
19	1. 私营独资企业	23052	18115	12306	3	53	3037	0	1191	330	85	17	18	2	175	0	0	1	25

续表

序号	项 目	税收收入合计	国内增值税	一般纳税人	国内消费税	企业所得税	个人所得税	资源税	城市维护建设税	房产税	印花税	城镇土地使用税	土地增值税	车船税	车辆购置税	耕地占用税	契税	环境保护税	其他税收
20	2. 私营合伙企业	471817	138627	119681	0	161	314854	0	9731	1175	5941	17	878	0	325	0	7	0	101
21	3. 私营有限责任公司	13454970	3432240	3048060	16586	1808578	1598233	0	324615	105623	95755	12718	681087	147	36768	8	133936	156	5208520
22	4. 私营股份有限公司	21372	11220	7714	0	4595	4360	0	1297	63	293	8	0	0	36	0	0	0	0
23	(八)其他企业	8347367	478891	80782	0	221013	727249	0	35523	88062	5493521	1810	64292	843	3479	1063	1232082	14	25
24	二、港、澳、台商投资企业	12962242	2528583	2396283	30794	2874804	975645	35	247937	103162	51363	15400	463301	123	5257	0	28989	1828	5635021
25	其中：国有控股	126543	128837	128825	33	-2241	0	0	0	0	0	0	0	0	14	0	0	0	0
26	1. 合资经营企业（港或澳、台资）	1595055	518371	493818	21944	642562	190361	0	53523	27388	10129	4863	110123	58	908	0	14694	65	66
27	2. 合作经营企业（港或澳、台资）	52345	25103	23021	8	14972	4737	0	1851	2052	191	197	3142	6	23	0	165	7	-109
28	3. 港、澳、台商独资经营企业	5184573	1970334	1873787	8648	1759907	768419	35	191467	65344	40462	9690	347376	52	4316	0	13345	1756	3522
29	4. 港、澳、台商投资股份有限公司	5635071	1285	1236	0	1462	423	0	107	100	188	26	160	0	0	0	0	0	5631320
30	5. 其他港、澳、台商投资企业	495098	13490	4421	194	455901	11705	0	989	8278	393	624	2500	7	10	0	785	0	222
31	三、外商投资企业	8315271	1616830	1568892	15834	2007594	728941	0	142522	70734	41720	11330	256190	3946	3828	0	11603	1299	3402900
32	其中：国有控股	10662	10405	10405	0	256	0	0	0	0	0	0	0	0	4	0	0	0	-3
33	1. 中外合资经营企业	1423577	461527	457073	8586	471088	267015	0	45187	20977	12534	5541	124764	3861	1905	0	1452	530	-1390
34	2. 中外合作经营企业	370009	89218	88925	0	196635	22676	0	7574	3464	4260	1686	44438	1	57	0	0	1	-1
35	3. 外资企业	2280208	1026371	987301	7248	571008	421699	0	89483	43296	23737	3817	85934	84	1865	0	4910	768	-12
36	4. 外商投资股份有限公司	3404744	177	11	0	11	71	0	12	517	2	0	0	0	0	0	0	0	3403954
37	5. 其他外商投资企业	836733	39537	35582	0	768852	17480	0	266	2480	1187	286	1054	0	1	0	5241	0	349
38	四、个体经营	1044138	173675	37657	367	0	258941	0	12264	31230	1743	1487	9679	673	544822	0	7969	30	1258
39	1. 个体户	1043965	173570	37617	367	0	258880	0	12257	31230	1743	1487	9679	673	544822	0	7969	30	1258
40	2. 个人合伙	173	105	40	0	0	61	0	7	0	0	0	0	0	0	0	0	0	0

4－3 广州市税务局税收收入分企业类型统计年报（2018年）

编报机关：广州市税务局　　　　单位：万元

序号	项目	税收收入合计	国内增值税	一般纳税人	国内消费税	企业所得税	个人所得税	资源税	城市维护建设税	房产税	印花税	城镇土地使用税	土地增值税	车船税	车辆购置税	耕地占用税	契税	环境保护税	其他税收
1	合计	54005305	17634163	16399772	2703626	11365235	5209857	103904	1461672	1004444	394675	212264	1713542	140913	506255	66307	1337934	6539	10143975
2	一、内资企业	36477538	11119489	10266567	1859921	6017848	3631688	2196	974678	688896	281787	158125	832978	134686	103793	66307	465479	4527	10135140
3	（一）国有企业	677445	254115	213179	362	169209	139724	35	19919	49256	8202	13048	12659	404	1332	－62	8534	595	113
4	（二）集体企业	173939	71555	49996	3	39089	9595	0	5042	31359	752	9728	4666	85	164	135	1229	56	481
5	（三）股份合作企业	41854	24631	23058	9	7062	4506	1	1726	2184	332	694	143	9	350	0	190	16	1
6	（四）联营企业	20121	8612	5583	0	6080	1688	16	502	1551	52	1596	10	1	8	0	2	3	0
7	其中：国有控股	16967	6807	4846	0	5511	1485	16	336	1409	43	1341	10	1	5	0	2	1	0
8	1. 国有联营企业	14761	5913	3959	0	5025	1546	16	328	734	29	1165	0	0	2	0	2	1	0
9	2. 集体联营企业	1574	726	723	0	446	47	0	53	75	6	217	0	0	3	0	0	1	0
10	3. 国有与集体联营企业	994	311	287	0	487	11	0	22	49	4	110	0	0	0	0	0	0	0
11	4. 其他联营企业	2792	1662	614	0	122	84	0	99	693	13	104	10	1	3	0	0	1	0
12	（五）有限责任公司	12092755	4573357	4265362	1020115	3363421	1184328	528	431023	277999	160410	72348	638437	7177	22424	874	336221	1538	2555
13	其中：国有控股	4589522	1547526	1524610	980837	1148733	416493	0	101242	93901	55652	22888	133327	159	3808	0	83864	453	0
14	1. 国有独资企业	366599	86915	77190	0	136949	58486	0	9496	37179	11363	8695	10098	17	341	33	6968	149	－90
15	2. 其他有限责任公司	11726156	4486442	4188172	1020115	3226472	1125842	528	421527	240820	149047	63653	628339	7160	22083	841	329253	1389	2645
16	（六）股份有限公司	14197016	2091100	2069722	835231	1193450	897715	0	222411	65920	26406	8044	38922	124525	2462	0	32527	849	8657454
17	其中：国有控股	4027133	1519722	1516174	834701	823782	477027	0	183534	41181	17495	4933	10934	88339	755	0	23796	742	192
18	（七）私营企业	6395300	3871727	3500350	4200	1068125	688541	1591	276587	96682	66804	33286	127836	741	72328	862	81464	1313	3213
19	1. 私营独资企业	75114	52283	43452	39	275	13222	4	3530	2239	539	1523	203	12	678	0	396	146	25

续表

序号	项 目	税收收入合计	国内增值税	一般纳税人	国内消费税	企业所得税	个人所得税	资源税	城市维护建设税	房产税	印花税	城镇土地使用税	土地增值税	车船税	车辆购置税	耕地占用税	契税	环境保护税	其他税收
20	2. 私营合伙企业	147089	68987	63256	11	15	67832	0	4829	923	1645	365	1195	4	369	0	889	25	0
21	3. 私营有限责任公司	5667447	3489391	3136720	3624	954240	513733	1587	248569	87321	60753	29072	126274	710	70258	862	76761	1110	3182
22	4. 私营股份有限公司	505650	261066	256922	526	113595	93754	0	19659	6199	3867	2326	164	15	1023	0	3418	32	6
23	(八) 其他企业	2879108	224392	139317	1	171412	705591	25	17468	163945	18829	19381	10305	1744	4725	64498	5312	157	1471323
24	二、港、澳、台商投资企业	5643468	2387093	2349063	9807	1705172	503598	101708	129439	159429	33273	26336	540889	185	4323	0	34365	1178	6673
25	其中：国有控股	366043	103337	102916	357	169886	49639	0	10102	9311	3651	1535	17129	58	208	0	819	77	-66
26	1. 合资经营企业（港或澳、台资）	1031425	391289	381634	844	306040	60648	0	27706	32466	7132	6090	195881	29	750	0	2332	269	-51
27	2. 合作经营企业（港或澳、台资）	531747	108129	106044	0	300798	15763	0	7850	24380	1089	5265	58248	10	212	0	1408	46	8549
28	3. 港、澳、台商独资经营企业	3324045	1594662	1581097	8953	734170	363101	101708	85122	90927	21160	14196	283578	80	3019	0	24280	858	-1769
29	4. 港、澳、台商投资股份有限公司	406641	246045	245882	7	94096	46718	0	7452	7054	3516	701	244	54	328	0	474	5	-53
30	5. 其他港、澳、台商投资企业	349610	46968	34406	3	270068	17368	0	1309	4602	376	84	2938	12	14	0	5871	0	-3
31	三、外商投资企业	9936019	3804652	3751251	833415	3642215	740441	0	334997	152541	73977	25709	310679	3592	4045	0	8625	646	485
32	其中：国有控股	2000722	684841	684735	560432	556157	82954	0	73194	7988	15064	2816	16443	21	517	0	279	16	0
33	1. 中外合资经营企业	3787961	1496541	1492226	631414	1086663	206224	0	167116	56787	34928	10297	91356	828	2148	0	3572	307	-220
34	2. 中外合作经营企业	199180	49430	48769	0	85277	6437	0	3100	6018	407	1772	45936	1	46	0	147	5	604
35	3. 外资企业	4837475	2079840	2065463	202000	1643273	457230	0	159196	75365	36881	12659	164883	789	1745	0	3275	222	117
36	4. 外商投资股份有限公司	125006	58811	57950	1	25973	19358	0	3750	5917	1003	820	7115	1969	92	0	85	112	0
37	5. 其他外商投资企业	986297	120030	86843	0	801029	51192	0	1835	8454	758	161	1389	5	14	0	1546	0	-16
38	四、个体经营	1948280	322929	32891	483	0	334130	0	22558	3578	5638	2094	28996	2450	394094	0	829465	188	1677
39	1. 个体户	1945580	321807	31835	483	0	332922	0	22460	3532	5633	2033	28996	2450	394093	0	829306	188	1677
40	2. 个人合伙	2700	1122	1056	0	0	1208	0	98	46	5	61	0	0	1	0	159	0	0

4－4 珠海市税务局税收收入分企业类型统计年报（2018年）

编报机关：珠海市税务局　　　　单位：万元

序号	项目	税收收入合计	国内增值税	一般纳税人	国内消费税	企业所得税	个人所得税	资源税	城市维护建设税	房产税	印花税	城镇土地使用税	土地增值税	车船税	车辆购置税	耕地占用税	契税	环境保护税	其他税收
1	合计	8586355	3514666	3222988	43595	2239382	543485	5999	220873	123058	52516	49512	390320	19188	129474	10588	224167	859	1018673
2	一、内资企业	6463064	2682186	2438008	36809	1577590	344744	5951	161495	79738	38879	33351	337195	18865	21772	10588	95876	279	1017746
3	（一）国有企业	150325	103368	86997	0	7185	9532	5936	3096	3486	1017	1093	7880	177	39	0	7228	107	181
4	（二）集体企业	16602	6868	3662	0	2377	610	0	468	1430	198	749	3245	0	25	86	525	0	21
5	（三）股份合作企业	10995	4676	4230	0	513	82	5	303	2667	43	1173	1090	0	12	0	431	0	0
6	（四）联营企业	125	45	18	0	8	16	0	8	19	1	3	11	0	0	0	0	0	14
7	其中：国有控股	65	41	18	0	0	2	0	2	18	1	1	0	0	0	0	0	0	0
8	1. 国有联营企业	78	40	17	0	0	15	0	7	14	1	1	0	0	0	0	0	0	0
9	2. 集体联营企业	3	0	0	0	0	0	0	0	1	0	2	0	0	0	0	0	0	0
10	3. 国有与集体联营企业	5	1	0	0	0	0	0	0	4	0	0	0	0	0	0	0	0	0
11	4. 其他联营企业	39	4	1	0	8	1	0	1	0	0	0	11	0	0	0	0	0	14
12	（五）有限责任公司	2933601	1331477	1184852	36223	946207	134081	1	74935	46501	24856	22017	258561	792	12433	4625	39436	123	1333
13	其中：国有控股	399568	219718	214141	2878	100971	21897	0	7579	6774	2251	5297	30543	2	706	18	968	-57	0
14	1. 国有独资企业	196906	150398	147910	0	29113	8061	0	2680	3547	453	2108	130	1	65	18	332	0	0
15	2. 其他有限责任公司	2736695	1181079	1036942	36223	917094	126020	1	72255	42954	24403	19909	258431	791	12368	4607	39104	123	1333
16	（六）股份有限公司	1487811	808999	798642	87	443482	118504	0	61301	12900	8142	2648	19997	11183	442	0	454	13	-341
17	其中：国有控股	1029124	600536	598631	23	314622	39560	0	46644	5950	5891	817	9627	5110	201	0	138	5	0
18	（七）私营企业	742681	411402	352245	499	167875	42850	9	20222	9225	4391	5214	26949	7	7740	164	45865	36	233
19	1. 私营独资企业	3084	2394	1858	0	82	137	0	170	97	2	97	0	0	103	0	2	0	0

续表

序号	项 目	税收收入合计	国内增值税	一般纳税人	国内消费税	企业所得税	个人所得税	资源税	城市维护建设税	房产税	印花税	城镇土地使用税	土地增值税	车船税	车辆购置税	耕地占用税	契税	环境保护税	其他税收
20	2. 私营合伙企业	42366	38396	30058	0	0	3063	0	453	24	24	15	0	0	134	0	257	0	0
21	3. 私营有限责任公司	639977	336183	286931	107	159153	34080	9	17300	8095	4092	4794	22674	7	7445	164	45606	35	233
22	4. 私营股份有限公司	57254	34429	33398	392	8640	5570	0	2299	1009	273	308	4275	0	58	0	0	1	0
23	（八）其他企业	1120924	15351	7362	0	9943	39069	0	1162	3510	231	454	19462	6706	1081	5713	1937	0	1016305
24	二、港、澳、台商投资企业	907865	368950	358897	2062	376338	53132	33	25632	24571	5078	9100	24944	4	1821	0	15461	157	582
25	其中：国有控股	91544	38210	38057	62	48769	860	0	1329	811	335	351	669	0	136	0	0	12	0
26	1. 合资经营企业（港或澳、台资）	210664	107218	106264	1707	65318	9395	0	8803	6283	1890	1739	4788	1	245	0	3214	74	-11
27	2. 合作经营企业（港或澳、台资）	87119	18771	18692	0	56756	1294	17	1508	1286	296	1470	5128	0	10	0	0	0	583
28	3. 港、澳、台商独资经营企业	385388	201927	195672	354	106689	24205	16	13191	13852	2413	5236	13022	1	1519	0	2885	78	0
29	4. 港、澳、台商投资股份有限公司	124538	28937	28676	0	81180	10954	0	1946	836	350	160	104	0	39	0	27	5	0
30	5. 其他港、澳、台商投资企业	100156	12097	9593	1	66395	7284	0	184	2314	129	495	1902	2	8	0	9335	0	10
31	三、外商投资企业	848796	420734	418836	4657	285454	53737	15	31035	12885	7830	6679	20300	175	550	0	4247	421	77
32	其中：国有控股	76854	53148	53147	0	21018	1109	0	751	94	178	311	100	0	39	0	0	104	2
33	1. 中外合资经营企业	166531	80769	80362	86	57057	9754	0	6907	3541	2706	2827	2376	173	73	0	53	188	21
34	2. 中外合作经营企业	717	73	61	0	19	14	0	5	30	0	576	0	0	0	0	0	0	0
35	3. 外资企业	580697	328185	327339	4571	148021	38895	15	23896	8518	4901	3131	16100	2	451	0	3788	233	-10
36	4. 外商投资股份有限公司	4130	1524	1440	0	1736	640	0	111	47	21	25	2	0	24	0	0	0	0
37	5. 其他外商投资企业	96721	10183	9634	0	78621	4434	0	116	749	202	120	1822	0	2	0	406	0	66
38	四、个体经营	366630	42796	7247	67	0	91872	0	2711	5864	729	382	7881	144	105331	0	108583	2	268
39	1. 个体户	366276	42620	7080	67	0	91706	0	2699	5864	729	382	7881	144	105331	0	108583	2	268
40	2. 个人合伙	354	176	167	0	0	166	0	12	0	0	0	0	0	0	0	0	0	0

4－5 汕头市税务局税收收入分企业类型统计年报（2018年）

编报机关：汕头市税务局

单位：万元

序号	项目	税收收入合计	国内增值税	一般纳税人	国内消费税	企业所得税	个人所得税	资源税	城市维护建设税	房产税	印花税	城镇土地使用税	土地增值税	车船税	车辆购置税	耕地占用税	契税	环境保护税	其他税收
1	合计	3237134	1367910	1265908	70013	674444	189940	4906	99181	61036	23956	49846	197889	21921	113470	5827	131548	3693	221554
2	一、内资企业	2592734	1136402	1054278	69053	583911	133670	4836	83639	42464	20551	39909	180974	20349	11413	5827	36512	1746	221478
3	（一）国有企业	121374	59447	56552	2072	35362	5590	1018	4224	2990	1001	2530	6833	16	165	0	83	16	27
4	（二）集体企业	66826	33155	31091	21	25535	1351	518	2381	595	544	460	1747	1	31	267	106	15	99
5	（三）股份合作企业	25560	8106	8023	0	13701	2169	1	560	414	100	321	0	0	24	0	61	103	0
6	（四）联营企业	3461	2133	2097	0	944	168	0	153	7	17	35	0	0	3	0	0	1	0
7	其中：国有控股	3437	2130	2097	0	944	162	0	146	6	17	30	0	0	2	0	0	0	0
8	1. 国有联营企业	2612	1412	1379	0	917	149	0	100	3	10	19	0	0	1	0	0	1	0
9	2. 集体联营企业	1	1	0	0	0	0	0	0	0	0	0	0	0	0	0	0	0	0
10	3. 国有与集体联营企业	52	38	38	0	2	2	0	5	3	1	1	0	0	0	0	0	0	0
11	4. 其他联营企业	796	682	680	0	25	17	0	48	1	6	15	0	0	2	0	0	0	0
12	（五）有限责任公司	1242061	553543	504902	64783	306027	45348	2203	43563	18672	10147	20773	142694	942	4970	120	26399	664	1213
13	其中：国有控股	58282	28230	26793	0	9680	6496	33	4667	2064	633	1153	5092	2	142	0	75	0	0
14	1. 国有独资企业	30989	23104	21312	0	121	4544	42	1557	1056	214	195	38	0	108	7	2	1	0
15	2. 其他有限责任公司	1211072	530439	483590	64783	305906	40804	2161	42006	17616	9933	20578	142656	942	4862	113	26397	663	1213
16	（六）股份有限公司	287179	148646	145712	104	68181	29618	36	9321	5453	3186	2335	313	19350	181	0	375	22	58
17	其中：国有控股	89142	43944	43273	50	12197	15516	0	3078	3112	815	1342	87	8915	87	0	103	1	－105
18	（七）私营企业	581334	326891	302995	2073	129576	23778	1059	23097	13459	5052	11966	28999	17	5298	0	9107	911	51
19	1. 私营独资企业	23863	14990	13424	11	16	4003	76	1034	1210	155	1302	639	1	126	0	117	182	1

续表

序号	项 目	税收收入合计	国内增值税	一般纳税人	国内消费税	企业所得税	个人所得税	资源税	城市维护建设税	房产税	印花税	城镇土地使用税	土地增值税	车船税	车辆购置税	耕地占用税	契税	环境保护税	其他税收
20	2. 私营合伙企业	3699	2444	2142	2	0	897	1	159	63	26	70	0	0	18	0	0	19	0
21	3. 私营有限责任公司	485287	266711	245172	1947	115852	15468	981	18819	10006	4287	9057	27767	16	5078	0	8637	640	21
22	4. 私营股份有限公司	68485	42746	42257	113	13708	3410	1	3085	2180	584	1537	593	0	76	0	353	70	29
23	（八）其他企业	264939	4481	2906	0	4535	25648	1	340	874	504	1489	388	23	741	5440	381	14	220030
24	二、港、澳、台商投资企业	213011	113598	112722	22	57532	9820	3	7635	5928	1618	3950	8470	4	269	0	3926	179	7
25	其中：国有控股	9568	5443	5443	0	1122	1103	0	1015	554	125	120	29	0	5	0	0	52	0
26	1. 合资经营企业（港或澳、台资）	64799	40043	39857	3	14125	3325	2	2829	1794	493	1444	306	1	115	0	249	70	0
27	2. 合作经营企业（港或澳、台资）	9271	7136	7075	0	622	162	1	508	263	52	303	162	0	48	0	0	14	0
28	3. 港、澳、台商独资经营企业	79223	38061	37725	16	20725	2708	0	2474	2813	698	1932	7690	2	94	0	1926	84	0
29	4. 港、澳、台商投资股份有限公司	46020	27452	27448	3	13629	1948	0	1823	597	350	191	0	0	12	0	4	11	0
30	5. 其他港、澳、台商投资企业	13698	906	617	0	8481	1677	0	1	461	25	80	312	1	0	0	1747	0	7
31	三、外商投资企业	151586	91371	91028	773	32951	6540	4	6187	3817	1178	2226	3295	1180	64	0	280	1672	48
32	其中：国有控股	401	0	0	0	0	114	0	164	26	14	82	0	0	0	0	0	1	0
33	1. 中外合资经营企业	27533	16315	16286	19	5728	1419	0	1134	840	199	754	1020	0	5	0	0	100	0
34	2. 中外合作经营企业	9057	3298	3298	0	5216	114	0	212	65	25	119	0	0	3	0	0	5	0
35	3. 外资企业	85524	54342	54066	754	12424	4579	4	3801	2730	754	1281	2271	975	51	0	201	1109	48
36	4. 外商投资股份有限公司	18482	15186	15176	0	1116	141	0	1009	130	183	53	0	205	1	0	0	458	0
37	5. 其他外商投资企业	11190	2230	2202	0	8467	287	0	31	52	17	19	4	0	4	0	79	0	0
38	四、个体经营	279803	26539	7880	165	0	39910	63	1720	8827	609	3761	5150	388	101724	0	90830	96	21
39	1. 个体户	279651	26539	7880	165	0	39813	21	1708	8827	608	3761	5150	388	101724	0	90830	96	21
40	2. 个人合伙	152	0	0	0	0	97	42	12	0	1	0	0	0	0	0	0	0	0

4-6 佛山市税务局税收收入分企业类型统计年报（2018年）

编报机关：佛山市税务局

单位：万元

序号	项目	税收收入合计	国内增值税	一般纳税人	国内消费税	企业所得税	个人所得税	资源税	城市维护建设税	房产税	印花税	城镇土地使用税	土地增值税	车船税	车辆购置税	耕地占用税	契税	环境保护税	其他税收
1	合计	16276189	6482150	5902054	281084	3263127	1299760	491	502892	458703	113517	250187	1096315	87030	440540	48476	668591	4485	1278841
2	一、内资企业	11299940	4618575	4189715	147665	2260499	838427	477	347583	318130	85681	193413	791352	81190	52022	48300	345189	3473	1167964
3	（一）国有企业	45229	26951	11974	3	3663	5654	0	1936	3819	349	2099	235	2	39	370	0	1	108
4	（二）集体企业	65779	23742	10814	3	11838	3093	0	1676	4330	237	16138	1116	2	51	2060	1729	11	-247
5	（三）股份合作企业	30281	4877	4426	0	21233	1630	0	351	1049	178	545	201	0	5	123	89	0	0
6	（四）联营企业	3547	1820	893	0	647	111	81	100	71	9	689	16	0	0	0	0	0	3
7	其中：国有控股	1442	1161	387	0	76	12	81	31	25	3	37	13	0	0	0	0	0	3
8	1. 国有联营企业	1317	1059	271	0	54	53	81	44	16	2	8	0	0	0	0	0	0	0
9	2. 集体联营企业	1843	516	492	0	559	29	0	37	45	5	649	3	0	0	0	0	0	0
10	3. 国有与集体联营企业	176	121	115	0	22	3	0	9	4	0	4	10	0	0	0	0	0	3
11	4. 其他联营企业	211	124	15	0	12	26	0	10	6	2	28	3	0	0	0	0	0	0
12	（五）有限责任公司	6730036	2387989	2206605	142275	1468041	259165	346	188059	158579	46763	112325	647253	2570	19802	3949	206548	1922	1084450
13	其中：国有控股	469201	135759	131272	0	138663	30655	118	19171	28310	4162	18893	88399	373	207	2011	2374	-267	0
14	1. 国有独资企业	133374	85783	81260	0	7530	13658	0	5953	9341	637	6913	63	4	146	2011	1334	1	0
15	2. 其他有限责任公司	6596662	2302206	2125345	142275	1460511	245507	346	182106	149238	46126	105412	647190	2566	19656	1938	205214	1921	1084450
16	（六）股份有限公司	1098641	426062	404098	1516	282818	189694	0	30934	66793	6346	12681	9294	70027	719	0	2155	28	-426
17	其中：国有控股	327367	163123	159046	262	45096	47688	0	11114	23447	2033	4104	1992	26973	129	0	1386	6	14
18	（七）私营企业	2864487	1673243	1519389	3868	422253	279869	50	119318	66480	27163	32634	67391	8536	30436	149	131032	1459	606
19	1. 私营独资企业	164256	108914	102481	207	56	38100	1	7494	4468	868	2872	359	4	706	0	43	161	3

续表

序号	项　目	税收收入合计	国内增值税	一般纳税人	国内消费税	企业所得税	个人所得税	资源税	城市维护建设税	房产税	印花税	城镇土地使用税	土地增值税	车船税	车辆购置税	耕地占用税	契税	环境保护税	其他税收
20	2. 私营合伙企业	26868	14369	12512	1	0	9959	0	1066	717	310	284	0	1	24	0	23	14	0
21	3. 私营有限责任公司	2344078	1414667	1272181	3529	378562	113860	49	100158	52641	23928	26958	62047	8507	29267	149	128319	839	598
22	4. 私营股份有限公司	329285	135293	132215	131	43635	117950	0	10600	8654	2057	2520	4985	24	339	0	2647	445	5
23	（八）其他企业	461940	73891	31516	0	50006	99211	0	5209	17009	4636	16302	65846	53	970	41649	3636	52	83470
24	二、港、澳、台商投资企业	1876979	816434	807908	37210	467437	89443	0	67052	62045	10210	30429	154616	400	11179	3	19259	668	110594
25	其中：国有控股	60752	25050	24610	7	3981	4794	0	4543	4123	532	2618	14337	0	0	0	－19	49	737
26	1. 合资经营企业（港或澳、台资）	804877	374811	371766	1323	170342	37786	0	29084	22923	4181	12318	39056	7	2406	0	595	300	109745
27	2. 合作经营企业（港或澳、台资）	92416	23155	23027	0	43568	2309	0	1734	2376	397	4024	9993	0	30	0	4831	1	－2
28	3. 港、澳、台商独资经营企业	809160	354870	352620	35884	188302	30819	0	31198	31667	4799	12352	101950	380	8538	0	7862	321	118
29	4. 港、澳、台商投资股份有限公司	92047	56644	58122	0	12870	11111	0	4689	3760	670	1348	11	0	92	0	69	45	738
30	5. 其他港、澳、台商投资企业	78479	6954	2373	3	52355	7418	0	347	1319	163	387	3606	13	13	3	5902	1	－5
31	三、外商投资企业	1771611	857608	863451	95841	535191	102569	0	74924	42479	12969	15409	28840	2770	1239	0	1407	285	80
32	其中：国有控股	36057	1521	1511	0	1753	5735	0	16007	7898	1335	1571	18	0	0	0	115	104	0
33	1. 中外合资经营企业	721257	390070	388904	89002	137258	36697	0	40267	15286	5397	4728	850	817	566	0	392	61	－124
34	2. 中外合作经营企业	28734	12758	12743	0	12058	1467	0	927	674	181	530	18	0	1	0	0	120	0
35	3. 外资企业	902310	433405	431621	6839	300205	58120	0	32135	24651	7075	9637	27939	984	660	0	487	104	69
36	4. 外商投资股份有限公司	34089	19438	19396	0	7151	3508	0	1537	793	242	375	0	969	12	0	64	0	0
37	5. 其他外商投资企业	85211	1937	10787	0	78519	2777	0	58	1075	74	139	33	0	0	0	464	0	135
38	四、个体经营	1327659	189533	40980	368	0	269321	14	13333	36049	4657	10936	121507	2670	376100	173	302736	59	203
39	1. 个体户	1327383	189394	40971	368	0	269193	14	13330	36049	4657	10936	121507	2670	376094	173	302736	59	203
40	2. 个人合伙	276	139	9	0	0	128	0	3	0	0	0	0	0	6	0	0	0	0

4－7 韶关市税务局税收收入分企业类型统计年报（2018年）

编报机关：韶关市税务局　　　　单位：万元

序号	项目	税收收入合计	国内增值税	一般纳税人	国内消费税	企业所得税	个人所得税	资源税	城市维护建设税	房产税	印花税	城镇土地使用税	土地增值税	车船税	车辆购置税	耕地占用税	契税	环境保护税	其他税收
1	合计	1977827	900922	793233	214826	226659	117427	14368	78398	32474	13509	38119	69192	9510	57221	34301	50676	2722	117503
2	一、内资企业	1692796	788951	706874	214228	191951	91865	13209	71571	26616	11895	33972	65413	9289	6288	34225	13266	2639	117418
3	（一）国有企业	50949	26012	19495	31	6570	4335	71	1571	1238	182	1959	2136	61	75	0	10	1	6697
4	（二）集体企业	25604	16736	15994	0	5242	549	512	966	577	129	298	397	0	9	0	131	3	55
5	（三）股份合作企业	12650	3345	3246	0	6802	1165	0	209	538	63	143	222	0	1	0	155	1	6
6	（四）联营企业	299	196	166	0	36	41	0	11	7	1	7	0	0	0	0	0	0	0
7	其中：国有控股	119	48	29	0	19	36	0	7	4	0	5	0	0	0	0	0	0	0
8	1. 国有联营企业	8	8	0	0	0	0	0	0	0	0	0	0	0	0	0	0	0	0
9	2. 集体联营企业	84	54	44	0	17	5	0	4	3	0	1	0	0	0	0	0	0	0
10	3. 国有与集体联营企业	5	4	2	0	0	0	0	0	1	0	0	0	0	0	0	0	0	0
11	4. 其他联营企业	202	130	120	0	19	36	0	7	3	1	6	0	0	0	0	0	0	0
12	（五）有限责任公司	1014575	469960	418152	212539	125032	34867	4635	51472	15142	6953	22808	49249	683	3988	108	7883	1152	8104
13	其中：国有控股	429195	141576	137385	210222	23360	9800	1378	26251	4363	630	2973	2873	107	244	25	883	4218	4245
14	1. 国有独资企业	22142	13374	11292	0	1837	3400	33	840	1138	196	850	15	2	97	18	326	5	11
15	2. 其他有限责任公司	992433	456586	406860	212539	123195	31467	4602	50632	14004	6757	21958	49234	681	3891	90	7557	1147	8093
16	（六）股份有限公司	337401	165580	164066	112	14663	14690	7040	10782	3773	2695	3424	2025	8533	137	0	401	1381	102165
17	其中：国有控股	309392	155248	154638	50	8888	10345	7040	10062	3457	2316	2808	0	5440	122	0	63	1375	102178
18	（七）私营企业	184221	99446	80664	1546	31763	20830	948	6079	2455	1490	4010	9740	3	1596	0	3960	97	258
19	1. 私营独资企业	7106	4622	3947	36	1	845	435	269	114	24	507	84	0	76	0	73	18	2

续表

序号	项　目	税收收入合计	国内增值税	一般纳税人	国内消费税	企业所得税	个人所得税	资源税	城市维护建设税	房产税	印花税	城镇土地使用税	土地增值税	车船税	车辆购置税	耕地占用税	契税	环境保护税	其他税收
20	2. 私营合伙企业	4249	3342	3184	0	2	441	43	194	58	20	127	0	0	15	0	0	7	0
21	3. 私营有限责任公司	166999	87478	71511	1510	30952	19372	462	5349	2244	1405	3337	9278	3	1455	0	3827	71	256
22	4. 私营股份有限公司	5867	4004	2022	0	808	172	8	267	39	41	39	378	0	50	0	60	1	0
23	（八）其他企业	67097	7676	5091	0	1843	15388	3	481	2886	382	1323	1644	9	482	34117	726	4	133
24	二、港、澳、台商投资企业	87826	57752	56474	415	18416	1619	1	3439	2046	709	2357	268	0	28	0	718	58	0
25	其中：国有控股	6137	3281	3281	0	2548	34	0	230	14	23	0	0	0	0	0	2	5	0
26	1. 合资经营企业（港或澳、台资）	22954	12186	12108	0	8706	272	1	863	159	291	464	4	0	4	0	4	10	0
27	2. 合作经营企业（港或澳、台资）	49	34	15	0	8	0	0	2	3	0	2	0	0	0	0	0	0	0
28	3. 港、澳、台商独资经营企业	61378	44334	43548	415	8542	1135	0	2520	1849	400	1876	169	0	24	0	66	48	0
29	4. 港、澳、台商投资股份有限公司	999	797	502	0	138	8	0	44	0	7	5	0	0	0	0	0	0	0
30	5. 其他港、澳、台商投资企业	2436	401	301	0	1022	204	0	10	35	11	10	95	0	0	0	648	0	0
31	三、外商投资企业	52841	24111	21948	31	16292	5028	7	1661	1399	412	1431	2274	35	17	0	127	16	0
32	其中：国有控股	9529	4152	4152	0	4877	148	0	283	30	20	19	0	0	0	0	0	0	0
33	1. 中外合资经营企业	24618	13829	13795	31	7492	593	0	862	395	176	439	783	0	4	0	9	5	0
34	2. 中外合作经营企业	80	55	43	0	14	1	0	4	5	0	1	0	0	0	0	0	0	0
35	3. 外资企业	22426	9235	7122	0	7437	1463	7	766	876	224	946	1389	33	13	0	26	11	0
36	4. 外商投资股份有限公司	3546	413	411	0	101	2641	0	29	123	12	33	102	2	0	0	90	0	0
37	5. 其他外商投资企业	2171	579	577	0	1248	330	0	0	0	0	12	0	0	0	0	2	0	0
38	四、个体经营	144364	30108	7937	152	0	18915	1151	1727	2413	493	359	1237	186	50888	76	36565	9	85
39	1. 个体户	144143	29932	7762	152	0	18893	1151	1718	2412	493	354	1237	186	50880	76	36565	9	85
40	2. 个人合伙	221	176	175	0	0	22	0	9	1	0	5	0	0	8	0	0	0	0

4-8 河源市税务局税收收入分企业类型统计年报（2018年）

编报机关：河源市税务局　　　　单位：万元

序号	项目	税收收入合计	国内增值税	一般纳税人	国内消费税	企业所得税	个人所得税	资源税	城市维护建设税	房产税	印花税	城镇土地使用税	土地增值税	车船税	车辆购置税	耕地占用税	契税	环境保护税	其他税收
1	合计	1354589	580467	464527	35148	201932	80886	5288	39120	28900	10273	85733	81223	8506	52670	52803	53624	513	37503
2	一、内资企业	951303	405683	331163	35054	161968	53291	4657	28290	20223	7798	77290	59103	8129	4279	51394	18698	336	15110
3	（一）国有企业	44635	25425	22218	3	4455	3988	184	1496	1000	209	3942	129	2739	124	921	12	1	7
4	（二）集体企业	15595	8184	7293	1	5219	545	138	512	126	112	118	401	3	28	0	0	0	208
5	（三）股份合作企业	17951	2492	2410	0	12002	3022	0	127	205	24	23	41	0	12	0	3	0	0
6	（四）联营企业	190	162	0	0	6	10	0	4	0	1	0	0	0	7	0	0	0	0
7	其中：国有控股	104	95	0	0	2	0	0	1	0	0	0	0	0	6	0	0	0	0
8	1. 国有联营企业	88	84	0	0	3	1	0	0	0	0	0	0	0	0	0	0	0	0
9	2. 集体联营企业	0	0	0	0	0	0	0	0	0	0	0	0	0	0	0	0	0	0
10	3. 国有与集体联营企业	0	0	0	0	0	0	0	0	0	0	0	0	0	0	0	0	0	0
11	4. 其他联营企业	102	78	0	0	3	9	0	4	0	1	0	0	0	7	0	0	0	0
12	（五）有限责任公司	557515	229037	178811	34548	81722	19788	2285	17366	9101	4703	65378	42084	624	2182	36019	11295	219	1164
13	其中：国有控股	93859	9157	8562	0	4302	3607	31	4823	1270	696	29021	7894	2	25	31125	1646	258	0
14	1. 国有独资企业	55104	3369	2798	0	474	489	10	190	240	49	20557	105	1	6	27918	1434	0	262
15	2. 其他有限责任公司	502411	225668	176013	34548	81248	19299	2275	17176	8861	4654	44821	41979	623	2176	8101	9861	219	902
16	（六）股份有限公司	62820	32662	31502	167	13882	6257	768	2128	1501	369	417	78	4335	39	0	215	2	0
17	其中：国有控股	24638	17108	16974	28	171	2743	362	1244	805	167	193	35	1638	22	0	121	1	0
18	（七）私营企业	198389	101450	85147	335	44110	7960	820	6284	4803	1847	6269	15474	119	1492	44	7068	107	207
19	1. 私营独资企业	7070	4529	4024	2	0	899	439	260	317	31	472	19	0	52	44	0	6	0

续表

序号	项 目	税收收入合计	国内增值税	一般纳税人	国内消费税	企业所得税	个人所得税	资源税	城市维护建设税	房产税	印花税	城镇土地使用税	土地增值税	车船税	车辆购置税	耕地占用税	契税	环境保护税	其他税收
20	2. 私营合伙企业	1457	762	474	0	0	553	2	51	15	37	23	0	0	8	0	0	6	0
21	3. 私营有限责任公司	173900	92294	77147	3	35992	3847	378	5714	4009	1665	5728	15453	7	1428	0	7057	92	233
22	4. 私营股份有限公司	15962	3865	3502	330	8118	2661	1	259	462	114	46	2	112	4	0	11	3	-26
23	（八）其他企业	54208	6271	3782	0	572	11721	462	373	3487	533	1143	896	309	395	14410	105	7	13524
24	二、港、澳、台商投资企业	202433	107717	105742	28	36512	6615	115	7118	5416	1438	5743	9828	6	184	1380	1024	114	19195
25	其中：国有控股	130	0	0	0	0	15	0	18	66	5	26	0	0	0	0	0	0	0
26	1. 合资经营企业（港或澳、台资）	34160	20886	20695	0	7089	2087	66	1423	1135	251	861	197	0	66	0	15	83	1
27	2. 合作经营企业（港或澳、台资）	115	47	42	0	39	2	0	2	3	2	7	0	0	2	0	11	0	0
28	3. 港、澳、台商独资经营企业	165005	86184	84550	28	28040	4285	48	5662	4233	1169	4839	9571	6	110	1380	225	31	19194
29	4. 港、澳、台商投资股份有限公司	645	436	431	0	5	128	0	22	19	5	30	0	0	0	0	0	0	0
30	5. 其他港、澳、台商投资企业	2508	164	24	0	1339	113	1	9	26	11	6	60	0	6	0	773	0	0
31	三、外商投资企业	34275	24220	23865	0	3452	1325	0	1317	1195	413	819	679	215	163	0	444	33	0
32	其中：国有控股	23	0	0	0	0	0	0	0	4	0	19	0	0	0	0	0	0	0
33	1. 中外合资经营企业	7821	4709	4698	0	1006	340	0	278	33	97	148	582	191	2	0	408	27	0
34	2. 中外合作经营企业	34	36	36	0	31	5	0	11	0	1	0	0	0	0	0	0	0	0
35	3. 外资企业	25550	19337	19013	0	1788	942	0	1027	1157	315	670	90	24	161	0	33	6	0
36	4. 外商投资股份有限公司	34	19	0	0	3	7	0	1	3	0	1	0	0	0	0	0	0	0
37	5. 其他外商投资企业	736	119	118	0	624	31	0	0	2	0	0	7	0	0	0	3	0	0
38	四、个体经营	166578	42847	3757	66	0	19655	516	2395	2066	624	1881	11613	156	48044	29	33458	30	3198
39	1. 个体户	166312	42668	3594	66	0	19621	511	2384	2060	623	1876	11613	156	48043	29	33458	6	3198
40	2. 个人合伙	256	179	163	0	0	34	5	11	6	1	5	0	0	1	0	0	24	0

4－9 梅州市税务局税收收入分企业类型统计年报（2018年）

编报机关：梅州市税务局

单位：万元

序号	项目	税收收入合计	国内增值税	一般纳税人	国内消费税	企业所得税	个人所得税	资源税	城市维护建设税	房产税	印花税	城镇土地使用税	土地增值税	车船税	车辆购置税	耕地占用税	契税	环境保护税	其他税收
1	合计	2155698	779633	659983	348087	343163	115275	32538	73322	34826	13528	43111	144821	11368	76320	50996	73609	1287	13814
2	一、内资企业	1839006	687636	603112	347873	317164	85774	32277	68009	30515	11635	38870	127941	10977	6769	49760	16514	1221	6071
3	（一）国有企业	41143	24981	21459	2	3994	4357	2361	1507	1395	159	1013	531	453	242	0	142	6	0
4	（二）集体企业	53481	17964	16627	10	24977	3552	2842	824	391	197	171	2039	2	24	0	144	20	324
5	（三）股份合作企业	13017	3062	3047	0	8545	968	13	138	116	46	50	31	0	7	0	41	0	0
6	（四）联营企业	26	24	19	0	1	0	0	1	0	0	0	0	0	0	0	0	0	0
7	其中：国有控股	2	2	0	0	0	0	0	0	0	0	0	0	0	0	0	0	0	0
8	1. 国有联营企业	3	3	0	0	0	0	0	0	0	0	0	0	0	0	0	0	0	0
9	2. 集体联营企业	21	19	19	0	1	0	0	1	0	0	0	0	0	0	0	0	0	0
10	3. 国有与集体联营企业	0	0	0	0	0	0	0	0	0	0	0	0	0	0	0	0	0	0
11	4. 其他联营企业	2	2	0	0	0	0	0	0	0	0	0	0	0	0	0	0	0	0
12	（五）有限责任公司	1322956	479045	424330	347631	217962	27430	19185	55677	17355	7962	25566	102988	1133	3238	2924	8261	1017	5582
13	其中：国有控股	28225	7587	6918	0	4884	1500	12	1202	2162	335	6269	3831	45	35	0	361	1	0
14	1. 国有独资企业	13431	3697	2668	0	1295	454	12	200	1615	135	5973	10	4	13	0	23	0	0
15	2. 其他有限责任公司	1309525	475348	421662	347631	216667	26976	19173	55477	15740	7827	19593	102978	1129	3225	2924	8238	1017	5582
16	（六）股份有限公司	115719	45467	42126	162	29269	21309	1263	3365	2422	770	1636	555	9189	161	0	124	49	－22
17	其中：国有控股	29148	16307	15817	36	－42	5382	106	1122	875	245	231	390	4425	73	0	20	0	－22
18	（七）私营企业	212968	113308	94034	68	31519	15866	2557	6241	8309	2248	2973	19181	165	2230	261	7664	118	260
19	1. 私营独资企业	17183	11559	11003	13	8	2406	1653	377	175	72	263	365	0	80	152	4	56	0

续表

序号	项　目	税收收入合计	国内增值税	一般纳税人	国内消费税	企业所得税	个人所得税	资源税	城市维护建设税	房产税	印花税	城镇土地使用税	土地增值税	车船税	车辆购置税	耕地占用税	契税	环境保护税	其他税收
20	2. 私营合伙企业	4213	997	411	1	0	2722	187	59	8	215	6	0	0	2	0	0	16	0
21	3. 私营有限责任公司	176952	92553	75021	32	27886	9223	715	5249	7824	1777	2550	18816	165	2135	109	7614	44	260
22	4. 私营股份有限公司	14620	8199	7599	22	3625	1515	2	556	302	184	154	0	0	13	0	46	2	0
23	（八）其他企业	79696	3785	1470	0	897	12292	4056	256	527	253	7461	2616	35	867	46575	138	11	-73
24	二、港、澳、台商投资企业	78158	40534	32409	136	15382	1565	0	2622	948	1068	2593	4470	0	432	1	715	21	7681
25	其中：国有控股	4	-5	-5	0	0	0	0	1	2	2	4	0	0	0	0	0	0	0
26	1. 合资经营企业（港或澳、台资）	16757	4634	4316	8	2333	277	0	278	79	61	98	1295	0	17	0	56	2	7629
27	2. 合作经营企业（港或澳、台资）	3490	2490	2448	0	171	85	0	267	44	18	175	183	0	9	0	0	4	44
28	3. 港、澳、台商独资经营企业	54869	32879	25300	128	11975	706	0	2083	777	974	1967	2856	0	405	0	96	15	8
29	4. 港、澳、台商投资股份有限公司	186	91	91	0	18	69	0	-23	18	5	8	0	0	0	0	0	0	0
30	5. 其他港、澳、台商投资企业	2856	440	254	0	835	428	0	17	30	10	345	136	0	1	1	563	0	0
31	三、外商投资企业	38937	22011	21794	0	10617	1481	7	1333	493	199	449	1883	114	54	0	291	7	-2
32	其中：国有控股	70	0	0	0	0	8	0	4	20	1	16	0	23	0	0	0	0	-2
33	1. 中外合资经营企业	8986	5374	5327	0	1860	680	0	382	303	81	275	8	0	20	0	0	3	0
34	2. 中外合作经营企业	494	197	195	0	123	0	0	14	4	3	17	117	0	0	0	19	0	0
35	3. 外资企业	25222	14753	14612	0	6655	508	7	866	177	107	133	1679	51	34	0	248	4	0
36	4. 外商投资股份有限公司	1208	932	927	0	51	90	0	46	7	5	16	0	63	0	0	0	0	-2
37	5. 其他外商投资企业	3027	755	733	0	1928	203	0	25	2	3	8	79	0	0	0	24	0	0
38	四、个体经营	199587	29452	2668	78	0	26455	254	1358	2870	626	1199	10527	277	69065	1235	56089	38	64
39	1. 个体户	199427	29412	2667	78	0	26381	254	1354	2870	626	1196	10488	277	69065	1235	56089	38	64
40	2. 个人合伙	160	40	1	0	0	74	0	4	0	0	3	39	0	0	0	0	0	0

4－10 惠州市税务局税收收入分企业类型统计年报（2018年）

编报机关：惠州市税务局　　　　单位：万元

序号	项目	税收收入合计	国内增值税	一般纳税人	国内消费税	企业所得税	个人所得税	资源税	城市维护建设税	房产税	印花税	城镇土地使用税	土地增值税	车船税	车辆购置税	耕地占用税	契税	环境保护税	其他税收
1	合计	11376550	3831950	3385260	582609	1720759	625505	5170	345933	122122	62496	130678	700357	31779	218660	16685	347090	2362	2632395
2	一、内资企业	8493114	2577534	2211451	576627	1134565	299588	4365	235078	73392	40806	98922	635418	30759	31607	16622	104245	1686	2631900
3	(一) 国有企业	523235	302566	285849	136516	11687	13498	0	47356	3179	1789	3674	2018	330	122	126	72	157	145
4	(二) 集体企业	42406	27896	11172	6	5109	3419	11	1732	1920	157	750	597	6	23	4	414	3	359
5	(三) 股份合作企业	4794	3804	834	0	223	451	0	281	3	31	1	0	0	0	0	0	0	0
6	(四) 联营企业	2956	2177	545	0	190	240	0	76	144	5	124	0	0	0	0	0	0	0
7	其中：国有控股	2386	1777	222	0	145	177	0	46	116	4	121	0	0	0	0	0	0	0
8	1. 国有联营企业	1986	1656	126	0	129	59	0	38	28	1	75	0	0	0	0	0	0	0
9	2. 集体联营企业	153	78	63	0	43	7	0	4	18	0	3	0	0	0	0	0	0	0
10	3. 国有与集体联营企业	78	59	52	0	5	0	0	7	5	1	1	0	0	0	0	0	0	0
11	4. 其他联营企业	739	384	304	0	13	174	0	27	93	3	45	0	0	0	0	0	0	0
12	(五) 有限责任公司	6089480	1494523	1275557	438230	874218	141170	3436	129787	43057	27168	69833	516303	5222	21650	1220	69156	1314	2253193
13	其中：国有控股	566075	53525	52021	366910	92865	8504	186	29654	1421	1007	4511	5231	1523	74	0	524	-181	0
14	1. 国有独资企业	527614	42896	41765	366909	84722	4147	122	24341	785	319	3104	2	4	21	0	18	224	0
15	2. 其他有限责任公司	5561866	1451627	1233792	71321	789496	137023	3314	105446	42272	26849	66729	516301	5218	21629	1220	69138	1090	2253193
16	(六) 股份有限公司	426094	217234	208790	71	92409	63999	48	14821	5658	3150	1908	829	25107	349	0	505	63	-57
17	其中：国有控股	153574	99706	98302	60	11995	25362	0	6658	2072	1413	335	100	5717	65	0	148	0	-57
18	(七) 私营企业	934467	509913	421530	1804	145706	45452	870	39611	17074	8083	20300	104633	36	8608	380	31469	138	390
19	1. 私营独资企业	23100	16548	14865	1	84	927	180	940	529	175	1032	842	0	271	0	1552	16	3

续表

序号	项 目	税收收入合计	国内增值税	一般纳税人	国内消费税	企业所得税	个人所得税	资源税	城市维护建设税	房产税	印花税	城镇土地使用税	土地增值税	车船税	车辆购置税	耕地占用税	契税	环境保护税	其他税收
20	2. 私营合伙企业	8268	3106	2416	1	0	4667	0	210	50	64	41	37	0	47	0	44	1	0
21	3. 私营有限责任公司	889342	481236	396294	1802	142992	38947	690	37828	16315	7736	19037	103754	36	8256	380	29828	118	387
22	4. 私营股份有限公司	13757	9023	7955	0	2630	911	0	633	180	108	190	0	0	34	0	45	3	0
23	（八）其他企业	469682	19421	7174	0	5023	31359	0	1414	2357	423	2332	11038	58	855	14892	2629	11	377870
24	二、港、澳、台商投资企业	973201	520362	507086	5677	240174	56426	385	41828	22855	8007	18405	37267	14	6282	1	14991	321	206
25	其中：国有控股	46361	37996	37996	2226	1604	34	0	476	89	118	46	3770	0	2	0	0	0	0
26	1. 合资经营企业（港或澳、台资）	197138	130951	128849	4462	20474	11700	65	10854	4577	1384	4187	7249	3	887	0	144	29	172
27	2. 合作经营企业（港或澳、台资）	11001	4989	4743	0	4072	401	0	344	634	38	292	220	1	9	0	0	1	0
28	3. 港、澳、台商独资经营企业	635819	353056	343514	1208	148737	33735	320	28684	15950	6121	13312	27151	9	5312	1	1930	287	6
29	4. 港、澳、台商投资股份有限公司	37899	23813	23797	7	8894	3022	0	1430	80	302	224	0	0	34	0	89	4	0
30	5. 其他港、澳、台商投资企业	91344	7553	6183	0	57997	7568	0	516	1614	162	390	2647	1	40	0	12828	0	28
31	三、外商投资企业	1140457	616807	614309	54	346020	69634	310	60928	9572	10990	8298	12460	838	505	49	3703	298	-9
32	其中：国有控股	344123	271664	271660	0	54815	10325	0	1470	52	2039	1927	0	0	0	0	1637	204	-10
33	1. 中外合资经营企业	719733	392651	392316	9	234289	31266	102	42441	2129	7632	3504	2756	692	121	49	1863	235	-6
34	2. 中外合作经营企业	6486	1522	1510	0	3876	286	207	165	114	35	88	143	0	50	0	0	0	0
35	3. 外资企业	359402	211520	209686	45	79930	23632	1	18110	7246	3280	4286	9310	67	320	0	1596	62	-3
36	4. 外商投资股份有限公司	12699	1455	1421	0	730	10197	0	106	33	14	81	0	79	3	0	0	1	0
37	5. 其他外商投资企业	42137	9659	9376	0	27195	4253	0	106	50	29	339	251	0	11	0	244	0	0
38	四、个体经营	769778	117247	52414	251	0	199857	110	8099	16303	2693	5053	15212	168	183266	13	224151	57	298
39	1. 个体户	769646	117187	52363	251	0	199855	110	8095	16263	2691	5031	15212	168	183266	13	224151	55	298
40	2. 个人合伙	132	60	51	0	0	2	0	4	40	2	22	0	0	0	0	0	2	0

4－11 汕尾市税务局税收收入分企业类型统计年报（2018年）

编报机关：汕尾市税务局

单位：万元

序号	项目	税收收入合计	国内增值税	一般纳税人	国内消费税	企业所得税	个人所得税	资源税	城市维护建设税	房产税	印花税	城镇土地使用税	土地增值税	车船税	车辆购置税	耕地占用税	契税	环境保护税	其他税收
1	合计	827720	282907	220499	32754	135400	40279	225	19843	12049	6314	14521	58014	5314	34692	22327	49910	334	112837
2	一、内资企业	534565	226019	175878	32496	95878	24299	224	16463	7169	4055	10674	48744	5148	1990	22327	31528	208	7343
3	（一）国有企业	12858	10568	6463	10	-840	1323	0	659	560	52	334	0	0	10	30	132	20	0
4	（二）集体企业	18442	13613	12520	0	3245	248	0	855	128	50	63	208	0	8	0	24	0	0
5	（三）股份合作企业	2888	1093	1027	0	1489	116	0	71	20	17	60	0	0	16	0	6	0	0
6	（四）联营企业	2	2	0	0	0	0	0	0	0	0	0	0	0	0	0	0	0	0
7	其中：国有控股	1	1	0	0	0	0	0	0	0	0	0	0	0	0	0	0	0	0
8	1. 国有联营企业	2	2	0	0	0	0	0	0	0	0	0	0	0	0	0	0	0	0
9	2. 集体联营企业	0	0	0	0	0	0	0	0	0	0	0	0	0	0	0	0	0	0
10	3. 国有与集体联营企业	0	0	0	0	0	0	0	0	0	0	0	0	0	0	0	0	0	0
11	4. 其他联营企业	0	0	0	0	0	0	0	0	0	0	0	0	0	0	0	0	0	0
12	（五）有限责任公司	283682	120012	91881	32387	62986	10167	120	10093	3855	2242	5953	28498	2	670	0	6247	155	295
13	其中：国有控股	50625	29392	27881	5811	7162	1637	0	1818	1473	343	1778	797	1	140	0	130	0	0
14	1. 国有独资企业	5402	3677	2564	0	282	93	0	175	47	13	297	784	0	22	0	12	0	0
15	2. 其他有限责任公司	278280	116335	89317	32387	62704	10074	120	9918	3808	2229	5656	27714	2	648	0	6235	155	295
16	（六）股份有限公司	30330	15871	14425	20	1853	5010	0	980	829	225	310	19	5144	66	0	2	1	0
17	其中：国有控股	20772	12456	12103	20	258	3015	0	752	763	133	286	19	3010	58	0	2	0	0
18	（七）私营企业	148216	61971	48328	79	26745	4938	104	3652	1589	1366	3766	18426	0	797	0	24764	24	-5
19	1. 私营独资企业	3182	2234	1446	7	3	280	5	119	61	6	196	202	0	15	0	23	7	24

续表

序号	项 目	税收收入合计	国内增值税	一般纳税人	国内消费税	企业所得税	个人所得税	资源税	城市维护建设税	房产税	印花税	城镇土地使用税	土地增值税	车船税	车辆购置税	耕地占用税	契税	环境保护税	其他税收
20	2. 私营合伙企业	317	174	91	0	1	73	0	11	10	2	25	0	0	0	0	21	0	0
21	3. 私营有限责任公司	143736	58794	46658	72	26730	4466	99	3475	1514	1346	3537	18224	0	771	0	24720	17	-29
22	4. 私营股份有限公司	981	769	133	0	11	119	0	47	4	12	8	0	0	11	0	0	0	0
23	(八)其他企业	38[illegible]47	2889	1234	0	400	2497	0	153	188	103	188	1593	2	423	22297	353	8	7053
24	二、港、澳、台商投资企业	201628	38533	36849	124	33292	7102	0	2310	2805	1922	2883	4371	0	28	0	2677	112	105469
25	其中:国有控股	3486	-1623	-1629	0	31	2987	0	368	575	671	190	0	0	0	0	281	6	0
26	1. 合资经营企业(港或澳、台资)	1970	357	-1	0	391	121	0	109	35	31	176	0	0	8	0	385	7	350
27	2. 合作经营企业(港或澳、台资)	1270	761	382	0	410	3	0	18	20	1	28	20	0	4	0	0	5	0
28	3. 港、澳、台商独资经营企业	143481	22378	21880	123	25299	3326	0	1773	2028	1183	2460	2590	0	16	0	927	94	81284
29	4. 港、澳、台商投资股份有限公司	49742	14181	14171	0	6553	2990	0	378	643	673	202	0	0	0	0	281	6	23835
30	5. 其他港、澳、台商投资企业	5[illegible]65	856	417	1	639	662	0	32	79	34	17	1761	0	0	0	1084	0	0
31	三、外商投资企业	18907	7902	6893	0	6230	1630	0	477	964	197	390	26	150	3	0	916	7	15
32	其中:国有控股	204	-1	-1	0	5	38	0	9	0	2	1	0	150	0	0	0	0	0
33	1. 中外合资经营企业	1401	848	831	0	286	61	0	49	112	3	15	26	0	0	0	0	1	0
34	2. 中外合作经营企业	47	0	0	0	3	0	0	24	9	0	11	0	0	0	0	0	0	0
35	3. 外资企业	3472	698	389	0	786	843	0	47	185	78	101	0	0	1	0	717	1	15
36	4. 外商投资股份有限公司	425	107	100	0	0	38	0	36	57	2	35	0	150	0	0	0	0	0
37	5. 其他外商投资企业	13562	6249	5573	0	5155	688	0	321	601	114	228	0	0	2	0	199	5	0
38	四、个体经营	72620	10453	879	134	0	7248	1	593	1111	140	574	4873	16	32671	0	14789	7	10
39	1. 个体户	72599	10442	871	128	0	7248	1	592	1110	140	573	4873	16	32670	0	14789	7	10
40	2. 个人合伙	21	11	8	6	0	0	0	1	1	0	1	0	0	1	0	0	0	0

4－12　东莞市税务局税收收入分企业类型统计年报（2018年）

编报机关：东莞市税务局　　　　单位：万元

序号	项　目	税收收入合计	国内增值税	一般纳税人	国内消费税	企业所得税	个人所得税	资源税	城市维护建设税	房产税	印花税	城镇土地使用税	土地增值税	车船税	车辆购置税	耕地占用税	契税	环境保护税	其他税收
1	合　计	22636894	9130008	8580065	110049	3698403	1621423	233	587656	366702	160215	113135	893282	95655	527693	40019	379322	2286	4910813
2	一、内资企业	15996257	5769049	5386190	95537	2329102	1021711	228	401647	227640	110338	70371	705667	94069	71680	39986	148126	738	4910368
3	（一）国有企业	54640	27645	10187	0	10243	11570	0	1874	2089	553	535	17	1	44	0	10	0	59
4	（二）集体企业	155873	51497	39632	4	38196	5977	0	2838	20406	1764	11572	19633	11	137	1194	1275	11	1358
5	（三）股份合作企业	1002	156	12	0	13	574	0	8	148	89	14	0	0	0	0	0	0	0
6	（四）联营企业	319	159	61	0	141	8	0	6	2	1	2	0	0	0	0	0	0	0
7	其中：国有控股	256	120	61	0	133	0	0	3	0	0	0	0	0	0	0	0	0	0
8	1. 国有联营企业	92	83	0	0	1	5	0	2	0	1	0	0	0	0	0	0	0	0
9	2. 集体联营企业	19	7	0	0	7	1	0	0	2	0	2	0	0	0	0	0	0	0
10	3. 国有与集体联营企业	0	0	0	0	0	0	0	0	0	0	0	0	0	0	0	0	0	0
11	4. 其他联营企业	208	69	61	0	133	2	0	4	0	0	0	0	0	0	0	0	0	0
12	（五）有限责任公司	5526251	3098100	2893052	93060	1060334	289552	219	188449	121747	50107	35927	467235	2077	45821	24	68501	572	4526
13	其中：国有控股	841556	337117	317429	145	244509	47653	218	45867	14634	10712	3855	116148	1537	7557	19	11739	－172	0
14	1. 国有独资企业	12936	4918	1797	0	4033	1950	0	292	565	1139	96	0	0	0	19	－76	0	0
15	2. 其他有限责任公司	5513315	3093182	2891255	93060	1056301	287602	219	188157	121182	48968	35831	467235	2077	45821	5	68577	572	4526
16	（六）股份有限公司	934909	424739	411517	258	179416	176740	0	30188	14670	5927	2212	6778	91762	277	0	1955	7	－20
17	其中：国有控股	224530	134656	133718	175	32729	40286	0	9469	3939	837	390	82	1848	53	0	87	－1	－20
18	（七）私营企业	4243590	2128715	2009206	2215	1004954	494063	9	176465	59181	49699	18023	208863	175	24017	301	76177	148	585
19	1. 私营独资企业	50556	36116	33071	21	429	8574	0	1904	1350	306	731	616	1	306	0	184	17	1

续表

序号	项　目	税收收入合计	国内增值税	一般纳税人	国内消费税	企业所得税	个人所得税	资源税	城市维护建设税	房产税	印花税	城镇土地使用税	土地增值税	车船税	车辆购置税	耕地占用税	契税	环境保护税	其他税收
20	2. 私营合伙企业	19091	11075	9288	2	0	6361	0	649	412	139	214	201	0	36	0	0	2	0
21	3. 私营有限责任公司	3967873	1957368	1844403	2116	958390	457709	9	166964	54114	47139	16517	207290	172	23349	301	75739	112	584
22	4. 私营股份有限公司	206070	124156	122444	76	46135	21419	0	6948	3305	2115	561	756	2	326	0	254	17	0
23	(八) 其他企业	5079673	38038	22523	0	35805	43227	0	1819	9397	2198	2086	3141	43	1384	38467	208	0	4903860
24	二、港、澳、台商投资企业	3272255	1990512	1967884	2892	733050	202888	5	111166	74889	27332	23579	80794	52	4894	2	18851	1330	19
25	其中：国有控股	40039	7609	7458	0	26552	2020	5	985	1144	313	315	116	0	661	0	301	8	0
26	1. 合资经营企业（港或澳、台资）	328548	179193	171736	379	88315	15144	5	13516	11019	2711	3029	12777	4	1199	0	840	417	0
27	2. 合作经营企业（港或澳、台资）	122136	22289	22024	0	81351	1826	0	1269	1259	287	2186	11646	0	9	0	0	4	0
28	3. 港、澳、台商独资经营企业	2549046	1696804	1688335	2424	441595	154523	0	91264	57258	22613	16251	52570	36	3464	0	9325	902	17
29	4. 港、澳、台商投资股份有限公司	130085	68937	68712	0	37838	16099	0	3917	1426	1162	364	283	0	52	0	0	7	0
30	5. 其他港、澳、台商投资企业	142440	23289	17077	89	83941	15296	0	1200	3927	559	1749	3518	12	170	2	8686	0	2
31	三、外商投资企业	2150259	1126190	1097049	11074	636251	129870	0	61981	42830	18490	10961	100974	420	7872	0	3011	203	132
32	其中：国有控股	21230	13052	12985	34	4007	2235	0	444	678	162	192	0	0	425	0	0	1	0
33	1. 中外合资经营企业	135250	44767	43501	0	51473	15165	0	5052	4060	2528	1900	9143	398	150	0	610	3	1
34	2. 中外合作经营企业	12324	8126	8069	0	1518	978	0	255	918	37	315	175	0	2	0	0	0	0
35	3. 外资企业	1650728	1017278	995781	10956	333836	101351	0	54963	36164	15145	7933	64173	21	6624	0	2014	201	69
36	4. 外商投资股份有限公司	56006	16231	12620	118	8857	4296	0	1056	545	205	100	23424	1	1079	0	84	0	0
37	5. 其他外商投资企业	295951	39788	37078	0	240557	8080	0	655	1143	575	713	4059	0	17	0	303	−1	62
38	四、个体经营	1218123	244257	128942	546	0	266954	0	12862	21343	4055	8224	5847	1114	443247	31	209334	15	294
39	1. 个体户	1218134	244281	128933	546	0	266946	0	12860	21341	4055	8222	5847	1114	443247	31	209334	16	294
40	2. 个人合伙	−11	−24	9	0	0	8	0	2	2	0	2	0	0	0	0	0	−1	0

4－13 中山市税务局税收收入分企业类型统计年报（2018年）

编报机关：中山市税务局　　　　单位：万元

序号	项目	税收收入合计	国内增值税	一般纳税人	国内消费税	企业所得税	个人所得税	资源税	城市维护建设税	房产税	印花税	城镇土地使用税	土地增值税	车船税	车辆购置税	耕地占用税	契税	环境保护税	其他税收
1	合计	7394922	3506427	3180498	46940	1425156	597538	26	206485	200347	47642	91388	507164	32860	198754	17895	229958	1496	284846
2	一、内资企业	4510834	2196745	1998134	40914	814000	301668	25	131276	140983	32093	69983	339514	32290	18806	17892	89119	823	284703
3	（一）国有企业	12360	8479	1791	0	468	1938	0	505	607	77	256	26	0	4	0	0	0	0
4	（二）集体企业	77462	14385	7950	0	33867	1368	0	881	5920	258	4418	15523	2	7	206	624	1	2
5	（三）股份合作企业	609	232	5	0	16	5	0	20	300	3	33	0	0	0	0	0	0	0
6	（四）联营企业	951	460	238	0	356	53	0	26	38	1	17	0	0	0	0	0	0	0
7	其中：国有控股	207	185	0	0	19	0	0	1	1	0	1	0	0	0	0	0	0	0
8	1. 国有联营企业	240	197	0	0	0	29	0	13	0	1	0	0	0	0	0	0	0	0
9	2. 集体联营企业	342	108	88	0	174	24	0	5	23	0	8	0	0	0	0	0	0	0
10	3. 国有与集体联营企业	28	4	0	0	3	0	0	0	14	0	7	0	0	0	0	0	0	0
11	4. 其他联营企业	341	151	150	0	179	0	0	8	1	0	2	0	0	0	0	0	0	0
12	（五）有限责任公司	1936564	934033	842360	39510	424802	94034	13	59354	51274	15953	40927	224622	1913	6067	464	40233	299	3066
13	其中：国有控股	266271	47641	43701	38166	62299	13135	0	10140	13565	3193	10692	60823	729	76	464	5360	-20	0
14	1. 国有独资企业	36518	6935	4513	0	16919	1393	0	457	4205	1149	4426	239	0	3	464	339	0	-11
15	2. 其他有限责任公司	1900046	927098	837847	39510	407883	92641	13	58897	47069	14804	36501	224383	1913	6064	0	39894	299	3077
16	（六）股份有限公司	393446	202495	196725	97	64389	63830	4	12874	7372	2710	1725	5119	30338	149	0	2206	2	136
17	其中：国有控股	152028	93449	92175	97	1369	22986	0	6384	2697	1105	433	1367	20287	92	0	1635	1	126
18	（七）私营企业	1667266	1018614	938873	1307	284356	105909	8	56568	23677	11426	14662	88790	20	12223	53	45139	518	3996
19	1. 私营独资企业	160053	117503	107837	112	4	31856	2	6269	1927	768	709	99	1	689	0	24	90	0

续表

序号	项　目	税收收入合计	国内增值税	一般纳税人	国内消费税	企业所得税	个人所得税	资源税	城市维护建设税	房产税	印花税	城镇土地使用税	土地增值税	车船税	车辆购置税	耕地占用税	契税	环境保护税	其他税收
20	2. 私营合伙企业	21196	10218	9428	2	-2	9955	0	585	240	114	89	0	0	71	0	18	12	-106
21	3. 私营有限责任公司	1348130	797398	729401	1193	264532	52305	6	44310	19053	9032	13099	87535	18	11392	53	44344	191	3669
22	4. 私营股份有限公司	137887	93495	92207	0	19822	11793	0	5404	2457	1512	765	1156	1	71	0	753	225	433
23	(八) 其他企业	422176	18047	10192	0	5746	34531	0	1048	51795	1665	7945	5434	17	356	17169	917	3	277503
24	二、港、澳、台商投资企业	1105085	590648	575946	3362	266504	60077	0	31496	28862	6030	12182	81430	14	3009	0	20994	399	78
25	其中：国有控股	10037	0	0	0	0	5033	0	1697	2178	491	632	0	1	0	0	0	5	0
26	1. 合资经营企业（港或澳、台资）	177736	122048	121556	20	27244	7289	0	6752	5336	1297	2106	4469	4	335	0	709	95	32
27	2. 合作经营企业（港或澳、台资）	38158	10675	10637	0	6483	803	0	563	821	123	1073	17060	2	2	0	507	44	2
28	3. 港、澳、台商独资经营企业	694982	394486	389291	3254	162467	30059	0	20906	19516	3763	8101	43687	7	2630	0	5814	251	41
29	4. 港、澳、台商投资股份有限公司	82470	53519	53268	37	17237	4821	0	2716	1165	567	196	2096	0	41	0	66	9	0
30	5. 其他港、澳、台商投资企业	111739	9920	1194	51	53073	17105	0	559	2024	280	706	14118	1	1	0	13898	0	3
31	三、外商投资企业	1072819	585836	581655	2514	344652	47560	0	36275	19492	7714	6301	16568	260	998	0	4519	262	-132
32	其中：国有控股	1048	0	0	0	0	303	0	250	319	32	144	0	0	0	0	0	0	0
33	1. 中外合资经营企业	288297	159185	158723	1739	96518	8994	0	10008	3279	790	949	2529	1	97	0	3759	49	0
34	2. 中外合作经营企业	4888	286	284	0	923	68	0	20	501	12	104	2973	0	0	0	0	1	0
35	3. 外资企业	655819	392094	389839	775	174239	27958	0	23397	14455	6492	4840	10396	113	834	0	234	186	-194
36	4. 外商投资股份有限公司	44105	26188	26144	0	7694	5873	0	2566	868	321	279	0	146	67	0	77	26	0
37	5. 其他外商投资企业	79710	8083	6665	0	64878	4667	0	284	389	99	129	670	0	0	0	449	0	62
38	四、个体经营	706184	133198	24763	150	0	188233	1	7438	11010	1805	2922	69652	296	175941	3	115326	12	197
39	1. 个体户	706164	133179	24745	150	0	188233	1	7437	11010	1805	2922	69652	296	175941	3	115326	12	197
40	2. 个人合伙	20	19	18	0	0	0	0	1	0	0	0	0	0	0	0	0	0	0

4－14　江门市税务局税收收入分企业类型统计年报（2018年）

编报机关：江门市税务局　　　　单位：万元

序号	项目	税收收入合计	国内增值税	一般纳税人	国内消费税	企业所得税	个人所得税	资源税	城市维护建设税	房产税	印花税	城镇土地使用税	土地增值税	车船税	车辆购置税	耕地占用税	契税	环境保护税	其他税收
1	合计	5205735	2426871	2192530	55449	960998	326926	9806	165007	128305	40026	141241	307124	23904	122285	37454	177165	2553	280621
2	一、内资企业	3207291	1403865	1242905	51828	583562	184769	8884	97232	71328	28713	97746	255649	22964	12872	36883	68821	1597	280578
3	(一) 国有企业	42995	26769	21839	0	2025	5642	0	1734	2044	163	1403	1554	1322	19	0	109	2	209
4	(二) 集体企业	61337	19185	14798	39	22355	1515	1	1356	1971	309	3007	11159	19	47	0	68	2	304
5	(三) 股份合作企业	36200	5469	4853	0	16164	4457	0	390	450	56	7653	1323	0	14	0	4	0	220
6	(四) 联营企业	1528	1347	120	0	146	9	0	10	6	2	2	0	0	0	0	2	4	0
7	其中：国有控股	1350	1228	16	0	101	6	0	2	5	0	2	0	0	0	0	2	4	0
8	1. 国有联营企业	1222	1216	0	0	0	2	0	1	2	0	1	0	0	0	0	0	0	0
9	2. 集体联营企业	162	106	104	0	45	1	0	7	1	2	0	0	0	0	0	0	0	0
10	3. 国有与集体联营企业	0	0	0	0	0	0	0	0	0	0	0	0	0	0	0	0	0	0
11	4. 其他联营企业	144	25	16	0	101	6	0	2	3	0	1	0	0	0	0	2	4	0
12	(五) 有限责任公司	1547041	732552	646951	49889	331381	61109	3121	52319	37782	13943	58835	164543	1454	4321	2825	30744	1199	1024
13	其中：国有控股	175679	84499	83034	0	36738	7162	1	6237	8481	1683	12776	14314	8	235	680	2107	175	0
14	1. 国有独资企业	40798	23682	21958	0	1609	4303	0	1654	3505	411	3434	7	19	218	77	1783	2	94
15	2. 其他有限责任公司	1506243	708870	624993	49889	329772	56806	3121	50665	34277	13532	55401	164536	1435	4103	2748	28961	1197	930
16	(六) 股份有限公司	217464	103548	97922	87	45369	33165	0	7427	5986	1971	2165	661	16721	123	0	302	7	-68
17	其中：国有控股	70147	47001	46230	87	904	10709	0	3407	2768	575	395	298	4029	41	0	3	0	-70
18	(七) 私营企业	933274	501665	450928	1759	160774	58067	5762	33009	18468	10987	22208	75167	232	7619	0	36247	372	938
19	1. 私营独资企业	49414	33192	31419	48	14	10968	114	2072	713	421	1396	23	1	340	0	68	44	0

续表

序号	项　目	税收收入合计	国内增值税	一般纳税人	国内消费税	企业所得税	个人所得税	资源税	城市维护建设税	房产税	印花税	城镇土地使用税	土地增值税	车船税	车辆购置税	耕地占用税	契税	环境保护税	其他税收
20	2. 私营合伙企业	6555	2775	2411	138	0	3116	19	188	70	113	90	0	0	40	0	0	6	0
21	3. 私营有限责任公司	817884	430277	382431	1573	146913	40117	5559	28220	16482	9022	20021	75115	213	7032	0	36102	300	938
22	4. 私营股份有限公司	59421	35421	34667	0	13847	3866	70	2529	1203	1431	701	29	18	207	0	77	22	0
23	(八) 其他企业	367452	13330	5494	54	5348	20805	0	987	4621	1282	2473	1242	3216	729	34058	1345	11	277951
24	二、港、澳、台商投资企业	1174543	718557	709404	2938	248007	52799	767	48508	25010	6715	23768	30683	14	700	396	14878	665	138
25	其中：国有控股	4900	530	530	15	173	1046	0	919	1197	210	659	0	0	6	0	149	14	-18
26	1. 合资经营企业（港或澳、台资）	195961	119046	118581	196	43438	9489	643	7557	5907	1570	4994	1814	1	143	0	888	275	0
27	2. 合作经营企业（港或澳、台资）	35743	15397	14911	365	14841	670	28	961	390	489	504	1495	2	22	396	169	14	0
28	3. 港、澳、台商独资经营企业	860339	572013	568151	1432	153518	24504	96	39195	16000	4424	15853	24088	7	530	0	8187	358	134
29	4. 港、澳、台商投资股份有限公司	10300	6566	6436	943	409	1958	0	481	163	71	80	109	1	1	0	0	18	0
30	5. 其他港、澳、台商投资企业	71700	5535	1325	2	35801	16178	0	314	2550	161	2337	3177	3	4	0	5634	0	4
31	三、外商投资企业	420609	214273	211925	357	129429	30914	5	13797	9633	3053	7029	5218	566	965	0	5362	276	-268
32	其中：国有控股	4385	268	261	0	0	1141	0	2320	144	251	176	73	1	10	0	0	1	0
33	1. 中外合资经营企业	168339	87242	87050	11	55619	9627	5	6411	3339	1472	2289	1520	249	303	0	368	118	-234
34	2. 中外合作经营企业	4700	3753	3751	0	352	155	0	218	137	14	70	0	0	0	0	0	1	0
35	3. 外资企业	186580	108644	107885	346	33830	17426	0	6364	5632	1404	4363	3510	102	654	0	4186	153	-34
36	4. 外商投资股份有限公司	15264	8739	8527	0	3650	1507	0	737	139	124	142	0	215	7	0	0	4	0
37	5. 其他外商投资企业	45726	5895	4712	0	35978	2199	0	67	386	39	165	188	0	1	0	808	0	0
38	四、个体经营	403292	90176	28296	326	0	58444	150	5470	22334	1545	12698	15574	360	107748	175	88104	15	173
39	1. 个体户	403292	90176	28296	326	0	58444	150	5470	22334	1545	12698	15574	360	107748	175	88104	15	173
40	2. 个人合伙	0	0	0	0	0	0	0	0	0	0	0	0	0	0	0	0	0	0

4－15 阳江市税务局税收收入分企业类型统计年报（2018年）

编报机关：阳江市税务局

单位：万元

序号	项目	税收收入合计	国内增值税	一般纳税人	国内消费税	企业所得税	个人所得税	资源税	城市维护建设税	房产税	印花税	城镇土地使用税	土地增值税	车船税	车辆购置税	耕地占用税	契税	环境保护税	其他税收
1	合计	1461414	646502	568274	22293	254812	96546	5368	48253	21103	9304	23515	96428	9893	61288	10958	54337	1949	98865
2	一、内资企业	1026917	478174	418431	22126	199259	56099	4895	36234	13402	7994	20017	89220	8324	4166	10924	18019	1769	56295
3	(一) 国有企业	33958	21309	19462	0	3224	3732	90	1405	948	238	1052	1589	82	137	0	28	4	120
4	(二) 集体企业	24312	14476	13612	0	6662	1473	409	946	93	141	37	6	0	29	0	6	1	33
5	(三) 股份合作企业	1148	524	466	0	281	248	0	27	18	6	44	0	0	0	0	0	0	0
6	(四) 联营企业	17	11	0	0	1	3	1	1	0	0	0	0	0	0	0	0	0	0
7	其中：国有控股	1	1	0	0	0	0	0	0	0	0	0	0	0	0	0	0	0	0
8	1. 国有联营企业	5	2	0	0	0	2	0	1	0	0	0	0	0	0	0	0	0	0
9	2. 集体联营企业	12	9	0	0	1	1	1	0	0	0	0	0	0	0	0	0	0	0
10	3. 国有与集体联营企业	0	0	0	0	0	0	0	0	0	0	0	0	0	0	0	0	0	0
11	4. 其他联营企业	0	0	0	0	0	0	0	0	0	0	0	0	0	0	0	0	0	0
12	(五) 有限责任公司	530730	262401	225017	21843	113009	21548	3281	20413	7260	4316	11708	53021	702	1607	0	5302	1303	3016
13	其中：国有控股	39328	4072	2961	10515	8977	4474	103	3887	742	542	916	3484	437	29	0	406	190	0
14	1. 国有独资企业	4329	1987	1757	0	648	817	5	143	132	6	410	36	0	3	0	136	6	0
15	2. 其他有限责任公司	526401	260414	223260	21843	112361	20731	3276	20270	7128	4310	11298	52985	702	1604	0	5166	1297	3016
16	(六) 股份有限公司	69240	33319	31777	25	11383	10497	3	2382	1213	536	706	582	7533	164	0	181	17	699
17	其中：国有控股	30878	20804	20711	25	23	4359	0	1425	797	225	308	92	2706	30	0	12	0	72
18	(七) 私营企业	289065	143182	127085	258	63630	10313	1101	10851	3528	2644	6325	31098	6	1878	0	12374	442	1435
19	1. 私营独资企业	11264	8481	7807	8	80	1277	94	578	180	46	349	33	0	41	0	5	59	33

续表

序号	项目	税收收入合计	国内增值税	一般纳税人	国内消费税	企业所得税	个人所得税	资源税	城市维护建设税	房产税	印花税	城镇土地使用税	土地增值税	车船税	车辆购置税	耕地占用税	契税	环境保护税	其他税收
20	2. 私营合伙企业	1727	1306	1189	0	0	246	2	75	17	5	73	0	0	0	0	0	3	0
21	3. 私营有限责任公司	270608	132664	117659	250	60042	8094	1003	9853	3252	2535	5864	31065	6	1829	0	12369	380	1402
22	4. 私营股份有限公司	5466	731	430	0	3508	696	2	345	79	58	39	0	0	8	0	0	0	0
23	（八）其他企业	78447	2952	1012	0	1059	8285	10	209	342	113	145	2924	1	351	10924	128	2	50992
24	二、港、澳、台商投资企业	200626	130411	129703	0	42004	8960	326	9566	2754	508	1412	3759	0	35	34	795	62	0
25	其中：国有控股	12378	348	348	0	0	2806	0	7255	1784	137	47	0	0	0	0	0	1	0
26	1. 合资经营企业（港或澳、台资）	147153	108899	108670	0	24437	3064	7	7725	1840	231	435	405	0	20	0	29	11	0
27	2. 合作经营企业（港或澳、台资）	17329	9837	9820	0	5949	178	0	692	195	56	185	221	0	1	0	6	9	0
28	3. 港、澳、台商独资经营企业	28689	11227	10895	0	11055	841	319	1068	662	188	762	2251	0	14	34	226	42	0
29	4. 港、澳、台商投资股份有限公司	459	304	299	0	45	15	0	72	0	6	17	0	0	0	0	0	0	0
30	5. 其他港、澳、台商投资企业	6996	144	19	0	468	4862	0	9	57	27	13	882	0	0	0	534	0	0
31	三、外商投资企业	80506	16642	16500	67	13549	3046	12	1304	531	475	414	76	1508	191	0	108	37	42546
32	其中：国有控股	45	15	7	0	0	2	0	13	0	1	14	0	0	0	0	0	0	0
33	1. 中外合资经营企业	3905	2072	2033	0	1283	194	0	115	29	10	198	0	0	2	0	0	2	0
34	2. 中外合作经营企业	102	27	27	0	37	3	0	21	3	1	10	0	0	0	0	0	0	0
35	3. 外资企业	74293	14061	14009	67	11000	2431	12	1146	476	453	199	77	1508	189	0	94	35	42545
36	4. 外商投资股份有限公司	273	169	147	0	33	29	0	12	22	0	6	0	0	0	0	0	0	2
37	5. 其他外商投资企业	1933	313	284	0	1196	389	0	10	1	11	1	-1	0	0	0	14	0	-1
38	四、个体经营	153365	21275	3640	100	0	28441	135	1149	4416	327	1672	3373	61	56896	0	35415	81	24
39	1. 个体户	153359	21270	3639	100	0	28440	135	1149	4416	327	1672	3373	61	56896	0	35415	81	24
40	2. 个人合伙	6	5	1	0	0	1	0	0	0	0	0	0	0	0	0	0	0	0

4－16　湛江市税务局税收收入分企业类型统计年报（2018年）

编报机关：湛江市税务局　　　　单位：万元

序号	项　目	税收收入合计	国内增值税		国内消费税	企业所得税	个人所得税	资源税	城市维护建设税	房产税	印花税	城镇土地使用税	土地增值税	车船税	车辆购置税	耕地占用税	契税	环境保护税	其他税收
				一般纳税人															
1	合　计	5098534	1314908	1170508	735088	585885	195182	93394	130007	43425	22719	37335	184509	15697	83954	13792	98659	3798	1540182
2	一、内资企业	3486769	845074	739936	111069	439947	153294	2233	65638	37318	19955	31563	166417	15008	911	13792	43261	2410	1538879
3	(一) 国有企业	85578	49294	40384	0	10707	14090	30	3206	2273	875	2855	1243	252	40	0	457	85	171
4	(二) 集体企业	30683	19369	17896	30	6672	1928	33	1167	239	250	227	315	0	2	0	75	8	368
5	(三) 股份合作企业	42497	13982	10708	0	23290	3380	0	598	386	148	161	261	0	32	0	257	2	0
6	(四) 联营企业	477	388	256	0	10	47	0	12	0	17	3	0	0	0	0	0	0	0
7	其中：国有控股	410	371	245	0	9	1	0	12	0	17	0	0	0	0	0	0	0	0
8	1. 国有联营企业	122	121	0	0	0	1	0	0	0	0	0	0	0	0	0	0	0	0
9	2. 集体联营企业	53	5	0	0	0	45	0	0	0	0	3	0	0	0	0	0	0	0
10	3. 国有与集体联营企业	119	104	104	0	1	0	0	5	0	9	0	0	0	0	0	0	0	0
11	4. 其他联营企业	183	158	152	0	9	1	0	7	0	8	0	0	0	0	0	0	0	0
12	(五) 有限责任公司	1185391	465111	414229	110704	300706	46608	1324	40388	22411	12332	19914	133480	1893	310	1545	24535	2046	2084
13	其中：国有控股	87722	21807	19476	44	14591	14230	28	11528	8576	3721	3686	7651	162	9	0	377	－20	0
14	1. 国有独资企业	14730	6890	4731	0	2785	1454	0	455	479	131	1315	627	162	2	299	72	3	56
15	2. 其他有限责任公司	1170661	458221	409498	110704	297921	45154	1324	39933	21932	12201	18599	132853	1731	308	1246	24463	2043	2028
16	(六) 股份有限公司	1719981	82266	79480	25	47827	25685	36	5742	3204	1621	1931	2865	12814	7	0	6	35	1535917
17	其中：国有控股	60643	36559	36277	24	990	13066	2	3293	1695	810	716	14	3574	6	0	6	1	－113
18	(七) 私营企业	349002	203627	172686	310	48107	21926	810	13857	6176	4279	5855	26257	11	309	0	17151	191	136
19	1. 私营独资企业	8789	6919	5788	29	5	719	16	449	166	31	245	176	0	7	0	1	19	7

续表

序号	项　目	税收收入合计	国内增值税	一般纳税人	国内消费税	企业所得税	个人所得税	资源税	城市维护建设税	房产税	印花税	城镇土地使用税	土地增值税	车船税	车辆购置税	耕地占用税	契税	环境保护税	其他税收
20	2. 私营合伙企业	3360	2074	1920	10	0	998	2	164	14	18	48	0	0	0	0	24	5	3
21	3. 私营有限责任公司	334169	193208	164612	271	47342	19921	792	13144	5970	4191	5517	26081	11	302	0	17126	167	126
22	4. 私营股份有限公司	2584	1426	366	0	760	288	0	100	26	39	45	0	0	0	0	0	0	0
23	(八) 其他企业	73160	11037	4297	0	2628	39630	0	668	2629	433	617	1996	38	211	12247	780	43	203
24	二、港、澳、台商投资企业	1268009	398210	397194	623916	75047	9885	90832	59781	1344	1634	4069	1379	0	28	0	537	1341	6
25	其中：国有控股	297574	197460	197460	0	106	5192	90802	2009	10	968	2	0	0	0	0	0	1025	0
26	1. 合资经营企业（港或澳、台资）	24973	9641	9241	0	11543	1492	30	699	311	125	416	880	0	0	0	2	29	5
27	2. 合作经营企业（港或澳、台资）	911051	175732	175701	623563	54045	620	0	55842	298	16	813	0	0	0	0	87	34	1
28	3. 港、澳、台商独资经营企业	20886	11323	10775	201	5196	1215	0	881	508	319	480	490	0	28	0	220	25	0
29	4. 港、澳、台商投资股份有限公司	309122	201406	201405	152	2565	6449	90802	2356	207	1172	2360	0	0	0	0	0	1253	0
30	5. 其他港、澳、台商投资企业	1977	108	72	0	1498	109	0	3	20	2	0	9	0	0	0	228	0	0
31	三、外商投资企业	113231	25889	25099	10	70891	3958	0	1978	1572	641	1146	5351	540	3	0	70	18	1164
32	其中：国有控股	-247	-1039	-1052	0	223	223	0	39	33	4	84	16	189	0	0	0	0	-19
33	1. 中外合资经营企业	19549	8924	9252	0	5696	1665	0	908	627	364	598	16	511	3	0	28	9	0
34	2. 中外合作经营企业	5448	130	129	0	0	3	0	92	98	12	45	3885	0	0	0	0	0	1183
35	3. 外资企业	26131	14926	14807	10	5712	1617	0	886	816	199	495	1450	29	0	0	2	8	-19
36	4. 外商投资股份有限公司	225	92	7	0	13	85	0	7	19	1	8	0	0	0	0	0	0	0
37	5. 其他外商投资企业	62078	1817	904	0	59470	588	0	85	12	65	0	0	0	0	0	40	1	0
38	四、个体经营	230525	45735	8279	93	0	28045	329	2610	3191	489	557	11362	149	83012	0	54791	29	133
39	1. 个体户	230499	45715	8264	93	0	28043	329	2606	3191	489	557	11362	149	83012	0	54791	29	133
40	2. 个人合伙	26	20	15	0	0	2	0	4	0	0	0	0	0	0	0	0	0	0

4－17 茂名市税务局税收收入分企业类型统计年报（2018年）

编报机关：茂名市税务局　　　　单位：万元

序号	项目	税收收入合计	国内增值税	一般纳税人	国内消费税	企业所得税	个人所得税	资源税	城市维护建设税	房产税	印花税	城镇土地使用税	土地增值税	车船税	车辆购置税	耕地占用税	契税	环境保护税	其他税收
1	合计	4356091	1254220	1170434	1177760	413881	106087	3826	180167	23822	12273	26734	238969	16734	81709	36778	76031	2122	704978
2	一、内资企业	4150745	1210577	1147915	1177398	400753	90294	3413	177213	20526	11472	25146	230445	16088	4972	36301	39176	2035	704936
3	（一）国有企业	115645	47779	42987	0	18412	8279	138	3276	3278	517	5994	19333	437	293	7442	321	142	4
4	（二）集体企业	31650	16871	16420	6	11747	1042	2	1134	285	273	244	120	0	53	8	－31	5	－109
5	（三）股份合作企业	28445	5466	5434	92	18823	2716	0	367	414	94	140	44	107	36	1	460	0	－315
6	（四）联营企业	572	350	335	0	33	51	0	22	10	2	53	51	0	0	0	0	0	0
7	其中：国有控股	203	171	169	0	6	7	0	13	2	1	3	0	0	0	0	0	0	0
8	1. 国有联营企业	122	0	0	0	24	0	0	2	0	1	44	51	0	0	0	0	0	0
9	2. 集体联营企业	103	53	48	0	0	37	0	3	5	0	5	0	0	0	0	0	0	0
10	3. 国有与集体联营企业	0	0	0	0	0	0	0	0	0	0	0	0	0	0	0	0	0	0
11	4. 其他联营企业	347	297	287	0	9	14	0	17	5	1	4	0	0	0	0	0	0	0
12	（五）有限责任公司	1000951	489600	455712	39577	212724	25343	1758	37498	10287	7389	12761	138029	2336	2587	4672	13813	661	1916
13	其中：国有控股	149108	48896	48236	36374	25488	3094	2	10534	587	786	1927	20408	163	74	0	876	－123	0
14	1. 国有独资企业	7798	4051	3400	0	1420	551	0	284	153	39	1015	0	0	20	0	265	0	0
15	2. 其他有限责任公司	993153	485549	452312	39577	211304	24792	1758	37214	10134	7350	11746	138029	2336	2567	4672	13548	661	1916
16	（六）股份有限公司	1983803	558244	557172	1137649	118655	19462	0	128574	2189	1137	3426	80	13189	100	0	105	993	0
17	其中：国有控股	1940083	543676	543083	1137649	103459	13039	0	127609	1802	917	3203	0	7654	71	0	30	974	0
18	（七）私营企业	163980	82567	65867	74	16521	9460	1504	5699	1092	1806	1857	17669	15	1299	490	23718	191	18
19	1. 私营独资企业	7639	5380	4664	6	4	704	616	325	144	12	134	48	1	12	174	0	66	13

续表

序号	项　目	税收收入合计	国内增值税	一般纳税人	国内消费税	企业所得税	个人所得税	资源税	城市维护建设税	房产税	印花税	城镇土地使用税	土地增值税	车船税	车辆购置税	耕地占用税	契税	环境保护税	其他税收
20	2. 私营合伙企业	3213	2449	2198	0	2	305	211	137	28	5	39	0	0	2	15	7	13	0
21	3. 私营有限责任公司	149019	72484	57022	68	15627	7858	677	5081	825	1753	1659	17621	14	1282	301	23662	102	5
22	4. 私营股份有限公司	4109	2254	1983	0	888	593	0	156	95	36	25	0	0	3	0	49	10	0
23	（八）其他企业	825599	9700	3988	0	3838	23941	11	643	2971	254	671	55119	4	604	23688	790	43	703422
24	二、港、澳、台商投资企业	20886	11973	11153	245	5442	509	29	618	192	161	516	235	0	479	2	480	2	3
25	其中：国有控股	376	28	28	0	853	13	0	-21	2	1	0	0	0	0	0	0	0	0
26	1. 合资经营企业（港或澳、台资）	4956	2352	2296	0	1653	81	0	167	41	21	415	190	0	4	0	32	0	0
27	2. 合作经营企业（港或澳、台资）	536	571	545	0	26	1	0	32	2	3	1	0	0	0	0	0	0	0
28	3. 港、澳、台商独资经营企业	14780	8891	8226	240	3644	289	0	516	138	124	95	4	0	475	2	360	2	0
29	4. 港、澳、台商投资股份有限公司	159	87	82	5	16	5	29	7	2	3	5	0	0	0	0	0	0	0
30	5. 其他港、澳、台商投资企业	355	72	4	0	103	133	0	-104	9	10	0	41	0	0	0	88	0	3
31	三、外商投资企业	22053	8919	8437	0	7686	2342	0	996	798	310	345	0	557	11	0	65	24	0
32	其中：国有控股	3782	2096	2096	0	644	189	0	411	114	173	139	0	0	0	0	0	16	0
33	1. 中外合资经营企业	13791	6533	6521	0	4562	910	0	649	206	236	256	0	361	2	0	54	22	0
34	2. 中外合作经营企业	1	1	0	0	0	0	0	0	0	0	0	0	0	0	0	0	0	0
35	3. 外资企业	5512	2141	1687	0	788	1341	0	336	592	67	89	0	140	8	0	8	2	0
36	4. 外商投资股份有限公司	906	77	73	0	742	79	0	8	0	0	0	0	0	0	0	0	0	0
37	5. 其他外商投资企业	1843	167	156	0	1594	12	0	3	0	7	0	0	56	1	0	3	0	0
38	四、个体经营	162407	22751	2929	117	0	12942	384	1340	2306	330	727	8289	89	76247	475	36310	61	39
39	1. 个体户	162052	22642	2841	117	0	12928	203	1335	2306	330	726	8289	89	76212	467	36310	59	39
40	2. 个人合伙	355	109	88	0	0	14	181	5	0	0	1	0	0	35	8	0	2	0

4－18　肇庆市税务局税收收入分企业类型统计年报（2018年）

编报机关：肇庆市税务局　　　　单位：万元

序号	项　目	税收收入合计	国内增值税	一般纳税人	国内消费税	企业所得税	个人所得税	资源税	城市维护建设税	房产税	印花税	城镇土地使用税	土地增值税	车船税	车辆购置税	耕地占用税	契税	环境保护税	其他税收
1	合　计	2329971	1064430	878496	47047	344265	164160	10762	76474	43960	20035	50268	176499	15082	82143	20583	127941	2498	83824
2	一、内资企业	1724370	821385	676305	39744	260641	106927	6026	58832	29749	16070	39159	151232	13535	8246	20508	68020	1525	82771
3	(一) 国有企业	29963	18268	12724	0	2792	3274	0	1401	1617	142	1520	436	157	21	0	266	1	68
4	(二) 集体企业	12650	8680	5532	0	1537	1143	0	533	215	47	165	166	2	19	0	10	1	132
5	(三) 股份合作企业	13704	4073	3830	0	6551	1011	0	222	711	55	551	52	3	2	0	473	0	0
6	(四) 联营企业	997	864	44	0	2	62	0	31	4	3	31	0	0	0	0	0	0	0
7	其中：国有控股	854	835	37	0	2	1	0	3	4	0	9	0	0	0	0	0	0	0
8	1. 国有联营企业	898	807	0	0	0	60	0	28	0	3	0	0	0	0	0	0	0	0
9	2. 集体联营企业	33	11	7	0	0	0	0	0	0	0	22	0	0	0	0	0	0	0
10	3. 国有与集体联营企业	0	0	0	0	0	0	0	0	0	0	0	0	0	0	0	0	0	0
11	4. 其他联营企业	66	46	37	0	2	2	0	3	4	0	9	0	0	0	0	0	0	0
12	(五) 有限责任公司	1049615	494511	411257	39549	169146	45100	5124	36274	16005	10108	26687	115199	1157	4570	5932	39399	1234	39620
13	其中：国有控股	132700	29688	28125	38082	30247	5575	47	3521	2558	776	6560	13320	530	243	0	1538	1	0
14	1. 国有独资企业	13548	4948	3708	0	4168	520	0	259	622	169	1591	434	242	19	0	576	0	0
15	2. 其他有限责任公司	1036067	489563	407549	39549	164978	44580	5124	36015	15383	9939	25096	114765	915	4551	5932	38823	1234	39620
16	(六) 股份有限公司	162257	91512	88625	61	25209	19984	0	6724	3518	1475	773	68	11990	86	0	723	65	69
17	其中：国有控股	75001	51381	50725	61	5682	7639	0	3572	1502	869	261	28	3807	36	0	100	6	57
18	(七) 私营企业	345882	190397	150250	134	46739	19722	896	12651	5354	3750	6904	29063	179	2983	0	26876	222	12
19	1. 私营独资企业	13279	9962	9466	16	12	1532	186	546	221	83	655	0	0	26	0	3	37	0

续表

序号	项　目	税收收入合计	国内增值税	一般纳税人	国内消费税	企业所得税	个人所得税	资源税	城市维护建设税	房产税	印花税	城镇土地使用税	土地增值税	车船税	车辆购置税	耕地占用税	契税	环境保护税	其他税收
20	2. 私营合伙企业	3940	2936	2680	0	1	440	120	204	30	103	74	0	0	4	0	11	1	16
21	3. 私营有限责任公司	313377	167809	128980	85	43566	16839	590	11214	4794	3423	6072	29009	55	2928	0	26815	182	-4
22	4. 私营股份有限公司	15286	9690	9124	33	3160	911	0	687	309	141	103	54	124	25	0	47	2	0
23	（八）其他企业	109302	13080	4043	0	8665	16631	6	996	2325	490	2528	6248	47	565	14576	273	2	42870
24	二、港、澳、台商投资企业	194445	98437	93912	3867	49641	5774	4263	6944	4904	1349	5588	9864	10	452	0	2596	756	0
25	其中：国有控股	588	74	71	0	92	11	11	22	254	4	40	54	0	26	0	0	0	0
26	1. 合资经营企业（港或澳、台资）	30004	17801	17644	0	7045	715	149	1184	714	323	612	1287	1	51	0	109	13	0
27	2. 合作经营企业（港或澳、台资）	11884	2232	2094	0	7409	126	0	154	173	10	1671	8	0	7	0	93	1	0
28	3. 港、澳、台商独资经营企业	136158	76453	73308	3867	29219	3136	4114	5516	3779	971	3222	3845	7	394	0	893	742	0
29	4. 港、澳、台商投资股份有限公司	907	724	529	0	18	79	0	34	34	4	5	9	0	0	0	0	0	0
30	5. 其他港、澳、台商投资企业	15492	1227	337	0	5950	1718	0	56	204	41	78	4715	2	0	0	1501	0	0
31	三、外商投资企业	173893	98705	97394	3367	33983	8308	103	7843	5143	1807	3950	8909	1053	113	0	396	211	2
32	其中：国有控股	15739	9681	9681	0	3102	681	103	660	819	104	435	0	87	0	0	0	68	-1
33	1. 中外合资经营企业	56822	29704	29673	2677	9426	2456	103	2287	1834	391	1361	6004	308	53	0	112	107	-1
34	2. 中外合作经营企业	12452	5159	5134	0	2956	414	0	283	120	112	753	2655	0	0	0	0	0	0
35	3. 外资企业	98173	60424	59254	690	20468	4749	0	5100	3026	1242	1815	234	23	56	0	243	103	0
36	4. 外商投资股份有限公司	4955	2731	2708	0	807	338	0	166	134	33	21	0	721	3	0	0	1	0
37	5. 其他外商投资企业	1491	687	625	0	326	351	0	7	29	29	0	16	1	1	0	41	0	3
38	四、个体经营	237263	45903	10885	69	0	43151	370	2855	4164	809	1571	6494	484	73332	75	56929	6	1051
39	1. 个体户	236693	45768	10802	69	0	42747	370	2840	4160	809	1569	6494	484	73322	75	56929	6	1051
40	2. 个人合伙	570	135	83	0	0	404	0	15	4	0	2	0	0	10	0	0	0	0

4－19 清远市税务局税收收入分企业类型统计年报（2018年）

编报机关：清远市税务局

单位：万元

序号	项目	税收收入合计	国内增值税	一般纳税人	国内消费税	企业所得税	个人所得税	资源税	城市维护建设税	房产税	印花税	城镇土地使用税	土地增值税	车船税	车辆购置税	耕地占用税	契税	环境保护税	其他税收
1	合计	2473825	1114135	924183	41552	467855	187472	12754	75481	40324	17237	40467	171647	13280	86454	8853	104714	3107	88493
2	一、内资企业	1799334	848315	699432	41285	327942	128820	7704	57011	30316	13658	33655	155939	12912	12056	8852	30726	1784	88359
3	（一）国有企业	49047	37806	29236	0	2706	3372	110	2067	1830	128	555	31	130	57	0	237	0	18
4	（二）集体企业	10554	7158	5473	0	1717	477	45	411	110	55	107	270	1	20	0	156	2	25
5	（三）股份合作企业	34606	4247	4240	0	27798	1787	0	267	293	78	40	14	1	20	0	61	0	0
6	（四）联营企业	6905	4895	4714	0	1566	36	0	333	10	26	4	27	0	0	0	1	0	7
7	其中：国有控股	1307	534	365	0	618	1	0	142	2	9	1	0	0	0	0	0	0	0
8	1. 国有联营企业	217	180	0	0	0	25	0	12	0	0	0	0	0	0	0	0	0	0
9	2. 集体联营企业	1418	1013	1013	0	307	3	0	72	2	5	2	7	0	0	0	0	0	7
10	3. 国有与集体联营企业	301	177	177	0	118	0	0	6	0	0	0	0	0	0	0	0	0	0
11	4. 其他联营企业	4969	3525	3524	0	1141	8	0	243	8	21	2	20	0	0	0	1	0	0
12	（五）有限责任公司	1189273	598206	501105	40103	227026	64046	5079	41487	16880	9687	26192	126831	3519	7384	500	15614	1481	5238
13	其中：国有控股	59415	17438	15241	1	11370	4287	186	6330	1553	799	3397	12628	109	651	0	474	157	0
14	1. 国有独资企业	10637	6968	5492	0	76	478	167	476	424	26	1938	0	0	54	0	30	0	0
15	2. 其他有限责任公司	1178636	591238	495613	40103	226950	63568	4912	41011	16456	9661	24254	126831	3519	7330	500	15584	1481	5238
16	（六）股份有限公司	96098	45694	42050	27	17889	15132	0	3172	2573	486	642	339	9162	135	0	801	14	32
17	其中：国有控股	43023	25041	24725	27	343	8593	0	1621	1276	275	321	196	5158	73	0	99	0	0
18	（七）私营企业	260288	133867	106989	1155	44007	16088	2454	8300	3738	2449	4979	25448	94	3852	4	13421	286	146
19	1. 私营独资企业	7925	6031	5532	14	18	953	148	313	112	46	225	3	0	45	0	10	7	0

续表

序号	项　目	税收收入合计	国内增值税	一般纳税人	国内消费税	企业所得税	个人所得税	资源税	城市维护建设税	房产税	印花税	城镇土地使用税	土地增值税	车船税	车辆购置税	耕地占用税	契税	环境保护税	其他税收
20	2. 私营合伙企业	7425	5667	5398	0	2	876	329	270	71	23	73	21	0	28	4	0	3	58
21	3. 私营有限责任公司	241009	119664	93981	1141	43391	13927	1977	7569	3420	2360	4619	25424	21	3760	0	13373	275	88
22	4. 私营股份有限公司	3929	2505	2078	0	596	332	0	148	135	20	62	0	73	19	0	38	1	0
23	(八) 其他企业	152563	16442	5625	0	5233	27882	16	974	4882	749	1136	2979	5	588	8348	435	1	82893
24	二、港、澳、台商投资企业	340989	174541	171950	89	117404	8087	4506	12661	6293	1900	4892	6592	21	297	0	2459	1217	30
25	其中：国有控股	7558	605	476	0	303	708	1886	1776	955	180	470	280	12	3	0	2	378	0
26	1. 合资经营企业（港或澳、台资）	76074	38987	37873	0	26615	978	1895	2731	1264	283	1026	1571	12	114	0	146	422	30
27	2. 合作经营企业（港或澳、台资）	101	44	0	0	49	5	0	2	0	1	0	0	0	0	0	0	0	0
28	3. 港、澳、台商独资经营企业	251116	130183	129023	89	86773	6164	2611	9529	4735	1480	3689	4020	9	177	0	865	792	0
29	4. 港、澳、台商投资股份有限公司	6798	4829	4826	0	629	514	0	379	220	112	106	0	0	6	0	0	3	0
30	5. 其他港、澳、台商投资企业	6900	498	228	0	3338	426	0	20	74	24	71	1001	0	0	0	1448	0	0
31	三、外商投资企业	83673	44700	43214	64	22509	4993	33	3119	2182	766	1126	3387	55	61	0	577	101	0
32	其中：国有控股	1770	501	501	0	128	152	22	515	223	65	76	0	52	0	0	1	35	0
33	1. 中外合资经营企业	31857	16765	16689	64	9554	880	22	1260	467	255	253	1517	54	9	0	317	40	0
34	2. 中外合作经营企业	2592	1792	1440	0	4	115	0	122	105	15	72	363	0	3	0	0	1	0
35	3. 外资企业	32389	19736	18730	0	4297	2899	11	1321	1398	278	739	1506	1	49	0	95	59	0
36	4. 外商投资股份有限公司	8422	4531	4526	0	2004	1009	0	402	202	215	58	0	0	0	0	0	1	0
37	5. 其他外商投资企业	8413	1876	1829	0	6250	90	0	14	10	3	4	1	0	0	0	165	0	0
38	四、个体经营	249829	46579	9587	114	0	45572	511	2690	1533	913	794	5729	292	74040	1	70952	5	104
39	1. 个体户	249289	46244	9255	114	0	45411	506	2661	1531	910	789	5729	292	74040	1	70952	5	104
40	2. 个人合伙	540	335	332	0	0	161	5	29	2	3	5	0	0	0	0	0	0	0

4－20　潮州市税务局税收收入分企业类型统计年报（2018年）

编报机关：潮州市税务局　　　　单位：万元

序号	项目	税收收入合计	国内增值税	一般纳税人	国内消费税	企业所得税	个人所得税	资源税	城市维护建设税	房产税	印花税	城镇土地使用税	土地增值税	车船税	车辆购置税	耕地占用税	契税	环境保护税	其他税收
1	合计	1009313	444769	402049	30912	139623	85665	10989	32769	18903	7292	18207	47651	10308	52179	8785	28445	1449	71367
2	一、内资企业	852023	406613	374366	30831	132784	56943	10046	30250	14635	6600	15134	45950	10292	3069	8785	7396	1355	71340
3	（一）国有企业	10729	3878	2441	1	1654	1658	85	253	509	64	318	457	0	31	1783	0	15	23
4	（二）集体企业	23074	10673	10009	1	9255	1058	814	741	103	158	75	153	0	10	0	28	2	3
5	（三）股份合作企业	10002	4146	4101	0	3549	1076	24	290	483	74	193	94	0	16	0	33	24	0
6	（四）联营企业	100	51	51	0	30	1	0	4	4	6	3	0	0	1	0	0	0	0
7	其中：国有控股	52	51	51	0	0	0	0	0	0	0	0	0	0	1	0	0	0	0
8	1. 国有联营企业	0	0	0	0	0	0	0	0	0	0	0	0	0	0	0	0	0	0
9	2. 集体联营企业	－2	0	0	0	0	0	0	0	0	0	－2	0	0	0	0	0	0	0
10	3. 国有与集体联营企业	102	51	51	0	30	1	0	4	4	6	5	0	0	1	0	0	0	0
11	4. 其他联营企业	0	0	0	0	0	0	0	0	0	0	0	0	0	0	0	0	0	0
12	（五）有限责任公司	587063	266433	244794	30750	92331	26713	5595	20342	8280	4527	9825	39596	4919	1563	0	5308	1009	69872
13	其中：国有控股	27517	13202	12235	0	2097	3697	56	2313	1608	460	811	2855	140	89	0	180	0	0
14	1. 国有独资企业	14370	9615	8870	0	678	2665	77	688	395	81	95	0	0	76	0	0	0	0
15	2. 其他有限责任公司	572693	256818	235924	30750	91653	24048	5518	19654	7885	4446	9730	39596	4919	1487	0	5308	1009	69872
16	（六）股份有限公司	100528	54215	53085	23	21392	10494	103	3844	1733	811	467	4	5372	395	0	237	54	1384
17	其中：国有控股	16145	10875	10654	22	82	2036	0	708	1044	183	215	0	947	32	0	0	1	0
18	（七）私营企业	104195	64283	57319	56	3974	11857	3369	4574	3281	876	4093	5646	1	692	0	1206	229	58
19	1. 私营独资企业	54864	34365	32745	56	0	9311	2279	2394	2421	370	3011	11	1	409	0	0	180	56

续表

序号	项　目	税收收入合计	国内增值税	一般纳税人	国内消费税	企业所得税	个人所得税	资源税	城市维护建设税	房产税	印花税	城镇土地使用税	土地增值税	车船税	车辆购置税	耕地占用税	契税	环境保护税	其他税收
20	2. 私营合伙企业	1125	566	507	0	0	178	284	31	18	8	31	0	0	7	0	0	2	0
21	3. 私营有限责任公司	39176	22593	17409	0	3312	1843	795	1683	527	429	878	5635	0	253	0	1196	30	2
22	4. 私营股份有限公司	9030	6759	6658	0	662	525	11	466	315	69	173	0	0	23	0	10	17	0
23	（八）其他企业	16332	2934	2566	0	599	4086	56	202	242	84	160	0	0	361	7002	584	22	0
24	二、港、澳、台商投资企业	32328	18710	18185	43	5755	3234	367	1266	1034	256	807	650	0	41	0	118	47	0
25	其中：国有控股	91	45	45	0	0	1	0	6	19	2	16	0	0	0	0	0	2	0
26	1. 合资经营企业（港或澳、台资）	5698	2171	1946	0	501	1889	1	153	170	20	174	614	0	2	0	0	3	0
27	2. 合作经营企业（港或澳、台资）	10601	7574	7569	0	1365	240	308	510	293	58	231	0	0	4	0	0	18	0
28	3. 港、澳、台商独资经营企业	11826	7371	7134	43	2046	662	58	496	523	155	396	0	0	35	0	16	25	0
29	4. 港、澳、台商投资股份有限公司	3119	1469	1461	0	1177	299	0	103	44	21	5	0	0	0	0	0	1	0
30	5. 其他港、澳、台商投资企业	1084	125	75	0	666	144	0	4	4	2	1	36	0	0	0	102	0	0
31	三、外商投资企业	10336	4162	4016	0	1084	3250	61	309	275	219	247	280	0	87	0	313	25	24
32	其中：国有控股	0	0	0	0	0	0	0	0	0	0	0	0	0	0	0	0	0	0
33	1. 中外合资经营企业	744	304	303	0	218	12	10	30	38	6	26	0	0	4	0	92	4	0
34	2. 中外合作经营企业	2005	1486	1483	0	142	35	44	129	42	16	45	27	0	11	0	0	4	24
35	3. 外资企业	4598	2303	2171	0	455	701	7	146	124	182	156	233	0	69	0	205	17	0
36	4. 外商投资股份有限公司	3	0	0	0	0	0	0	0	0	0	0	0	0	3	0	0	0	0
37	5. 其他外商投资企业	2986	69	59	0	269	2502	0	4	71	15	20	20	0	0	0	16	0	0
38	四、个体经营	114626	15284	5482	38	0	22238	515	944	2959	217	2019	771	16	43982	0	20618	22	3
39	1. 个体户	114618	15279	5481	38	0	22236	515	944	2958	217	2019	771	16	43982	0	20618	22	3
40	2. 个人合伙	8	5	1	0	0	2	0	0	1	0	0	0	0	0	0	0	0	0

4－21 揭阳市税务局税收收入分企业类型统计年报（2018年）

编报机关：揭阳市税务局　　　　单位：万元

序号	项目	税收收入合计	国内增值税	一般纳税人	国内消费税	企业所得税	个人所得税	资源税	城市维护建设税	房产税	印花税	城镇土地使用税	土地增值税	车船税	车辆购置税	耕地占用税	契税	环境保护税	其他税收
1	合计	1576212	763927	662997	73490	238980	91087	3282	58591	31178	12334	49125	62830	15958	85586	9516	51167	790	28371
2	一、内资企业	1325865	697138	619894	73032	230466	64845	2993	53507	24259	11434	39413	59809	15412	5144	9516	29866	666	8365
3	（一）国有企业	33259	17250	13769	0	3112	3560	235	1085	1592	418	1084	0	466	25	0	182	4	4246
4	（二）集体企业	24285	12398	10649	0	8618	1086	393	765	359	144	341	94	0	12	24	0	7	44
5	（三）股份合作企业	1524	868	868	0	243	215	0	42	127	16	13	0	0	0	0	0	0	0
6	（四）联营企业	66	64	3	0	0	1	0	1	0	0	0	0	0	0	0	0	0	0
7	其中：国有控股	65	63	3	0	0	1	0	1	0	0	0	0	0	0	0	0	0	0
8	1. 国有联营企业	60	60	0	0	0	0	0	0	0	0	0	0	0	0	0	0	0	0
9	2. 集体联营企业	0	0	0	0	0	0	0	0	0	0	0	0	0	0	0	0	0	0
10	3. 国有与集体联营企业	0	0	0	0	0	0	0	0	0	0	0	0	0	0	0	0	0	0
11	4. 其他联营企业	6	4	3	0	0	1	0	1	0	0	0	0	0	0	0	0	0	0
12	（五）有限责任公司	665675	344589	298915	72899	103481	17679	1751	29544	10551	5797	19744	32594	337	1814	0	21259	349	3287
13	其中：国有控股	101669	17125	15106	46180	17869	3062	30	9041	1375	917	1945	3011	0	54	0	922	0	0
14	1. 国有独资企业	12877	6311	3860	0	2371	1207	7	378	455	154	1354	0	0	10	0	628	2	0
15	2. 其他有限责任公司	652798	338278	295055	72899	101110	16472	1744	29166	10096	5643	18390	32594	337	1804	0	20631	347	3287
16	（六）股份有限公司	97250	52581	48028	26	4417	13454	14	3547	2558	791	5015	13	14567	102	0	91	70	4
17	其中：国有控股	34786	18216	17605	26	611	5340	0	1141	1290	311	3605	3	4154	24	0	63	3	－1
18	（七）私营企业	469691	262676	246931	107	110115	14474	600	18246	8454	4085	12866	27077	23	1601	0	8394	206	767
19	1. 私营独资企业	9320	6266	5622	2	24	1061	61	396	356	64	874	158	0	16	0	13	29	0

续表

序号	项 目	税收收入合计	国内增值税	一般纳税人	国内消费税	企业所得税	个人所得税	资源税	城市维护建设税	房产税	印花税	城镇土地使用税	土地增值税	车船税	车辆购置税	耕地占用税	契税	环境保护税	其他税收
20	2. 私营合伙企业	717	354	268	0	28	196	0	23	37	7	33	0	0	32	0	1	6	0
21	3. 私营有限责任公司	275285	170239	155480	105	29831	7546	537	11721	5243	3443	10454	25938	16	1528	0	8090	111	483
22	4. 私营股份有限公司	184369	85817	85561	0	80232	5671	2	6106	2818	571	1505	981	7	25	0	290	60	284
23	(八) 其他企业	34115	6712	731	0	480	14376	0	277	618	183	350	31	19	1590	9492	-60	30	17
24	二、港、澳、台商投资企业	66305	30033	28819	0	6188	709	8	2196	1813	361	4093	1082	1	21	0	287	81	19932
25	其中：国有控股	468	125	125	0	21	97	0	129	22	9	65	0	0	0	0	0	0	0
26	1. 合资经营企业（港或澳、台资）	9250	5082	4522	0	2754	187	8	337	279	69	448	71	1	4	0	0	10	0
27	2. 合作经营企业（港或澳、台资）	8544	4963	4946	0	614	36	0	392	195	56	2257	0	0	1	0	8	22	0
28	3. 港、澳、台商独资经营企业	25390	17668	17032	0	2478	291	0	1304	977	217	1365	982	0	16	0	44	48	0
29	4. 港、澳、台商投资股份有限公司	2880	2293	2293	0	-50	94	0	161	345	15	21	0	0	0	0	0	1	0
30	5. 其他港、澳、台商投资企业	20741	27	26	0	392	101	0	2	17	4	2	29	0	0	0	235	0	19932
31	三、外商投资企业	13461	6436	6371	384	2326	1676	1	641	726	153	656	0	369	76	0	5	12	0
32	其中：国有控股	704	371	370	0	243	24	0	19	9	2	34	0	0	2	0	0	0	0
33	1. 中外合资经营企业	2412	876	872	384	484	114	0	146	182	11	168	0	1	44	0	0	2	0
34	2. 中外合作经营企业	1779	1329	1329	0	108	7	0	115	77	8	130	0	0	0	0	0	5	0
35	3. 外资企业	8597	4051	3995	0	1419	1471	1	367	451	127	301	0	368	31	0	5	5	0
36	4. 外商投资股份有限公司	100	-5	-10	0	0	60	0	13	16	0	16	0	0	0	0	0	0	0
37	5. 其他外商投资企业	573	185	185	0	315	24	0	0	0	7	41	0	0	1	0	0	0	0
38	四、个体经营	170081	30320	7913	74	0	23857	280	2247	4380	386	4963	1939	176	83345	0	21009	31	74
39	1. 个体户	170072	30317	7913	74	0	23857	280	2247	4377	386	4960	1939	176	83345	0	21009	31	74
40	2. 个人合伙	9	3	0	0	0	0	0	0	3	0	3	0	0	0	0	0	0	0

4－22 云浮市税务局税收收入分企业类型统计年报（2018年）

编报机关：云浮市税务局

单位：万元

序号	项目	税收收入合计	国内增值税	一般纳税人	国内消费税	企业所得税	个人所得税	资源税	城市维护建设税	房产税	印花税	城镇土地使用税	土地增值税	车船税	车辆购置税	耕地占用税	契税	环境保护税	其他税收
1	合计	1105832	419504	340958	23180	156802	173216	8108	29172	20865	7164	21807	83581	7214	38214	23677	44066	1488	47774
2	一、内资企业	778033	324057	264434	23064	130055	81351	6008	22640	13337	5581	16857	56444	7016	2788	23661	16595	950	47629
3	（一）国有企业	31691	8851	6692	2	391	2570	0	566	732	452	565	613	0	24	0	158	0	16767
4	（二）集体企业	10643	6465	5637	0	2517	610	149	433	126	35	159	131	0	11	0	2	5	0
5	（三）股份合作企业	31839	5836	5812	0	22149	1077	0	404	562	125	256	777	0	0	0	653	0	0
6	（四）联营企业	1234	1230	1	0	0	0	0	0	2	0	2	0	0	0	0	0	0	0
7	其中：国有控股	1234	1230	1	0	0	0	0	0	2	0	2	0	0	0	0	0	0	0
8	1. 国有联营企业	1229	1229	0	0	0	0	0	0	0	0	0	0	0	0	0	0	0	0
9	2. 集体联营企业	0	0	0	0	0	0	0	0	0	0	0	0	0	0	0	0	0	0
10	3. 国有与集体联营企业	0	0	0	0	0	0	0	0	0	0	0	0	0	0	0	0	0	0
11	4. 其他联营企业	5	1	1	0	0	0	0	0	2	0	2	0	0	0	0	0	0	0
12	（五）有限责任公司	362024	183563	148735	23024	62017	18563	5477	13691	6648	2834	10718	24246	330	1281	753	7043	646	1190
13	其中：国有控股	27843	7002	6780	0	11448	2218	1318	1494	1504	205	1799	81	0	21	0	696	0	0
14	1. 国有独资企业	6380	3170	2982	0	389	495	0	190	919	89	425	0	0	13	0	690	0	0
15	2. 其他有限责任公司	355644	180393	145753	23024	61628	18068	5477	13501	5729	2745	10293	24246	330	1268	753	6353	646	1190
16	（六）股份有限公司	46290	15856	14933	20	1170	20159	0	1008	659	206	400	0	6682	62	0	61	7	0
17	其中：国有控股	28249	10975	10952	19	330	11519	0	689	435	120	159	0	3935	47	0	21	0	0
18	（七）私营企业	225502	100374	81504	18	41128	27090	382	6365	3837	1858	4357	30069	2	931	0	8639	292	160
19	1. 私营独资企业	6257	3240	2692	11	6	1232	87	237	109	28	322	829	0	18	0	102	36	0

续表

序号	项　目	税收收入合计	国内增值税	一般纳税人	国内消费税	企业所得税	个人所得税	资源税	城市维护建设税	房产税	印花税	城镇土地使用税	土地增值税	车船税	车辆购置税	耕地占用税	契税	环境保护税	其他税收
20	2. 私营合伙企业	2051	568	432	2	1	1360	1	37	37	16	27	0	0	0	0	0	2	0
21	3. 私营有限责任公司	183823	87760	75879	5	34019	14339	294	5629	3207	1635	3647	23630	2	851	0	8395	250	160
22	4. 私营股份有限公司	33571	8806	2501	0	7102	10159	0	462	484	179	361	5610	0	62	0	142	4	0
23	（八）其他企业	68810	1882	1120	0	683	11282	0	173	771	71	400	608	2	479	22908	39	0	29512
24	二、港、澳、台商投资企业	85227	51136	50096	70	16509	2629	1404	3441	1881	745	1795	3516	0	66	0	1804	231	0
25	其中：国有控股	1280	4	4	0	−42	355	0	195	232	67	219	207	0	0	0	0	43	0
26	1. 合资经营企业（港或澳、台资）	17676	12404	12042	0	1259	807	319	869	358	162	393	207	0	30	0	818	50	0
27	2. 合作经营企业（港或澳、台资）	1845	453	436	0	171	48	0	28	22	53	151	346	0	5	0	567	1	0
28	3. 港、澳、台商独资经营企业	56893	34765	34500	70	12540	1072	1085	2313	1090	482	936	2271	0	25	0	75	169	0
29	4. 港、澳、台商投资股份有限公司	4868	2924	2922	0	1208	125	0	205	203	42	144	0	0	6	0	0	11	0
30	5. 其他港、澳、台商投资企业	3945	590	196	0	1331	577	0	26	208	6	171	692	0	0	0	344	0	0
31	三、外商投资企业	108638	22508	22222	0	10238	60803	587	1779	1071	312	525	9642	105	17	0	748	189	114
32	其中：国有控股	1110	3	0	0	0	126	548	193	90	8	27	0	0	0	0	0	1	114
33	1. 中外合资经营企业	24032	14733	14700	0	6538	579	39	1186	320	125	309	0	0	1	0	15	187	0
34	2. 中外合作经营企业	3484	2415	2415	0	0	111	548	178	87	8	19	0	0	3	0	0	1	114
35	3. 外资企业	77963	4587	4347	0	1593	60095	0	393	658	173	170	9642	105	12	0	134	1	0
36	4. 外商投资股份有限公司	1234	306	293	0	288	11	0	20	4	6	1	0	0	1	0	597	0	0
37	5. 其他外商投资企业	1925	467	467	0	1419	7	0	2	2	0	26	0	0	0	0	2	0	0
38	四、个体经营	133934	21803	4206	46	0	28433	109	1312	4576	526	2630	13979	93	35343	16	24919	118	31
39	1. 个体户	133926	21796	4206	46	0	28432	109	1312	4576	526	2630	13979	93	35343	16	24919	118	31
40	2. 个人合伙	8	7	0	0	0	1	0	0	0	0	0	0	0	0	0	0	0	0

4－23　广东省税务局第三税务分局税收收入分企业类型统计年报（2018年）

编报机关：省第三税务分局　　　　单位：万元

序号	项　目	税收收入合计	国内增值税	一般纳税人	国内消费税	企业所得税	个人所得税	资源税	城市维护建设税	房产税	印花税	城镇土地使用税	土地增值税	车船税	车辆购置税	耕地占用税	契税	环境保护税	其他税收
1	合　计	772075	45819	45816	0	675298	14052	0	4811	17719	2092	3368	3	1	0	0	0	0	8912
2	一、内资企业	626813	40142	40141	0	539160	13449	0	4314	15678	2028	3127	3	1	0	0	0	0	8911
3	(一) 国有企业	86259	2974	2974	0	80139	867	0	207	728	142	507	0	0	0	0	0	0	695
4	(二) 集体企业	866	0	0	0	866	0	0	0	0	0	0	0	0	0	0	0	0	0
5	(三) 股份合作企业	0	0	0	0	0	0	0	0	0	0	0	0	0	0	0	0	0	0
6	(四) 联营企业	178	80	80	0	66	2	0	6	8	3	13	0	0	0	0	0	0	0
7	其中：国有控股	178	80	80	0	66	2	0	6	8	3	13	0	0	0	0	0	0	0
8	1. 国有联营企业	178	80	80	0	66	2	0	6	8	3	13	0	0	0	0	0	0	0
9	2. 集体联营企业	0	0	0	0	0	0	0	0	0	0	0	0	0	0	0	0	0	0
10	3. 国有与集体联营企业	0	0	0	0	0	0	0	0	0	0	0	0	0	0	0	0	0	0
11	4. 其他联营企业	0	0	0	0	0	0	0	0	0	0	0	0	0	0	0	0	0	0
12	(五) 有限责任公司	497621	33049	33048	0	435535	5536	0	3796	8871	1576	1825	3	1	0	0	0	0	7429
13	其中：国有控股	130610	23291	23291	0	93879	2744	0	3167	4418	874	1036	2	0	0	0	0	1199	0
14	1. 国有独资企业	6953	216	216	0	4532	379	0	15	1002	62	320	2	0	0	0	0	0	425
15	2. 其他有限责任公司	490668	32833	32832	0	431003	5157	0	3781	7869	1514	1505	1	1	0	0	0	0	7004
16	(六) 股份有限公司	21175	1758	1758	0	11113	1009	0	128	5727	167	676	0	0	0	0	0	0	597
17	其中：国有控股	11919	984	984	0	5053	535	0	73	4043	145	489	0	0	0	0	0	0	597
18	(七) 私营企业	6892	1786	1786	0	3948	392	0	142	228	117	89	0	0	0	0	0	0	190
19	1. 私营独资企业	0	0	0	0	0	0	0	0	0	0	0	0	0	0	0	0	0	0

续表

序号	项 目	税收收入合计	国内增值税	一般纳税人	国内消费税	企业所得税	个人所得税	资源税	城市维护建设税	房产税	印花税	城镇土地使用税	土地增值税	车船税	车辆购置税	耕地占用税	契税	环境保护税	其他税收
20	2. 私营合伙企业	0	0	0	0	0	0	0	0	0	0	0	0	0	0	0	0	0	0
21	3. 私营有限责任公司	4207	1503	1503	0	1629	329	0	122	228	117	89	0	0	0	0	0	0	190
22	4. 私营股份有限公司	2685	283	283	0	2319	63	0	20	0	0	0	0	0	0	0	0	0	0
23	（八）其他企业	13822	495	495	0	7493	5643	0	35	116	23	17	0	0	0	0	0	0	0
24	二、港、澳、台商投资企业	7547	1261	1261	0	6019	29	0	12	208	7	10	0	0	0	0	0	0	1
25	其中：国有控股	3580	157	157	0	3236	12	0	11	154	7	3	0	0	0	0	0	0	0
26	1. 合资经营企业（港或澳、台资）	2487	7	7	0	2304	15	0	1	154	3	3	0	0	0	0	0	0	0
27	2. 合作经营企业（港或澳、台资）	0	0	0	0	0	0	0	0	0	0	0	0	0	0	0	0	0	0
28	3. 港、澳、台商独资经营企业	65	0	0	0	0	3	0	0	54	0	7	0	0	0	0	0	0	1
29	4. 港、澳、台商投资股份有限公司	3113	150	150	0	2937	11	0	11	0	4	0	0	0	0	0	0	0	0
30	5. 其他港、澳、台商投资企业	1382	1104	1104	0	278	0	0	0	0	0	0	0	0	0	0	0	0	0
31	三、外商投资企业	137709	4414	4414	0	130119	570	0	485	1833	57	231	0	0	0	0	0	0	0
32	其中：国有控股	12	12	12	0	0	0	0	0	0	0	0	0	0	0	0	0	0	0
33	1. 中外合资经营企业	83	12	12	0	0	25	0	1	35	1	9	0	0	0	0	0	0	0
34	2. 中外合作经营企业	0	0	0	0	0	0	0	0	0	0	0	0	0	0	0	0	0	0
35	3. 外资企业	137459	4358	4358	0	129996	545	0	484	1798	56	222	0	0	0	0	0	0	0
36	4. 外商投资股份有限公司	0	0	0	0	0	0	0	0	0	0	0	0	0	0	0	0	0	0
37	5. 其他外商投资企业	167	44	44	0	123	0	0	0	0	0	0	0	0	0	0	0	0	0
38	四、个体经营	6	2	0	0	0	4	0	0	0	0	0	0	0	0	0	0	0	0
39	1. 个体户	6	2	0	0	0	4	0	0	0	0	0	0	0	0	0	0	0	0
40	2. 个人合伙	0	0	0	0	0	0	0	0	0	0	0	0	0	0	0	0	0	0

4－24 横琴新区税务局税收收入分企业类型统计年报（2018年）

编报机关：横琴新区税务局　　　　单位：万元

序号	项目	税收收入合计	国内增值税	一般纳税人	国内消费税	企业所得税	个人所得税	资源税	城市维护建设税	房产税	印花税	城镇土地使用税	土地增值税	车船税	车辆购置税	耕地占用税	契税	环境保护税	其他税收
1	合计	958337	215	0	0	283443	483108	0	38917	5824	18372	5925	62560	154	0	0	58836	36	947
2	一、内资企业	848605	0	0	0	282852	415162	0	34687	5152	15523	4355	52732	153	0	0	37006	36	947
3	（一）国有企业	2131	0	0	0	193	1177	0	632	0	129	0	0	0	0	0	0	0	0
4	（二）集体企业	79	0	0	0	6	45	0	21	4	2	1	0	0	0	0	0	0	0
5	（三）股份合作企业	85	0	0	0	1	45	0	24	15	0	0	0	0	0	0	0	0	0
6	（四）联营企业	16	0	0	0	0	11	0	5	0	0	0	0	0	0	0	0	0	0
7	其中：国有控股	0	0	0	0	0	0	0	0	0	0	0	0	0	0	0	0	0	0
8	1. 国有联营企业	16	0	0	0	0	11	0	5	0	0	0	0	0	0	0	0	0	0
9	2. 集体联营企业	0	0	0	0	0	0	0	0	0	0	0	0	0	0	0	0	0	0
10	3. 国有与集体联营企业	0	0	0	0	0	0	0	0	0	0	0	0	0	0	0	0	0	0
11	4. 其他联营企业	0	0	0	0	0	0	0	0	0	0	0	0	0	0	0	0	0	0
12	（五）有限责任公司	410140	0	0	0	129641	196196	0	23225	4878	4941	3416	40328	153	0	0	6379	36	947
13	其中：国有控股	88573	0	0	0	33296	41690	0	3747	651	1138	796	4553	8	0	0	2660	-2	0
14	1. 国有独资企业	6260	0	0	0	4105	811	0	126	565	282	372	0	0	0	0	0	0	-1
15	2. 其他有限责任公司	403880	0	0	0	125536	195385	0	23099	4313	4659	3044	40328	153	0	0	6379	36	948
16	（六）股份有限公司	13798	0	0	0	6525	5947	0	1143	0	182	1	0	0	0	0	0	0	0
17	其中：国有控股	3327	0	0	0	548	2272	0	488	0	19	0	0	0	0	0	0	0	0
18	（七）私营企业	421730	0	0	0	146491	211151	0	9620	253	10265	933	12404	0	0	0	30613	0	0
19	1. 私营独资企业	19	0	0	0	0	1	0	1	0	0	0	0	0	0	0	17	0	0

续表

序号	项　目	税收收入合计	国内增值税	一般纳税人	国内消费税	企业所得税	个人所得税	资源税	城市维护建设税	房产税	印花税	城镇土地使用税	土地增值税	车船税	车辆购置税	耕地占用税	契税	环境保护税	其他税收
20	2. 私营合伙企业	114875	0	0	0	0	105695	0	2207	2	6971	0	0	0	0	0	0	0	0
21	3. 私营有限责任公司	302896	0	0	0	146488	101552	0	7390	251	3282	933	12404	0	0	0	30596	0	0
22	4. 私营股份有限公司	3940	0	0	0	3	3903	0	22	0	12	0	0	0	0	0	0	0	0
23	(八) 其他企业	626	0	0	0	-5	590	0	17	2	4	4	0	0	0	0	14	0	0
24	二、港、澳、台商投资企业	46835	89	0	0	518	17378	0	3529	417	1763	1570	9793	0	0	0	11778	0	0
25	其中：国有控股	456	0	0	0	0	395	0	49	0	12	0	0	0	0	0	0	0	0
26	1. 合资经营企业（港或澳、台资）	1160	0	0	0	20	937	0	149	1	53	0	0	0	0	0	0	0	0
27	2. 合作经营企业（港或澳、台资）	753	0	0	0	0	408	0	180	0	65	100	0	0	0	0	0	0	0
28	3. 港、澳、台商独资经营企业	33168	0	0	0	19	14603	0	3141	320	1336	422	9585	0	0	0	3742	0	0
29	4. 港、澳、台商投资股份有限公司	1	0	0	0	0	0	0	0	0	1	0	0	0	0	0	0	0	0
30	5. 其他港、澳、台商投资企业	11753	89	0	0	479	1430	0	59	96	308	1048	208	0	0	0	8036	0	0
31	三、外商投资企业	21642	0	0	0	73	20055	0	608	6	686	0	0	0	0	0	214	0	0
32	其中：国有控股	211	0	0	0	0	32	0	143	0	36	0	0	0	0	0	0	0	0
33	1. 中外合资经营企业	756	0	0	0	1	278	0	164	3	267	0	0	0	0	0	43	0	0
34	2. 中外合作经营企业	2	0	0	0	0	2	0	0	0	0	0	0	0	0	0	0	0	0
35	3. 外资企业	19941	0	0	0	0	19334	0	443	0	164	0	0	0	0	0	0	0	0
36	4. 外商投资股份有限公司	64	0	0	0	0	64	0	0	0	0	0	0	0	0	0	0	0	0
37	5. 其他外商投资企业	879	0	0	0	72	377	0	1	3	255	0	0	0	0	0	171	0	0
38	四、个体经营	41255	126	0	0	0	30513	0	93	249	400	0	35	1	0	0	9838	0	0
39	1. 个体户	41255	126	0	0	0	30513	0	93	249	400	0	35	1	0	0	9838	0	0
40	2. 个人合伙	0	0	0	0	0	0	0	0	0	0	0	0	0	0	0	0	0	0

5－1 广东省税务局纳税登记户数分企业类型统计年报（2018年）

编报机关：广东省税务局

单位：户

序号	项目	合计	内资企业	国有企业	集体企业	股份合作企业	联营企业	国有控股	股份公司	国有控股	私营企业	其他企业	港澳台投资企业	国有控股	外商投资企业	国有控股	个体经营	附：总机构户数	分支机构户数
1	1. 增值税	1903029	1429481	4626	7963	2944	366	242	594886	31519	798179	20517	46362	327	23349	281	403837	34047	63800
2	一般纳税人	953206	853532	2951	3943	1786	211	146	377381	21577	463014	4246	33006	270	15853	238	50815	26276	33676
3	小规模纳税人	949823	575949	1675	4020	1158	155	96	217505	9942	335165	16271	13356	57	7496	43	353022	7771	30124
4	2. 消费税	8362	3990	35	28	11	0	0	2026	209	1888	2	474	8	158	5	3740	385	689
5	3. 企业所得税	1323172	1264769	3096	8727	3081	232	149	515756	32441	717603	16274	37818	232	20585	182	0	24801	47156
6	4. 个人所得税	142207	17097	692	452	93	40	1	4980	220	10566	274	756	22	391	9	123963	411	553
7	5. 资源税	5674	4224	76	175	17	5	2	1830	83	2083	38	120	6	33	3	1297	137	417
8	6. 城市维护建设税	1872798	1442456	4728	8450	3091	341	250	607891	42501	798122	19833	45705	429	22339	345	362298	30549	59318
9	7. 房产税	282772	145121	3869	7163	1246	174	112	64019	5972	60470	8180	12572	211	3950	123	121129	6983	8340
10	8. 印花税	1275825	1042446	3445	5944	2220	229	141	377932	40849	641550	11126	36400	405	17051	332	179928	21227	47226
11	9. 城镇土地使用税	296692	158233	3747	7311	1264	177	115	72074	6687	65429	8231	13803	206	4153	131	120503	6804	9079
12	10. 土地增值税	10502	9180	183	233	39	7	4	6110	484	2370	238	714	23	269	7	339	339	171
13	11. 车船税	24808	21941	321	283	80	8	6	9503	930	9514	2232	1100	38	606	27	1161	1413	1936
14	12. 车辆购置税	99584	48727	153	131	59	11	8	25417	674	21584	1372	1960	11	984	14	47913	3209	1335
15	13. 烟叶税	10	9	0	0	0	0	0	9	1	0	0	0	0	0	0	1	0	10
16	14. 耕地占用税	997	770	13	53	4	0	0	158	19	138	404	157	0	1	0	69	3	9
17	15. 契税	10437	8896	131	149	68	6	4	4024	447	4170	348	769	13	315	7	457	453	158
18	16. 环境保护税	38375	28100	321	346	140	28	14	12660	795	14215	390	4602	85	1960	62	3713	1611	1417
19	17. 其他税收	2557	1874	84	105	21	3	1	877	101	483	301	107	3	86	7	490	145	340
20	附列资料：纳税户数	4655743	3526756	12385	22282	7512	860	577	1379854	96955	2045107	58756	111047	994	54939	854	963001	70301	167340
21	登记户数	16554784	9295047	34157	54681	15740	4432	3664	3500874	187195	5469335	215828	231286	1936	121924	1483	6906527	96551	581719

5－2　深圳市税务局纳税登记户数分企业类型统计年报（2018年）

编报机关：深圳市税务局　　　　单位：户

序号	项　目	合计	内资企业	国有企业	集体企业	股份合作企业	联营企业	国有控股	股份公司	国有控股	私营企业	其他企业	港澳台投资企业	国有控股	外商投资企业	国有控股	个体经营	附：总机构户数	分支机构户数
1	1. 增值税	555929	476215	195	278	593	125	114	292775	2579	178578	3671	15594	16	10672	6	53448	13277	19284
2	一般纳税人	296093	274694	118	140	264	69	62	175788	1951	97639	676	10589	14	5383	6	5427	10021	9003
3	小规模纳税人	259836	201521	77	138	329	56	52	116987	628	80939	2995	5005	2	5289	0	48021	3256	10281
4	2. 消费税	1339	950	11	0	0	0	0	672	10	267	0	122	1	43	0	224	184	150
5	3. 企业所得税	410467	389867	125	210	329	45	39	234501	1659	152629	2028	11985	4	8615	3	0	9415	12394
6	4. 个人所得税	2197	181	27	12	1	1	0	3	0	136	1	1	0	1	0	2014	19	49
7	5. 资源税	3	2	0	0	0	0	0	1	0	1	0	1	0	0	0	0	1	0
8	6. 城市维护建设税	575800	495672	220	316	724	115	107	305877	2469	184485	3935	15166	0	10038	0	54924	13022	15468
9	7. 房产税	15345	12272	111	156	521	28	20	8257	933	2944	255	2255	0	593	0	225	1812	814
10	8. 印花税	190707	171743	112	125	158	47	41	114458	1485	55969	874	9702	0	5221	0	4041	7155	11619
11	9. 城镇土地使用税	15173	12230	102	135	505	31	24	8289	952	2995	173	2235	0	611	0	97	1808	691
12	10. 土地增值税	904	778	4	3	7	1	1	475	29	264	24	91	0	24	0	11	110	27
13	11. 车船税	5274	4976	3	7	0	0	0	3424	36	1500	42	158	0	67	0	73	280	102
14	12. 车辆购置税	34098	23773	15	12	31	6	5	15727	311	7761	221	1088	4	436	2	8801	2018	426
15	13. 烟叶税	0	0	0	0	0	0	0	0	0	0	0	0	0	0	0	0	0	0
16	14. 耕地占用税	13	13	0	0	0	0	0	7	2	1	5	0	0	0	0	0	0	1
17	15. 契税	2293	1974	9	4	16	2	1	1155	62	747	41	196	0	115	0	8	183	6
18	16. 环境保护税	3589	2764	6	7	1	0	0	1702	36	1039	9	434	0	158	0	233	194	196
19	17. 其他税收	375	255	2	1	2	0	0	148	7	100	2	26	0	14	1	80	44	24
20	附列资料：纳税户数	1130020	989966	432	700	1235	258	234	609614	5377	370203	7524	33083	17	21403	9	85568	26760	44631
21	登记户数	6028234	3958593	3561	3785	1816	2917	2740	2044629	13636	1874028	27857	83969	28	58010	16	1927662	42884	211345

5－3　广州市税务局纳税登记户数分企业类型统计年报（2018年）

编报机关：广州市税务局　　单位：户

序号	项　目	合计	内资企业	国有企业	集体企业	股份合作企业	联营企业	国有控股	股份公司	国有控股	私营企业	其他企业	港澳台投资企业	国有控股	外商投资企业	国有控股	个体经营	附：总机构户数	分支机构户数
1	1. 增值税	342035	277832	1151	1655	1555	64	50	25912	4127	241603	5892	6511	131	4183	126	53509	7632	9457
2	一般纳税人	162518	151452	808	778	1000	48	36	16731	2663	130543	1544	4270	104	2918	110	3878	6036	5048
3	小规模纳税人	179517	126380	343	877	555	16	14	9181	1464	111060	4348	2241	27	1265	16	49631	1596	4409
4	2. 消费税	1326	712	4	3	10	0	0	183	44	511	1	59	1	39	4	516	66	137
5	3. 企业所得税	265946	255449	729	2024	1928	52	41	19278	3118	227473	3965	5468	87	5029	77	0	5295	8947
6	4. 个人所得税	49189	925	5	2	0	0	0	0	0	918	0	0	0	0	0	48264	16	28
7	5. 资源税	30	27	2	0	1	1	1	9	0	11	3	3	0	0	0	0	0	2
8	6. 城市维护建设税	334751	273678	1125	1665	1598	65	48	25406	5151	238369	5450	6393	142	4052	121	50628	6693	9461
9	7. 房产税	17808	13243	691	1082	173	34	25	3378	879	6384	1501	1164	38	585	36	2816	1087	705
10	8. 印花税	272749	246879	885	1421	1278	54	41	23953	4744	216207	3081	5488	142	3947	126	16435	5470	8657
11	9. 城镇土地使用税	20991	15588	664	1118	195	36	27	3661	869	8401	1513	1308	42	637	39	3458	1063	722
12	10. 土地增值税	973	776	27	19	1	1	1	463	85	241	24	116	7	79	3	2	42	4
13	11. 车船税	7213	6567	121	100	64	6	6	1083	267	4382	811	300	18	201	13	145	600	368
14	12. 车辆购置税	2161	1873	18	10	1	1	1	270	26	1493	80	77	3	63	7	148	102	50
15	13. 烟叶税	0	0	0	0	0	0	0	0	0	0	0	0	0	0	0	0	0	0
16	14. 耕地占用税	41	41	1	4	0	0	0	10	0	1	25	0	0	0	0	0	0	0
17	15. 契税	1858	1702	21	11	4	1	1	364	82	1247	54	107	6	41	3	8	59	18
18	16. 环境保护税	6649	4951	36	112	76	18	12	852	142	3725	132	679	19	382	36	637	234	390
19	17. 其他税收	575	460	22	34	1	0	0	128	25	123	152	29	1	14	0	72	42	27
20	附列资料：纳税户数	949493	781994	2838	4485	4155	162	123	72707	13651	682464	15183	17898	415	13772	384	135829	17162	28788
21	登记户数	3049343	2032964	7327	10505	7893	444	339	196875	32540	1756305	53615	40590	927	31041	750	944748	21548	119130

5－4 珠海市税务局纳税登记户数分企业类型统计年报（2018年）

编报机关：珠海市税务局　　　　单位：户

序号	项 目	合计	内资企业	国有企业	集体企业	股份合作企业	联营企业	国有控股	股份公司	国有控股	私营企业	其他企业	港澳台投资企业	国有控股	外商投资企业	国有控股	个体经营	附：总机构户数	分支机构户数
1	1. 增值税	50131	34052	193	216	59	5	5	19403	1626	13453	723	2410	60	618	25	13051	925	1975
2	一般纳税人	20488	17523	107	89	40	1	1	11182	698	6022	82	1539	52	530	24	896	764	1328
3	小规模纳税人	29643	16529	86	127	19	4	4	8221	928	7431	641	871	8	88	1	12155	161	647
4	2. 消费税	148	59	0	0	0	0	0	44	7	15	0	13	1	10	0	66	10	12
5	3. 企业所得税	22947	20847	113	138	27	3	2	12809	1196	7431	326	1658	33	442	18	0	558	919
6	4. 个人所得税	3099	245	30	13	2	3	0	29	1	164	4	11	0	20	0	2823	2	12
7	5. 资源税	148	144	1	0	1	0	0	139	3	3	0	2	0	2	0	0	0	0
8	6. 城市维护建设税	36241	25724	171	189	53	8	6	15090	1080	9698	515	2837	28	523	24	7157	610	1701
9	7. 房产税	3829	2941	137	147	58	6	4	1705	145	803	85	514	15	167	6	207	195	145
10	8. 印花税	7899	6083	97	69	15	3	2	4014	367	1797	88	1035	21	447	18	334	315	677
11	9. 城镇土地使用税	4132	3185	129	142	48	6	4	1936	178	854	70	641	19	221	8	85	199	149
12	10. 土地增值税	374	305	12	9	3	1	0	219	28	55	6	47	2	16	1	6	11	8
13	11. 车船税	343	303	3	3	1	0	0	218	14	68	10	17	2	11	1	12	21	29
14	12. 车辆购置税	65	62	1	1	1	0	0	57	1	1	1	1	1	1	1	1	0	0
15	13. 烟叶税	0	0	0	0	0	0	0	0	0	0	0	0	0	0	0	0	0	0
16	14. 耕地占用税	26	26	0	2	0	0	0	17	3	1	6	0	0	0	0	0	0	0
17	15. 契税	345	290	6	7	2	0	0	194	13	77	4	31	0	17	0	7	7	1
18	16. 环境保护税	694	372	3	3	0	0	0	271	15	94	1	204	8	114	3	4	39	8
19	17. 其他税收	87	61	4	5	0	1	0	33	5	8	10	3	0	7	1	16	3	6
20	附列资料：纳税户数	110597	80103	497	575	134	17	14	46189	3597	31022	1669	6991	110	1405	57	22098	1829	4902
21	登记户数	400928	212947	1410	1770	229	71	45	114646	10964	88466	6355	16491	198	2802	91	168688	2535	17159

5－5　汕头市税务局纳税登记户数分企业类型统计年报（2018年）

编报机关：汕头市税务局　　　　单位：户

序号	项　目	合计	内资企业	国有企业	集体企业	股份合作企业	联营企业	联营企业：国有控股	股份公司	股份公司：国有控股	私营企业	其他企业	港澳台投资企业	港澳台投资企业：国有控股	外商投资企业	外商投资企业：国有控股	个体经营	附：总机构户数	分支机构户数
1	1. 增值税	32428	21541	346	405	126	10	8	10820	166	9453	381	485	3	199	1	10203	1194	1064
2	一般纳税人	13177	11923	217	149	75	8	8	6398	131	5003	73	387	3	177	0	690	909	610
3	小规模纳税人	19251	9618	129	256	51	2	0	4422	35	4450	308	98	0	22	1	9513	285	454
4	2. 消费税	224	97	3	3	0	0	0	49	1	42	0	3	0	7	0	117	18	9
5	3. 企业所得税	23315	22797	315	720	216	7	6	12281	153	8874	384	380	2	138	0	0	1044	731
6	4. 个人所得税	11428	1109	30	38	5	2	0	249	6	774	11	9	0	7	0	10303	48	84
7	5. 资源税	284	262	26	36	1	0	0	109	4	88	2	3	0	2	0	17	29	66
8	6. 城市维护建设税	28585	20693	387	443	147	10	9	10429	443	8924	353	459	13	202	10	7231	992	1039
9	7. 房产税	18789	9945	438	486	131	7	6	4113	202	4474	296	284	9	78	5	8482	434	388
10	8. 印花税	32283	23086	357	481	156	10	9	11602	432	10223	257	442	12	185	7	8570	949	819
11	9. 城镇土地使用税	19763	10706	415	478	142	8	7	4605	215	4744	314	323	9	90	5	8644	457	433
12	10. 土地增值税	301	255	20	18	0	0	0	148	12	62	7	23	1	6	0	17	14	11
13	11. 车船税	636	567	26	8	0	0	0	288	33	153	92	33	0	13	0	23	37	73
14	12. 车辆购置税	28	14	0	0	0	0	0	4	0	6	4	0	0	0	0	14	0	1
15	13. 烟叶税	0	0	0	0	0	0	0	0	0	0	0	0	0	0	0	0	0	0
16	14. 耕地占用税	15	15	0	3	0	0	0	2	0	0	10	0	0	0	0	0	0	0
17	15. 契税	232	196	10	8	4	0	0	82	8	84	8	11	0	6	0	19	12	2
18	16. 环境保护税	2805	2297	31	32	37	5	0	1059	37	1106	27	146	9	64	5	298	191	142
19	17. 其他税收	58	36	3	3	0	0	0	20	5	5	5	3	0	2	0	17	4	9
20	附列资料：纳税户数	86167	58264	1028	1376	408	22	19	29018	791	25197	1215	1145	20	479	12	26279	2454	2817
21	登记户数	279767	116301	3109	4582	1017	77	61	50933	2071	50739	5844	2046	34	1050	17	160370	2921	12935

5－6　佛山市税务局纳税登记户数分企业类型统计年报（2018年）

编报机关：佛山市税务局　　　　单位：户

序号	项　目	合计	内资企业	国有企业	集体企业	股份合作企业	联营企业	国有控股	股份公司	国有控股	私营企业	其他企业	港澳台投资企业	国有控股	外商投资企业	国有控股	个体经营	附：总机构户数	分支机构户数
1	1. 增值税	165920	126762	188	384	260	27	10	25912	379	97915	2076	2445	25	1216	14	35497	2865	5220
2	一般纳税人	97017	87065	115	216	189	15	6	20172	279	65926	432	2116	21	1098	11	6738	2406	2840
3	小规模纳税人	68903	39697	73	168	71	12	4	5740	100	31989	1644	329	4	118	3	28759	459	2380
4	2. 消费税	943	413	1	1	0	0	0	139	9	272	0	65	1	15	0	450	31	79
5	3. 企业所得税	131576	128578	117	475	313	32	11	25621	339	99304	2716	1924	20	1074	7	0	2414	4766
6	4. 个人所得税	11359	2759	14	5	0	0	0	0	0	2740	0	0	0	0	0	8600	78	27
7	5. 资源税	26	10	0	0	0	1	1	4	1	5	0	0	0	0	0	16	2	2
8	6. 城市维护建设税	156068	122304	185	389	254	24	12	25461	684	94012	1979	2383	58	1146	24	30235	2814	5111
9	7. 房产税	32549	18160	197	353	31	25	12	6827	498	9686	1041	1057	47	402	17	12930	1055	863
10	8. 印花税	172600	128490	201	339	303	34	12	22415	667	103859	1339	2390	51	1166	22	40554	2287	6021
11	9. 城镇土地使用税	23400	12894	185	317	29	20	12	5280	487	5750	1313	919	41	359	14	9228	823	745
12	10. 土地增值税	1108	986	13	21	4	3	2	715	54	209	21	85	5	26	1	11	56	24
13	11. 车船税	3250	2828	18	25	2	2	0	1024	98	1468	289	141	4	78	2	203	185	224
14	12. 车辆购置税	10683	9493	10	13	4	1	0	2295	50	6953	217	301	0	145	0	744	535	387
15	13. 烟叶税	0	0	0	0	0	0	0	0	0	0	0	0	0	0	0	0	0	0
16	14. 耕地占用税	198	195	1	5	1	0	0	21	2	1	166	1	0	0	0	2	0	0
17	15. 契税	835	707	3	8	1	1	1	319	41	339	36	89	1	17	1	22	67	21
18	16. 环境保护税	4654	3645	3	18	2	3	1	1405	42	2186	28	403	19	169	6	437	326	87
19	17. 其他税收	210	156	8	6	0	1	1	89	6	41	11	13	1	15	0	26	22	33
20	附列资料：纳税户数	456040	339581	543	1115	635	86	31	62842	1469	267535	6825	5825	84	2957	44	107677	6242	16301
21	登记户数	1097070	568943	1677	2972	1071	153	74	103510	3766	442997	16563	9495	123	5028	68	513604	7365	43892

5－7　韶关市税务局纳税登记户数分企业类型统计年报（2018年）

编报机关：韶关市税务局　　　　单位：户

序号	项　目	合计	内资企业	国有企业	集体企业	股份合作企业	联营企业	国有控股	股份公司	国有控股	私营企业	其他企业	港澳台投资企业	国有控股	外商投资企业	国有控股	个体经营	附：总机构户数	分支机构户数
1	1. 增值税	19776	10998	220	270	34	11	4	6612	346	3396	455	289	1	68	2	8421	194	1237
2	一般纳税人	7577	6271	138	199	24	9	2	3905	243	1903	93	171	1	61	2	1074	152	744
3	小规模纳税人	12199	4727	82	71	10	2	2	2707	103	1493	362	118	0	7	0	7347	42	493
4	2. 消费税	145	68	1	0	0	0	0	44	2	23	0	3	0	1	0	73	2	7
5	3. 企业所得税	8336	8051	129	238	28	4	1	5475	245	1797	380	249	0	36	1	0	146	752
6	4. 个人所得税	2737	416	23	34	6	3	0	147	35	153	50	16	0	6	0	2299	3	3
7	5. 资源税	307	180	4	16	0	0	0	90	16	67	3	2	0	1	0	124	8	173
8	6. 城市维护建设税	15875	10224	198	257	35	9	4	6218	445	3067	440	203	1	66	4	5382	137	1251
9	7. 房产税	5584	2892	152	213	21	5	4	1277	223	959	265	114	1	36	2	2542	71	241
10	8. 印花税	10751	9184	167	251	34	5	3	5351	379	2901	475	189	2	57	3	1321	122	921
11	9. 城镇土地使用税	5839	3166	151	210	19	4	3	1520	247	1064	198	122	0	37	2	2514	76	235
12	10. 土地增值税	328	291	10	9	3	0	0	199	18	58	12	9	0	5	0	23	5	0
13	11. 车船税	335	287	14	2	0	0	0	195	48	40	36	1	0	5	0	42	6	77
14	12. 车辆购置税	620	500	11	4	1	0	0	269	23	149	66	10	0	6	0	104	9	29
15	13. 烟叶税	4	3	0	0	0	0	0	3	1	0	0	0	0	0	0	1	0	3
16	14. 耕地占用税	35	34	0	0	0	0	0	6	1	0	28	0	0	0	0	1	0	0
17	15. 契税	229	194	1	3	5	0	0	96	18	55	34	11	1	12	0	12	5	7
18	16. 环境保护税	405	353	2	2	1	0	0	253	24	92	3	19	0	11	0	22	12	23
19	17. 其他税收	73	65	3	4	1	0	0	38	5	10	9	0	0	0	0	8	2	151
20	附列资料：纳税户数	46139	28844	512	655	86	20	9	16955	1020	9106	1510	740	3	172	7	16383	373	2880
21	登记户数	153319	52943	976	1262	267	32	15	27062	1793	16964	6380	1552	8	349	10	98475	455	6617

5－8 河源市税务局纳税登记户数分企业类型统计年报（2018年）

编报机关：河源市税务局

单位：户

序号	项目	合计	内资企业	国有企业	集体企业	股份合作企业	联营企业	国有控股	股份公司	国有控股	私营企业	其他企业	港澳台投资企业	国有控股	外商投资企业	国有控股	个体经营	附：总机构户数	分支机构户数
1	1. 增值税	16924	9209	133	136	4	2	1	5456	130	3229	249	492	0	55	0	7168	188	771
2	一般纳税人	4396	3707	94	95	2	0	0	2199	76	1264	53	232	0	49	0	408	117	390
3	小规模纳税人	12528	5502	39	41	2	2	1	3257	54	1965	196	260	0	6	0	6760	71	381
4	2. 消费税	114	40	0	1	0	0	0	29	2	10	0	1	0	0	0	73	3	6
5	3. 企业所得税	6925	6545	98	144	4	4	2	4543	93	1595	157	349	0	31	0	0	89	501
6	4. 个人所得税	2128	463	25	22	1	1	0	1	0	412	1	1	0	1	0	1663	1	1
7	5. 资源税	259	208	5	16	0	1	0	113	6	70	3	6	0	0	0	45	2	11
8	6. 城市维护建设税	14490	9217	142	140	5	5	1	5527	338	3167	231	463	4	62	0	4748	90	784
9	7. 房产税	6133	3006	163	198	10	1	0	1275	123	989	370	216	3	36	2	2875	46	191
10	8. 印花税	8640	6104	109	134	5	4	0	3547	243	2105	200	472	2	67	2	1997	72	464
11	9. 城镇土地使用税	6377	3263	163	203	10	1	0	1424	137	1076	386	233	3	34	2	2847	48	172
12	10. 土地增值税	287	270	4	7	1	0	0	174	13	70	14	7	0	3	0	7	4	6
13	11. 车船税	333	281	10	5	1	0	0	156	0	67	42	16	0	5	0	31	12	70
14	12. 车辆购置税	169	123	3	3	1	0	0	61	2	39	16	5	0	2	0	39	4	5
15	13. 烟叶税	0	0	0	0	0	0	0	0	0	0	0	0	0	0	0	0	0	0
16	14. 耕地占用税	178	27	1	0	0	0	0	14	3	6	6	149	0	0	0	2	0	0
17	15. 契税	215	182	6	1	2	0	0	103	13	60	10	15	0	3	0	15	5	10
18	16. 环境保护税	224	154	3	1	0	0	0	84	7	58	8	48	1	10	0	12	4	11
19	17. 其他税收	60	47	1	4	0	0	0	23	5	13	6	1	0	2	0	10	1	3
20	附列资料：纳税户数	42263	24956	394	468	22	12	3	15178	579	7804	1078	1310	6	55	2	15842	327	1940
21	登记户数	178245	64465	894	1644	191	19	6	32758	1231	22019	6940	3228	10	329	6	110223	418	5688

5－9 梅州市税务局纳税登记户数分企业类型统计年报（2018年）

编报机关：梅州市税务局

单位：户

序号	项目	合计	内资企业	国有企业	集体企业	股份合作企业	联营企业	国有控股	股份公司	国有控股	私营企业	其他企业	港澳台投资企业	国有控股	外商投资企业	国有控股	个体经营	附：总机构户数	分支机构户数
1	1. 增值税	22127	15581	152	210	5	3	0	9847	156	5061	303	1627	0	79	0	4840	356	1150
2	一般纳税人	8417	7318	99	126	4	3	0	4821	111	2197	68	531	0	69	0	499	282	694
3	小规模纳税人	13710	8263	53	84	1	0	0	5026	45	2864	235	1096	0	10	0	4341	74	456
4	2. 消费税	534	82	4	2	0	0	0	42	5	34	0	6	0	0	0	446	4	21
5	3. 企业所得税	12310	10545	78	197	5	2	0	6067	94	4021	175	1736	1	29	0	0	198	775
6	4. 个人所得税	3209	1385	64	42	4	0	0	1004	0	259	12	35	0	15	0	1774	8	99
7	5. 资源税	413	352	8	27	1	0	0	145	10	167	4	0	0	1	0	60	17	50
8	6. 城市维护建设税	16775	11511	173	216	4	1	0	6930	311	3946	241	1214	1	60	4	3990	213	949
9	7. 房产税	15664	8188	164	421	5	0	0	4029	178	2847	722	760	1	39	4	6677	126	393
10	8. 印花税	14785	11325	138	216	3	0	0	6293	314	4234	441	1321	1	51	2	2088	154	804
11	9. 城镇土地使用税	22387	13248	162	435	5	0	0	6057	391	5728	861	1555	1	51	4	7533	162	900
12	10. 土地增值税	432	403	14	16	1	0	0	279	12	86	7	9	0	6	0	14	5	4
13	11. 车船税	441	414	42	3	0	0	0	235	52	80	54	0	0	3	1	24	23	101
14	12. 车辆购置税	11861	263	4	3	2	0	0	149	2	75	30	3	0	0	0	11595	16	13
15	13. 烟叶税	5	5	0	0	0	0	0	5	0	0	0	0	0	0	0	0	0	6
16	14. 耕地占用税	58	24	0	0	0	0	0	8	0	4	12	1	0	0	0	33	0	1
17	15. 契税	269	240	14	10	1	0	0	100	12	88	27	9	0	5	0	15	11	13
18	16. 环境保护税	462	346	3	16	0	0	0	130	1	189	8	9	0	2	0	105	17	43
19	17. 其他税收	44	38	0	2	0	0	0	19	2	3	14	1	0	1	1	4	1	1
20	附列资料：纳税户数	87133	51656	687	1083	24	4	0	30363	965	17446	2049	5863	4	212	7	29402	690	3053
21	登记户数	215684	74023	1086	2118	100	25	5	39350	1557	25789	5555	8224	10	453	12	132984	825	6642

5－10　惠州市税务局纳税登记户数分企业类型统计年报（2018年）

编报机关：惠州市税务局　　　　单位：户

序号	项目	合计	内资企业	国有企业	集体企业	股份合作企业	联营企业	国有控股	股份公司	国有控股	私营企业	其他企业	港澳台投资企业	国有控股	外商投资企业	国有控股	个体经营	附：总机构户数	分支机构户数
1	1. 增值税	78914	49452	288	297	12	28	14	26388	353	21716	723	2883	16	714	6	25865	828	3012
2	一般纳税人	33373	25912	155	141	4	11	5	14461	210	11016	124	2053	16	661	6	4747	541	1608
3	小规模纳税人	45541	23540	133	156	8	17	9	11927	143	10700	599	830	0	53	0	21118	287	1404
4	2. 消费税	358	138	2	4	0	0	0	85	8	47	0	26	3	3	0	191	9	31
5	3. 企业所得税	43657	40893	190	253	14	19	13	24479	329	15574	364	2255	12	509	3	0	541	2542
6	4. 个人所得税	5676	49	25	10	0	0	0	0	0	14	0	0	0	0	0	5627	1	17
7	5. 资源税	136	85	0	3	0	0	0	39	8	43	0	10	0	4	0	37	3	7
8	6. 城市维护建设税	68811	47557	298	289	13	27	20	25879	769	20377	674	2684	4	681	5	17889	494	2951
9	7. 房产税	8929	5145	232	229	1	18	15	2887	145	1603	175	1014	3	258	4	2512	174	307
10	8. 印花税	36645	29425	169	140	5	13	9	16622	592	12214	262	2323	4	620	8	4277	349	1452
11	9. 城镇土地使用税	11317	6838	193	216	2	14	11	4108	182	2211	94	1156	3	300	6	3023	155	302
12	10. 土地增值税	1120	1005	11	4	0	0	0	750	11	232	8	69	4	23	0	23	23	7
13	11. 车船税	687	556	5	8	0	0	0	336	26	148	59	42	0	28	0	61	23	90
14	12. 车辆购置税	1999	626	4	6	0	0	0	344	7	232	40	25	0	9	0	1339	16	15
15	13. 烟叶税	0	0	0	0	0	0	0	0	0	0	0	0	0	0	0	0	0	0
16	14. 耕地占用税	25	21	1	1	0	0	0	8	0	2	9	2	0	1	0	1	0	1
17	15. 契税	716	618	8	7	0	0	0	406	13	180	17	32	0	14	2	52	13	7
18	16. 环境保护税	2024	1051	24	9	0	0	0	663	16	337	18	628	0	181	2	164	51	33
19	17. 其他税收	162	91	6	2	0	0	0	51	2	29	3	4	0	3	1	64	1	9
20	附列资料：纳税户数	175292	118729	749	825	42	67	45	64980	1411	50128	1938	6378	22	1569	18	48616	1439	7580
21	登记户数	663251	290378	2031	2628	271	157	78	138802	2966	134718	11771	12223	34	2687	27	357963	1897	19913

5－11　汕尾市税务局纳税登记户数分企业类型统计年报（2018年）

编报机关：汕尾市税务局　　单位：户

序号	项　目	合计	内资企业	国有企业	集体企业	股份合作企业	联营企业	国有控股	股份公司	国有控股	私营企业	其他企业	港澳台投资企业	国有控股	外商投资企业	国有控股	个体经营	附：总机构户数	分支机构户数
1	1. 增值税	8054	4329	106	99	4	0	0	1747	234	2142	231	259	3	30	1	3436	129	584
2	一般纳税人	2177	1923	55	58	3	0	0	856	114	928	23	118	1	26	1	110	98	340
3	小规模纳税人	5877	2406	51	41	1	0	0	891	120	1214	208	141	2	4	0	3326	31	244
4	2. 消费税	261	40	1	0	0	0	0	16	4	23	0	29	0	0	0	192	0	6
5	3. 企业所得税	2301	2078	44	58	3	0	0	955	125	896	122	209	3	14	0	0	69	323
6	4. 个人所得税	797	22	13	1	0	0	0	0	0	8	0	0	0	0	0	775	0	12
7	5. 资源税	22	21	0	0	0	0	0	9	0	12	0	0	0	0	0	1	0	0
8	6. 城市维护建设税	6589	3886	116	97	4	0	0	1789	183	1731	149	256	2	29	3	2418	98	568
9	7. 房产税	2050	1104	81	71	3	0	0	419	68	468	62	93	1	18	0	835	62	125
10	8. 印花税	1516	1191	23	36	2	0	0	627	88	460	43	134	1	23	2	168	54	204
11	9. 城镇土地使用税	2957	1787	86	81	4	0	0	765	98	751	100	127	1	19	1	1024	63	172
12	10. 土地增值税	122	106	0	3	0	0	0	61	4	39	3	9	0	1	0	6	3	3
13	11. 车船税	43	38	0	0	0	0	0	13	13	0	25	0	0	2	1	3	5	30
14	12. 车辆购置税	712	435	10	3	2	0	0	167	30	175	78	11	0	2	0	264	31	35
15	13. 烟叶税	0	0	0	0	0	0	0	0	0	0	0	0	0	0	0	0	0	0
16	14. 耕地占用税	3	3	1	0	0	0	0	0	0	0	2	0	0	0	0	0	0	0
17	15. 契税	149	127	2	3	1	0	0	54	7	61	6	15	1	2	0	5	4	4
18	16. 环境保护税	274	173	11	0	0	0	0	52	11	95	15	55	1	6	0	40	10	25
19	17. 其他税收	22	16	0	0	0	0	0	7	0	7	2	2	0	1	0	3	0	1
20	附列资料：纳税户数	17412	9656	279	239	9	0	0	4132	472	4533	464	660	6	78	4	7018	248	1280
21	登记户数	88137	26530	818	775	126	8	4	9989	1057	12724	2090	1299	9	188	4	60120	355	3400

5－12 东莞市税务局纳税登记户数分企业类型统计年报（2018年）

编报机关：东莞市税务局　　　　单位：户

序号	项目	合计	内资企业	国有企业	集体企业	股份合作企业	联营企业	国有控股	股份公司	国有控股	私营企业	其他企业	港澳台投资企业	国有控股	外商投资企业	国有控股	个体经营	附：总机构户数	分支机构户数
1	1. 增值税	292542	209947	87	1521	5	3	2	108488	19613	98843	1000	6613	54	3305	78	72677	2103	5872
2	一般纳税人	171466	148746	59	574	2	1	1	80682	13857	67179	249	5927	43	2891	60	13902	1476	3333
3	小规模纳税人	121076	61201	28	947	3	2	1	27806	5756	31664	751	686	11	414	18	58775	627	2539
4	2. 消费税	1139	619	0	3	0	0	0	355	57	261	0	53	0	15	1	452	13	78
5	3. 企业所得税	228462	219773	78	1790	3	3	1	114785	23521	101527	1587	5715	52	2974	59	0	1822	5282
6	4. 个人所得税	9927	687	10	1	1	1	0	20	8	645	9	55	0	3	0	9182	3	23
7	5. 资源税	6	5	0	0	0	0	0	3	1	2	0	1	1	0	0	0	0	0
8	6. 城市维护建设税	311864	221675	101	1856	6	2	1	114057	25212	104507	1146	6547	66	3285	78	80357	1772	6356
9	7. 房产税	15257	9365	83	1501	7	2	0	5027	445	2406	339	2002	23	793	6	3097	344	600
10	8. 印花税	281561	232933	64	837	8	1	0	115361	27884	116247	415	6436	68	3199	87	38993	1247	5603
11	9. 城镇土地使用税	14407	9280	75	1494	7	2	0	4967	468	2434	301	1959	19	761	7	2407	322	541
12	10. 土地增值税	620	532	1	16	0	0	0	357	59	157	1	53	1	31	0	4	7	10
13	11. 车船税	1591	1215	5	73	0	0	0	657	69	283	197	207	0	74	0	95	66	68
14	12. 车辆购置税	1487	1028	0	3	0	0	0	652	100	367	6	35	2	24	2	400	48	80
15	13. 烟叶税	0	0	0	0	0	0	0	0	0	0	0	0	0	0	0	0	0	0
16	14. 耕地占用税	31	29	0	15	0	0	0	2	1	2	10	1	0	0	0	1	1	0
17	15. 契税	454	389	1	10	0	0	0	235	46	140	3	43	2	19	0	3	6	3
18	16. 环境保护税	4221	2617	0	61	0	0	0	1818	213	738	0	1010	9	439	1	155	159	81
19	17. 其他税收	157	100	1	7	0	0	0	68	6	22	2	11	0	9	0	37	9	12
20	附列资料：纳税户数	701276	533876	235	3855	16	7	3	267712	58365	258732	3319	14411	153	7464	199	145525	3994	17135
21	登记户数	1615237	908654	689	6604	82	26	11	433762	91920	457262	10229	21109	247	10728	331	674746	4762	43114

5－13 中山市税务局纳税登记户数分企业类型统计年报（2018年）

编报机关：中山市税务局　　　　单位：户

序号	项　目	合计	内资企业	国有企业	集体企业	股份合作企业	联营企业	国有控股	股份公司	国有控股	私营企业	其他企业	港澳台投资企业	国有控股	外商投资企业	国有控股	个体经营	附：总机构户数	分支机构户数
1	1. 增值税	106688	73158	33	365	3	9	2	13008	239	59040	700	2089	0	800	0	30641	1337	3890
2	一般纳税人	52449	46314	14	163	3	4	0	9479	145	36526	125	1732	0	729	0	3674	1053	1972
3	小规模纳税人	54239	26844	19	202	0	5	2	3529	94	22514	575	357	0	71	0	26967	284	1918
4	2. 消费税	363	158	0	0	0	0	0	56	6	102	0	21	0	5	0	179	9	28
5	3. 企业所得税	68177	65692	30	531	1	9	2	12814	265	50869	1438	1757	0	728	0	0	1082	2893
6	4. 个人所得税	15860	5955	12	83	1	6	0	3272	162	2555	26	530	22	225	7	9150	42	34
7	5. 资源税	10	9	0	0	0	0	0	4	0	5	0	0	0	0	0	1	1	0
8	6. 城市维护建设税	108437	75402	37	372	1	9	2	12893	542	61335	755	2155	35	800	12	30080	1138	3308
9	7. 房产税	18238	9230	13	404	1	6	1	2962	224	5396	448	789	21	310	7	7909	376	533
10	8. 印花税	81583	60948	23	197	1	6	0	9520	409	50842	359	1851	31	750	10	18034	934	1950
11	9. 城镇土地使用税	17344	9150	12	428	1	7	1	3062	233	5152	488	801	22	316	8	7077	371	470
12	10. 土地增值税	578	511	1	19	0	0	0	324	28	163	4	55	0	11	0	1	14	9
13	11. 车船税	559	459	0	8	0	0	0	200	27	190	61	57	7	24	0	19	34	47
14	12. 车辆购置税	4854	4209	7	27	0	0	0	1773	34	2393	9	234	0	166	0	245	225	95
15	13. 烟叶税	0	0	0	0	0	0	0	0	0	0	0	0	0	0	0	0	0	0
16	14. 耕地占用税	14	13	0	7	0	0	0	3	3	1	2	0	0	0	0	1	0	0
17	15. 契税	478	428	0	20	0	0	0	219	28	181	8	40	0	9	0	1	18	4
18	16. 环境保护税	1782	1322	0	8	0	0	0	464	19	840	10	251	7	134	0	75	113	34
19	17. 其他税收	115	83	0	3	0	0	0	37	4	20	23	2	0	1	0	29	0	8
20	附列资料：纳税户数	273814	188644	88	1059	4	19	4	31158	996	153405	2911	4972	37	1888	15	78310	2728	9441
21	登记户数	663526	295486	272	2035	20	28	6	50579	2309	235786	6766	7479	46	3026	19	357535	3071	21113

5－14 江门市税务局纳税登记户数分企业类型统计年报（2018年）

编报机关：江门市税务局

单位：户

序号	项 目	合计	内资企业	国有企业	集体企业	股份合作企业	联营企业	国有控股	股份公司	国有控股	私营企业	其他企业	港澳台投资企业	国有控股	外商投资企业	国有控股	个体经营	附：总机构户数	分支机构户数
1	1. 增值税	58751	32091	148	451	12	5	1	8676	254	21843	956	1742	3	537	4	24381	746	1772
2	一般纳税人	26473	21306	81	243	5	3	1	6436	184	14381	157	1440	3	483	3	3244	633	972
3	小规模纳税人	32278	10785	67	208	7	2	0	2240	70	7462	799	302	0	54	1	21137	113	800
4	2. 消费税	337	176	0	3	0	0	0	68	5	104	1	30	1	7	0	124	9	26
5	3. 企业所得税	31818	29867	106	472	11	8	5	8676	219	19747	847	1527	5	424	4	0	596	1339
6	4. 个人所得税	5906	351	4	13	0	0	0	0	0	334	0	0	0	0	0	5555	5	2
7	5. 资源税	117	91	0	1	0	0	0	39	1	51	0	6	0	1	0	19	8	1
8	6. 城市维护建设税	54805	31502	151	485	12	6	3	8579	494	21388	881	1718	21	510	11	21075	654	1781
9	7. 房产税	17213	6944	132	386	5	7	6	2758	235	3203	453	790	12	255	9	9224	284	452
10	8. 印花税	60476	39515	171	537	11	9	6	10440	539	27446	901	1922	22	561	11	18478	686	1921
11	9. 城镇土地使用税	19003	8071	135	417	7	5	5	3311	265	3718	478	867	13	264	10	9801	299	457
12	10. 土地增值税	685	615	12	50	2	0	0	354	33	187	10	49	0	11	1	10	9	12
13	11. 车船税	1049	847	15	23	5	0	0	341	39	324	139	47	3	36	3	119	34	124
14	12. 车辆购置税	2658	1420	9	17	3	0	0	531	13	670	190	85	0	35	1	1118	77	54
15	13. 烟叶税	0	0	0	0	0	0	0	0	0	0	0	0	0	0	0	0	0	0
16	14. 耕地占用税	34	32	0	0	0	0	0	8	4	0	24	1	0	0	0	1	0	0
17	15. 契税	473	399	7	13	2	1	1	168	23	190	18	51	1	13	0	10	12	16
18	16. 环境保护税	1572	1076	2	11	1	1	1	459	32	598	4	290	4	104	2	102	67	43
19	17. 其他税收	141	96	5	10	1	0	0	41	6	23	16	7	1	6	0	32	5	12
20	附列资料：纳税户数	152402	82416	378	1303	35	23	15	22008	962	55815	2854	4113	29	1259	18	64614	1545	4859
21	登记户数	514758	143363	1237	3258	384	126	108	37148	2241	92137	9073	6862	51	2084	20	362449	1779	15324

5－15 阳江市税务局纳税登记户数分企业类型统计年报（2018年）

编报机关：阳江市税务局　　　　单位：户

序号	项目	合计	内资企业	国有企业	集体企业	股份合作企业	联营企业	国有控股	股份公司	国有控股	私营企业	其他企业	港澳台投资企业	国有控股	外商投资企业	国有控股	个体经营	附：总机构户数	分支机构户数
1	1. 增值税	14738	9337	118	134	6	0	0	2577	133	6241	261	171	1	83	1	5147	119	702
2	一般纳税人	6458	5779	96	77	4	0	0	1721	101	3848	33	118	1	72	1	489	90	405
3	小规模纳税人	8280	3558	22	57	2	0	0	856	32	2393	228	53	0	11	0	4658	29	297
4	2. 消费税	122	36	0	0	0	0	0	17	4	19	0	0	0	3	0	83	2	8
5	3. 企业所得税	7674	7485	86	163	4	2	0	2331	85	4725	174	144	1	45	0	0	75	495
6	4. 个人所得税	1401	211	23	45	0	0	0	0	0	143	0	0	0	0	0	1190	4	3
7	5. 资源税	183	145	6	14	0	2	0	52	5	69	2	3	0	1	0	34	4	2
8	6. 城市维护建设税	13287	9403	108	136	5	3	0	2551	158	6378	222	167	3	85	3	3632	90	803
9	7. 房产税	6770	2864	89	122	4	2	0	884	96	1641	122	67	4	25	1	3814	33	163
10	8. 印花税	10520	9776	81	94	4	3	0	2548	131	6884	162	179	4	76	1	489	73	649
11	9. 城镇土地使用税	7283	3126	86	113	4	2	0	1045	105	1766	110	80	4	24	1	4053	32	170
12	10. 土地增值税	289	269	4	2	0	0	0	162	6	93	8	11	0	1	0	8	0	2
13	11. 车船税	172	156	4	0	0	0	0	83	18	65	4	1	0	6	0	9	0	46
14	12. 车辆购置税	323	290	2	1	0	0	0	118	3	152	17	5	0	5	0	23	7	11
15	13. 烟叶税	0	0	0	0	0	0	0	0	0	0	0	0	0	0	0	0	0	0
16	14. 耕地占用税	8	7	0	0	0	0	0	0	0	0	7	1	0	0	0	0	0	0
17	15. 契税	187	141	5	3	0	0	0	18	8	111	4	10	0	8	0	28	3	4
18	16. 环境保护税	1434	1127	11	10	0	0	0	379	16	725	2	33	1	13	0	261	4	13
19	17. 其他税收	58	46	2	4	0	0	0	16	1	18	6	0	0	4	0	8	1	4
20	附列资料：纳税户数	37367	24167	280	372	13	6	0	6692	398	16130	674	395	9	181	5	12624	252	1932
21	登记户数	129555	51253	572	724	72	17	3	13327	834	32803	3738	880	11	412	6	77010	341	4250

5－16　湛江市税务局纳税登记户数分企业类型统计年报（2018年）

编报机关：湛江市税务局　　　　单位：户

序号	项　目	合计	内资企业	国有企业	集体企业	股份合作企业	联营企业	国有控股	股份公司	国有控股	私营企业	其他企业	港澳台投资企业	国有控股	外商投资企业	国有控股	个体经营	附：总机构户数	分支机构户数
1	1. 增值税	25400	15822	409	294	73	24	3	5600	230	8695	727	224	4	177	2	9177	459	2156
2	一般纳税人	8761	7894	251	133	30	3	1	3084	161	4279	114	145	3	149	0	573	344	1132
3	小规模纳税人	16639	7928	158	161	43	21	2	2516	69	4416	613	79	1	28	2	8604	115	1024
4	2. 消费税	195	109	2	3	0	0	0	43	7	61	0	6	0	2	0	78	10	27
5	3. 企业所得税	9234	8937	248	166	15	7	2	3507	111	4732	262	185	3	112	1	0	219	827
6	4. 个人所得税	3409	834	126	43	30	7	0	55	3	508	65	20	0	19	0	2536	18	56
7	5. 资源税	203	153	2	9	0	0	0	67	6	75	0	2	1	0	0	48	1	2
8	6. 城市维护建设税	21245	14508	396	262	36	4	3	5137	375	7995	678	201	3	160	11	6376	308	1926
9	7. 房产税	3549	2615	286	124	15	0	0	926	130	1050	214	56	1	45	5	833	88	276
10	8. 印花税	10330	6236	220	131	32	4	1	2283	190	3227	339	134	3	97	3	3863	138	755
11	9. 城镇土地使用税	3947	3002	244	129	17	3	0	1177	129	1274	158	62	1	47	3	836	73	253
12	10. 土地增值税	372	320	25	9	3	0	0	189	14	83	11	9	0	4	1	39	8	16
13	11. 车船税	362	318	5	0	0	0	0	138	22	146	29	0	0	7	2	37	4	55
14	12. 车辆购置税	222	195	12	1	2	0	0	57	4	61	62	3	0	2	0	22	6	14
15	13. 烟叶税	0	0	0	0	0	0	0	0	0	0	0	0	0	0	0	0	0	0
16	14. 耕地占用税	18	18	0	0	0	0	0	2	0	0	16	0	0	0	0	0	0	1
17	15. 契税	253	212	8	3	5	0	0	69	10	119	8	20	0	5	0	16	7	5
18	16. 环境保护税	704	582	83	10	1	0	0	272	20	193	23	29	1	17	0	76	14	47
19	17. 其他税收	120	80	14	6	0	0	0	24	5	20	16	2	0	2	1	36	1	4
20	附列资料：纳税户数	57061	36097	1019	682	137	34	8	12508	691	19800	1917	501	5	357	13	20106	806	4375
21	登记户数	280311	98614	2537	1993	372	99	43	29443	1467	55143	9027	1126	22	716	19	179855	1088	10503

5－17 茂名市税务局纳税登记户数分企业类型统计年报（2018年）

编报机关：茂名市税务局

单位：户

序号	项目	合计	内资企业	国有企业	集体企业	股份合作企业	联营企业	国有控股	股份公司	国有控股	私营企业	其他企业	港澳台投资企业	国有控股	外商投资企业	国有控股	个体经营	附：总机构户数	分支机构户数
1	1. 增值税	20185	11559	222	287	31	17	9	6385	222	4183	434	474	1	57	5	8095	311	1077
2	一般纳税人	7339	6460	163	206	21	13	8	3958	157	2022	77	354	1	53	5	472	254	605
3	小规模纳税人	12846	5099	59	81	10	4	1	2427	65	2161	357	120	0	4	0	7623	57	472
4	2. 消费税	245	66	1	4	1	0	0	48	10	12	0	19	0	0	0	160	2	15
5	3. 企业所得税	9129	8610	174	227	22	14	10	5291	124	2651	231	486	2	33	3	0	211	678
6	4. 个人所得税	1710	241	85	7	5	4	0	43	0	91	6	6	0	26	0	1437	6	24
7	5. 资源税	238	200	2	2	0	0	0	78	1	117	1	1	0	0	0	37	2	3
8	6. 城市维护建设税	16684	11038	216	281	38	16	11	6221	288	3861	405	454	2	54	3	5138	198	1071
9	7. 房产税	18359	5129	212	237	82	10	7	2264	161	1963	361	305	1	27	4	12898	98	411
10	8. 印花税	4785	4273	112	130	39	10	6	2070	153	1650	262	313	1	36	3	163	128	475
11	9. 城镇土地使用税	13054	4551	197	239	83	10	7	2190	160	1578	254	156	0	26	3	8321	98	366
12	10. 土地增值税	323	313	11	8	3	0	0	231	11	44	16	5	0	0	0	5	5	6
13	11. 车船税	290	269	6	1	1	0	0	193	26	45	23	2	0	5	0	14	4	71
14	12. 车辆购置税	229	211	10	3	1	1	1	114	20	51	31	4	0	2	0	12	27	25
15	13. 烟叶税	0	0	0	0	0	0	0	0	0	0	0	0	0	0	0	0	0	0
16	14. 耕地占用税	214	191	6	14	3	0	0	44	0	117	7	1	0	0	0	22	2	5
17	15. 契税	185	170	13	4	8	0	0	83	7	53	9	6	0	3	0	6	7	7
18	16. 环境保护税	799	654	66	16	0	0	0	324	18	203	45	7	0	7	1	131	20	34
19	17. 其他税收	62	52	5	6	16	0	0	15	2	3	7	1	0	1	0	8	3	19
20	附列资料：纳税户数	55200	27897	546	702	123	35	21	15159	641	10071	1261	1167	6	135	9	26001	554	2607
21	登记户数	214725	66874	1004	1314	374	61	31	33724	1385	25336	5061	2400	7	317	11	145134	684	6589

5－18 肇庆市税务局纳税登记户数分企业类型统计年报（2018年）

编报机关：肇庆市税务局 单位：户

序号	项目	合计	内资企业	国有企业	集体企业	股份合作企业	联营企业	国有控股	股份公司	国有控股	私营企业	其他企业	港澳台投资企业	国有控股	外商投资企业	国有控股	个体经营	附：总机构户数	分支机构户数
1	1. 增值税	26489	14431	200	238	9	12	6	5988	212	7150	834	894	2	223	2	10941	394	1253
2	一般纳税人	9629	7934	105	118	6	7	4	3778	143	3797	123	468	1	203	2	1024	288	682
3	小规模纳税人	16860	6497	95	120	3	5	2	2210	69	3353	711	426	1	20	0	9917	106	571
4	2. 消费税	208	71	0	0	0	0	0	43	6	28	0	9	0	6	0	122	2	16
5	3. 企业所得税	11901	10995	93	235	11	4	4	5087	179	5126	439	763	3	143	1	0	274	1023
6	4. 个人所得税	3499	157	20	10	16	3	1	37	1	56	15	23	0	46	2	3273	5	6
7	5. 资源税	218	148	0	0	0	0	0	76	4	71	1	10	2	1	1	59	3	3
8	6. 城市维护建设税	24763	13676	190	235	10	9	6	5710	404	6782	740	859	8	203	14	10025	256	1384
9	7. 房产税	12956	3639	129	164	7	6	5	1521	168	1409	403	216	6	89	6	9012	93	253
10	8. 印花税	21771	14738	114	163	13	3	0	6096	360	7810	539	715	5	196	12	6122	215	1252
11	9. 城镇土地使用税	17227	5136	153	211	8	9	6	2383	232	2077	295	287	3	126	8	11678	116	345
12	10. 土地增值税	645	484	4	5	2	0	0	317	32	125	31	28	1	11	0	122	6	11
13	11. 车船税	1114	917	30	5	2	0	0	395	65	249	236	52	0	28	2	117	43	160
14	12. 车辆购置税	813	448	3	2	1	0	0	214	13	176	52	17	0	5	0	343	21	34
15	13. 烟叶税	0	0	0	0	0	0	0	0	0	0	0	0	0	0	0	0	0	0
16	14. 耕地占用税	51	50	0	0	0	0	0	3	0	0	47	0	0	0	0	1	0	0
17	15. 契税	478	310	3	27	7	0	0	104	24	148	21	17	0	9	0	142	8	7
18	16. 环境保护税	885	729	3	2	0	0	0	444	18	269	11	87	0	50	3	19	28	29
19	17. 其他税收	79	69	3	3	0	0	0	35	5	20	8	0	0	2	1	8	0	10
20	附列资料：纳税户数	74739	38004	496	633	45	25	14	15172	781	19158	2474	2108	12	496	18	34131	714	3701
21	登记户数	264361	79384	1264	1286	95	47	29	28686	1555	38524	9481	4855	21	804	24	179318	886	8776

5－19　清远市税务局纳税登记户数分企业类型统计年报（2018年）

编报机关：清远市税务局　　　　单位：户

序号	项目	合计	内资企业	国有企业	集体企业	股份合作企业	联营企业	国有控股	股份公司	国有控股	私营企业	其他企业	港澳台投资企业	国有控股	外商投资企业	国有控股	个体经营	附：总机构户数	分支机构户数
1	1. 增值税	20194	11050	134	209	14	17	11	6265	188	4060	351	513	4	145	4	8486	289	1378
2	一般纳税人	7681	6335	102	162	8	14	9	3805	125	2168	76	326	3	131	4	889	244	967
3	小规模纳税人	12513	4715	32	47	6	3	2	2460	63	1892	275	187	1	14	0	7597	45	411
4	2. 消费税	98	43	0	0	0	0	0	32	4	11	0	3	0	1	0	51	5	4
5	3. 企业所得税	5647	5104	74	154	11	12	8	3358	99	1319	176	467	2	76	2	0	108	463
6	4. 个人所得税	2700	106	8	6	5	4	0	22	0	33	28	8	0	5	0	2581	1	0
7	5. 资源税	345	246	3	5	0	0	0	121	2	116	1	5	1	2	1	92	6	9
8	6. 城市维护建设税	19064	12352	135	298	7	18	13	7340	566	4109	445	562	8	138	6	6012	203	1327
9	7. 房产税	5926	3024	101	179	8	5	4	1614	154	945	172	188	8	69	4	2645	88	244
10	8. 印花税	15628	11830	107	210	7	11	7	6444	478	4606	445	520	6	129	4	3149	181	1142
11	9. 城镇土地使用税	8008	4370	132	195	8	6	5	2562	232	1281	186	227	7	84	4	3327	95	295
12	10. 土地增值税	563	528	3	4	3	1	0	428	24	66	23	16	1	6	0	13	5	3
13	11. 车船税	547	477	4	3	2	0	0	269	24	168	31	12	1	5	2	53	9	82
14	12. 车辆购置税	1006	686	5	5	2	0	0	336	11	270	68	32	1	8	0	280	17	30
15	13. 烟叶税	1	1	0	0	0	0	0	1	0	0	0	0	0	0	0	0	0	1
16	14. 耕地占用税	10	9	0	0	0	0	0	1	0	1	7	0	0	0	0	1	0	0
17	15. 契税	385	299	4	2	4	1	0	125	10	142	21	21	1	9	1	56	8	12
18	16. 环境保护税	681	514	0	6	0	0	0	352	13	152	4	98	2	39	2	30	13	12
19	17. 其他税收	64	55	1	2	0	1	0	41	6	7	3	1	0	0	0	8	2	2
20	附列资料：纳税户数	51858	30490	346	642	27	37	25	16824	962	11271	1343	1328	11	349	13	19691	541	3249
21	登记户数	219736	73229	661	1292	103	77	51	36189	1913	27392	7515	2491	17	623	13	143393	712	7703

5－20 潮州市税务局纳税登记户数分企业类型统计年报（2018年）

编报机关：潮州市税务局　　　　单位：户

序号	项目	合计	内资企业	国有企业	集体企业	股份合作企业	联营企业	国有控股	股份公司	国有控股	私营企业	其他企业	港澳台投资企业	国有控股	外商投资企业	国有控股	个体经营	附：总机构户数	分支机构户数
1	1. 增值税	14148	8420	95	121	131	1	1	4216	58	3707	149	189	1	56	0	5483	206	521
2	一般纳税人	5801	4958	45	80	97	1	1	2648	41	2048	39	160	1	54	0	629	170	294
3	小规模纳税人	8347	3462	50	41	34	0	0	1568	17	1659	110	29	0	2	0	4854	36	227
4	2. 消费税	67	35	1	1	0	0	0	17	4	16	0	2	0	0	0	30	2	8
5	3. 企业所得税	5927	5710	85	135	128	2	0	4528	62	694	138	174	0	43	0	0	149	340
6	4. 个人所得税	1738	467	28	36	12	2	0	87	4	291	11	33	0	9	0	1229	16	29
7	5. 资源税	2351	1631	5	20	13	0	0	593	7	994	6	58	1	15	0	647	35	51
8	6. 城市维护建设税	12455	8243	100	126	131	2	0	4174	192	3555	155	186	4	51	0	3975	162	491
9	7. 房产税	12975	7600	110	142	147	2	0	3851	231	3158	190	207	6	35	0	5133	138	331
10	8. 印花税	10956	8081	83	111	139	2	0	4176	225	3461	109	195	5	49	0	2631	163	415
11	9. 城镇土地使用税	13656	7765	111	145	151	2	0	3937	241	3222	197	217	6	37	0	5637	142	346
12	10. 土地增值税	80	70	3	3	2	0	0	56	2	6	0	2	0	4	0	4	2	2
13	11. 车船税	60	52	0	1	1	0	0	32	5	16	2	3	0	0	0	5	4	17
14	12. 车辆购置税	1779	1345	5	5	7	2	1	1119	17	140	67	13	0	66	0	355	17	6
15	13. 烟叶税	0	0	0	0	0	0	0	0	0	0	0	0	0	0	0	0	0	0
16	14. 耕地占用税	8	8	2	0	0	0	0	0	0	1	5	0	0	0	0	0	0	0
17	15. 契税	43	31	1	1	3	0	0	19	5	6	1	3	0	3	0	6	2	0
18	16. 环境保护税	954	801	8	3	20	1	0	419	17	341	9	56	1	25	0	72	41	65
19	17. 其他税收	27	23	3	1	0	0	0	14	0	1	4	0	0	1	0	3	0	3
20	附列资料：纳税户数	35942	21688	284	325	330	5	2	11630	389	8491	623	499	7	189	0	13566	406	1335
21	登记户数	115974	42290	1041	1160	935	7	4	19492	836	16617	3038	1021	23	332	3	72331	499	4739

5－21　揭阳市税务局纳税登记户数分企业类型统计年报（2018年）

编报机关：揭阳市税务局　　　　单位：户

序号	项目	合计	内资企业	国有企业	集体企业	股份合作企业	联营企业	国有控股	股份公司	国有控股	私营企业	其他企业	港澳台投资企业	国有控股	外商投资企业	国有控股	个体经营	附：总机构户数	分支机构户数
1	1. 增值税	18615	10429	112	249	3	3	1	5254	142	4604	204	256	1	66	3	7864	266	794
2	一般纳税人	7393	6467	75	112	2	1	1	3329	109	2905	43	171	1	60	3	695	222	390
3	小规模纳税人	11222	3962	37	137	1	2	0	1925	33	1699	161	85	0	6	0	7169	44	404
4	2. 消费税	104	44	1	0	0	0	0	30	9	13	0	0	0	1	0	59	3	12
5	3. 企业所得税	10196	9905	106	259	3	2	1	5367	101	4016	152	242	1	49	3	0	236	554
6	4. 个人所得税	2997	325	12	21	3	2	0	10	0	243	34	7	0	7	0	2658	8	17
7	5. 资源税	211	187	12	23	0	0	0	79	5	61	12	2	0	1	0	21	4	21
8	6. 城市维护建设税	17329	10552	121	256	3	3	1	5274	436	4687	208	250	3	74	2	6453	194	774
9	7. 房产税	30046	13404	212	327	6	6	1	6193	487	6272	388	313	4	48	2	16281	161	586
10	8. 印花税	12433	10475	88	200	2	5	1	5274	420	4665	241	258	2	65	3	1635	187	629
11	9. 城镇土地使用税	34673	16293	235	375	9	6	1	7881	620	7372	415	349	5	66	3	17965	202	963
12	10. 土地增值税	132	116	0	3	0	0	0	60	3	52	1	8	0	0	0	8	1	1
13	11. 车船税	266	230	9	6	0	0	0	115	22	67	33	7	2	4	0	25	14	52
14	12. 车辆购置税	301	180	4	1	0	0	0	72	0	99	4	3	0	4	1	114	14	10
15	13. 烟叶税	0	0	0	0	0	0	0	0	0	0	0	0	0	0	0	0	0	0
16	14. 耕地占用税	6	6	0	1	0	0	0	0	0	0	5	0	0	0	0	0	0	0
17	15. 契税	118	84	2	0	0	0	0	23	5	58	1	12	0	1	0	21	5	3
18	16. 环境保护税	1038	808	25	16	1	0	0	357	35	379	30	46	1	22	0	162	27	56
19	17. 其他税收	31	16	0	2	0	0	0	7	1	6	1	1	0	0	0	14	1	1
20	附列资料：纳税户数	62416	31083	405	733	12	12	2	14985	893	13950	986	673	6	180	8	30480	505	2268
21	登记户数	205591	60784	1363	2076	229	25	4	25783	1425	25499	5809	1180	9	390	14	143237	594	7807

5－22　云浮市税务局纳税登记户数分企业类型统计年报（2018年）

编报机关：云浮市税务局　　　　单位：户

序号	项　目	合计	内资企业	国有企业	集体企业	股份合作企业	联营企业	国有控股	股份公司	国有控股	私营企业	其他企业	港澳台投资企业	国有控股	外商投资企业	国有控股	个体经营	附：总机构户数	分支机构户数
1	1. 增值税	13039	7266	96	144	5	0	0	3557	132	3267	197	201	1	66	1	5506	229	631
2	一般纳税人	4523	3551	54	84	3	0	0	1948	78	1420	42	159	1	56	0	757	176	319
3	小规模纳税人	8516	3715	42	60	2	0	0	1609	54	1847	155	42	0	10	1	4749	53	312
4	2. 消费税	92	34	3	0	0	0	0	14	5	17	0	4	0	0	0	54	1	9
5	3. 企业所得税	6271	6090	37	133	4	0	0	3367	98	2342	207	141	0	40	0	0	171	583
6	4. 个人所得税	1087	81	6	7	0	0	0	0	0	68	0	0	0	0	0	1006	4	2
7	5. 资源税	164	118	0	3	0	0	0	60	3	55	0	5	0	2	1	39	11	14
8	6. 城市维护建设税	11856	7115	95	141	4	2	1	3517	206	3152	204	188	7	65	6	4488	179	662
9	7. 房产税	14416	4087	85	220	9	3	1	1629	147	1836	305	116	6	35	3	10178	120	287
10	8. 印花税	13995	7184	77	121	5	3	1	3523	208	3176	279	172	8	59	5	6580	179	713
11	9. 城镇土地使用税	15406	4299	81	229	10	4	1	1721	157	1933	321	122	6	37	3	10948	124	330
12	10. 土地增值税	231	218	4	5	4	0	0	127	1	71	7	8	1	1	0	4	9	5
13	11. 车船税	231	175	1	2	1	0	0	99	19	55	17	4	1	2	0	50	3	46
14	12. 车辆购置税	23516	1553	20	11	0	0	0	1088	7	321	113	8	0	3	0	21952	19	15
15	13. 烟叶税	0	0	0	0	0	0	0	0	0	0	0	0	0	0	0	0	0	0
16	14. 耕地占用税	11	8	0	1	0	0	0	2	0	0	5	0	0	0	0	3	0	0
17	15. 契税	186	173	7	4	3	0	0	73	7	77	9	6	0	3	0	4	11	7
18	16. 环境保护税	2524	1763	1	3	0	0	0	900	62	856	3	70	2	13	1	678	47	45
19	17. 其他税收	25	17	0	0	0	0	0	13	1	3	1	0	0	1	1	7	1	1
20	附列资料：纳税户数	43850	20091	225	450	18	6	3	9397	479	9088	907	467	10	155	7	23137	460	2071
21	登记户数	134629	37566	483	889	90	13	5	15869	883	17175	3047	786	14	291	8	95986	562	4537

5－23 广东省税务局第三税务分局纳税登记户数分企业类型统计年报（2018年）

编报机关：省第三税务分局　　　　单位：户

序号	项 目	合计	内资企业	国有企业	集体企业	股份合作企业	联营企业	国有控股	股份公司	国有控股	私营企业	其他企业	港澳台投资企业	国有控股	外商投资企业	国有控股	个体经营	附：总机构户数	分支机构户数
1	1. 增值税	0	0	0	0	0	0	0	0	0	0	0	0	0	0	0	0	0	0
2	一般纳税人	0	0	0	0	0	0	0	0	0	0	0	0	0	0	0	0	0	0
3	小规模纳税人	0	0	0	0	0	0	0	0	0	0	0	0	0	0	0	0	0	0
4	2. 消费税	0	0	0	0	0	0	0	0	0	0	0	0	0	0	0	0	0	0
5	3. 企业所得税	207	205	40	4	0	1	1	142	77	13	5	2	1	0	0	0	60	0
6	4. 个人所得税	97	86	66	0	0	0	0	0	0	20	0	0	0	0	0	11	123	25
7	5. 资源税	0	0	0	0	0	0	0	0	0	0	0	0	0	0	0	0	0	0
8	6. 城市维护建设税	347	337	61	0	0	2	2	240	134	21	13	2	2	7	0	1	112	23
9	7. 房产税	242	234	51	0	0	1	1	156	90	14	12	2	1	6	0	0	89	23
10	8. 印花税	284	278	45	0	0	2	2	204	118	15	12	2	2	4	0	0	87	20
11	9. 城镇土地使用税	181	173	36	0	0	1	1	119	70	12	5	2	1	6	0	0	69	19
12	10. 土地增值税	2	2	0	0	0	0	0	2	1	0	0	0	0	0	0	0	0	0
13	11. 车船税	6	4	0	0	0	0	0	4	2	0	0	0	0	2	0	0	4	1
14	12. 车辆购置税	0	0	0	0	0	0	0	0	0	0	0	0	0	0	0	0	0	0
15	13. 烟叶税	0	0	0	0	0	0	0	0	0	0	0	0	0	0	0	0	0	0
16	14. 耕地占用税	0	0	0	0	0	0	0	0	0	0	0	0	0	0	0	0	0	0
17	15. 契税	0	0	0	0	0	0	0	0	0	0	0	0	0	0	0	0	0	0
18	16. 环境保护税	0	0	0	0	0	0	0	0	0	0	0	0	0	0	0	0	0	0
19	17. 其他税收	6	6	1	0	0	0	0	4	1	1	0	0	0	0	0	0	1	0
20	附列资料：纳税户数	494	471	84	4	0	2	2	339	189	24	18	4	2	8	0	11	134	42
21	登记户数	538	513	105	4	0	2	2	356	200	27	19	4	2	9	0	12	138	45

5－24 横琴新区税务局纳税登记户数分企业类型统计年报（2018 年）

编报机关：横琴新区税务局

单位：户

序号	项目	合计	内资企业										港澳台投资企业		外商投资企业		个体经营	附：总机构户数	分支机构户数
				国有企业	集体企业	股份合作企业	联营企业	国有控股	股份公司	国有控股	私营企业	其他企业		国有控股		国有控股			
1	1. 增值税	2	0	0	0	0	0	0	0	0	0	0	1	0	0	0	1	0	0
2	一般纳税人	0	0	0	0	0	0	0	0	0	0	0	0	0	0	0	0	0	0
3	小规模纳税人	2	0	0	0	0	0	0	0	0	0	0	1	0	0	0	1	0	0
4	2. 消费税	0	0	0	0	0	0	0	0	0	0	0	0	0	0	0	0	0	0
5	3. 企业所得税	749	746	1	1	1	0	0	494	149	248	1	2	0	1	0	0	29	29
6	4. 个人所得税	57	42	36	1	1	1	0	1	0	1	1	1	0	1	0	13	0	0
7	5. 资源税	0	0	0	0	0	0	0	0	0	0	0	0	0	0	0	0	0	0
8	6. 城市维护建设税	6677	6187	2	1	1	1	0	3592	1621	2576	14	358	14	48	4	84	120	129
9	7. 房产税	145	90	0	1	1	0	0	67	10	20	1	50	0	1	0	4	9	9
10	8. 印花税	2928	2669	2	1	0	0	0	1111	423	1552	3	207	12	46	3	6	82	64
11	9. 城镇土地使用税	167	112	0	1	0	0	0	74	19	36	1	55	0	0	0	0	7	3
12	10. 土地增值税	33	27	0	0	0	0	0	20	4	7	0	5	0	0	0	1	0	0
13	11. 车船税	6	5	0	0	0	0	0	5	5	0	0	0	0	0	0	1	2	3
14	12. 车辆购置税	0	0	0	0	0	0	0	0	0	0	0	0	0	0	0	0	0	0
15	13. 烟叶税	0	0	0	0	0	0	0	0	0	0	0	0	0	0	0	0	0	0
16	14. 耕地占用税	0	0	0	0	0	0	0	0	0	0	0	0	0	0	0	0	0	0
17	15. 契税	55	30	0	0	0	0	0	15	5	7	8	24	0	1	0	1	0	1
18	16. 环境保护税	1	1	0	0	0	0	0	1	1	0	0	0	0	0	0	0	0	0
19	17. 其他税收	5	6	0	0	0	0	0	6	1	0	0	0	0	0	0	0	1	0
20	附列资料：纳税户数	8763	8083	40	1	1	1	0	4292	1877	3734	14	516	20	76	5	93	138	153
21	登记户数	41865	38950	40	5	2	1	0	17962	8646	20885	55	1976	85	255	14	684	232	498

6－1 广东省税务局纳税登记户数分行业统计年报（2018年）

编报机关：广东省税务局

单位：户

序号	项目	国内增值税	一般纳税人增值税	国内消费税	企业所得税		个人所得税	城市维护建设税	房产税	印花税	城镇土地使用税	土地增值税
					内资企业	外资企业						
1	合计	1903042	953206	8362	1264585	58648	142218	1873599	283102	1276317	297080	10529
2	一、第一产业	4392	2141	6	4388	301	604	4248	7238	8536	7843	47
3	二、第二产业	586573	415658	2478	375610	21999	33110	580153	98401	484110	101554	942
4	（一）采矿业	1223	1008	0	607	34	331	1133	746	902	999	11
5	1. 煤炭开采和洗选业	5	4	0	5	1	6	15	0	5	1	1
6	2. 石油和天然气开采业	31	12	0	3	16	17	36	8	24	7	1
7	3. 黑色金属矿采选业	78	46	0	13	0	12	51	48	34	57	2
8	4. 有色金属矿采选业	84	72	0	41	3	42	66	62	61	72	3
9	5. 非金属矿采选业	887	776	0	454	9	175	821	537	676	731	0
10	6. 其他采矿业	138	98	0	91	5	79	144	91	102	131	4
11	（二）制造业	493086	381931	2475	306357	20624	27324	485521	82552	419594	83859	685
12	1. 农副食品加工业	2942	2038	4	1872	161	392	2851	2722	3074	2843	17
13	2. 食品制造业	4870	3029	9	3294	279	281	4727	2560	5048	2758	19
14	3. 酒、饮料和精制茶制造业	1048	726	603	698	86	115	1240	854	1101	953	5
15	4. 烟草制品业	40	33	9	23	0	17	46	26	36	22	0
16	5. 纺织业	12308	8924	0	6370	772	1092	12162	3693	12301	3466	26
17	6. 纺织服装、服饰业	23694	15511	0	16727	1148	1529	23407	4597	26609	5012	65
18	7. 皮革、毛皮、羽毛及其制品和制鞋业	17220	11959	5	9405	891	515	16539	2940	17306	3056	29
19	8. 木材加工和木竹藤棕草制品业	6889	4644	35	3088	178	481	6603	2170	5860	2325	11
20	9. 家具制造业	15623	10760	4	10530	538	922	15316	2493	13079	2310	19

续表

序号	项 目	国内增值税	一般纳税人增值税	国内消费税	企业所得税		个人所得税	城市维护建设税	房产税	印花税	城镇土地使用税	土地增值税
					内资企业	外资企业						
21	10. 造纸和纸制品业	17799	15769	0	11158	523	1140	17561	2562	14870	2533	26
22	11. 印刷和记录媒介复制业	11564	9486	1	6280	381	911	11369	2582	8234	2489	23
23	12. 文教、工美、体育和娱乐用品制造业	12644	8562	529	7479	1046	1859	12268	4135	12741	4359	30
24	13. 石油、煤炭及其他燃料加工业	509	477	217	359	31	47	523	148	425	147	3
25	14. 化学原料和化学制品制造业	12180	11138	722	8841	826	372	12031	3125	10855	3421	28
26	15. 医药制造业	1042	927	6	610	115	108	992	414	930	485	9
27	16. 化学纤维制造业	394	355	0	223	51	49	393	111	357	126	2
28	17. 橡胶和塑料制品业	43063	36551	2	26369	2389	2666	42647	7451	36266	7277	43
29	18. 非金属矿物制品业	17276	12109	1	8911	576	1263	16647	7787	14445	7794	46
30	19. 黑色金属冶炼和压延加工业	2041	1900	0	1355	69	163	1980	651	1385	536	8
31	20. 有色金属冶炼和压延加工业	2767	2508	5	1724	188	184	2682	756	2111	640	9
32	21. 金属制品业	81651	59332	19	44348	2305	5648	80994	14282	69717	13653	67
33	22. 通用设备制造业	30544	25849	3	19912	804	1166	30289	2130	25127	1974	42
34	23. 专用设备制造业	31652	23565	3	18165	1085	1422	31770	2023	22958	2059	28
35	24. 汽车制造业	2267	2075	17	1363	412	105	2217	494	2343	587	9
36	25. 铁路、船舶、航空航天和其他运输设备制造业	1675	1462	21	1060	121	105	1615	429	1497	445	2
37	26. 电气机械和器材制造业	40448	31599	150	27430	1816	2386	39816	4628	34552	4585	45
38	27. 计算机、通信和其他电子设备制造业	46355	41518	15	33734	2639	881	45155	2879	35703	3440	57
39	28. 仪表仪器制造业	4372	3919	5	3135	306	104	4304	336	3256	380	8
40	29. 其他制造业	48209	35206	90	31894	888	1401	47377	3574	37408	4184	9
41	（三）电力、热力、燃气及水的生产和供应业	9751	7760	0	3131	288	784	9530	7745	8250	8161	34
42	1. 电力、热力的生产和供应业	7957	6289	0	2008	124	523	7799	6601	6883	6916	22

续表

序号	项　目	国内增值税	一般纳税人增值税	国内消费税	企业所得税		个人所得税	城市维护建设税	房产税	印花税	城镇土地使用税	土地增值税
					内资企业	外资企业						
43	2. 燃气生产和供应业	456	398	0	348	110	113	429	291	474	301	7
44	3. 水的生产和供应业	1338	1073	0	775	54	148	1302	853	893	944	5
45	（四）建筑业	82513	24959	3	65515	1053	4671	83969	7358	55364	8535	212
46	1. 房屋建筑业	7532	3438	0	6218	69	565	7496	1432	6029	1677	92
47	2. 土木工程建筑业	9824	3509	0	7792	70	562	9877	1073	7366	1283	20
48	3. 建筑安装业	19021	7539	1	14861	246	1138	19219	1648	12654	1821	42
49	4. 建筑装饰、装修和其他建筑业	46136	10473	2	36644	668	2406	47377	3205	29315	3754	58
50	三、第三产业	1312077	535407	5878	884587	36348	108504	1289198	177463	783671	187683	9540
51	（一）批发和零售业	742104	367375	5568	487777	17297	64395	710957	100231	445612	103719	646
52	1. 批发业	444907	282630	1331	368840	13330	27093	437641	24606	298808	25844	430
53	2. 零售业	297197	84745	4237	118937	3967	37302	273316	75625	146804	77875	216
54	（二）交通运输、仓储和邮政业	48138	21443	5	38500	1907	3346	49462	4756	31176	4654	67
55	1. 铁路运输业	185	90	0	70	8	66	163	39	125	29	2
56	2. 道路运输业	19635	10428	0	15183	700	1053	19459	2300	14666	2248	25
57	3. 水上运输业	974	621	0	709	75	89	924	232	748	235	10
58	4. 航空运输业	161	95	0	184	35	30	276	46	257	33	1
59	5. 管道运输业	40	16	0	8	5	27	27	19	20	16	0
60	6. 多式联运和运输代理业	11415	4222	1	10979	595	1237	15026	696	10056	668	7
61	7. 装卸搬运和仓储业	14153	5155	4	10113	468	701	11864	1076	4465	1027	18
62	8. 邮政业	1575	816	0	1254	21	143	1723	348	839	398	4
63	（三）住宿和餐饮业	51844	6018	0	17218	1090	19316	47974	13544	22044	13502	44
64	1. 住宿业	10451	1894	0	3858	200	1942	9792	2989	2832	3031	21

续表

序号	项目	国内增值税	一般纳税人增值税	国内消费税	企业所得税		个人所得税	城市维护建设税	房产税	印花税	城镇土地使用税	土地增值税
					内资企业	外资企业						
65	2. 餐饮业	41393	4124	0	13360	890	17374	38182	10555	19212	10471	23
66	（四）信息传输、软件和信息技术服务业	64759	26420	24	43658	2800	737	66497	3005	36416	3400	59
67	1. 电信、广播电视和卫星传输服务业	1792	813	3	804	16	169	1691	617	794	645	5
68	2. 互联网和相关服务	4832	1526	3	3592	101	164	4914	287	2977	296	6
69	3. 软件和信息技术服务业	58135	24081	18	39262	2683	404	59892	2101	32645	2459	48
70	（五）金融业	12390	7267	185	7392	705	703	13058	2526	11397	2798	197
71	1. 货币金融服务	3941	2275	181	2166	466	214	4258	1464	3894	1525	115
72	2. 资本市场服务	4256	2008	1	3759	106	135	4559	487	4215	631	46
73	3. 保险业	3024	2411	1	600	62	231	3064	412	2211	453	9
74	4. 其他金融业	1169	573	2	867	71	123	1177	163	1077	189	27
75	（六）房地产业	50677	18826	2	34835	1536	1237	51449	16349	33389	20623	7793
76	（七）租赁和商务服务业	157513	33326	20	123580	7125	4668	164386	13542	92754	15055	365
77	1. 租赁业	12286	2067	0	9106	213	662	12668	1021	8015	1047	10
78	2. 商务服务业	145227	31259	20	114474	6912	4006	151718	12521	84739	14008	355
79	（八）科学研究和技术服务业	77194	31145	37	61789	1805	1282	78755	3214	55512	3565	43
80	（九）居民服务、修理和其他服务业	63606	13760	23	34863	1608	8859	62512	13323	29652	13230	92
81	（十）教育	8851	1781	0	10353	55	822	8773	1154	4945	1166	12
82	（十一）卫生和社会工作	1825	557	0	1519	23	620	1746	733	1966	696	12
83	（十二）文化、体育和娱乐业	19635	3091	10	15229	236	1685	20454	1457	11266	1445	18
84	（十三）公共管理、社会保障和社会组织	5756	599	0	3168	28	297	5447	2155	2479	2227	178
85	（十四）其他行业	7785	3799	4	4706	133	537	7728	1474	5063	1603	14

续表

序号	项　目	车辆购置税	车船税	耕地占用税	契税	环境保护税	其他各税	附列资料：纳税户数	登记户数	附：总机构户数	分支机构户数
1	合　计	99584	24813	996	10454	38415	8256	4655743	16560951	70301	167670
2	一、第一产业	369	69	108	67	482	40	25588	124034	308	325
3	二、第二产业	20386	4731	272	2114	29882	5297	1344204	2579864	18711	17030
4	（一）采矿业	64	18	32	12	228	766	3377	7522	76	160
5	1. 煤炭开采和洗选业	1	0	0	2	0	2	28	146	0	0
6	2. 石油和天然气开采业	5	0	0	0	7	9	78	205	3	16
7	3. 黑色金属矿采选业	3	1	0	0	4	27	212	575	2	1
8	4. 有色金属矿采选业	8	1	0	1	20	33	270	675	10	12
9	5. 非金属矿采选业	42	14	25	4	178	591	2339	4812	49	116
10	6. 其他采矿业	5	2	7	5	19	104	450	1109	12	15
11	（二）制造业	17387	3885	110	1598	29093	3460	1122272	2097856	15029	7176
12	1. 农副食品加工业	172	49	0	42	817	6	9255	26705	255	309
13	2. 食品制造业	201	71	1	55	780	10	13410	33557	503	272
14	3. 酒、饮料和精制茶制造业	56	38	0	16	220	64	3695	7733	134	76
15	4. 烟草制品业	3	2	0	2	6	2	116	180	2	8
16	5. 纺织业	328	107	1	97	1097	6	29356	58295	381	144
17	6. 纺织服装、服饰业	396	148	0	59	804	11	64244	182200	855	220
18	7. 皮革、毛皮、羽毛及其制品和制鞋业	245	104	0	23	753	10	41788	96889	298	76
19	8. 木材加工和木竹藤棕草制品业	156	25	6	19	515	4	16437	37376	102	102
20	9. 家具制造业	537	84	1	35	1459	5	36971	68069	565	217

续表

序号	项　目	车辆购置税	车船税	耕地占用税	契税	环境保护税	其他各税	附列资料：纳税户数	登记户数	附：总机构户数	分支机构户数
21	10. 造纸和纸制品业	680	136	0	30	936	5	39047	60601	262	193
22	11. 印刷和记录媒介复制业	367	95	0	15	762	4	24539	34868	333	162
23	12. 文教、工美、体育和娱乐用品制造业	267	115	1	64	998	9	31898	63098	647	267
24	13. 石油、煤炭及其他燃料加工业	15	8	0	6	36	4	1187	1977	21	120
25	14. 化学原料和化学制品制造业	541	309	4	114	2176	22	27895	38806	641	268
26	15. 医药制造业	70	28	1	33	220	4	2610	4490	172	92
27	16. 化学纤维制造业	13	5	0	11	51	2	880	1426	11	5
28	17. 橡胶和塑料制品业	1398	336	0	114	2730	16	94901	149146	921	406
29	18. 非金属矿物制品业	763	349	87	98	4231	3111	39737	72989	679	405
30	19. 黑色金属冶炼和压延加工业	162	43	0	11	262	3	4335	6437	111	30
31	20. 有色金属冶炼和压延加工业	228	56	0	25	482	3	5946	9388	155	55
32	21. 金属制品业	2814	491	3	139	4128	21	182369	331568	1219	792
33	22. 通用设备制造业	1058	210	1	83	567	9	65037	96160	742	370
34	23. 专用设备制造业	1146	177	1	77	576	14	65941	102822	997	362
35	24. 汽车制造业	183	92	0	38	284	9	5511	8583	169	165
36	25. 铁路、船舶、航空航天和其他运输设备制造业	78	53	0	12	171	4	3820	6748	111	90
37	26. 电气机械和器材制造业	2020	301	0	175	1263	21	89866	140868	1595	463
38	27. 计算机、通信和其他电子设备制造业	1715	323	2	159	1581	25	101942	188293	2122	770
39	28. 仪表仪器制造业	186	36	0	19	285	6	10012	15889	262	83
40	29. 其他制造业	1589	94	1	27	903	50	109527	252695	764	762
41	（三）电力、热力、燃气及水的生产和供应业	452	187	97	135	219	50	23178	34103	446	1197
42	1. 电力、热力的生产和供应业	275	128	95	97	134	17	18532	25262	168	534

续表

序号	项　目	车辆购置税	车船税	耕地占用税	契税	环境保护税	其他各税	附列资料：纳税户数	登记户数	附：总机构户数	分支机构户数
43	2. 燃气生产和供应业	66	14	0	19	18	17	1423	3695	141	455
44	3. 水的生产和供应业	111	45	2	19	67	16	3223	5146	137	208
45	（四）建筑业	2483	641	33	369	342	1021	195377	440383	3160	8497
46	1. 房屋建筑业	362	75	4	77	92	464	18366	42813	653	1811
47	2. 土木工程建筑业	449	165	9	40	46	202	23775	50641	473	1280
48	3. 建筑安装业	571	216	10	71	69	128	44222	83081	864	2354
49	4. 建筑装饰、装修和其他建筑业	1101	185	10	181	135	227	109014	263848	1170	3052
50	三、第三产业	78829	20013	616	8273	8051	2919	3285951	13857053	51282	150315
51	（一）批发和零售业	25237	4018	61	2040	3159	613	1825125	8235485	21901	64254
52	1. 批发业	12295	2977	26	1570	1269	222	1099040	3643333	14773	20633
53	2. 零售业	12942	1041	35	470	1890	391	726085	4592152	7128	43620
54	（二）交通运输、仓储和邮政业	6366	8783	8	206	135	86	120767	295587	3029	7577
55	1. 铁路运输业	304	38	1	52	5	13	832	1714	0	14
56	2. 道路运输业	3478	6087	5	63	28	31	50745	120591	963	2127
57	3. 水上运输业	61	188	0	11	9	8	2442	4588	109	141
58	4. 航空运输业	22	12	1	1	1	4	689	2592	50	58
59	5. 管道运输业	7	0	0	1	1	2	110	253	2	7
60	6. 多式联运和运输代理业	650	1403	1	32	19	10	35103	91761	1004	2978
61	7. 装卸搬运和仓储业	1726	1022	0	42	71	11	26798	56797	683	954
62	8. 邮政业	118	33	0	4	1	7	4048	17291	217	1295
63	（三）住宿和餐饮业	947	122	4	72	1514	410	139973	1040710	2347	8666
64	1. 住宿业	108	61	1	45	323	126	23554	70049	384	1544

续表

序号	项　目	车辆购置税	车船税	耕地占用税	契税	环境保护税	其他各税	附列资料：纳税户数	登记户数	附：总机构户数	分支机构户数
65	2. 餐饮业	839	61	3	27	1191	284	1164[illegible]9	970661	1974	7988
66	（四）信息传输、软件和信息技术服务业	1160	393	1	292	95	46	1518[illegible]7	573776	2965	4896
67	1. 电信、广播电视和卫星传输服务业	75	52	0	48	3	9	3982	17873	110	1171
68	2. 互联网和相关服务	121	12	0	11	8	5	12260	69105	215	332
69	3. 软件和信息技术服务业	964	329	1	233	84	32	135575	486798	2640	3393
70	（五）金融业	911	1374	2	311	210	154	34030	189469	1071	12089
71	1. 货币金融服务	397	151	0	163	28	68	10951	74017	463	3785
72	2. 资本市场服务	178	21	1	101	166	10	12832	77566	228	2832
73	3. 保险业	209	1188	0	17	2	57	6946	19617	366	5432
74	4. 其他金融业	127	14	1	30	13	19	3351	18269	0	16
75	（六）房地产业	1211	703	92	2946	274	714	124994	294134	5069	12167
76	（七）租赁和商务服务业	3298	1222	57	1251	290	263	400170	1307907	8055	22257
77	1. 租赁业	1041	248	1	21	33	24	31154	75965	550	4491
78	2. 商务服务业	2257	974	56	1230	257	239	369016	1231942	7505	17773
79	（八）科学研究和技术服务业	1285	451	8	423	368	54	200324	555657	2625	7074
80	（九）居民服务、修理和其他服务业	1945	626	34	216	1146	299	157467	892528	2642	6324
81	（十）教育	621	1083	9	47	24	38	27944	116853	475	1245
82	（十一）卫生和社会工作	291	309	3	36	432	17	7472	43146	96	255
83	（十二）文化、体育和娱乐业	130	98	1	76	166	38	51177	187514	620	1524
84	（十三）公共管理、社会保障和社会组织	658	630	267	303	18	133	14530	64907	17	78
85	（十四）其他行业	34769	201	69	54	220	54	30111	59380	359	1032